KB203184

<말씀의 잔치>

교회력에 따른 복음서 설교
Year A(2023년)

Feasting on the Word, Year A-Gospel
Copyright © 2010 by David L. Bartlett (Editor), Barbara Brown Taylor
Westminster John Knox Press
All right reserved.
Korean translation copyright © 2022 by Dong Yeon Press

<말씀의 잔치>
교회력에 따른 복음서 설교 Year A(2023년)

2022년 11월 30일 처음 찍음

엮은이 | 데이비드 L. 바틀렛 · 바바라 브라운 테일러
옮긴이 | 고현영 김영철 이대성 홍상태
펴낸이 | 김영호
펴낸곳 | 도서출판 동연
등 록 | 제1-1383호(1992. 6. 12.)
주 소 | 서울시 마포구 월드컵로 163-3
전 화 | (02)335-2630
전 송 | (02)335-2640
이메일 | yh4321@gmail.com

Copyright © 동연, 2022

ISBN 978-89-6447-837-0 04230
ISBN 978-89-6447-631-4 04230(세트)

Feasting on the Word

말씀의 잔치

교회력에 따른 복음서 설교

Year A(2023년)

데이비드 L. 바틀렛 · 바바라 브라운 테일러 엮음
고현영 · 김영철 · 이대성 · 홍상태 옮김

동연

요즈음 한국교회의 위기를 말하는 사람들이 많습니다. 그동안 한국교회는 짧은 역사 속에서도 내적으로는 엄청난 양적 성장을 이루고, 외적으로는 한국 사회에 다양한 기여를 했습니다. 한국 현대사에서 교회의 역할은 아무리 강조해도 지나치지 않습니다. 하지만 오늘날 교회에 대한 사회의 신뢰성은 바닥으로 떨어지고, 교회의 성장도 멈춘 지 오래되었습니다. 젊은이들은 교회와 더 멀어지고 있습니다.

이러한 한국교회의 위기는 한마디로 '강단의 위기'라고 할 수 있습니다. 매주 수만 편 외쳐지는 강단의 설교가 성서 본문과는 동떨어지고 시대적 의미를 갖지 않은 죽은 말씀이 되었기 때문입니다.

강단의 위기를 극복하기 위해서는 설교에 있어서 익숙한 말씀만 전하는 '말씀의 편식 현상'과 신학적 편향성을 지양해야 합니다. 이러한 의미에서 "교회력에 따른 설교"를 적극적으로 추천합니다. 매주 세계 교회가 함께 정하는 성서정과(聖書程課, Lectionary)에 따라 성서의 다양한 본문을 사용하기 때문입니다.

저는 장신대에서 설교학 교수 재직 시에 현장 목회자들과 교회력에 따른 설교 모임을 여러 해 함께했습니다. 이 모임을 통해 많은 분의 강단의 변화를 실제로 경험해 보았습니다. 그런데 이번에 『교회력에 따른 복음서 설교』가 출간된다는 소식을 듣고 정말 반갑고 기뻤습니다. 미국 교회의 신학적 목회적 역량이 총동원되어 발간한 교회력에 따른 설교 자료집 <말씀의 잔치>(*Feasting on the Word*) 시리즈의 번역본이기 때문입니다.

매주 성서정과 본문을 신학, 주석, 목회, 설교적 관점으로 해설한 이 책은 본문의 통찰, 신학적 균형, 목회적 문제의식을 메시지에 담을 수 있도록 안내하고 있습니다. 현장 목회자들이 설교 연구 모임을 통해 이러한 책이 출간되었다는 것도 더욱 의미가 있습니다.

이 책을 통해 살아있는 하나님의 말씀으로 어려운 시대에 교회의 위기를 극복하기를 기도드립니다.

김경진 목사
(소망교회 담임목사, 전 장로회신학대학교 교수)

오늘 한국교회가 드러내고 있는 여러 가지 문제는 신학의 부재 혹은 오해에서 비롯된 것이라 해도 과언이 아닐 것입니다. '하나님에 대한 로고스'로서의 신학은 성서에 대한 바른 이해에 근거해야만 합니다. 성서는 하나님을 찾는 인간의 이야기와 인간을 찾으시는 하나님의 이야기가 씨줄과 날줄로 엮어진 텍스트입니다. 눈 밝은 사람들은 인간들이 빚어내는 삶의 이야기 속에서 하나님의 숨결을 느끼고, 성서 속에 계시된 하나님의 마음을 알아차려 마땅히 가야 할 길로 삼습니다. 성서는 읽는 이들을 익숙한 세계가 아니라 낯선 곳으로 인도합니다. 성서를 읽는 이들에게 필요한 것은 그 낯섦을 받아들이고 그 낯섦을 통해 더 큰 세계로 발돋움하려는 열망입니다.

12세기의 수도자인 후고는 "자신을 유배시켜 책의 페이지를 통과하는 순례를 시작하라"고 말했습니다. 순례의 목적지는 물론 하나님의 마음이라는 중심입니다. 그러나 많은 이들이 자기 생각과 편견을 성서 속에 투사하여 자기 입맛에 맞는 메시지를 길어내고 있는 것이 오늘의 현실입니다. 수많은 인류의 경험이 함축되어 있는 성서를 맥락에 맞게 풀어내기 위해서는 상당한 학문적 훈련이 필요합니다.

그렇게 하여 얻어진 메시지를 오늘의 삶 속에서 재해석과 재맥락화하는 과정 또한 만만치 않습니다. 신학을 흔히 교회의 학문이라 말합니다. 교회는 역사 속에서 많은 과오를 저질러왔지만 하나님은 여전히 교회를 통해서도 일하십니다. 그렇기에 목회적 상황과 성서 메시지를 잘 버무리는 일은 목회자들의 중요한 과업이라 할 수 있습니다. 설교는 텍스트와 컨텍스트를 대면시키면서 그 속에서 빚어지는 광휘를 드러내는 과정입니다.

이 놀라운 책은 신학, 주석, 목회, 설교가 어떻게 서로를 밀어내지 않으며 아름다운 조화를 이룰 수 있는지를 잘 보여주고 있습니다. 성서정과의 복음서

부분만 다루고 있다는 사실이 조금 아쉽긴 하지만, 그래도 이 책은 말씀 앞에서 겸허하게 자기 삶을 돌아보려는 이들과 설교자들에게 그리고 신학적 사고 훈련을 하려는 이들에게 좋은 이정표가 되어주리라 생각합니다. 이 책을 길잡이 삼아 텍스트의 심연 속으로 들어가 기쁨과 희망의 빛을 발견하는 것은 전적으로 독자의 몫입니다.

김기석 목사
(청파교회 담임목사)

추천의 글

　　성서정과에 대한 설교 자료집 『말씀의 잔치』(*Feasting on the Word*)가 우리말로 번역 출간된 것은 참 뜻깊은 일입니다. 오랫동안 북미의 수많은 명망 있는 목회자들과 신학자들이 공동으로 이루어낸 성과를 비로소 우리도 쉽게 접할 수 있게 되었기 때문입니다.

　　『말씀의 잔치』는 성서정과에 기반하고 있지만, 사실은 성서정과를 기반으로 설교를 하지 않는 설교자에게도 대단히 적절한 책입니다. 그것은 본서만의 독보적인 기여 때문입니다. 『말씀의 잔치』는 성서 하나하나의 구절에 대하여 다음 네 가지의 안목에서 해석을 제공하고 있습니다. 첫째는 신학적이요, 둘째는 주석적이며, 셋째는 목회적이요, 넷째는 설교학적인 폭넓은 안목입니다. 이 각각의 안목은 든든한 네 기둥이 되어 한편의 설교를 위한 건강한 골격을 이룹니다.

　　네 기둥 사이를 거닐면서 설교자는 스스로 많은 대화에 참여하며 많은 영감을 나누며 자신의 교회와 성도들을 위한 설교를 완성해 갈 수 있습니다. 그렇게 할 때 한편의 설교는 건강한 신학에 기초하고, 분명한 성서의 증거를 갖게 되며, 목회자의 고백과 경험이 녹아 있는 그리고 뛰어난 설교학적 적용점을 가진 온전한 말씀의 봉사가 될 수 있을 것입니다.

　　『말씀의 잔치』는 간헐적이든 정기적이든 말씀을 전하는 모든 설교자들을 위한 긴요한 참고서가 될 것입니다. 본서의 출간을 통해 함께 말씀을 연구하는 건강한 학습 모임들이 곳곳에서 활성화되기를 기대합니다. 매주일 이 땅의 교회에 풍성한 말씀 잔치가 열리기를 바랍니다. 이 놀라운 향연에 이 땅의 존귀한 설교자들을 초대합니다.

박노훈 목사
(신촌성결교회 담임목사, 한국월드비전 이사장)

추천의 글 | 9

이번에『교회력에 따른 복음서 설교』가 번역 출간되어 나온다니 정말 기쁘고 뜻깊은 일입니다. 이 책은 전 세계 개신교회가 공통으로 사용하고 있는 개정 성서정과(Revised Common Lectionary)를 따라 설교자들이 설교할 수 있도록 만들어진 해설집 <말씀의 잔치>(Feasting on the Word) 시리즈의 일부분입니다.

성구집은 교회력에 따라서 설교자들이 성서 전체를 읽고 설교할 수 있도록 만들어 놓은 성서 목록집인데, 이는 하나님의 말씀의 전체성이라는 측면에서 볼 때 매우 중요한 것입니다.

많은 설교자가 30년, 40년을 목회하고 설교하면서도 평생 동안 한 번도 설교하지 않고 넘어가는 성서 본문이 많은데, 이 성구집을 따라 설교하면 일정한 기간 내에 성서 전체를 읽고 설교할 수 있게 됩니다. 따라서 교회력에 따라 만들어진 성구집을 사용하여 설교한다는 것은 참으로 의미 있는 작업입니다.

본서는 설교자들이 성구집을 따라 설교할 본문을 주석적으로, 신학적으로, 설교적으로 그리고 목회적으로 해석하고 분석하여 설교의 지침을 제공하고 있습니다. 그러므로 본서가 번역되어 나오게 된 것은 정말 한국교회 설교자들에게는 반가운 소식이며 또한 이는 한국교회에게 주시는 하나님의 선물이라고 생각됩니다.

하나님의 말씀의 올바른 해석과 적용을 위하여 씨름하고 있는 모든 설교자와 또한 성서를 좀 더 체계적으로 읽고 공부하고자 하는 모든 성도님께 강력히 추천하고, 앞으로 이 책의 시리즈 전부가 번역되어 나오기를 기대해 봅니다.

주승중 목사

(주안장로교회 담임목사, 전 장로회신학대학교 예배설교학 교수)

설교는 모든 설교자에게 하나의 시련이자 영광입니다. 설교가 시련인 까닭은 준비하기도 어렵고, 하기도 어렵기 때문입니다. 그러나 무엇보다 어려운 것은 설교하는 대로 사는 것이지요. 그럼에도 불구하고 설교는 동시에 설교자에게 영광이기도 합니다. 인간의 모든 경험과 지적인 역량, 신학이 전제된 인간의 말이 성령의 역사로 하나님의 말씀으로 받아들여지니 설교자의 영광이 아닐 수 없지요. 그래서 설교자는 시련과 영광 사이의 긴장 속에서 살고 있는 것입니다.

그런데 작년, 재작년에 이어 이번에 네 분의 목사님들이 함께 작업한 개정 성서정과 『교회력에 따른 복음서 설교』(2023년 Year A)의 복음서 파트가 완간되어 번역 출간된다니 참으로 기쁘고 축하할 일입니다.

본서는 대림절, 현현절, 사순절, 부활절, 성령강림절 등 다섯 절기를 다 포함하고 있으며 원서의 네 본문들(구약, 시편, 서신, 복음) 가운데 복음서 본문을 중심으로 선택한 것이지만, 설교 준비의 가장 기본인 주석, 신학, 설교, 목회적 관점이 실려 있어 설교자에게 큰 도움이 될 뿐만 아니라, 한국교회 강단을 더 성숙하고 풍요롭게 할 것이기 때문입니다.

교회의 위기는 도덕적 타락보다 말씀의 빈곤에서 비롯된다는 것이 역사의 경험입니다. 특별히 'Covid-19의 세계적 대유행'과 극우 기독교 단체들의 발흥으로 교회가 공신력을 잃어가는 시대에 <말씀의 잔치>(*Feasting on the Word*) 시리즈가 한국교회를 성숙하게 발전시키는 디딤돌이 되리라 확신합니다.

채수일 목사
(전 경동교회 담임목사, 전 한신대학교 총장)

설교자에게는 매주 셀 수 없을 정도의 수많은 과제가 주어진다. 교육, 목회적 돌봄, 예배 인도 등 수많은 활동에 매달리다 보면 설교는 그저 여러 목회적 과제 중 하나 정도의 취급을 받기 쉽다. 그러나 주일 설교는 목회자가 전 교인을 대상으로 가장 지속으로 행하는 목회 활동이라는 것을 기억해야 한다. 대다수의 교인이 특별한 위기 상황에 처해 있지는 않다. 그들은 너무나 바쁜 일상을 살기 때문에 교회의 교육 프로그램에 참석하는 사람도 소수이다. 그들은 신앙에 대해 성찰하는 시간을 더 많이 갖고 싶어 하지만 그것을 실천하지는 못한다. 그 길이가 5분이 되었든, 45분이 되었든 설교는 교인들이 그리스도 안에서 어떤 삶을 살아야 하는지에 관해 목회자로부터 직접 들을 수 있는 소중한 기회이다.

『말씀의 잔치』(*Feasting on the Word*)는 목회자들이 매주 설교를 준비하는 데 도움이 되는 핵심적인 분석과 지침을 제공하기 위해 기획되었다. 개정 성서정과(Revised Common Lectionary)가 제시하는 네 개의 성서 본문 각각에 대해 네 가지 관점에서 분석한 글을 소개함으로써 설교자는 매주 열여섯 가지의 관점에서 분석한 글들을 접하게 된다.* 네 가지 관점은 주석 · 신학 · 설교 · 목회적 관점인데, 이들 통해 설교자는 본문의 의미를 다양한 각도에서 체계적으로 살펴보는 기회를 갖게 된다.

신학과 목회의 다양한 영역에 속한 전문가들이 집필한 이 한 권의 책을 통해 설교자는 성서정과 본문에 따라 각 교회의 상황에 맞춰 설교를 구상하는 데 도움이 되는 소중한 지혜를 얻게 될 것으로 기대한다. 집필진은 대학이나 신학교에서 가르치거나, 교회나 교단 차원에서 목회에 종사하거나, 학술적인 책이나 신문 기고 등을 통해 저술 활동을 하고 있는 분들이다.

---

* 이 번역서는 네 개의 성서 본문(구약, 시편, 서신, 복음서) 중 복음서 파트만 번역한 것이다.

집필진의 역량과 하나님의 말씀에 대한 그들의 헌신이 하나로 모아져 만들어진 이 책이 급변하는 세계에서 생명의 말씀을 전하는 설교자들에게 도움이 되기를 바란다.

설교자들 사이에서는 "월요일 책"이라는 것이 있다. 설교 구상을 위해 한 주일 전쯤에는 읽어야 할 심오한 내용을 담고 있는 책을 말한다. 또한 "토요일 책"이라는 것도 있다. 이는 당장 다음날 설교에 활용할 수 있는 도움을 제공하는 책을 말한다. 『말씀의 잔치』는 토요일 책은 아니다. 우리의 의도는 설교자들이 구원의 말씀에 대해 신속하게보다는 깊게 성찰할 수 있도록 도움을 주는 것이다.

이런 책이 나오기 위해서는 수많은 사람의 헌신이 필수적이다. 우리는 우선 이 시리즈의 기획을 제안한 Westminster John Knox Press의 Jack Keller와 Don McKim에게 감사를 표한다. 또한 이 프로젝트가 완성될 수 있도록 꼼꼼하게 관리해 준 David Dobson과 Jon Berquist에게도 감사를 드린다. 이 프로젝트에 참여할 수 있게 해준 컬럼비아신학대학의 총장 Laura Mendenhall와 학장 Cameron Murchison에게도 감사드린다. 출판사 편집들의 수고가 없었다면 이와 같은 시리즈가 출판되기 어려웠을 것이다. Joan Murchison는 명철한 판단과 친절한 도움으로 편집과 관련된 세부 내용을 기획하고 추진하였다. Mary Lynn Darden, John Schuler 그리고 Dilu Nicholas는 뛰어난 행정적 능력을 통해 우리 모두에게 큰 도움을 주었다. 우리는 생각하기, 글쓰기, 편집에 관해 특별한 재능을 가진 수많은 사람과 같이 일할 수 있는 특권을 누렸다. 그들과 함께 우리는 이 책을 축복된 설교의 사역을 위해 헌신하는 모든 이들에게 바친다.

편집인 대표

데이비드 L. 바틀렛, 바바라 브라운 테일러

『말씀의 잔치: 교회력에 따른 설교』(*Feasting on the Word: Preaching the Revised Common Lectionary*)는 교회가 설교와 교육을 하는 데 필요한 핵심 자원을 제공하려는 야심찬 기획의 결과이다. 개정 공동 성서정과에 따른 각 설교 본문에 대해 네 가지 관점에서 검토한 분석을 제공한다는 점에서 이 책은 다른 어떤 성서정과 자료와도 구별되는 독창성을 가진다. 각 성서 본문에 대한 신학적, 목회적, 주석적, 설교적 관점에서의 분석을 거쳐 푸짐한 잔칫상처럼 마련된 자료를 통해 설교자들은 설교를 준비하는 데 필요한 정보와 동기를 충분히 제공받을 것으로 기대한다.

이 일은 수없이 많은 시간을 이 작업을 위해 할애한 분들의 깊은 헌신이 없이는 이루어질 수 없었다. Westminster John Knox Press는 총편집자인 데이비드 L. 바틀렛과 바바라 브라운 테일러의 탁월한 공로를 인정하고 싶다. 그들은 둘다 고품위 설교에 대한 열정적 관심을 가진 재능 있는 설교자들이다. 그들은 또한 이 큰 과제를 활력과 탁월성과 끊이지 않는 좋은 유머로 감당한 훌륭한 동료들이다. 우리는 이 두 분에게 매우 큰 감사의 빚을 졌다.

프로젝트 매니저 Joan Murchison과 편찬인 Mary Lynn Darden과 같은 훌륭한 스태프 덕분에 이 프로젝트의 수천 개의 "조각"을 모두 모아서 뜻깊은 시리즈를 만들 수 있었다. 그들의 뛰어난 능력과 지속적인 끈기가 없었다면, 이 책은 나올 수 없었을 것이다. 이 시리즈의 각 볼륨 편집자에게도 감사를 드린다. 그들은 목회자 및 교수로서의 뛰어난 역량을 통하여 필자들과 협력하여 그들이 맡은 항목에 대해 귀중한 통찰력을 발휘할 수 있도록 도왔다.

이 시리즈를 가능하게 하기 위해 자신들의 전문지식과 통찰력을 나눈 수백 명의 필자들은 정말로 깊은 감사를 받을 자격이 있는 분들이다. 그들은 다양한 종류의 목회 현장에 속해 있으며, 교회 전체에 유익을 주고 우리 시대의 설교를 풍성하게 하기 위해 노고를 아끼지 않았다.

Westminster John Knox는 또한 이 프로젝트의 시작과 진행이 가능하도록 큰 협력을 해 준 컬럼비아신학교(Columbia Theological Seminary)에 감사를 드린다. 학장이자 부총장인 D. Cameron Murchison은 처음부터 이 프로젝트를 환영했고 우리가 필요로 하는 모든 것을 한데 모아주었다. 그의 지속적인 도움은 매우 값진 것이었다. Laura S. Mendenhall 전 총장도 큰 도움을 주었다. 그녀는 신학교 자원과 인력을 사용할 수 있게 지원해 주었고, 우리의 파트너십이 지속되도록 열정적으로 은혜를 베풀며 격려해 주었다. 우리는 그녀에게 감사하며, 컬럼비아신학교의 새 총장 Stephen Hayner와 함께 일하게 될 것도 기대한다.

Westminster John Knox Press가 『말씀의 잔치』를 교회와 설교자와 교사에게 내놓게 된 것을 기쁘게 생각한다. 풍성한 자원이 하나님의 말씀을 선포하는 교회의 사역에 도움을 주리라 믿는다. 이 책의 각 페이지에서 발견되는 다양한 통찰력이 설교자에게 자양분을 제공하여 설교자가 말씀의 잔치의 기쁨을 경험하고, 설교를 듣는 사람들도 그 축복을 누릴 수 있게 되기를 기대한다.

차 례

대림절과 성탄절

대림절 첫째 주일

마태복음 24:36-44

³⁶그러나 그 날과 그때는 아무도 모르나니 하늘의 천사들도, 아들도 모르고 오직 아버지만 아시느니라 ³⁷노아의 때와 같이 인자의 임함도 그러하리라 ³⁸홍수 전에 노아가 방주에 들어가던 날까지 사람들이 먹고 마시고 장가 들고 시집 가고 있으면서 ³⁹홍수가 나서 그들을 다 멸하기까지 깨닫지 못하였으니 인자의 임함도 이와 같으리라 ⁴⁰그때에 두 사람이 밭에 있으매 한 사람은 데려가고 한 사람은 버려둠을 당할 것이요 ⁴¹두 여자가 맷돌질을 하고 있으매 한 사람은 데려가고 한 사람은 버려둠을 당할 것이니라 ⁴²그러므로 깨어 있으라 어느 날에 너희 주가 임할는지 너희가 알지 못함이니라 ⁴³너희도 아는 바니 만일 집 주인이 도둑이 어느 시각에 올 줄을 알았더라면 깨어 있어 그 집을 뚫지 못하게 하였으리라 ⁴⁴이러므로 너희도 준비하고 있으라 생각하지 않은 때에 인자가 오리라

신학

시간을 출생, 죽음, 환생의 끝없는 순환으로 보는 몇몇 동양 종교들과는 대조적으로, 유대적 뿌리를 가진 기독교는 역사적 종교이다. 기독교의 역사는 하나님의 세계 창조에서 시작해서 하나님의 심판과 재창조로 끝을 맺는다. 그리스도인들은 뒤를 돌이켜 보며 여러 세대에 걸친 전능하신 하나님의 구원의 능력을 회상하며, 앞을 바라보면서 새 하늘과 새 땅에서 하나님의 뜻이 이루어질 것을 기대한다. 칼 바르트의 말대로 그리스도인들은 "시간 사이에"(between the times) 살고 있다.

대림절은 "시간 사이"를 사는 그리스도인의 삶의 특징에 대해 성찰하도록 우리를 초대한다. 한편으로 대림절은 이스라엘 백성에게 하신 하나님의 임마누엘 약속을 상기시켜 준다. 하나님은 죄와 악으로부터 하나님의 백성들을 건져 내시기 위해 성육신 되어 오셨다. 다른 한편으로 대림절은 만왕의 왕이요 만유의 주이신이 임마누엘이 다시 돌아오시는 날을 고대하도록 만든다. 그는 그를 대항하는 모든 것들, 심지어 죽음까지도 그의 발로 짓밟을 것이다. 시간 사이를 살면서 우리는 하나님께 아기 예수로 인하여 감사를 드린다. 심지어 우리가 (예수께서 곧 다가올 것이라고 선포한) 하나님의 나라가 지금 당장 이루어지게 해달라고 하나님께 기도드릴 때도.

마태복음 24:36-44은 곧 다가오는 하나님의 나라에서 시작될 심판의 날에 관한 여러 비유와 어록 모음의 한 부분이다. 예수는 이날이 세상 사람들이 예상치 못할 때 올 것이라고 경고한다. 노아의 때처럼 사람들은 하나님의 심판이 임박한 것도 깨닫지 못하고 먹고 마시고, 시집가고 장가가는 등의 일상에 빠져 있을 것이다. 그들은 도둑이 언제 들지 모른 채 집을 지키는 사람과 같다. 심지어 천사도, 아들도 그날과 시를 알지 못한다. 요점은 우리가 늘 대비를 해야 한다는 것이다. 그가 마침내 나타나셨을 때 준비된 자들은 구원을 받고, 그렇지 못한 자들은 멸망할 것이다.

예수는 다음 장(25장)의 세 비유를 통해 이러한 주제를 거듭 강조한다. 그 첫 번째 비유는 신랑을 기다리는 열 처녀의 이야기다. 신랑이 마침내 한밤중에 도착했을 때 신랑은 등에 기름을 준비한 지혜로운 다섯 처녀를 받아들였으나 어리석게 기름을 다 소진한 다섯 처녀에는 문밖에 남겨 두었다. 두 번째 비유는 종들에게 돈을 맡기고 긴 여행을 떠난 주인에 관한 이야기이다. 그가 돌아왔을 때 그는 두 종에게 지혜롭게 돈을 관리했다고 칭찬했지만, 자기가 맡은 돈을 땅에 묻어두었던 종은 책망했다. 세 번째 비유도 앞의 두 비유처럼 사람들이 두 부류로 나누어질 심판의 날에 관한 경고이다. 보잘것없는 사람들을 먹이고 입힌 양 떼(그들이 사실은 주님을 먹이고 입히고 있었다는 것을 깨닫지 못했다)와 그들을 먹이지도 입히지 않은 염소 떼(그들이 사실은 주님을 먹이고 입히지 않은 것이라고 그들이 알지는 못했다)로 나뉘었다. 세 비유 모두 마태복음 24장 44절 "이러므로 너희도 예비하고 있으라. 생각지 않은 때에 인자가 오리라"라는 말씀에 뿌리를 두고 있다.

그리스도인들은 심판의 날이 언제 어떻게 일어날지 오랫동안 논쟁해 왔다. 크게 세 가지 관점이 취해졌는데, 첫 번째 관점은 마태복음 23:36-44의 본문을 구약이나 신약의 다른 본문의 묵시적 내용과 결합하여 종말에 일어날 사건의 시간표를 작성하려는 입장이다. 이런 입장을 취한 대표적인 사례로는 할 린지(Hal Lindsey)의 소설 *The Late, Great Planet Earth*(1970년대에 베스트셀러였음)나 비교적 최근의 팀 라헤이(Tim LaHaye)와 제리 젠킨스(Jerry Jenkins)가 공저한 *Left Behind* 시리즈 등이 있다. 다른 미국 근본주의자들처럼 이 작가들은 하나님의 선택을 받은 사람들이 휴거할 것이라, 즉 그들의 육체가 하나님에게로 들려질 것이라 믿는다. 한편 남겨진 자들은 버림받은 자로서 하나님의 저주를 직면해야 한다. 이러한 일들이 우리의 생애 중에 일어날지 모르기 때문에 준비해야 한다는 것이다.

두 번째 관점은 심판의 날이 인간 역사의 종말이 아니라 인간 개개인의 죽음의 순간에 온다는 입장이다. 우리 각각은 마지막 숨을 거두자마자 하나님의 심판대 앞에 서게 될 것이다. 우리는 자신의 일생에 관하여 설명을 해야 할 것이며, 주님의 잣대에 의해 평가를 받게 될 것이다. 여기서도 우리에게 주는 교훈은 분명하다. 우리는 예수가 명령한 것을 실행하는 것을 미루는 잘못을 범하면 안 된다.

본문에 관한 세 번째 관점은 예수의 언어의 상징성을 강조하는 입장이다. 이 관점의 핵심은 전 인류의 종말이든 각 사람의 죽음이든 상관없이 미래에 올 심판의 날에 관심을 집중하지 말고, 지금 여기서 하나님이 우리에게 요구하시는 것이 무엇인지에 대해 관심을 기울이라는 것이다. 매일이 심판의 날이다. 그래서 나는 항상 내가 그리스도의 방식대로 사는지 물어야 한다. '내가 오직 그분만을 신뢰하고 있는가? 나의 이기심 때문에 그분을 따르는 것으로부터 주의가 산만해지지 않았는가?'

다른 그리스도인들은 위의 몇 가지 관점을 섞거나 한 가지를 택하여 변형하기도 한다. 그러나 예수 그리스도의 삶과 죽음 그리고 부활 안에서 이미 동튼 새날과의 밀접한 관계 속에서 심판의 날을 받아들이지 않는다면, 어떤 해석도 복음 정신에 위배된다. 우리는 시간들 사이에 산다! 하나님 나라 도래의 신학은 우리를 심판하시는 그리스도께서 우리를 구원하기 위해 당신이 스스로 심판을 받으신다는 성서적 증언을 통해 그 핵심에 접근한다. 하나님의 심판은 결코 하나님의 은총과 모순되거나 하나님의 은총을 폐기하지 않는다. 예수의 부르심에 대해 우리는 마음속에 미래에 대한 공포가 아니고 그리스도가 이미 우리에게 부여한 하나님 나라의 삶에 대한 감사함을 품고 준비하게 된다.

무엇보다도 시간 사이에 산다는 것은 하나님이 우리를 그리스도와 같은 성품을 갖도록 점차 변화시켜서 우리 속에 하나님의 자비와 사랑이 넘치게 하신다는 것을 믿고 소망하는 것이다. 하나님이 이미 그 일을 시작하셨고, 지금도 진행하고 계시며, 앞으로도 계속하실 것이라는 것을 믿는다. 대림절은 그리스도와의 교제의 끝없는 역사로 우리를 부른다. 그리스도는 우리가 어느 쪽으로 돌든, 과거든 현재든 미래든 모든 곳에서 우리를 만나주신다.

대림절은 보통 종말론적 본문으로 시작하는데, 그것은 대림절이 구질서의 종말이고 새로운 시대의 시작임을 말하는 것이다. 마태의 종말론적 본문은 아래와 같이 요약할 수 있다.

24:36	주제: 깨어있음과 불확실성
24:37-39	주제의 묘사(노아의 날)
24:40-41	두 가지 주제 묘사(남자와 여자)
24:42	비유에 맞춘 주제의 반복(적용-1)
24:43	주제의 묘사로서의 비유
24:44	비유에 맞춘 주제의 반복(적용-2)

오늘 본문은 마태가 종말론적 문제와 심판에 대해 다룬 다섯 번째 강화에서 온 것이다(마 24:1-25:46). 이 단락의 주제는 예수의 재림(parousia)의 불확실성에 비추어 깨어있음이다. 36절은 놀라운 선언을 한다: "그 날과 그 시각은 아무도 모른다. 하늘의 천사들도 모르고, 인자도 모르고, 오직 아버지만이 아신다." 인자가 모른다고 고백한 것을 많은 해석자들은 알 수 있다고 믿는 듯이 보이는 것이 놀라울 따름이다. 인자가 아는 것의 한계에 대한 견해는 빌립보서 2:5-11의 비움(kenosis)의 찬송과 전적으로 조화되는데, 그러므로 그 말씀은 우리가 하나님의 뜻을 분별하려는 우리의 노력에 어느 정도 겸손을 불러일으킬 만큼 우리를 놀라게 해서는 안 된다.

세 가지 예가 37-39, 40-41절에 나온다. 첫 번째 예는(37-39) 노아의 날이다. 노아라는 인물은 성서 역사에서 다양하게 해석되어왔다. 히브리서 11:7에서 노아는 임박한 재난에 대해 경고하셨을 때에 하나님을 경외하고 방주를 마련하여 자기의 가족을 구원하였는데, 이 믿음을 통하여 그는 세상을 단죄했다고 했다. 베드로전서 3:20에서는 노아가 홍수에서 그의 가족을 구해낸 것은 물을 통해 우리를 구원하는 세례를 나타낸다고 했다. 베드로후서 2:5에서 하나님은 경건하지 않은 자들의 세계를 심판하고 정의를 부르짖던 노아를 살려주셨다고 했다. 예언자 에스겔은 노아와 다니엘과 욥, 이 세 사람이 있다고 하더라도 하나님의 심판에서 자신의 의로 말미암아 겨우 자신의 목숨만 건질 것이라고 했다(겔 14:14, 20). 마지막으로 이사야는 "노아의 날"(54:9)을 말하며 예루살렘의 계약을 재확인했다.

오늘 대림절 본문에서 노아의 날에 대한 이야기는 Q자료에 속한다(눅 17:26-36; 마 24:36-44). 이 본문이 특이한 것은 노아의 정의가 아닌 자신의 심판의 준비에 실패한 사람들에게 초점을 둔다는 것이다. "의의 전령"은 배후로 사라지고, 방심과 생각 없음이 중앙 무대에 등장한다. 말씀의 요점은 심판의 유령이 자기들도 모르게 그들의 머리 위에 다가와 있는데 사람들은 그저 그들이 하던 일을 하고 있다는 것을 강조한다. 먹고 마시는 것이 술 취함과 폭식이 아니라 매일의 정규 식사를 말하는 것이고, 장가가고 시집가는 것은 사람들이 미래가 있다는 것 그리고 새로 태어날 세대들을 위한 시간이 있다는 것을 가리킨다. 그런데 이 모든 것이 한순간에 휩쓸려 가버린다.

다음 두 가지 예는 비슷한 것을 말하는데 심판의 두 측면, 즉 어떤 사람은 구원받고 다른 사람은 남겨진다는 것이다. 심판의 보편성이 처음 두 사람은 남자, 둘째 두 사람은 여자라는 것을 통해 표시된다. 각각의 경우에서 그들은 예수 당시의 문화에서 남성, 여성의 특징적인 행동을 한다. 남자는 밭에서 일하고, 여자들은 맷돌을 갈고 있다. 두 경우 모두 심판의 범위가 집안과 들판 똑같이 미친다는 것을 보여준다. 두 경우 모두 사람들은 모두 정상적인 매일의 행동들을 하고 있는 것이다.

이 본문은 흥미롭지만 때때로 간과하는 질문을 제기한다. '한 사람은 구원받기 위해 데려가고, 한 사람은 심판을 위해 버려둘 것인가? 남은 자의 운명은 어떻게 되는가?' 마태의 두 동사의 사용(데려감[paralambano]은 버려둠[aphiemi])에 근거하여 데려간 사람은 운 좋고 깨어 있는 제자로 마태복음 24:3-28에 열거된 시대의 징조에 현혹되지 않는 사람으로 보인다. 탄생 설화에서 데려감이란 동사는 네 번 사용되는데(2:13, 14, 20, 21), 아이를 안전하게 데려간다는 것을 말한다. 20:17과

26:37에서 예수는 제자들을 데리고 간다. 노아의 때에도 방주로 데려간 사람은 구원받고 남은 사람은 멸망했다. 그러기에 마태의 용어에서 '데려감'은 위험에서 구원받는 것을 말하고, '버려둠'은 돌보지 않거나 포기하는 것을 말한다.

"노아의 날"에 대한 묘사나 심판의 두 가지 장면은 공통적 주제를 가진다. "인자"의 날이 예기치 않게 올 것이기에 사람들은 깨어있는 삶을 살아야 한다는 것이다. 밭이나 집에서 일상적인 일들은 삶을 유지하려면 필수적이지만, 사람들은 일상 속에서도 특별한 날이 오는 것을 주의 깊게 보아야 한다. 하지만 가짜 메시아라고 주장하는 것에 속으며 시간 낭비는 하지 않아야 한다(24:3-14). 다가오는 심판은 구원받는 자와 멸망하는 자를 구분할 것이다.

밤의 도둑에 대한 비유(43)는 두 가지 적용이 가능한데(42, 44), 둘 다 요점이 같다. 그런데 인자가 오는 것을 도둑이 오는 것으로 놀랍게 묘사하는 것은 의문을 제기한다. 하늘의 통치와 인자의 오심이 누구에게 위협인가? 누구의 주도권이 약해지는가? 어느 힘센 사람의 집이 털리는가?(12:28-29)

아모스는 이스라엘 백성들에게 주님의 날이 오심을 간절히 기다리라고 하며 "왜 주님의 날을 사모하느냐? 그 날은 어둡고 빛이라고는 없다"(암 5:18-20)라고 말한다. 예수가 이 본문에서 주님의 날에 대한 견해를 나눈 것은 아모스의 생각과 비슷하다는 것을 보여준다. 집주인은 깨어있는 제자와 단순하게 부정적인 대조자로 나타난다. 그런데 제자들은 무엇을 위해 깨어있어야 하는가? 새로운 강림!

사람의 아들이 오심을 강조하는 대림절이 다가오면 교인들은 상당히 다른 두 가지 반응을 보인다.

어떤 그리스도인들은 그리스도의 파루시아(즉, 나타나심)을 강조하는 것이 아무것도 아닌 일에 대해 지나치게 호들갑을 떠는 거라고 생각하거나 혹은 적어도 믿을 만한 것이 아닌 일에 대해 지나치게 요란을 떠는 거라고 생각한다. 신실한 교인이라면 매년 대림절의 묵시적 본문을 견디면서 다음 주에 실존했던 역사적 인물인 세례요한이 우리가 예수를 기다리도록 도와주기를 기대한다.

어떤 그리스도인들은 그리스도의 재림이 복음의 핵심이라고 생각한다. 그들은 칼 바르트(Karl Barth)가 권하는 대로 한 손에는 성서를, 한 손에는 신문을 들고 하루를 시작한다. 하지만 그들의 해석학적인 전략은 바르트의 전략과는 꽤 다르다. 그들은 성서를 검색하여 마지막 때의 징조를 찾으며, 그 징조가 아직 보이지 않는지 확인하려고 신문을 검색한다.

마지막 때의 일에 대해 불가지론적인 그리스도인들은 끝없는 무관심 상태에 빠지고 싶은 유혹을 받는다. 마지막 때의 일에 집중하는 그리스도인들은 끝없는 불안의 상태에 빠지게 된다. 오늘 말씀은 무관심보다는 믿음을, 불안보다는 희망을 장려한다.

믿음의 대림절 공동체

마태복음의 말씀은 우리를 역사적인 무관심에서 벗어나게 한다. 저명한 신약학자이자 주교인 크리스터 스텐달(Krister Stendahl)은 교인들이 각자 개인의 영원한 삶에 대해 가장 혼란스러워 할 거라고 생각한다면 우리가 교인들을 오해하는 것이라고 말한 적이 있다. 스텐달은 이와는 반대로 현대 그리스도인들은 역사가 어떤 의미를 가지고 있는지에 대해 자주 혼란스러워 한다고 말한다.

마태복음의 말씀은 하나님께서 인류 역사 전반에 걸쳐 주권을 갖고 계시다는 심오한 성서적 신앙을 상기시켜 준다. 그러나 예수는 이 담론에서 태초에 역사를 창조하신 하나님이 역사를 이끌어 가실 뿐 아니라 역사의 목표라고 은유적으로 또 신화적으로 말씀하신다.

대림절을 주제로 목회를 하려면 "인생이란 소리와 분노로 가득 찬, 바보가 하는 이야기이며, 아무것도 의미하지 않는다"*는 맥베스의 냉소적인 무관심에 대해 전면적인 반대가 필요하다. 성서와 교회에서 삶은 하나님의 기쁨에 따라 강하고 주권적인 하나님이 말씀하시는 이야기로 제정된다. 그것은 심판과 은혜로 가득 차 있으며, 하나님께서 만물을 새롭게 하실 시간을 향해 나아간다.

특별히 대림절 동안 우리는 우리가 하나님의 백성이라는 확신을 가지는 데 도움을 주며 우리가 살아가는 역사는 하나님으로부터 하나님을 향해 나아가는 하나님의 이야기라는 확신을 가지도록 도와주는 전례, 음악, 목회적 돌봄 및 기독교 교육에 참석한다.

희망의 대림절 공동체

오늘의 말씀은 우리에게 역사에 대한 불안에서 벗어나게 한다. 물론 종말의 징조로 가득 차 있지만 첫 번째 경고는 부엌 벽에 종말론 달력을 붙이고 싶은 유혹에서 벗어나게 한다. "그러나 그 날과 그 시각은 아무도 모른다. 하늘의 천사도 모르고 아들도 모르고 오직 아버지만이 아신다"(36). 라인홀드 니부어(Reinhold Niebuhr)가 했다고 알려진 평화의 기도는 우리가 바꿀 수 없는 것들을 받아들이라고 요청한다. 때때로 우리가 알 수 없는 사실을 인정하는 것이 더 어렵다. 그러나 그것을 받아들이면 종말론적으로 민감한 평온이 올 수 있다. 예수가 그 자신도 완전히 이해하지 못한 완성을 기다렸다면, 우리는 예수에게서 우리의 희망을 배울 수 있다.

목회적 돌봄과 종교 교육을 통해 우리가 가장 받기 원하는 은사는 장차 올 미래를 통제하지 못하거나 그에 대한 세부 사항을 알지 못해도 미래를 신뢰하는 것이다. 우리의 모든 소망은 하나님께 있다.

---

* 셰익스피어, 맥베드 5막 5장.

기억의 대림절 공동체

오늘의 말씀은 되돌아보는 것을 두려워하지 않기 때문에 무관심하거나 불안해하지 않으면서 앞으로 나아갈 수 있도록 도와준다. 이 특별한 구절이 되돌아보는 것은 노아의 시대이다. 이 이야기는 하나님의 심판과 권능을 무시하면 엄청난 대가를 치러야 한다고 경고한다. 이 이야기는 또한 때로는 하나님이 행하신 일을 되돌아봄으로써 하나님께서 정하신 때에 하나님께서 행하실 일에 대하여 확신을 갖도록 일깨워주기도 한다.

성서는 하나님이 우리 시대에 행하시는 일과 앞으로 행하실 일에 대한 전조(청사진이 아닌)를 제공하는 능력이 있다. 공동체가 가진 힘은 하나님께서 징계하고 축복하기 위해 함께 하셨던 과거의 순간들을 함께 되돌아보고, 거기에서 미래에 대한 희망과 경고를 찾을 수 있다는 것이다.

전례는 위대한 기억이다. 하나님께서 하나님의 백성과 하나님의 세상을 위해 행하신 일들을 기억하게 하는 찬송과 기도와 독서가 설교를 둘러싸고 있다. 하나님께서 예수 그리스도 안에서 우리에게 오셨다는 것에 대해 아무 생각 없이 대림절 예배에 오는 것은 나쁜 신앙이다. 우리는 기억하면서 기다리기 때문에 희망을 가지고 기다린다.

목회적 돌봄이 목회 심리학에 국한되지는 않지만, 지난 수십 년 동안 우리는 되돌아보는 것이 앞으로 나아가기 위한 필수적 요소가 될 수 있다는 것을 배웠다. 우리는 노아에 관해 생각해 보자고 교인들에게 말한다. 자신의 삶에서 하나님의 심판과 약속을 보여준 이야기를 생각해 보자. 그 빛 속에서 앞으로 나아가라.

깨어있는 대림절 공동체

종말론적 본문의 주요 기능 중 하나는 우리가 깨어 있도록 상기시키는 것이다. 믿음과 소망과 기억은 우리를 그리스도인이 가져야 할 책임으로 이끄는 데 도움이 된다. 우리는 예수 그리스도 안에서 행동하셨고, 지금 행동하시며, 역사의 완성 속에서 행동하실 하나님께 응답한다.

마태복음의 다음 장에서 아주 명백하게 밝혀지겠지만, 우리는 또한 다른 사람들의 필요에 대하여 깨어있게 된다(마 25:31-46 참조). 어느 날 예수는 갑자기 밤에 도둑처럼 구름 속에서 나타나실 수도 있다. 그러나 마태가 우리에게 일깨워 준 대로 그런 일이 있기 전에 예수는 배고픈 사람이나 헐벗은 이웃 또는 아프거나 감옥에 갇힌 사람처럼 길모퉁이를 돌면 갑자기 나타날 것이다.

"그러므로 (우리도) 준비하고 있어야 한다"(44).

설교

대림절 첫 주에 지정된 복음서 본문을 보면서 일부 설교자는 고통으로 얼굴을 찡그리지는 않더라도 난감한 표정이 될 수 있다. 이 얼굴 표정은 본문이 원하는 방향으로 가려는 것과 사람들이 원하는 자리에 머무르려는 것 사이에서 일어나는 내적인 그리고 영적인 갈등이 밖으로 눈에 보이게 드러난 것이다.

일반적으로 대림절 첫째 주에 교인들은 이미 마음속에 성탄절을 생각하고, 12월 25일로 마음이 기울어져 있다. 대문에 성탄절 장식품을 걸어두고, 현관을 꾸미며, 미리 성탄절 캐럴을 부르는 것은 교인들의 기대가 높다는 것을 보여주는 것처럼 보인다.

대림절 첫째 주에 읽는 복음서는 교인들의 이런 기대와는 부합하지 못하는데 그 이유는 이 본문이 (성탄절과는) 전혀 다른 날을 가리키기 때문이다. 마태와 그가 보여주는 예수는 성탄절에 전혀 관심이 없어 보이고, 그보다는 알 수 없는 미래의 종말의 때에 집중하고 있는데, 그때에는 인자(the Son of Man)가 갑자기 돌아오고 삶은 갑자기 그리고 놀랍게 변하게 될 것이다. 성서와 사도신경에 나오는 "다시 올 것이다"라는 말은 많은 사람들을 두렵게 하고, 대다수 사람들은 이 말을 "버림을 당한다"는 의미로 받아들인다. 이러한 이해를 너무 우편향적인 신학이라 간주하고, 그것을 무시하려고 너무 좌편향적인 신학에 기댈 필요는 없다.

그렇다면 설교자가 대림절 첫째 주일 성서정과 복음서로 본문 연구를 할 때 두 가지가 가능한데, 그것은 성탄절을 향하여 설교를 강력하게 밀고 나가는 것과(push) 그 반대로 묵시적 종말론으로부터 설교를 이끌어 내는 것(pull)이다. 이 두 가지 방향이 있음에도 불구하고 본문이 주는 강하고 부담스러운 중압감(press)은 여전히 존재한다.

설교자가 이 본문과 연관하여 밀고 나가는 것(push), 이끌어 내는 것(pull) 그리고 중압감(press) 속에서 벗어나 본문이 스스로 말하도록 한다면, 처음 본문을 대할 때의 그 난감하던 표정은 점차 커져가는 통찰력을 통해 부드러운 미소로 바뀔 수 있다. 이 통찰력은 이 본문의 첫 부분을 문자 그대로 해석할 수도 있다는 생각이 갑자기 들 때 다가온다. 이 본문이 신비스런 미래를 가리킬 수도 있지만, 실제로는 현재의 일상적인 일에 기반하고 있다. 이 현재는 불확실성이나 모호함이 특징인데 그것은 천사들이나 심지어 아들에게까지도 해당이 된다. 우리들 스스로가 많은 시간을 모호한 가운데 살고 있다는 것을 알기 때문에 본문의 이 부분을 문자 그대로 여겨도 될 만한 충분한 이유와 근거가 된다. 만일 우리가 여기서 출발한다면, 교인들은 성탄절을 향하여 나아가거나(pushing) 묵시적 관점으로부터 이끌어 내는(pulling) 설교를 듣는 것이 아니라 오늘에 관해 말하는 설교를 듣게 될 것이다.

많은 사람들은 자신들이 모호하다는 것을 알고 있다. 그들은 또한 스스로 신앙의 사람들이 되기를 원한다는 사실도 알고 있다. 이들의 모호함에서 비롯되는 문제는 일반적으로 진정한 신앙을 가진 사람들은 모호하지 않고 명료하다고 여기는 가정에서 제기된다. 교인들의 신앙이 모든 것을 분명히 인식하게 만드는 것도 아니다. 그들 역시 일상적인 결정과 관련하여 하나님께서 그들이 무엇을 하기를 원하는지 명확하게 알지 못한다. 그들은 이런 중대한 문제들을 판단할 어떤 매뉴얼이나 흐릿한 개념조차 가지고 있지 않다.

그들 중 많은 사람들이 우리처럼 죄책감을 잘 느끼기 때문에 그들은 자신들의 신앙이 결함이 있고, 약해서 또 자신들이 잘못해서 실패했다고 여긴다. 오늘의 본문은 그들을 향하여 불확실성이야말로 성서가 말하는 가장 훌륭한 신앙의 조건이 될 수 있음을 보여주는 놀라운 역할을 한다. 물론 이것이 답이 없는 질문 중 어떤 것도 해결하지는 못하지만, 중압감에서 사람들을 벗어나게 하기 때문에 일종의 안도의 기쁨을 가져다주는 시발점이 될 수 있다. 그리스도께서 우리가 모든 것을 알기를 기대하지 않는다는 것을 알고 나서 우리는 안도감을 느낀다.

우리가 모든 것을 알 것으로 기대를 받지는 않지만, 우리가 무언가를 하기를 기대한다. 우리 앞에 있는 성서 구절을 통하여 예수께서는 깨어 있는 정신으로 일하는 삶으로 사람들을 부른다. 이런 의미에서의 일이란 지금 여기에서의 실천을 말한다. 예수께서 보여준 성서적 신앙은 이 세상의 일들을 무시하고 내세에만 관심을 갖는 것과는 거리가 멀다. 마태의 예수는 앞으로 일어날 일을 주시하고 또 장차 결정적인 일이 일어날 것이라고 믿으면서도 그는 오늘날과 이 시대에 필요한 것에 계속 관심을 기울이고 있다. 우리는 그가 사람들을 들판이나 방앗간, 일상적인 일, 평범한 장소 등 사람들이 힘들게 살아가는 삶의 자리로 인도하는 방식에서 이것을 알 수 있다. 세속적 삶이 펼쳐지는 곳이 신앙의 일이 일어나는 곳이고 이 점을 간과해서는 안 된다. 성서적 신앙은 모든 것을 알 수는 없지만, 지금 여기에서 무언가를 하도록 부름받았음을 아는 것이다. 그리스도인들은 여하튼 세상에서 일하는 일꾼이다.

그리스도인이 하는 일은 깨어있거나 주시하는 정신으로 성취되어야 한다. 예수께서 중요하게 보는 것은 일이 아니라 깨어있는 그 자체이다. 신앙적인 일에서 필수적인 요소는 예수께서 주시하는 것, 깨어있는 것이라고 명명한 바와 같이 인식과 민감함이다. 그는 이 인식을 명료하게 규정하지 않고 세부 사항을 설명하는 데(그것이 더 불확실하다!) 결국 일이 전부가 아니라는 것을 의미한다. 일이 모든 것을 성취하는 것이 아니고 또 할 수도 없다. 희망이 올 것이고, 가장 깊고 좋고 높은 희망이 올 것인데, 그것은 우리의 일이 아닌 그것 밖에서 혹은 그것 너머에서 올 것이다.

그래서 설교는 또 다른 기쁨을 가져다준다. 그렇지 않은가? 만일 첫 번째 안도의 기쁨이 우리가 모든 것을 알지 않아도 된다는 것을 알았을 때 왔다면, 두 번째는 우리 자신들이나 누군가의 구원을 위해 우리가 모든 일을 다 할 필요가 없다는 것을 알았을 때이다. 예수의 음성이 이들을 확신시킨다. 만일 이들이 희망과 신뢰의 정신으로 할 수 있는 일을 한다면 그것으로 충분할 것이다.

대림절 둘째 주일

마태복음 3:1-12

¹그때에 세례 요한이 이르러 유대 광야에서 전파하여 말하되 ²회개하라 천국이 가까이 왔느니라 하였으니 ³그는 선지자 이사야를 통하여 말씀하신 자라 일렀으되 ㄱ)광야에 외치는 자의 소리가 있어 이르되 너희는 주의 길을 준비하라 그가 오실 길을 곧게 하라 하였느니라 ⁴이 요한은 낙타털 옷을 입고 허리에 가죽 띠를 띠고 음식은 메뚜기와 석청이었더라 ⁵이 때에 예루살렘과 온 유대와 요단 강 사방에서 다 그에게 나아와 ⁶자기들의 죄를 자복하고 요단 강에서 그에게 세례를 받더니 ⁷요한이 많은 바리새인들과 사두개인들이 세례 베푸는 데로 오는 것을 보고 이르되 독사의 자식들아 누가 너희를 가르쳐 임박한 진노를 피하라 하더냐 ⁸그러므로 회개에 합당한 열매를 맺고 ⁹속으로 아브라함이 우리 조상이라고 생각하지 말라 내가 너희에게 이르노니 하나님이 능히 이 돌들로도 아브라함의 자손이 되게 하시리라 ¹⁰이미 도끼가 나무 뿌리에 놓였으니 좋은 열매를 맺지 아니하는 나무마다 찍혀 불에 던져지리라 ¹¹나는 너희로 회개하게 하기 위하여 물로 세례를 베풀거니와 내 뒤에 오시는 이는 나보다 능력이 많으시니 나는 그의 신을 들기도 감당하지 못하겠노라 그는 성령과 불로 너희에게 세례를 베푸실 것이요 ¹²손에 키를 들고 자기의 타작 마당을 정하게 하사 알곡은 모아 곳간에 들이고 쭉정이는 꺼지지 않는 불에 태우시리라

신학

대림절은 전통적으로 준비의 절기이다. 여러 세기 동안 교회는 그 해의 일상적인 일들을 제쳐두고 예수 그리스도 안에서 하나님께서 하신 일의 깊은 의미에 대해 숙고할 필요가 있다는 것을 깨달았다. 우리가 의도적으로 예수의 탄생을 통해 성취된 하나님의 약속에 우선적으로 초점을 맞추지 않을 때 크리스마스의 의미와 기쁨은 우리를 혼란스럽게만 할 것이다.

교회의 전통적인 대림절 관습은 현대 문화와 긴장 관계 속에 있다. 세속적이고 소비주의적인 사회의 리듬은 교회의 절기를 대치했다. 그런 사회에서 크리스마스를 위한 준비는 반짝거리는 크리스마스 전등을 달고, 흥을 돋우는 명절 음악을 듣고, 사고 싶은 수많은 상품들을 응시하는 것이다. 사람들은 그것들을 통해 마음속에서 마술과 같고 유아적인 경이와 선의가 솟구쳐 나올 것이라고 기대한다. 하나님의 약속이 아니라 우리 자신이 세운 이상과 소망이 주목을 받게 되었다.

이것이 세례요한이 이스라엘 사람들에게 준비하라고 한 것과 얼마나 다른가! 그리스도 안에서 성취되는 하나님의 약속은 우리가 죄를 고백하게끔 한다. 세례요한은 우리에게 명절 분위기에 취해있지 말고, 자신을 살펴보라고 요구한다. 우리는 물질적인 어떤 것을 주거나 받는 데 신경을 쓸 것이 아니라 좋은 열매를 맺는 데 관심을 두어야 한다. 메뚜기와 들꿀을 먹으며 낙타 털 옷을 입은 요한은 거의 코미디 속 인물 같지만, 그의 메시지는 신랄하다. "회개하라, 천국이 가까이 왔느니라."

회개는 오늘날 많은 신자들에게 혼란스러운 개념이다. 그것이 우리의 잘못에 대해 후회하는 것인가? 더 좋은 사람이 되려고 노력하는 것과 관련되나? 우리의 삶이 우리의 구주 그리스도 뒤에 숨겨져 있어도 우리가 여전히 회개를 해야 하는가? 어떤 신자들에게 회개에 관련된 표현은 죄책감과 자괴감을 각인시키고, 밀과 쭉정이를 구별하는 하나님의 심판에 관한 공포를 환기시킨다. 그런 사람들에게 내가 하나님의 분노가 아니라 자비를 경험할 것이라는 확신은 매우 절박하게 요청된다.

세례요한과 대림절이 우리에게 상기시키는 것은 이것이다. 회개는 우리가 도덕적인 삶을 살았는지를 평가하는 기준에 관한 것이 아니라, 하나님이 우리의 삶을 그리스도의 삶에 맞춰 다시 올곧게 해주시기 원한다는 사실과 관계된다. 회개는 우리의 죄의식이 아니라 우리를 그리스도의 이미지로 변화시킬 하나님의 능력에 관한 것이다. 마태복음에 나오는 요한의 이상한 옷과 거친 말들은 복음의 충만한 의미를 소통케 하는 필수적 요소이다. 성탄절과 관련된 따뜻하고 환상적 느낌이 그 자체로 잘못된 것은 아니지만, 그것은 하나님이 우리를 위해 인간의 육신을 입으면서 어떤 일을 겪으셨는지에 관한 깊은 뜻을 온전히 이해하는 것과는 거리가 멀다.

마태는 우리의 시야를 확장하기 위해 몇몇 중요 이미지들을 사용한다. 그중 하나는 광야이다. 요한은 광야에서 가르치며 광야에서 외친다. 광야는 동시에 기쁨과 고통으로 점철된 이스라엘의 역사적 체험의 기억을 환기시킨다. 하나님은 이스라엘 사람들을 속박에서 해방해 광야로 이끌었으나 사람들은 하나님이 거기서 죽도록 그들을 데려왔다며 두려워했다. 그들은 광야에서 하나님에 대항해 죄를 지었고 배반했으나 또한 거기서 하나님을 믿고 순종하는 것을 배웠다. 교회에서 대림절 절기를 지킬 때도 이와 유사한 역동적인 체험을 하게 될 것이다. 우리는 그리스도가 우리 각각을 속박으로부터 건지셨고, 우리 삶의 방향을 완전히 바꾸었다고 기억하며 그것을 확인할 것이다. 신자의 삶에서도 방황의 시간이 있기에 광야 시절의 망설임과 반항이 전혀 없다고 말할 수는 없을 것이다. 그러나 광야에서도 하나님은 앞서서 갈 길을 인도하시겠다고 약속하신다.

마태의 두 번째 중요 이미지는 세례다. 요한은 요단강에서 죄를 고백한 사람들에게 세례를 주었다. 요한이 말하듯이 이 세례는 앞으로 있을 그리스도 안에서 성령의 능력에 의한 더 완전한 세례를 지시하고 있다. 이 새로운 세례에는 하나님의 뜻에 따라 살기로 작정하는 우리의 결단보다는 더 큰 의미가 담겨 있다. 왜냐하면 이 세례는 우리가 그리스도 안에서 새로운 삶을 살아갈 때 하나님께서 우리 삶 전체의 주인이라는 것을 선언하는 하나님의 행위이기 때문이다. 대림절도 이와 유사한 의미를 지닌다. 우리는 세례 속에서 우리에게 주어진 새로운 정체성을 기억하고 확인하면서 회개한다. 우리는 그리스도와 함께 묻혔고 부활했으며, 하나님의 자녀가 되었다.

또 다른 중요 이미지는 하나님의 심판과 분노를 환기시킨다. 도끼는 나무뿌리에 놓여 있다. 좋은 열매를 맺지 못하는 모든 나무는 불에 던져질 것이다. 그리스도는 곡물을 타작할 키를 가지고 있다. 쭉정이는 꺼지지 않는 불 속에 던져질 것이다. 마태는 하나님의 나라는 과거와는 근본적으로 다른 것임을 강조한다. 그 세계는 더 이상 이전과 같이 운행되지 않는다. 인간의 이상과 갈망은 그 핵심부터 뒤집힐 것이다. 또한 하나님의 심판은 하나님의 약속과 필수적으로 관련지어져 있다.

낡은 것은 지나가고, 그리스도 안에서 새로운 것이 온다. 이와 비슷하게 대림절 기간에 교회는 이 세상이 더 이상 최종적 권위를 갖지 못하며, 우리는 새 하늘과 새 땅에 관한 소망으로 산다는 것을 믿고 확인하면서 깊은 회개를 한다.

대림절이 교회에 요구하는 준비와 마찬가지로 세례요한이 이스라엘에게 요구한 준비는 자정(自淨)의 노력을 통해 이루어지는 것이 아니고, 그리스도가 우리와 세상을 정화하신다는 것을 철저하게 믿는 신뢰를 통해 이루어진다. 하나님의 약속을 상기함으로 이런 신뢰가 자라고, 이 세상을 위한 신실한 섬김을 통해 그것이 확증된다. 대림절은 그리스도의 성육신을 기억하고 확증하게 해주고, 그것이 우리에게 무슨 의미가 있는지를 깨닫게 해주는 특별한 기간이다.

대림절의 본래의 뜻을 되새기는 것은 대림절 찬송과 크리스마스 캐럴의 차이가 무엇인지 배우거나, 오래된 대림절 금식의 전통을 되살리거나, 심판과 정화에 관한 주제를 중심으로 대림절 성서정과에 따라 기도하는 등의 작은 실천에서도 시작된다. 이런 대림절의 신앙 훈련은 우리로 마침내 그날이 왔을 때, 성탄절의 기쁨과 환희(크리스마스 전등, 음악, 선물을 포함하여!)를 충분히 누릴 수 있도록 준비시켜 줄 것이다. 그러나 대림절 기간의 준비에는 다른 것도 포함된다. 그것은 성탄에서 비롯된 한 삶의 이야기를 통해 우리가 하나님의 나라가 정말 코앞에 다가왔다고 확신하며 사는 인생을 미리 연습하는 것이다.

주석

대림절은 새로운 시작일 뿐만 아니라 전환의 시기이기도 하다. 이것이 세례요한이 대림절 둘째 주일에 초점을 맞춘 이유일 수 있다. 세례요한은 한 발은 끝을 맺는 구시대에 올려 두고, 다른 한 발은 새로 탄생하는 새 시대에 올려 두었다. 사무엘과 마찬가지로 세례요한도 이스라엘 역사에 있어서 한 시대와 다른 시대를 잇는 가교 역할을 했다. 세례요한에 관한 마태복음의 자료는 마가복음과 Q자료(마태와 누가에서 발견되는 말씀 자료들)에서 온 것이다. 마태 설화의 원자료들을 일별해 보는 것이 그의 문단 구성을 밝혀줄 것이다. 1-2, 4-6 그리고 11절은 마가복음에서 온 것이고, 3, 7-10 그리고 12절은 Q자료에서 온 것이다.

오늘 본문은 다음과 같이 요약할 수 있다. 1) "세례요한의 예언자적 증언"과 "극한적 삶"(1-6), 2) "같은 옛것, 같은 옛것" 그리고 "제국의 반격"(7-10), 3) "영원에서 솟는 희망"(11-12). 각 부문에 대해 좀 더 자세히 살펴보는 것이 도움이 될 것이다.

1-6절에는 예사롭지 않은 일이 일어났다. 고대 세계에선 권력이 신전과 궁전이 현 제국의 권력을 보여주는 중앙 도시들에 집중되어 있다. 중앙 도시에는 공물과 다른 직접 세금과 간접 세금을 거두어들이는 관료 체계가 있다. 일반적으로 사람들이 무엇을 갖길 원하거나 하길 원할 때 중앙 도시로 여행하게 된다. 변방에서 중앙으로 오지 중앙에서 변방으로 가지는 않는다.

모호한 광야 예언자, 주변의 예언자를 묘사함에 있어 세례요한은 주변부에 남아 있고, 중앙에서 그를 찾아 온다. 본문에는 예루살렘(중앙 도시)과 온 유대와 요단강 부근(예루살렘 통치하에 있는) 사람들이 다 요한에게로 왔다고 했다. 물론 '온' 유대라는 것은 과장법이지만, 요한의 놀라운 영향력의 범위를 강조하려는 것이다.

세례요한은 주변부인 유대 광야에서 로마 제국이나 속국인 헤롯 안티파스의 왕국과는 근본적으로 다른 왕국의 도래를 선포하고 있다. 광야(eremia)는 유대 역사에서 율법이 주어진 갱신의 장소요, 냉담한 세대가 믿음이 없어 멸망하는 심판의 자리이다. 이사야 40:3은 마태가 제2이사야에 깊이 새겨진 새로운 창조와 새로운 탈출의 주제를 원용하고 있음을 나타낸다. 그러기에 마태에게도 광야는 심판과 구원의 자리가 되었다.

세례요한은 예언자의 목소리와 예언자의 상징적 행동 ─ 세례를 수행하는 예언자로서 분명하게 묘사된다. 그는 '광야에서 '길'을 찾는 방법을 보여줄 누군가가 필요하다는 제2이사야의 전통에 서 있다. 요한의 말은 그의 상징적 행동만큼 중요하다. 이사야서를 인용한 바로 뒤에 요한을 엘리야와 같이 묘사한 것(4, 왕하 1.8 참조)에 주목하자. 요한은 이사야와 같이 권력의 중앙과 연계되어 있는 예언자가 아니었고 주변부에 살았다. 그의 음식은 가난한 자의 음식이었고(메뚜기와 그가 발견한 모든 꿀에도 불구하고), 그의 옷은 가난한 사람의 옷인데 베두인들이 입는 낙타털 옷 작업복이었다.

이 강한 금욕적 예언자는 존경받았고, 복음서 전통에 따르면 그의 세례는 하늘에서 온 것으로 여겨졌다(마 21:23-37). 주변부에 산다고 요한이 주변화되지는 않았다. 도리어 당시의 현실 문제에서 예언자적 거리 두기를 제공했다. 아마도 요한은 그의 선포와 세례를 통해 선을 그었다고 얘기하는 것이 좋을 듯하다. 우리가 그의 예언자적 증언이 중심인 예루살렘과 유대 성전에서 온 권력자들에게 어떤 도전을 주었는지는 인식하는 것은 쉽지 않다. 요한은 그들의 죄를 고백하는 자들에게 세례를 주었는데, 이것은 보통 대제사장과 제사장 직분자들이 관장하는 성전과 희생 제도에게 맡겨진 구원적 행위였다.

7-10절에서 우리는 주변의 예언자가 중앙으로 여행하지 않는다면 중앙은 도전의 중요성과 그것이 제기하는 위험을 평가하기 위해 주변으로 여행할 것임을 알 수 있다. 많은 것이 'epi'라는 전치사의 의미에 달려 있는데, 세례를 받으러(for) 오거나 또는 세례에 반대하여(against) 오거나의 두 가지 의미를 가진다. 후자의 의미로 읽는 것이 전자보다 문맥에 맞을 것이다. 바리새파 사람들은 이스라엘의 정결 문제에 대해 정치적 이해관계를 가진 집단으로 자신들을 지배계급(평신도와 사제계급 공히)의 한 분파로 세움으로써 그들의 계획을 추진했다. 비록 바리새인과

사두개인들은 여러 가지 점에서 크게 달랐지만 요한이 그들의 이해에 위협이 된다는 것에는 인식을 같이 했는데, 특히 요한의 세례가 하늘에서 왔다고 주장함으로써(마 21:25-26) 성전의 영향력 범위를 줄이려는 시도에 대해서 그러했다.

그들의 반대는 또한 그들이 나타났을 때 요한이 즉각적으로 적대적인 반응을 보여줌을 잘 설명해 준다. 요한은 그들이 자신이 하는 일을 반대하는 것을 알고 있었고 그들이 말로 공격하는 것을 기다리지 않고 공격했다. 이미지는 매우 강하다. "독사의 자식들아, 누가 너희에게 닥쳐올 징벌을 피하라고 일러주더냐?" 뱀은 부정한 동물인데 요한은 여기에 상처 주는 모욕까지 더했다. 요한은 아브라함이 우리 조상이라는 특별한 지위에 호소하려는 것을 또한 공격했다. 그 호소는 내부자(아브라함 자손과 계약 공동체의 엘리트)와 외부자(요한의 광야 공동체)를 규정하려는 시도였고, 이 본문에서는 그들이 내부자로 남아 있다는 것이다.

요한은 심판의 여러 복합적 이미지로(도끼로 찍고, 쭉정이 키질, 불 속에 때울 것. 10, 12), 희망으로(나보다 더 능력 있는 분이 불과 성령으로 세례를 준다, 손에 키를 들고 타작마당을 깨끗이 한다. 11-12) 대응한다. 불은 심판과 희망과 연관된다는 것에 주목하자. 본문은 대전환을 바라보고 있다. 광야에서 길을 찾고 심판을 거쳐 소망으로 살아가야 비로소 도달할 수 있는 새로운 시대의 강림.

목회

우리가 교회 생활에서, 특히 대림절에 원하지 않는 것들이 있다.

우리는 심판을 원하지 않는다.

그리고 우리는 향수(nostalgia)를 원하지 않는다.

우리는 대림절에 심판을 원하지 않는다

내가 목회자로 사역했던 모든 교회는 기독교적인 비판으로부터 회복한 그리스도인들이 많이 모였다. 이혼 후 재혼한 그리스도인 부부는 마가복음 10:11-12을 엄격하게 해석하는 교회에서 받은 상처를 회복하는 중이다.

동성애 그리스도인들은 고린도전서 6:9에 대하여 받아들일 수 없는 해석을 하는 교회에서 받은 상처를 회복하는 중이다. 바울은 말라코이(malakoi)와 아르세노코이타(arsenokoitai)가 이 왕국을 물려받지 못할 것이라고 말하는데, 하지만 이 헬라어 단어의 의미는 아무도 알지 못한다.

묻기를 좋아하는 그리스도인들은 디모데후서 3:16("모든 성서는 하나님의 영감으로 된 것")을 바울이 성서를 축자적으로 해석해야 한다고 주장했다는 근거로 여기는 교회에서 받은 상처를 회복하는 중이다. 사실은 바울 자신이 이 편지를 '직접' 쓰지 않았을 수도 있는데 말이다.

그래서 그리스도인들은 그들이 편안함을 느낄 만큼 그들을 받아주는 교회로 오게 된다.

그리고 세례요한이 온다. "독사의 자식들아! 누가 너희에게 닥쳐 올 징벌을 피하라고 일러주더냐? … (예수는) 손에 키를 들고 있으니, 타작마당을 깨끗이 하여… 쭉정이는 꺼지지 않는 불에 태우실 것이다."

요한이 이렇게 정죄했을 때 율법학자들과 바리새파 사람들만 염두에 두었기를 바라겠지만, 이 장의 더 큰 맥락이나 마태복음의 전체 맥락에서 보면 우리 모두가 긴장해야만 한다는 것이 분명하다. 왜냐하면 요한이나 그가 소개하는 예수는 수용과 경고의 가장 놀라운 결합으로 오시기 때문이다. 우리는 모두 우리가 대림절에 있는 그대로의 우리 자신으로서 소중히 여겨질 뿐 아니라, 우리가 하는 일에 대해 책임이 있다는 것을 깨닫는다.

이것은 대림절의 좋은 소식이 될 수 있다. 왜냐하면 하나님이 내가 하는 일에 대하여 관심이 없으시다면, 하나님이 실제로 나를 돌보지 않으신다고 의심하게 될 것이기 때문이다. 하나님이 나를 그리스도의 가족으로 환영할 만큼 사랑하신다면, 하나님은 나에게 무언가를 기대할 만큼 사랑하시는 것이다(하나님이 기대하시는 것은 거의 말할 필요가 없지만, 심판에 특화된 교회들이 기대하는 것과는 다르다. 마 7:1-2 참조).

윌리엄 뮬(William Muehl)은 대림절 이야기에서 이 점을 적절하게 강조한다.

12월 어느 날 오후 한 무리의 부모들이 보육원의 로비에서 크리스마스 전 마지막 수업이 끝나고 자녀들이 나오기를 기다리고 있었다. 어린아이들이 그들의 사물함에서 달려오는데, 각각 그들의 손에 몇 주 동안 정성 들여 만든 '깜짝 선물'을 멋지게 포장해서 들고 있었다. 어떤 꼬마가 외투를 입고 부모에게 손을 흔들며 달려오다가 미끄러져서 넘어졌다. '깜짝 선물'은 그의 손에서 날아가 바닥에 떨어졌고, 도자기임에 틀림없는 그것은 깨지고 말았다.

그 아이는… 슬픔을 가누지 못하고 울기 시작했다. 그의 아버지는 사고를 최소화하려고 애쓰면서 소년을 위로했다. 소년의 머리를 토닥거리며 속삭였다. "자, 괜찮아. 별일 아니야. 정말 아무 일도 아니야."

하지만 아이의 어머니는 그 상황에서 좀 더 지혜롭게 아이를 품에 안고 말했다. "오, 큰일 났네. 정말 큰일 났네." 그리고 아들과 함께 울었다.*

이것은 중요하다. 우리의 대림절 예배, 대림절 찬송, 대림절에 기대하는 것들 그리고 대림절의 위로는 세례요한이 그렇게 분명하게 밝힌 것들을 기억하라고 요청한다. 그건 중요하다. 우리는 중요하다.

아마 교회는 심판하기를 포기할 수 있겠지만, 그래도 우리는 우리의 책임을 포기할 수 없다.

---

* William Muehl, *Why Preach? Why Listen?* (Philadelphia: Fortress Press, 1986), 82.

우리는 대림절에 향수(nostalgia)를 느끼기 원하지 않는다

사람들은 향수를 원할 수 있겠지만, 우리는 아니다. 그들은 대림절 두 번째 주일에 <오 베들레헴 작은 골>과 <고요한 밤>을 부를 준비가 되어 있지만, 우리는 대림절의 마지막 촛불을 밝히기 전에 아직은 <곧 오소서 임마누엘>을 불러야 한다는 것을 알고 있다.

그들은 작년과 같이 그리고 62년 전과 같이, 아마도 킹 제임스 성서에 있는 것과 같이 크리스마스 행사를 하기 원한다. 그리고 그들은 하나님은 이 거룩한 절기를 위해 전통적인 포인세티아를 포기하고 붉은 국화를 사용하는 것을 금하셨다고 믿는다.* 왜냐하면 대림절은 그들이 생각하기에 되돌아보는 절기이기 때문이다. 예전에 하던 대로 하면 기분이 좋다.

"대림절은 오고 있는 것을 기대하면서 앞을 바라보며 기다리는 것"이라고 우리는 기도하고 설교하며 가르친다.

그리고 세례자 요한은 옛날 엘리야를 떠올리게 하는 옷을 입고 이사야가 한 말을 직접 인용하여 말한다. "광야에서 외치는 이의 소리가 있다. '너희는 주님의 길을 예비하고, 그의 길을 곧게 하여라.'"

세례자 요한은 성서에서 찾아볼 수 있는 것처럼 하나님의 은혜라는 알 수 없는 경제 속에서 뒤돌아보아야만 미래를 바라볼 수 있다는 것을 일깨워준다. 우리가 장차 오시기를 기다리는 예수는 이미 하나님의 과거에 계획되어 있었다.

어쩌면 사람들은 우리가 생각하는 것만큼 절망하고 있지 않을지도 모른다. 그들은 지나간 대림절을 돌아보면서 오늘의 대림절을 신뢰하고, 다가오는 대림절을 기다릴 용기를 얻는다. 유령들이 스크루지에게 미래를 보기 전에 과거를 돌아보도록 만든 것은 일리가 있었다.

향수(nostalgia)는 불균형한 감정을 통해 여과된 기억이다. 믿음은 적절한 감사를 통해 여과된 기억이다.

우리는 때로 우리의 예전과 우리의 기도와 우리의 설교와 심지어 우리의

---

* 포인세티아는 전통적으로 성탄 절기에 사용하는 장식. 붉은 국화는 발렌타인데이 같은 기념일에 사용하는 장식. _ 역자 주

목회적 돌봄을 이용해서 성도들과 가상 놀이를 한다. "미래를 향해 나아가라. 그리고 과거는 없다고 믿어라." "예수가 오심을 기다려라. 그리고 이야기가 어떻게 되는지 당신이 아직 모르는 척하라. 그러면 '기쁘다 구주 오셨네'를 찬양할 때 감사할 뿐 아니라 놀라움을 느낄 수도 있다."

십자가를 기억하지 못한 채 구유에 오는 것은 거짓 경건을 실천하는 것이다. 조지 프레드릭 헨델(George Frederic Handel)과 교회가 "한 아기가 우리를 위해 태어났다"는 약속에 대하여 무엇을 했는지 모르는 척하면서 이사야의 말씀을 읽는 것은 거짓된 전례적 올바름을 실천하는 것이다.

어쩌면 대림절 동안 향수를 포기할 수는 있겠지만, 기억을 포기할 수는 없다. 그러니 이번 주에는 계속해서 <오 베들레헴 작은 골>을 노래하자.

설교

　세례자 요한이라는 인물은 거칠고 직선적이며 독선적인 설교자로서 우리의 관심을 바로 끌고 있다. 요한은 에든버러에 있는 프리 세인트 조지 교회(Free St. George's Church)의 저명한 설교자였던 알렉산더 화이트(Alexander Whyte, 1836~1921)를 떠올리게 한다. 화이트의 설교는 너무 직설적이고 마음을 꿰뚫어서 그의 설교는 목숨을 거는 것 같이 결단하는 마음으로 들어야 했다고 전해진다.* 광야로 요한의 설교를 들으러 나간 사람들도 그들이 알든 모르든 같은 경험을 하였다. 요한은 우리가 설교에 관해 물을 수 있는 가장 어려운 질문 가운데 하나를 던져준다. 사람들이 우리 설교를 들을 때 정말로 도전이 되는 그 무엇이 있는가? 사람들이 우리 설교를 들으러 올 때 목숨을 거는 것 같은 결단을 해야만 하는가?

　요한의 광야 설교는 스탠리 하우어워스(Stanley Hauerwas)와 윌리엄 윌리몬(William H. Willimon)이 말했던 잊을 수 없는 구절을 떠올리게 한다. 둘 중 누가 그렇게 생각하는지를 밝히지 않은 채, 그들은 "분명히 우리 중 한 명은 다른 사람의 아픔에 무감각하고 무관심하며 공격적이기까지 한 대략 백 명의 사람들을 하나님께서 목회자로 불러시도 치유될 수 없는 교회는 별문제가 없다고 생각하려는 유혹을 받는다"고 하였다.** 그들이 이 사례를 좀 과장했더라도 큰 차이는 없다. 여기에서 요한은 그 백 명 중 하나에 해당하는 자격을 갖춘 것처럼 보이므로 본문에 충실한 설교는 적어도 어느 정도의 불안감을 피할 수 없다.

　광야라는 이미지는 요한 자신만큼이나 매력적이고 또 광야를 단지 요한 만의 거처가 아닌 우리가 설교하는 장소라고 생각하는 것도 의미가 있다. 오늘날 우리가 하는 설교와 교회 생활이 얼마나 또 어느 정도로 광야에서처럼 이루어지고 있는가? 현명하고 성실한 모든 교인들은 따뜻하고 친절하며 또 매력적으로 되기 위해

---

* John Kelman, "Whyte of St. George's," *The Best of Alexander Whyte*, ed. Ralph G. Turnbull (1958; reprint, Grand Rapids: Baker, 1968), 26.

** Stanley Hauerwas and William H. Willimon, *Resident Aliens* (Nashville: Abingdon Press, 1989), 167.

열심히 일하고, 사람들을 편하게 만들어주기 위해 최선을 다한다. 하지만 예배는 늘 광야와 같아서 거기서 사람들은 자신들의 삶을 깊이 생각하고, 알려지지 않고 두렵게 하는 모든 것을 궁금해하며 또 확실하다고 자신들이 믿는 것에 대해서도 두 번, 세 번 점검한다. 예배당이 아무리 아름다워도 두려움, 근심, 책임감 등을 지닌 채 앉아있다면, 그 자리는 울부짖는 바람과 가시덤불 그리고 삶의 쓸쓸한 공허함을 대면하는 광야이다. 이 모든 것이 삶의 구성 요소이고 설교 재료가 된다.

본문 5, 6절은 가장 거친 광야는 듣는 이들 속에 있다고 생각하게 만든다. 마태는 사람들이 그들의 죄를 고백하기 위해 요한에게 갔다고 말한다. 이것만큼 '교회답고' 종교적인 것은 없다. 그래서 이 주제가 진부하다고 생각하는 강단에서는 그것을 주제로 선택하지 않을 수도 있다. 다른 강단들은 죄에 관한 주제가 교만이나 도덕적으로 흐를까 봐 회피할 수도 있다. 마태의 본문에 과장된 내용이 있을 수도 있지만, 이 구절은 설교하기를 꺼려하는 그곳에 사람들이 몰려오는 것을 상기시켜 준다. 우리 설교자 앞의 교인석에 앉아있는 사람들은 죄에 관한 교리를 모를 수도 있지만, 죄에 대한 경험과 그것을 제거하고 싶은 열망이 있다. 그들은 적어도 그 자신들과 맞서 싸워야 한다는 것을 알고 있고, 모든 관계와 사업에서 그들이 최악의 적이며, 그들 자신의 길에서 벗어날 수 없는 것처럼 보인다. 그들의 삶 속에서 어떤 문제로 고민하든 간에 이들이 예배드리러 올 때에는 이 문제를 안고 온다.

오늘날 이런 광야에서는 어떤 설교가 필요한가? 요한의 방식은 광야 설교에 대한 충분한 자료를 제공한다. 만일 그에게 신학적 라벨을 붙이려 한다면 그는 일종의 자유주의적 복음주의자(liberal evangelical)라고 부를 수 있을 것이다. 그는 두 모습을 동시에 가지고 있다. 그는 혈통과 지위를 가지고 자격을 주장하는 보수주의에 도전하고 있다. 하지만 그는 새로운 개념이나 신학이 아니라 죄, 심판, 회개 등 전통에서 중요한 개념을 사용한다.

요한의 광야 설교는 그의 앞에 있는 사람들을 대상으로 한다. 그가 회중 가운데 특별한 사람들을 볼 때(여기서는 바리새파 사람과 사두개파 사람), 그들을 기쁘게 하기 위해 자신의 메시지를 손질하지 않고 오히려 그들을 향해 할 말을 하는 방식을 취한다. 주일에 선포되는 설교들 가운데 얼마나 많은 설교들이 앞에 앉은 사람들로 인하여 핵심적인 메시지를 놓치고 있는가?

마릴린 로빈슨(Marilynne Robinson)의 작품 『길리어드』(Gilead)의 주인공인 존 에임스(John Ames)는 그가 즐겨했던 전쟁 반대 설교를 한때 중단한 것에 대해 말한다. 그는 그 이유를 그 설교를 듣기 위해 모인 사람들이 이미 자신과 같은 입장을 지니고 있는 얼마 안 되는 힘없는 노인들이기 때문이라고 말했다. 그는 "미라벨 머서(Mirabelle Mercer)는 본디오 빌라도(Ponitus Pilate)가 아니었고 그녀는 우드로우 윌슨(Woodrow Wilson)도 또한 아니었다"라고 결론지었다.* 존 에임스처럼 세례자 요한은 멀리 있는 사람들보다는 현재 있는 사람들에게 직접 말하고 있다.

요한의 광야 설교는 대부분 현재 시제이다. 다루는 내용은 거의 전적으로 하나님께서 현재 하시는 일 혹은 하시려고 하는 일에 관한 것이다. 그는 지금 자신이 진실이라고 보는 것에 대해 말한다. 설교를 하는 우리들은 본문을 보고 역사와 주제 그리고 내적인 역동성을 좋아할지 모른다. 사실 옛 이야기들은 우리의 신학과 설교에 있어서 핵심적이다. 하지만 오늘 하나님이 하고 계시는 일을 말하는 설교는 흥미롭고 다르게 들릴 가장 좋은 기회가 될 수 있다. 이런 일이 일어나게 하려면 옛 설교를 꺼내어 동사를 과거에서 현재로 바꾸면 된다. 이러한 단순한 변화가 그러지 않았다면 그냥 평범했을 일에 생명과 감동 그리고 흥미를 어떻게 가져다주는지를 보라.

요한의 설교는 자신을 넘어서 하나님을 향하도록 하고 있다. 우리의 메시지가 어느 방향으로 가든 간에 우리 자신에게 고정되게 해서는 안 된다. 우리는 메시지가 아니다. 교회 자체가 복음이 아니다. 신앙 공동체는 구세주가 아니다. 가치 있는 설교는 언제나 예수를 향하도록 심혈을 기울이는 것이다. 모든 설교에서 예수의 이름이 드높여져야 하고 설교자나 심지어 교회도 작아져야 한다.

---

* Marilynne Robinson, *Gilead* (New York: Farrar, Straus & Giroux, 2004), 43.

대림절 셋째 주일
마태복음 11:2-12

²요한이 옥에서 그리스도께서 하신 일을 듣고 제자들을 보내어 ³예수께 여짜오되 오실 그이가 당신이오니이까 우리가 다른 이를 기다리오리이까 ⁴예수께서 대답하여 이르시되 너희가 가서 듣고 보는 것을 요한에게 알리되 ⁵맹인이 보며 못 걷는 사람이 걸으며 나병환자가 깨끗함을 받으며 못 듣는 자가 들으며 죽은 자가 살아나며 가난한 자에게 복음이 전파된다 하라 ⁶누구든지 나로 말미암아 실족하지 아니하는 자는 복이 있도다 하시니라 ⁷그들이 떠나매 예수께서 무리에게 요한에 대하여 말씀하시되 너희가 무엇을 보려고 광야에 나갔더냐 바람에 흔들리는 갈대냐 ⁸그러면 너희가 무엇을 보려고 나갔더냐 부드러운 옷 입은 사람이냐 부드러운 옷을 입은 사람들은 왕궁에 있느니라 ⁹그러면 너희가 어찌하여 나갔더냐 선지자를 보기 위함이었더냐 옳다 내가 너희에게 이르노니 선지자보다 더 나은 자니라 ¹⁰기록된 바 ㄱ)보라 내가 내 사자를 네 앞에 보내노니 그가 네 길을 네 앞에 준비하리라 하신 것이 이 사람에 대한 말씀이니라 ¹¹내가 진실로 너희에게 말하노니 여자가 낳은 자 중에 세례 요한보다 큰 이가 일어남이 없도다 그러나 천국에서는 극히 작은 자라도 그보다 크니라 ¹²세례 요한의 때부터 지금까지 천국은 침노를 당하나니 침노하는 자는 빼앗느니라

신학

러시아 정교 교회의 큰 성상 병풍에는 그리스도의 성상(icon)과 교회를 끌어왔던 성인들에게 바쳐진 성상이 한 줄로 정렬되어 있다. 그 맨 가운데 인류를 구하시고 지금 높은 데서 이 세상을 다스리시는 그리스도의 큰 성상이 있다. 그 오른쪽 첫 번째에는 예수의 모친 마리아의 성상이 있고, 왼쪽 첫 번째에는 세례요한의 성상이 있다. 이 둘은 서 있는 모습인데 둘 다 예수를 바라보면서 예수 쪽으로 기대고 있어서 마치 모두가 예수와 한 몸이 된 것 같은 느낌을 준다.

복음서들을 읽어보면 예수를 만난 사람들은 대개 그가 정말 누구인지에 대해 혼란스러워했다. 예수는 결국 제자들에게 "사람들이 나를 누구라고 하느냐"(마 16:13)고 물었다. 예수와 한 몸이 된 사람들은 똑같은 질문을 스스로에게 던지게 된다: 나는 진정 누구인가? 이와 같은 정체성에 관한 질문들이 11:2-11에 나온다. 요한은 예수가 진정 누구인지 알고자 했다. 예수는 무리가 요한이 누구인지 알고 싶어 한다는 것을 언급했다. 예수만이 이 두 질문에 명확한 답을 줄 수 있다.

복음서들은 세례요한이 예수를 이스라엘이 오랫동안 기다리던 메시아라고 알아본 첫 번째 인물이라고 묘사한다. 고대 예언자와 마찬가지로 요한은 예수를 보기도 전에 그리스도에 관한 예언을 했다. 그러나 다른 예언자와는 달리 요한은 살아서 그가 예언했던 메시아를 만날 수 있었다. 어느 날 예수가 무리를 따라 요단강가 광야에서 설교를 하고 있는 요한에게 오셨다. 그리고 요한에게 세례를 달라고 요청하셨다(마 3:14). 이스라엘에 대한 하나님의 예언이 요한의 눈앞에서 실현되었다.

마태복음 11:2-11은 요한과 예수의 특별한 관계에 대해 더 전해준다. 요한은 이제 감옥에 갇혀있고, 그의 제자들을 예수에게 보내 예수가 진정 이스라엘에게 약속된 분인지 묻는다. 이 질문에 우리는 조금 당황하게 된다. 왜냐하면 얼마 전에 세례를 주면서 요한은 예수가 메시아라고 명확하게 선포했기 때문이다. 마태의 이야기 흐름을 따르자면 요한이 헤롯에 의해 투옥되었기 때문에 이런 의문이 생겼을 수도 있고 혹은 그사이에 다른 중대한 일이 생겼을 수도 있다. 이제 요한은 더는 메시아의 선구자나 그의 길을 예비하는 자가 아니다. 더 이상 그리스도 앞에서 그리스도의 "길을 닦는 자"(10)가 아니다. 도리어 이제는 그리스도에 대해 증거 하는 이는 그리스도시다. 그리스도가 요한이 받아야 할 증거를 대신한다. 요한은 그리스도 안에서 눈먼 자와 저는 자, 나병 환자와 듣지 못하는 자, 죽은 자와 가난한 자가 모두 치유를 받고, 살아나고, 복음을 듣는다는 것을(5) 예수에게서 들어야 한다. 그는 제자가 되어야 한다.

요한을 보러 광야에 나갔던 사람들은 요한의 정체성이 예수의 정체성으로 싸여 있었다는 것을 이해하지 못했다. 그래서 예수는 그들이 무엇을 보려 광야에 나갔더냐고 묻는다. 노쇠한 모습의 도인과 같이 바람에 흔들리는 갈대인가? 화려한 옷을 입은 왕인가? 예언자인가? 예수는 요한이 진정한 예언자였다고 선언한다(새로운 엘리야라고 본문 뒤 14절에서 거듭 강조할 것이다). 그러나 예언자라는 말이 요한의 정체성을 충분히 묘사하지 못한다. 그리스도의 길을 예비하는 자로서 요한은 위대한 예언자들보다 우위에 있다. 이스라엘 전체 역사에서 그에 견줄 만한 사람은 없다. 여인에게서 난 사람으로서 어느 누구도 그보다 위대할 수 없다. 그렇지만 아직도 예수의 제자가 되기 위해 배워야 하는 자로서, 요한은 하늘나라에서는 가장 작은 자이다(11). 예수에 앞서 등장했던 요한이 이제는 예수를 따라야 한다. 예수의 길을 예비했던 사람이 이제는 그분을 영접해야 한다. 첫째가 꼴찌가 되고, 꼴찌가 첫째가 될 것이다.

예수가 사람들에게 나를 따르라고 청한 이래 그리스도인들은 참된 제자도가 무엇인지에 대해 수많은 질문을 해 왔다. 때로는 광야에서 고독 가운데 금욕적 훈련에 매진하며 문명을 포기한 거룩한 사람들이 제자의 표본으로 여겨지기도 했다. 혹은 이 세상의 권력과 부가 신앙의 척도가 된다는 오해에 근거하여 위대한 왕이나 제후가 그런 표본이 된다고 여긴 적도 있었다. 그러나 또 다른 표본이 있었으니, 이는 하나님의 뜻을 선포하고, 하나님의 말씀을 설교하고, 이 세상에 대한 임박한 하나님의 심판을 경고한 예언자들이다. 목회자들도 자신들이 하나님과 교회를 위해 예언자적인 말씀을 선포하기 때문에 하나님 나라의 최전선에 가까이 가 있다고 믿는 유혹에 가끔 빠진다.

이런 생각들은 군중들이 요한에 대해 생각했던 것처럼 잘못된 해답들이다. 참된 제자도는 그리스도가 누군지를 알기 위한 노력의 문제가 아니다. 제자도의 핵심은 우리의 금욕주의적 역량이나 세상의 권력이나 예언자의 신랄한 비판이 아니다. 진정한 제자는 우리의 허망한 상상이 살아 있는 그리스도의 자리를 차지하기 쉽다는 것을 깨닫는다. 진정한 제자는 계속해서 어떻게 예수를 따라야 할지 배운다.

20세기 개신교 신학자 칼 바르트는 세례요한을 제자의 원형이라고 여겼다. 스위스 바젤에 있는 바르트의 책상에는 마티아스 그뤼네발트 (Matthias Grünewald,

1515)의 "이젠하임 제단화"(Isenheim Altarpiece) 복제본이 놓여 있다. 그 그림 속 십자가 왼쪽에는 사도 요한이 예수의 어머니 마리아를 부축하고 있고, 마리아는 창과 못에 찔려 피범벅이 된 아들이 십자가에 달린 것을 보고 충격을 받아 쓰러지려 하고 있다. 오른쪽에는 세례요한이 맨발에 낙타털 옷을 입고, 왼손에는 책을 들고, 오른손의 길게 그려진 집게손가락으로 십자가에 달린 예수를 가리키고 있다. 바르트는 하나님이 그리스도 안에서 우리를 위해 하신 것을 단순히 가리키는 것, 그것이 참된 제자도라고 말했다.

바르트와 동시대인이었던 본회퍼는 나치에 의해 처형당하기 불과 몇 달 전에 감옥에서 <나는 누구인가?>라는 시를 썼다. 그렇게 최선을 다해 신실한 삶을 살려고 노력했음에도 그는 자기가 위선이나 나약함에 물들지 않았는지 자문했다. "나는 누구인가?"라는 질문을 모든 그리스도인이 언젠가는 하게 된다. 세례요한 안에서 우리는 답을 만난다: 제자가 된다는 것은 더 이상 자기를 바라보기를 그치고 그리스도를 바라보는 것이다. 그분만을 가리킴으로 제자의 정체성이 마침내 명확해진다: "내가 누구인지를 주님은 아십니다. 나의 하나님, 나는 주님의 것입니다."*

---

* Dietrich Bonhoeffer, *Letters and Papers from Prison*, ed. Eberhard Bethge (New York: Macmillan, 1971), 347-348.

주석

　　대림절 셋째 주일에도 계속해서 세례자 요한이 강조되고 있다. 그는 구시대에 속하면서도 새로운 시대의 도래를 구현하고 있다. 요한은 투옥되었는데, 이는 그의 예언자적 증언이 어떻게 받아들여지는지를 뚜렷하게 상기시키는 것이다. 1세기에 감옥은 종착지가 아니라 중간 기착지이다. 사람들은 무죄가 판명되거나 유형을 받거나 사형을 받을 때까지 감옥에서 재판을 기다린다. 구금 기간에 죄수들은 그를 돕는 사람들과 접촉할 수 있었고, 그래서 최근 소식도 알 수 있었다. 요한이 회개 운동의 일환으로 아는 사람들과 함께 투옥되었을 수도 있다. 이 모든 것은 요한이 예수께 자신의 질문을 전한 제자들에게서 예수의 활동에 대해 들을 수 있었고, 결국에는 요한에게 예수의 응답이 돌아왔다. 여하튼 마태에게 이 이야기의 목적은 요한과 예수의 정체성을 드러내고자 하는 것이다.

　　질문은 상당히 단순하게 보인다. "오실 그분이 당신이십니까? 그렇지 않으면, 우리가 다른 분을 기다려야 합니까?" 많은 경우에 그러듯이 예수는 이 요한의 질문에 간접적으로 대답한다. 더 나아가 예수의 대답은 이스라엘의 상처가 치유될 새 시대의 일견을 보여줄 이사야와 제2이사야서와 메아리와 함께 질문의 범위를 넓혀준다.

　　다음의 병행구들은 마태가 이사야서에 빚지고 있음을 보여준다: 소경이 볼 것이다(마 9:27-31; 사 29:18, 35:5), 절름발이가 걸을 것이다(마 9:2-8; 사35:6), 나병환자가 깨끗해진다(마 8:1-4; 이것은 이사야에는 없다), 귀머거리가 들을 것이다(마 9:32-34; 사 35:5), 죽은 자가 살아날 것이다(마 9:18-19, 23-26; 사 29:19, 42:7, 61:1-2), 가난한 자를 돌볼 것이다(마 9:35-38; 사 29:19, 42:7, 61:1-2).

　　종합하면 이러한 활동은 최소한 소작농 마을과 농촌 빈곤층에 대한 기대치의 프로필을 정의하고 위기에 처한 이스라엘을 묘사한다. 그들의 상처는 치유를 요구하며, 정확히 예수가 치유자이자 퇴마사로서 취하신 역할이다. 이사야는 이 광범위한 은혜를 예상하고 있지만, 그는 그것을 오실 메시아와 연결하지 않았다. 사실 이러한 역할을 수행하는 메시아를 구체적으로 묘사한 독특한 문서는 없는 것 같다. 그래서 예수는 틀을 깨거나(만일 있다면) 그날의 대화에 예상치 못한 문제를 일으킨다. 아마도 목록에서 가장 흥미로운 구성원은 마지막 항목인 "가난한 자에게 좋은 소식이 이르렀다"(11:5)이다. 가난한 사람(ptoụchoi)은 궁핍한 사람, 낙심한 사람, 절망적인 사람을 나타낸다. 예수께서 요한에 대한 응답을 가난한 사람들에 대한 언급으로 마무리하셨다는 것은 흥미롭다. 오는 시대에 가난한 자들이 좋은 소식을 듣게 될 것이다. 그들의 상처는 가짜 의사가 아닌 진정한 치료자에 의해 치유될 것이다. "백성들이 상처를 입어 앓고 있을 때에, '괜찮다! 괜찮다!' 하고 말하지만, 괜찮기는 어디가 괜찮으냐?"(렘 6:14).

가난한 사람들은 항상 언약의 시험 케이스이다. 토라의 공동 언약이 지켜지면 신명기 15장의 약속이 이루어질 것이다. 가난한 사람들을 개별적인 필요가 있는 사람들이 아니라 집단으로 언급하는 것은 카이사르, 갈릴리의 헤롯 안티파스, 예루살렘의 대제사장 가족들과 같은 통치자들이 가난한 사람들에게 가한 불공정과 압제에 대한 체계적인 관심을 시사한다.

이러한 맥락에서 예수가 그의 축복을 이 말로 결론짓는 것을 이해할 수 있다. "나에게 걸려 넘어지지 않는 사람은 복이 있다." 문제가 지적된다. 예수는 분석가와 신하가 복이 있다고 말하심으로써 정책 토론에서 우호적인 불일치에 대해 말하신 것이 아니다. 예수는 차이점이 개인적인 경쟁과 도전에 직면하게 될 것임을 아신다. 강조점은 '나'이다. 요한과 예수는 한 가지 중요한 특성을 공유한다. 두 사람 모두 잘 준비된 반대자들에 맞서 대중의 무대에 들어가는 위험을 감수할 용의가 있다는 것이다. 비록 그것이 권력자들에게 진실을 말하는 것을 의미할지라도, 예언자를 감옥이나 십자가에 놓을 수 있는 매우 위험한 직업을 의미하더라도 말이다. 강자는 약자를 착취한다. 강림만이 바뀔 수 있는 악순환이다. 요한과 예수는 생명을 얻기 위해 고군분투하는 그 재림의 일부이다.

마태복음 11:7-11에서 예수는 초점을 요한에게서 자신에게로 돌린다. 그는 세 가지 날카로운 이미지를 사용한다: 바람에 흔들리는 갈대(7), 화려한 옷을 입고 왕궁에 있는 사람(8), 예언자보다 더 훌륭한 사람(9-11). 갈대의 이미지는 헤롯 안티파스가 주조한 동전에 있는 갈대의 이미지를 반영하고 있다. 이 말은 또한 헤롯 안티파스가 로마로부터 불어오는 바람에 매번 흔들리는 갈대(세워진 왕)일 뿐이라는 것을 비꼬는 해석이다. 다른 하나의 해석은 갈대 바다에서 바람이 파도를 제어하는 출애굽과 연관하여 갈대를 보는 것이다. 만약에 첫 번째 해석이 맞다면, 예수가 로마의 신하로서의 헤롯 안티파스의 불안정한 위치를 은근히 간접적으로 언급한 것이다. 이것이 출애굽과 관련되어 있다면, 이 말은 희망의 신학을 형상화한 것으로 해방된 미래를 바라보고 있다. 세 번째 이미지—예언자보다 더 훌륭한 사람—는 여러 곳의 인용에 의해 입증된다(출 23:20; 말 3:1). 이것은 복잡한 부분이다. 어느 때는 요한이 여자에게서 난 자중에 가장 큰 자이다라고 하다가 다른 때 하늘나라에서는 아무리 작은 이라도 요한보다 더 크다고 한다. 무엇을 말하는가? 요한은 예언자의 절정이자 결론이다. 그러기에 그는 이 시대와 오는 시대의 가교이다. 이 곤경을 이해하는 한 방법은 9-11절을 이런 말로 이해하는 것이다. "당신이 하나님이 지배하는 이 강림의 크기를 재려고 생각하려고 한다면, 이 강림의 차원과 크기를 잡아내는 것을 시작조차 할 수 없다는 것을 발견하게 된다." 하나님의 다스림이 초점이 되면 갑자기 요한은 중요성을 상실하게 된다. 하지만 비록 그는 작지만 여전히 하늘에 속해 있다. 하늘 통치의 도래에 관한 어떤 것은 단순히 측량하거나 이해할 수 없다. 아마도 그것이 우리가 매년 신비로 돌아가는 이유일 것이다.

대림절 셋째 주일을 위한 복음서 말씀은 한 문장과 반 문장의 인용문이다. 첫 번째 인용문은 마태복음 11:2-6로, 감옥에 갇힌 요한의 질문과 예수의 응답이다. 그다음 인용문은 마태복음 11:7-14이다. 개정성서정과는 11:11에서 끝나기 때문에 하늘나라와 폭력 사이의 관계에 대한 퍼즐과 세례요한과 엘리야의 관계에 대한 퍼즐을 풀어야 하는 설교자와 목회자를 부담을 덜어준다.

이 한 문장과 반 문장의 본문은 목회의 실천과 성찰을 위한 충분한 공간을 제공한다.

감옥에서 온 요한의 질문(2-6)

설교적으로나 주석적으로 마태가 왜 요한의 질문을 이 부분에 배치했는지 깊이 생각하게 된다. 신학적으로 3장에서 요한은 예수를 바르게 이해한 것처럼 보인다. 그런데 왜 지금 이런 질문을 하는 것인가?

목회적으로 이 질문은 이해하기 어렵지 않다. 세례요한은 예수를 하나님의 심판을 가져오는 분으로 보았고, 알곡은 모아들이고 쭉정이는 흩어놓는 일을 하는 분으로 보았다(마 3:12). 지금 요한은 감옥에 갇힌 채 쭉정이 취급을 당하고 있는 반면 헤롯의 권력은 더 커지고 번영하고 있다. "오실 그분이 (정말) 당신이십니까? 그렇지 않으면 우리가 다른 분을 기다려야 합니까?"(11:3)라고 묻는 건 당연하다.

목사는 대림절 동안 목회적인 대화를 위한 추가 시간을 마련하고, 적어도 은유적으로 옥에 갇힌 사람들을 방문할 시간을 가지라고 배워왔다(여러 제도 아래에서 어떤 사람들에게 은유는 단지 은유적이기만 한 것은 아니다). 우리 교회들뿐만 아니라 언론과 소비문화 전체가 지금이 메시아 시대만 아니라면 지금도 위로와 기쁨의 소식을 전해야 하는 시대라고 확신한다. 편안하지도, 즐겁지도 않은 사람들에게는 예수가 오신다는 선포와 대림절이 예수의 오심을 기뻐해야 하는 때라는 선포는 그저 잔인하게 들릴 수도 있다.

예수의 응답은 신학적으로 정답이지만, 목회적으로는 요한에게 도움이 되지 않는다. "가서, 너희가 본 것을 요한에게 알려라. 눈먼 사람이 보고, 다리 저는 사람이 걸으며, 나병 환자가 깨끗하게 되며, 듣지 못하는 사람이 들으며, 죽은 사람이 살아나며, 가난한 사람이 복음을 듣는다"(4-5).

요한과 같은 처지에 있는 사람들이라면 이렇게 말할 것이다 "시각장애인, 지체장애인, 한센병 환자, 농아자 그리고 일시적으로 죽은 사람들은 복이 있습니다. 하지만 예수님, 당신이 아시다시피, 나는 여전히 감옥에 있습니다."

외로운 사람을 위로하기 위해서 다른 사람들이 사랑하는 가족들에게 둘러싸여 있는지를 보여줄 필요는 없다. 유쾌한 청년들이 양로원이나 병동에 와서, 그곳에 거주하는 사람들보다 더 크리스마스를 즐거워하면서 <기쁘다 구주 오셨네>를 노래한다든지, "메리 크리스마스"를 외칠 때 애석하게도 거기 살고 있는 사람들은 전혀 위로받지 못한다.

목사들이여, 대림절이 오면 이 사람들을 생각하라. 그들에게 기쁜 소식을 줄 수는 없지만, 위로의 소식을 전해줄 방법은 찾을 수 있을 것이다.

청년들이 외운 사람들을 위해 캐럴을 부른 후 교회로 돌아가 뜨거운 사이다와 도넛을 먹는 건 좋은 일이다. 청년회의 회원들에게 집안에만 틀어박혀 있는 사람들이나 병원에 있는 사람이나 양로원이 있는 사람들과 일대일로 결연을 맺도록 권하면 어떨까? 청년들을 초대해서 잠시 앉아 이야기하거나, 더 나은 것은 앉아서 잠시 듣게 하면 어떨까?

물론 예수는 근본적으로 옳으시지만, 세례요한도 일리가 있다.

요한에 대한 예수의 증언(7-11)

적절한 기대에 대한 말씀이 있고, 교회에 있는 사람에 대한 말씀이 있다.

사람들이 대림절과 성탄절을 우울하게 여기는 한 가지 이유는 그들이 우울할 만한 이유가 있기 때문이다. 사람들이 대림절과 성탄절을 우울하게 여기는 또 다른 이유는 그들이 잘못된 것을 찾고 있기 때문이다.

바람에 흔들리는 갈대를 보려고 광야로 간다는 말씀을 무슨 뜻으로 하셨는지는 분명하지 않다. 만약 이것이 요한에게 바치는 헌사라면, 그 말은 요한이 감옥

안에서도(서사적으로) 그리고 죽음 앞에서도(역사적으로) 변함없이 흔들리지 않았다는 것을 말하는 것일 수 있다. 만약 그렇다면 세례요한은 대림절과 일 년 내내 하나님의 나라는 타협할 수 없고 인기 투표의 대상이 아니라는 사실에 대한 사례가 될 것이다. 얼마 지나지 않아 우리는 우리가 환영하는 아기가 어떻게 흔들리지 않고 파괴되는지 볼 것이다. 대림절의 설교와 교육과 노래는 언제나 요한의 감옥과 예수의 십자가를 기억한다.

왕궁에서 부드러운 예복을 입은 사람들과 하나님의 종인 세례요한을 비교하는 것은 요점이 아주 분명하다. 이것은 34번가의 기적과 베들레헴의 기적, 즉 메이시(Macy; 영화 <34번가의 기적>에 나오는 뉴욕에서 가장 큰 백화점 소유주)의 자선과 하나님의 사랑의 경이로움을 비교하는 것이다.

우리 가정과 교회에서 단순한 크리스마스를 권장하려고 하는 이유는 우리가 기다리고 있는 사건 자체가 단순하기 때문이다. 세례요한은 자신의 단순한 삶을 통해 그리스도의 가난을 암시한다. 마태복음에서 크리스마스에 등장하는 유일한 부자들은 동방박사들인데, 그들은 절을 한 다음에 선물을 바친다.

이런 생각을 해본다. 집에서 보내는 단순한 성탄절의 모델로 교회의 성탄절을 단순하게 시도해볼 수 있지 않을까? 관악대에게 200달러를 지불하지 말고 그 돈을 지역의 식품 저장소에 주는 것은 어떨까? 이미 많은 교회들이 하고 있는 것처럼 교회에서 전체 교인을 위해 전시하도록 한 장의 카드만 교회로 보내고, 그렇게 하지 않았으면 홀마크(Hallmark; 미국 최대의 축하 카드 제조사)에 갔을 돈을 구세군에 보내는 건 어떨까? 우리는 특히 이 계절에 부드러운 예복과 왕궁을 좋아하지만, 하나님의 나라는 다른 것에 관한 것이다.

교회 안에 있는 사람들은 "하나님 나라에서 가장 작은" 사람들이다. 마태복음에서 가장 작은 자는 하나님의 우리 안에 있는 양이다. 하나님이 보시기에는 그들이 세례요한만큼 위대하고, 그들은 우리의 보살핌에 맡겨져 있다.

누군가 우리가 할 질문을 대신해줄 때 안심이 된다. 그 질문을 하는 사람이 반에서 가장 똑똑한 아이라면 우리는 두 배로 도움을 받는다. 만일 모든 것을 알고 있는 사람이 대답을 못하면, 우리가 그 답을 모른다고 해서 기분이 나쁘지는 않다.

오늘 누군가 예수께 우리가 할 질문을 한다. "오실 그분이 당신이십니까? 그렇지 않으면, 우리가 다른 분을 기다려야 합니까?" 이 질문은 교회에서 거의 모든 사람들에게 심지어 믿음이 굳건한 사람에게도 생길 수 있다. 예수는 실제 인물인가? 우리가 믿는 종교에 무언가 있기는 한 것인가? 교회는 중요한 무언가를 정말 가지고 있는 건가 아니면 성탄절이나 그리스도는 가공의 이야기로 사람들의 관심을 끌기는 하지만, 희망을 약화시키고 꿈을 무력화시키는 세력을 만나면 결국 쓸모없고 무기력하게 되는 것은 아닌가?

이런 질문은 특히 질문자와 관련하여 너무 위험해서 우리는 공개적으로 하지 않으려고 한다. 우리는 진정한 신앙과 깊은 영성을 지닌 사람이라면 결코 이러한 질문을 하지 않는다라고 전제하고 질문하지 않는다. 우리가 두려워하는 이 질문은 그 핵심에 답하기 난해한 약점, 무관심 그리고 의심이 자리 잡고 있다. 그래서 그런 질문을 하는 것은 믿음이 없는 것으로 간주한다.

오늘 본문에서는 누군가 질문을 하여 우리에게 큰 도움을 주고 있다. 질문자는 그 반에서 가장 똑똑한 아이다. 질문자 요한은 예수에 관해 놀라운 일들을 말했던 사람이다. 마태복음 앞부분에서 그는 "내 뒤에 오시는 분은 나보다 더 능력이 있는 분이시다. 나는 그의 신을 들고 다닐 자격조차 없다"(마 3:11)고 말했다. 요한복음에서 그는 예수를 가리키면서 "보시오, 세상 죄를 지고 가는 하나님의 어린 양입니다"(요 1:29)라고 말했다. 아마도 그가 가장 빛났던 때는 요한복음에서 그렇게 말한 지 조금 지나서 "그는 흥하여야 하고, 나는 쇠하여야 한다"(요 3:30)라고 말했을 때일 것이다. 세례자 요한은 답을 알고 있었다. 그는 확신하고 있었다. 그는 예수가 진짜이고 누구에게도 뒤지지 않는 분이라고 분명하게 말할 수 있었다.

이랬던 그가 이제 동일한 예수에게 "당신이 진실로 우리가 기다리던 그분입니까"라는 질문을 하고 있다. 그에게 무슨 일이 일어났는가?

하나는 투옥 사건이다. 그는 헤롯왕의 정적으로 체포되어 투옥되었다. 감옥은 어느 누구나에게 의심을 불러일으킬 수 있는 곳이다. 모든 것이 즐겁고 자유로울 때, 즉 밝은 태양 아래서 하나님을 믿는 일은 쉽다. 그러나 고난이라는 철문이 쾅 하고 닫히게 되면 어둠 속에서 의심이 생기게 된다. "예수여 당신은 진짜인가?" "종교가 내 문제에, 내 상황에 내 관심사에 있어서 중요한가 아니면 더 이상 도움이 되지 않는 건가?" 요한의 감옥과 같은 힘든 경험을 할 때 우리는 이러한 질문을 던진다.

요한이 자신의 질문과 우리의 질문을 하도록 한 것은 단지 감옥 때문만은 아니었다. 그것은 예수 자신에 관한 것이다. 이해되지 않는 그 무엇이 있었다. 마태는 그것을 이렇게 표현한다: "요한이 그리스도께서 한 일을… 들었을 때 제자들을 보내어… 그에게 물었다. '오실 그분이 당신이십니까? 그렇지 않으면, 우리가 다른 분을 기다려야 합니까?'"(마 11:2-3). 예수께서 하고 있던 일들은 요한에게 그다지 올바른 일로 보이지 않았다. 예수는 요한이 생각하던 메시아에 들어맞지 않았다. 그는 요한이 이해하고 있었던 메시아가 해야 할 일을 하지 않았다. 세상 죄를 지고 가는 하나님의 어린 양이 헤롯의 죄는 그대로 두고 있다. 예수는 요한의 신학에 맞지 않았다. 그래서 요한은 궁금해졌다. 요한처럼 굳센 신앙을 지닌 사람도 우리처럼 의심을 할 수 있다는 것이 우리에게 위로가 된다.

이제 감옥에 있는 사람의 질문으로부터 구세주의 대답으로 넘어가자. 예수는 요한의 질문에 어떻게 대답하는가? 그는 사실상 이렇게 말하고 있다. "나는 당신에게 대답할 수 없다. 당신은 내가 진짜인지 아닌지 스스로 결정해야만 한다. 증거를 보아라. 당신은 무엇을 보는가?"

그리스도의 대답은 우리가 질문할 때와 정확하게 같다. 사람들은 그들이 보는 증거에 기초하여 스스로 결정해야만 한다. 설교자의 역할이 목회자든 예언자든 혹은 복음 전도자든지 간에 그 임무의 일부는 오늘날 우리가 볼 수 있는 증거들을 말해주고 설명하는 것이다. 예수가 진짜라고 하는 증거는 무엇인가? 이 점에 있어서 가장 좋은 방식은 개인적 간증이 아닐까 한다.

예를 들어 내가 예수를 진정으로 고백하게 된 때는 세상에 알려진 훌륭한 많은 사람들이 예수를 믿었다는 것을 알았을 때이다. 완고한 마음을 지닌 사람들은 예수를 외면했지만, 깨끗한 마음을 가진 사람들은 굳건히 그를 믿었고, 심지어는 그로 인해 힘든 시련을 겪은 후에도 그러하였다. 이들 중 몇몇은 실수를 했을 수도 있지만, 모두가 그런 것은 아니었다.* 설교에서는 이러한 관점으로 다소의 사울(Saul of Tarsus), 히포의 아우구스티누스(Augustine of Hippo), 제네바의 칼뱅(Calvin of Geneva), 옥스퍼드의 루이스(Lewis of Oxford) 등과 같은 사람들의 짤막한 전기를 소개하거나 설교자가 알고 있고 또 사랑하는 다른 사람들의 살아온 이야기를 소개해주어도 좋을 것이다.

설교는 시간, 공간 그리고 마음으로 더 가까이 알고 지냈던 사람들의 이야기로 인해 나에게 더 다가올 수 있다. 내가 훌륭한 사람이라고 여겼던 몇몇 사람들이 예수를 믿고 그의 사역에 헌신했던 것을 알게 되었을 때, 예수는 실재한다고 고백하도록 나의 마음이 움직여졌다.

설교자가 다른 사람의 경험만이 아니라 교인들 자신들의 경험을 생각하도록 도와줄 때, 메시지는 절정에 도달할 수 있다. 우리가 알고 있는 가장 의미 있는 순간들 가운데 일부는 그리스도에게 뿌리를 두고 있다. 이 시점에서 설교의 과제는 이런 종류의 경험을 식별하고, 그것들을 그리스도와의 경험으로 또 그리스도의 능력이 현존하여 활동하고 있는 것으로 설명하는 것이다. 볼 수 있는 눈을 가진 사람들은 그리스도께서 말씀과 찬양과 친교 속에 그리고 교회 의자에서 깊이 삶을 생각하는 고요한 마음속에 현존하고 있음을 발견하게 될 것이다.

---

* Elton Trueblood, *Robert Barclay* (New York: Harper & Row, 1968), 146.

대림절 넷째 주일

마태복음 1:18-25

¹⁸예수 그리스도의 나심은 이러하니라 그의 어머니 마리아가 요셉과 약혼하고 동 거하기 전에 성령으로 잉태된 것이 나타났더니 ¹⁹그의 남편 요셉은 의로운 사람이 라 그를 드러내지 아니하고 가만히 끊고자 하여 ²⁰이 일을 생각할 때에 주의 사자가 현몽하여 이르되 다윗의 자손 요셉아 네 아내 마리아 데려오기를 무서워하지 말라 그에게 잉태된 자는 성령으로 된 것이라 ²¹아들을 낳으리니 이름을 예수라 하라 이 는 그가 자기 백성을 그들의 죄에서 구원할 자이심이라 하니라 ²²이 모든 일이 된 것은 주께서 선지자로 하신 말씀을 이루려 하심이니 이르시되 ²³ㄱ)보라 처녀가 잉태하여 아들을 낳을 것이요 그의 이름은 임마누엘이라 하리라 하셨으니 이를 번 역한즉 하나님이 우리와 함께 계시다 함이라 ²⁴요셉이 잠에서 깨어 일어나 주의 사자의 분부대로 행하여 그의 아내를 데려왔으나 ²⁵아들을 낳기까지 동침하지 아 니하더니 낳으매 이름을 예수라 하니라

신학

바젤에서 여러 해 동안 가르쳤던 신학자 로흐만(Jan Milic Lochman, 1922~2004) 은 동구 공산주의와 서구 자본주의가 모두 실재에 대한 "1차원적" 관점을 고수하고 있다고 지적한 바 있다. 진실(truth)은 사실(fact)로 축소되며, 사실은 생산과 소비를 중요시하고, 이에 근거한 실재의 평가와 제어를 가능케 하는 지배적인 경제 체제 안에서만 의미가 있게 된다. 로흐만에 의하면, 기독교 신앙은 그런 맥빠진 인식, 아니 오히려 인식의 결여로부터의 구원에 관한 것이다.

기독교적 설교는 실재를 "하나님과의 연관성"을 근거로 평가하도록 우리의 눈과 귀를 열어준다. 그렇게 함으로 우리가 "생명을 주는 진리"를 듣고 실천하는

사람이 되게 한다. 그러나 그것은 설교자가 이 세상의 지배적 질서(요한복음이 말하는 *kosmos*)의 포로가 되어 기존 질서를 비판하기보다는 그 안에 안주하라고 설교하지 않는 한에서 그러하다.

마태복음에 나오는 잘 알려진 성탄 본문은 설교자가 이런 관점에서 자신을 살펴보고, 그 후 회중이 이와 비슷한 성찰을 하도록 도울 기회를 제공한다. 로흐만이 사도신경의 관련 구절("성령으로 잉태하사 동정녀 마리아에 낳으시고")의 의미를 해석한 것이 우리에게 도움이 된다. 그는 모든 것을 우리의 1차원적인 사고에 맞게 축소하면서 본문을 읽을 때 중요한 의미는 잃게 된다고 말한다.[*]

지난 세기 북미에서 있었던 현대주의와 근본주의 사이의 논쟁은 아마도 이런 과정의 최악 사례일지 모른다. 그러나 그 영향은 우리에게 여전히 남아 있다. 일반 대중은 물론 많은 그리스도인들이 오늘의 본문이 생물학적으로나 역사적으로 예수의 부모에 관한 사실적인 진술이라고 보는 것 같다. 예수에게는 인간 어머니가 있었다. 그러나 아버지는 없었다. 마리아는 하나님에 의해(초자연적으로) 수태되었다. 따라서 이 아이는 인성과 신성을 동시에 갖는다. 이제 중요한 질문은 이런 주장이 기독교 신앙의 내용으로 타당한가(혹은 핵심적인가), 아니면 기독교 초기 전승에 편입된 전설(중요하지 않고 기껏해야 해가 없는)과 같은 것인가 하는 점이다.

예수 탄생과 관련된 특별한 주장을 부인하는 것은 예수의 부모를 평범한 인간으로 여기는 것이기에 성육신을 부정하는 입장이라 생각하는 사람도 있다. 그러나 그 주장을 인정하는 것 역시 문제가 있다. 그것도 성육신을 부정하는 주장과 연결된다. 적어도 교회가 정교하게 규정해 온 성육신의 의미를 고려할 때 그렇다. 한 부모는 신성을, 다른 부모는 인성을 갖고 있다는 표현은 일차원적인 생각에 갇혀 있는 현대인에게는 혼혈(hybrid, 혼종)이나 반신반인(demigod)을 떠오르게 한다. 이것은 교회가 칼케돈 공의회 이후 계속해서 고백해왔던 예수 안에서 드러난 완전한 신성과 완전한 인성의 공재가 아니다.[**]

---

[*] Jan Milic Lochman, *The Faith We Confess: An Ecumenical Dogmatics*, trans. David Lewis (Philadelphia: Fortress Press, 1984), 101-114..

[**] From the "Definition of the Faith" of the Council of Chalcedon, *The Christological*

칼케돈 문서는 예수의 신적이고 인적인 기원을 우리가 DNA에 관한 질문을 할 때 생각하는 방식으로 설명하지 않는다. "신성에 관하여서 그는 태초에 아버지로부터 나셨다. 인성에 관하여서는 바로 그 동일한 분이 우리를 위하여 그리고 우리의 구원을 위하여 하나님의 어머니인 처녀 마리아(the Virgin Mary, the Mother of God)에게서 종말의 시대에 나셨다.'" "아버지로부터의 나심", "처녀 마리아로부터 나심"이라고 번역된 부분이 원문에서는 모두 같은 동사 gennethenta로 되어 있는데, 이는 성자의 영원한 나심과 성자의 성육신이 동일하다는 것을 의미한다. 아버지가 성자를 낳은 것이 인간의 시간으로 예수의 탄생 얼마 전에 일어났는가가 중요한 것이 아니고, 신성 안에서 성부와 성자의 고유한 관계를 설명하는 것이 더 중요한 것을 알아야 한다.

본문이 예수의 수태와 탄생이 하나님과 관련되어 있다고 말할 때, 하나님은 성부가 아니고 성령으로 언급된다는 점에 주목해야 한다. 마리아는 성령으로부터 아이를 갖게 되었음을 고지받았다(18). 요셉은 마리아가 수태하게 된 것이 성령에 의한 것임을 들었다(20). 이렇게 말하는 방식을 통해 우리는 본문을 어떻게 읽는 것이 신학적으로 올바른 것인지 깨달을 수 있다. 즉, 어떻게 1차원적 사고에서 벗어나 우리의 삶이 충만한 지평으로 나와야 하는지 깨닫게 된다.

그것은 이야기를 그리스 신화와 비슷하게 취급하는 방식을 버리고, 하나님이 이스라엘의 역사에 구체적으로 간섭하신다는 관점에서 해석하는 것이다. 역사 속에서 하나님의 영은 새로운 것을 위한 촉매제의 역할을 한다. 성령은 니케아콘스탄티노플 신조에 따르면, "주님이고, 삶의 증여자"이시다. 마리아의 아이가 "성령으로부터" 생긴다는 표현은 근본적으로 새로운 시작을 강조하고, 그것이 우리가 아니고 하나님이 하시는 일이라는 것을 강조하는 표현이다. 이러한 맥락에서 요셉이 수태와 관련이 없다는 진술은 특별히 마태가 예수의 고결한 혈통을 입증하려고 마태복음 1장에서 17절을 할애하여 주의 깊게 구성된 족보를 소용없게 만든다는 점에서 그리스도의 강림에 대해 어떤 인간(그 지위나 자격이 어떠하든지

Controversy, ed. and trans. Richard A. Norris Jr. (Philadelphia: Fortress Press, 1980), 159.
* *Ibid*.

상관 없이)도 인정받을 만한 공이 없다는 것을 강조한다.

　지금까지의 성찰은 처녀 탄생을 "해석적 도그마"(interpretative dogma)로 여겨야 한다는 로흐만의 제안을 따른 것이다. 그것은 그 자체로 신조(article of faith)가 아니다. 처녀 탄생의 문제가 지난 세기에 큰 논쟁거리가 되었던 것은 세상을 완전히 새롭게 보기 위해 인간이 눈을 떠야 한다는 욕구가 있었기 때문이 아니었나 추측할 수 있다. 처녀 탄생의 가장 중요한 의미는 그것이 더 중심적이고 진실된 선언, 즉 예수 안에서 하나님이 인성을 취하셨다는 선언을 가리키는 손가락의 역할을 한다는 점이다. 이것이 오늘의 본문과 기다림의 계절 대림절에 담겨 있는 은혜가 가득 찬 신비이다.

마태복음 1:1-16에 나오는 긴 족보는 문제로 끝난다. 1절은 이어진 족보가 예수 그리스도가 다윗의 자손임을 보여주려 했음을 나타낸다. 그런데 요셉에 이르러서 요셉이 예수의 아버지라고 하지 않는다. 대신 어색하게 "마리아에게서 그리스도라고 하는 예수가 태어나셨다"(16)고 말한다. 그래서 오늘 본문 18-25절은 이 문제를 중심적으로 다루려는 것이다. 마리아의 기적적 임신은 설명할 필요 없는 사실이다. "마리아가 성령으로 잉태한 사실이 드러났다"(18). 요셉은 그의 임신의 이유에 대해 몰랐기 때문에 그녀가 외도한 것으로 여겼다. 약혼도 결혼과 같은 것이기에 외도는 간통으로 여겨졌다. 결혼은 신랑이 신부를 자신의 집으로 데려옴으로 이루어진다. 그동안에 신부는 친정에 머물고 이때 성적인 관계는 허용되지 않는다.

요셉은 의로운 사람이라고 묘사된다. 이것은 그가 외도한 아내와 반드시 이혼해야 하고, 율법은 이에 대해 용서하거나 간과할 수 없도록 한다. 그런데 그의 의로움은 율법을 넘어서는 것이어서 요셉은 마리아의 간통을 공개하는 공개 이혼으로 모욕을 주지 않으려 했다. 그는 가만히 파혼하려 하였다. 그가 이렇게 생각하고 있는데, 주님의 천사가 꿈에 그에게 나타나서 그에게 마리아의 임신이 성령으로 말미암은 것이라고 설명했다.

천사는 요셉을 "다윗의 자손"이라고 말했는데 족보의 문제를 상기시킨다. 예수가 오직 요셉을 통해서 다윗의 자손이 될 수 있는데, 하지만 요셉은 그의 생물학적 아버지가 아니다. 이 문제는 21절에서 천사에 의해 해결된다. "너는 그의 이름을 예수라고 하여라." 아이에게 이름을 지어줌으로써 요셉은 그를 자신의 아들로 인정했다. 사실상 요셉은 예수를 입양하여 법적으로 다윗의 족보에 들어오게 했다. 이 장에서 마태는 두 번이나 예수에 관해 계보(gnesis)라는 말을 사용했다. 1절은 족보의 제목 또는 1-2장의 탄생 설화의 제목이 될 수 있다. 메시아 예수의 계보에 관한 책. 이 단어는 18절에 반복된다. "예수 그리스도의 태어나심은 이러하다." '출생'에 대한 다른 단어가 사용 가능했기 때문에 마태가 성서의 첫 번째 책을 생각하고 있는지 궁금하지 않을 수 없다. 이 책은 우리 성서에서처럼 그리스어 성서에서 '창세기'라고 불렸다. 마태는 예수의 역할을 새로운 창조라고 암시하고 있다(고후 5:17 참조).

대부분의 이방 독자는 21절의 마태의 단어 놀이를 놓쳤을 것이다. "예수"는 히브리 이름 여호수아(Joshua)에서 온 헬라어이다. 이 이름의 히브리어와 아람어 형태는 유대인들에게 구원에 대한 히브리어 단어를 생각나게 했다. 마태는 예수를 "메시아"(1, 18)로 두 번이나 밝히고 있다. 그리스도가 이방의 적들을 물리침으로 이스라엘에게 구원을 주리라고 널리 믿어졌다. 마태는 그의 예수 이야기를 독자들에게 예수가 다른 종류의 구원을 가져온다고 말함으로 시작한다. 이 주제는 20:28 "인자는 섬김을 받으러 온 것이 아니라 섬기러 왔으며, 많은 사람을 위하여 자기 목숨을 몸값으로 치러 주려고 왔다"와 26:28 "이것은 죄를 사하여 주려고 많은 사람을 위하여 흘리는 나의 피, 곧 언약의 피다"에 다시 나타난다.

"그의 백성"은 자연스럽게 이스라엘을 말하는데, 하지만 이방인들도 예수를 믿음으로 메시아의 백성이 된다고 바꾸었다(롬 11:17을 보라). 22-23절에서 우리는 마태의 빈번한 "공식적 인용"을 접하는데 성서를 언급함으로 어떤 사실의 진실이나 중요성을 확증하고 있다. 여기에서 그는 이사야 7:14에서 마리아의 기적적 잉태에 대한 지지를 받는다.

이 절의 히브리어 번역본에서 알마(almah)는 기혼이든 미혼이든 젊은 여인을 말한다. 이사야서에선 기적적 잉태를 제시하진 않는다. 이사야서가 알렉산드리아에서 헬라어로 번역될 때, 유대인 번역자들은 파르테노스(parthenos)라는 말을 선택했는데 이는 처녀라는 의미이다. 왜 그들은 이렇게 번역했을까? 도움이 되는 단서는 이스라엘과 관련하여 "처녀"라고 사용되는 예언서의 구절들이다(사 37:22; 렘 14:17, 18:13, 31:4, 21; 애 1:15, 2:13; 암 5:2). 우리는 이 절이 마태에게 특별히 중요하다고 짐작할 수 있는데 왜냐하면 그것은 헬라어 사용하는 유대인들에게는 메시아를 증명하는 본문이라고 간주되었기 때문이다. 번역자들은 여기에서 처녀 이스라엘이 메시아를 낳을 것이라는 예언("잉태할 것이다"는 미래 시제를 삽입함으로써)을 보았다. 이러한 메시아 희망은 처녀의 아들이 임마누엘, 즉 하나님이 우리와 함께 하신다는 본문의 진술을 강화시킨다. 이 본문을 마리아에게 적용함으로써 마태는 예수가 성령의 아들이라는 사실 뿐만 아니라 마리아가 처녀 이스라엘의 본질로 제시하고 있다.

"하나님이 우리와 함께 계시다"(히브리어나 헬라어에는 동사가 없음)는 임마누엘을 이해하는 두 가지 매우 다른 방법, 즉 '고(高)기독론'과 '저(低)기독론'이 있다.* 이사야서에는 태어날 아기가 초자연적인 중요성을 가진다는 힌트가 없다. 사실 어떤 역할도 그에게 주어지지 않았다. 그의 이름은 단지 호세아가 그의 세 아들(호 1:4-8)에게 사용했던 것과 같은 단순한 "상징"이다. 임마누엘이라 이름은 하나님이 국제적 위기 속에서 그 민족과 함께하신다는 것을 나타내는 신의 약속이다. 만약에 알렉산드리아의 번역가가 이것을 메시아 본문으로 생각하면 그들도 의심할 것 없이 임마누엘이란 것을 하나님이 메시아와 함께 한다는 것과 그에게 힘을 준다는 뜻으로 사용된다. 유대인들에게는 메시아는 신적 인물이 아니다. 어떤 사람은 이것도 역시 마태의 견해라고 말했다. 그는 예수를 "하나님의 아들"로 불렀는데, 이것이 언제나 "신의 아들"이란 뜻은 아니다. 사무엘하 7:14에서 하나님은 솔로몬에게 아들이라고 말했다. "나는 그의 아버지가 되고, 그는 나의 아들이 될 것이다."

마태복음서에는 고(高)기독론의 증거가 있다. 하지만 부활 뒤에 예수의 제자들은 그를 경배했고 예수는 "하늘과 땅의 모든 권세들이 나에게 주어졌다"고 선언했다. 그리고 명령하기를 모든 민족을 제자로 삼아서 아버지와 아들과 성령의 이름으로 세례를 주라고 했고, 그들과 함께 있을 것이라고 약속했다(28:17-20). 결론적으로 마태에게 임마누엘은 아마도 "예수가 우리와 함께 하신 하나님"이란 의미이다.

---

* 고기독론(High christology)은 예수가 선재(preexistent)하시는 하나님의 아들로서 이 땅에 성육신하여 사역을 마치고 부활하시어 원래의 자리인 하늘 보좌로 올라가셨다는 주장이다. 한편 저기독론(Low christology)은 예수가 유대교 교사나 선지자로 있다가 십자가에 죽으시고 부활하신 후 하나님의 아들로 격상되었다는 관점이다. _ 역자 주

목회

미국의 문화와 매체는 크리스마스를 가족의 조화와 즐거운 잔치라는 잘못된 기대로 가득 채운다. 이러한 이미지와 기대는 홀마크(Holmark)와 쇼핑몰 카탈로그가 "완벽한 크리스마스"가 어떤 것인지 규정하게 한다. 크리스마스가 오기 전 몇 주 동안 교회에서 예배를 드리는 많은 사람들이 그림 같은 완벽한 크리스마스를 만들기 위해 많은 시간과 노력을 투자한다. 다른 사람들은 그들의 인생과 가족들 때문에 그들이 누려야 한다고 믿는 성탄절을 누리지 못해서 공허하고 슬프다.

오늘 마리아와 요셉의 이야기에서 하나님이 하신 일은 종종 익숙한 사회적 기대와 관습을 뒤집어 놓는다. 첫 번째 크리스마스는 관례에 따라 완벽하게 사전 기획을 하고 정교하게 준비해서 제작된 것이 아니다. 확실히 대부분의 사람들은 어린 처녀 마리아의 삶을 통해 성육신이 일어날 것이라고 기대하지 않았을 것이다. 대부분의 교인들은 성육신과 동정녀 탄생이 실제로 얼마나 불명예스러운 일이며, 예쁜 출생 장면 뒤에 충격과 추문이 있다는 사실을 잊고 있다.

사람들이 자신의 경험, 즉 "완벽한 크리스마스"라는 개념에 부응하지 못했던 방법과 그러한 실패에도 불구하고 다른 사람들보다 더 은혜롭고 신실한 자신을 어떻게 발견하게 되었는지 생각하라고 초대해 보라.

오늘의 본문은 첫 번째 크리스마스를 준비하는 것이 관습적인 것이 아니었고, "적절한" 것과는 거리가 멀었다는 것을 상기시켜 준다. 본문이 의로운 사람이라고 하는 요셉은 곧 그의 아내가 될 사람이 임신한 것을 알았다. 이야기를 전해주는 사람은 그 아이가 성령의 아이라는 것을 알고 있지만, 이야기의 등장인물들은 그런 이야기를 들어본 적이 없다. 요셉에게 이 임신은 결혼하지 않은 여성에 대한 사회적 관습과 윤리를 위반하는 것이다. 그는 당시의 관습과 법에 따라 선택하기보다 좀 더 인도적으로 마리아와 파혼하기로 결심한다. 아마도 친절 때문이거나 후회하지 않기 위해서 그녀를 수치스럽게 하지 않고 조용히 파혼하려고 했는데, 그는 이 일이 계획한 대로 또는 관례대로 진행되지 않을 거라는 것을 깨달았다. 마리아는 그들이 결혼할 때 임신한 상태여서는 안 된다는 중요한 도덕

규칙을 위반했을 뿐이었다.

우리는 모두 때때로 요셉과 같다. 우리는 우리가 하는 일에 문제를 일으키고 싶어 하지 않는다. 우리는 조용히 일을 처리하고 소란을 일으키고 싶어 하지 않는다. 아마도 본문은 우리가 요란하게 하고 싶어 하는 일이 조용히 이루어져야 한다는 것을 일깨워주는 것 같다.

이 이야기에 비추어 해야 하는 신실한 일과 해야 하는 신실한 방법이 때때로 사회적 관습과 상충된다는 것을 생각하는 것이 도움이 된다. 이것은 배우기 어려운 진리이다. 요셉은 정치적으로 반항적이 되거나 자신이 얼마나 선한지 알리려고 관습을 어기지 않았다. 그는 관습을 어기고 마리아에게 신실했다. 왜냐하면 하나님 께서 종종 그러시는 것처럼 예상치 못한 방식으로 개입하셨기 때문이다. 하나님은 요셉에게 꿈속에서 천사를 보내셨다. 천사는 "나는 이것이 당신이 기대한 것이 아니라는 것을 안다. 요셉, 하지만 다 괜찮아질 것이다. 유대인의 관습과 율법에 따르면 당신은 사회적으로 용납할 수 없는 상황에 놓여 있지만, 하나님은 놀라운 일을 하려고 하신다."

이것이 이 본문의 메시지이다. 예상치 못한 일들, 관습에서 벗어난 일들은 종종 하나님이 일하고 계신다는 놀라운 표징이 될 수 있다. 그림처럼 완벽하지 못한 우리의 모든 크리스마스들, 우리가 원하는 만큼 완벽하지 않은 크리스마스트리, 우리가 원하는 만큼 완벽하지 않은 삶 한가운데서 하나님은 새로운 일을 하신다.

어쨌든 요셉은 이 이상한 소식을 신뢰해야 했다. 이 아이가 성령으로 말미암았고, 그는 이미 예수라는 이름을 가지고 있으며, 그는 사람들을 그들의 죄에서 구원할 것이다. 구유에 있는 아기 때문에 구원받는다는 것이 무엇을 의미하는지 생각할 필요가 있다. 종종 우리는 구원에 대해 너무 신학적으로 생각해서 예수가 정확하게 어떻게 죄 사함을 가능하게 하는지에 대한 후대의 논쟁에 휘말리게 된다. 이 모든 것은 그다음 일이다.

여기서 시작되는 것, 즉 하나님이 선포하시는 것은 어떻게든 다르게 살아가는 방법을 보여줄 사람이다. 누군가가 사랑이나 개입을 통해 후회하는 일로부터 구원해 주었던 것을 생각해 보는 것이 도움이 될 수 있다. 다른 사람의 지혜나 사랑이 우리의 행동을 형성했던 적이 얼마나 많은가? 어떤 사람은 "구원받고" 다른 사람은 구원받지 못한다고 하는 어떤 전통의 선포에서 나오는 교만함 대신 겸손함으로, 구원에 관해서 다른 방식으로 생각하려고 해 보라.

이 소식은 요셉을 당황하게 한다. 지금 요셉은 예수를 베들레헴에서 예루살렘으로, 성전에서 십자가로 그리고 빈 무덤으로 데려가는 여행에 대하여 전혀 모르고 있다. 요셉이 이 모든 일들을 듣게 된다면, 그 소식은 그가 지금까지 들었던 소식들보다 훨씬 더 그를 압도하게 될 것이다. 하나님께서는 여러 차례 우리를 위해 문을 열어주시고, 우리에게 비전을 주시고, 믿고 따르라고 손짓하신다.

우리의 목회 가운데 그런 시간들을 생각하면서 설교를 듣는 사람들에게 그들 자신의 삶에서 하나님이 그들을 낯설고 기대하지 않았던 일을 하도록 부르셨던 때를 생각해 보라고 초대하자. 시인 데이비드 화이트(David Whyte)가 지적한 것처럼 우리 대부분에게 "부르심은 당신이 사랑해야만 하는 사람 앞에서, 그렇게 거창하게, 그렇게 성서처럼 오지 않고, 친밀하게 찾아올 것이다."*

그것이 하나님이 우리를 부르시는 작은 단계들이다. 마리아와 요셉은 첫 번째 크리스마스를 향해 여행하면서 하나님이 그들을 어디로 데려가실지 알지 못했다. 그들이 아는 것은 놀라운 일이 약속되었고, 그들에게 따라오라고 손짓이 있었다는 것뿐이었다. 그래서 오늘 본문은 여행이 우리를 어디로 데려갈 것인지 또는 하나님이 우리 앞에 세우신 길이 어디인지 알지 못한 채, 일어나 하나님의 부르심에 따르라고 우리를 부른다.

---

* David Whyte, "The True Love," *The House of Belonging* (Langley, WA: Many Rivers Press, 1997).

설교

이번 대림절 넷째 주일에 교인들은 우리들이 구세주가 다가오고 있다는 좋은 소식을 전하기를 기대할 것이다. 그들이 임마누엘이 다가오고 있다는 답을 이미 알고 있다고 해도 우리는 과연 그들이 올바른 질문을 하고 있는지 궁금하지 않은가? 오늘날 신자들은 여전히 구세주가 필요한가? 구세주가 우리를 무엇으로부터 구하는가? 구세주는 무엇을 위해 우리를 구하는가? 아마 오늘 설교는 사람들이 이러한 질문을 하는 것을 도와줄 수 있을 것이다. 설교는 또한 요셉에게 초점을 맞출 수 있는데, 그는 하나님께서 어린 신부 마리아를 통해 놀라운 답을 줄 것이라는 깊은 신뢰를 가지고 행동하였다.

올바른 질문하기

아마도 여러분은 늘 질문을 놓친 것처럼 보이는 교사나 교수를 만났던 경험이 있을 것이다. 그녀/그는 겨우 한 마디 정도를 알아듣고 바로 학생들이 묻지도 않은 질문에 대한 장황한 대답을 늘어놓기 시작한다. 그 대답들은 종종 재미있기도 하지만 요점은 아니므로 별로 도움이 안 될 때가 많다. 설교자들 역시 교인들이 묻지도 않은 질문을 하고 답을 할 때가 많다. 성탄절이 다가오면서 우리도 신자들이 정말로 구세주를 필요로 하는지를 먼저 질문해보도록 돕기보다는 오랫동안 기다려 온 구세주가 다가오고 있다고 선포하라는 유혹을 받을 수 있다.

이사야 당시의 사람들은 구세주가 필요하다는 것을 알고 있었다. 그들의 구원 역사에서 매우 중요한 순간마다 믿는 자들은 구세주가 필요하다는 것을 알고 있었다. 오늘 복음서에 나오는 천사는 이 백성들이 구원을 외쳤을 어두운 시기 가운데 어느 한순간을 기억나게 한다. 그것은 하나님의 백성들이 바벨론에 유배되었던 바로 그 시기였다. 우리는 저녁 TV 뉴스에 나오는 오늘날의 유배자들이 받는 곤경 속에서 이런 옛사람들의 얼굴이 재현되고 있음을 볼 수 있다. 우리는 가정이나 안전과는 거리가 먼 작은 천막 속에 살면서 5명의 아이들을 위해 음식을 준비하는 난민 여성의 얼굴을 흔히 본다. 때로 뉴스에 나오는 얼굴들은 우리가 사는 도시에 거주하는 노숙인 남녀의 얼굴들인데, 이들은 대피소나 난방 장치 위에서 잠을 잔다. TV에 나오는 이들 유배자들의 얼굴을 보았을 때 우리는 바벨론에 살고 있는 하나님의 백성들의 얼굴을 본 것이다. 복음서는 이사야가 유배된 이 백성들을 위해 놀라운 소식을 전하고 있음을 보여준다. 하나님께서 그들에게 임마누엘을 보낼 것이다. 다이앤 베르간트(Dianne Bergant)는 임마누엘(Immanuel), 즉 "하나님께서 우리와 함께 계시다"는 개인의 이름이라기보다는 직함에 가깝다고 말한다. 우리 신앙의 조상들은 왕이란 인간 형태를 지닌 신이거나 적어도 신의 후손이라고 믿었다. 그 왕들 가운데 때로 많은 임마누엘들(immanuels)이 있었다. 교회는 아하스왕에게 처음으로 언급된 이 고대의 예언을 우리의 상상을 초월하는 임마누엘로 이해하고 있다.*

여전히 우리는 구세주가 필요한가?

특정한 시기의 정치적 유배자들에게 그리고 그다음에는 초기 그리스도인들이라는 특정한 그룹에게 했던 임마누엘이라는 옛 약속이 오늘날 설교를 듣는 사람들에게 정말 중요한가? 이 옛 약속은 만일 오늘날 신자들이 유배 상황에 있다고 인식할 때 중요할 것이다. 이사야 당시 백성들의 고난 그리고 오늘날 유배자들의 모습들은 우리들 대다수가 유배의 시간을 살고 있음을 보여준다. 우리는 이 사실을 "나는 정말로 행복한가? 만일 그렇지 않다면 내 인생에서 채워지지 않은 것처럼 보이는 것은 무엇인가? 진정으로 행복해지기 위해서 나는 무엇이 필요한가?"라는 질문을 통해 확인할 수 있다.

분명히 우리 주변에는 원하는 모든 것을 가졌다고 믿으며 행복해하고 만족하는 사람들이 있다. 그들은 넉넉한 수입이 있고 가족들을 사랑하며 대체로 생활을 즐기고 있다. 여기까지는 괜찮다. 하지만 그들이 "나는 왜 창조되었나?" "이 땅에서 내 존재의 목적은 무엇인가?" "이 생이 다한 후에 나는 어디로 갈 것인가?"등을 질문한 적이 있는가? 이런 질문들을 하는 사람들은 이 땅에서의 삶보다 우리에게

---

* Dianne Bergant, "What's in a Name?" *America* (December 13, 2004), 22.

무언가 더 필요하다는 것을 알고 있다. 심지어 가장 만족한다는 휴머니스트가 "내 인생은 진실로 무엇인가?"라는 질문을 한다면 그/그녀는 불안해하고 있는 것이다. 이 지점이 바로 왜 구세주가 필요한지 알게 되는 출발점이다.

일단 삶에 대한 진지한 질문을 시작하게 되면 우리는 위험 부담이 있는 영역으로 들어가는 것이다. 올바른 질문은 대개 우리가 변화할 것을 요구한다. 어느 라디오 토크쇼에서 회복 중에 있는 마약 중독자가 그가 회복의 길로 들어서기 시작했던 날에 관해 이야기했다. 그는 어느 호텔에서 평상시처럼 600불어치의 마약을 가지고 문을 걸어 잠갔다. 이때 그는 한 가지를 깨달았는데 그것은 자신이 행복감을 얻기 위해 약물에 의존할 때마다 자신이 혼자라는 것이었다. 그는 스스로를 다른 사람으로부터 고립시켰던 것이다.

이것은 죄가 우리의 삶에 비쳐지는 강력한 모습이다. 죄는 구세주가 우리를 다스리도록 맡기기보다는 우리 스스로가 다스리려는 선택이다. 그리고 종종 우리는 스스로를 공동체로부터 분리시킴으로써 하나님의 도움을 거부하기도 한다. 누군가는 약물에 의존함으로 스스로를 다스리기를 선택하고 또 누군가는 돈 벌기, 쇼핑, 도박, 일 중독 혹은 단순히 혼자 하기를 통해서 그렇게 한다. 크리스마스 시즌은 우리가 이러한 방식으로 스스로를 다스리려고 하고 있지는 않은지 질문하도록 한다. 이것은 위험 부담이 있는 질문이다. 우리는 진정으로 우리 안에 있는 빈자리를 예수께서 채울 수 있으리라고 신뢰하고 있는가?

신뢰로의 부름

요셉은 오늘의 복음서에서 깊은 신뢰를 우리에게 보여준다. 하나님은 그가 깨어 기도할 때 요셉에게 나타나지 않는다. 불타는 가시덤불이나 산 위에서 구름이 갈라지는 것과 같은 어떤 분명한 것도 없다. 단지 꿈만 있다. 우리는 꿈을 신뢰할 수 있는가? 우리는 꿈을 잠에서 깬 후 잠깐 기억하지만 곧 잊어버리지 않는가? 하지만 요셉에게는 꿈으로 족했다. 그는 "마리아에게 무엇을 해야 하나?", "율법은 무어라 요구하는가?", "내 마음속에서는 나에게 무엇을 말하고 있나?" 등의 많은 질문을 가지고 있었다. 그 꿈은 이 중대한 질문에 답을 주었다. 설교자로서 우리는 이 성탄절 전 마지막 주에 사람들로 하여금 이런 중대한 질문을 하도록 도와주기를 기대해본다. 만일 우리에게 올바른 질문이 있다면, 우리는 예수를 답으로 들을 준비가 되어 있는 것이다.

성탄절

요한복음 1:1-14

¹태초에 말씀이 계시니라 이 말씀이 하나님과 함께 계셨으니 이 말씀은 곧 하나님이시니라 ²그가 태초에 하나님과 함께 계셨고 ³만물이 그로 말미암아 지은 바 되었으니 지은 것이 하나도 그가 없이는 된 것이 없느니라 ⁴그 안에 생명이 있었으니 이 생명은 사람들의 빛이라 ⁵빛이 어둠에 비치되 어둠이 깨닫지 못하더라 ⁶하나님께로부터 보내심을 받은 사람이 있으니 그의 이름은 요한이라 ⁷그가 증언하러 왔으니 곧 빛에 대하여 증언하고 모든 사람이 자기로 말미암아 믿게 하려 함이라 ⁸그는 이 빛이 아니요 이 빛에 대하여 증언하러 온 자라 ⁹참 빛 곧 세상에 와서 각 사람에게 비추는 빛이 있었나니 ¹⁰그가 세상에 계셨으며 세상은 그로 말미암아 지은 바 되었으되 세상이 그를 알지 못하였고 ¹¹자기 땅에 오매 자기 백성이 영접하지 아니하였으나 ¹²영접하는 자 곧 그 이름을 믿는 자들에게는 하나님의 자녀가 되는 권세를 주셨으니 ¹³이는 혈통으로나 육정으로나 사람의 뜻으로 나지 아니하고 오직 하나님께로부터 난 자들이니라 ¹⁴말씀이 육신이 되어 우리 가운데 거하시매 우리가 그의 영광을 보니 아버지의 독생자의 영광이요 은혜와 진리가 충만하더라

신학

"내 직업적 직감으로 판단하건데, 당신은 분명 사제가 아니오."

"뭐라고요?" 그 도둑은 놀라서 입을 크게 벌리며 말했다.

"당신은 이성을 무시했소." 브라운 신부가 말했다. "그건 매우 나쁜 신학이오." *

G. K. 체스터턴(G. K. Chesterton)의 소설에서 사제로 가장한 도둑은 이성을

---

* G. K. Chesterton, "The Blue Cross," *The Innocence of Father Brown* (New York: Penguin Books, 1975), 29.

펴하는 말을 함으로 브라운 신부(소설에서 탐정 역할을 하는 신부)에게 자신이 사제라는 것을 확신시키려 했다. 분명 그는 종교는 이성을 무시하는 법이라고 생각했던 것이다. 하늘을 경이롭게 바라보면서 우주적 신비는 우리의 이해를 넘어서고, 이성은 그 자체가 불합리한 것이라고 선언하는 것이 종교인이라고 생각했다. 브라운 신부는 그것보다 더 현명했다. 신부가 말했다. "이성과 정의는 가장 멀리 떨어져 있고 외로워 보이는 별도 꼭 잡고 있소."*

요한복음 서론에 속하는 오늘 본문은 이성과 정의의 근거에 대해 어떤 성서 구절보다 의미 있는 설명을 해주고 있다(다음과 같은 다른 성서 구절도 있다. 시 33:6; 잠 8; 골 1:16-17; 히 1:2). 모든 피조물에는 로고스, 곧 하나님의 말씀과 지혜가 담겨 있다. 모든 피조물에는 만물을 창조하고 질서를 부여하며 의미를 주는 근원적 말씀이 있음을 드러낸다. 이와 같은 존재론적이고 인식론적인 지혜 때문에 우주는 이해 가능할(intelligible) 뿐 아니라 이해할 수 있는(intelligent) 능력을 부여받아서 의미를 만들고 의미를 존중할 수 있게 된다. 피조된 세계는 항상 진리에 생생하게 참여하고 있는데, 이 진리는 하나님과 함께 있고 곧 하나님이다.

기독교 전통은 이런 신념을 계속 유지해 왔지만, 우리가 이성과 정의를 존중하던 위치에서 심각하게 타락했음 또한 인정해 왔다. 오래전에 진리를 거짓과 바꿈으로(롬 1:25) 인간은 이성과 정의를 뒤에 놔둔 채 그 대체물을 스스로 부지런히 만들고, 그것들에 원래의 이름을 부여해 왔다. 인간이 이성이라고 말하는 것은 원래 이성의 축소 변형판인 "도구적 합리성"(instrumental rationality)이다. 이것은 사물과 인간을 대상으로 간주하고, 우리의 목적에 맞춰 조작하고 조정하는 능력이다. 인간이 정의라고 말하는 것은 강자가 자신의 이익과 권리를 지키기 위해 만들어 놓은 법적 체계이다. 이것이 이 세상의 지혜이고 하나님이 보시기에 어리석은 것이다(고전 3:19). 모사품을 진품과 혼동하면 안 된다.

우리의 선배 신학자들은 인간의 이성적 능력을 논하면서 "피조된 이성"(created

---

* *Ibid.*, 24.

reason)과 "타락한 이성"(fallen reason)을 구분했다. 피조된 이성은 아담과 이브가 에덴동산에서 타락하기 전 온전한 상태에 있을 때 갖고 있었던 능력으로 세계에 관한 올바른 인식을 가능케 하는 로고스 안에 머무는 상태를 말한다. 타락 이후의 시대인 오늘 우리가 경험하는 이성은 타락한 이성이다. 이것은 부패하고 부패시키는 이성으로 불의와 쌍을 이룬다(불의와 현실 왜곡이 긴밀한 관계에 있다는 것을 사 5:20에서 확인할 수 있다. "악한 것을 선하다고 하고 선한 것을 악하다고 하는 자들, 어둠을 빛이라고 하고 빛을 어둠이라고 하며, 쓴 것을 달다고 하고 단 것을 쓰다고 하는 자들에게, 재앙이 닥친다!"). 이런 타락한 이성은 바울과 그 이후의 기독교 사상가에 의해 통렬한 비판을 받아왔는데 이는 정당한 것이다. 그러나 비판할 것이 타락한 이성이지, 이성 자체가 아님을 유념해야 한다.

불행히도 이 구분을 명확히 하지 않으므로 많은 문제가 생겼다. 어떤 때에는 이성을 믿음과 대조시켜 이성 자체를 공격하기도 했다. 어떤 때에는 기독교가 과학적 지식에 반대하는 반지성주의라는 오명을 얻기도 했다. 이는 이성에 관한 오해에서 비롯된 것이다. 바울이 그리스도를 "하나님의 지혜"(the wisdom of God; 고전 1:24)라고 표현했고, 오늘 본문은 말씀이요 빛이라고 표현했는데, 이분은 이성을 파괴하기 위해서가 아니고 복원하기 위해서 오신 것이다. 우리에게 의미를 돌려주기 위해서 오신 것이다.

선배 신학자들은 피조된 이성, 타락한 이성과 함께 "갱생한 이성"(regenerate reason), 즉 다시 태어난 이성도 언급했다. 그리스도가 우리에게 가져다주는 거듭남의 중요한 한 측면은 우리 이해력의 거듭남이다. 즉, 진리를 존중하는 인간 능력의 회복을 그리스도가 가져온다. 말씀이 육신이 되어 우리 가운데 거하신다(14). 하나님의 지혜는 우리와 구체적이고, 인간적이고, 상처받을 가능성에도 열려진 우정을 맺기 원한다(고전 8:9와 연관시켜 구티에레즈 등은 "말씀이 육신이 되었다"는 말을 "말씀이 가난하게 되었다"라는 의미로 해석하는 것이 가장 적절한 현대적 해석이라고 주장했다*). 하나님의 은총에 의해 드러나는 세계를 파악하는 능력은

---

* Gustavo Gutierrez, "God's Revelation and Proclamation in History," *The Power of the Poor in History*, trans. Robert R. Barr (Maryknoll, NY: Orbis Books, 1983), 12-13.

우리의 잘못된 이성과 정의를 교정할 뿐 아니라 우리가 마음을 새롭게 하여(롬 12:2) 새로운 길을 갈 수 있도록 준비시킨다.

우리는 변혁에로의 여정에 올랐다. 우리는 아직 목적지에 도착하지 않았다. 우리가 진리의 영(요 16:13)의 인도함을 받아 앞으로 나아갈 때 우리에게는 새로 배워야 할 것도 많고, 잊어야 할 옛 습관도 많다. 요한복음에서 강조되는 주제는 성육한 진리를 이해하고 증언하는 데 있어서 신앙 공동체의 중요성이다. 그리스도의 사역과 성령의 사역은 분리하기 힘들다. 우리 가운데 거하기 위해 우리에게 오는 분을 기다리는 우리의 발걸음을 성령이 인도해주실 것이다.

주석

마태와 누가복음과 비교하여 마가와 요한복음은 예수의 탄생에 관한 기사가 없고 대신에 세례요한에 대한 이야기로 시작한다. 그런데 요한복음 기자는 땅의 이야기를 하늘의 이야기로 시작한다. "태초에 말씀이 계셨다. 그 말씀은 하나님과 함께 계셨다… 모든 것이 그로 말미암아 창조되었으니, 그가 없이 창조된 것은 하나도 없다"(요 1:1, 3a).

헬라어 본문에서 3절의 "그"는 애매하다. 그것은 "그것"으로도 번역할 수 있다. "말씀"은 추상명사이기에 그것으로 하늘의 사람을 나타낼 수는 없다. 이 구절들은 창세기 1:1과 상통한다: "태초에 하나님이 천지를 창조하셨다." 요한은 말씀이 창조했다는 것이 아니라 하나님이 말씀을 통해서 창조하셨다고 말한다. 창세기 1장에서는 하나님이 말씀으로 창조했다: "하나님이 말씀하시기를 '빛이 생겨라' 하시니, 빛이 생겼다"(창 1:3). 말씀은 하나님과 다른 하늘에 계신 분이 아니라 창조에서의 하나님의 기능이다. 이사야 55:11에 병행구가 있다: "나의 입에서 나가는 말도, 내가 뜻하는 바를 이루고 나서야, 내가 하라고 보낸 일을 성취하고 나서야, 나에게로 돌이올 것이다."

잠언에서는 지혜가 하나님의 창조의 역할을 한다: "주님은 지혜로 땅의 기초를 놓으셨고, 명철로 하늘을 펼쳐 놓으셨다"(잠 3:19; 지혜서 7:22의 "만물을 만드신 하나님의 지혜"를 참조). 하나님의 지혜를 의인화하는 것은 집회서 24장에서 더 나타난다. 히브리어와 헬라어로 '지혜'라는 단어는 여성형이어서 지혜가 여성으로 의인화된다: "지혜는 스스로 자신을(herself) 찬미하고, 군중들 속에서 자기의(her) 영광을 드러낸다"(집회서 24:1). 하지만 집회서는 지혜를 여성 신으로 제한하지는 않는다: "지혜는 지극히 높으신 분(Most High)을 모신 모임에서 입을 열고"(1:3). 요한은 아마도 창조를 지혜의 역할로 돌리는 이러한 지혜 전통에서 영향을 받았지만, 그는 '말씀'이란 말을 선호했는데 헬라어로 이 말씀은 남성형이기 때문이다.

NRSV의 각주는 9절에 대한 다른 번역을 제시한다. "참 빛이 있었다. 그 빛이 세상에 와서 모든 사람을 비추고 있다"(1:9). 이것은 표준번역에서 선호하는 것으로 보이는데, "참 빛이 세상에 와서"라는 것은 성육신이 확장되는 과정으로 제시된다. 모든 사람을 비추인다는 것은 종교적 깨달음을 말하는 것이 아니라 모든 인간이 신의 선물로서 이성을 소지하고 있다는 철학적 사상을 말하는 것이다. 그러기에 9절과 10절을 하나님 말씀의 성육신 이전의 활동들을 말하는 것으로 볼 수 있다. 11-13절은 성육신 이후를 말하는 것인데, 이미 일어난 성육신을 돌아보기 때문이다.

"그가 자기 땅 혹은 자기 집에 오셨으니"라는 것은 성육신의 장소가 유대 땅 팔레스타인임을 말하는 것이고, "그의 백성"은 성육신의 특정한 인간적 맥락, 즉 이스라엘 백성을 강조하는 것이다. 여기에서 대부분의 유대인들이 예수를 맞아들이는 것을 거부하는 것을 부정적 언급 없이 제시하고 있다. 나중에 복음서에서는 유대인과 그리스도인의 상호적대감이 중요한 주제가 된다(특히 8장을 보라). 12절은 예수를 받아들이지 않는 사람은 비록 그들이 하나님을 아버지라고 부를지라도 하나님의 자녀가 되는 특권을 가질 수 없다는 것을 의미한다(사 63:16, 64:8; 요 8:41-42).

12-13절의 시대는 분명하지 않다. "그를 맞아들인 사람들"은 십자가에 달리시기 전에 예수를 믿는 사람들을 말하는 것일 수도 있고, 그 뒤에 그를 믿은 모든 사람들(요 20:29)을 포함할 수도 있다. 13절에서 "하나님에게서 났다"는 것은 3:7의 "위로부터 나지 않으면 안 된다"는 것과 연결된다.

이 본문의 절정—아니, 이 복음서의 절정 또는 나아가 신약 전체의 절정이라고 과감히 말할 수 있는—은 14절에 나온다: "그 말씀은 육신이 되어 우리 가운데 사셨다." 그것은 삼위일체 교리의 가장 중요한 기초이다.

기독교 해석가들은 이 본문에 너무 익숙해져서 더 이상 우리에게 충격을 주지 않는다. 그러나 그것은 신과 인간 사이의 구별을 흐리게 하는 신성모독적인 것처럼 보이기 때문에 유대인과 이슬람교도에게 충격을 준다. 그것은 일신론의 치명적인 위반으로 보는 유니테리언들에게 충격을 준다. 그것은 "예수가 실존 인물인가? 어떤 방식으로 예수는 하나님이며, 어떤 방식으로 인간인가?"라는 질문을 깊이 생각하는 그리스도인들에게조차 불편함의 원천이 된다.

2세기에 마르키온(Marcion)은 기독교를 새롭게 해석했다. 그는 지극히 높으신 하나님의 하늘 사자이신 예수께서 장성한 사람의 모습으로 갈릴리에 도착했다고 가르쳤다. 그는 인간이 유대인의 악신이 창조한 물질 세계를 탈출하여 순수한 영적 세계에 올라갈 수 있다고 가르쳤다. 예수의 십자가 처형과 부활은 순전히 허구였다고 가르쳤다. 요한복음의 어떤 구절은 마르키온을 지지하는데 예를 들어 6:38의 "내가 하늘에서 내려왔다"는 것이다. 하지만 다른 세 복음과 같이 요한복음은 하나님의 구원 역사에서 예수의 죽음이 중심적 사건이라는 것에 초점을 두고 있다. 십자가는 허구가 아니다. 실제적으로 사람의 죽음과 관계가 있다.

요한복음 1:14은 예수가 부분적으로 하나님이자 인간이라고 가르치지 않는다. 우리가 예수의 신성을 인식하는 것이 필수적이지만 그것이 그의 인간성을 무시하는 것이 아니다. 그는 전지전능하지는 않다. 예수는 우리가 하는 대로 기도를 통해 하나님과 연결된다. 17장에서 요한은 예수가 그의 제자들 대신에 열성적으로 하나님에게 기도했다고 말한다. 그는 "아버지께서 내 안에 계시고, 내가 아버지 안에 있는 것과 같이, 그들도 하나가 되어서 우리 안에 있게 하여 주십시오"(21)라고 간청했다. 이 구절은 성육신을 다른 방법으로 보도록 한다. 그것은 "그리스도 안에서 하나님께서 자기와 화해하게 하신 것이다"(고후 5:19)라는 바울의 선언을 상기시킨다.

요한의 대담한 성육신 언어를 정적으로보다 동적으로 취하는 것이 가장 좋다. 즉, 그는 독자들에게 "그리스도의 두 본성"에 대해 가르치고자 하지 않았으며, 니케아 신경이 거부하는 것처럼 아들이 "아버지와 한 본체가 됨"에 대해서도 가르치려고 하지 않았다. 그는 오히려 아버지와 아들의 독특한 관계를 통해 하나님이 이루신 일에 관심을 가졌다. 요한은 나사렛 예수가 다른 어떤 인간과도 같지 않은 멍에를 하나님께 매었다고 말한 것이다. 예수의 죽음은 지극히 인간적인 죽음이었지만, 그의 죽음에 있어서 하나님과 예수는 하나였다.

목회

요한복음의 서문은 많은 목회자들이 신학교에서 접하는 기독론에 관한 논쟁에 인용된다. 대부분의 교인에게 이 토론은 이해할 수 없거나 흥미가 없으며 삶이나 질문, 사랑과는 거리가 먼 것처럼 보인다. 그러나 이러한 기독론 논쟁은 오늘 본문이 가진 힘 때문일 수 있다. 오늘 본문은 우리가 신앙인으로 살고 있는 세상의 본질과 세상을 향한 하나님의 의도를 확증한다. 하나님의 뜻과 그리스도는 영원한 존재로 계시되고, 그래서 당대의 정치적 혹은 경제적 프로그램에 쉽게 종속될 수 없다. 많은 사람들이 하나님을 간절히 원한다. 목회적으로 요한복음의 서문은 하나님의 섭리와 존재의 길이와 넓이와 깊이를 이해하도록 도와준다. 태초에 우리의 소원, 희망, 꿈과 계획이 아니라 하나님과 하나님의 말씀과 하나님이 창조하기로 선택하신 세상을 향한 하나님의 사랑이 있다.

오늘 본문은 삶의 혼란 속에서 세상이 하나님의 것이라고 독자들에게 일깨워준다. 이 서문은 인간에 대한 하나님의 사랑과 의도가 단순히 인간이 죄를 지었기 때문이 아니라 처음부터 세상을 위한 하나님의 의도와 사랑의 한 부분이었다는 것을 보여주기라도 하듯이 그리스도가 항상 있었다고 주장한다. 그 소식과 그 사람을 여기서 "빛"이라고 부른다. 북반구의 대부분 지역이 춥고 어두운 성탄 절기에도 그리스도의 빛은 빛난다. 질병과 통증, 의심 같은 세상 걱정 가운데 그리스도의 빛은 빛난다. 어떻게 우리가 그 빛을 보고 또 다른 사람들에게 보여줄 수 있을까? 크리스마스 무렵에 교회에 나오는 낯선 사람을 환영하는 것처럼 간단할 수도 있다. 거리의 노숙인들에게 커피 한 잔을 사는 것일 수도 있고, 집회에 가서 불의에 항의하는 것일 수도 있다.

본문은 또한 생태학적인 내용이다. 어떤 사람들은 창세기 1장을 다른 피조물들에 대해 "왕적인" 지배권을 부여하는 면허로 읽는다. 요한은 땅 위의 모든 생명이 하나님의 손으로 만드신 것이라고 말해준다. 너무 자주 분열되고 생태학적으로 취약한 세상에서 요한의 비전은 만물이 하나님에 의해 그리고 하나님을 통해 창조되는 것으로 시작된다. 교인들에게 하나님이 하나하나 창조하신 모든 생명을 존중하는 세상에서 살면 어떨까 생각해 보도록 하는 것이 도움이 될 수 있을 것이다. 밖을 보라. 산에서 하이킹을 하거나 해안에서 산책을 즐겨보라. 이 경험들이 우리에게 하나님의 창조의 아름다움을 보여주지 않는가? 우리는 창조의 한가운데서 경이를 느껴 보지 않았는가? 요한에 따르면, 모든 피조물은 하나님이 만드셨다. 심지어 나이, 장애, 또는 지적 능력 때문에 다른 교인들이 "모자라는 사람" 또는 불완전한 사람으로 여기는 이들처럼 사회적으로 소외된 사람들도 하나님께서 창조하셨다.

교회는 우리에게 그리스도처럼 되라고 촉구한다. 그러나 대부분의 경우 이 과제는 우리의 죄 많고 바쁜 삶에서 불가능해 보인다. 우리 교회에 앉아있는 많은 사람들은 자신이 "충분히 선한 그리스도인"인지 궁금해하고 염려한다. 오늘 본문은 우리가 그리스도가 되라고 부름 받지 않았음을 일깨워준다. 우리는 세상에서 하나님의 빛과 사랑을 증거하며 살아가는 세례요한으로 부름 받았다.

우리는 어떻게 요한처럼 그리스도를 가리킬 수 있을까? 회중과 설교자의 성격과 경험에 따라 우리가 할 수 있는 방법은 여러 가지가 있다. 우리가 말하고 행동하는 방식에 따라 다른 사람들을 그리스도 안에서 하나님의 은혜로 인도할 수도 있고, 다른 사람들을 교회 공동체에서 멀어지게 할 수 있다. 우리가 낯선 사람을 맞이하고, 병든 사람을 방문하며, 가난한 사람을 돌보는 것으로 우리를 향한 하나님의 사랑이 어둠을 떨쳐버리는 빛으로 우리를 변화시키신 것을 보여주는가? 우리는 노부모에게 전화를 하거나 고생하는 동료를 위해 내 일을 미루거나 우리 삶에서 중요한 사람들을 위해 "당신은 하나님의 선물이고, 당신 안에서 하나님의 빛을 본다"고 말하기 위한 시간을 가져본 적이 있는가?

빛과 어둠에 대한 생각은 오용될 수도 있지만 모든 사람들은 세상의 어둠을 개인적 · 사회적 차원에서 이해한다. 요한은 그리스도와 그리스도의 메시지가 그 시대에 잘 받아들여지지 않았다고 지적한다. 마찬가지로 우리 시대에도 항상 좋은 평가를 받는 것은 아니다. 이것은 부분적으로는 빛을 전해야 할 사람이 때로는 빛이 아니라 어둠의 일을 하기 때문이기도 하다. 기독교 메시지가 노예 제도를 정당화하거나 사회나 교회가 소외된 사람들을 억압하는 데 어떻게 사용되었느지를 생각해 보기만 해도 "성서를 이해했다"고 주장하는 사람조차도 하나님의 빛이 어떻게 세상에 왔는지를 항상 이해하는 것은 아니라는 것을 알 수가 있다. 너무 자주 우리는 하나님의 빛을 알고 싶어 하지 않는다. 하나님의 빛은 너무 파괴적이다.

마지막 절은 청중들에게 우리가 우리에게서 멀리 계시지 않고 우리 가운데 계신 하나님을 가졌고, 실제 육신이신 하나님을 알게 되었다는 놀라운 명제를 성찰하라고 요청한다. 현존하시는 하나님이 우리 안에서 행하시는 것은 성서에 의해 그리고 어떤 전통에서는 성례전에 의해 증명된다. 우리는 그리스도 안에서 하나님을 보았기 때문에 그리스도인으로서 하나님을 믿는다. 세상에 대한 그리스도의 사랑과 연민과 정직한 선포에서 우리는 하나님을 보았다. 마틴 루터(Martin Luther)는 그리스도를 "아버지의 마음의 거울"*이라고 부른다. "그 말씀은 육신이 되어 우리 가운데 사셨다"라는 개념이 얼마나 독특한지를 강조하는 것이 중요하다.

때때로 우리를 당황하게 하는 기독교 신앙의 가장 핵심적인 주장은 하나님께서 육체를 입고 우리 가운데 한 사람이 되어서 하나님의 본성과 우리를 향한 하나님의 사랑을 알도록 하셨다는 것이다. 당신은 어떤 방식으로 하나님의 영광을 보았는가? 아마도 거대한 예배당에서 혹은 당신이 다니는 교회에서 드린 웅장한 예배에서 또는 기적적으로 보이거나 특별히 섭리적인 것처럼 보이는 사건을 통해서일 것이다. 요한은 예수를 아는 사람들은 예수에게서 하나님의 영광을 본다고 주장한다.

요한복음은 예수의 모습을 은혜와 진리가 충만하신 분으로 그린다. 우리가 진리를 어떻게 정의하느냐 하는 것은 물론 신학적 논쟁의 문제이지만, 요한은 은혜로 시작한다는 것을 기억하는 것이 중요하다. 성탄절의 바쁜 업무 속에서 우리가 본 빛에 대한 증거로 우리가 구체화해야 하는 것은 바로 그 은혜이다.

---

* Martin Luther, *The Large Catechism* (Minneapolis: Augsburg Fortress, 1986), 63.

설교

성탄 주일에 해당하는 복음서는 말구유나 목자들에 대해 말하지 않는다. 이런 평화로운 이미지들은 크리스마스이브 이야기에 나오는 것이다. 오늘 아침 요한은 우리에게 예수는 말씀이고 빛이라고 말하고 있다. 요즘처럼 인터넷이 끊임없이 확산되면서 말이 난무하고 거실을 여러 색깔의 빛으로 비추는 고화질 TV가 있는 이 시대에 설교자는 말씀과 빛이 여전히 성탄절에 우리와 함께 계시는 놀라우신 하나님을 보여줄 수 있다고 강조하는 것이 유익하다는 것을 알게 될 것이다.

메리 크리스마스

오늘 아침 우리는 "메리 크리스마스"라고 몇 번이나 말했나? 우리는 이 말을 하루 종일 여러 차례 더 많이 반복하게 될 것이다. 이 말을 사용하는 것은 중요하다. 메리 크리스마스 대신 거의 같은 의미를 지닌 "기쁜 성탄절"(Joyful Christmas)이나 다른 변형된 말을 들으면 이상할 것이다. 다른 말들도 인사를 전달할 수 있지만, 우리는 오랫동안 관습적으로 "메리 크리스마스"를 사용해왔다. 말이 적어도 특별한 시기에는 우리에게 여전히 문제가 되기도 하지만, 바바라 브라운 테일러(Barbara Brown Taylor)는 이런 말들 또한 어려운 시기를 겪어왔다고 상기시킨다. 우리가 쓰는 말들은 소비자들에게 헛된 약속을 하기 위해 사용하는 광고업자들에 의해 잘못 쓰이게 된다. 때로 중요한 정보를 담고 있어 보이는 신문이나 잡지에 나온 말들도 미처 우리가 읽기 전에 버려질 수도 있다. 물론 그중에 몇 가지 말들은 우리 일상 용어에 추가되기도 한다.* 심지어 우리 교회에서 말들은 때로 그 힘을 잃어버린다. 나는 예수께서 가르친 것들을 십 대들에게 이해시키려 노력했던 한 설교자의 이야기를 들었다. 예상했던 대로 그 젊은 사람들은 그 말을 이해하기 힘들어했다. 한 소년은 "글쎄요, 그것은 단지 예수의 생각일 뿐이지요."라고 말했다.

---

* Barbara Brown Taylor, *When God Is Silent* (Cambridge: Cowley Publications, 1998), 9-11.

말은 여전히 힘이 있다

이 성탄절 아침에 복음서가 "태초에 '말씀'이 계셨다" 그리고 "그 '말씀'은 하나님이셨다"라고 선포하는 것을 들으면서 우리는 말이 여전히 중요한지에 대해 질문할 수 있다. 말이 여전히 사람들을 설득하고 계몽시키는 힘이 있는가를 질문하도록 만드는 인터넷 블로그가 점점 늘고 있음을 생각해 보라. 어느 평론가는 대다수 블로그 독자들은 저자나 그 어머니들이라고 비판하면서도 이 말들의 바다에서 진짜 중요한 것도 있다고 말했다. 나이가 있는 교인들은 프랭클린 루즈벨트(Franklin D. Roosevelt)가 라디오에서 사랑방 대화를 통해 걱정하고 있는 국민들을 안심시켰던 일을 기억할 것이다. 또 마틴 루터 킹(Dr.Martin Luther King)의 감동적인 말은 모든 하나님의 자녀들이 평등하게 될 것이라는 꿈을 선포하였다. 결혼식에서 "네. 그렇게 하겠습니다"라고 서약한 부부는 어떤 말들이 정말 중요하다는 사실을 알게 된다.

예수는 말씀이다

처음으로 복음을 들었던 사람들에게 있어 말은 매우 중요했다. 요한은 풍부한 철학적 전통을 물려받았던 1세기 그리스 그리스도인들을 대상으로 썼다. 그들은 모든 창조가 어떻게 전개되었는지를 설명하는 개념인 로고스에 관해 알고 있었다. 그 로고스로부터 말씀으로서의 예수로 가는 것은 그다지 어렵지 않았다. 태초에 말씀인 예수가 있었다. 믿음의 선조들은 말이 그 뜻하는 바를 이끌어 내는 힘이 있었는지를 보여주는 히브리어 다바르(dabar)에 대해서도 알고 있었다. 그들은 세상이 창조될 때 하나님은 요술 지팡이를 사용하거나 생각을 존재로 바꾼 것이 아니라는 것을 알고 있었다. 하나님은 말씀으로 하셨다.

빛이신 예수

예수는 또한 빛이시다. 우리는 빛이 성탄절에 얼마나 중요한지를 알고 있다. 우리는 크리스마스 트리에 전구를 달고 또 집 밖을 전구들로 장식하기도 한다. 상점이나 교회에도 조명으로 빛나고 있다. 한 번은 설교에서 이렇게 질문했다.

크리스마스트리에 비친 조명을 볼 때 단순히 그 아름다움을 느끼는 것 말고, 그 빛이 예수께서 우리 삶 가운데 빛이 되었다는 것을 생각나도록 하느냐고 물었다. 그 설교 후 몇 년이 지나서 한 여신도가 자기 아이들이 여전히 그 도전적인 질문을 기억하고 있다고 말했다. 요한은 4, 5절에서 예수는 어둠을 이기신 빛이라고 말하고 있다. 이 기쁜 소식이 오늘날 의미를 갖기 위해서 우리는 예수의 빛이 필요한 어두움의 경험을 생각할 수 있다. 세상의 어두움을 보여주는 전쟁, 질병, 범죄 등에 초점을 맞춘 설교는 성탄절에 적절하지 않을 수도 있다. 대신 우리는 단순하게 교인들이 성탄절의 한 줄기 빛을 사용할 수 있는가를 물어볼 수 있다. 우리는 이렇게 물을 수 있다: "빛이신 예수께서 어떤 어두움보다 더 강하다는 이 복음서의 선포를 들을 때에, 우리의 삶 속에서 주님의 빛을 필요로 하는 무언가를 지금 떠올릴 수 있는가?" 만일 우리에게 어두움이 생각나지 않는다면 우리는 진실로 빛이신 예수를 필요로 하지 않는 것이다. 이 성탄절에 빛이신 예수께서 우리의 삶 가운데 무엇을 할 수 있는가?

하나님의 자녀

시각적 이미지는 강력하고 또 오래 지속된다. 우리 문화에는 휴일에 눈, 귀, 코를 자극하는 많은 이미지들이 있기 때문에 우리가 교인들 앞에 보여줄 수 있는 이미지는 몇 개 안 될 수가 있다. 그중 하나가 오늘 복음서에서 12절에 큰 소리로 말하는 이미지인데, 그 구절은 예수를 영접한 사람들은 하나님의 자녀가 되었다고 말해준다. 성탄절에 어린아이들은 관심을 독차지한다. 우리 어른들은 이날 아이들이 특별한 음식과 장식 그리고 선물을 받으며 성탄절을 기뻐하는 것을 보는 즐거워한다. 우리도 어린 시절을 기억할 수 있는가? 내가 기억하는 어린 시절의 성탄절은 기다림과 관련한 것이었다. 집에서 우리는 크리스마스이브 저녁을 먹은 후에 선물을 열어보았다. 그날 오후 우리 어린아이들은 아빠가 퇴근하기를 기다리며 오후 시간을 보냈다. 크리스마스이브 저녁 시간에는 어른들에게 빨리 식사를 마치라고 졸라댔고, 우리는 마음만 먹으면 얼마나 빨리 식사를 끝낼 수 있는지를 입증하였다! 드디어 때가 되었다. 오랜 기다림이 끝났다. 우리 설교자들은 예수께서 우리들을 하나님의 자녀가 되게 하셨다는 복음서의 선포를 보여주는 이미지를 찾기 위해 과거의 크리스마스 경험을 들여다보면 좋을 것이다. 내가 겪은 크리스마스이브의 기다림의 경험은 이제 어른으로서 말씀이요, 빛이신 주님을 지금 여기에서 기다림이 얼마나 소중한지를 깨닫게 해준다.

성탄절 후 첫째 주일

마태복음 2:13-23

[13]그들이 떠난 후에 주의 사자가 요셉에게 현몽하여 이르되 헤롯이 아기를 찾아 죽이려 하니 일어나 아기와 그의 어머니를 데리고 애굽으로 피하여 내가 네게 이르기까지 거기 있으라 하시니 [14]요셉이 일어나서 밤에 아기와 그의 어머니를 데리고 애굽으로 떠나가 [15]헤롯이 죽기까지 거기 있었으니 이는 주께서 선지자를 통하여 말씀하신 바 ㄴ)애굽으로부터 내 아들을 불렀다 함을 이루려 하심이라 [16]이에 헤롯이 박사들에게 속은 줄 알고 심히 노하여 사람을 보내어 베들레헴과 그 모든 지경 안에 있는 사내아이를 박사들에게 자세히 알아본 그때를 기준하여 두 살부터 그 아래로 다 죽이니 [17]이에 선지자 예레미야를 통하여 말씀하신 바 [18]ㄷ)라마에서 슬퍼하며 크게 통곡하는 소리가 들리니 라헬이 그 자식을 위하여 애곡하는 것이라 그가 자식이 없으므로 위로 받기를 거절하였도다 함이 이루어졌느니라 [19]헤롯이 죽은 후에 주의 사자가 애굽에서 요셉에게 현몽하여 이르되 [20]일어나 아기와 그의 어머니를 데리고 이스라엘 땅으로 가라 아기의 목숨을 찾던 자들이 죽었느니라 하시니 [21]요셉이 일어나 아기와 그의 어머니를 데리고 이스라엘 땅으로 들어가니라 [22]그러나 아켈라오가 그의 아버지 헤롯을 이어 유대의 임금 됨을 듣고 거기로 가기를 무서워하더니 꿈에 지시하심을 받아 갈릴리 지방으로 떠나가 [23]나사렛이란 동네에 가서 사니 이는 선지자로 하신 말씀에 ㄹ)나사렛 사람이라 칭하리라 하심을 이루려 함이러라

신학

오늘 마태복음 본문은 동방박사가 자기 나라로 돌아가는 이야기에 이어지는 사건을 기술한다. 이는 또한 성탄이라는 특별한 날로부터 매주 한주씩 전개되는 복음서 이야기의 전개로 돌아가는 것을 의미하기도 한다. 본문은 세 부분으로 이루어져 있는데, 각 부분은 하나의 명령으로 시작된다: 천사의 명령, 헤롯의

명령, 다시 천사의 명령. 각 부분은 또한 구약성서를 인용함으로 마무리된다.

마태의 이야기를 효과적인 설교로 변환하기 위해서는 본문의 특징을 파악하는 것이 중요하다. 복음서 중에서 마태가 갖고 있는 신학적 관심의 특이성과 이런 특이한 신학적 관심이 작은 단위의 본문에 어떻게 반영되었는지를 살피는 것이 중요하다. 예를 들어 오늘 본문에서는 "이스라엘에서 이집트로 떠남과 돌아옴"이라는 모티브가 활용된다. 그리고 이것은 마태복음 전체에서 강조되는 새로운 모세로서의 예수, 즉 새롭고 최종적인 율법의 수여자로서의 예수를 드러내는 역할을 한다. 여기에서 마태의 교훈적인 관심이 드러난다.

둘째로 마태는 예언의 성취를 강조하기 위해서 구약성서 본문을 사용한다. 마태는 기독교적 미드라시 형식으로 구약성서를 인용한다(미드라시는 구약성서에 대한 고대 유대인의 주석으로 율법을 상술하고 또 실례를 들어가면서 도덕적 교훈을 끌어내는 방식을 의미한다. 마태는 기독교적 관점에서 미드라시식 주석을 하고 있다. _ 역자 주). 그렇게 함으로 마태는 문학적 유형론(typology)의 구조에 관심을 둔다. 이런 점에서 마태는 "그 일이 어떻게 일어났나?"보다는 "그 일이 무엇을 의미하는가?"에 더 관심을 두고 있다.

왜 미드라시 방식과 유형론이 중요한가? 교인들이 누가복음과 마태복음의 탄생 이야기가 세부적인 내용에서 중요한 차이를 보인다는 것을 알게 되기 때문에 본문의 지리적인 세부 사항 같은 것에 집중하기보다는 마태의 신학적 의도와 같은 큰 질문에 관심을 두는 것이 중요하다. 마태는 하나님의 인도하심이라는 주제를 강조하기 위해서 예언서를 미드라시적으로 변형한다. 유형론적인 접근을 통해 마태는 예수의 삶과 이스라엘의 과거ㆍ미래를 알레고리식으로 엄격하게 일대일로 대응시키지 않고 유연하게 해석한다. 마태의 거시적 접근 방식을 이해함으로 설교자는 본문의 문자적 의미에 집착함으로 마태의 신학적 의도를 왜곡하거나 하찮게 여기는 잘못에서 벗어날 수 있다.

이런 방식으로 본문에 접근할 때 본문이 다음과 같은 두 가지 특징을 갖고 있음을 확인하는 것이 도움된다. 첫째로 본문의 중요 관점은 하나님의 행동이 인간의 행동을 촉발한다는 점이다. 여기에는 천사를 보냄, 요셉과 그 가족의 행동, 헤롯의 결정 등이 포함된다.

둘째로 마태의 유형론은 모세와 예수, 이집트로의 피난·복귀(역설적으로 예수는 구원자인 동시에 구원받는 자가 된다)와 출애굽을 연결하는 틀을 상정한다. 여기에서 마태의 의도가 분명하게 드러나는데, 그는 이 세상의 상황이 어떻게 전개되는 것과는 상관없이 하나님이 예수의 생애 초기로부터 구원에 관한 예언을 이루기 위해 행동하고 계신다는 것을 교회가 이해하기를 원한다.

이렇게 본문에 거시적 관점에서 접근하면서 설교를 작성할 때 우리는 어떤 점에 유념해야 하는가? 첫째로 마태가 구약성서를 인용하는 방식에 주목해야 한다. 마태의 구약 인용은 다양한 교리적 해석의 가능성과 모호성으로 가득 차 있다. 어떤 인용은 구약성서의 여러 부분과 연결되기도 한다. "그는 나사렛 사람(Nazorean)이라 불릴 것이다"(23)라는 인용의 경우 구약성서 어디를 인용한 것인지, 그 의미가 무엇인지가 명확하지 않다. 이것이 예수의 족보에 관한 것인지, 특정한 유대인 가문에 관한 것인지, 나사렛(Nazareth: 구약성서에서는 한 번도 나오지 않는 지명임)과 유사한 발음을 가진 그리스어를 상기시키는 것인지 분명하지 않다.

본문에 대해 각자의 상황에 따라 다양한 설교적 접근이 가능하다. 본문이 보여주는 난해하지만 정교한 신학적 틀에 주목하면서 다음과 같은 세 가지 관점에서 설교를 구성하는 것을 제안한다.

하나님의 부르심(God's Call)

본문의 첫 단락에서 하나님은 천사를 통해 요셉에게 이방 땅으로 피신하여 가족의 목숨을 구하라고 명령한다. 이는 이스라엘의 역사적 체험과 여러 점에서 연결된다. 설교자는 인간의 계획을 변경시키는 하나님의 개입, 탈출 전문가(escape artist: 탈출 묘기를 보여주는 마술사)로서의 하나님, 예수가 메시아인 이유(출애굽의 주제를 활용하여) 등에 관해 말함으로 다음 두 관점에 관한 기초를 놓을 수 있다.

하나님의 정치학(God's Politics)

두 번째 단락에서 하나님의 정치학이라는 주제가 이스라엘과 헤롯의 복수극이라는 주제와 연결된다. 헤롯이 내린 명령을 보니 그가 동방박사의 점성학적 예언에 집착해 있음이 확실하다. 이 부분에서 독자는 요셉의 가족을 피난시킨 신적 계획의 의미를 깨닫게 된다. 하나님은 예수를 죽음의 영향으로부터 보호하신다. 교회사 속에서 이 사건은 무고한 아기(Holy Innocents)를 추모하는 전통으로 연결된다. 이 부분은 타협할 수 없는 신학적 과제를 다룬다. 왜냐하면 무고한 자의 고통의 문제를 다루기 때문이다. 메시아의 탄생은 죽음과 비참의 세계에서 이루어진다는 것을 상기할 수 있다. 설교자는 우리의 구원자 메시아가 강림한 세상은 죄의 결과 폭력으로 가득한 타락한 세상이라는 것을 강조할 수 있다.

하나님의 예비하심(God's Provision)

세 번째 단락에서 우리는 요셉의 가족이 이집트에서 돌아오는 이야기를 접한다. 그런데 그들이 돌아온 곳은 베들레헴이 아니다. 설교자는 하나님이 예수가 공적으로 등장하기까지 몇십 년간 예수를 외지에서 안전하게 보호하셨다는 취지로 설교할 수 있다. 갈릴리는 하나님이 마련한 소년 예수를 위한 준비, 보호의 시공간이었다. 성서는 예수가 성인이 될 때까지의 기간에 대해서는 길게 언급하지 않고 있다. 설교자는 하나님의 장기적인 돌봄, 성인이 되어 하나님의 기름 부음 받는 자로 사는 삶을 전개하기 위한 준비의 중요성 등에 대해 설교할 수 있다.

주석

이 복음서 본문은 a) 이집트로의 도피(13-15), b) 유아 학살(16-18), a') 이집트에서 귀환(19-23)의 세 부분으로 전개된다. 그것은 마태가 모세의 비유를 연상시키는 것을 계속하여 예수의 탄생으로 성서가 성취되었음을 보여준다. 꿈이 종종 계시나 신성한 인도의 수단이라고 가정되었기 때문에 다섯 개의 꿈은 행동을 추진한다(마 1:20, 2:12, 13, 19, 22). 구약에 나오는 그의 이름처럼 요셉은 몽상가이다.

하나님께서 요셉에게 유대 땅에서 피신하라고 경고한 것은 섭리와 신정론의 문제를 제기한다. 왜 하나님께서 베들레헴에 있는 다른 부모들에게는 경고하지 않았을까? 비록 복음서가 이 이슈에 관해서는 민감하지 않지만, 계시는 아마도 그것을 이해할 기회가 없었을 다른 사람들과는 관계없이 특정하게 연관된 맥락에서만 주어진다. 요셉은 예수가 약속된 메시아임을 알았고, 동방박사들은 헤롯왕에게 "유대인의 왕"이 어디에서 태어났느냐고 물었다. 하지만 어떤 다른 베들레헴의 부모들도 임박한 위험을 감지하지 못했다.

대헤롯(주전 37-34년 재위)은 유대인이 아니라 이두메인으로 로마에 의해 왕으로 임명되었다. 그가 왕국을 차지하기 위해 몇 년 동안 싸웠기 때문에(주전 40-37년) 언제나 위협을 느꼈다. 그는 친위군대를 두었고, 예루살렘, 세바스테, 가이사랴, 마카루스, 헤로디움, 마사다 그리고 다른 곳에 요새를 지었고, 곳곳에 피할 곳을 만들어 두었다. 하스모니안 왕가의 후계자들을 살해했기에 그에게 대항자는 없었다. 그의 가족 중에서도 음모를 의심하여 미리암 왕비와 아들 하나도 살해했다. 그가 죽기 전에 명령을 내려 그의 죽음과 동시에 모든 정치범들을 사형시켜 온 나라에 애도가 있게 하라고 했다. 베들레헴에서 유아들을 살해했다는 기록은 없지만, 그것은 헤롯이 저질렀던 행동과 일관된다. 우리는 베들레헴에서 얼마나 많은 아이들이 살해되었는지 모르지만, 베들레헴은 작은 마을이어서 그 숫자가 20명은 넘지 않았을 것이다.

헤롯은 주전 4년에 죽었으므로 예수는 주전 6년경에 태어났을 것이다. 서력 기원은 주후 533년까지 계산되지 않았는데, 이때 디오니시우스 엑시구스(Dionysius Exiguus, 작은 데니스)*는 로마 건국으로부터 예수의 탄생일을 계산했다. 그러나 그는 헤롯이 로마가 건국된 후 754년에 죽었다고 결론지었고, 실제로 그는 750년에 죽었다.

이집트로의 피신 기사는 두 가지 목적이 있다. 하나는 예수가 헤롯의 분노에서 태어났다는 것이고, 다른 하나는 출애굽 이스라엘 역사의 재현이다(호 11:1 참조). 두 개의 꿈은 마태복음 1-2장에 차례대로 나온다. 첫째, 요셉은 헤롯이 죽고 그의 가족에 대한 위험이 끝났고, 그들이 이스라엘 땅으로 돌아갈 수 있다는 말을 듣는다. 땅의 개념은 너무나 중요해서 20절과 21절에서 반복된다. 그러나 돌아와서 그들은 유대가 대단히 잔인했고, 나중에 로마가 제위를 박탈한 아켈라오의 통치 아래 있다는 말을 듣는다. 마지막 꿈에서 요셉은 가족을 헤롯 안티파스가 다스리는 갈릴리로 데려가라는 지시를 받는다. 그래서 그들은 나사렛에 왔고, 예수는 나사렛 사람이라고 불리게 되었다. 성서는 인용되지 않았지만 23절의 언급은 이사야 4:3과 사사기 16:17을 혼합한 것으로 보인다. 그러므로 이집트로의 도피는 복음 전통에서 또 다른 기능을 수행한다. 그것은 예수가 베들레헴에서 태어나 나사렛에서 어떻게 성장했는지 설명한다. 또는 누가는 인구 조사 때문에 요셉과 마리아가 베들레헴으로 여행했다고 보고한다. 따라서 마태는 베들레헴에서 온 가족이 나사렛으로 오게 된 과정을 설명하고, 누가는 나사렛에서 온 가족이 베들레헴에서 아이를 낳은 과정을 설명한다.

예수의 탄생과 유년기에 대한 마태의 설명은 역사적 사건, 실제 지리적 위치, 이스라엘의 역사, 성서의 성취에 근거하고 있기 때문에 그것들을 떠나서는 이해할 수 없다. 이 풍부한 암시의 태피스트리(tapestry)를 엮어 마태는 효과적으로 예수를 하나님의 아들로 그리고 새로운 출애굽을 통해 이스라엘을 구원할 모세와 같은 예언자로 지명한다(신 18:15, 18). 그러나 마태의 "성탄 이야기"에는 감상적인 것이 없다. 폭력적인 역사의 격동과 공포를 배경으로 한다. 폭군은 아이들을

---

* 디오니시우스 엑시구스(Dionysius Exiguus): 6세기의 유명한 교회법학자, 그리스도교력의 창안자로 여겨지는 인물. 그가 새로 만든 부활절 계산표가 사용되면서 그의 그리스도교력이 널리 보급되었다. _ 역자 주

죽이고 가족들은 한밤중에 달아난다. 그 경이를 보러 오는 목자들도 없고 하늘의 합창단도 "더없이 높은 곳에서는 하나님께 영광이요, 땅에서는 주님께서 기뻐하시는 사람에게 평화로다"(눅 2:14)라고 노래하지 않는다. 그 대신 경건하고 자비로우며 꿈이 있고 신뢰하는 아버지를 인도하는 섭리의 하나님이 계시므로 자녀가 자라서 자기 백성과 다음 세대의 구주가 될 수 있다.

그러기에 마태는 예수의 탄생을 지키는 우리 모두에게 희망을 새롭게 하도록 요청하는 것이다. 비록 섭리의 하나님을 믿을 만한 명백한 이유가 없다고 하더라도 예수의 탄생과 어린 시절, 삶과 설교, 죽음과 부활만으로 충분한 표지이다. 예수의 탄생에서 폭력적 힘은 마치 권력이 모세를 죽이려 했던 것과 같이 그를 죽이려 했다. 그가 태어날 때의 폭력적 권력은 나중에 그의 십자가 죽음을 예고하고 있다. 그럼에도 불구하고 예수는 하나님의 백성들이 파라오의 손에서 구해진 것과 같이 헤롯의 죽이려는 음모에서 살아났다. 더욱이 예수는 궁극적으로 죽음 그 자체를 이기는 구원을 가져왔다. 마태는 대담하게 사물을 있는 그대로 보았고, 가장 나쁜 상황에서도 우리가 할 수 있도록 하나님이 일하고 계신다고 주장한다. 올해 성탄절의 진정한 기쁨을 선포하자. 그 무엇도 하나님이 우리와 함께 하신다는 임마누엘의 약속을 이긴 수 없다. 그러기에 이 땅의 평화를 축하할 수 없을 때일지라도 사랑의 하나님과 평화의 약속 때문에 우리는 임마누엘을 축하할 수 있다.

불확실한 시대에 하나님의 보호

2008년 국제 경제 위기의 여파로 불확실한 시대에 살고 있다는 데 모두 동의할 수 있다. 1930년대와 대공황 이후 그러한 사회 경제적 격변을 보지 못했다. 대규모 정리 해고와 실업의 증가, 문을 닫을 거라고는 꿈도 꾸지 않았던 기업들의 도산, 주식 시장의 혼란으로 많은 사람들이 여러 해 모아 온 돈을 잃어버리고, 더 많은 불확실성이 기다리고 있다. 이 와중에 가정들은 힘든 시간을 보내고 있다.

*USA TODAY*에 실린 한 기사에 따르면, 정신 건강 전문가들은 이 시기의 재정적 스트레스가 사람들과 가정에 타격을 주고 있다고 말한다. "경제적인 어려움은 불안, 우울증, 수면 장애, 돈으로 인한 부부 갈등 등으로 많은 미국인들의 정신 건강을 해치고 있다." 이 기사는 뉴욕의 심리학자 조이 브라운(Joy Browne)이 라디오 네트워크 토크쇼에서 "노동 계급의 청취자들에게서 그들이 가정에서 해고와 짜증으로 시달리고 있다는 말을 듣는다"고 한 것을 인용한다. 중산층 사람들조차 그들의 복지에 타격을 입고 있다. 브라운은 "그들은 은퇴해야 하지만 할 수가 없다"고 한다. "그들은 손주들의 교육을 돌봐달라고 요청받고 있다. 그들은 팔 수도 없는 집을 가지고 있고, 여행도 할 수 없다." 사람들은 더 동요하고 불안하며 분노한다. 기사는 정리 해고, 직업 불안정, 대학 학비, 지불할 수 없는 청구서로 인하여 불면증이 급증하고 있다고 말한다. "그들은 밤새 잠을 자지 못하고 걱정한다."*

지금은 불확실한 시대지만, 우리의 본문은 하나님께서 불확실한 시대에 보호해 주신다고 말한다. 하나님은 불확실한 때에 하나님의 섭리를 보여주신다. 압도적인 잔인함으로 "무고한 사람들"이 죽었지만, 우리는 하나님이 아기 메시아를 보호하신 방법에서 좀 더 희망적인 비전을 본다. 그래서 우리는 불확실한 시대에 우리 각자를 보호해 달라고 하나님께 기도할 수 있다.

마태복음 2:13-23은 하나님께서 이 세상에서 생명의 위험으로부터 하나님의

---

* *USA Today*, July 2, 2008, 1.

아들 메시아를 보호하기 위해 행동하실 것임을 분명히 한다. 헤롯은 유대인의 왕이 태어났음을 알리는 별을 따라 동방에서 온 동방박사들로부터 소식을 들으려고 기다렸다. 그는 그들에게 아이를 찾으면 돌아와서 알려 주어서 자기도 경배하게 해달라고 지시했다. 꿈에서 동방박사들은 헤롯에게 돌아가지 말고 다른 길로 그들의 나라로 돌아가야 한다는 계시를 받았다. 헤롯은 그들에게 속은 것을 깨달았을 때 화가 났으며, 질투로 인한 분노로 베들레헴에 살고 있는 두 살 이하의 모든 사내아이들을 죽이라는 명령을 내렸다.

주님의 천사가 꿈에서 요셉에게 나타나서 헤롯이 그 아이를 죽이려 하고 있으니 이집트로 가서 다른 지시를 받을 때까지 거기 머물러 있으라고 지시했다. 로마의 지배 아래 있던 이집트는 헤롯의 관할권 밖에 있었고, 아이는 그곳에서 안전했을 것이다. 헤롯은 사악한 계획을 추진했고, 베들레헴 전역에서 어머니들의 울음소리가 들렸다. 그 여인들은 슬픔이 너무 커서 위로받기를 거부했다. 어떤 주석가는 어머니의 울음에도 불구하고 메시아가 피신한 것은 축복과 희망이었으며, 메시아가 피신했기 때문에 결국 사람들은 위로를 받을 것이라고 말했다. 메시아가 피신했기 때문에 모든 사람, 심지어는 아들을 잃은 어머니도 위로를 받게 될 것이다. 메시아는 언젠가는 통치할 것이고, 기기는 그런 살인과 폭력이 없을 것이다.*

어떤 학자들은 이 본문 여러 곳에 주석적인 문제가 있다고 주장한다. 주로 문제가 되는 것은 마태가 예언이 성취되었다고 언급한 부분들이다. 본문에서 구약의 예언이 성취되었다고 한 부분이 네 곳 있다. 첫째, 베들레헴에서 예수가 탄생한 것이 구약의 성취라고 한다(2:5-6). 둘째, 예수가 이집트에서 돌아온 것이 출애굽과 관련된 구약의 말씀을 성취했다고 한다(2:15). 셋째, 베들레헴의 어머니들의 울음은 예레미야에서 라마에서 자녀들을 위해 울고 있는 라헬에 대한 언급을 성취한다. 끝으로 특별히 이에 해당하는 본문이 있는 건 아니어도 예수가 나사렛으로 이주한 것은 "예언자들을 시켜 말씀하신 바"가 성취된 것이다(2:23). 예언의

---

* Robert H. Gundry, *Matthew: A Commentary on His Literary and Theological Art* (Grand Rapids: Eerdmans, 1981), 34-37.

성취에 대한 학술적 논평은 방대하다. 하지만 마태는 주로 유대인 청중에게 글을 쓰고 있으며, 따라서 펼쳐지는 사건들이 구약의 예언과 관련되어 있음을 보여주려고 노력한다. 구약의 예언은 메시아인 아이를 정당화하는 보증서이다.

아이를 죽이기를 원했지만, 헤롯이 죽었다. 헤롯이 죽자 주님의 천사가 다시 나타나서 요셉에게 아이의 생명을 빼앗으려는 자가 죽었으니까 아이를 고향으로 데려가라고 지시했다. 요셉은 헤롯의 아들이 헤롯을 대신하여 헤롯의 영토를 통치하고 있다는 소식을 듣고서 또 다른 꿈에 따라 갈릴리로 물러나 나사렛이라는 마을에 살았다. 나사렛은 멸시받는 곳이었다. 구약의 예언자들은 메시아가 멸시받을 것을 예언했다(시 22:6-8, 13, 69:8; 사 49:7, 53:2-3, 8; 단 9:26). 요점은 하나님은 상처, 손상, 위험으로부터, 더구나 가장 멸시받는 곳에 있는 가장 비열한 사람들에게서 메시아를 보호할 수 있다는 것이다.

본문은 불확실한 시대에 하나님의 보살핌과 능력을 언급한다. 하나님께서 메시아를 죽음의 위협으로부터 보호하셨듯이 실업, 나쁜 소식, 주가 하락 그리고 전례 없는 사회적 경제적 불확실성에서 보호하실 것이다. 하나님을 신실하게 믿으면 하나님이 보호하실 것이다. 하나님께서는 불확실한 시대에 우리를 보호하시고 은밀한 곳에 우리를 숨기실 것이다. 메시아는 보살핌을 받고, 필요한 것들을 공급받고, 위험하고 폭력적인 상황 속에서도 양육받고 성장할 수 있는 환경에 놓여졌다. 하나님은 우리를 위해서도 똑같이 하실 것이다.

설교

동방박사들이 떠난 후 요셉이 꾸었던 세 가지 꿈은 좋은 꿈인가 아니면 나쁜 꿈인가? 첫 번째 꿈은 한 천사가 요셉에게 다급한 기별을 하려고 나타났기 때문에 좋은 꿈으로 해석하려는 유혹을 받을 수 있다. 그럼에도 불구하고 그 꿈은 악몽이다. 헤롯이 갓 태어난 아이들을 죽이려 했고, 그에게는 그렇게 할 수 있는 권한과 수단이 있으며 더욱이 그 일을 아무 제재를 받지 않고 그렇게 할 수 있다. 그런 꿈은 어느 누구에게나 식은땀을 흘리게 하고 격렬하게 가슴이 뛰게 하며 숨쉬기조차 힘들어 온몸을 떨게 만드는 악몽이어서 여기서 깨어날 수 있을까 하는 생각이 들 정도이다.

갓 태어난 아이는 동방박사들로부터 놀라운 선물을 받았다. 그가 태어난 의미, 그의 삶에 대한 약속 등은 밝고 빛나는 희망으로 가득 차 보였다. 그런데 이제 요셉의 악몽으로 인해 약속에서 두려움으로 바뀌게 된다.

이 악몽은 요셉이 깨어나도 끝나지 않는다. 급히 서둘러야 할 일들이 있다. 가지고 있는 짐을 허겁지겁 싸서 밖으로 나가 가능한 한 빨리 이집트로 가는 큰길로 니기야 한다. 이이는 울고 있고 엄마는 기진맥진해 있으며, 요셉의 심장은 군인들을 볼 때마다 쿵쾅거린다. 이 악몽은 그들이 피난처에 이르렀을 때도 끝나지 않는다. 일은 더욱 커져서 요셉과 그의 가족이 떠난 후 그 자리에 온 땅을 어둡게 하는 어린아이들의 피가 흘렀고 슬픔에 우는 그 어머니들의 "울부짖으며 크게 슬피 우는 소리"(18)가 그 땅을 뒤덮었다.

한 폭군이 자신의 힘과 권위에 대한 잠재적 두려움 때문에 벌인 이 일로 인해 "황금, 유향, 몰약"이라는 선물을 받은 땅이 어린아이의 피로 물드는 것을 보며 이들은 얼마나 빨리 그리고 멀리 이동하였는가! 마태가 압축시킨 이야기 곧 18개의 간단한 구절에 담은 동방박사로부터 영아 살해에 이르는 이야기는 인간의 상황을 그대로 보여준다. 이 이야기는 하나님의 선물(아기 예수)에 대해 우리가 드릴 선물을 찾고 또 찬양하고 아낌없이 드리려는 우리의 열심을 (동방박사의 선물처럼) 보여주는 반면에 이런 은혜를 거부하는 것들, 곧 인간의 마음에서뿐만 아니라 폭력을 동원하여 고상하고 거룩한 염원을 짓누르는 군사적·정치적 시스템을(영아 살해) 보여주고 있다.

본문에 나타난 두 번째 꿈은 희망과 악몽이라는 반복되는 패턴을 유지하고 있다. 두 번째 꿈은 안도의 꿈이다. 폭군 헤롯의 죽음으로 이 여정에서 직접적인 두려움이 제거되었다. 요셉의 가족은 고향으로 돌아갈 수 있게 되었다. 고향! 비록 불법 이민자는 아니었다 하더라도 언어, 음식, 문화가 다른 곳에서 난민이 되어 애매모호한 자격으로 살던 것을 정리한다. 이제 이들은 고향, 즉 멀리 떠나서 살면서 더욱 소중함을 알게 된 고향의 음식, 언어, 이웃이 있는 그곳으로 갈 수 있다.

그들이 도착하자마자 이전의 악몽을 다시 꾸게 된다. 이번에는 요셉이 그 꿈을 꿀 이유도 없었다. 헤롯은 죽었고 아버지의 잔인함을 이어받은 그 아들 아켈라오(Archelaus)가 유대를 다스리고 있었다. 아마도 헤롯과의 경험을 떠올리면서 요셉은 곧 불안해했고, "그곳으로 가기를 두려워하였다"(22) 그의 두려움은 세 번째 꿈으로 나타나서 그와 그의 가족은 갈릴리 북쪽 먼 곳으로 방향을 정했다. 결국 고향으로 돌아가는 일, 옛 이웃들에게로 가는 일은 포기하게 되었다.

마태에 의하면 예수는 어린 시절을 난민으로 시작한다: 유대에서 도망하여 이집트로 그런 다음 다시 이집트에서 유대로 그리고 마침내 유대에서 갈릴리로. 예수의 유년 시절은 마태가 후에 예수 스스로 말하게 하는 내용에 요약되어있다: "여우도 굴이 있고, 하늘을 나는 새도 보금자리가 있으나, 인자는 머리 둘 곳이 없다"(마 8:20). 어린 예수는 그가 태어난 날부터 머리 둘 곳도 없었다. 이 거룩한 가족은(The Holy Family) 난민 가족이다.

대부분 집이나 교회에서는 구유 장면을* 설치해놓고 성탄절이 지나면 그것들을 모아서 내년 성탄절 시즌이 돌아올 때까지 보관해두곤 한다. 거룩한 가족이 고난을 당한 것에 관한 마태의 기록은 이 장면이 잘못되었음을 보여준다. 아마도 그 장면에서 목자들을 치워야 하는데(누가복음), 왜냐하면 그들은 들판으로 돌아갔

---

* 구유에 누인 아기 예수, 마리아, 요셉, 목자들, 동방박사와 낙타, 천사들이 함께 있는 장면을 인형으로 장식한 것. _ 역자 주

기 때문이다. 또 동방박사도 빼야 하는데 그들 역시 멀리 있는 고향으로 돌아갔기 때문이다. 하지만 예수, 마리아, 요셉은 그러지 못했다. 이 세 명은 모두 외로웠고 잔인한 폭군으로 인한 공포에 직면하고 있었다. 방문자도 없었고, 쉴 만한 외양간도 없었다. 귀여운 양들이나 다정한 소들도 없었다. 그러므로 우리는 이 거룩한 가족을 우리 집이나 교회의 다른 곳으로 옮겨드려야 한다. 아마도 드넓은 세상이 보이는 큰 창문으로 안내하는 것도 좋겠다. 이 창문에서 보이는 세상에는 여전히 폭력과 억압과 공포가 있고 안전을 위해 도망가는 난민들이 있고 그리스도가 우리들에게 보호를 요청하는 사람들이 있다.

나는 난민 예수에 관한 설교나 혹은 이 주제를 가지고 시리즈 설교를 하는 것을 생각해 본다. 설교자는 난민을 주제로 한 다른 교단과의 대화나 인터넷 또는 뉴스 자료를 가지고 마태의 이야기를 보강할 수 있을 것이다. 이 설교는 구유 장면의 등장인물들이 떠나는 것을 포함시킬 수 있다. 각 등장인물들이 떠날 때마다 교인들은 적절한 캐럴의 한 구절을 부를 수도 있다. 그런 다음 설교는 거룩한 가족과 그들이 겪은 위험한 상황들에 초점을 맞춘다.

마지막으로 요셉이 꾼 악몽을 재조명하면서 설교자는 교인들에게 요셉이 갖기를 원했던 꿈, 곧 도망가는 대신에 난민 가족이 환영받고 안전하게 되는 세상을 바랐던 그 꿈에 대해 생각해 보도록 요청할 수 있다. 만일 우리가 그 꿈을 현실이 되게 한다면 크리스마스 캐럴이 어떻게 들릴 것인가를 상상해 보라. 아기 예수가 결코 난민 예수가 다시 되지 않는 세상을 만들려는 노력 없이 어떻게 "고요한 밤, 거룩한 밤"이 우리 마음에 다가오겠는가?

주현절(현현절)

주님의 수세 주일

마태복음 3:13-17

¹³이 때에 예수께서 갈릴리로부터 요단 강에 이르러 요한에게 세례를 받으려 하시니 ¹⁴요한이 말려 이르되 내가 당신에게서 세례를 받아야 할 터인데 당신이 내게로 오시나이까 ¹⁵예수께서 대답하여 이르시되 이제 허락하라 우리가 이와 같이 하여 모든 의를 이루는 것이 합당하니라 하시니 이에 요한이 허락하는지라 ¹⁶예수께서 세례를 받으시고 곧 물에서 올라오실새 하늘이 열리고 하나님의 성령이 비둘기 같이 내려 자기 위에 임하심을 보시더니 ¹⁷하늘로부터 소리가 있어 말씀하시되 이는 내 사랑하는 아들이요 내 기뻐하는 자라 하시니라

신학

주님의 수세일에는 예수의 세례는 물론 우리 자신의 세례의 의미도 살피는 것이 교회의 전통이다. 이 두 신비의 의미를 파악하기 위해서는 우선 성육신의 뜻에 관한 성찰에서 시작해야 한다. 1세기나 오늘의 그리스도인 모두에게 예수와 우리의 세례의 의미는 성육신의 빛에서 바라보지 않으면 이해할 수 없다. 우리가 세례의 물을 통해 새사람이 된다는 의미는 하나님이 그 물을 창조하시고, 그 속에 들어가시고, 그것을 근본적으로 변화시켰다는 사실에 근거해서 이해된다. 예수의 세례에 대한 고찰은 하나님의 아들이 왜 인간이 되어야 했는지에 관한 고찰과 연결된다. 간단히 말해서 세례를 이해하기 위해서 우리는 구체적·물리적으로 인간됨이라는 것이 무엇인지와 하나님의 아들이 우리와 같은 인간이 된다는 것이 무엇인지에 대해 깊은 생각을 해야 한다.

사도신경과 니케아 신조는 성서에 근거하여 인간이 된다는 것은 육체적 특성을 갖고, 구체적이고, 감각할 수 있고, 감각되는 것을 말한다고 명확히 표현한다.

우리는 우리의 본질과는 관련 없는 육체에 잠시 갇혀 있는 영적 존재가 아니다. 그런 주장은 영지주의적이다. 위의 신조를 고백하는 그리스도인들은 우리의 육체는 인간됨의 필수적인 조건임을 믿는다. 우리는 육체의 가능성과 제한성의 범위 안에서 존재한다. 우리가 다가올 하나님의 나라를 기다릴 때 우리는 우리 육체가 부활하고, 새롭게 될 것이라고 기대한다. 우리는 영혼이 육체에서 분리될 것이라고 생각하지 않는다. 왜냐하면 그것은 "미래의 우리"가 "지금의 우리", 즉 하나님이 창조한 우리의 지금 모습에서 무엇인가 결여된 존재가 되는 것을 뜻하기 때문이다. 그 대신 우리는 우리의 육체를 포함한 모든 창조의 새롭게 됨을 기대한다. 우리의 희망은 완전하고 온전한 인간성을 회복하는 것이다.

우리는 비물질적이며 동시에 물질적이기 때문에 우리의 구원은 신적이며, 동시에 물질적인 차원에서 이루어진다. 세례의 경우 물질적 요소는 물이다. 마태는 예수의 세례를 묘사하면서 창세기의 이미지를 끌어들인다. 창세기에 의하면 태초에 하나님의 신이 수면에 운행하였다. 하나님의 말씀이 태초부터 계셨고, 그 말씀이 세상을 창조하였다. 그 말씀이 창조한 것은 보기에 좋았다. 마태복음 본문에서 다시 한번 하나님의 신이 수면에 운행하신다. 다시 한번 하나님의 말씀이 선포된다. 창세기에서 하나님은 말씀으로 혼돈을 질서로 바꾸셨다. 마태복음에서 하나님이 말씀을 통해 죄로 인한 혼란을 잠잠하게 하심이 묘사된다. 창세기는 말씀에 창조적 가능성이 가득함을 보여준다. 마태복음은 피조물을 구하기 위해 하나님이 창조 속으로 들어감으로 인해 그런 가능성이 새롭게 되었음을 그린다. 창세기와 마태의 유사점을 통해 세례는 하나님의 일반적인 창조 행위와 긴밀하게 연결된다.

물은 창조에서 필수적 요소이다. 물이 생명의 창조자는 아니지만, 물은 생명의 한 부분이고 필수적이다. 물은 그리스도 안에서의 새 생명을 위해서도 필수적인 요소이다. 물은 하나님의 백성을 사랑하는 하나님의 사랑의 표시이다. 말씀에 의해 거룩하게 됨으로 물은 우리가 매장되고, 적어도 대리적으로는 죽는 경험을 하게 하는 수단이 된다. 물은 어둠과 죽음으로 우리를 인도하며, 죄를 깨끗하게 씻은 수단이 된다. 물은 우리를 씻고, 거듭나게 한다. 세례의 물속에서 우리는 우리의 죽음을 미리 맛본 후 새로운 생명으로 태어난다.

물론 물이 그 자체로 이런 일을 수행하는 것은 아니다. 루터는 그의 소요리문답에서 세례의 효과를 "물속에, 물과 함께 있는 하나님의 말씀"(the Word of God in and with the water)으로 표현했다. 루터는 우리의 세례의 효과가 무엇인지 가르치기 위해서 이 글을 썼지만, 예수의 세례의 의미도 설명했다. 물 자체로가 아니고, 물속에 물과 함께 있는 하나님의 말씀이 중요하다. 마태가 묘사하는 것은 하나님의 말씀이 육신이 된 나사렛 예수가 요단강의 물속에, 물과 함께 있는 것 외에 다른 것이 아니다. 예수가 이 물속에 들어감으로 예수는 자신의 회개를 이루지 않으셨다. 그는 회개할 것이 없었기 때문이다. 대신 예수는 모든 사람에게 회개하라고 외친 세례요한의 부름에 대한 답으로 그 자신을 바쳤다.

따라서 예수는 세례를 통해 하나님의 말씀이 성육하여 육체가 된다는 것이 무엇인지를 보여준다. 역사적이고 구체적인 인간으로서 예수는 영원하고 신성한 하나님의 아들의 구원 사역을 완수하셨다. 그의 세례를 통해 예수는 물의 원래의 역할을 회복시켰고, 생명에 물이 꼭 필요한 것을 명확하게 보여주셨다. 세례의 물은 영원한 생명을 위해 필수적이다.

루터가 이런 관점을 제시한 첫 번째 사람은 아니다. 니사의 그레고리우스(Gregory of Nyssa)는 우리가 하나님과 연합하기 위해 가는 여정에 다양한 피조물의 요소들이 어떤 역할을 하는지에 대해 성찰했다. 그는 예수의 세례가 인간과 신의 연결고리의 역할을 한다고 말했다. 아우구스티누스에서 수도사 베다(Bede)에 이르기까지 많은 신학자들은 예수의 세례를 그의 십자가 처형의 전조로 보아 왔다. 십자가형은 궁극적인 세례라는 것이다. 알렉산드리아의 키릴로스(Cyril of Alexandria)는 예수가 새로운 아담이라는 바울의 견해를 수용하면서 예수가 인간을 구하기 위해서 예수는 인간으로 사는 것이 어떤 것인지를 완전하게 경험해야 했었다고 주장했다.

초대 교회부터 있어 온 이런 각각의 견해들은 현대 성육 신학(contemporary incarnational theology: 선교 신학에 반대하여 ―특히 토착 문화의 관점에서 본― 성육신을 신학의 핵심 주제로 여기는 신학적 운동. 아프리카 신학자들 사이에서 많이 볼 수 있음. _ 역자 주)과 잘 연결된다. 예수를 우리 모두를 위한 모델이나 보편적 대표자로만 여겨서는 안 된다. 그는 동시에 특별한 시간과 공간을 살았던 한 인간 개인이었다. 구체적인 인간이 됨으로 하나님의 아들은 우리가 어떻게 인간이 되는지 뿐 아니라 어떻게 구체적인 한 남자, 한 여자가 되는지를 보여주셨다. 타락 이전의 인간의 모습을 삶으로 보여줌으로 예수는 하나님이 우리를 어떤 목적으로 창조하셨는지 깨닫게 한다. 죄로 타락한 세상으로 태어나셔서 예수는 다른 사람을 위해 희생하시고 그들의 죄와 고통을 대신 지셨다. 성육한 하나님의 아들 안에서, 나사렛 예수라는 인간 안에서 우리는 완전한 인간이 어떤 모습인지 보게 되며, 세례 속에서 우리의 인간성에 부여된 가능성이 활짝 열리는 것을 보게 된다.

마태는 다른 정경 복음서들과 마찬가지로 공생애를 살기 시작하는 예수의 세례에 대한 기사를 기록하고 있다. 수년간의 문학적 침묵 끝에 예수는 이제 위대함과 겸손이 역설적으로 혼합된 모습으로 등장한다.

이 이야기는 예수께서 갈릴리에서 요단강으로 가신 것으로 시작된다. 이 순례는 요한의 선포와 세례의 사역을 찾고 있던(또는 궁금해했던) 다른 사람들이 함께 하는 순례이다. 마태는 주로 요한의 사역을 죄의 용서를 위한 회개로의 부르심으로 특징짓는다(3:1-6). 요한과 예수의 이 만남에서 두 가지가 분명해진다. 1) 예수는 이미 활동하고 있는 요한의 사역과 선포와 의식적으로 자신을 동일시한다. 연대순으로 말하자면 예수가 요한의 사역에 따라 따르고 있다고 말하는 것은 부정확하지 않다. 그리고 2) 결과적으로 나중에 어떤 이들은 겉보기에 예수의 세례가 요한의 메시지에 대한 직접적인 응답으로 받아들여지고, 따라서 예수의 죄 용서가 필요함을 암시한다. 마태는 이러한 문제를 통해 독자를 탐색하는 것을 의식적으로 목표로 한다.

주석가들은 종종 마태의 뚜렷한 변증적 강조에 주목한다. 일부 이야기와 사건에 대한 그의 이야기는 단순히 역사적 기록으로 작용하기 위한 것이 아니라 다른 사람들 그리고 아마도 그들이 이끌어 낸 특정 함의에 관해 청중에게 응답이나 변호를 제공하기 위한 것이다. 예를 들어 마태의 출생 이야기는 특히 예수의 실제 출생에 대한 세부 사항이 부족하며(누가와 다른 점), 주로 예수가 혼외 상태에서 잉태되지 않았다는 것을 전달하려고 한다(1:18-25). 마태는 주로 일부 유대인 독자들이 무시할 수 있는 개념인 예수의 잉태와 동정녀 탄생을 전달하고 옹호하는 데 관심이 있다. 예수의 세례에 대한 마태의 기록도 이러한 유형의 변증적 강조를 반영한다. 네 복음서 중에서 오직 마태복음에서만 요한이 세례를 주기에 자신이 부적절하다고 자칭한 요한과 예수 사이의 대화를 볼 수 있다. 마태는 그의 독자들 중 일부가 예수가 세례 전 죄를 지었기 때문에 다른 순례자들처럼 요한의 세례가 필요했는지 궁금해하거나 심지어 추측할 것이라고 예상하는 것 같다. 요한이 이 세례를 받지 않으려는 경향(3:14), 특히 자신의 무가치함과 하나님의 목적 안에서 예비적인 인물로서의 신분을 근거로 하여 예수가 전형적인 세례 후보자가 아니라는 것을 독자들에게 전달한다.

요한의 항의에 대한 예수의 반응도 이런 방향으로 나아가고 있다. 명령형 "그렇게 하라"(15), 더 문자적으로는 "허락하라"는 요한이 예수에게 세례를 주기를 꺼리는 것이 옳다는 것을 확증한다. 그러나 이 특정한 시간인 "지금"(harti, 15) 허용되어야 한다. 왜냐하면 이러한 상황에서 "모든 의를 이루기 위해"(15) 이러한 방식으로 이루어져야 하기 때문이다. 여기에서 "의"는 법의학적 방식으로 사용된 것이 아니라(즉, 하나님 앞에서의 "법적" 지위나 지위를 나타내는 것이 아님) 제자도 의 한 측면으로 사용되었다. 요한은 하나님께 대한 복종과 순종의 행위로서 예수에 게 세례를 베풀어야 한다. 그렇게 함으로써 요한은 예수를 향한 하나님의 목적에 참여할 뿐만 아니라 하나님의 나라가 임할 것을 행동적으로 증거한다.

우리가 마태복음의 다른 곳, 특히 산상수훈(5-7장)에서 보았듯이 천국의 여명은 "서기관과 바리새인"(5:20)의 "의를 능가하는 의"인 더 높은 종류의 의를 요구하고 그 신호를 받는다. 그러므로 예수의 신분에 대한 의심을 불러일으키는 어떤 것 대신에 예수의 세례에 대한 마태의 기록은 그가 누구를 위해 왔는지에 대한 의로운 연대 행위로 제시된다. 지금 회개의 부르심 가운데 사람의 손으로 세례를 받고 있는 사람은 또한 하나님의 나라를 인도하고 동일한 사람의 손에 용서의 복음을 전할 사람이다.

마태가 언급한 마지막 사건은 위에서 언급한 메시지를 강조하고 강화한다. 하늘이 열리는 것은 계시 행위 및 하나님의 공급하심을 반영한다(겔 1:1; 사 64:1; 행 7:56; 10:11 참조). 문법적으로 "신성한 수동태"로 구성된 하나님은 하늘을 여시고 예수를 하나님의 아들로 분명히 지지하고 드러내시는 분이다. 그런 다음 하나님은 구약의 예언자들에게 하나님의 기름 부음과 유사한 성령으로 예수에게 기름을 부으신다(사 42:1의 예). 이것은 예수의 메시아 사역을 위한 준비이다. 해그너(Hagner)가 쓴 것처럼 "성령으로 세례를 베푸는 사람은 성령의 형식적인 기름 부음을 경험해야 한다."* 우리는 앞서 그가 "성령으로 말미암은"(마 1:20)

분이라는 것을 읽었기 때문에 마태를 이 시대 이전에 예수에게 하나님의 영이 결여되어 있었다는 것을 가리키는 것으로 읽지 말아야 한다. 마태는 성령을 주시는 것이 지상 사역을 위한 예수의 의례적 기름 부음임을 지적한다(3:16에서 성령이 비둘기처럼 그에게 내려 그를 붙잡거나 스며들지 않음을 주목하라).

"이는 내 사랑하는 아들이요 내 기뻐하는 자라"(3:17)라는 하늘에서 들린 마지막 말은 다음과 같은 다양한 기능을 한다: 1) 지상의 예수와 그가 막 시작하려는 사역에 대한 이전의 허락, 2) 왕의 대관식에 적합한 왕의 시편인 시편 2:7의 메아리 또는 암시로, 3) 예수에게 장차 올 일에 대한 예표. 이 말씀은 변형된 마태복음에서 "그의 말을 들으라"(17:5)는 명령과 함께 다시 들을 수 있으며, 십자가 위에서 하나님을 잊은 예수의 부르짖음(27:46)에는 분명히 존재하지 않는다.

예수께서 세례받으실 때 그의 지상 사역 기간 내내 변함없는 아이러니한 긴장이 있었음이 분명하다. 예수의 유일성은 하늘에서 알려지고 외쳤다. 더 높은 권위는 없다! 그러나 예수 자신의 세례와 사역은 그가 복음을 전하는 사람들에게 일관되고 의식적으로 복종하는 것이 특징이다. 초기 그리스도인들이 빌립보서 (2:6-11)에서 예수의 완전한 겸손을 축하하고 경배하면서 그리스도의 찬송을 부르게 한 것은 이러한 유형의 역설인데, 그것은 하나님께서 그를 높임으로서 오는 왕국의 의의 길을 확증한다.

---

* Donald A. Hagner, Matthew 1-13, *Word Biblical Commentary* 33A (Dallas: Thomas Nelson, 1993), 57.

목회

카일(Kyle)은 어디서도 찾을 수 없었고, 나는 그를 그리워했다. 오순절에 그가 세례 받고 입교하고 나서 몇 주간 동안 그는 전혀 보이지 않았다. 세례 교육을 함께 받은 다른 학생들도 그에 대하여 물었고, 그의 멘토 역시 그랬다. 카일과 그의 가족들은 카일이 5학년 때 교회에 왔다. 그들은 드문드문 출석했는데, 그래서 내가 그들에게 세례 교육을 받도록 권했을 때 그러겠다고 해서 좀 놀랐다. 이 교회에서 입교 교육은 9학년 중에 이루어졌다. 마치 하나님께서 9학년이라는 이유만으로 동시에 9학년들을 부르시기라도 하는 것처럼. 카일과 그의 부모는 오리엔테이션에 참석해서 두 번의 수련회, 선교 활동, 멘토와의 협력, 학습과 탐구를 위한 주간 수업에 참석하겠다는 계약에 동의했다. 카일은 진지하게 참석했고, 수업이나 행사에 빠지는 일이 거의 없었다. 그는 금방 그룹의 중요한 인물이 되었고, 전에 거의 알지 못했던 다른 9학년 학생들과 좋은 우정을 쌓았다. 카일은 아직 세례를 받지 않았기 때문에 성령강림 주일에 세례와 입교를 함께 받았다. 그것은 입교한 모든 사람과 그 가족들과 그들의 멘토들에게 놀라운 축하 행사였다.

그런데 거기서 끝나 버렸다. 우리는 우리가 뭔가 잘못했다는 것을 알았다. 카일과 그의 가족들에게 전화하자 그들은 내가 그들에게 전화해서 그들을 살피는 것에 대해 놀라는 것처럼 보였다. 나는 그의 어머니가 한 말을 뚜렷하게 기억한다. "나는 카일이 다 끝낸 줄 알았는데요? 그러니까 카일은 세례를 받고 입교하고 다 했어요. 다 된 거 아니에요?" 그게 문제였다. 우리의 최선의 의도에도 불구하고 또 우리가 의사를 소통하기 위해 했던 모든 말과 노력에도 불구하고 많은 사람들이 유아세례나 어린이 세례 혹은 성인 세례가 신앙의 정점에 달한 행동이고, 그래서 세례를 받고 나면 모든 것을 "다 이루었다"고 생각하는 것 같다. 마태가 기록한 예수의 세례는 정반대라고 말한다.

마태복음의 본문에서 예수의 세례는 그의 사역의 끝이 아니다. 마태복음의 본문에서 예수의 세례는 그의 사역의 시작이다. 그것은 그의 출발이다. 이것은 그가 창조되고 부름받은 목적인 공적인 사역을 시작하는 위임이다. 확실히 예수의 세례는 그의 정체성이 무엇인가를 규정하는 결정적인 것이다. 그렇지만 정체성은 고정된 것이 아니다. 사람들의 정체성이 성장하고 깊어지듯이 예수의 정체성 역시 그의 공적 사역을 통해 그렇게 되었다. 그의 정체성은 인격에 관한 것만큼이나 목적에 관한 것이다.

과거에 일부 기독교 전통에서는 어린이들이 입교할 때까지 성찬식에 참여하는 것이 허락되지 않았기 때문에 이들을 위한 "성찬준비반"을 만들고 이 수업을 마치기 전까지는 성찬을 주지 않았다. 차츰 여러 전통들에서 이에 따른 문제들을 인식하게 되었는데 그것은 많은 우리 아이들이 이미 세례를 받았고, 그러므로 성찬에 참여할 자격을 가졌기 때문이었다. 그래서 성찬준비반이라는 이름이 바뀌었다. 많은 교회들이 이것을 "입교"라고 부른다. 어린이들을 대신하여 부모와 회중이 유아세례에서 서약한 내용을 확인하기 때문이다. 이 용어 역시 문제가 있다. 카일과 그의 부모 같은 사람들에게 이것은 예수에게 그랬던 것처럼 여행의 시작이 아니라 여행의 끝이라고 오해할 수 있기 때문이다. 그런 이유 때문에 점점 더 많은 교회들이 "입교와 위임"이라는 제목을 채택하고 있다. 이 이름은 이것이 단순히 여행의 끝이 아니라 우리를 새로운 형태의 사역과 신실한 존재가 되는 새로운 길로 우리를 보내는 중요한 표지라는 것을 알려주기 때문이다. 이 용어는 한 마디이지만 세례 받을 때 규정된 정체성이 완성된 것이 아니라 여전히 성장하고 발전한다는 중요한 생각을 전달한다.

예수는 확실히 세례 받을 때 확인(영어로 입교는 확인이라는 뜻 _ 역자 주)되었다. 그는 그의 사촌 요한에 의해 오실 분으로 지목되었다. 세례를 받을 때 하늘이 열리고, 비둘기가 그에게로 내려오고, 하늘에서 그를 하나님의 아들이요 하나님이 사랑하시는 사람이며 하나님의 기쁨을 간직한 바로 그 사람이라고 지명하는 목소리가 들리면서 예수의 정체성은 확인되었다. 하지만 이 확인은 그의 사역의 절정이 아니었다. 이것은 그를 십자가와 그 이후로 인도하는 놀라운 여정의 시작이었다.

세례를 넘어서고 입교를 넘어서는 단계는 필수적이다. 슬프게도 교회가 사람들에게 그렇게 하도록 초청하지 않는다. 이것이 그토록 많은 젊은이들이 입교를 최종 행동으로 경험하고, 수천 명의 젊은이들이 입교한 후에 교회를 떠나는 것을 확인하게 되는 이유이다. 올바르게 행해진 입교는 반드시 위임과 짝을 이루어야 한다. 그래서 단계마다 사람들이 하나님의 형상으로 창조되고 영원히 하나님께 속한다고 주장하도록 돕고, 그들이 부름받은 사역을 통해 그들의 정체성을 실현하는 것이 그들의 목적이라는 것을 일깨워 줄 수 있다.

카일과 그의 부모님들과 더 많은 이야기를 나누면서 이것을 더 잘 설명하려고 했고, 왜 내가 전화를 했는지 그리고 우리 교회가 카일 뿐만 아니라 모든 가족들을 얼마나 그리워하는지 이해할 수 있도록 도와주려고 노력했다. 그들은 모두 깊이 이해하고 사과했다. 그들은 "어쩌다 보니 그걸 놓쳤나 봐요"라고 말했다. 나는 "우리가 당신과 카일에게 이것을 제대로 전달하지 못한 것 같다"고 대답했다. 나는 또한 카일과 그의 세례 교육 교사와의 관계가 끝나지 않았으며, 그의 스승은 앞으로 몇 달 혹은 몇 년 동안 그와 계속 연락하기를 희망한다고 설명했다. 카일의 부모는 감동했고, 감사를 표했다. 나는 "카일의 세례는 단순히 신앙 고백에 관한 것이 아니에요"라고 좀 더 설명했다. "세례는 하나님께서 그를 부르신 것이 하나님의 자녀라는 정체성을 가지고 살아가라고 하신 것이라는 사실을 이해하며 계속 성장하는 것에 관한 것입니다."

다음 일요일, 카일과 그의 가족은 교회에 와서 따뜻하게 환영 받았다. 그들은 여행이 끝난 것이 아니라 시작일 뿐이라는 것을 깨닫고 조금은 안심하는 것 같았다.

설교

예전에 대한 여러 전승을 보게 되면, 주님의 세례를 기념하는 주현절 후 첫째 주일은 보통 세례를 위해 따로 준비하는 주일 중 하나이다. 만일 세례가 당신이 설교하는 예배 중에 시행된다면 그 세례는 설교에 큰 영향을 줄 것이다. 설교자는 이번 주일에 주된 관심이 세례식에 있는 교인들을 향하여 설교할 수 있다. 혹은 단지 세례식을 축하하러 외부에서 증인으로 참석한 사람들을 대상으로 설교할 수도 있다. 그래서 이번 주일은 이 새로운 청중들과 또 오랫동안 교회에 나온 교인들에게 설교를 통하여 신앙에 관한 핵심 진리를 전함으로써 풍성한 약속과 도전을 줄 수 있다.

신약학자 레이몬드 브라운(Raymond Brown)은 마태복음이 "교회의 근간이 되는 문서 역할을 해왔다"라고 하면서 마태복음의 이 세례 이야기가 기독교의 세례 이해에 규범이 되는 본문이라고 말한다. 하지만 이 본문은 교인들의 관심과 필요에 따라 여러 가지로 이해할 수 있는 가능성이 열려있다고 덧붙인다.* 이 견해는 이번 주일 교인들이 보게 될 세례에 대한 여러 신학적 입장들을 살펴볼 좋은 기회를 마련해 준다. 예배에서 세례 예식은 당신의 신학에 관해 무엇을 보여주고 있는가?

크리소스톰(Chrysostom)은 비록 요한의 세례가 "회개"를 위한 것이었지만, 예수께서는 분명히 자신의 죄를 회개할 필요가 없었다고 썼다.** 요한의 세례에서 일어난 일을 설명하기 위해 11절에 사용한 헬라어 메타노이아(metanoia)는 단순한 죄에 대한 회개를 뜻하기보다는 변화나 방향 전환을 의미하는 것으로 종종 번역되었다. 우리가 마태복음을 읽을 때 나오는 세례는 일종의 변화, 아마도 예수의 통과의식을 보여주고 있다. 기독교의 여러 성례전 전통에서 교회의 거룩한 성례전

---

* Raymond E. Brown, *An Introduction to the New Testament,* Anchor Bible Reference Library (New York: Doubleday, 1997), 171.
** Manlio Simonetti, ed., *Matthew 1-13,* Ancient Christian Commentary on Scripture (Downers Grove, IL: InterVarsity Press, 2001), 51.

들은 여기에 참예하는 사람들에게 있어 변화나 통과의식을 뜻하는 것으로 이해되었다. 여러분이 속한 전통에서 세례 예식에서 일어나는 변화와 방향 전환을 어떻게 이해하고 있는가? 그 변화는 무엇에서 무엇으로의 전환인가?

세례는 종종 탄생과 거듭남과 관련한 전형적인 의식이고, 물은 그 상징이다. 이러한 상징적 관점과 관련한 이야기나 문화적 사례들을 찾아보는 것은 어렵지 않을 것이다. 하나님의 백성이라는 성서의 이야기는 물을 통과한 후 새롭게 태어난다는 몇 가지 주목할 만한 이야기들을 보여주는데, 그중에서 이스라엘 자손들이 출애굽 할 때 모세를 위해 물이 갈라진 사건 그리고 병행 구절로 이 백성들이 약속의 땅에 들어갈 때 여호수아를 위해 물이 갈라진 사건 등이 그러하다. 각각의 경우에 그리고 일반적으로 물이 거듭남의 상징으로 사용될 때 사람들은(이 특별한 이야기에서는 노예나 방랑자들로서) 그 물로 들어가서 완전히 다른 그 무엇으로 나타나게 된다.

마태복음 기자는 다른 복음서에서도 볼 수 있는 이야기 형식을 사용한다. 그는 예수의 세례를 그의 사역 맨 처음에 배치하는데 이것은 후에 일어날 일들을 염두에 둔 사전포석 역할을 한다. 그리스도 안에서 우리의 삶을 위한 준비인 세례를 우리는 어떻게 이해하고 있는가? 하나님께서는 세례 받은 각 사람을 위해 무엇을 예비하고 계시는가? 나아가 공동체를 준비하는 이 예식은 공동체의 무엇을 위한 것인가? 신학자이자 윤리학자인 스탠리 하우어워스(Stanley Hauerwas)에 의하면 그리스도인들이란 "이 세상에서 하나님의 진리를 증언하기에 충분한 덕목을 갖춘 사람들을 만드는" 공동체로 부름을 받은 사람들이다.* 여러분의 공동체는 하나님의 진리를 증언할 사람들을 어떻게 만들어 낼 것인가? 여러분이 속한 전통에서 이 덕목은 무엇인가? 여러분의 교인들이 참여하는 세례 예식이나 세례식의 선서에서 이 덕목을 어떻게 미리 보여줄 수 있는가? 이러한 세례 예식의 근간이 된 마태복음의 이어지는 장면에서 이 덕목은 어떻게 이해되어야 하는가?

하퍼 리(Harper Lee)의 소설 To Kill a Mockingbird (『앵무새 죽이기』, 김욱동

---

* Stanley Hauerwas, *A Community of Character: Toward a Constructive Christian Social Ethic* (Notre Dame, IN: University of Notre Dame Press, 1982), 3.

역, 열린책들, 2015)는 책임적인 사람들을 만들어 내는 공동체에 대해 두 가지 방식이 가능하다고 말한다: 하나는 관용, 사랑, 용기를 지닌 사람들을 만들어 내는 것이고, 다른 하나는 두려움, 편견, 욕심을 지닌 사람들을 만들어 내는 것이다. 이 소설에서 화자인 스카우트 핀치(Scout Finch)와 그녀의 남동생 잼(Jem)은 그들의 아버지 아티커(Atticus)와 하녀 칼푸르니아(Calpurnia) 그리고 이웃들 또 다른 사람들로 인하여 우리가 기독교의 덕목이라고 부르는 훌륭한 덕목을 갖춘 사람들로 성장한다. 공동체를 만들어 내는 것에 관한 이 소설의 이야기나 또 다른 이야기들은 오늘날 하나님의 가족으로 들어오는 사람들을 돕고 형성하는 데 있어 교인들이 할 역할을 이해하는 데 도움을 줄 수도 있다.

만일 세례식이 이번 설교를 할 때에 없다면 이번 성서정과 본문은 교인들과 함께 공부할 좋은 자료로 활용될 수 있다. 마가와는 달리 마태의 세례는 세례자 요한과 그 주변의 사람들에게 예수를 하나님의 아들로 직접 선포할 뿐만 아니라 성령이 공적으로 나타난 것을 보여주고 있다. 세례에서 삼위일체에 관련한 이 초기 언급은 마태복음 28:19과 병행 구절을 이루는데 거기서는 예수의 새로운 추종자들이 아버지와 아들과 성령의 이름으로 세례를 받아야 한다고 말하고 있다. 이 본문을 삼위일체를 연구하는 안내자로 인식했던 아우구스티누스를 따라서 오늘날 우리도 동일하게 사용할 수 있다. 우리는 삼위일체에 관한 설교를 할 기회가 별로 없고 또 종종 회피하기도 한다. 이 본문은 우리 교회가 속한 전통이 삼위일체를 어떻게 이해하고 있는지를 설교 시간에 가르쳐 줄 좋은 기회를 마련해준다.

마지막으로 이 장면은 하나님의 능력과 아름다움 소위 하나님의 현현 (theophany)을 매우 분명하게 보여준다. 히브리 전통에서 하나님은 종종 산, 샘물, 강 같은 중요한 자연환경에서 나타났다. 하나님께서는 성서에서 어떻게 자신을 하나님의 백성에게 보여주었나? 우리는 오늘날 하나님께서 어떻게 활동하시는지를 인식하는 데 종종 어려움을 겪지 않는가? 하나님은 오늘날 당신의 공동체에서 어떻게 나타나시거나 말씀하시는가?

주현절 후 둘째 주일

요한복음 1:29-42

²⁹이튿날 요한이 예수께서 자기에게 나아오심을 보고 이르되 보라 세상 죄를 지고 가는 하나님의 어린 양이로다 ³⁰내가 전에 말하기를 내 뒤에 오는 사람이 있는데 나보다 앞선 것은 그가 나보다 먼저 계심이라 한 것이 이 사람을 가리킴이라 ³¹나도 그를 알지 못하였으나 내가 와서 물로 세례를 베푸는 것은 그를 이스라엘에 나타내려 함이라 하니라 ³²요한이 또 증언하여 이르되 내가 보매 성령이 비둘기 같이 하늘로부터 내려와서 그의 위에 머물렀더라 ³³나도 그를 알지 못하였으나 나를 보내어 물로 세례를 베풀라 하신 그이가 나에게 말씀하시되 성령이 내려서 누구 위에든지 머무는 것을 보거든 그가 곧 성령으로 세례를 베푸는 이인 줄 알라 하셨기에 ³⁴내가 보고 그가 하나님의 아들이심을 증언하였노라 하니라 ³⁵또 이튿날 요한이 자기 제자 중 두 사람과 함께 섰다가 ³⁶예수께서 거니심을 보고 말하되 보라 하나님의 어린 양이로다 ³⁷두 제자가 그의 말을 듣고 예수를 따르거늘 ³⁸예수께서 돌이켜 그 따르는 것을 보시고 물어 이르시되 무엇을 구하느냐 이르되 랍비여 어디 계시오니이까 하니 (랍비는 번역하면 선생이라) ³⁹예수께서 이르시되 와서 보라 그러므로 그들이 가서 계신 데를 보고 그 날 함께 거하니 때가 열 시쯤 되었더라 ⁴⁰요한의 말을 듣고 예수를 따르는 두 사람 중의 하나는 시몬 베드로의 형제 안드레라 ⁴¹그가 먼저 자기의 형제 시몬을 찾아 말하되 우리가 메시아를 만났다 하고 (메시아는 번역하면 그리스도라) ⁴²데리고 예수께로 오니 예수께서 보시고 이르시되 네가 요한의 아들 시몬이니 장차 게바라 하리라 하시니라 (게바는 번역하면 베드로라)

신학

오늘 요한복음의 본문에서 우리는 예수의 생애 중 일어난 중요한 두 사건, 즉 예수의 세례와 첫 번째 제자들을 부르심에 관해 듣게 된다. 주현절 첫째 주일이었던 지난 주일의 마태복음 본문은 예수의 세례에 관한 것이었다. 주현절 셋째 주일인 다음 주일의 본문은 예수가 베드로와 안드레, 세베대의 아들 야고보와 요한을 부르는 이야기를 다루게 될 것이다. 성서정과 Year B와 Year C의 내용도 이와 같은 구조를 띠고 있다. 다만 마태복음 대신 마가복음과 누가복음의 본문이 쓰일 뿐이다. 그러나 요한복음 본문은 매해 주현절 둘째 주일 본문으로 사용된다. 왜 그럴까?

이 질문에 답하기 위해서는 우선 주현절이 교회력에서 차지하는 의미에 주목해야 한다. 이번 주일은 주현절과 연관된 총 10개 주일 중 세 번째에 해당한다. 이번 주일은 앞선 두 주일 그리고 앞으로 올 일곱 주일과 마찬가지로 하나님께서 나사렛 예수라는 인간 안에 오심으로(incarnation) 이 땅에 현현하신 것(epiphany)을 기념하는 큰 흐름 속에 포함된다. 이런 신학적 관점에서 볼 때 오늘 요한복음 본문이 택해졌다는 것이 이해된다. 왜냐하면 요한은 그의 복음서에서 "그 말씀은 육신이 되어 우리 가운데 사셨다. 우리는 그의 영광을 보았다"(요 1:14)라고 성육신과 주님의 현현에 대해 가장 명확하게 선포하고 있기 때문이다.

두 번째 주목해야 할 것은 동방 교회와 서방 교회에서 주현절을 지키는 전통의 차이에 관한 것이다. 서방 교회에서는 성탄절을 강조하여 결국 12월 25일을 성탄절로 확정하였다. 동방 교회에서는 주님의 현현을 더 강조하는데, 이 주제에는 예수의 탄생은 물론 세례 그리고 가나안 혼인 잔치의 기적까지 포함된다. 서방 교회도 결국 1월 6일을 주현절로 지키게 되었다. 서방 교회에서 주현절의 중요한 의미는 그날이 동방박사가 베들레헴을 방문한 날이고, 성탄 절기가 끝나는 날이라는 것이다. 동방 교회에서도 12월 25일을 성탄절로 지키게 되었지만, 동방 교회가 주현절을 지킬 때는 예수의 세례를 강조하였다.

주현절의 신학적 의미에 대해 동방과 서방 교회가 차이를 보이는 것을 우리는 어떻게 받아들일 것인가? 우선 서방 교회에서는 주현절을 성탄 절기가 끝나는 날로 여긴다는 점에 주목해보자. 많은 교회에서 성탄 후 12일 동안 동방박사의 모형과 그들의 선물을 따로 보관해 두었다가 주현절에 그것들을 구유 앞에 진열하는 관습이 있다(우리나라에서는 거의 없는 관습임 _ 역자 주). 어린이들은 왜 기다렸다가 그것들을 진열하냐고 묻기도 한다.

물론 합리적인 답은 이것이다. 동방박사들은 베들레헴까지 먼 길을 온 것이기 때문에 예수의 탄생 직후에 그것들을 구유 앞에 진열하는 것은 잘못된 것이다. 또한 동방박사들은 동방에서 온 이방인이라는 점을 강조하는 신학적인 관점도 있다. 따라서 유대인의 왕으로 태어난 아기에게 경배하기 위해 동방에서 박사들이 왔다는 것은 이스라엘의 범위를 넘어선 세계적 차원에서 주님이 현현했다는 것을 드러내는 사건이다. 하나님은 온 세상의 하나님이시다. 그러나 동방박사들이 도착하기 전까지는 그것이 확실하게 드러나지 않는다. 이런 합리적이고 신학적인 해명이 어린이들의 질문에 충분한 답이 될까?

이런 의문이 생길 수도 있다. 하나님이 마리아의 태 속에 이미 성육하였고(세례 요한이 엘리사벳의 배 속에 있을 때 이미 알았던 것처럼) 성탄절에 세상으로 태어났다면(목자들이 본 것처럼), 우리가 주현절까지 기다릴 필요가 있는가? 성탄절로 충분한 것 아닌가? 실로 참을성이 없는 어린이들은 동방박사가 구유 위에 현현한 하나님을 만나기 위해 속히 오기를 바란다.

이 질문에 대한 답을 생각하면서 우리는 동방 교회에서는 1월 6일 주현절 하루에 예수의 탄생뿐 아니라 세례, 기적을 모두 함께 기념했다는 사실에 주목해야 한다. 동방 교회의 이런 전통은 성육신이라는 개념이 얼마나 이해하기 힘든 것인지를 드러내는 셈이다. 동방 교회는 이런 일련의 사건 모두를 하나로 엮음으로 성육신의 신학적 의미를 예전적으로 확고하게 구현하고자 했다고 볼 수 있다. 성육신은 구유에 놓인 아기만으로 드러나는 것이 아니고, 세상 사람들의 관심의 초점이 되는 분, 하늘이 열리며 "이는 내 사랑하는 아들이다. 내가 그를 좋아한다"(마 3:17)라는 하늘의 음성이 지목한 분, 가나안 혼인 잔치의 기적으로 "자기의 영광을 드러낸"(요 2:11) 분을 통해 드러난다. 주현절의 진리는 주님이 현현한다는 것이다. 그런데 주님은 사람으로 현현한다. 주님의 현현은 곧 성육신이다.

"주현절 이후"라고 명명된 수많은 주일들이 우리에게 주는 의미는 무엇인가? 그것은 성육신의 깊은 신학적 의미는 단지 구유에 놓인 아기에만 관심을 집중함으로 도달할 수 없다는 것이다. 우리에게는 성탄절 이상의 것이 필요하다. 동방박사도 와야 하고, 예수가 요단 강가로 걸어오는 것을 봐야 한다. 우리는 구름이 열리는 것을 봐야 하고, 예수를 "사랑하는 아들"이라고 부르는 하늘의 음성을 들어야 한다. 우리는 예수가 베드로와 안드레에게 물었던 말씀, 즉 "너희는 무엇을 찾고 있느냐?"(요 1:38)라는 말씀을 들어야 한다. 어린아이가 성급하게 구유 앞에 동방박사가 나타나기를 기다리는 것처럼 우리는 성급하게 답을 하려는 유혹에 빠질 수 있다. 우리가 답을 하려고 하기 전에 주현절 후 일곱 주일이 남아 있다는 것을 기억하자. 그리고 그중 여섯 주에 걸쳐서 산상수훈을 접하게 된다는 것도 유념하자. 우리가 예수가 던진 질문에 성급하게 답을 하거나 성탄절에 시작된 축하 절기를 종료하기 전에 예수가 우리에게 무슨 말씀을 하시는지 경청하기 위해 기다리는 것이 바른 자세일 것이다.

주석

오래된 TV쇼 "세사미 스트리트"(Sesame Street)에서 네 정사각형 물체를 놓고 "어느 것이 다른 것과 다르고, 어느 하나가 다른 데 속하지 않을까요?"라는 게임을 기억할 것이다. 이 게임을 네 복음서를 두고 한다면, 분명히 요한복음이 결국 다른 것과 다르다고 할 것이다. 요한복음은 탄생 이야기가 없고 대신 성전 청결 이야기가 두 개나 있다. 요한엔 비유가 없고 기적을 '표적'이라고 한다. 그는 단순하게 예수의 행적이나 가르침을 말하고, 무슨 이유로 그런 일을 했는지에 대해서도 말하지 않는다. 다른 복음서와 비교했을 때 요한은 예수를 좀 더 신적인 모습으로 묘사하는데, 그의 독자들이 지상의 예수가 창세 전에 존재한 하나님의 아들임을 잊지 않도록 하려고 했다.

오늘 본문에서 명백한 요한복음의 다른 특징은 여러 이야기들에서 특정한 개인에 관한 깊은 통찰력이다. 예수의 세례에서 마태와 같이 예수가 말한 것을 들을 수 없고, 마가나 누가와 같이 관련된 세부 사항들을 볼 수 없다. 대신 요한은 예수의 세례에 관한 세례요한의 개인적 숙고를 담고 있다. 마침내 세례요한의 말은 사건의 보고이기보다는 그 사건의 중요성에 대한 증언이다. 요한은 기적을 표적이라 하는데, 여기에서는 예수의 세례를 그의 진정한 정체성에 대한 증언을 보여 주었는데 세상의 그리스도일 뿐만 아니라 또한 하나님의 아들로서이다(1:34: 1:7, 15, 19 참조).

서언(1:1-18) 다음에 1장 나머지는 연속되는 4일의 구조로 정리되어 있다 (1:19-51).

첫째 날: 제사장 레위인 그리고 바리새인이 예루살렘에서 와서 요한에게 그의 정체성이 무엇인지(메시아인지 엘리야와 같은 예언자인지) 그리고 그의 세례에 관해서(19-28) 물어본다.

둘째 날: 예수께서 세례받으러 나와서 하늘에서 성령을 받다. 세례요한은 예수가 자신보다 앞선 자임을 깨닫고 예수를 "하나님의 자녀"와 "하나님의 어린 양"(29-34)으로 선언한다.

셋째 날: 요한은 자기 제자 두 사람과 같이 서 있다가 예수를 "하나님의 어린 양"으로 선포하다. 요한의 두 제자가 예수의 제자로 따르고 시몬도 제자가 된다(35-42).

넷째 날: 예수가 두 제자와 갈릴리로 가서 빌립과 나다나엘을 뽑아 그들에게 더 큰 일을 보고 경험할 것이라 가르친다(43-51).

전체적으로 요한은 예수운동의 초기 국면에서 예수의 정체성에 관한 몇 가지 중요한 포인트를 지적하고 있다: 1) 예루살렘은 광야에서 세례요한의 활동을 의식하고 있고, 그의 정체성에 관해 놀라움을 갖는다. 2) 요한은 메시아가 아니다. 3) 메시아는 나중에 오는데 그는 하나님의 아들이 될 것이다. 4) 하나님의 아들이 왔을 때 요한의 제자들은 더 이상 요한을 따르지 않았다.

오늘 본문은 둘째 날과 셋째 날에 해당된다. 이 두 날의 처음에 세례요한은 예수를 "하나님의 어린 양"(1:29)으로 선언한다. 비록 어떤 사람들은 세례요한이 예수를 보자마자 동의했다고 하지만, 요한의 말에서 보면 이것은 사실이 아니라는 것이 분명하다. 요한은 두 번이나 "나는 이 분을 알지 못하였습니다"라고 말한다(31, 33). 어린 양의 이미지는 보통 희생당하고 죽을 수밖에 없는 약하고 공격받기 쉬운 것이다. 그런데 여기에서나 다른 유대 저작에서는 어린 양이 힘 있는 동물로 그려진다. 어린 양이 하늘을 다스리고 악한 자에게 심판을 내리며 정의로운 자에게 구원을 가져온다.

요한이 예수보다도 약하거나 낮은 지위에 있다고 생각한 것이 바로 이 어린 양과 연관된다. 예수는 요한보다 앞서신 분이신데 왜냐하면 예수가 먼저 계셨고(1-5), 요한은 물로 세례를 받았지만 예수는 성령으로 세례를 받았기 때문이고, 마지막으로 하나님의 계획 속에 요한은 그의 길을 준비하는 역할을 맡았기 때문이다(사 40:3; 요 1:23). 하지만 요한의 증언이 이것으로 비중이 작아지는 것은 아니다. 일찍이 비록 하나님을 본 사람은 아무도 없지만(18), 여러 가지 하나님의 계시 속에서 요한은 하나님의 아들을 보았다. 유대 철학자 필로(Philo)의 저작에서는 하나님의 말씀을 듣는 것이 보는 것에는 미치지 못한다고 한다. 요한은 하나님이 허락하셨기에 하나님을 보았다. 그리고 예수 자신이 초기 사역에서 자신을 나타내기 이전에 하나님의 아들이라고 목소리로 증언한다.

셋째 날의 사건은 이미 요한에 의해 증언된 요한과 예수의 관계적 위치 선정과 조응한다. 예수의 먼저 선 위치와 그의 증언은 만약에 그의 증언을 바르게 소화했다면, 그들은 예수께 충성을 바쳤어야 한다. 요한의 36절의 감탄사는 그의 제자들에게 그를 따르도록 요청한 것이다. 그리고 이어 예수의 질문 "너희는 무엇을 찾느냐"(1:38)는 그를 따르는 같은 제자들에게 초청과 시험의 역할을 겸한다. 예수를 따르는 다른 모든 사람과 같이 그것은 단순히 그들이 따르기 원하는 것만이 아니라 그들이 찾는 사람이 무엇이며 누구인가라는 것이다. 한 사람은 안드레와 한 사람은 무명인 두 제자는 그날 예수를 따를 뿐 아니라 함께 지냈다(39).

이미 제10시, 즉 오후 4시였기에 제자들이 예수와 대화하고 배우기에 충분한 시간이었고, 밤을 함께 지내기도 했다. 비록 우리는 그 시간에 어떤 토론이 진행되었는지 알 수 없지만, 이것을 시몬이 게바(바위)로 이름이 바뀐 것이 이 제자들에게 일어난 변화의 징조의 시작임을 알 수 있다. 이 변화, 이러한 새로운 정체성 형성은 "세상 죄를 지고 가는 어린 양"(29)이라는 요한의 예수에 대한 증언(우리의 증언)을 통해 내부에서 일어난 것이다.

그리스도는 지금 세상에 몸이 없지만 당신의 몸이 있고,

손이 없지만 당신의 손이 있고,

발이 없지만 당신의 발이 있다.

당신의 눈은 세상을 바라보는 그리스도의 연민의 눈이다.

당신의 발은 선한 일을 하러 가는 그의 발이다.

당신의 손은 지금 사람들을 축복하는 그의 손이다.

이 시는 16세기 스페인의 신비주의자인 아빌라의 테레사(Teresa of Avila)가 그녀의 삶을 마감할 무렵 수녀들에게 보낸 편지에서 그녀가 쓴 것이라고 하는데, 실제 문헌 자료는 불확실하다. 그럼에도 불구하고 이것은 기독교 영성에서 인기 있는 위치를 차지했으며, 어떤 사람들이 성육신 신학이라고 부르는, 우리가 세상에서 예수 그리스도가 되어야 한다는 사상에 대한 일반적인 이해를 반영한다. 성육신 신학은 세상을 향한 하나님의 사랑을 온전하게 구현하기 위하여 예수 그리스도 안에서 하나님이 육신이 되셨다는 것을 알려준다. 아비야의 테레사는 이 성육신 신학에서 한 걸음 더 나아가 우리 자신이 그리스도에게 성육신하여 예수가 그랬던 것처럼 세상을 사랑하도록 요청하며, 그래서 사도 바울이 고린도교회에게 쓴 것처럼 "언제나 예수의 죽임 당하심을 우리 몸에 짊어지고" 다님으로 "예수의 생명도 또한 우리 몸에 나타나게"(고후 4:10) 하라고 촉구한다.

그렇지만 오늘 요한복음의 본문에서 성육신 신학의 또 다른 이해를 보게 된다. 세례요한은 하나님의 성육신인 예수께서 오시는 것을 보고 사람들의 관심을 예수께로 향하게 하고, 그의 말을 듣고 있는 모든 사람들에게 그가 성령으로 세례를 주시는 분이라고 증언한다. 나중에 요한이 그의 두 제자와 함께 서 있을 때 예수께서 걸어가시는 것을 보고 그의 제자들에게 예수가 "하나님의 어린 양"이라고 말했다(36). 요한의 제자들은 예수를 따라갔고, 예수는 자기 자신의 제자들을 부르기 시작했다. 이 구절 전체에서 세례자 요한이 중요한 역할을 한다. 그는

예수가 누구인지를 증언하고 그래서 다른 사람들이 예수 그리스도를 알도록 길을 가리킨다.

여러 해 전, "예수라면 어떻게 하실까 What Would Jesus Do; WWJD"라는 캠페인이 젊은이들 사이에서 인기 절정이었을 때, 어떤 고등학생과 이야기를 나눈 적이 있었다. 그녀는 WWJD 팔찌를 받은 적이 있었다. 그 팔찌를 하고 있는 동안 그것 때문에 고민을 하기도 했다. 어느 날 밤, 청소년 모임이 끝난 후 그녀는 팔찌의 의미에 대해 고심하고 있다고 말했다. 나는 그녀에게 그 팔찌가 우리가 예수를 따르고 있으며, 우리 삶의 모든 면에서 그의 행동에 의해 인도되어야 한다는 것을 가시적으로 일깨워주는 것이라고 설명하려고 했다. 그녀는 확실히 모두 이해하지만, 문제는 어떤 상황에서 예수가 실제로 어떻게 하실지 어떻게 알 수 있느냐는 것이었다. 우리는 성서를 가지고 있고 우리를 도와줄 광범위한 신자들의 공동체가 있다고 설명하려고 하자 그녀는 격앙된 어조로 말했다. "예, 하지만 모르시겠어요? 나는 예수가 아니라고요! 나는 완전히 인간이지만, 완전한 신은 아니에요. 나는 내가 예수님이라면 어떻게 하셨을까를 생각할 수 있다고 가정하는 것이 공평하지 않다고 생각해요. 나는 하나님이 아니니까요." 그녀 말이 맞다.

나는 신학교에서 가르치고 있는데, 내가 하는 일을 사랑한다. 나는 요즘 몇 년 동안 학생들이 다양한 목회 방법들에 대하여 연구하고 성찰하며 참여할 때, 그들이 목회에 대해 더 많은 소명을 준비할 때도 그들과 함께 하는 엄청난 특권을 누리고 있다. 나는 늦여름에 학년이 시작하고 늦봄에 학년이 끝나는 것처럼 분명한 시작점과 마침점이 있는 것을 좋아한다. 이런 종류의 리듬은 나의 영혼에 맞다. 여기 문제가 있다. 졸업, 대부분의 학생들은 학업을 마치면 교역학 석사(M.Div; Master of Divinity) 학위를 받게 된다. 이것을 신성의 장인(Master of Divine)이라고 장난처럼 말하기도 하는데, 그들 가운데는 정말 그렇게 믿는 사람도 있다는 것이다. 그들은 나를 가장 긴장하게 만드는 사람들이다. 그렇게 할 수만 있다면 나는 그들이 이름과 학위와 금박 도장이 찍힌 졸업 증서를 받자마자 졸업장 가장자리에 "진행 중"이나 "하나님의 은혜로" 같은 문구를 써넣고 싶다.

테레사와 사도 바울이 우리에게 그리스도를 구현하는 삶을 살라고 말하는 것을 완전히 이해하지만, 우리 자신을 세상에 대한 그리스도라고 말하는 메시아 정체성을 가지지 않는 것이 중요하다. 몇 년 전에 좋은 친구인 신학교 동료가 내가 일정과 약속들로 인해 몹시 바빠서 피곤해 보이는 것을 걱정해서 나를 억지로 데리고 점심을 먹으면서 긴급 상황이라고 말했다. 식탁에 앉으면서 무슨 일이냐고 물었다. 그녀는 말하기를, 나를 위해 좋은 소식이 있다고 했다. 어리둥절해서 좋은 소식이 뭐냐고 물으니 그녀는 웃으며 말하기를, "나는 네가 메시아가 오셨다는 것을 알았으면 좋겠어!" 완전히 혼란스러워 하니까 그녀가 말하기를, 나에게 더 좋은 소식이 있다는 것이었다. "너는 메시아가 아니야!" 왜곡된 성육신 신학의 진짜 위험성은 우리가 세상에서 그리스도의 진짜 몸이라고 믿게 되는 것이다. 그래서 세상이 구원을 받고 있는 중이라면 우리가 그 일을 해야 한다고 믿는 것이다.

WWJD에 대해 많이 묻지 말고 그보다 WWJBD에 대해 묻는 것이 더 나을 수도 있다. 세례요한이라면 어떻게 했을까?(What would John the Baptist do?) 요즘 나는 나 자신과 나의 학생들에게 좀 더 세례요한과 같아지라고 도전하고 있다. 예수 그리스도에 대한 관심을 환기시킨 다음 우리가 하는 말을 들을 수 있는 사람들에게 "이봐요, 보세요! 하나님은 살아계셔요. 하나님은 우리 가운데 계셔요. 성령은 우리 안에서, 우리를 통해, 우리를 위해 그리고 우리에도 불구하고 일하고 계셔요. 보세요. 하나님의 어린 양이에요!"

설교

마태가 기록한 그리스도의 세례에 이어 이번 주일은 요한복음에 기록된 주님의 세례와 그의 사역의 시작을 만나게 된다. 마태의 세례처럼 요한은 하늘로부터 들려온 소리에 대한 증인이고(그리고 마태의 기록과는 달리 예수께 내려온 성령에 대한 증인), 예수께서 주님이라는 그의 증언은 요한복음의 고(高)기독론(high Christology)을 따르고 있다. 하지만 이 증언은 만남, 제자도 그리고 관계라는 인간의 이야기들과 더불어 제시되고 있다. 그래서 이번 주 본문은 몇 가지 흥미로운 설교 주제를 제시하는데 그것은 세례, 예수의 진정한 정체성, 증언 그리고 전도이다.

세례

요한복음에 나타난 예수의 세례는 보이는 것을 묘사하기보다는 신약학자 산드라 슈나이더스(Sandra M. Schneiders)가 요한복음의 독자들은 "예수 이야기"를 이미 알고 있었다고 결론지은 것을 입증하는 것처럼 그리고 있다.[*] 그래서 세례를 서술하는 요한의 관심은 실제적인 세례(그 전날 발생했던) 그 자체를 묘사하는 것이 아니고, 다른 사람들이 예수를 하나님의 아들로 믿도록 인도하는 표적이라는 점에 초점을 맞추고 있다. 그래서 요한복음의 세례를 설교하는 일은 우리 설교자들에게 다른 질문들과 씨름하게 만든다. 왜 요한은 실제적인 세례를 묘사하지 않고 있는가? 이 세례는 마태(혹은 다른 공관복음서들)의 표현과 어떻게 비교되는가? 예수의 세례에서 드러난 표적들은 요한복음에서 어떤 역할을 하고 있는가? 예수께서 물 대신 성령으로 세례를 베푼다는 말은 무엇을 뜻하는가? 교인들의 세례에 대한 이해는 이 본문을 들을 때 어떻게 작용하는가?

예수의 진정한 정체성

이번 성서정과는 예수의 진정한 본성에 대해 몇 가지 증거들을 보여주고

---

[*] Sandra M. Schneiders, *Written So That You May Believe: Encountering Jesus in the Fourth Gospel* (New York: Herder & Herder, 2003), 38-39.

있다. 물론 요한복음은 정경으로 인정된 복음서 중 가장 고기독론적 입장을 취하고 있고, 서문에서 예수는 하나님의 아들이라고 한 것을 우리는 알고 있다. 하지만 이번 성서정과는 우리에게 "아들됨"이라는 놀라운 주장과 하나님의 어린 양이라는 중요한 개념을 보여주고 있다. 설교는 이 두 개념 사이의 관계나 아니면 교회 형편에 따라서 하나님의 어린 양이라는 개념 하나에 초점을 맞추어도 좋을 것이다. 잭 마일즈(Jack Miles)는 하나님과 예수의 삶을 이야기로 연구하면서 메시아라는 놀라운 이미지를 양으로 묘사한 것은 왕이라는 기존의 성서적 이미지를 근본적으로 거부하는 것이고, 이 비유를 선택하게 되면 하나님(예수를 통해 나타난)은 약한 것을 택하여 유월절을 가능케 한 전능자가 아닌 유월절 희생양의 역할을 하게 된다고 하였다.[*]

가톨릭 신자인 소설가 그레이엄 그린(Graham Greene)은 다른 사람을 위하여 스스로를 희생한 영웅들을 소개하는 많은 이야기를 썼다. 그의 작품 *Brighton Rock*(브라이턴 록, 서창렬 역, 현대문학 2021), *The Power and the Glory*(번역: 권력과 영광, 김연수 역, 2010, 열린책들)와 *The Heart of the Matter* 등에 나오는 희생적인 인물들은 교인들에게 하나님의 어린 양이라는 도전적인 개념을 설명하는 데 도움이 될 수 있다. 요한복음에 나타난 예수의 희생처럼 의식적으로 선택한 희생을 다룬 문학작품이나 희생에 대한 문화적 사례들을 찾아서 소개하는 것도 좋을 것이다.

증언

요한과 관련한 신약성서들은 하나님의 나라를 추구하거나 그 길을 따르는 것보다는 그리스도에 대한 믿음에 초점을 맞추고 있는데 이러한 사실이 이번 성서정과로 하는 설교에 도움을 줄 수도 있다. 복음 전도자 요한은 예수에 대해(그리고 하나님에 대해) 그의 증언을 통하여 무엇을 말하고 있는가? 다른 복음서에서는 예수의 진정한 본성을 점진적으로 드러내거나 비밀에 부치려 하고 있는데 왜

---

[*] Jack Miles, *Christ: A Crisis in the Life of God* (New York: Random House, 2001), 210 and passim.

요한복음서에서는 강하게 드러나고 있는가? 제4복음서(요한복음)에서 우리는 예수를 어떻게 이해하고 있는가? 요한복음은 믿음에 뒤따르는 것은 무엇이라고 제시하는가?

전도

설교자의 교회(그리고 전통)가 갖고 있는 전도에 대한 인식이 교인들의 이번 성서정과 이해에 영향을 줄 것이다. 전도는 복음주의 전통보다는 몇몇 주류 기독교 전통에서보다 논쟁이 되고 있지만, 이번 주 성서정과는 예수께 나아가는 것 그리고 다른 사람들을 데려오는 것에 관한 설교를 위한 적절한 이야깃거리를 보여주고 있다. 세례요한의 기쁨에 가득 찬 모습, 예수께서 잠재적 추종자들에게 "와서 보라"라고 말하는 단순한 명령 그리고 사랑하는 사람들을 메시아를 만나도록 데려오는 첫 추종자들은 전도에 관한 설교를 하기에 좋은 재료들이다. 때로는 다른 사람들에게 우리 이야기를 하는 것이 편하지 않을 수도 있지만, 교회는 예수가 있기에 또 그분이 누구인가를 말할 수 있기에 교회이다. 그리고 이 본문에서 그분이 누구인가에 관한 모든 것을 얻는다. 세례, 그의 사역의 시작, 베드로 같은 추종자들의 변화 그리고 "하나님의 어린 양"이라는 표현에서 심지어 그의 죽음과 부활에서도.

비록 우리가 이 사건들을 신학적으로 이해하더라도 캔터베리 대주교 로완 윌리엄스(Rowan Williams)가 말한 것처럼 우리는 부활 사건을 통하여 용서를 이해하고 예수 없이는 "이 모든 것을 이해할 수 없는데", 그 이유는 그의 세례, 죽음, 무덤 그리고 부활을 통하여 우리들의 이름과 정체성을 얻었기 때문이다.* 우리가 다른 사람들에게 말할 수 있는 것은 바로 이 이야기, 곧 예수를 통한 하나님의 거대한 이야기 속에서 우리가 있다는 인식이다. 그래서 이 본문으로 하는 전도에 관한 설교는 어떻게 첫 제자들이 그들이 알고 있는 예수와 그를 중심한 공동체로 인해 얻은 희망, 평화, 기쁨을 가지고 다른 사람들을 초대했는지를

---

* Rowan Williams, *Resurrection: Interpreting the Easter Gospel* (Cleveland: Pilgrim Press, 2002), 55.

보여줌으로써 전도에 관해 공동체가 갖고 있는 두려움을 극복할 수 있을 것이다.

당신의 교회는 사람들에게 와서 보라고 초대한 기억이 있는가? 당신의 공동체에는 당신의 설교를 활력 있게 만들어 준 신실한 증인들이 있었는가? 이번 주 성서정과는 당신의 신앙 공동체 이야기나 그 공동체의 중요한 면을 소개하여 다른 사람들을 와서 보라고 초대할 수 있는 좋은 기회가 될 것이다.

주현절 후 셋째 주일

마태복음 4:12-23

¹²예수께서 요한이 잡혔음을 들으시고 갈릴리로 물러가셨다가 ¹³나사렛을 떠나 스불론과 납달리 지경 해변에 있는 가버나움에 가서 사시니 ¹⁴이는 선지자 이사야를 통하여 하신 말씀을 이루려 하심이라 일렀으되 ¹⁵ㅁ)스불론 땅과 납달리 땅과 요단 강 저편 해변 길과 이방의 갈릴리여 ¹⁶흑암에 앉은 백성이 큰 빛을 보았고 사망의 땅과 그늘에 앉은 자들에게 빛이 비치었도다 하였느니라 ¹⁷이 때부터 예수께서 비로소 전파하여 이르시되 회개하라 천국이 가까이 왔느니라 하시더라 ¹⁸갈릴리 해변에 다니시다가 두 형제 곧 베드로라 하는 시몬과 그의 형제 안드레가 바다에 그물 던지는 것을 보시니 그들은 어부라 ¹⁹말씀하시되 나를 따라오라 내가 너희를 사람을 낚는 어부가 되게 하리라 하시니 ²⁰그들이 곧 그물을 버려 두고 예수를 따르니라 ²¹거기서 더 가시다가 다른 두 형제 곧 세베대의 아들 야고보와 그의 형제 요한이 그의 아버지 세베대와 함께 배에서 그물 깁는 것을 보시고 부르시니 ²²그들이 곧 배와 아버지를 버려 두고 예수를 따르니라

신학

주현절 후 셋째 주일은 평 주일(Ordinary Time) 셋째 주일이기도 하다. 평 주일이란 성탄절이나 부활절같이 특별한 절기와 직접 연관되지 않은 교회력 기간을 말한다. 개신교는 주현절 이후의 평 주일을 주현절의 절기로 지키는 전통을 갖는다. 가톨릭교회는 이 기간을 평 주일의 시작으로만 취급하려는 경향을 유지한다. 다양한 교단의 관점을 포함해야 하는 "공동성서정과"의 특징에 따라서 우리는 이 기간이 갖고 있는 의미를 주현절과 평 주일 두 주제와 연관하여 살펴보려고 한다.

"평 주일"(Ordinary Time)의 "평"(Ordinary)이라는 단어는 서수(序數, ordinal,

순서를 나타내는 수)라는 단어와 관련 있고, 숫자를 센다는 뜻을 포함하고 있지만, 우리가 흔히 사용하는 "평범한", "특별하지 않은", "일상적인"이라는 뜻과 연관하여 의미를 파악하는 것도 중요하다.

평 주일은 두 가지 측면에서 일상적인 기간이다. 우선 평 주일은 그것이 주현절, 성탄절, 사순절, 부활절과 같은 특별절기가 아니기 때문에 일상적이다. 이 기간은 교회가 직접적으로 예수의 탄생, 죽음, 부활을 기념하거나 이를 준비하는 기간은 아니다. 또 평 주일은 교회력의 가장 큰 부분을 차지하기 때문에 일상적이다. 매해 33주나 34주가 평 주일에 속한다. 이 기간은 베드로와 안드레가 그랬던 것처럼 예수를 따르라는 부름에 응답하는 기간이다. 신비스런 별의 출현이나 예루살렘을 방문하여 왕의 탄생을 경배할 기대 등으로 가득 찬 기간이 아니고, 단순히 "나를 따라오너라!"는 부름에 응답하는 기간이다.

성탄절 및 주현절과 사순절 및 부활절 사이의 기간 중 이번 주일에 예수가 우리에게 "나를 따라오너라"라고 명령하고 앞으로 6주에 걸쳐 예수의 산상수훈을 접하게 되는 것은 우연이 아니다. 이런 배열에는 성탄과 부활 사이의 기간을 지나가면서 이런 특별한 절기를 기념하는 것만으로는 우리가 매일매일 예수를 따르는 어려운 삶의 과제를 지속적으로 수행하는 데 충분한 도움을 받을 수 없다는 전제가 깔려 있다.

그렇다면 무엇이 우리를 지속적으로 예수를 따르게 하는가? 교회력을 잠깐 살펴봄으로 그 해답을 찾을 수 있다. 교회력을 원형의 파이로 생각하고, 파이 조각의 크기와 색깔을 각 절기에 맞춰 그려본다고 상상해 보자. 맨 위에, 시계로 치면 12시부터 시계 오른쪽 방향으로 대림절이 4주에 걸쳐 보라색으로 표시된다. 그 뒤에 흰색의 성탄 절기가 작은 조각으로 표시된다. 그 후 주현절이 녹색으로 좀 큰 크기로 표시되고, 그 후 사순절이 보라색의 큰 조각으로 표시되며, 그 뒤에는 부활절이 더 큰 크기의 흰색 조각으로 표시된다. 그다음에 오는 아주 작은 붉은 조각은 성령강림절이다. 6시를 조금 지나서 12시까지를 포함하는 큰 조각은 녹색으로 표시되는 평 주일이다.

이 그림을 전체적으로 바라볼 때 한 가지 특징이 드러난다. 주현절 기간의 녹색 조각은 보라색과 흰색 조각에 의해 다른 평 주일 녹색 조각과 분리되어 있다. 혹은 대림절에서 사순절로 연결되는 보라색을 주현절의 녹색 조각이 분리시 켰다고도 볼 수 있다. 개신교 전통에서는 대림절 · 성탄절과 사순절 · 부활절 사이의 단절의 느낌을 최소화하려고 이 주현절 후 기간을 주현절을 기념하는 기간으로 삼는다.

평 주일의 첫 부분이 되기도 하며, 주현절 이후 주일로 지키는 이 기간은 신학적으로 볼 때 대림절을 통해 기대하고 성탄절을 통해 축하했던 성육신의 의미를 더 깊게 성찰하는 기회가 된다. 아기 예수 탄생의 측면에 너무 집중할 때 성탄은 성육신의 진정한 경이를 모호하게 할 위험이 있다. 성육신의 경이는 하나님에 관한 것이다. 더 정확하게 표현한다면 인간으로서의 예수가 아니라 인간으로 현현하는 하나님으로서의 예수가 핵심이다.

동방 교회 주현절의 원래 전통에서는 예수의 탄생, 세례, 기적 등의 주제를 주현절 한 날에 모두 포함함으로 예수의 신성이 강조되었고, 그렇게 함으로 사순절 과 부활절을 위한 신학적 준비를 하였다. 개신교에서 주현절 기간을 특별한 절기로 취급하는 것은 동방 교회가 원래부터 갖고 있었던 신학적 통찰을 회복한다는 의미가 있다. 우리는 주현절을 기념함으로 예수가 성육하신 하나님이라는 것을 상기해야 한다.

이제 이 기간이 평 주일의 첫 부분이라는 사실이 갖는 신학적 의미는 무엇인가에 대해 살펴봐야 할 순서이다. 도미니크회 신학자 허버트 맥케이브(Herbert McCabe) 는 이 주제에 대해 도움이 되는 설명을 했다. 성육신의 의미에 대해 그는 이렇게 말했다.

우리는 예수가 어떤 분이었는지 알기 위해 역사적인 탐구에만 의존하지 않는다. 우리 는 그의 말씀을 듣고, 그분은 우리와 소통하시고 우리의 친구가 되시고, 그분과의 교감을 통해 우리는 그분의 특별한 실존적 차원을 바라보게 된다. … 바로 예수라는 인격과의 접촉을 통해서, 예수라는 인격과 우리의 인격 사이의 인격적인 소통을 통해 서 그의 인성 안에서 그의 신성이 계시된다.*

평 주일이기도 하고 주현절 기간이기도 한 이 녹색 기간 동안 우리는 베드로와 안드레처럼 예수를 따르라는 요청을 받았다. 그분을 따르면서 우리는 회개하라는 명령과 하나님 나라 복음의 선포를 듣는다. 신비한 별이 보이지 않고, 지진과 같은 것도 없다. 우리의 일상적인 삶 속에서 하나님이 우리와 함께 하신다는 음성이 우리의 귓전을 울릴 뿐이다.

---

* Hebert McCabe, "The Incarnation," *God Matters* (London and New York: Continuum Press, 1987), 71.

주석

　지난 두 주간의 본문에서의 초점은 세례요한과 예수 사이의 상호작용에 있었다. 2주 전 마태복음 본문에서 예수는 세례요한에게 세례를 받았다. 지난주 요한복음 본문에서는 세례와 제자들의 부르심에 관한 세례요한의 증언이 있었다. 오늘 본문은 이러한 부분에 있어 한 걸음 더 나아간다. 예수의 세례(3:1-17)와 시험(4:1-11) 이후에 마태는 예수의 공생애의 시작을 말하고 있다. 이러한 시작들을 둘러싼 배경들의 핵심적인 요소에 대해서 말하고 있는데 그중 어느 부분은 이 복음서에서 만 말하고 있는 것이다.

　본문 처음에서 우리는 예수의 선포의 시작이 요한의 공적 활동이 끝나는 바로 그 시점에 시작됨을 알 수 있다. 12절에서 마태는 세례요한이 체포되었다고 말한다. 왜 체포되었는지에 대해서는 말하지 않지만, 그것이 그의 선포와 세례 활동과 연관되어 있다고 볼 수 있다. NRSV에서 체포라고 번역한 헬라어 파라디아 도미(paradiadomi)는 보통 다른 곳에서는 "넘겨주다"라는 뜻으로 사용된다. 실제로 마태는 계속해서 예수의 고난에서 이 용어를 사용하면서 단지 단순한 체포가 아니라 예수의 십자가를 향한 의도적 행진이었음을 나타내고 있다(17:22, 20:18, 26:2). 마태는 유다가 예수를 넘겨주는 장면을 분사형으로 묘사하면서 이 용어를 사용하고 있다(26:25, 46, 48, 27:3). 결론적으로 마태는 예수의 사역이 요한의 사역과는 독립적으로 진행되고 있음을 분명히 보여준다. 예수의 세례와 요한의 체포 이후로 둘이 접촉한 기사는 없고, 그 시점 이후로는 거의 가능성이 없다. 요한의 체포(넘겨줌)는 예수의 지상 사역이 어떤 목적으로 진행될지 분명히 예고한 다. 그러나 예수는 여전히 하나님께서 그를 부르신 뜻대로 하나님의 나라 선포와 사역에 착수하고 있다는 사실에 하나님께 감사드린다.

　요한의 체포 이후에 마태는 독특하게 예수가 나사렛에서 갈릴리 호수 북동쪽에 있는 가버나움으로 옮겼다고 기록하고 있다. 마태는 계속해서 이것을 예언의 성취로(사 9:1-2을 마 4:15-16에서 인용) 기록하며, 그가 쓴 복음서의 앞의 장들에서 계속해서 강조하고 있다. 이사야서의 "사망의 땅과 그늘에 앉은 자"(16)는 앗시리아에 유배당한 자를 말한다. 그들에게 하나님께서 빛을 비추어 주었다. 예수의 움직임과 함께 이제는 가버나움과 그 주변에 있는 사람들이 빛을 받게 되었고, 복음이 전파되면서 전 세계가 예수 안에서 빛을 받게 되었다.

마태는 예수에 의한(17) "회개하라. 천국이 가까이 왔다"라는 하나님 나라 메시지—요한의 선언과 비슷하고 그것을 확장한—를 선언함으로써 예수를 통해 하나님께서 하시고자 하는 일들이 시작됨을 시사하고 있다. 요약하자면 하나님의 나라를 선포하고 안내하는 것이 예수가 온 목적이다. 예수가 이 땅에 죽으러 왔다고 말하는 것은 틀렸고, 보다 더 정확하게는 먼저 살기 위해서 온 것이다. 예수는 하나님의 나라를 선포하고 죄인들을 그곳으로 초청하며 선포하고 요구하기 위해서 온 것이다. 이 일을 위해 결국에는 죽임을 당했다. 비록 일부 초기 그리스도교 신앙 고백에서 예수의 탄생에서 죽음으로 직접 넘어가지만, 그가 산 이유를 결코 간과할 수 없다. 실제로 예수의 죽음은 그가 살았고 선포한 하나님의 나라와 연관해서만 중요성을 가진다고 말하는 것이 맞을 것이다.

예수의 공생애의 시작에 대한 마태의 설명을 따라가다 보면 우리는 제자의 부르심에 대한 이야기를 볼 수 있다(18-22). 제자들의 부르심에 관한 이야기는 복음서마다 조금씩 다르게 묘사된다. 비록 설명이 모순되지는 않지만 어떻게 부르심을 받게 되었는지, 어느 제자들이, 어떤 순서로 부름 받았는지 그리고 그때 그들이 무엇을 했는지는 조금씩 다르다. 요한은 전체적으로 충분히 설명해 주고 있는데(1:35-51), 어떤 제자들이 세례요한에게서 예수의 제자로 옮겨 갔는지를 기록하고, 부름받은 제자들을 안드레와 무명의 제자, 시몬, 빌립 그리고 나다나엘의 순서로 기록했다. 누가는 제자들의 부르심의 이야기의 일부로 기적적인 고기잡이 (5:1-11)를 기록하고 있고, 베드로, 야고보, 요한을 동시에 부른 것으로 기록한다. 마가는 짧게 설명하면서 단순히 예수가 갈릴리 호수를 지나가면서 베드로, 야고보, 요한을 부른 것으로 기록한다(1:16-20).

마태의 설명은 마가와 같이 베드로, 안드레, 야고보, 요한을 부르시기 전에 한 예비적 일들을 기록하고 있지 않다. 하지만 이런 구체적 설명이 없는 것이 그 사실 자체가 중요하지 않아서는 아니다. 주석가 더글러스 헤어(Douglas Hare)가

지적했듯이 "여기에서 부르심의 이야기는 최소한의 요소들만으로 축약되어 있다. 예수가 거부할 수 없는 권위로 부르시고, 제자들은 이에 대해 철저한(radical) 복종으로 응답한 것이다."* 마태가 장래 제자들의 복종에 대한 묘사가 급진적이라는 것은 세 가지 이유이다. 첫째로 그들은 "즉시"(20, 22) 따랐는데 자격을 따지지도 어떤 질문도 없었다. 둘째로 그들은 수익이 좋은 어부의 직업을 예수를 따르기 위해 버렸다는 것이다. 그들이 어떻게 살아갈지 그리고 "더 좋은 자리"로 올라갈지에 대한 약속도 없다. 마지막으로 명백하게 서술되진 않았지만, 그들의 가족을 떠났다는 것이 또한 급진적인 반응이라는 이유이다. 마태에 의해 다소 대담하게 표현된 이 부르심은 변명 없이 예수가 요구한 대로 이루어진 것이다.

급진적 복종으로의 예수의 부르심은 오늘 이 시대에도 바뀌지 않았다. 요구가 축소되지도 않았다. 예수는 많은 유대 젊은이들이 랍비 공부를 할 때처럼 그의 밑에서 배우려는 희망을 가지고 지원하도록 기다리지 않았다. 그 대신 랍비 예수는 그러한 관계의 자격을 가진 것과 상관없이 모든 것을 내려놓고 흔쾌히 따르는 제자, 배우는 자, 견습생을 찾았던 것이다. 대단한 부름이다. 대단한 사명이다. 대단한 구세주이다.

---

* Douglas R. A. Hare, *Matthew*, Interpretation series(Louisville, KY: Westminster John Knox Press, 1993), 30.

목회

내가 자랄 때 우리 집에는 몇 가지 규칙이 있었다. 한 가지 규칙은 저녁 식사를 하는 동안 TV를 보지 않는 것이었다. 그러나 이 규칙은 매주 일요일 저녁에 깨졌다. 왜냐하면 아버지가 뮤추얼 오브 오하마 보험회사(Mutual of Omaha Insurance)가 제공하는 뮤추얼 오브 오하마의 "와일드 킹덤"(Wild Kingdom)을 보고 싶어 했기 때문이었다. "와일드 킹덤"은 지금의 애니멀 플래닛(Animal Planet) 채널의 전신인 자연 프로그램이었다. 장로교 목사인 아버지에게는 각 에피소드가 자연 세계에서 하나님의 창조와 상상력의 경이로움을 다시 한번 보여주는 신학적 여정이었다. 케냐의 사바나에서부터 오스트레일리아의 해안 산호초, 보르네오의 정글까지 우리는 함께 저녁을 먹으면서 진행자가 소개하는 새로운 생물들과 그가 열어주는 새로운 세상에 빠졌다.

기억에 남는 에피소드 가운데 하나는 아르헨티나의 코끼리물범에 관한 것이다. 방송은 어미와 갓 태어난 새끼 물범에 초점을 맞추었다. 아기를 출산한 직후 굶주린 어미는 바닷가에 새끼를 내버려둔 채 바닷가를 떠나 깊은 물로 가서 먹이를 먹었다. 먹이를 먹은 어미는 해변의 다른 곳으로 돌아와 아기를 불러 모으기 시작했다. 다른 어미들도 똑같은 일을 했으며 비슷한 시기에 모두 돌아왔다. 나는 어미와 새끼 물범이 결코 서로를 찾지 못할 것이라고 생각했던 것을 기억한다. 카메라는 어미를 따라가며 새끼를 부르는 것과 응답하는 소리를 듣는 것을 보여주었다. 서로의 소리와 냄새를 따라 어미와 새끼는 곧 다시 만났다. 진행자는 태어나는 순간부터 새끼의 소리와 냄새는 어미의 기억에 각인되고, 어미의 소리와 냄새는 새끼의 기억에 각인된다고 설명했다. 아빠가 나를 돌아보며 말하기를, "하나님과 함께 한다는 게 이런 거란다. 우리는 하나님의 기억에 각인되었고 하나님은 우리의 기억에 각인되어 있단다. 평생이 걸리더라도 우리는 서로를 찾을 거야."

마태복음의 본문은 예수의 공생애 사역의 시작을 설명한다. 마태는 예수께서 갈릴리 바다를 걸으면서 맨 처음 네 제자를 부르셨다고 설명한다. 예수가 따라오라고 부른 사람들은 모두 어부였다. 마태는 그들이 즉시 하고 있던 일을 버려두고 예수를 따라갔다고 말한다. 이 말씀을 읽는 우리는 그들이 하던 일을 버려두고 즉시 따랐다는 것에 충격을 받는다. 마치 그들이 그 음성을 듣고 그 부르심을 받을 것을 평생 기다려 온 것처럼 마치 예수를 따르고 복종하라고 강요라도 받은 듯이 그들은 하고 있던 일을 즉시 내려놓았다.

아우구스티누스는 "우리 마음이 주님 안에서 쉴 때까지 우리 마음은 쉴 수가 없다"는 기도와 선언으로 그의 고백록의 첫 번째 책을 시작한다. 실제로 이미 가치 있는 직업을 가지고 있던 이들 네 명도 불안한 마음을 가졌을 것이다. 그들은 예수의 부르심을 듣고서 모든 것을 버려두는 것 말고는 다른 어떤 일도 할 수 없었다. 아마도 그들은 태어날 때 이미 영혼에 각인되어있는 것, 즉 하나님의 음성에 관한 지식에 단순히 반응하고 있었을 것이고, 그래서 예수의 음성을 들었을 때 할 수 있는 것은 오직 순종뿐이었을 것이다.

분별하는 일이 그렇게 쉬웠으면 좋겠다. 어떤 의미에서는 그럴 수도 있지만, 다른 의미에서는 너무 복잡하다. 오늘날 하나님의 음성이라고 주장하는 소리들이 너무 많아서 복잡하다. 그래서 오늘의 말씀 가운데 마지막 절이 아주 중요하다. 오늘의 말씀은 제자들이 예수를 따르는 것으로 끝나지 않는다. 본문은 네 사람과 다른 사람들이 제자가 될 때, 예수께서 시작하신 일을 상기시키면서 끝난다. 예수는 온 갈릴리를 두루 다니시면서 "그들의 회당에서 가르치며, 하늘나라의 복음을 선포하며, 백성 가운데서 모든 질병과 아픔을 고쳐 주셨다"(23). 우리가 듣고 있는 음성이 참으로 하나님의 음성인지 분별하기 위해 우리는 목소리 뒤에 있는 분을 반드시 살펴보아서 그분이 성서에 계시된 하나님과 일치하는지 확인해야 한다.

작년에 캘리포니아에서 열린 청소년 회의에 연사로 참여했을 때, 깊은 혼란에 빠진 한 젊은이를 만났다. 나는 그날 밤에 하나님의 부르심에 관해 설교했다. 이 청년이 속한 그룹의 성인 지도자 중 한 명이 그를 데리고 와서 그와 이야기하겠느냐고 물었다. 나는 성인 지도자에게 우리와 함께 있기를 요청했고, 그 청년에게도 허락을 요청했다. 그는 괜찮다고 말했다. 청년은 종종 삶을 끝내라는 하나님의 부르심을 듣는다고 했다. 그가 죽으면 세상이 좀 더 나아질 것이라는 것이다.

그는 흐느껴 울기 시작했고, 나는 그를 붙잡고 함께 기도했다. 몇 분 후 나는 그에게 목숨을 끊으라고 말하는 음성은 하나님의 음성이 아니라고 믿는다고 말했다. 청년은 내가 확신하는지 물었고, 나는 확신한다고 말했다.

그러자 그는 내가 어떻게 확신하는지 물었고 나는 시편 139편에서 그가 오묘하고 놀랍게 만들어졌다고 설명하고 있다는 것과 요한복음 10:10에서 그가 온 것은 삶을 풍성하게 하기 위해서라고 예수 자신이 말씀하셨다고 말해주었다. "하나님이 당신을 하나님의 형상대로 만드셨어요." 나는 그 청년에게 말했다. "하나님이 당신을 놀랍고 오묘하게 만드셨다고 말씀하셨어요. 하나님께서는 당신이 생명을 얻게 하시려고 하나님의 아들 예수를 보내셨답니다." 나는 청년이 어떤 음성을 들었다고 믿지만, 그건 하나님으로부터 온 음성이 아니라고 다시 말했다. 그의 목숨을 앗아가는 것은 하나님의 성품과 맞지 않기 때문이다.

하나님의 인격을 잘 알아서 우리를 부르는 많은 목소리 가운데서 어떤 음성이 하나님의 형상대로 우리를 창조하시고, 하나님의 외아들을 통해 우리를 구속하시고, 하나님의 성령으로 그리스도의 몸 안에서 그리고 그리스도의 몸을 통해서 우리를 지탱하시는 하나님과 일치하는지를 분별하는 것은 우리의 책임이다.

설교

그리스도인으로서 우리는 삶에서 늘 무언가를 시작하고 있고, 그 시작하는 일들은 규칙적이고 또 익숙해서 편안함을 주기도 한다. 하지만 기독교 예전이라는 익숙한 틀을 벗어나서 하는 시작은 희망과 도전 둘 다 줄 수 있다. 이번 주 복음서는 예수의 초기 사역에 나타난 사건으로부터 새로운 상황, 곧 우리 교인들에게서도 나타날 수 있는 예수의 부름과 그 부름에 대한 응답에 이르기까지 설교할 수 있는 재료를 제공하고 있다.

요한이 잡힌 후에 예수께서는 하늘나라가 가까웠다는 기쁜 소식을 선포하기 시작한다. 많은 그리스도인들은 마태복음에 나타난 "하늘나라(kingdom of heaven)"를 이해하는 데 어려움을 겪고 있고, 그들의 그릇된 이해는 이번 주 성서정과에 나타난 부름에 대해 응답하는 방식에도 영향을 미칠 수 있다. 여기서 또 마태복음 전체를 통하여 나타난 예수의 언급은 성공회 감독이자 성서학자인 톰 라이트(N.T. Wright)가 지적하듯이 어떻게 하늘나라에 가느냐에 관한 가르침이 아니다. 예수께서 말씀하신 것은 "이 세상에서 저 세상으로의 도피가 아니라, 하나님의 주권적 통치가 하늘에서 이루어진 것처럼 이 땅에서 이루어지는 것"에 관한 것이다.* 교인들은 이번 주 성서정과에서 예수의 부름은 미래의 구원이 아니라 사람을 낚는 오늘의 행동을 말하는 것임을 알도록 해야 할 필요가 있다.

주현절 후 셋째 주일은 그래서 전도에 관한 설교를 할 또 다른 기회가 된다. 지난주 요한복음에서 예수께서는 "와 보라"는 말에 의문을 품었던 사람들을 격려하였다. 이번 주에 그는 어부들에게 "나를 따라오너라"고 용기를 주면서 직접 제자들을 부른다. 교인들은 사람을 낚는 이 비유를 어떻게 이해할 것인가? 전도를 이해하기 쉽게 설명할 오늘날의 이야기 혹은 보다 생동감 있게 비교할 그 무엇이 있을까? 교인들과 관련된 이야기들은 어떻게 사람들이 일상생활에서 섬김과 공동체로 부름을 받았는지를 보여주는 좋은 사례가 될 수 있다.

---

* N. T. Wright, *Surprised by Hope: Rethinking Heaven, the Resurrection, and the Mission of the Church* (New York: Harper One, 2008), 18.

미국의 일부 지역에서 일어났던 민권운동 시기의 몇 가지 사례들이 적합할 수도 있다. 당시의 사회사를 다룬 테일러 브랜치(Taylor Branch)의 역작 3권은 (*Parting the Waters, Pillar of Fire, At Canaan's Edge*) 교인들에게 도움이 될 부름과 응답과 관계된 많은 이야기를 소개하고 있다. 흑인 소작인들, 대학생들, 북부 지역 사제와 목사들은 모두 자신들이 누리던 자리에서 떠나서 민권운동에 동참하라는 부름을 받았다고 느꼈다. 여기에 참여한 지역 공동체 이야기들 또한 소중히 여겼던 것을 버리고 더 큰 무언가에 합류했던 오늘 제자들의 이야기를 교인들에게 설명하는데 좋은 재료가 될 것이다.

세계 도처의 문화에서 발견되는 전형적인 이야기에 대해 획기적인 작업을 했던 조지프 캠벨(Joseph Campbell)은 무엇인가를 새로 시작하는 일을 '모험에로의 부름'이라고 말했다. 예수께서 사역을 시작할 때 곧 그가 사람들에게 자기를 따르라고 요청하기 시작했을 때 우리는 상황이 변화되는 순간을 볼 수 있다: 그때부터 예수께서는 "회개하여라. 하늘나라가 가까이 왔다" 하고 선포하기 시작하셨다(17). 캠벨은 그 순간이 "운명이 그 영웅을 불러내었고 그의 영적 무게중심을 미지의 영역으로 옮겼다"는 것을 의미한다고 말했다.* 우리 모두는 삶 속에서 우리의 무게중심이 도전을 받고 또 그 도전으로 인해 자신의 이야기로부터 보다 넓은 맥락에서 의미를 갖는 그곳으로 옮겨가고 싶은 그런 순간을(또는 많은 그런 순간들을) 맞이한다.

여러분의 공동체에서는 무슨 일이 시작되려고 꿈틀거리고 있는가? 여러분의 공동체는 중요한 프로그램이나 프로젝트를 시작하고 있는 중인가? 공동체 안에 영적 씨앗을 뿌려놓고 이제 그 싹이 나오기를 기다리고 있는가? 개인 혹은 더 큰 공동체가 관심을 가져야 할 특별한 사항이 있는가? 설교를 준비하면서 교인들에게 빛처럼 다가오는 새로운 일이 있을 수 있음을 생각해야 한다. 또 실제로 이렇게 생각해 보라. 모험으로의 부름에 대해 그들이 신앙적으로 어떻게 응답할 것인가?

많은 이야기들이 이 "모험으로의 부름"을 그 시작으로 하고 있어서 오늘날의

---

* Joseph Campbell, *The Hero with a Thousand Faces* (1949; reprint, Princeton, NJ: Princeton University Press, 1968), 58.

이야기를 예화로 사용하려면 영화나 소설(또는 설교자 자신의 이야기)을 사용하는 것이 용이하다. 여기에는 두 가지를 생각해 볼 수 있다. 먼저 영화 매트릭스에서 네오(Neo, Keanu Reeves)는 모피어스(Morpheus, Laurence Fishburne)가 찾는 사람인데 그는 네오에게 세상을 바꾸기 위해 부름을 받았다고 말한다. 또 소설이자 영화인 반지의 제왕에서 프로도 배긴스(Frodo Baggins)에게 마법사 간달프(Gandalf)가 안락한 현실을 뒤로하고 떠나라고 요청한다. 두 등장인물 모두 자신들의 삶을 송두리째 바꿔놓을 부름에 직면한다.

위에서 말했듯이 어떻게 부름에 응답할 것인가 역시 살펴보아야 할 가치가 있는 주제이다. 시몬 베드로와 안드레 그리고 후에 야고보와 요한은 이 부름에 곧바로 응답했다고 알려져 있다. 헬라어 유테오스(eutheos)는 직접적인 응답을 뜻한다. 이 어부들은 생각할 시간을 갖지 않았다. 그들은 가족들과도 의논하지 않았고, 은행 잔고도 고려하지 않았다. 예수는 불렀고 그들은 응답했다.

무엇을 위해 예수께서는 우리를 부르는가? 아마도 우리는 그 부름이 충분한 희생을 요구하지 않는 것이라고 자주 대답해왔다. 어떤 그리스도인들은 우리가 믿기 위해 부름을 받았다고 말할 것이다. 다른 사람들은 교인이 되기 위해 그렇다고 하고 또 봉사를 위해 부름을 받았다고 한다. 어떤 사람들은 이 모든 것을 위해 그리고 더 많은 것을 위해 우리가 부름을 받았다고 말한다. 디트리히 본회퍼(Dietrich Bonhoeffer)는 "나를 따라오너라"는 부름은 "절대적인 제자도"로의 부름이며, 오직 우리 자신을 예수의 명령에 따라 포기할 때 역설적으로 우리는 커다란 기쁨을 알 수 있다고 말했다.* 예수의 철저한 부름과 첫 제자들의 철저한 응답을 보여주면서 교인들이 보다 무한한 가치가 있는 그 무언가를 위해 모든 것을 바치도록 요청하는 일을 두려워하지 마십시오.

---

* Dietrich Bonhoeffer, *The Cost of Discipleship* (1959; reprint, New York: Touchstone, 1995), 37-38.

주현절 후 넷째 주일

마태복음 5:1-12

¹예수께서 무리를 보시고 산에 올라가 앉으시니 제자들이 나아온지라 ²입을 열어 가르쳐 이르시되 ³심령이 가난한 자는 복이 있나니 천국이 그들의 것임이요 ⁴애통하는 자는 복이 있나니 그들이 위로를 받을 것임이요 ⁵온유한 자는 복이 있나니 그들이 땅을 기업으로 받을 것임이요 ⁶의에 주리고 목마른 자는 복이 있나니 그들이 배부를 것임이요 ⁷긍휼히 여기는 자는 복이 있나니 그들이 긍휼히 여김을 받을 것임이요 ⁸마음이 청결한 자는 복이 있나니 그들이 하나님을 볼 것임이요 ⁹화평하게 하는 자는 복이 있나니 그들이 하나님의 아들이라 일컬음을 받을 것임이요 ¹⁰의를 위하여 박해를 받은 자는 복이 있나니 천국이 그들의 것임이라 ¹¹나로 말미암아 너희를 욕하고 박해하고 거짓으로 너희를 거슬러 모든 악한 말을 할 때에는 너희에게 복이 있나니 ¹²기뻐하고 즐거워하라 하늘에서 너희의 상이 큼이라 너희 전에 있던 선지자들도 이같이 박해하였느니라

신학

데일 C. 앨리슨(Dale C. Allison) 『산상수훈: 도덕적 상상력의 영감』(The Sermon on the Mount: Inspiring the Moral Imagination, 1999)이라는 책에서 산상수훈을 해석하는 두 가지 경향이 있다고 주장했다. 첫 번째 경향은 "수도원적 해석"이라고 할 수 있는데 중세 이후 가톨릭교에서 발전된 해석이다. 이에 따르면 예수께서 "하늘에 계신 아버지가 완전한 것처럼 너희도 완전하라"(5:48)고 말씀한 것이 해석학적인 열쇠가 된다. 이 해석에 따르면 세상에는 두 등급의 기독교 신자들, 즉 특별한 종교적 소명을 받은 자들(신부, 수녀, 수도자 등)과 일반적인 신자들이 있다. 완전하라는 명령은 전자에게만 주어진 것이다. 두 번째 경향은 루터주의와 관련된 개신교적 해석학에 근거한 "불가능한 이상론"(the theory of the impossible ideal)이라고 할 수 있는데, 이에 따르면 죄 때문에 인간이 산상수훈의 명령을 완수하는 것은 불가능하다. 산상수훈의 목적은 은총이 필요할 수밖에 없다는 점을 강조함에 있다는 것이다.* 이 두 경향은 모두 산상수훈의 교훈을 종말론적인 미래에 관한 가르침과의 연관성 속에서만 보려고 하는 한계를 갖고 있다.

마태복음을 해석하는 최근의 일반적 방법론 중에는 1) 사회과학적 방법과 2) 문학적 방법이 학자들 사이에서 많이 받아들여지고 있다. 사회과학적 접근이 목표로 하는 것은 마태 공동체의 복원(종교·인종적 정체성과 유대교와의 관계)과 사회적 기억(마태 공동체의 정체성의 사회적 역학관계와 공동체 역사의 사회적 분석의 관계)의 복원이다. 우리가 이런 방식을 통해 마태복음을 분석할 때 특정한 본문은(예를 들어 산상수훈) 사회적 배경, 공동체의 자기 정체성, 다양한 집단 간의 관계 등의 분석의 기초 위에서 이해된다.

문학적 접근은 특정한 본문을 그보다 더 큰 이야기의 맥락에서 해석하는 것을 중요하게 여긴다. 예를 들어 우리는 산상수훈의 예수(5-7장)가 어떤 분인지를 1-4장에서 읽은 내용에 근거해서 안다(족보: 1:1-25; 권력자의 우려: 2:1-25; 하나님의 심판과 구원을 행하는 예수의 정체성: 3:1-4:16; 하나님의 나라에 관한 선포: 4:17-25). 이런 맥락에서 접근할 때 산상수훈은 예수가 제자들과 추종자들에게 제시한 대안적 공동체의 미래상이라고 볼 수 있다.** 사회과학적 접근과 문학적 접근을 통해서 우리가 본문의 맥락을 더욱 선명하게 이해한 다음에는 이에 근거하여 산상수훈에 관한 신학적인 성찰을 해야 한다. 산상수훈은 누구에게 선포되었는지,

---

* Dale C. Allison, *The Sermon on the Mount: Inspiring the Moral Imagination* (New York: Crossroad, 1999), 2-4.

** 사회과학적 접근에 관해 다음을 참고할 것: Anders Runesson, "Re-thinking Early Jewish-Christian Relations: Matthean Community History as Pharisaic Intragroup Conflict," *Journal of Biblical Literature* 127, no. 1 (2008): 95-132; Samuel Bryskog, "A New Quest for the *Sitz im Leben*: Social Memory, the Jesus Tradition, and the Gospel of Matthew," *New Testament Studies* 52 (2006): 319-336. 문학적 접근에 관해 다음을 참고할 것: Warren Carter, "Powers and Identities: The Contexts of Matthew's Sermon on the Mount," *Preaching the Sermon on the Mount: The World It Imagines*, ed. David Fleer and Dave Bland (St. Louis: Chalice Press, 2007), 10-14.

왜 이런 특별한 내용이 담겨있는지, 예수의 제자들이 어떻게 미래에 올 하나님의 나라의 현재적 대안 공동체가 될 수 있는지 등에 관해 생각해 봐야 한다.

오늘 본문은 산상수훈의 맨 앞부분으로서 앞서 언급한 방법론을 적용하여 신학적인 성찰을 하기에 매우 적절한 본문이다. 지복(至福, Beatitude, God's bless-ings)이라고 알려진 이 구절들의 의미를 파악하기 위해서 우리는 사회과학적이고 문학적인 맥락을 확인할 필요가 있다. 예수는 그를 따르는 자들(제자들과 다른 사람들도 포함)에게 이 말씀을 선포했는데 그들이 처한 사회정치적 배경은 로마제국이었고, 그들을 지배하던 종교적 맥락은 엘리트 유대교 체제였다. 예수는 지복에서 이 두 체제를 비판하는데 그 비판의 성격은 예수가 어떤 사람들에게 축복을 선언하는가에 의해 명확해진다. 지복은 하나님이 자격이 있다고 판단한 사람들에게 선포되었다. 그들은 자신의 성취나 사회적 지위 때문에 선택되지 않았다. 하나님은 약한 자, 잊힌 자, 경멸당하는 자, 의를 추구하는 자, 평화를 도모하는 자, 자신의 신념 때문에 박해를 받는 자의 편에 서기로 정하셨다.

예수께서 하나님이 어떤 사람을 축복하시는지를 명확히 선언하신 것은 당시의 사회적·종교적 상황에서 다음과 같은 의미를 갖는다: "예수의 정치적 관심은 무가치하다고 여겨지는 자가 고귀한 인간으로 회복되는 세상을 위해 자신이 할 수 있는 최선을 다하는—목숨을 바쳐야 하는 위험도 감수하면서— 삶, 즉 의의 추구라는 목표에 집중되어 있다."* 5:1-12의 본문은 예수가 제자를 부르신 사건(4:18-22)과 예수의 선포와 그를 따르는 병든 무리를 고치시는 사건(4:23-25)으로 연결되는 큰 이야기의 맥락 속에서 파악되어야 한다. 이런 배경에서 볼 때 오늘의 본문은 예수가 제자들이나 무리 중 예수를 따르기로 결단하는 사람들에게 필요한 구체적인 지침(산상수훈)을 주기 전에 그들에게 임명장을 주는 것과 유사한 상황이라고 생각할 수도 있다. 예수는 지복에서 제자가 어떤 사람이 되어야 하는지(성품)와 함께 제자가 되면 현재의 사회정치적·종교적 체계 안에서와 미래 하나님의 나라에서 그들의 삶에 어떤 일이 닥칠지에 대해 구체적으로 설명하고

---

* Tod Lindberg, "What the Beatitudes Teach," *Policy Review*, no. 144 (Aug. and Sept. 2007), 16.

있다.

마지막으로 지복의 신학적 핵심은 그것이 하나님의 의(변치 않는 사랑, 선함, 공의, 자비)의 토대 위에 서서 지복의 덕목을 구현하면서 의를 추구하는 삶을 사는 제자의 길로의 초청이라는 것이다. 하나님이 축복은 우리에게 주어진 명령이다. 하나님이 우리를 먼저 사랑하였고, 예수 그리스도의 축복, 즉 구원을 우리에게 주셨다.

지복(至福)은 천국에 들어가기 위한 필요조건이 아니라 종말론적 축복이다. 비록 산상설교 후반부는 윤리적 명령이 많지만, 지복은 명령형이 아니라 서술형이다. 예수는 군중들에게 심령이 가난해지거나 슬퍼하거나 의를 위해 핍박당하라고 요구한 것이 아니라 가난한 사람, 슬픈 사람, 박해받는 사람을 위로한 것이다. 여기에서 우리는 예수가 하늘나라의 복음을 선포하는(4:23) 바로 그 내용을 들을 수 있다.

이러한 통찰은 산상설교와 지복을 읽는 세 가지 길을 제시해 준다. 첫째는 1절의 산을 시내산의 암시로 보는 것이다. 그렇게 보면 예수는 새로운 모세이고 산상설교는 토라를 암시하는 것이다. 이렇게 보면 산에 올라가는 것도 모세가 시내산에 오른 것의 암시가 된다(출 19:3, 12, 24:15, 18, 34:1-2, 4). 이 해석은 마태복음 1장의 사건들의 순서가 출애굽기의 순서를 반영한다는 관찰에 의해 뒷받침된다. 두 이야기 모두 유아 학살, 영웅의 귀환, 물을 건너는 이야기, 광야 이야기 그리고 다음은 산 위에서 율법을 준 것이다. 더구나 이어진 본문에서 예수 자신이 율법과 예언자들의 말을 폐하러 온 것이 아니라고(17) 언급한다. 이러한 해석이 맞다면 우리는 지복을 윤리적 명령이 아닌 종말론적 축복으로 읽어야만 한다. 산상설교가 새로운 율법이라고 한다면 지복의 서두는 십계명의 서문과 비슷하다. "나는 너희를 이집트의 종살이하던 집에서 이끌어 낸 주 너희의 하나님이다"(출 20:2). 모세의 율법이 종살이에서 해방함으로 정당화되듯이 예수의 계명은 약속의 땅의 윤리학이다.

이것은 이 본문을 예언자 이사야와 연관시키는 두 번째 관점으로 연결된다. 만약 지복을 모세와 출애굽을 언급하는 본문들에 끼워 넣는다면, 지복 자체는 이사야 61장의 여러 간접적 인용이 되는데, 그 본문들은 제2이사야(사 40-55장)와 희년에 관한 본문(레 25장)들과 연관하여 예민한 눈으로 읽어야만 한다. 우리는 예수의 사역에서 이사야서의 중요성을 알고 있다. 예수는 세례요한에게 대답하면서 이사야서를 인용했고(마 11:2-6), 나사렛 회당의 설교에서도 언급했다(눅

4:14-22). 지복 또한 이러한 중요성을 반영한다. 이사야서는 가난한 자에게 기쁜 소식을(사 61:1; 마 5:3), 슬퍼하는 자에게 위로를(사 61:2; 마 5:4), 마음이 상한 자에게 치유를(사 61:1; 마 5:8) 선포한다. 더구나 70인 역은 히브리어 anawim(사 61:1)을 praeis로, 즉 땅을 차지할 '온유한 사람'(마 5:5)으로 번역한다. 의로운 사람에 대한 생각(마 5:6, 10)은 이사야 61:3, 8, 11의 약속을 상기시킨다. 억압받는 자, 마음이 상한 자, 그들의 도시가 파괴된 것을 슬퍼하는 유배된 사람들에게 약속된 종말론적 사건들이 가까이 왔다는 것이다. 이렇게 보면 우리들에게 바로 이러한 이야기들이 전해진 특정한 정치적 상황에 주목할 것을 요청한다. 산상설교의 윤리는 일반적 윤리가 아니고, 지복은 진공 상태에서 선포된 것이 아니다. 예수의 설교는 이스라엘 사람들에게 주어졌는데, 그들은 특정한 정치적 상황, 즉 유배에서 돌아왔지만, 여전히 제국의 포로가 되어 있고, 군인들의 발에 짓밟히고, 강도와 범법행위로 고통받고 있는 상황에 처해 있다.

설교 후반부의 윤리적 명령은 예수 당시의 각 종파들, 즉 젤롯당, 바리새파, 사두개파, 에세네파들 사이에 뜨거웠던 신학적 정치적 논쟁에 예수도 참여한 것으로 읽을 수 있다. 이러한 상황에서 하나님의 백성들이 어떤 선택을 해야 하는가? 그들의 적을 어떻게 대할 것인가? 하나님의 백성들은 어떻게 자신들의 정체성을 지킬 것인가? 예수의 대답은 지복에 표현된 것과 같이 독특한 관점으로 제시되었는데, 하나님의 통치에 관한 하나님의 약속은 실현되고 있다는 것이다.

그런데 예수는 그렇게 말하면서 하나님의 나라가 임하신다고 선포만 한 것이 아니라 더 나아갔다. 예수는 하나님의 나라가 임하는 것이 그의 사역과 밀접한 관계가 있다고 말했다. 이것이 지복의 세 번째 관점으로 연결된다. 지복을 예수의 관점으로 읽어야만 한다는 것인데 그것은 세 가지 점에서다. 첫째로 이사야 61장을 그의 사역을 특징짓는 것으로 본다면, 예수는 이사야 본문에서 말하는 바로 그 사람의 역할을 자신이 담당하는 것이다. "주님께서 나에게 기름을 부으시니, 주 하나님의 영이 나에게 임하셨다. 주님께서 나를 보내셔서, 가난한 사람들에게 기쁜 소식을 전하고…"(사 61:1). 마태는 그리스도의 사명이 성령의 인도하심과 하나님의 증언자임과 밀접하게 연관되어 있음을 말하면서(1:18, 20, 3:16, 17,

4:1-11, 17, 23-25) 이 점을 강조하고 있다. 그런데 두 번째로 마태는 예수를 종말론적 대리인으로서의 역할만이 아니라 온유한 사람(11:29, 21:5), 자비한 사람(9:27, 15:22, 20:30), 의를 위하여 핍박을 받는 사람과 같은 지복에서 말하고 있는 특징들을 구현하고 있는 사람으로 지정하고 있다. 마지막으로, 본문에서 명확하진 않지만, 복음서의 정신에서 본다면 종말론적 미래가 그리스도의 현존과 밀접하게 연관되어 있음은 분명한 것 같다. 온유하고 핍박받는 사람이 땅을 유업으로 받고 하나님의 나라를 차지한다. 왜냐하면 그는 "권능의 보좌 오른쪽에 앉아 있고 하늘 구름을 타고 오실"(26:64) 분이시기 때문이다.

그러기에 산상설교는 하나님의 통치의 종말론적 선언이자 하나님의 백성들을 위한 약속이 된다.

목회

작가 고(故) 매들린 렝글(Madeleine L'Engle)은 『불합리한 계절』(*The Irrational Season*)이라는 제목으로 사순절에 관한 책을 썼다. 그 책에서 그녀는 어려움에 빠진 교회를 이해하려고 시도했다.* 우리가 현재 살고 있는 상황을 고려한다면 그녀는 다음과 같은 제목으로 책을 썼을 것이다. "불합리한 가르침: 팔복에 대한 고찰." 우리가 팔복을 들을 때마다 우리는 그 시적 아름다움에 놀라고, 동시에 그 인식이 우리가 사는 세상에 대하여 비현실적이어서 당황한다. 우리는 그 가르침에 감탄하지만, 그 말씀을 실천에 옮기기는 두려워한다. 우리는 성공한 사람, 종종 다른 사람을 희생시켜서 성공한 사람을 축복하는 시대에 살고 있다. 심령이 가난하고, 평화롭고, 자비롭고, 온유하게 되면 경쟁과 두려움에 바탕을 둔 문화 속에서 있을 곳이 없다. 아마도 이것이 팔복에 대한 참고문헌 대부분이 예수가 문자 그대로 세상의 가치를 전복시켰다고 암시하는 이유일 것이다. 팔복의 정신을 따라 살려고 하면 누가 살아남을 수 있겠는가?

그 대답은 그 비실용성이 아니라 실용성에서 찾을 수 있다. 우리는 종종 팔복이 평범한 삶에서는 불가능한 도전이라고 여긴다. 가장 위대한 성자들만이 그 일을 달성할 수 있다. 그래서 우리는 마틴 루터 킹(Martin Luther King), 도로시 데이(Dorothy Day), 데스몬드 투투(Desmond Tutu)와 같은 예외적인 인물들이 우리에게 그 길을 보여주기를 기다린다. 그동안 세계는 더 나아지지 않으며, 우리는 희미하게 기독교의 제자도를 보여주면서 미완성인 채로 남아 있게 된다. 그러나 진실은 예수께서 팔복이 모든 사람들을 위한 것이라고 하신 것이다. 우리 시대에 그 목표가 어떻게 성취될 수 있을까?

매일을 팔복의 정신으로 생활하는 것은 팔복을 개별적으로 보지 않고 전체의 집합체로 보는 것이다. 각각은 다른 것들과 연결되어 있으며, 그들은 서로를 기초로 한다. 온유하고 겸손한 사람들은 의에 주리고 목마르게 될 가능성이 크다.

---

* Madeleine L'Engle, *The Irrational Season* (New York: Seabury Press, 1977).

왜냐하면 그들은 하나님에 대한 지식에 계속적으로 열려 있기 때문이다. 이런 방식으로 팔복에 접근하면 그것들이 우리를 세상에서 그것들을 각각 실천하며 살도록 초대한다는 것을 알게 된다. 팔복의 정신에 따라 생활하는 데는 단순함, 희망 그리고 연민이라는 세 가지 원칙이 있다. 이 세 가지 원칙을 통해 우리는 세상에 완전히 영향을 받지는 않지만 세상에 있을 수 있다. 우리는 세상이 추구하는 것의 대안을 제시한다.

예수의 가르침에 응답할 때, 단순함은 정교하지 못한 것과는 전혀 다른 것이다. 단순함은 예수의 말씀을 들을 때, 그 말씀이 이런 뜻이었으면 좋겠다고 우리가 바라는 대로 듣지 않고 말씀 그대로를 듣는 것을 말한다. 우리 자신의 편견과 주관에 따라 듣지 말고, 오히려 가르침 그대로 단순하게 들어야 한다는 것이다. 팔복이 실천 불가능하다고 이미 결정하는 것 역시 편견이다. 철학자 키르케고르 (Søren Kierkegaard)는 복음을 "있는 그대로" 듣는 것의 중요성을 언급하면서 복음의 의미를 외면하려고 어려운 텍스트를 가져와서 순화시키지 말라고 한다. 팔복에 단순하게 접근하는 것은 단어를 명확하게, 편견 없이 듣고, 그 말이 우리에게 직접 말해주는 것을 듣는 것이다. 우리는 예수의 말씀을 들을 때, 두려움보다 용기를 얻는다. "겸손을 보여주고, 평화를 가져오고, 다른 사람들에게 마음을 열어주며, 우는 자에게 자비를 베풀 때마다 우리 삶에 복이 있다." 단순하게 말씀하신 예수의 말씀을 듣는 것은 팔복의 정신으로 살아가기 위한 첫 번째 원칙이다.

우리 세계에 희망이 없다는 데는 거의 이견이 없다. 저명한 신학자 위르겐 몰트만(Jürgen Moltmann)은 교회의 종말의 징조는 전반적인 태도가 분노에서 냉소로 바뀔 때라고 말했다. 냉소주의는 분노와 다르다.* 냉소주의는 결과에 관계없이 무엇이든 받아들이기로 하는 것이다. 냉소주의는 상황이 나아질 것이라는 희망을 거의 제공하지 않는다. 만트라(산스크리트어로 주문이라는 뜻 _ 역자 주)는 "걱정하지 말라. 그것은 바로 사물의 방식이다. 점점 익숙해질 것"이라고

---

* Jurgen Moltmann, *Theology and Joy* (London: SCM Press, 1973).

한다. 팔복은 우리를 희망이라는 반대의 관점으로 초대한다. 우리는 희망 없는 자에게 희망을 주신 그리스도에게 우리의 희망을 둔다. 그래서 외적인 상황이 다른 쪽을 가리키더라도 희망의 정신으로 세상에 다가갈 수 있다. 우리가 희망을 가질 때 자비, 겸손, 평화, 사랑이, 산다는 것이 무엇인지를 설명하게 되는 날이 올 것이라는 가능성을 확신하게 된다.

팔복의 삶의 세 번째 원칙은 연민이다. 연민은 불쌍하게 여기는 것이나 동정하는 것과는 관련이 없다. 그것은 더 깊은 것이다. 다른 사람을 불쌍히 여기는 것은 그 사람을 안됐다고 여긴다는 것을 의미한다. 동정이란 다른 사람이 겪고 있는 것을 이해하고 조언을 해주는 것이다. 고(故) 헨리 나우웬(Henri Nouwen)은 통찰력 있게 설명한다. 연민은 "당신의 이웃이 당신의 인간성을 당신과 공유하는 내적인 인식과 함께 자란다. 이 파트너십은 당신을 고립된 채로 남아 있게 할 수 있는 모든 벽을 차단한다. 지역과 언어, 부와 빈곤, 지식과 무지의 모든 장벽을 넘어 우리는 같은 먼지로 만들어졌고, 같은 법칙에 복종하며, 같은 종말의 운명으로 창조된, 우리는 하나이다."* 우리는 구별되지만 더 중요한 것은 하나님의 형상대로 창조되었다는 선물을 공유하고 있다는 것이다. 따라서 우리는 가족으로서 서로에 게 속한다. 연민은 동반자와 같은 길을 걷는 것이 아니라 그 사람의 입장에서 걸으라고 한다.

교회 생활에 팔복을 적용하고자 하는 목사는 연구, 공동기도, 공동 봉사를 통해 회중이 축복받은 공동체로 성장할 수 있는 방법을 모색할 것이다.

단순함, 희망, 연민을 실행하면서 팔복의 정신에 따라 사는 것은 우리 모두가 할 수 있는 일이다. 그 과정에서 우리는 이것이 불합리하지 않다는 것을 발견한다. 그것은 삶에 대한 유일하게 참된 합리적 접근 방식이다.

---

* Henri Nouwen, *With Open Hands* (New York: Ballantine, 1972), 86.

설교

내가 어느 교회 목사로서 사역하면서 정기적으로 심방을 했을 때, 종종 교인들이 이 팔복(the Beatitudes)을 벽에 걸어놓은 것을 보았다. 그것들은 아름답게 꾸며져 있었는데 어떤 것들은 화려했고 또 다른 것들은 수를 놓았으며, 심지어 뜨개질로 만든 것도 있었다. 팔복은 사람들에게 너무 친숙하고 또 흔히 볼 수 있는 경건의 표지이기 때문에 이것을 주제로 설교하는 일은 좀 부담이 될 수 있다. 이 과정에서 설교자는 6가지 중요한 문제를 생각할 필요가 있다.

첫째로 설교자는 교인들이 팔복을 하나님의(혹은 하늘나라의) 종말적 차원에서 이해할 수 있도록 도와주어야 한다. 마태에게 있어 역사는 두 시대로 나뉘는 데 그것은 하나님이 곧 끝낼 현재의 악한 시대와 만물이 사랑과 정의라는 하나님의 목적에 따라 이루어질 앞으로의 세상이다. 하나님은 옛 시대에서 새 시대로의 전환을 예수의 재림, 곧 역사에 개입하는 종말적 사건을 통하여 이루어 낼 것이다.

복을 언급하는 첫 마디 "복이 있다"를 이러한 맥락에서 이해하는 것이 핵심이다. 복이 있다는 것은 단순히 행복한 상태를 말하는 것이 아니고 다가오는 세상에 내가 포함되어 있음을 아는 것이다.

이 개념은 마태의 청중에게 중요했는데 왜냐하면 그들은 외적, 내적 문제에 직면해있었기 때문이다. 외적으로 마태 공동체가 신실한 유대인인가라는 문제로 전통적인 유대교 지도자들과 갈등 관계에 있었다. 내적으로는 구성원 서로 간에 갈등을 빚었고 이로 인해 일부는 방황하고 있었다.

팔복을 통하여 마태는 삶이 지금은 어려울지 모르나 신실하게 견뎌내는 사람은 그 나라를 볼 수 있다고 공동체에게 확신시키고 있다. 팔복이 공동체가 복이 있다라고 말하는 것은 모두가 행복하다는 뜻이 아니라, 혼란의 한 가운데서도 그 구성원들이 안전하다는 것을 알기 때문에 담대하게 살 수 있다는 것을 의미한다.

설교자는 현대 교인들과 문화와의 대립 혹은 공동체 내부의 갈등에 대해 깊이 살펴볼 수 있다. 팔복에 나타난 약속이 교인들이 신실하게 남아 있도록 어떻게 격려할 수 있을까?

둘째로 설교자는 교인들이 팔복을 명령형이 아니라 서술형으로 듣도록 도와주어야 한다. 팔복은 행동을 하고 또 마음을 가난하게 하고 슬퍼하고 온유하게 되라는 직접적인 요청이 아니다. 오히려 팔복은 약속이다. 물론 간접적으로 팔복은 다가오는 그 나라에 긍정적으로 응답한 사람들이 팔복에 나타나 있는 덕목들과 태도를 보여줄 것임을 분명히 암시하고 있다. 하지만 설교자가 너무 성급하게 사람들에게 의에 주리고 목마르도록 또 자비롭고 마음이 순결하도록 등등으로 나아가야 한다고 요청한다면 율법주의나 실천우선주의로 전락할 위험성이 있다.

셋째로 설교자는 교인들이 각각의 복이 담고 있는 특별한 내용을 1세기 관점에서 이해하도록 도와줄 필요가 있다. 오늘날의 사람들은 팔복을 21세기 일상적인 상황에서 이해하려는 경향이 있으나 고대의 의미는 보다 신학적인 특성을 많이 지니고 있다. 예를 들어 오늘날 단순한 독자는 "슬퍼하는 사람은 복이 있다"를 사랑하던 사람이 죽었을 때 나타나는 슬픔에 연관시켜 이해하려 한다. 이와는 대조적으로 마태는 현재의 상황이 하나님의 목적과는 거리가 먼 것을 인식한 신앙인의 슬픔을 염두에 두고 있다. 이들은 우상숭배, 불의, 착취 그리고 폭력을 보면서 슬퍼한다. 여기에 해당하는 복은 "그들이 위로를 받을 것이다", 즉 그들이 그 나라가 오고 있음을 보게 될 것이라는 것이다. 그러므로 이 복에 대해 언급할 때 설교자는 교인들에게 오늘날 슬퍼함이 적절한 응답이 되게 만드는 악한 것들에는 무엇이 있는지 말해보도록 할 수 있다. 설교할 때 더 어려운 과제는 그 나라의 출현이 공동체를 위로하고 안심시키게 되는 시점을 공동체가 식별케 하는 것이다.

넷째로 설교자는 한 편의 설교에서 이 모든 복에 관하여 설교할 건지 혹은 몇 개 그룹으로 대표적인 복을 묶어서 할 건지 아니면 하나의 복을 설교할 것인지를 결정할 필요가 있다. 전자의 경우 설교자는 다가오는 그 나라를 향해 신앙적으로 사는 것에 대한 일반적인 모습을 보여줄 수가 있다. 얼마 전 한 평신도가 나에게 말하기를 설교 한 편마다 각 복을 이야기하는 것이 그리스도인의 삶에 있어서 단편적이고 구체적인 것을 얻을 수 있었지만 큰 그림으로 이해하기가 쉽지 않았다는 이야기를 했었다. 이렇게 하나로 하는 설교는 그런 비전을 보여줄 수 있다.

또 다른 접근을 하자면 설교자는 팔복이 그 나라를 향한 삶의 태도와 행동을 모두 나열해 놓은 것이 아님을 유의해야 한다. 팔복은 그 대표적인 덕목으로 9개의 특별한 것을 사용하고 있다(8개 중 4번째가 의에 주린 자, 의에 목마른 자로 2개 _ 역자 주). 설교자는 오늘날의 이슈들과 언어를 사용하여 새로운 복을 만들어내도 좋을 것이다. 앞에 말한 것처럼 설교자는 복들을 몇 개의 그룹으로 묶거나 팔복이라는 하나에 초점을 맞출 수도 있다. 이런 경우 설교자는 어떤 복(복들)이 교인들의 현재 상황에 가장 중요하게 영향을 미치는 지를 고려해야 한다.

다섯째로 팔복이 설교를 하기에 상세한 형태나 양식을 직접적으로 제시하고 있지는 않지만, 어떤 역할이나 분위기를 분명히 제시하고 있다. 문법적 용어로 팔복은 명령법이 아니라 서술적 문장으로 어떠하다라는 것을 표현하고 있다. 이런 점에서 팔복은 설교를 위한 모범을 보여준다. 설교자는 사람들을 권면하거나 꾸짖기보다는 팔복의 방식을 따라 그 나라의 약속을 바라보며 나아가도록 할 수 있다. 실제로 이렇게 하면 설교를 듣는 일 자체가 이 복을 경험하는 일이 될 수 있다.

여섯째로 설교자는 교인들이 팔복이 특성상 유대적이라는 것을 인식하도록 도와줄 필요가 있다. 그리스도인들은 때때로 팔복(그리고 산상수훈)을 유대교를 넘어서는 혁신적인 종교 사상이라고 이해하고 있다. 아이러니하게도 교회는 그 나라를 기다리는 팔복을 유대인들을 잔인하게 대할 때 스스로를 정당화하는 데 사용하였다. 사실상 팔복과 산상수훈에 나타난 개념들은 그 기원에 있어 유대적이다. 혁신적 요소는 신학적 내용에 있는 것이 아니고 예수의 사역을 그 나라와 종말이 가까이 왔음을 예시하는 것으로 해석한 데 있다. 설교자는 팔복의 핵심 가치들이 거리에 있는 회당에서 어떻게 공유되는지를 교인들이 찾아보라고 할 수도 있다.

주현절 후 다섯째 주일

마태복음 5:13-20

> ¹³너희는 세상의 소금이니 소금이 만일 그 맛을 잃으면 무엇으로 짜게 하리요 후에는 아무 쓸 데 없어 다만 밖에 버려져 사람에게 밟힐 뿐이니라 ¹⁴너희는 세상의 빛이라 산 위에 있는 동네가 숨겨지지 못할 것이요 ¹⁵사람이 등불을 켜서 말 아래에 두지 아니하고 등경 위에 두나니 이러므로 집 안 모든 사람에게 비치느니라 ¹⁶이같이 너희 빛이 사람 앞에 비치게 하여 그들로 너희 착한 행실을 보고 하늘에 계신 너희 아버지께 영광을 돌리게 하라 ¹⁷내가 율법이나 선지자를 폐하러 온 줄로 생각하지 말라 폐하러 온 것이 아니요 완전하게 하려 함이라 ¹⁸진실로 너희에게 이르노니 천지가 없어지기 전에는 율법의 일점 일획도 결코 없어지지 아니하고 다 이루리라 ¹⁹그러므로 누구든지 이 계명 중의 지극히 작은 것 하나라도 버리고 또 그같이 사람을 가르치는 자는 천국에서 지극히 작다 일컬음을 받을 것이요 누구든지 이를 행하며 가르치는 자는 천국에서 크다 일컬음을 받으리라 ²⁰내가 너희에게 이르노니 너희 의가 서기관과 바리새인보다 더 낫지 못하면 결코 천국에 들어가지 못하리라

신학

오늘 본문은 지난 주일에 다루었던 제자의 부름에 관한 본문(5:1-12)의 내용을 확장한다. 13-14절에서 예수는 두 가지 은유를 사용하여 제자는 어떤 존재이며 이 세상을 위해 어떤 일을 해야 하는지에 관해 설명한다. 첫 번째 은유는 소금이다. 너희는 세상의 소금이라는 말(13)은 예수가 제자들에게 이 땅에서 선한 영향력을 끼칠 수 있는 특별한 능력을 주신다는 뜻으로 이해할 수 있다. 소금이 음식을 맛있게 하거나 풍미를 바꾸기 위해 사용되는 것처럼 제자들은 이 땅에서 선을 이룰 수 있는 능력을 받았다(3-10). 제자들은 권리를 박탈당한 자를 세워주고,

상실에 고통당하는 자를 돌보고, 정의를 추구하고, 자비를 베풀고, 올곧게 행하며, 평화를 도모하고, 핍박이 있더라도 신념을 지키면서 기존 질서를 변혁시킬 수 있는 능력을 받았다. 그러나 제자들에게는 그 사명을 망각할 위험도 있다. 이 땅의 생명을 살리기 위한 실천을 하지 않는 제자는 짠맛을 잃은 소금과 같다.

두 번째 은유는 "너희는 세상의 빛이다"(14-16)이다. 이 은유는 제자들의 공동체적인 역할에 대해 생각하게 한다. 빛은 우리가 사물을 볼 수 있게 한다. 빛은 일종의 에너지로 사물에 다양한 색깔을 주고, 식물을 성장하게 하고, 태양광발전을 통해 전기를 만든다. 또한 특별한 처리를 통해 레이저 광선과 같이 유용하게 이용된다. 제자 공동체는 모든 민족과 나라가 하나님의 공의와 자비를 경험할 수 있도록 하나님의 빛을 굴절시켜 비치는 렌즈와 같은 역할을 하도록 부름받았다. 제자들이 공동체로서 이 세상에서 다음과 같은 방식으로 참여할 때 그들은 빛과 같은 역할을 하는 것이다. 다양성을 증진하기(사물에 다양한 색깔을 주듯이), 세계를 친환경적으로 건강하게 돌보기(식물을 성장하게 하듯이), 환경정의에 근거한 정책을 세우기(태양광발전처럼), 특별한 필요에 따라 효과적으로 대처하기(레이저 광선처럼). 이런 것들은 하나님께 영광을 돌리는 선한 일들이다.

17-20절에서 확인되듯이 제자들이 각자 그리고 공동체로서 소금과 빛이 될 수 있는 것은 예수가 어떤 분인지 그리고 예수가 자신의 사명이 무엇이라고 이해하고 있는지에 달려 있다. 예수가 제자가 된 이들에게 당신이 율법이나 예언자들의 말을 폐하러 온 것이 아니고 완성하러 온 것이라고 밝힘으로 예수는 스스로를 하나님의 구원 역사라는 맥락 속에 위치시킨다. 예수는 이 과정에서 전통을 부인하거나 언약을 파기하지 않으면서 하나님의 백성을 해방하는 사명을 확장한다. 이렇게 함으로 예수는 율법과 예언자들의 말을 폐하는 것이 아니고 완성한다. 예수 자신이 오늘과 다가올 하나님의 나라를 위한 하나님의 뜻과 연관하여 율법과 예언자들의 말을 이해할 수 있는 해석학적 열쇠가 된다. 그래서 예수는 제자들에게 스스로 계명을 어기거나 다른 사람들을 그렇게 인도하는 자들은 하나님의 영원한 목적을 거스르는 죄를 범하는 것이라고 경고하셨다.

더 나아가 20절은 오늘 본문 전체를 그 앞 이야기의 흐름과 자연스럽게 연결한다.

예수는 제자들에게 이렇게 말씀하신다: "너희의 의가 율법학자들과 바리새파 사람들의 의보다 낫지 않으면, 너희는 하늘나라에 들어가지 못할 것이다"("의에 주리고 목마른 사람은 복이 있다. 그들이 배부를 것이다", 6; "의를 위하여 박해를 받은 사람은 복이 있다. 하늘나라가 그들의 것이다", 10 참고.) 이 구절의 "의"는 무엇인가? 그리고 이 구절이 6절과 10절에 나오는 "의"와 어떻게 연관되고, 어떻게 그 구절들을 더 깊게 이해하도록 돕는가? 20절에서 예수가 율법과 예언자들의 말을 폐하러 오지 않았다고 선포한 것에 근거해 볼 때 "의"는 예수가 율법과 예언자들의 말을 해석하고 그에 따라 사는 방식과 연관되어 있음을 알 수 있다. 율법학자들과 바리새인들의 의는 전통 수호, 자신의 경건의 공적 과시, 율법의 문자적 준수와 관련되어 있다. 예수의 의는 그와 하나님과의 관계로부터 자연스럽게 흘러나오고, 그 관계가 제자들과의 관계의 기반이 된다.

예수는 제자들에게 의를 인습적이고 제도적으로 지키는 것을 넘어서도록 명령하고 그것을 가능하게 해주신다. 인습적 의를 넘어선다는 것은 "의롭게 사는 삶" 자체가 하나님께 드리는 예배가 되는 것을 말한다(14, 10 참고). 이런 삶을 사는 사람들은 축복받은 사람들이고, 이 세상을 위한 하나님의 계획에 동참하는 열정을 가진 사람들이다(3-9 참고). 예수를 따른다고 하면서 정의를 위한 열정이 없고 인간의 삶을 개조하려는 하나님의 계획에 동참하기를 거부한다면, 그들은 하나님이 시작하시고 예수를 통해 모든 인간에게 확장된 하나님과의 언약적 관계를 사실상 파기한 것이다. 언약적 관계가 깨질 때 그들의 미래에 하나님은 없다: "너희는 하늘나라에 들어가지 못할 것이다"(20b).

5:1-12와 5:13-20에서 우리는 일종의 제자도의 신학을 찾아볼 수 있다. 제자도의 신학은 예수가 제자들(특별한 부름을 받은 사람들)과 무리들(예수를 보고, 그의 말씀을 듣고 예수를 따라온 사람들)에게 가르쳐 주신 것이다. 이 신학의 첫 번째 요강은 하나님의 축복과 총애가 예수를 따르라는 부름의 시작이라는 것이다. 두 번째 요강은 하나님의 축복은 우리와 하나님과의 관계, 우리와 다른 사람들과의 관계의 뿌리가 된다는 것이다. 세 번째 요강은 예수의 인격과 사역에서 성취된 하나님의 의 때문에 인간의 의가 가능하다는 것이다.

끝으로 인간의 의는 이 세상의 소금과 빛이 되는 것에 관한 것이다. 소금처럼 하나님의 축복에 의해 우리의 인격이 형성되도록 맡길 때 우리는 예수의 제자가 된다. 빛처럼 우리가 믿음 때문에 이 세상에서 멸시당하는 자들과 관계를 맺는 것을—그 때문에 핍박이 온다 할지라도— 하나님의 언약적 축복으로 생각할 때 우리는 예수의 제자가 된다. 율법이나 예언자들의 말을 폐하기 위해서가 아니고 완성하기 위해서 오신 예수의 제자로서, 우리는 예수께서 율법을 해석하신 방식을 본받아 오늘날 의롭게 살기 위해 최선을 다해야 한다.

주석

오늘 본문은 두 개의 도입 구문으로 구성되어 있다. 첫째는 5:13-16절로 팔복과 이어지는 설교의 윤리적 부분을 연결하는 본문이다. 이 윤리적 부분은 세 부분으로 나눌 수 있는데, 예수와 율법(5:17-48), 예수와 제의(6:1-18) 그리고 예수와 사회적 문제(6:19-7:12)들이다. 두 번째 도입 구문은 5:17-20절로 첫 번째 부분의 서론과 예수의 가르침이 모세의 율법과 모순된다는 5:17-48의 부정확한 해석에 대한 안전판이 되는 두 가지 역할을 한다.

이 본문을 제대로 알기 위해서는 예수가 말한 본래의 맥락을 아는 것이 도움이 된다. 의심할 여지 없이 마태는 예수의 가르침을 첫 번째 기독교 공동체에 적용하고자 했다. 하지만 우리에게 산상설교로 알려진 설교를 예수가 했을 때 그의 청중은 유대 사람이었다. 더구나 예수의 설교는 일반적 윤리적 규칙에 관한 것이 아니라 유대가 설정하고자 하는 정치적 종교적 방향에 대한 뜨거운 논쟁에 개입한 것이다. 이 논쟁의 직접적 맥락은 로마제국에 의한 유대 땅의 점령이다. 더 큰 맥락은 유대 땅이 바벨론 유배로부터 이방 제국의 일부가 되었다는 사실이다. 비록 유대 백성들이 그들의 조상의 땅으로 몸은 돌아왔지만, 유배는 계속되고 있다고 말할 수 있다. 땅과 도시 그리고 성전은 이방인들(goyim)에 의해 지배되고, 온 나라에 군인들이 활보하고, 하나님의 왕권이 이루어지는 예언자적 약속은 충분히 이루어지지 않은 상황이다.

정치와 종교가 절대로 분리되지 않는 문화에서 이것은 일련의 불안한 질문들로 이어졌다. 하나님의 거룩한 도시와 성전이 어떻게 정복당할 수 있는가? 이것이 하나님과 우리의 관계에 대해 무엇을 말하고 있는가? 하나님은 우리가 어떻게 대응하기를 원하실까? 이러한 질문들에 대해 1세기 유대교의 여러 분파들은 다양하게 반응했는데, 정복자와 현실적으로 협력했던 사두개파부터, 무기를 들고 제국과 투쟁했던 젤롯당까지 있었다. 바리새파 사람들도 후자로의 선택이 일반적이었다. 하지만 예수 당시에 바리새파 사람들은 분열되었다. 어떤 파들은 무기를 들었지만, 다른 파들은 분리를 선택했다. 작은 유대 나라가 제국의 광대한 군사적 힘에 대항하기 어렵다는 것을 깨닫고, 율법(토라)에 대한 개인적 연구와 실천으로 방향을 잡았다. 만약에 한 사람이 정치적 독립을 얻을 수 없다면 최소한 자신의 문화적 종교적 정체성을 유지할 수 있어야 한다. 적어도 하나님의 통치가 종말론적으로 이루어져 하나님의 정의가 말해질 때까지 사람들은 계약적 정의로 살아가야 한다.*

이러한 불안한 질문들에 대해 분열되고 혼란스러운 백성들에게 예수가 설교를 통해 한 도발적 대답들은 "이스라엘이 이스라엘 되게 하는 도전"**이었다. 예수는 한편으로는 젤롯당의 의제들을 거부했는데, 원수들을 미워하지 말고 사랑하며, 저항하지 말고 위해 기도하라(마 5:43-44)고 했다. 다른 한편으로는 바리새파 사람들의 전략도 또한 헛된 것이라고 했다. 누구의 의가 율법학자나 바리새파 사람들의 의보다 낫지 않으면 하늘나라에 들어가지 못한다(마 5:20)는 것이다. 이 본문의 해석자나 설교자들에게는 바리새파 사람들의 의제에 대한 예수의 비판의 본질을 이해하고 명확하게 하는 것이 중요하다.

요점은 율법 자체를 지키는 것이 나쁘다는 것이 아니다. "천지가 없어지기 전에는 율법은 일점일획도 없어지지 않고, 다 이루어질 것이다"(마 5:18). 도리어 바리새파 사람들의 전략이 이스라엘 상황에 대한 옛날 방식의 해석에 의거하는 것이 문제이다. 바리새파 사람들은 하나님의 종말론적 약속의 성취가 미래에 있다는 가정하에 일하고 있다. 하나님의 통치가 아직 시작되지 않았고, 말하자면 유배 또한 계속되고 있다는 것이다. 그러기에 그들은 게토(ghetto)를 선택하여 하나님이 새로운 일을 시작하실 때에 의롭다 하심을 얻을 수 있도록 그들의 정체성을 유지하고 보호하고자 했다. 이에 반하여 예수는 하늘나라의 복음을 선포하였는데(마 4:23), 하나님이 이미 새 일을 시작했다는 것이다. 자신의 정체성을 지키는 것으로는 충분하지 않다. 사람이 등불을 켜서 말 아래에다 내려놓지 아니하고 등경 위에 놓아두어 온 집안에 환하게 해야 한다(마 5:15). 이스라엘은

---

* 이러한 바리새인의 아젠다에 대한 해석은 N. T. Wright, *The New Testament and the People of God* (London: SPCK, 1992), 182-195 참조.
** N. T. Wright, *Jesus and the Victory of God* (London: SPCK, 1996), 288.

거룩한 백성으로, 제사장의 나라로 부름 받았고, 이제 하나님의 나라가 가까이 왔으며 이때는 "주님의 성전이 서 있는 산이 모든 산 가운데서 으뜸가는 산이 되어야 한다"(사 2:2). 또한 "율법이 시온에서 나오며, 주님의 말씀이 예루살렘에서 나올 것이다"(사 2:3). 그것이 유대가 제국을 대항하는 길이다.

이렇게 사는 것은 율법이나 예언을 폐하는 것이 아니라 완성하는 것이다. 마태복음에서 "완성한다는 것"은 종말론적 카테고리이다(1:22, 2:15, 17, 23, 4:14, 8:17, 12:17, 13:35, 21:4, 26:54, 56). 예수가 바리새파 사람들의 의제를 거부하는 것이 율법을 거부하는 것을 의미하는 것은 아니다. 율법을 다른 관점에서 읽고 해석해야 한다는 것이다. 바리새파 사람들은 율법을 죄가 지배하는 세계의 맥락에서 읽는다. 율법은 점령된 이스라엘이 정체성을 잃지 않도록 지켜주는 것이다. 이와 비슷하게 율법 자체는 죄의 맥락에서 윤리를 설정하고 있고, 사람들의 마음이 악하기 때문에 특정한 관습을 허용한다(마 19:8). 예수는 더 이상 율법을 죄의 맥락에서 읽지 않고, 하나님의 나라의 관점에서 읽는다. 이제 하나님의 통치가 시작되었기에 척도는 더 이상 인간의 하찮음이 아니라, 하나님의 의의 충만함이다.

목회

요한계시록에는 예수께서 서서 교회 문을 두드리시는 주목할 만한 장면이 있다. 이 그림은 교인들이 문을 열거나 열지 않아서 예수를 영접할 것이냐, 거절할 것이냐에 초점을 맞춘 복음적인 삽화로 오랫동안 사용되었다. 이 해석은 중요한 점을 놓치고 있다. 그 장면에 앞서 라오디게아 교회는 뜨겁지도 차갑지도 않고 미지근하다고 책망을 받는다(계 3:16). 이것은 분명히 칭찬은 아니며, 특히 세상에서 하나님의 사명을 수행하는 것과 관련하여 그렇다. 교회가 미지근한 것보다는 뜨겁거나 차가운 것이 더 낫다. 이것이 바로 예수께서 산상수훈에서 견지하시는 관점이다.

팔복을 제시한 후에 예수는 제자들이 소금과 빛과 같아야 한다는 비유로 설교를 시작하신다. 이것들은 흥미로운 선택이며, 양쪽 다 선교와 목회 사역을 하는 것과 연관이 있다.

우리가 세상의 소금이어야 한다는 것은 우리가 서로의 목회적인 관계에 "맛"을 가져다주어야 한다는 뜻이다. 소금은 맛을 풍성하게 할 뿐 아니라 두드러지게 한다. 소금이 없었다면 무미건조하고 개성이 없었을 것을 생생하게 만든다. 어떤 경우에는 소금을 방부제로 사용하여 장시간 신선한 상태로 유지할 수 있다. 소금은 또한 갈증을 자극하는 데 사용된다. 우리는 이런 소금의 이미지가 사역의 실제와 어떤 관련이 있는지 알 수 있지만, 특히 여기서는 두 가지 비유가 중요해 보인다.

적어도 지난 30년 동안 안수받은 목회자와 평신도 전문가들이 수행한 목회 사역은 이른바 치유 운동에 크게 영향을 받았다. 인간의 거의 모든 상태를 다루는 심리학적 통찰의 인기는 이러한 영향에 기여했다. 그로 인한 한 가지 결과는 목회 사역이 상황에 관계없이 거의 전적으로, 서로를 지지하고 인정하는 것으로 정의되었다는 것이다. 지지와 인정이 확실히 필요하지만, 대부분의 목회적 응답은 대립적이어야 할 때가 있다. 예수는 개개인을 인정하시면서도 그 사람의 행동에 도전하셨다. 예수는 부유한 청년을 용납하셨지만, 그의 소유물을 포기하라고 도전하셨다. 간음하다 잡힌 여인을 용납하시고, 더 이상 죄를 짓지 말라고 하셨다.

사람을 인정하는 것은 상황에 관계없이 사람의 존엄성을 지지해주는 데 비해 도전은 더 나은 행동으로 변화를 불러온다고 말할 수 있다. 효과적인 목회 사역을 위해서는 두 가지 반응이 모두 필요하다. 변화에 대한 도전은 영적으로나 개인적으로 성장하게 하는 짠맛이다. 목회자의 지팡이에는 두 개의 끝이 있다고 한다. 사람을 양 떼에 가까이 있도록 붙잡는 고리(지지)와 자극하고 격려하기 위한 뾰족한 끝(도전)이 그것이다. 두 번째가 함축하는 것은 다소 역설적인데, 시간이 지남에 따라 변화에 대한 도전이라는 짠맛이 사람을 살아있게 해주는 방부제가 된다는 것이다. 한때 쓴맛이었던 것은 적어도 달콤 쌉싸름하게 된다. 도전은 인내로 이어지는 변화를 가져온다.

예수는 제자들에게 그들이 세상의 빛이며, 이 빛은 숨겨져서는 안 되고 드러나야 한다고 말씀하신다. 우리는 종종 이 말씀을 우리의 은사와 재능을 양동이 아래 놓아서 감춰두지 말라는 의미로 해석한다. 공동기도서에서 선호하는 봉헌문 가운데 하나는 "너희 빛을 사람에게 비추어서, 그들이 너희의 착한 행실을 보고, 하늘에 계신 너희 아버지께 영광을 돌리게 하여라"는 말씀이다. 우리가 누군가를 한 걸음 앞으로 나아가도록 격려하고, 수줍음을 버리게 하고, 은신처에서 나오게 하기 위하여 이 접근법을 사용했던 수많은 사례가 있다. 그렇지만 빛을 비추어야 하는 또 다른 이유가 있다. 삶의 안팎에는 어둠이 있다.

예수는 제자들에게 어둡고 망가진 세상에 빛을 비추라고 격려하신다. 빛은 복음의 빛이며, 모든 사람을 복음의 온기와 광채로 이끈다. 이 사명은 태초부터 모든 시대에 걸쳐서 가장 중요한 것이었다. 윌리엄 템플 대주교는 종종 "교회는 세상에서 회원이 아닌 사람들을 위해 존재하는 유일한 조직"이라고 말한다. 빛이 드러나기 위해서는 어둠이 있는 곳으로 기꺼이 가야 한다. 어둠 속으로 들어가서 어둠 속을 걸어야 한다. 그래서 제때에 빛이 어둠을 정복하게 해야 한다. 애니 딜라드(Annie Dillard)는 다음과 같이 썼다. "밖에 나가 어둠 속에 앉아 있어야만 하는 건 아니다. 그러나 별을 보고 싶다면 어둠이 필요하다는 것을 알게 될 것이다."*

---

* Annie Dillard, *Teaching a Stone to Talk: Expeditions and Encounters* (New York: Harper Perennial, 1992), 43.

우리는 그리스도의 빛을 품고 어두운 곳으로 가야 한다. 빛은 우리의 개인적인 즐거움을 위해 주어지는 것이 아니다.

효과적인 목회 사역은 영혼의 어두운 밤을 찾기 위해 우리 자신 안에 있는 어둠을 응시하는 것을 포함한다. 파커 파머(Parker Palmer)는 이 과정을 우리 내부의 풍경을 보거나 읽는 것이라고 말한다.* 이것이 결코 쉬운 일은 아니지만 필수적인 것이다. 그리스도의 빛이 우리 자신의 마음 어디에 비추어야 하는지를 모르면서 다른 사람들에게 그리스도의 빛을 비출 수 없다. 목회적 지도력은 내면에 있는 어두운 곳을 바라볼 수 있어야 하며, 그것이 외부의 어둠을 이해하는 데 도움이 될 것이다. 내면을 탐구하기를 두려워할 필요가 없다.

마지막으로 우리가 다른 사람들을 위한 소금과 빛일 때, 우리의 마음과 생각과 영혼을 다하여 주 우리 하나님을 사랑하고, 우리 이웃을 우리 자신처럼 사랑하라는 예수께서 말씀하신 법을 성취할 가능성이 더 높다.

---

* Parker Palmer, "Leading from Within: Reflections on Spirituality and Leadership," Meridian St. United Methodist Church (Indianapolis, March 23, 1990).

설교

오늘 본문은 인생에 있어 두 가지 근본적인 질문을 담고 있다. 우리는 누구인가? 우리는 무엇을 해야 하는가? 이 질문은 오늘을 살아가는 개인이나 교인들 마음속에 자리 잡고 있다.

마태 공동체의 상황은 오늘날의 교회와 유사하다. 마태는 예루살렘과 성전의 멸망에 이어지는 신학적, 사회적 갈등 속에 살았다. 당시 유대 사회는 유대교의 미래와 유대인의 정체성에 대해 고민하고 있었다.

설교자는 오늘날 북미의 교회가 이와 비슷한 문제에 직면해 있음을 교인들이 깨닫도록 도와줄 수 있다. 이전 세대의 가치와 실천이 점차 도전을 받고 또 폐기되고 있다. 역사가 깊은 교단의 교회들은 그 수가 줄어들고 사회적 영향력도 약화되고 있다. 이런 상황에서 예수 그리스도의 제자가 된다는 것은 무엇을 의미하는가? 우리는 어떻게 살아야 하는가?

설교자는 마태복음 5:13-16을 이러한 질문에 응답하기 위한 신학적 전거로 사용할 수 있다. 마태는 "너희는 세상의 소금이다"(13a)라고 시작한다. 유대교에서 소금은 언약을 상징한다. 마태는 자신의 공동체가 하나님의 나라가 온전히 이루어질 종말적 시기 바로 직전에 살고 있다고 믿었다. 그래서 마태에게 언약공동체는 종말적 공동체를 포함한다. 설교자는 교인들에게 우리 교회를 이런 공동체로 상상해보도록 도와줄 수 있다.

마태는 짠맛을 잃고 버려진다는 내용의 13b절을 묵시와 연관되어 있는 마지막 심판의 전거로 사용한다. 만일 마태 공동체가 신앙을 간직하지 못한다면 마지막 심판 때 정죄를 당할 것이다. 만일 설교자가 마지막 심판이 실제로 일어날 것을 믿지 않는다 할지라도 이 본문은 중요한 점을 강조하는데 그것은 신실하지 못한 사람은 삶의 질이 쇠퇴하는 결과를 초래할 수 있다는 것이다.

언약이라는 주제는 5:14-16에서 더 강조되는데, 여기서 복음서 저자는 이스라엘의 역할을 서술한 이사야 42:6로부터 "너희는 세상의 빛"이라는 표현을 인용한다. 하나님은 이스라엘을 세상(이방인)의 빛이 되도록 부르셨다. 이스라엘은 모든 사람들이 복을 받게 하려는 하나님의 언약을 보여주는 모델이 된다(사 42:1-6; 창 12:1-3). 이처럼 마태 공동체는 1세기에 빛이 되어야 했고, 교회는 오늘날의 사회에서 그런 빛이 되어야 한다. 설교자는 교인들의 삶이 실제로 이러한 삶의 본보기를 보여주고 있는지 아니면 단순히 오래된 가치와 실천을 그냥 보여주기만 하고 있는지를 살펴야 할 것이다.

14b-15절은 빛의 목적이 비추는 것임을 강조한다. 당시에 램프는 작았지만, 팔레스타인의 어두운 작은 집에서는 작은 램프라도 "집 안 모든 사람에게 비추었다"(15). 비유적으로 말하면 (세상을 비추기 위해) 애쓰고 있는 교회나 교단에서 나오는 빛은 작거나 희미하더라도 누군가의 집을 비출 수 있다.

구체적으로 공동체가 그 빛을 어떻게 비출 것인가? 선한 일(16), 즉 사랑, 자비 그리고 정의라는 이름의 언약을 이행하는 실천을 통해서이다. 의로운 실천을 하는 북미교회의 성향을 고려하면서 설교자는 빛을 비추는 일이 하나님의 나라에 들어가기 위함이 아니고 그 나라를 선물로 받은 것에 대한 보답이라는 점을 분명히 할 필요가 있다. 나아가 설교자는 이 하나님 나라의 빛을 비추는 선한 일이란 무엇인지를 구체화하도록 도와줄 수 있다.

17-20절은 소금과 빛이 되는 것이 무엇을 의미하는지를 좀 더 상세히 설명한다. 여기에서 교인들이 놀랄 수도 있다. 공동체는 그 나라를 기대하면서 어떻게 살아야 하는가? 그것은 마태가 해석한 율법을 따라 사는 것이다.

이 대목은 예수나 예수를 추종했던 초기 공동체가 율법과 유대교를 거부했다고 생각하는 교인들에게는 상당한 충격을 줄 수 있다. 분명히 마태는 일부 율법 해석자들(즉, 바리새파 사람들)을 비판하지만, 공동체 내의 유대인 교인들은 율법을 잘 지켜야 하고, 이방인 교인들도 유대교에서 온전히 출발하지는 않았지만 율법의 핵심적인 가치를 받아들일 것이라고 여겼다.

이러한 입장이 17절에 강하게 나타나 있다. 마태의 상황에서 그 성취는 그 나라를 염두에 두고 있는 것이다. 율법과 예언자를 완성하는 일은 그들이 추구했던 바를 공동체의 일상에서 온전히 보여주는 것이다. 그것은 바로 공동체가 종말의 때를 기다리면서 사는 것이고, 마태는 18절에서 그 직접적인 근거를 말한다.

설교자는 19절을 교인들과 함께 숙고할 수 있다. 거의 모든 북미 교회의 그리스도인들은 기독교가 유대교를 대체했다고 주장하면서 일부 계명을 위반할 뿐 아니라 다른 사람들에게도 그렇게 하도록 적극적으로 가르치는 목회자나 평신도들이 있다.

20절은 앞으로 남은 11개월을 마태복음으로 설교할 설교자들에게 중요한 것을 말하고 있다. 바리새파 사람보다 더 나은 의를 행해야 한다는 이 본문을 보면 마태 공동체와 몇몇 전통적 바리새파 사람들 사이에 갈등이 있었음을 알 수 있다. 이 구절은 마태 공동체를 향해 율법에 충실해야 한다고 강조하면서도 바리새파 사람들과 율법학자들을 비난하고 있다. 설교자는 교인들에게 마태가 바리새파 사람들에게 부정적인 평가를 하는 것은 역사적인 면이라기보다는 그들과 마태의 논쟁 상황을 반영하고 있음을 알려주어야 한다. 만일 마태가 실제로 그런 의도였다면, 마태는 바리새파 사람들과 마태복음 5:21-26과 연관시켰을 것이다.

설교자는 율법의 어느 부분이(영적, 현실적 표현 모두) 오늘날 이방인 공동체에도 중요한 것인가를 교인들이 생각할 수 있도록 이끌 필요가 있다. 설교자는 또한 교인들에게 유대교도 존중하도록 격려할 수 있다. 아마 교인들은 15-16절에 나온 선한 일을 수행하기 위해 근처 회당에 가입을 제안할 수도 있다.

마태복음 5:17-20은 그리스도인의 정체성과 삶에 대한 태도를 이해하기 쉽게 보여주는 설교 재료가 될 수 있다. 그러면서도 이 본문은 교인들이 율법, 유대교와 기독교와의 관계 그리고 예언과 성취라는 주제에 대해 어떠한 태도를 가질 것인가를 도와주는 설교에도 도움을 준다.

주현절 후 여섯째 주일

마태복음 5:21-37

²¹ㄱ)옛 사람에게 말한 바 살인하지 말라 누구든지 살인하면 심판을 받게 되리라 하였다는 것을 너희가 들었으나 ²²나는 너희에게 이르노니 형제에게 노하는 자마다 심판을 받게 되고 형제를 대하여 라가라 하는 자는 공회에 잡혀가게 되고 미련한 놈이라 하는 자는 지옥 불에 들어가게 되리라 ²³그러므로 예물을 제단에 드리려다가 거기서 네 형제에게 원망들을 만한 일이 있는 것이 생각나거든 ²⁴예물을 제단 앞에 두고 먼저 가서 형제와 화목하고 그 후에 와서 예물을 드리라 ²⁵너를 고발하는 자와 함께 길에 있을 때에 급히 사화하라 그 고발하는 자가 너를 재판관에게 내어 주고 재판관이 옥리에게 내어 주어 옥에 가둘까 염려하라 ²⁶진실로 네게 이르노니 네가 한 푼이라도 남김이 없이 다 갚기 전에는 결코 거기서 나오지 못하리라 ²⁷ㄴ)또 간음하지 말라 하였다는 것을 너희가 들었으나 ²⁸나는 너희에게 이르노니 음욕을 품고 여자를 보는 자마다 마음에 이미 간음하였느니라 ²⁹만일 네 오른 눈이 너로 실족하게 하거든 빼어 내버리라 네 백체 중 하나가 없어지고 온 몸이 지옥에 던져지지 않는 것이 유익하며 ³⁰또한 만일 네 오른손이 너로 실족하게 하거든 찍어 내버리라 네 백체 중 하나가 없어지고 온 몸이 지옥에 던져지지 않는 것이 유익하니라 ³¹또 일렀으되 ㄷ)누구든지 아내를 버리려거든 이혼 증서를 줄 것이라 하였으나 ³²나는 너희에게 이르노니 누구든지 음행한 이유 없이 아내를 버리면 이는 그로 간음하게 함이요 또 누구든지 버림받은 여자에게 장가드는 자도 간음함이니라 ³³ㄹ)또 옛 사람에게 말한 바 헛 맹세를 하지 말고 네 맹세한 것을 주께 지키라 하였다는 것을 너희가 들었으나 ³⁴나는 너희에게 이르노니 도무지 맹세하지 말지니 하늘로도 하지 말라 이는 하나님의 보좌임이요 ³⁵땅으로도 하지 말라 이는 하나님의 발등상임이요 예루살렘으로도 하지 말라 이는 큰 임금의 성임이요 ³⁶네 머리로도 하지 말라 이는 네가 한 터럭도 희고 검게 할 수 없음이라 ³⁷오직 너희 말은 옳다 옳다, 아니라 아니라 하라 이에서 지나는 것은 악으로부터 나느니라

신학

예수는 율법과 예언자들의 말의 성취자이다. 이 예수가 오늘 본문에서, 제자들 및 그를 따르는 이들을 위해 율법을 새롭게 해석해서 전한다. 이 구절들 속에서 예수는 당시 중요하게 여겨지던 주제들에 좀 더 집중한다. 그 주제들은 분노(21-26), 간음(27-30), 이혼(31-32), 맹세(33-37)에 관한 것들이다. 우리가 직전의 본문(13-20)과 연결하여 생각해 볼 때, 오늘 본문을 통해 예수는 그를 따르는 사람들이 어떻게 행동할 때 그들의 의가 율법 교사들과 바리새파 사람들의 의보다 더 뛰어날 수 있는지를 설명하는 셈이다.*

분노에 관한 구절은 살인 금지에 관한 계명을 확장하여 해석한 것이다. 예수는 복수나 처벌과 연결된 분노가 살인으로 발전되는 경우가 있음을 지적하면서 원래의 살인 금지에 관한 계명의 의미를 확장한다. 우리가 같은 공동체 구성원을 판단하거나 모욕할 때 혹은 우리가 어떤 사람과 법적인 다툼을 할 때(이 두 경우 모두 분노가 생길 수 있는데), 우리에게는 다른 사람에게 사과하거나 소송 이외의 방법으로 화해함으로 상황을 완화할 기회가 주어진다. 이 모든 경우 의도하는 목표는 같다. 회해의 행위를 통해 관계를 회복하는 것이다. 예수가 살인 금지 계명을 무효화하는 것은 물론 아니다. 그러나 예수는 살인을 분노 표출과의 연속성 상에서 이해한다. 더 나아가 예수는 인간이 분노할 수 있음을 인지한다. 예수는 분노를 금지하기보다 우리가 먼저 하나님의 통치를 드러내는 행동을 함으로—평화를 도모하는 삶을 삶으로(5:9 참고)— 분노를 극복할 수 있다고 가르친다.**

다음 구절들은 간음과 이혼에 관한 것이다(27-30). 간음에 관해서 예수는 그 의미를 행동을 넘어서 동기(의도)의 영역으로 확장한다. 간음은 단지 잘못된 육체적인 관계뿐 아니고 그것에 관한 욕구 그리고 다른 사람의 아내를 탐내는 것 모두를

---

* Charles H. Talbert, *Reading the Sermon on the Mount: Character Formation and Ethical Decision-Making in Matthew 5-7* (Grand Rapids: Baker Academic, 2006). 설교의 구조와 기능에 관해서는 3, 4장을 참고.

** Glen H. Stassen, "The Fourteen Triads of the Sermon on the Mount (Matthew 5:21-7:12)," *Journal of Biblical Literature* 122/2 (2003): 270-275.

포함한다. 여성주의 성서학자 에이미-질 르바인(Amy-Jill Levine)에 의하면 간음의 의미의 이와 같은 확장은 여성들에게 더욱 중요하다: "생각과 행동 사이의 구분을 제거함으로, 음욕까지도 간음으로 여기는 이와 같은 계명의 확장은 어느 사람도 성의 대상으로 여겨져서는 안 된다는 것을 명확히 한다. 여기서 짐은 남자에게 지워진다. 남성을 유혹하여 성적 일탈을 하게 된 책임이 여성에게 있다는 주장은 통하지 않는다."[*] 눈을 빼내고, 손을 찍어서 내버리라 하는 과장법을 통해 예수는 의도와 행동, 태도와 행태 간의 일치를 통해 인격의 온전성을 유지하는 것이 중요하다는 것을 강조한다. 여기서도 예수는 간음에 관한 계명을 폐하는 것이 아니고, 의도까지 포함함으로 그 계명을 확장한다.

이혼에 관한 구절(31-32)에서 예수는 이혼을 허용하는 전통을 일단 받아들인다. 그러나 이혼을 할 수 있는 근거에 관해 제한을 가한다. 다른 말로 예수의 해석은 이혼에 관한 질문을 타락 이전에 하나님이 남자와 여자를 연합하게 하셨을 때 갖고 있었던 원래의 뜻과 관련시킨다. 원래의 뜻은 그 연합이 영원할 것이라는 점이다. 유대 율법이 이혼장을 허용하지만, 이혼은 영적으로는 아니고 법적으로만 타당하다. 결혼에 관한 하나님의 원래의 뜻에 근거해서 예수를 따르는 사람들은 결혼을 유지하려는 방식으로 결혼 생활에 임해야 한다. 특히 남편들은 이혼을 통해 혼인 서약을 깨뜨리고 아내들을 간음죄 누명을 쓰기 쉬운 상태로 버려둬선 안 된다. 특히 당시 유대 사회의 상황 속에서, 예수는 27-32절에서 책임 소재를 여성에서 남성에게 옮김으로 율법을 근본적으로 새롭게 해석하고 있다.

마지막 구절들(33-37)에서는 맹세에 관한 내용이 등장한다. 이와 관련해서 두 가지 질문이 제기된다: 1) 예수가 모든 종류의 맹세를 반대하는가? 2) 맹세는 어떻게 작동하는가? 여기에 적용되는 해석의 원리는 37a에 나온 것처럼(너희는 '예' 할 때에는 '예'라는 말만 하고, '아니오' 할 때에는 '아니오'라는 말만 하여라) 진실함(truthfulness)을 가장 중요한 가치로 수립하는 것이다. 예수를 따르는 자들이 진실함에 근거한 수준 높은 의를 실천하는 삶을 산다면, 맹세를 할 필요가 없어질

---

[*] Amy-Jill Levine, "Matthew," *The Women's Bible Commentary* (Louisville, KY: Westminster John Knox Press, 1992), 255.

것이다. 이 구절은 맹세가 전혀 필요 없는 것이라는 주장을 하기 위해서보다는 "진리 말하기" 자체로 충분해야 한다는 것을 강조하기 위해 말해진 것이다.

결론적으로 이 세 구절들은 예수가 율법을 해석하는 방식을 보여줌과 동시에 예수의 제자들과 추종자들이 어떻게 그 생활 속에서 율법 학자들과 바리새파 사람들의 의보다 더 나은 의를 실천할 수 있는지에 관한 지침을 보여준다. 본문을 통해 독자는 인류를 향한 하나님의 뜻을 분별하고, 그에 근거하여(전통에 의해 정설로 굳어진 해석을 확장하거나 재구성함으로) 끊임없이 율법을 새롭게 해석하려는 예수를 만나게 된다. 인류를 향한 하나님의 뜻이 해석의 열쇠가 된다. 예수는 전통을 무시하지 않고 그 속에 서 있다. 그러나 전통에 최종 권위를 부여하지 않는다. 우리는 여기서 다음 구절을 상기하게 된다: "태초에 말씀이 계셨다. 그 말씀은 하나님과 함께 계셨다. 그 말씀은 하나님이셨다"(요 1:1). 지난 주일에도 그랬듯이 주현절 절기의 본문에서 예수는 하나님을 계시한다. 하나님의 본성과 인류를 향한 뜻을 밝힌다. 예수의 제자인 우리가 계속 추구해야 하는 것은 율법과 예언자들의 말을 폐하기 위해서가 아니라 완성하기 위해서 오신 예수의 말씀에 계속 경청하고 예수를 따르는 것이다.

주석

본문을 문학적 구조의 관점에서 본다면 이번 주 본문(마 5:21-37)과 다음 주 본문(마 5:38-48)의 배분은 약간 당혹스럽다. 마태복음 5:21-48은 예수의 설교에 대한 윤리적 권고의 첫 번째 주요 부분으로 21-32절과 33-48절의 두 부분으로 나뉜다. 마태가 의도한 그러한 분류는 본문의 여러 면에서 명확하다. 세 번 반복하여 "너희가 들었다"(21, 27, 31)고 한 후에 33절에서 두 번째 부분을 "너희가 또한 들었다"는 말로 시작한다. 더구나 21-32절에서 매번 '들었다'는 말은 '너희가' 다음에 나온다. 하지만 33-48에서는 그러한 구조가 나타나지 않는다. "옛 사람들에게 말하기를… 너희가 들었다"는 구절은 5:21, 33에서만 두 번째 부분의 시작으로 나타난다. 마지막으로, 5:21-32의 세 가지 문장 각각 구약 신명기를 언급하고 있고, 5:32-48의 세 가지 문장 각각 레위기를 인용한다.

이전의 도입 부분에서(17-20) 이 부분의 예수의 설교가 제시한 윤리가 모세의 율법을 뛰어넘을 만큼 모순되지는 않는다는 것을 분명히 하고 있다. 예수는 유대 백성들에게 새로운 방식으로 율법을 지키고 살도록 권고했는데, 죄의 위험을 방지하는 것이 아니라 하나님의 종말론적 왕권의 풍성함을 표현한 것이다.

처음의 권고(21-26)는 화해에 관한 것이다. 율법은 살인을 금하는데(출 20:13; 신 5:17), 예수는 살인뿐만 아니라 성내는 것도 심판을 받는다고 말했다. 주석가들의 성내는 것에 대한 심판이 절대적인가 아닌가 하는 논쟁은 흥미롭다. 예수의 말을 절대적인 명령으로 보는 입장은 성서 여러 곳에서 화내는 것을 정죄하는 데 있어 강경하다(엡 4:31; 골 3:8, 참조 딤전 2:8; 약 1:20; 시 37:8; 잠 14:29; 전 7:9)는 측면에서 지지받는다. 이에 반하여 어떤 주석가들은 성서에는 어쨌든 하나님과 예수도 분노했다고 기록되어 있다고 지적한다(마 23:17; 막 3:5). 심지어 어떤 사람들은 생물학적으로 분노가 불가피하다고 언급한다. 하지만 예수의 관심은 분노를 하는 것에 초점을 두는 것이 아니라 그것으로 무엇을 하느냐이다. 분노가 우리의 관계를 형성하는가? 또는 화해하지 못하게 하는가? 이런 점에서 예수는 그의 가르침대로 살아간 사람이다.

또한 예수의 권고의 정치적 맥락을 생각해 볼 필요가 있다. 이 구절들에서 묘사된 갈등은 대인관계(22-24)나 경제적 관계(25-26)로 해석되는 것이다. 그런데 고소하는 사람, 형무소 관리, 지옥 불 속 등의 용어 속에는 로마 정복자의 얼굴이 반영되어 있고, 분노라고 말한 것에서도 무력 저항을 하는 젤롯당의 모습이 나타난다. 예수는 그러한 분노의 표현이 마침내 예루살렘에 넘쳐나는 "지옥 불"(22)과 같은 군사적 파괴로 귀결되었음을 알고 있다. 그렇지 않다면 유대 백성들이 그들의 지배자들에게 관용과 화해를 나타내어 "너희 빛을 사람에게 비추어서, 너희의 착한 행실을 보고, 하늘에 계신 너희 아버지께 영광을 돌리게 한다"(5:16)는 것일까?

두 번째 권고(27-20)는 예수가 말하는 요점이 어떻게 우리가 생리적인 삶을 살아가느냐 하는 생물학적 기능에 초점을 두는 것이 아니라는 사실이다. "여자를 보고 음욕을 품은 사람은 이미 마음으로 그 여자를 범하였다"(28). 여기에서도 예수는 다시 유대 백성들이 율법의 문자적 가르침(출 20:14; 신 5:18)을 넘어 행동만이 아니라 종말론적 관점에서의 동기와 의도로서 훈육하도록 권고한다.

율법은 이혼을 허용하지만(신 24:1-4), 예수는 이 규정을 인간의 완악함으로 인해 만들어진 것으로 규정짓는다(마 19:8). 이것은 율법(신 24:4; 레 21:7)에서 제사장이 이혼한 사람과 결혼하는 것을 금지한 구절이나 예언서(겔 44:22; 말 2:16 하나님께서 이혼을 미워한다고 말한 구절)의 다른 말씀들과 긴밀히 연결된다. 세 번째 권고(31-32)에서 예수는 모든 유대 백성들이 제사장의 민족이 되도록 권고한다.

네 번째 권고(33-37)는 구약의 규정에 대해 더 직접적으로 반대하는 것으로 보인다. 구약에서는 맹세를 진정으로 할 때에는 일상적으로 허용되었다(출 20:7; 레 19:12; 민 30:3-15; 신 23:21-23). 그러기에 주석가들은 본문이 제시하는 대로 예수가 맹세를 절대적으로 하지 말라는 의미로 말했는가에 대해 의문을 가져왔다. 이것은 신약에서도 하나님의 증인으로 요청받는 경우에 맹세하는 것을 금지하지 않았다는 사실에서 지지 받는다(롬 1:9; 고후 1:23; 갈 1:20; 빌 1:8; 계 10:6). 더구나 성서 전체를 보면 인간만이 맹세하는 것이 아니라 하나님도 맹세하신다(창 22:16; 출6:8; 사 45:23; 눅 1:73; 행 2:30).

하지만 예수가 구약에서 이혼을 허용하는 것에 대해서 말한 것과 같이 맹세에 대해서도 말한 것으로 보인다. 그것은 인간의 완악함 때문에 허용된 것이다. 그것을 바라보는 한 가지 방식은 맹세를 이용하여 어떤 진술에 대한 한 사람의 진실을 결정한다고 말하는 것은 화자가 두 가지 발화내(發話內: 화자가 말하는 것으로 알 수 있는 언어 행동에 대해 말함. 조언, 경고, 약속, 질문 등 _ 역자 주) 행동을 실제로 사용한 것이다. 어떤 것은 전념한 것이지만, 다른 것에는 별로 전념하지 않는 것도 있다. 그의 말에 진정으로 헌신한다는 의미로 화자는 맹세를 사용한다. 그런데 예수는 모든 말에 전적으로 헌신하도록 기대한다. '예' 할 때는 '예'라는 말만 하고, '아니오' 할 때는 '아니오'라는 말만 하라는 것이다. 이것을 바라보는 다른 방식은 비록 어떤 사람이 진실을 말한다고 할지라도 듣는 사람이 믿지 않으려고 하면 화자는 맹세로 이를 강조하는 것이다. 후자의 상황은 물론 전자의 결과이다. 완악한 사람들이 진실을 말하지 않기에 말이(하나님의 말까지 포함해서) 더 이상 자동적으로 믿음으로 연결되지 않는다. 하지만 예수는 그의 청중들에게 모든 것이 진실한 하나님의 나라의 상속자로서 말하도록 도전하신다.

목회

우리 자신의 개인적인 경험 때문에 예수의 가르침에 반대하거나 아니면 적어도 동의하지 않는 부분이 있다면 어떻게 해야 할까? 산상수훈의 오늘 말씀은 그런 경우에 대한 이야기를 하고 있다.

예수는 우리가 형제나 자매와 갈등을 겪는다면 제단에 제물을 가져오기 전에 가서 그와 관계를 회복하거나 화해해야 한다고 분명히 말씀하신다. 이것은 성찬을 받기 위해 거룩한 식탁에 모이기 전에 오래된 원한을 해결하고 상처를 치유해야 한다는 것을 의미한다. 물론 이것은 우리 각자가 깨끗한 양심과 가벼운 마음으로 주님 앞에 무릎을 꿇기 위한 이상적인 행동이다. 그러나 우리는 이상적인 것이 즉시 가능하지 않은 순간이 있다는 것도 알고 있다. 화해와 용서의 과정은 종종 시간이 걸리고, 양쪽 모두에게 적지 않은 인내심이 요구된다. 만약 사람들이 아직 관계가 개선되지 않고 풀리지 않은 채 있어서 "우리 자신, 즉 우리 영혼과 우리 육신"이라는 제물을 바치기를 거부한다면, 관련이 있는 모든 사람들에게 어색한 상황이 될 것이다. 우리는 아마도 "소용없다"는 느낌을 가진 채 제단으로 나아갈 것이고, 그래서 누군가 용서를 중재해야만 한다. 용서는 화해를 향한 첫걸음이다. 용서하는 것은 용서받았다는 것을 아는 것이며 용서받았기 때문에 우리와 갈등을 겪고 있는 사람들을 용서하는 것이다.

대부분의 교인들에게 마음과 영혼에 가장 가까이 있는 것은 예배의 경험이라고 한다. 예배는 고백과 용서, 이웃과의 재회, 세상을 변화시키는 삶의 갱신을 경험하는 곳이다. 참된 신자를 긁어보면 예배만큼 교리를 사랑하는 사람을 찾지는 못할 것이다. 교리는 나중에 형성되어서 종종 믿음의 경험에 형태와 의미를 부여한다. 그렇다면 우리는 예배가 사람들의 삶에 가져올 수 있는 능력, 특히 서로 화해하게 하는 능력을 잘 사용해야 한다. 여기 공동체 전체를 위한 목회적 함축이 있다.

교회에 대한 이러한 통찰을 회복한 사람은 성공회 주교 존 로빈슨(John A. T. Robinson)이었다. 그는 다소(혹은 케임브리지 학자가 그렇게 될 수 있을 만큼) 급진적이라는 평판을 얻었다. 그는 성만찬을 "평범한 것을 거룩하게 만드는 것"이라고 단순하게 정의했다.[*] 다시 말해서 우리가 우리 삶의 전체, 즉 우리의 어둠과 빛을 하나님께 드리면, 그것이 축복을 받고, 우리 삶은 거룩해지고, 살아 계신 그리스도의 임재로 우리에게 돌아온다. 우리는 이것을 빵과 포도주로 상징한다. 따라서 화해를 가능하게 하는 것은 결국 우리 안에서, 우리를 통해서 일하시는 그리스도시다. 우리가 전에 성취할 수 없었던 것이 이제는 가능하게 되었다. 우리는 이 모든 것을 우리 자신이 할 필요가 없다. 이런 이해는 우리 각자 또는 우리를 위해서 부모와 조부모가 세례 서약에 "나는 하나님의 도움으로 그렇게 하겠다"고 대답할 때 시작된다. 그리스도의 임재 없이 우리 스스로 모든 것을 성취할 수 있다고 생각하는 것은 우리가 감당할 수 없는 짐을 지는 것이다.

옥스퍼드 운동(Oxford Movement)으로 알려진 영국의 위대한 역사적 기간 동안 교회의 예배 생활에 대한 새로운 관심이 있었다. 지도적인 위치에 있는 사람들, 특히 성직자들은 예배에서 세상을 향한 그리스도의 선교를 수행할 수 있는 촉매제를 보았다. 이들 성직자들은 예배에서 화려함을 추구하는 대신 가난한 사람들을 위한 수프와 식료품을 가지고 있었다. 예배와 굶주리는 세상 사이에는 깊은 연관이 있었다. 우리는 여기서 무언가를 배워야만 한다. 앞으로 해야 할 일을 준비하고 싶다면, 예배로부터 시작하면 된다. 우리는 제단에 있는 빵이 세상의 기아를 충족시키는 데 필요한 빵과 깊은 연관이 있다고 말할 수 있다. 옥스퍼드 그룹 가운데 한 회원은 성만찬이 인생에서 유일하게 참된 민주적인 순간이라고 말했다. 우리가 제단에 모여서 우리 자신을 완전히 바치고, 그 대신 우리가 단지 생존하기 위해서가 아니라 살아가는 데 필요한 모든 것을 돌려받기 원할 때, 우리는 놀랍도록 다른 본질적인 것을 경험하게 된다. 그것은 사이가 멀어진 사람들을 포함하여 관계가 있는 사람들과 아직 관계가 없는 사람들 사이에서 신분과 의견의 차이가 사라지는 궁극적인 평준화다.

우리가 예수께서 말씀하신 이상에 도달하기 위해 노력하지만 그 수준에 미치지 못할 때, 제단에 와서 제물을 바치는 것은 새롭게 시작하는 데 있어서 나쁘지

---

[*] John A. T. Robinson, *Liturgy Coming to Life* (London: SCM, 1964), xii.

않다. 예수는 온갖 부류의 사람들을 식탁을 초대하여 하나 되는 경험을 하게 하셨다. 그것은 또한 식탁에 있는 사람들이 서로 신실하고 조화롭게 살아가는 삶을 위해 노력하도록 격려하는 역할을 했다.

가톨릭 노동운동의 창시자 도로시 데이(Dorothy Day)는 특히 힘들고 스트레스가 많은 시기에 동료 노동자들에게 말하곤 했다. "우리 각자가 우리 모두 하나님의 형상대로 창조되었다는 것을 기억할 수 있다면 당연히 더 많이 사랑하기 원하게 될 것이다."* 거룩한 제단 앞에서 어깨를 맞대고 서서, 손을 잡고, 우리는 다시 한번 기억한다. 하나님의 나라에는 소외된 사람이 없다. 모든 은사가 허용되고, 모든 제물을 받으신다.

그러면 고달픈 목회 사역이 시작되지만, 불가능해 보였던 일이 이제는 가능해진다. 그때 우리는 예수의 말씀을 새롭게 듣게 될 것이다. "이제 가서 화해하여라."

---

* Paul Elie, *The Life You Save May Be Your Own* (New York: Farrar, Straus & Giroux, 2003), 275.

설교

그리스도인들은 때때로 성서정과에 등장하는 이 본문들이 구약의 율법주의와 예수의 새롭고도 고결한 의를 비교하고 있다는 가정하에 (구약 율법에 대한) 반대 명제로 이해한다. 이러한 태도는 반유대교와 반유대주의를 부추기는 것이다. 설교자는 교인들이 중요한 신학적 오류를 범하지 않도록 인도해야 한다.

마태는 산상수훈이 구약을 대체하는 것이 아니라 오히려 신학적 연속성을 갖는 것으로 여긴다. 마태가 유대교 이야기에서 새롭게 보는 내용은 예수가 하나님의 종말적 예언자라는 것이고 그의 사역은 현시대의 마지막과 하나님의 나라가 시작될 임박한 종말을 알려주는 것이다. 예수의 사역은 그 나라를 기대하고 있고 또 부분적으로 실현한다.

오늘의 성서정과는 이런 종말론적 시각으로부터 몇 가지 유대교적 가르침을 설명하고 있다. 마태는 이런 가르침들을 버리는 것이 아니고 대신 이런 계명이 지닌 깊은 의도가 그 나라에서 어떻게 구현될 것인가를 보여준다. 그래서 이 본문은 그 나라가 온전히 실현된 것처럼 교인들이 살도록 초대하고 있다.

본문은 맨 앞에 4가지 주제를 놓고 있다: 화해(21-26), 간음(27-30), 이혼(31-32) 그리고 맹세(33-37). 설교자는 이 본문 전체를 다룰 것인지 아니면 이 중 몇 가지에 초점을 맞출 것인가를 결정해야 한다.

이 4가지 주제는 하나의 공통적인 주제와 서로 연관되어 있는데, 그것은 그 나라의 관점에서 보았을 때 깨어진 관계이다. 설교자는 깨어진 관계가 무엇이 잘못인가에 대해 질문을 제기할 수 있다. 하나님께서는 사람들이 상호 도움 가운데 살기를 바라신다. 내적 갈등은 그런 도움을 거부한다. 마태는 그 나라가 불완전하게 존재하더라도 그것으로 인해 사람들이 이 "깨어짐"을 극복하고 그 나라의 서로 돕는 삶을 지향하면서 살 수 있다고 하는데 설교는 이 점을 짚어줄 수 있다.

설교자는 교인들에게 개인 및 공동체 생활에서 깨어진 것들을 분별하도록 도와줄 수 있다. 이 깨어짐을 넘어서 서로 도우며 사는 것을 향하여 나아가는 것이 그 나라에서는 어떻게 가능한가? 설교자는 4개의 주제에 관해 고대 세계의 사례를 통해 한꺼번에 다루고, 그런 다음 오늘날 세계 속에서의 사례들을 생각해 볼 수 있다. 잘못된 관계는 어디에 있는가? 그 나라에서는 이 관계들이 서로 돕는 것으로 되는 것이 어떻게 가능한가?

설교자는 또한 이 주제 가운데 어느 하나에 집중해서 설교를 전개해 나갈 수 있다. 이 경우에 설교자는 어느 주제가 현재 상황에 가장 적절하게 관련이 있는지를 결정해야 한다.

마태복음 5:21-26은 최신 뉴스처럼 마주하게 되는 주제인 분노를 다루고 있다. 이 구절을 보면 두 가지 추정이 가능하다. 하나는 분노는 살인과 유사한 방식으로 관계를 파괴한다는 점이다. 둘째로 관계에 있어서 원인 제공자가 누구든지 간에 불편함을 인식한 사람이 화해를 시도할 책임이 있다는 것이다. 설교자는 교인들에게 분노로 인해 공동체 안에서 하나님의 계획을 잘못되게 하는 개인적, 공동체적 상황에는 무엇이 있는지 말해보도록 하고 화해를 권면할 수 있다. 마태는 화해를 이루기 위한 구체적 방안을 보여주지는 않는다. 설교자는 화해를 위해 아마추어적인 심리학에 의존하는 것을 피하면서 교인들이 화해를 이루는 실제적인 단계를 계획하는 데 도움이 되는 자료들을 제시할 수도 있다.

마태복음 5:21-26을 가지고 할 수 있는 또 다른 설교는 다른 사람을 존중하며 대하는 일이 소중하다는 것에 중점을 두는 설교이다. 우리는 다른 사람을 모욕하거나 바보라고 불러서는 안 된다. 우리가 이런 태도를 지니게 될 때 그 나라에 들어갈 가능성은 낮아지게 된다.

마태복음 5:27-30과 관련하여 설교자는 교인들이 고대 사회에서 간음의 의미를 이해하도록 도와주어야 한다. 간음은 결혼을 통하여 그 나라에서 서로 도우며 사는 것을 배우기를 기대했던 하나님의 계획을 파괴한다. 마태는 다른 사람을 음탕하게 바라보는 일은 마음으로 간음을 하는 일이고 그것은 결혼이라는 상호성을 파괴한다고 설명한다. 물론 설교자는 경직된 해석은 피해야 한다. 심리학적 관점에서 마음속에 불쑥 떠오르는 생각은 통제하는 것이 불가능하다. 하지만 깊이 어떤 주제를 생각하는 것은 통제가 가능하다.

교인들은 대부분의 학자들이 29-30절을 과장된 것으로 여긴다는 사실에 안심해야 할 것이다. 그렇지만 이러한 가르침은 공동체를 파괴할 수 있는 충동을 억제하는 일이 중요함을 강조하고 있는 것이다.

마태복음 5:31-32은 목회 활동에서 또 다른 어려움을 설교자에게 던져주는데 그 이유는 오늘날 결혼의 절반 정도가 이혼으로 끝나기 때문이다. 설교는 고대 유대 사회에서 이혼의 의미와 결과를 말해주고 "음행한 경우를 제외하고"라는 구절을 설명해 주어야 한다. 나아가 설교자는 이 본문이 그 나라에서 사람들의 새로운 삶을 부정하는 율법주의로 흐르는 것을 피해야 한다. 이 본문에서 결혼 관계는 그 나라의 현존에 의해 형성될 수 있다고 전제한다. 내가 보기에 일부 결혼 사례는 이러한 그 나라의 역동성을 역행하고 있어서 이런 경우에 부부가 다른 관계로 살도록 해줌으로써 그 나라의 목적이 더 잘 이루어질 것이다.

설교자는 교인들이 마태의 이 언급을 보다 초기 형태인 마가복음 10:10-12과 비교하도록 도와주면 좋은데 거기서 마가는 단순하게 이혼을 금지하고 있다. 마태는 여기에 음행을 예외로 하는 구절을 추가했다. 마태가 이것을 추가한 이유는 아마도 공동체가 (이혼을) 절대적으로 금지하는 것이 오히려 그 나라의 삶과 역행한다고 생각한 것 같다. 설교자는 오늘날 마태의 관점을 폭넓게 생각하면서 보다 목회적으로 접근할 수 있다.

마태복음 5:33-37을 읽으면서 설교자는 고대 사회의 관점에서 맹세라는 개념을 설명해 줄 필요가 있다. 이 주제는 자연스럽게 사적, 공적 영역 모두에서 진실함의 중요성을 생각하도록 인도할 수 있다. 그 나라를 구현하려는 사람들은 진실하게 말할 것이다.

오늘의 본문은 신학적인 긴장감을 불러일으킨다. 본문의 목적은 서로 돕는 관계를 증진시키는 것이다. 그런데 마태는 그 나라를 향한 삶에 실패하는 사람들은 저주를 받을 것이고, 심지어 지옥, 곧 잘못된 관계의 자리로 떨어지게 될 것이라고 말한다. 비록 설교자가 종말적 심판이나 불타는 지옥을 믿지 않더라도, 갈등이 심해지는 것이 깨어진 관계를 회복하는 데 실패했기 때문이라는 것을 볼 수 있어야 한다. 설교자는 보편적인 사랑과 도움을 주고받는 그 나라를 추구하는 하나님과 사람들을 지옥에 두는 하나님이라는 이 두 가지 개념 안에 내재한 긴장을 비판적, 신학적으로 성찰하도록 돕는 설교를 할 수도 있다. 그러한 설교는 지옥이라는 개념이 신학적으로 적절한 것인가를 보다 폭넓게 생각하게 할 것이다.

산상변모 주일

마태복음 17:1-9

> ¹엿새 후에 예수께서 베드로와 야고보와 그 형제 요한을 데리시고 따로 높은 산에 올라가셨더니 ²그들 앞에서 변형되사 그 얼굴이 해 같이 빛나며 옷이 빛과 같이 희어졌더라 ³그때에 모세와 엘리야가 예수와 더불어 말하는 것이 그들에게 보이거늘 ⁴베드로가 예수께 여쭈어 이르되 주여 우리가 여기 있는 것이 좋사오니 만일 주께서 원하시면 내가 여기서 초막 셋을 짓되 하나는 주님을 위하여, 하나는 모세를 위하여, 하나는 엘리야를 위하여 하리이다 ⁵말할 때에 홀연히 빛난 구름이 그들을 덮으며 구름 속에서 소리가 나서 이르시되 이는 내 사랑하는 아들이요 내 기뻐하는 자니 너희는 그의 말을 들으라 하시는지라 ⁶제자들이 듣고 엎드려 심히 두려워하니 ⁷예수께서 나아와 그들에게 손을 대시며 이르시되 일어나라 두려워하지 말라 하시니 ⁸제자들이 눈을 들고 보매 오직 예수 외에는 아무도 보이지 아니하더라 ⁹그들이 산에서 내려올 때에 예수께서 명하여 이르시되 인자가 죽은 자 가운데서 살아나기 전에는 본 것을 아무에게도 이르지 말라 하시니

신학

예수의 변모(metamorphosis)에 관한 말씀은 서구 근대주의적 사고의 막강한 영향을 받은 현대인들에게는 이상하게 들린다. 근대주의는 "사실"이라는 위대한 신을 전적으로 신뢰하고, 저세상이나 초월적인 것에 관한 것은 의심의 눈초리로 본다. 성서가 말하는 것은 이것저것 따지지 말고 무조건 믿어야 한다고 주장하는 사람들을 제외하고는 보통 사람들은 "과학에 근거한 문화"에 익숙해 있으므로 성서도 상식이나 "경험적으로 증명할 수 있는 진리"와 모순되면 안 된다는 생각을 하게 된다. 우리가 인정하고 싶지 않지만, 신비의 영역에 대해 열린 태도를 갖고 있다고 생각하는 사람들도 오늘과 같은 본문을 만나면 불안함을 느낀다.

물론 어떤 측면에서 변모의 경험은 지각이 있는 모든 사람이 전적으로 이해할 수 없는 것은 아니다. 우리 대부분은 우리가 꽤 잘 알고 있다고 생각하는 사람에 관해 어떤 평범한 행동, 사건 혹은 대화를 통해 갑자기 새로운 측면을 발견하게 되어 깜짝 놀랐던 경험을 한 적이 있다. 때로 이미 돌아가신 분—부모나 조부모, 친구나 스승 등—의 삶에 대해 회상하다가 자신이 그 사람의 진정한 성품을 얼마나 잘못 파악하고 있었는지, 그 사람이 나의 삶에서 얼마나 소중한 존재였는지를 뒤늦게 깨닫고 놀라는 적도 있다.

예수의 변모에 관한 이야기 속에서 우리는 이와 비슷한 인간의 공통된 경험의 흔적을 볼 수 있다. 초대 그리스도인들은 그들의 믿음의 핵심적 대상이 되는 분의 본성과 사명에 관한 중대한 질문에 대한 답을 당황스럽지만 매력적인 회상을 담고 있는 오늘 본문에서 찾아보려고 하는 것이다. 그들은 과거 그들을 당황하게 했던 대화, 만남, 사건들을 기억한다. 그러나 지금은 그 이후에 일어난 모든 사건들을 통하여 이 모든 것을 믿음의 눈으로 파악한다. 기억 속의 평범한 사건들이 특별한 의미를 갖게 된다. 주님의 현현의 경험(epiphanies)은 현현 사건의 순간으로 제한되는 경우가 거의 없다. 눈을 뜨게 하는 특별한 경험은 그 의미를 반추하기 위해 시간이 필요하다.

모든 인간이 공감할 수 있는 경험과 연관 지어 본문을 이해하려고 할 때 본문이 주는 생소함이 조금 완화될 수 있을지 모른다. 물론 그런 접근이 본문을 이해하는 데 도움이 될 수도 있지만, 우리가 잊지 말아야 할 것은 오늘 본문에 나오는 경험은 평범한 경험이 아니라는 것이다. 예수의 생애에 관한 성서의 다른 많은 증언에서와 마찬가지로 여기서 우리는 신약성서가 던지는 아주 중요한 질문, 즉 "오늘 우리에게 예수는 누구인가"라는 질문에 직면하게 된다. 이 질문은 디트리히 본회퍼가 던졌던 질문이고, 예수가 제자들에게 던졌던 질문이기도 하다 (마 16:15 "너희는 나를 누구라 하느냐?").

"역사의 예수"에 집착하는 사람들과 "신앙의 그리스도"에 집착하는 사람들 사이의 오래되고 신랄한 논쟁에서 나는 항상 어느 한쪽의 입장을 배타적으로 수용할 수 없었다. 나에게는 항상 역사적 예수와 신앙의 예수 그리스도는 서로 밀접하게 연관될 수밖에 없었다. 예수의 변모에 관한 말씀은 정확하게 바로 그 점을 우리가 받아들이게 한다.

예수가 갑자기 유령과 같은 존재로 바뀌고, 눈부시게 빛나고, 죽은 성인들과 대화하는 것을 목격했으니 이제 제자들은 예수를—어부, 세리, 창녀들이 예수를 알고 있었던 방식이 아니고— 초역사적인 인물로 믿게 되었다는 것이 변모의 의미라고 생각하면 잘못이다. 오히려 변모 이야기가 말하고자 하는 것은 교육받지 못하고 하층민에 속한 사람들이 정확히 왜 그랬는지도 모른 채 모든 것을 버리고 예수를 따랐는데, 그들이 예수에게서 발산되는, 말로 표현할 수 없는 영원한 진리에 이끌렸었다는 것을 나중에 깨닫게 되었다는 것이다. 그들 중 어떤 사람은 예수가 떠난 지 오래된 후에 예수의 광채가 눈에 생생하게 보일 정도로 가장 찬란했던 특정한 순간을 회상한다.

우리는 그 사건이 구체적으로 어떤 것이었는지 알 수 없고 그 사건이—사실적 사건으로서— 실제로 일어났는지도 알 수 없다. 우리는 이 사건에 관한 진술을 "사실"로 전부 환원할 필요는 없다. 이 이야기가 주는 의미의 핵심은 눈에 쉽게 띄는 "특수 효과"가 아니고, 이 사건이 초대 교회가 예수에 대해 믿고 있었던 신앙의 토대에 관한 확인이라는 데서 찾아야 한다. 즉, 예수는 예언자나 위대한 선생과 같은 또 하나의 걸출한 위인이 아니고, 생명의 근원이며 심판자인 하나님의 완전한 표상이라는 신앙이 주제이다. 변화산상의 한 제자가 투박하게 "주는 그리스 도시요 살아계신 하나님의 아들이십니다"(마 16:16)라고 고백한 그 신앙이다.

교회가 언어나 이미지나 행동 등의 어떤 형태로도 그런 "믿음의 도약"을 경험하 지 못한다면, 이 세상에서 실제적 사명을 감당하는 데 필요한 확신이 부족한 것이다. "역사적 예수"에 아무리 많은 훌륭한 속성을 부여한다고 해도 "왜 예수? 소크라테스나 간디나 부처는 왜 안 되고?"라는 회의론을 종식할 수 없다.

고등 기독론을 자랑스럽게 생각하는 보수주의자들은 다음을 기억해야 한다: 그렇게 고상한 고백을 했던 베드로가 바로 다음 순간에 자신의 제안을 예수께 말씀드리자 예수는 매우 엄하게 그를 꾸짖었다: "사탄아, 뒤로 물러가라!"(마 16:22-23) 세 제자는 자신들이 예수의 변모를 볼 수 있도록 특별히 선택되었다고 자랑스럽게 생각하였고, 그 일을 기념하기 위해 베드로가 그곳에 초막을 짓자고 제안했지만, 그들은 예수의 길은 그들의 길과 다르다는 것을 깨달아야 했다. "너희는 그의 말을 들어라"(17:5), 즉 참된 제자도는 십자가를 지는 것이지 교회 건물을 짓는 것이 아니라고 이미 확실하게 밝힌 그분의 말을 제자들은 들어야 했다.

오늘날 교회가 "예수가 진정 그리스도이다"라는 것을 말과 행동으로 고백해야 하지만, 동시에 그 고백을 승리주의적 종교(triumphalist religion)의 근거로 사용하는 것을 경계해야 한다. "신앙의 그리스도"는 항상 "역사의 예수"로 연결된다. 예수는 "하나님 우편에 앉아 계시기" 이전에 "십자가에 못 박혀 죽으시고, 장사되고", "음부로 내려가셨다"는 것을 기억해야 한다.

주석

산상변모 이야기는 마태복음에서 예수가 하나님의 아들이라는 주제의 강조가 계속되는 것이다. 예수는 메시아요, 다윗의 자손이고 아브라함의 자손이며(1:1),* 둘 모두에게 주신 하나님의 약속의 상속자요(창 12:1-3; 삼하 7:8-16; 신 18:15 등), 성령으로 잉태되신 분이며(1:18), 그의 탄생이 천사도 움직이게 하고(1:20), 동방박사들도 움직이게 하신(2:1, 16) 분이다. 그는 하나님의 독생자이며, 예언자들이 그의 탄생을 예언했고(2:15, 3:1-12, 5:17), 하늘에서 소리가 들린 분이며(3:17), 하나님의 권위를 가지고 가르치신 분이고(7:21-29), 그의 회복의 권세가 다른 모든 권세를 이긴 분이시고, 제자들이 하나님의 아들임을 깨닫고(14:33), 고백하신 분이다(16:16). 마태복음 이곳에서 십자가와 하나님의 아들이심의 의미가 뚜렷하게 대조되며(16:21-24), 산상변모는 영광의 하나님의 아들 메시아라는 예수의 정체성을 확증한다. 함께 있던 제자들에게도 그것은 십자가를 넘어 예수의 신실한 자로서의 삶이 기다리는 새로운 삶의 표지이고, 예수의 제자로서의 새로운 삶의 표지이기도 하다.

영광의 짧은 경험(1-5)

마태에 따르면 산상변모 사건은 베드로가 가이사랴 빌립보에서 하나님의 아들이라고 고백한 후 6일 지난 다음에 일어났다. 베드로는 "선생님은 살아계신 하나님의 아들 그리스도십니다"(16:16)라고 고백했으며, 예수는 제자들에게 하나님의 메시아와 그를 따르는 자들 앞에 놓여있는 고난의 종의 길을 보여준다. 예수는 그의 가까운 세 제자—베드로 야고보 요한—를 데리고 다볼산 또는 헬몬산이라고 생각되는 높은 산에 올라 메시아의 정체성과 목적지를 보여준다.

---

* 예수의 이중 자손됨의 중요성과 마1:1-17의 특이한 족보에 대해 Robert A. Bryant, *The Gospel of Matthew: God with Us* (Pittsburgh: Kerygma, 2006), 16-19 참조. 상세한 마태의 기독론에 대해 Jack Dean Kingsbury, *Matthew: Structure, Christology, Kingdom* (Minneapolis: Fortress, 1975) 참조.

이 구절은 모세가 시내산에서 변모한 것이나(출 24:16-17, 34:29) 이스라엘 백성들에게 광야에서 하나님의 영광이 구름 가운데서 나타나고 율법을 내려주는 것(출 16:10, 19:9, 24:15-16)과 비슷하다. 마태는 예수가 위대한 예언자요, 모세가 말했던 이스라엘의 선생(신 18:15; 마 5-7장, 17:5, 28:18)임을 확실히 믿었다. 엘리야 또한 산에서 하나님을 만났고(왕상 19:9-18), 메시아의 예고자였다(말 4:5). 말라기 예언 마지막과 같이(말 4:4-5) 마태가 모세와 엘리야, 율법과 예언자를 짝을 지은 것은 초대 교회에서 주님의 날과 신실한 자의 시대(살전 5:1-11)의 묵시적 희망을 강조한 것이다.

예수의 모습이 변한 것은 예수가 하나님의 아들이심을 보여준다. 마태에 따르면 예수의 얼굴만이 아니라 몸 전체가 해와 같이 빛나고, 옷은 빛과 같이 희게 되었다(막 9:3; 출 34:35). 그의 모습이 빛남은 그가 의롭고, 하늘나라에 가까움을(13:43) 반영한다. 더구나 세례에서 하늘로부터의 음성(3:17)은 예수의 정체성과 의로우심을 확증하는데, 여기에서는 그의 말에 복종할 것을 부가했다(17:5; 7:21-25, 28:19-20). 다름 아닌 바로 예수의 정체성과 이스라엘의 부활 영광의 묵시적 희망이 이 순간에 나타나는데, 부활에서는 의로운 자가 해와 같이 빛날 것이기 때문이다(단 12:3; 2에스드라 7:97; 1에녹 104:2-3; 고후 3:16-18; 계 1:16). 산 위에서 제자들이 본 광경은 예수의 정체성의 확인이고, 하늘나라에서의 삶을 특징짓는 영광스러운 삶의 시사이다.

예수에게 집중하기(6-8)

예수의 달라진 모습이 제자들을 달아나게 하지는 않았다(17:4; 출 34:30 참조). 도리어 베드로는 초막 짓는 것을 제안했는데 아마도 오랫동안 만날 것으로 예상했거나 추수와 이스라엘이 이집트로부터 구원받은 것을 축하하는 초막절(레 23:33-43)에 대한 적절한 준비로 한 것이다. 아무튼 그 음성은 제자들이 얼굴을 땅에 대고 엎드리게 했는데(17:6), 구약에서 주님의 면전에서 언제나 행하는 모습이다(사 6:5; 겔 2:1; 단 8:17-18, 10:7-9). 예수의 가르침 또한 고난과 죽음에 대한 경고로 가득 차 있었는데(16:24-28), 그러기에 그들이 두려워하지 않을 수 없었다

(17:6-7). 예수는 정신이 나가 두려워하는 제자들에게 오셔서 부활 후에 그러했듯이 (28:18) 그들을 만지셨다. 나병환자(8:3, 15)와 죽은 자(9:25)를 만지듯이 제자들에게 손을 대시고 "일어나거라. 두려워하지 말아라"고 말씀하신다. 그들이 눈을 들어서 보니 예수밖에는 아무도 없었다(17:8).

부활을 기다리며(9)

표적은 가끔 무슨 뜻인가 알기 어려운데 특히 충분히 이해하지 못할 때 그렇다(막 9:10). 마태가 제시하듯 비록 제자들이 변모의 의미를 잘 파악했다 하더라도 어떤 사람이 하나님의 아들, 인자의 고난과 죽음(신 21:22-23 참조)을 맞을 준비를 할 수 있겠는가? 그래서 예수는 제자들에게 인자가 죽은 사람들 가운데서 살아나서 하나님의 심판과 변모의 의미가 명확해질 때까지는 "그 광경을 아무에게도 말하지 말아라"(17:9)고 명령했다. 그때 제자들도 부활한 그리스도를 통해 도래할 그들 자신의 영광스러운 부활을 기대하며 변모의 경험을 적용할 수 있을 것이다. 더구나 이러한 광경은 제자들이 세례요한의 중요성(17:10-13)을 해석할 수 있도록 도움을 준다. 결론적으로 마태와 그의 공동체에게 변모는 예수가 하나님의 아들이심을 확증시켜 주었고, 예수와 함께 두려움 없이 영광스러운 부활의 삶을 사는 제자들로 살아가는 희망의 신호를 주었다.

이 세상의 기쁨이나 슬픔에 대비하는 현명한 방법은 고대의 스토아 철학의 길을 택하는 것이다. 감정에서 벗어나라. 모든 사람과 모든 것을 멀리하라. 당신의 영혼에 요새를 세우라. 놀라움이나 마음의 고통의 위험을 감수하지 말라.

사순절이 시작되면서 십자가의 불가피성은 회중들과 설교자들의 마음을 무겁게 한다. 매주 예배에 출석하지만 "십자가에 못 박으시오, 십자가에 못 박으시오"라는 찬양을 거부해서 종려 주일에는 출석하지 않는 75세 된 한 여인이 마음에 걸린다. 십자가는 너무 끔찍하고 너무 어려워 보여서 사순절 기간 동안 기적을 가르칠 방법이 있는지 묻는 교회 학교 선생이 마음에 걸린다.

우리 주님의 운명을 바꾸기 위해 우리가 할 수 있는 일은 없다. 우리는 그 이야기를 너무 잘 알고 있고 또한 고통받는 친구, 아픈 아이, 무너져버린 경력, 회복될 수준을 넘어선 것으로 보이는 관계처럼 우리 자신의 평범한 삶에서 경험하는 상실을 견디면서 그 이야기를 기억한다. 우리 앞에 있는 질문은 이런 것이다. 우리는 스토아주의의 지배를 받을 것인가 아니면 생명이 어떻게든 구원 받을 때 눈물 흘리고 고통스러워하며, 축하하고 놀랄 것을 감수할 것인가?

베드로, 야고보, 요한은 예루살렘에 관한 소식과 예수의 죽음이 임박했다는 이야기를 들은 후 예수와 함께 산으로 올라간다. 그들은 단지 인간적으로 앞으로 얼마 지나지 않아 모든 것이 끝난다고 생각했다. 그들은 대안을 찾고, 다른 의견을 필사적으로 찾으며, 시간을 멈출 수 있는 방법을 찾기 시작한다. 그들은 세상에서 멀리 떨어진 안전한 성소를 건설하고, 그때가 되었을 때 예수와 그들 자신을 다가올 고난에서 구해내고 싶어 한다. 그들은 할 수 없고, 우리도 그렇다.

우리는 병실에서 그 순간을 엿볼 수 있다. 우리는 방금 일생에서 가장 나쁜 소식을 들은 두 사람과 함께 있다. 우리는 환자인 친구가 건강한 친구에게 손을 뻗어서 모든 것이 잘 될 것이라고 확신시키려는 것을 보고 있다. 우리는 또 저녁 뉴스가 혼란만을 전할 때 세상이 잊고 싶어 하는 사람들을 돌봄으로 깨어진 세상을 치유하는 사람의 은혜로운 행동에 대한 이야기를 본다. 이것은 사람들이 고난이 있는 곳에 거룩한 땅(Holy Ground)이 있다는 것을 이해하기 시작하는 순간이다.* 이것은 우리 삶의 약속과 가능성에 하나님이 계시는 것처럼 고난과 희생 가운데 하나님이 계신다는 것을 깨닫는 순간이다.

이 변모의 순간이 바로 그런 순간이다. 한편으로 변모는 예수의 신성을 확증하고, 다른 한편으로는 제자들에게 죽음, 상실, 두려움과 부활, 초대 교회의 사역과 같은 혼돈 가운데서 하나님의 빛을 보는 눈을 주기 시작한다. 제자들을 향한 도전은 예수의 육체적인 현존이 없는 세상에서 사는 것이다. 변모는 이 도전을 예상하면서 "예수 그리스도의 얼굴에 나타난 하나님의 영광을 아는 지식의 빛"(고후 4:6)에 살도록 우리를 초대한다. 그 빛이 우리 마음에 비칠 때 성육신하신 하나님은 매일의 현실이 된다.

C. S. 루이스(C. S. Lewis)는 『은 의자』(Silver Chair)라는 소설의 마지막을 아슬란의 말로 맺는다. "산에서 나는 당신에게 분명하게 말했다. 나는 나니아로 내려가서는 그렇게 하지 않을 것이다. 여기 산 위는 공기가 맑고 당신의 마음이 맑다. 당신이 나니아에 들어가면, 공기가 탁해질 것이다. 마음이 혼란해지지 않도록 아주 조심해야 한다. 그리고 여기에서 배운 징표는 당신이 기대했던 것처럼 보이지 않을 것이다. 그래서 그것을 마음으로 알아야지 겉모습에 신경 쓰지 않는 것이 중요하다. 징표들을 기억하고 그 징표들을 믿으라. 그 밖의 것은 중요하지 않다."**

하나님께서는 우리 삶에서 초월적 만남을 통해 산 아래 세상, 즉 우리를 무너뜨릴 능력이 있지만, 하나님의 구속을 넘어서서 있는 것은 아닌 십자가의 세상을 견디도록 준비시킨다. 이러한 만남들은 어떤 사람들에게는 눈부신 빛으로 산꼭대기에서 발생한다. 대부분의 사람들의 경우에는 교실, 회의실, 주방같이 우리가 거룩하신 분을 만날 수 있도록 만든 장소 어디에서나 평범한 순간에 일어난다.

더욱 미묘하게 변모는 제자들이 자신을 고통에서 구하기 위해 할 수 있는 일은 없지만, 가장 어두운 순간에 희망을 주는 하나님의 빛으로부터 자신을 가릴

---

* Robert Runcie, "Zeebrugge Ferry Disaster Sermon," *Tongues of Angels, Tongues of Men* (New York: Doubleday, 1998), 740.
** C. S. Lewis, *The Silver Chair* (New York: Harper Collins, 1981), 25-26.

수도 없다는 역설을 제시한다. 그 산은 하나님이 신성한 여정을 위해 동행할 사람들의 무리를 준비하고, 산 아래 세상의 부서진 현실로 내려갈 때 붙잡을 무언가를 제공하는 길이었다.

예술가는 자신이 만드는 모든 것이 대상에 의존하기보다 대상과 빛의 관계에 훨씬 더 의존한다는 것을 알고 있다. 조각, 사진, 그림 또는 소묘에서 예술가는 단지 대상이 반사하는 빛이나 아이디어를 묘사한다. 사과의 정물은 평평하고, 단조롭고, 따분할 수도 있지만 감정과 반응, 초월을 불러일으킬 수도 있다. 그런 반응을 일으키는 것은 그 대상이 아니다. 예술가가 그 대상을 빛 속에서 어떻게 표현하며 우리가 그 반사에 어떻게 반응하는가이다.

변모의 순간은 하나님이 세상과 우리 각자에게 기쁨이나 슬픔의 길을 준비하거나 가로막기 위해 우리가 할 수 있는 일은 아무것도 없다고 말씀하시는 바로 그때이다. 우리는 하나님을 기념비로 세울 수 없고, 하나님의 안전을 지켜드릴 수 없다. 우리는 또한 하나님이 우리가 가는 길에 비추시는 빛을 피할 수 없다. 우리는 우리 가운데 계시는 임마누엘 하나님을 피할 수 없다. 하나님은 우리를 가정과 직장에서 찾아내실 것이다. 하나님은 우리의 마음이 찢어질 때, 우리가 기쁨을 발견했을 때 우리를 찾아내실 것이다. 하나님은 우리가 하나님에게서 도망갈 때 그리고 우리가 지옥 같은 곳 한가운데에 앉아 있을 때 우리를 찾아내실 것이다. 그러므로 "일어나거라. 두려워하지 말아라"(7).

설교

산상변모를 설교하면서 제시할 수 있는 도전과 약속은 세 개의 공관복음서가 각각 가지고 있는 전승을 설교하는 방식에서 풍성하게 보여주고 있다. 그 전승의 궤적을 추적하기란 불가능해 보이지만, 그리스도께서 영광을 받으신 이 특별한 이야기는(숨겨져 있거나 또는 드러나 있건 간에) 기록된 복음서보다 거의 분명히 먼저 있었다.

마가는 이 변모를 "메시아 비밀"―아마 더 좋은 표현은 "메시아 신비"―의 일부로 설교하는데, 그 뜻은 부활하신 그리스도의 영광이 역사적 예수의 의미를 명확히 보여준다는 것이다. 비록 베드로가 말을 더듬었다는 것(막 9:6)이 설교적 유머 거리를 주지만, 이 이야기는 제자들의 어리석음을 말하는 것이 아니고 영광스러운 환상에서 나오는 압도적인 장엄함에 관한 것이다.

누가는 그의 복음서 전체를 통하여 기도를 강조하고 있다(눅 5:1, 6:12, 11:1, 18:1, 22:45-46). 누가가 받은 전승으로 설교할 때 그는 예수께서 "기도하러 산에 올라갔을 때 발생한 이야기를 언급하고 있다. 그가 기도하고 있는 중에"(눅 9:28-29) 변모가 일어난다. 후에 겟세마네 동산에서 기도의 반대는 잠자고 있는 것(눅 22:45-46)이고, 변모를 이야기하면서 누가는 "베드로와 그 일행은 잠을 이기지 못해서 졸다가 깨어나서 예수의 영광을 보고"(눅 9:32)라고 설명한다. 누가의 설교에서 영광스러운 변모는 오직 기도하는 법을 알고 있는 사람들에게만 인식될 수 있다.

마태가 변모에 관해 설교할 때 그는 모세를 중요한 해석의 틀로 여기는 청중들을 향하여 말하고 있다. 마태의 설교는 모세를 떠올리게 하고, 변모가 일어난 산은 시내산을 생각나게 한다. 모세가 바로의 영아살해 명령하에서 태어나듯이 예수는 헤롯으로 인해 동일한 위험에 놓인다. 모세가 율법을 시내산에서 받듯이 예수는 "산상설교"(마 5-7장)로 가르친다. 모세는 신명기의 하나님 계명을 해석해주고, 예수는 그 계명을 "너희는… 라고 말한 것을 들었다"(마 5:21, 27, 33, 38, 43, etc.)라며 설명해준다. 변모전승은 모세와 관련된 주제, 곧 세 명의 동행자(아론과 나답과 아비후, 출 24:1, 9), 산(출 24:16), 산을 덮은 구름(출 24:15), 6일(출 24:16) 등으로 더욱 밀접한 연관을 보여주지만, 마태는 변모를 그리스도를 설교하기 위해 모세와 관련한 주제를 강조한다.

마태는 "빛나는 구름"(5)이라는 표현을 더하는데 그것은 성막에 함께했던 구름을 기억나게 하고, 모세가 하나님을 만난 후에 얼굴이 빛났듯이(출 34:29-30) 예수의 얼굴이 어떻게 "해와 같이 빛났는지"(2)를 말하고 있다. 그러나 마태의 설교가 보여주는 천재성은 하나님의 소리를 들은 이스라엘 백성들이 두려움에 떨며(출 20:18) 모세에게 "어른께서 우리에게 말씀하십시오. 우리가 듣겠습니다. 하나님이 직접 우리에게 말씀하시면, 우리는 죽습니다"(출 20:19)라고 외쳤던 대목을 6절을 통하여 생각나게 하는 점이다. 이스라엘의 거룩한 분의 임재와 명령하는 소리로 인해 거기에 있던 사람들은 압도된 채 두려웠지만, 오늘 예수께서는 하나님의 임재와 소리를 듣고 두려워하는 제자들에게 그의 손을 내밀어 만지며 "두려워하지 말아라"(7)라고 말씀하신다.

단순하고 인간적으로 만져주는 손길보다 더 온전하게 우리의 두려움을 없애는 것이 있을까? 칼뱅에게 이것은 하나님의 위대하고 놀라운 일이다. 하늘과 땅 그리고 모든 만물을 만드신 하나님, 그분의 위대하심이 한이 없으셔서 하늘 위의 하늘조차도 담을 수 없는 하나님, 우리는 그분의 것이고 너무 위대하셔서 우리 가운데 오셔서 우리를 만지시고 심지어 우리의 두려움까지도 만지시기를 원하시는 하나님. 마태복음의 예수는 우리와 함께 계신 하나님이다. 마태의 이야기가 시작되는 대목에서 천사가 나타나 "그의 이름을 임마누엘이라 할 것이라 그 뜻은 하나님이 우리와 함께 계시다"(마 1:23)라고 한 약속을 기억하라. 그러므로 제자들의 어깨에 얹은 예수의 손길은 하나님께서 만져주시는 손길이다. 하나님께서는 그렇게 무한하시고 존귀하시며 놀라우셔서 하나님께서 우리에게 바라시는 모든 것이 평범한 인간의 손길을 통해 전달되는 것을 허락하신다.

많은 사람들은 칼뱅을 매우 엄격하다고 생각해왔으나 그가 어떻게 부드럽게 설명하는가를 들어보라:

"하나님에 관한 모든 것을 그리스도와 분리시켜 생각하는 것은 우리가 그분을 느낄 수 없게 바닥이 없는 심연에 빠뜨리는 것이다… 그리스도 안에서 하나님은 스스로를 낮추어 우리의 눈높이에 맞추시기 위해 작아지셨다. 오직 그리스도만이 우리의 마음을 평온케 하셔서 감히 하나님께 가까이 나아가게 한다."*

이것이 바로 하나님께서 세상에 오신 방식이다. 빛나는 신비한 구름이나 하늘로부터 천둥처럼 들리는 소리로 뿐만 아니라 어깨 위에 놓인 사람의 손과 "두려워하지 말아라"라는 말씀으로 하나님은 우리에게 조용히 그리고 부드럽게 오셔서 우리는 가까이 갈 수 있고 또 두려워하지 않을 수 있다. 하나님의 영광은 위대하시고 우리의 용량이 그것을 담지 못해서 우리는 하나님의 영광을 인간의 손이 잡을 수 있을 만큼만 알 수가 있다.

하나님의 영광, 위엄, 능력과 위대하심은 이루 말할 수 없다고 우리는 말한다. 하지만 우리는 또한 하나님의 영광과 위엄과 능력과 위대하심은 우리가 하나님의 사랑과 온유함을 깨달을 수 있도록 이 모든 속성들을 버리시려는 하나님의 뜻을 통해 알 수 있다. 하늘과 땅을 지으신 측량할 수 없는 능력이 우리에게 다가오는 하나의 손길에 모아져 있다.

하나님은 너무 크셔서 교회의 벽에 갇혀 있을 수 없다고 말하는 사람들이 있다. 물론 그들은 옳다. 하나님은 너무 위대하셔서 땅 아래 그리고 하늘 위의 어느 것도 하나님을 가둘 수 없다고 말하는 사람들도 있다. 명백히 우리는 그들의 견해에 동의한다. 분명히 하나님은 그렇게 위대하셔서 한 조각 빵이나 한 잔의 포도주 같은 작은 것들이 결코 담을 수 없다. 충분히 수긍한다. 그러나 서둘러서 한 가지를 더해야만 한다. 하나님은 그렇게 크시고 위대하시고 영광스러운 분이라 자신을 낮추어 우리의 손이 잡을 수 있는 그러한 크기로 한 조각 빵과 한 잔의 포도주로 우리에게 오실 수 있다.

---

* 벧전 1:20에 대한 장 칼뱅의 주석, Ford Lewis Battles, "God Was Accommodating Himself to Human Capacity," *Interpretation* 31, no. 1 (Jan. 1977), 38에서 인용.

사순절

사순절 첫째 주일

마태복음 4:1-11

¹그때에 예수께서 성령에게 이끌리어 마귀에게 시험을 받으러 광야로 가사 ²사십 일을 밤낮으로 금식하신 후에 주리신지라 ³시험하는 자가 예수께 나아와서 이르되 네가 만일 하나님의 아들이어든 명하여 이 돌들로 떡덩이가 되게 하라 ⁴예수께서 대답하여 이르시되 기록되었으되 ㄱ)사람이 떡으로만 살 것이 아니요 하나님의 입 으로부터 나오는 모든 말씀으로 살 것이라 하였느니라 하시니 ⁵이에 마귀가 예수 를 거룩한 성으로 데려다가 성전 꼭대기에 세우고 ⁶이르되 네가 만일 하나님의 아 들이어든 뛰어내리라 기록되었으되 ㄴ)그가 너를 위하여 그의 사자들을 명하시리 니 그들이 손으로 너를 받들어 발이 돌에 부딪치지 않게 하리로다 하였느니라 ⁷예 수께서 이르시되 또 기록되었으되 ㄷ)주 너의 하나님을 시험하지 말라 하였느니라 하시니 ⁸마귀가 또 그를 데리고 지극히 높은 산으로 가서 천하 만국과 그 영광을 보여 ⁹이르되 만일 내게 엎드려 경배하면 이 모든 것을 네게 주리라 ¹⁰이에 예수께 서 말씀하시되 사탄아 물러가라 기록되었으되 ㄹ)주 너의 하나님께 경배하고 다만 그를 섬기라 하였느니라 ¹¹이에 마귀는 예수를 떠나고 천사들이 나아와서 수종드 니라

신학

우리가 오직 예수와 그의 사명의 관점에서만 오늘의 본문을 고려한다면 중요한 점을 놓치게 된다. 왜냐하면 본문은 교회에 대한 중요한 경고를 포함하고 있기 때문이다. 본문은 매우 신랄한 신학적 비평을 포함하고 있다. 예수는 많은 어려움이 있었지만, 시험을 이기셨다. 그러나 교회는 그렇게 한 적이 거의 없었다. 사실 교회는 너무 자주(거의 본능적으로라고 할 정도로) 악마의 제안에 신속하게 굴복했 다. 마치 그 제안이 교회 창시자의 지상명령(마 28:19-20)과 완벽하게 일치라도

하는 것처럼.

세 개의 시험이 있었다기보다는 동일한 기본 주제의 세 가지 변형이 있었다고 보는 편이 더 적절할 것이다. 악마는 한 가지의 생각만 갖고 있다. 태초 때부터 악마는 권력을 차지하라는 유혹을 해왔다("하나님처럼 되어서", 창 4:5). 분명히 그는 자기모순과 자기 파괴를 불러일으키는 데 이보다 더 확실한 경로가 없다는 것을 알고 있었다.

첫 번째 변형: 기적을 시도하라는 유혹

첫 번째 유혹은 자연과 경험의 법칙을 제쳐놓고, 신적인 전능(혹은 기계에서 튀어나온 신, 즉 Deus ex machina)을 공개적으로 과시함으로 새로운 질서를 도입하라는 유혹이다. 돌이 근사하게 빵으로 변하는 그런 질서이다. 즉, 히브리적 신앙의 핵심인 창조에 관한 신뢰("보시기에 좋았더라")를 "십자가 없이 주어지는 왕국의 구속 신학"으로 대체하는 것이다. 이것은 기적을 행하라는 유혹이다. 그러나 예수가 가끔 운명이라는 이름으로 억압받는 사람을 해방하기 위해 신적인 연민을 통해 행했던 그런 기적이 아니라, 이 세상과는 다른 세상을 제시함으로 믿는 자들이 자신이 속해 있는 세상을 포기하거나 멸시와 학대를 하도록 조장하는 그런 기적이다.

교회의 역사에서 그런 시도는 수없이 있었다. 교회가 어리석게 기적을 교회 권위의 근거로 내세우거나 좀 더 미묘하게 "이미"(already)를 강조하고 "아직"(not yet)을 무시할 때, 성금요일이 없는 부활절 설교를 할 때마다 혹은 최후 통첩의 메시지를 인생의 역경에도 불구하고 용기 있는 믿음을 가지라는 설교로 변형할 때마다 그런 시도가 있는 셈이다.

두 번째 변형: 장관(壯觀, Spectacle)의 유혹

1세기 그리스도인들이 살던 세계가 그랬던 것처럼 오늘의 세계는 근사한 장관과 멋진 영웅을 갈망한다. 오늘날 대부분 사람은 눈에 띄지 않고, 수십억 중에 묻혀 사람들의 관심을 받지 않으면서 살고 있지만, 몇몇 영리한 인물들은 이와 같은 고대인의 갈망을 이용하여 성공적인 거대 사업을 일으켰다. 즉, 유명인 숭배다. 오늘의 영웅은 높은 탑에서 뛰어내릴 필요도 없다. 그들은 단지 성적인 욕망을 부추기기만 하면 된다. 모든 미디어가 가장 노골적으로 노출적인 행태에 주목하고 있으므로 평범한 침묵의 다수는 어찌할 수 없다.

교회는 이런 종류의 유혹이 가져다주는 효과에 대해 놀라울 정도로 깊은 탐구를 성공적으로 해왔다. 성인 숭배를 통해서, 초과학적인 치유나 다른 기적을 통해서 혹은 대규모의 예술적 프로젝트의 성공을 통해서―무엇보다도 예수를 최고의 유명인으로 묘사함으로― 그리스도인들은 자신과 자신의 종교의 탁월함을 드러내려고 노력해 왔다.

세 번째 변형: 정치권력에 대한 유혹

여기에서 세 가지 유혹 모두의 진정한 정체가 적나라하게 드러난다. 앞의 두 유혹에서는 조금 위장된 말로 설득을 하려 했다면, 세 번째 유혹에서는 모든 유혹의 핵심이 되는 제어(control)의 문제를 직접 다룬다.

아무리 생각이 없는 사람이라도 이 유혹을 접하고 나서는 수백 년 동안 지속하였던 기독교 왕국(Christendom)이 머릿속에 떠오를 것이다. 용어 자체가 증명했듯이 기독교 왕국은 기독교 종교의―"그리스도의"가 아니고― 궁극적 지배(dom=domination)를 강조했다. 그런데 주의할 점이 하나 있다. 콘스탄티누스 이전의 교회는 그것을 항존하는 유혹으로 인식하였다. 신약성서는 사도들도 그런 유혹에 자주 빠졌다고 경고하고 있다. 그러나 기독교가 로마제국의 종교로 채택되면서 정치적 권력에 가까이 감으로(혹은 정치적 권력에 압력을 가함으로) 권력을 추구하고자 하는 태도는 개신교를 포함하여 서구 기독교의 지배적인 형태가 되었다.

모든 인간은―개인이든, 집단이든, 조직이든― 권력 추구의 욕구가 얼마나 강한지 안다. 그것 이상 인간에게 더 중요한 것이 있을까? 그러므로 교회의 역사도 이와 같은 유혹의 영향을 많이 받았다는 것이 이상한 일은 아니다. 그러나 가장 신실했던 제자 공동체는 하나님의 사랑에 관한 복음과 그 복음을 선포하는 사람들이 누릴 권력을 연결짓는 것은 불가능하다는 증언을 남겼다. 누구라도 사랑의 힘에 대해 말할 수 있다. 그러나 사랑을 해 본 사람만이 사랑이 사랑하는 사람을 절대적으로 취약하게 만든다는 것을 안다: "내가 약할 때에, 오히려 내가 강하기 때문입니다"(고후 12:10).

폴 틸리히는 이렇게 말한다: "우리는 오랫동안 능력의 그리스도를 갈망해 왔다. 그런 분이 와서 우리와 우리의 세계를 변혁하게 된다면, 우리는 우리가 지불할 수 없는 값을 치러야 할 것이다: 우리는 우리의 자유, 우리의 인간성 그리고 우리의 영적 존엄성을 버려야 할 것이다. 우리가 더 행복할 수 있을지 모르겠지만, 우리는 더 열등한 존재가 될 것이다. 더 나은 삶을 사는 방법으로 십자가의 도를 회피하는 방안을 채택하는 사람이나 그리스도를 소망하면서 십자가를 피하려는 사람에게는 하나님과 인간에 관한 신비한 지식이 없다."[*]

이렇게 예수의 생애 초기에 예수를 시험한 자가 예수 최후의 순간에 똑같은 내용으로 유혹했다는 것은 놀랄 일이 아니다. 예수가 멸시와 버림을 받고 골고다 십자가에 달려 있을 때 지나가는 사람이 고개를 흔들면서 조롱하며 외쳤다. "네가 하나님의 아들이거든, 십자가에서 내려와 보아라"(마 27:40, 본문에서 마태는 속이는 자의 동일한 시험을 세 가지 변형된 형태로 제시한 것이다). 속이는 자는 오늘도 그리스도인들과 교회에 계속해서 유혹적 제안을 속삭인다. 불행히도 많은 사람들이 그 제안에 솔깃해한다.

---

[*] Paul Tillich, *The Shaking of the Foundations* (New York: Scribner's, 1953), 148.

주석

광야에서의 예수의 시험에 대한 마태의 설명은 모든 시대의 여러 강단에서 선포된 듣기 좋은 번영과 성공의 복음에 모순되는 것이다. 예수의 정체성과 하나님 아버지와의 특별한 관계가 나타난 예수의 세례(3:13-17) 이후 얼마 되지 않아 성령께서 사랑하는 아들 예수를 광야로 인도하여 엄격하게 시험받게 하신다. 분명히 쉽게 사는 것이 아들 됨의 삶은 아니다. 진정으로 하나님과 가깝게 사는 것은 한 사람의 깊은 열정과 충성을 온통 드러내는 갈등과 투쟁을 포함한다. 예수가 직면한 각기의 시험의 중심되는 것은 단순한 질문이다. 그가 어느 정도까지 하나님을 하나님으로 신뢰하고 진정한 자신이 될 것인가?

광야에서(1-2)

많은 사람들은 광야를 여가와 갱신의 장소로 보지만, 성서에서의 광야는 언제나 투쟁의 장소였다. 놀랍게도 예수는 성령에 이끌려 홀로 광야에 가서서 악마에게 시험받으셨다. 이 의도적 문장은 마가복음이나 누가복음에는 없는데, 마태는 예수의 의도적인 악마와의 대립을 유익하다고 보고 있다. 나중에 예수는 제자들에게 시험받지 않게 기도하라고 가르쳤는데(6:13), 하지만 그것이 하나님께서 그들을 모든 시험을 면제해주신다는 것을 의미하는 것은 아니다(16:24-26, 18:7, 26:39-41 참조).

광야에서의 예수의 시험은 밤낮 사십 일을 금식하신 후에 일어났다고 했는데(막 1:13; 눅 4:2 참조), 마태 공동체가 분명하게 유대 그리스도인공동체임을 보여주고 있다. 40일 밤낮 홍수가 일어났을 때 노아와 그의 가족들은 하나님이 약속하신 대로 그들의 구원을 기다렸다(창 7:4, 9:8-16, 12-16). 모세가 혼자 시내산에 올라가 십계명을 받아 적었을 때 40일을 금식했다(출 34:27-28). 엘리야는 하나님의 강권을 따라 하나님을 만난 호렙산(시내산)으로 피신 가서 40일 주야를 금식했다(왕상 19:7-12). 40이란 숫자는 광야에서 밤낮으로(출 13:21-22, 16:2-21, 24:18; 신 8:1-20 참조) 하나님께 충성하는 훈련을 하는 유다 백성들에게 깊이 뿌리내려져 있다.

이제 예수도 광야에서 홀로 사십일 간 주야로 금식하고 그의 하나님 아버지에 대한 충성이 악마에 의해 시험받게 되는 결정적 교차로에 놓이게 되었다. 이제 예수는 광야에서 40일의 밤낮 단식과 고독을 견딘 후 "시험자"(NRSV는 peirazoμn을 "유혹자"로 번역함) 또는 악마라고도 불리는 자와의 대결을 통해 하나님 아버지에 대한 그의 충성심이 시험받는 중요한 분기점에 도달한다.

전환점(3-10)

구약에서 보듯이(출 16:4; 신 8:3; 욥 1:6-12, 2:1-6; 암 3:5-6 참조) 시험은 하나님의 허락으로 행해지는데, 그것은 시험하는 자의 기본적 성격을 나타낸다. 악마의 배경, 성격 또는 역할과 같은 신화적 강조는 생략되어 있다. 마태에게는 성령이 예수를 하나님이 선택하신 장소와 시간에 악마에게 시험받도록 했고, 예수의 중심적 헌신이 시험받는 것을 허락하는 것으로 충분했다. "악마"라는 단어가 "던지다"라는 뜻을 가진 헬라어 dia와 ballo에서 나온 동사형 명사임을 아는 것도 도움이 된다. 넓게 사용하여 이 명사는 "공격하고, 호도하고, 속이고, 방향을 바꾸고, 신빙성을 없애고, 중상모략하는 자"라는 의미이다. 마태복음에서 악마는 예수에게 아들 됨의 의미와 하나님의 목적을 호도하려 했다.

첫 번째 시험에서 악마는 예수에게 돌로 떡을 만듦으로써 육체적 배고픔을 해결하도록 했다. 악마의 조건적 문장은 예수의 정체성과 권능에 대한 의심을 반영하고 있지는 않다. "네가 하나님의 아들이거든"이라고 번역할 수 있다. 어쨌든 악마는 예수가 그의 권능을 하나님을 신뢰하고 그의 필요를 만족시키는 데 사용하기보다는 자신의 권력을 위해 사용하도록 호도했다. 예수는 정원에서 자신을 속이는 입맞춤을 알았듯이(26:48-50) 속임을 분명히 보고 거부한다. 성서를 인용하며(신 8:3) 예수는 음식이 중요하기는 하지만(25:34-40) 그 순간에는 음식보다 더 귀한 것이 있다고 주장한다. 예수는 그의 권능을 개인의 물질적 이득을 위해 오용하지 않았다.

두 번째 시험은 예수의 취약점과 안전에 대한 필요에 초점이 있다. 악마는 예수가 상처받거나 죽지 않도록 안전으로 초대한다. 더구나 그는 성서를 인용하여 하나님이 동의하신다고 말한다. 예수는 속지 않았다. 악마는 성서를 맥락과 관계없이 사용했는데, 자기 확신을 위하여 하나님이 보호하시는 은혜를 시험하는 것을 용인하지 않았다. 그래서 예수는 성서를 인용하며(신 6:16) 반박했고, 상황에 충실하게 적용했다. 결국 예수는 하나님의 아들이고 성령이 충만했다(3:11, 16-17). 예수는 자신의 권능을 자신이 안전하고 안심하는데 오용하지 않았다.

세 번째 시험은 예수를 지배와 위신으로 유혹했다. 악마는 예수에게 세상의 모든 나라와 영광을 보여주고, 예수가 자신에게 복종하면 모든 것을 주겠다고 약속했다. 예수는 단호했다. 그는 악마의 잘못된 방향을 거부하고 다시 성서를 인용했다. "주 너의 하나님께 경배하고, 그분만을 섬겨라"(신 6:13). 예수는 그의 권능을 영향력과 존경을 모으는 데 오용하지 않았다.

구원(11)

여기에서 악마는 떠나고, 천사들이 와서 예수에게 시중을 들었다. 예수는 하나님 아버지에게 전적으로 의존함으로 시험을 이겨냈다. 예수는 하나님이 기뻐하시는(3:17) 아들이다. 분명히 시험은 무슨 대가를 치르더라도 피할 수 없다(18:7, 26:36-47; 히 12:6 참조). 하나님의 자녀들은 어쩔 수 없다. 진실로 물질주의, 안전 그리고 위신은 우리에게도 낯설지 않다. 시험이 어떤 형태이든지 필요한 것을 채워주시는 하나님에 대한 믿음으로 이겨낼 수 있다(창22:1-14 참조). 시험하는 자의 권력은 실제로 있지만 제한된다. 예수와 같이 신앙인들은 하나님의 말씀과 구원의 능력을 믿어야 한다. 승리는 시험 가운데 예수를 따르려는 많은 사람에게 속한다(히2:14-18, 4:15-16).

"악마가 연기한 가장 큰 속임수는 세상이 그가 존재하지 않는다고 믿게 만드는 것이었다."* 이것은 1995년에 제작된 네오느와르 영화 <유주얼 서스펙트>의 전제로, 잘못된 심문을 받은 다섯 남자가 범죄를 기획해서 경찰을 응징하는 이야기 이다. 그 일로 인해서 27명이 죽고, 9천1백만 달러 상당의 마약 대금이 사라졌으며, 두 개의 어두운 질문이 도사리고 있다. 이 범죄를 저지른 의문의 인물인 카이저 소제는 누구이며, 그는 서로 연관이 없어 보이는 이들 다섯 사람에게 어떤 종류의 알려지지 않은 불길한 영향력을 가진 것일까?

이 영화에서 어둠의 핵심은 범죄나 죽음이 아니다. 어둠은 악을 알아볼 수 없다는 사실에서 비롯된다. 악은 얼굴이 없다. 영화의 마지막 부분에서만 소제를 두려워하는 척했던 사람 중 하나가 카이저 소제인 것으로 밝혀진다. 악마는 관객들 또는 연기자들이 알던 것보다 더 가까이에 숨어 있었다.

대형 스크린에서, 소설의 페이지에서 또는 국가가 정치적 위험인물이라고 지목한 사람들의 이름에서 악의 화신을 보는 것은 어쩐지 매혹적이다. 오직 사람만이 악을 의인화하고 이름을 붙이고, 시각화하고, 비난하고, 전투에서 "그것"을 적으로 정하기 위하여 "그것"으로부터 우리를 분리시킬 필요가 있다고 느낀다. 성서에서도 마찬가지다. 악은 하와와 위대한 대제사장 아론, 욥, 다윗 왕, 예수와 그의 제자들을 시험한다. 신실한 사람이 하나님을 선택하는 삶을 살기 위해서는 거듭 거듭 하나님 밖에서 행하는 선택을 해야만 한다. 우리가 유혹에 맞설 수 있다면 그 선택을 하기가 더 쉽다.

언뜻 보면 광야에서 예수가 유혹 받으신 것은 부적절하고, 심지어 이단적으로 보인다. 예수가 유혹 받을 필요가 있는가? 우리는 그가 유혹에 굴복하지 않을 것을 알고 있다. 십자가의 필연성과 마찬가지로 예수와의 만남에서 마귀의 패배는 필연적이다. 예수는 이겨낼 것이다. 그러나 이 장면은 마태복음에서 세례와 사역

---

* Adapted from French poet Charles Baudelaire and used in The Usual Suspects, directed by Byron Singer (Polygram Filmed Entertainment, 1995).

사이의 중심에 위치하면서 거룩함 앞에 서 있는 악의 실체를 폭로한다.

예수는 굶주림 때문에 빵의 유혹을 받는다. 그는 위험으로부터 자신을 구하라는 유혹을 받는다. 끝으로 그는 악마가 줄 수 있는 세상의 모든 권력을 가지라는 유혹을 받는다. 유혹을 거부할 때마다 예수는 다가오는 십자가를 이해할 수 있는 방법을 독자에게 알려준다. 분명히 하나님은 십자가의 죽음에서 하나님 자신을 구원하실 수 있다. 분명히 예수 안에 계신 하나님은 죄에 대한 유혹을 거부하실 수 있다. 그러나 우리는 사람이기 때문에 우리 스스로 교훈을 얻기 위하여 하나님께서 희생 제물을 제공하시고 유혹을 거절하는 것을 볼 필요가 있다.

C. S. 루이스(C. S. Lewis)의 『스크루테이프의 편지』에서 저자는 견습 중인 어린 악마 웜우드와 그의 스승인 스크루테이프 삼촌의 이야기를 한다. 어린 웜우드의 임무는 그의 "환자"의 마음을 어둡게 하고, 세상을 사랑하고 하나님을 거부하도록 훈련시켜서 마침내 그를 우리가 상상만 할 수 있는 지옥으로 데리고 가는 것이다. 어린 견습생은 자기 환자가 계속 자기 생각에 빠지고 자만하게 해서 자신이 누구인가를 알지 못하게 해야 한다.

사람들을 하나님께로 인도하는 것은 자주 실천적이기 때문에 스크루테이프는 그에게 사람들을 영적이지만 실천적이지 않게 유지하라고 조언한다. 사람들을 실제적이고 바람직한 목적을 위해 기도하게 하라. 그래서 그의 기도가 하나님이 아닌 그가 바라는 대상을 향하게 하라. 환자가 그의 신경을 거스르는 모든 것에 대해, 심지어 그의 어머니에게조차 과민반응을 하게 하라. 그의 기도가 형식을 갖추지 않게 하여 조작하기 쉽게 하라. 그의 시선을 하나님으로부터 자기 자신에게로 돌리라. 용기를 달라고 기도할 때 미묘한 갈등을 일으켜서 자랑스러워하는 자신을 발견하게 하라. 마지막 편지에서 환자는 죽어서 천국에 간다. 웜우드는 실패하고 스크루테이프는 분노의 소용돌이에 휩싸인다.[*]

이야기의 매혹적인 부분은 스크루테이프와 웜우드가 무자비한 살인자들의 군대를 만들려고 하는 것이 아니라 오히려 이기심과 불성실, 옹졸함과 자부심,

---

[*] C. S. Lewis, *The Screwtape Letters* (San Francisco: HarperCollins, 2001).

공포와 이 세상의 것들을 차지하려는 욕심을 특징으로 하는 세대를 창조하려고 한다는 것이다.

이것은 사실 우리가 겪는 유혹이다. 우리는 사십일을 금식한 사람에게 빵을 제공하는 악마를 상상할 수 없다. 우리는 엠파이어스테이트 빌딩 꼭대기에 매달리는 두려움을 알지 못한다. 우리는 확실히 세상의 모든 권력을 주겠다는 유혹을 알지 못한다. 그러나 우리 각자는 스크루테이프와 웜우드가 주는 자만심, 허영심, 이기심, 무관심 같은 유혹을 이해한다. 이것들은 예수가 받은 유혹만큼이나 어둡고, 어쩌면 그보다 더할 수도 있다. 왜냐하면 대부분의 경우 무시무시한 카이저 소제처럼 정체를 드러내지 않고 오기 때문이다.

유혹은 우리가 다른 사람들을 보면서 내가 가진 게 충분하지 않다는 불안감을 느낄 때 찾아온다. 유혹은 우리가 이해할 수 없는 선택을 하는 낯선 사람이나 친구를 판단하려고 할 때 찾아온다. 유혹은 가난한 사람을 외면하고, 빈곤, 기아, 질병에 신경 쓰지 않는 삶을 살라고 한다. 유혹은 우리의 성격이 우리의 삶을 규정하게 하거나 부, 권력, 타인에 대한 영향, 허영심 또는 우리가 누구인지를 지나치게 알리려고 할 때 격렬해진다. 우리가 인종 차별적 농담, 더 큰 이익을 위한 의심스러운 사업 관행, 배우자나 동업자가 옆에 없을 때 비난하는 것 같은 작은 거짓말, 작은 죄를 정당화할 때 유혹은 승리한다. 유혹은 우리가 삶의 상처에 너무 빠져들어서 삶 자체를 놓치게 될 때 우리를 넘어뜨린다. 이런 것들이 세상에서 우리 삶과 우리 영혼의 깊숙한 곳에 숨어있는 얼굴 없는 악의 순간이다.

사순절의 참회는 우리 삶의 어두운 부분에 관여하여 그것과 대면하고, 그것의 정체를 밝히고, 그것을 이해하며, 그것들에 대해 용서를 구하는 것이다. 그것은 죄책감이 아니다. 그것은 두려움과 불안의 지배로부터 자유로워지는 것에 관한 것이고, 삶을 바로잡고 새롭게 시작하는 것에 관한 것이다.

설교

예수께서 시험을 받은 이야기는 전통적인 복음서의 교훈이지만, 사순절 첫째 주일 설교로는 적절하지 않을 수도 있다. 예수의 사십일은 끝이 났고, 이제 우리의 사십일이 막 시작되었다. 사순절은 우리가 부활절의 신비를 받아들이는 데 필요한 훈련을 정하고 실천하는 때이지만, 마태가 전하는 시험 이야기는 그런 현실적인 적용과는 거리가 있다. 그래서 설교자는 돌과 같이 단단한 마태의 이 이야기를 교인들이 씹고 소화시켜 영양분으로 만들어 바로 그들의 굶주림을 만족시키는 어떤 마술적 해석을 바라거나 혹은 불신을 약화시키고 믿음을 강하게 하는 설교를 하려는 설교학적 기대를 가지고 너무 쉽게 본문에 나타난 시험들을 대할 수 있다. 마태는 이런 설교에 유용한 것들을 조금도 보여주지 않는다. 그는 단지 예수를 소개하기를 원한다. 마태의 이런 비현실적인 면을 감안한다면, 우리는 마태로부터 하나님의 아들 예수를 어떻게 설교할지를 배울 수 있을 것이다.

마태는 시험 이야기를 2개의 자료, 곧 마가 그리고 그가 누가와 공유하는 자료로부터 가지고 왔지만, 여기에다 마태 자신의 편집을 더한다. 2개 자료의 "사십일"(막 1:13; 눅 4:2)에다가 마태는 "그리고 40일 밤"을 추가하여 "밤낮 사십일"로 바꾼다. 이 "밤낮 사십일"은 노아와 아라랏산의 기억(창 7:14, 12)을 불러일으키기도 하지만, 성서에서 이 40일은 주로 시내산의 모세를 언급한다. "모세는 거기서 주님과 함께 밤낮 사십일을 지내면서 빵도 먹지 않고, 물도 마시지 않고, 언약의 말씀 곧 십계명을 판에 기록하였다"(출 34:28, 24:18; 신 9:9, 11, 18, 25, 10:10).

마태가 모세를 생각나게 하자마자 예수는 신명기의 세 가지 교훈을 기억하면서 모세를 인용한다. "사람이 빵으로만 살 것이 아니라"(신 8:3), "주 너의 하나님을 시험하지 말라"(신 6:16) 그리고 "네 하나님 여호와를 경외하며 그를 섬기며"(신 6:13). 이 세 가지는 세상에서 하나님의 아들이 가는 길을 보여줄 것이다. 마태는 예수를 많은 칭호로 소개한다. 그는 "메시아이고 아브라함의 자손이요 다윗의 자손"(1:1)이고, 하나님께서는 "이는 내가 사랑하는 아들이다. 내가 그를 좋아한다"(3:17)라고 선언한다. "다윗의 자손"은 다윗 왕조를 떠올리게 하고 주권을 지닌 유대 왕국의 재건에 대한 희망을 불러일으킨다. 우리는 "하나님의 아들"을 삼위일체적 용어로 듣거나 혹은 예수의 신성을 가리키는 전거로 이해할지 모르나 마태의 청중들은 그것을 또 다른 왕의 칭호로 인식했을 것이다. 시편 2:7-8에서 주님께서는 왕에게 이렇게 말한다. "너는 내 아들이라 오늘 내가 너를 낳았도다 내게 구하라 내가 이방 나라를 네 유업으로 주리니 네 소유가 땅끝까지 이르리로다." 이것은 세 번째 시험에서 신비하게 들려오는 약속이다. 오직 다윗 왕조에 대한 짧은 기억과 왕정을 가장 이상적인 것으로 꿈꾸는 사람들만이 새로운 왕인 하나님의 아들을 망설이지 않고 환영했을 것이다. 이 하나님의 아들의 특징은 무엇인가?

마태는 예수를 모세와 같은 왕으로 설교하고 있다.* 비록 우리는 모세를 왕족으로 생각하지 않지만, 1세기 유대인들은 분명히 그를 하나님 자신의 왕족으로 그리고 역사적 왕들이 끼친 독소적 요소를 제거할 해독제의 역할을 하는 것으로 여겼다. 다윗 왕조에 속한 왕들은 이기적인 사람들로 악명이 높았으나 이 왕은 광야에서 만나를 통해 겸손해지는 교훈을 배웠고(신 8:1-2), 하나님이 주시는 것을 겸허하게 받는다. 다윗 왕조의 왕들은 오랫동안 하나님의 인내를 시험했지만, 이 왕은 맛사의 교훈을(신 6:14-17) 통해 하나님을 신뢰하는 것을 배웠다. 이스라엘과 유다의 왕들은 제국을 통한 야망과 계략이 끝이 없었지만, "세상의 모든 나라와 그 영광"(마 4:8)으로도 그의 신실한 순종을 막지 못한다. 모세는 이것을 배웠고, 이것을 가르쳤다. 이 광야에서 그 걸음을 시작하는 하나님의 아들도 이것을 배웠고, 그대로 살 것이다.

마태의 시험 이야기는 도덕적 권면이나 영적 교훈을 위한 것이 아니다. 그것은 단순히 예수에 관한 것으로 그가 누구이고, 그가 보여주는 특징은 무엇인가에 관한 것이다. 시험은 예수에 관한 것이지 우리에 관한 것이 아니다. 이런 면에서 우리도 시험자/악마/사탄이 점차 대화가 고조되면서 알게 되었던 좌절을 반복하게 된다. 예수께서는 우리가 원하는 사람이 되기를 거부한다. 그는 돌을 빵이 되게 하지 않을 것이다. 그는 하나님을 우리에게 증명해 보이지 않을 것이다. 그는

---

* 내가 이 본문을 이렇게 보는 데는 이 책의 도움이 컸다: Dale C. Allison Jr., *The New Moses: A Matthean Typology* (Minneapolis: Fortress Press, 1994).

하나님으로부터 돌이켜서 우리가 인정하고 박수를 보내는 그런 성공을 받아들이지 않을 것이다. 그는 우리를 화나게 할 정도로 자신의 모습으로 남아 있다. 아마 그는 견고하게 하나님의 것으로 남아 있다고 말하는 것이 더 정확할 것이다.

마태가 예수를 설교하는 방식은 오늘날 우리의 설교와는 여러 가지 면에서 어울리지 않는다. (마태의) 예수는 자신을 알리지 않는다. 사람들이 쉽게 이해하게 하려는 의도도 없다. 그는 다른 사람을 설득하지도 않는다. 이사야가 말했듯이 "우리가 보기에 흠모할 만한 아름다운 것이 없다"(사 53:2). 심지어 몇 구절 뒤로 가서 예수께서 첫 제자들을 부를 때에도 단순히 "나를 따라오너라"(4:19)라고 하여 따라오든 말든 너희들이 결정하라고 말한다.

마태가 보여 준 전통적인 칭호들—메시아, 다윗의 자손, 하나님의 아들— 외에도 시험 이야기는 인성을 지닌 예수를 드러내는 복음의 긴 여정을 시작한다. 설교자는 단순히 예수를 설교하는 마태의 방식이면 충분하지 않느냐고 반문할 수도 있다. 하지만 교회 안에는 예수를 알기 원하는 갈급한 사람들이 있다. 만일 마커스 보그(Marcus Borg)의 책 *Meeting Jesus Again for the First Time* (『미팅 지저스』, 구자명 역, 홍성사 1995)이 베스트셀러가 될 수 있다면, 마태복음이 예수의 인성을 소개하고 있는 이 이야기에도 분명 충분한 관심이 있을 것이다. 이미 예수를 "주님"으로(마 7:21, 25:11, 37, 44) 불렀던 유대 기독교 회중들에게 설교할 때 보그의 책 제목이 마태의 청중에게 어울릴 것이다. "처음으로 예수를 다시 만나기"(Meeting Jesus Again for the First Time).

마태의 회중들은 예수를 알고 있고 또 그를 메시아와 하나님의 아들로 알고 있지만 예수의 겸손함은 모르고 있다. 그들은 그가 행한 놀라운 일들은 알고 있지만 그 의미는 모르고 있다. 그들은 그의 나라에 대한 희망으로 기뻐하지만 그 나라의 시민으로 살기에는(마 25:31-46) 아직은 부족하다. 우리들처럼 그들도 예수를 알고 예수에 관해 배워가고 있는 중이다.

사순절 둘째 주일

요한복음 3:1-17

¹그런데 바리새인 중에 니고데모라 하는 사람이 있으니 유대인의 지도자라 ²그가 밤에 예수께 와서 이르되 랍비여 우리가 당신은 하나님께로부터 오신 선생인 줄 아나이다 하나님이 함께 하시지 아니하시면 당신이 행하시는 이 표적을 아무도 할 수 없음이니이다 ³예수께서 대답하여 이르시되 진실로 진실로 네게 이르노니 사람이 거듭나지 아니하면 하나님의 나라를 볼 수 없느니라 ⁴니고데모가 이르되 사람이 늙으면 어떻게 날 수 있사옵나이까 두 번째 모태에 들어갔다가 날 수 있사옵나이까 ⁵예수께서 대답하시되 진실로 진실로 네게 이르노니 사람이 물과 성령으로 나지 아니하면 하나님의 나라에 들어갈 수 없느니라 ⁶육으로 난 것은 육이요 영으로 난 것은 영이니 ⁷내가 네게 거듭나야 하겠다 하는 말을 놀랍게 여기지 말라 ⁸바람이 임의로 불매 네가 그 소리는 들어도 어디서 와서 어디로 가는지 알지 못하나니 성령으로 난 사람도 다 그러하니라 ⁹니고데모가 대답하여 이르되 어찌 그러한 일이 있을 수 있나이까 ¹⁰예수께서 그에게 대답하여 이르시되 너는 이스라엘의 선생으로서 이러한 것들을 알지 못하느냐 ¹¹진실로 진실로 네게 이르노니 우리는 아는 것을 말하고 본 것을 증언하노라 그러나 너희가 우리의 증언을 받지 아니하는도다 ¹²내가 땅의 일을 말하여도 너희가 믿지 아니하거든 하물며 하늘의 일을 말하면 어떻게 믿겠느냐 ¹³하늘에서 내려온 자 곧 인자 외에는 하늘에 올라간 자가 없느니라 ¹⁴모세가 광야에서 뱀을 든 것 같이 인자도 들려야 하리니 ¹⁵이는 그를 믿는 자마다 영생을 얻게 하려 하심이니라 ¹⁶하나님이 세상을 이처럼 사랑하사 독생자를 주셨으니 이는 그를 믿는 자마다 멸망하지 않고 영생을 얻게 하려 하심이라 ¹⁷하나님이 그 아들을 세상에 보내신 것은 세상을 심판하려 하심이 아니요 그로 말미암아 세상이 구원을 받게 하려 하심이라

신학

오늘의 본문은 신학적으로 깊이가 있고 많은 생각을 하게 한다. 신학적 상상력을

불러일으키는 여러 주제 중 다음 두 가지가 두드러진다: 1) 이야기의 배경, 2) 제자도와 거듭남의 의미.

본문의 이야기는 긴 배경 설명 없이 갑자기 시작된다. 독자들은 본문의 장소에 대해 알지 못한다. 시간에 대해서는 예수가 유월절 기간에 예루살렘을 방문했을 때라는 정도만 안다(2:23). 요한은 니고데모를 자세하게 소개하지도 않는다. 우리는 그가 바리새파 사람이고 유대인의 지도자로서 산헤드린 회원이었다는 것을 알 정도이다. 요한복음 전체 이야기를 아는 사람은 니고데모가 7장과 19장에도 등장한다는 것을 기억할 것이다. 7:50에서 바리새파 사람들이 니고데모에게 예수에 관해 묻는 장면이 나온다. 19:38-42에서는 니고데모가 아리마대인 요셉과 함께 예수의 시신을 찾아 향유를 바르고 무덤에 모시는 장면이 나온다. 3장과 19장 두 곳 모두에서 니고데모는 밤중에 예수를 찾는 야행성 취향인 것으로 묘사된다.

요한복음에 등장하는 여러 이미지 중에서 빛과 어둠의 이미지는 매우 중요하다. 니고데모는 밤의 어둠에서 나와 빛을 찾기 위해 하나님으로부터 보냄을 받은 자라고 믿고 있었던 선생님을 찾아왔다. 갑자기 나타난 것처럼 그는 갑자기 원래의 어둠 속으로 사라졌다. 그렇게 사라지기 전에 예수는 그에게 하나님의 나라를 보기 위해서는 거듭나야 한다고 말했다. 우리가 마지막으로 들은 니고데모의 말은 "어떻게 그런 일이 있을 수 있습니까?"였다(3:9). 예수의 마지막 말은 "진리를 행하는 사람은 빛으로 나아온다. 그것은 자기의 행위가 하나님 안에서 이루어졌음을 드러내려는 것이다"였다(21). 니고데모가 어둠에서(19:38-42에서 보듯이) 빛으로 완전히 돌아오는 데는 긴 시간이 필요했다.

니고데모는 밤에 예수께 온 인물이다. 그는 예수의 삶의 주변과 그늘에 머물렀다. 그는 예수를 가까이서 열심히 따르지도 않았지만, 멀리서 무관심하게 바라보기만 한 것도 아니었다. 우리는 니고데모가 대낮에 공개적으로 예수를 따라간다는 것은 매우 어렵고 위험한 일이었다는 것을 이해할 수 있다. 그는 유대인 지도자 중의 한 사람이었고, 그들에게 예수는 귀찮은 존재이거나 정치적으로 처리하기 힘들고 위협이 되는 존재였기 때문이다. 니고데모는 신중해야 했고, 조심해야 했다. 니고데모는 예수의 제자라 하지만 "조심해야 하는 시간과 장소를 정해놓고 예수를 따르는 사람들"의 선구자가 되었다.

아시아 일곱 교회에 보내는 편지에서 요한은 니골라당을 조심하라고 경고했다(계 2:6, 15). 이들은 반기독교적 환경에서 자신들의 종교가 노출되는 것이 두려워 기꺼이 이방 신과 로마의 신에게 제사를 드렸던 자들이다.[*] 16세기에 칼뱅은 종교개혁에 동조하면서 공개적으로는 자신의 소신을 밝히지 못하는 사람들을 니골라주의자라고 비판했다. 독일의 국가사회주의(National Socialism)의 대세 속에서 니골라당의 후예인 독일 그리스도인들은 복음을 나치 이데올로기의 인종차별주의와 반유대주의와 섞어 버렸다. 독일 고백교회는 1934년 바르멘 신학 선언 제2조에서 다음과 같이 그런 태도를 비판했다: "예수 그리스도가 우리의 모든 죄의 용서에 관한 하나님의 확증인 것처럼, 예수는 하나님이 우리의 삶 전체를 지배하신다는 것을 똑같은 효력과 심각성을 갖고 확증하신다."[**]

니고데모는 예수가 하나님으로부터 오지 않고는 그런 표징(2:23, 3:2)을 행할 수 없음을 인정했다. 예수는 그가 묻지 않은 질문에 대한 답을 했다. 위로부터 난 자들―성령의 능력으로 세례의 물로 거듭난 사람들―은 예수가 하나님의 현존이라는 사실 뿐 아니라 예수가 행하시는 일 가운데 하나님의 나라가 현존한다는 것을 보게 될 것이다. 니고데모는 "위로부터 난다"라는 말의 뜻을 이해하지 못했다(한글 성서는 "새로 난다", "거듭 다시 난다" 등으로 번역하였음 _ 역자 주). 예수는 그에게 위로부터 나는 것은 영으로 나는 것이고, 영으로 나는 것은 예수를 믿는 것이고, 예수를 믿음으로 영생을 얻게 된다고 말하였다.

위로부터 나서 예수를 믿는다는 것이 무슨 의미일까? 오늘 성서정과 본문에 포함되지는 않았지만 18-21절에서 그 답을 찾을 수 있다. 위로부터 나는 것은 물과 성령으로 나는 것이고, 예수를 믿어 어둠에서 빛으로 옮겨가는 것이다(3:19). 빛 가운데 혹은 어둠 가운데 산다는 것은 무슨 뜻인가? 어둠 속에서 살며 빛을

---

[*] Richard Bauckham, *The Theology of the Book of Revelation* (Cambridge: Cambridge University Press, 1993), 123-125.

[**] "The Theological Declaration of Barmen," *Book of Confessions: Study Edition of the Presbyterian Church (U.S.A.)* (Louisville, KY: Geneva Press, 1996), 311(8.14). 강조 표시는 필자에 의한 것임.

미워하는 사람들은 자신의 악한 행동이 드러날까 두려워 그렇게 한다(20). 빛으로 가는 것, 즉 위로부터 나는 것은 진리를 행하는 것이고(21), 길이요 진리요 생명인 분을 따르는 것이다(14:6).

요한복음 3:16은 기독교의 핵심을 담은 말씀으로 사랑받고 있다. 믿는 사람은 누구나 멸망하지 않고 영원한 생명을 받을 것이다. 그러나 어떤 그리스도인들은 믿음을 마음의 문제로만 여긴다. 요한복음에 의하면 위로부터 나서 예수를 믿는 것은 마음의 문제만은 아니고, 삶의 핵심, 삶 전체와 관련된 문제이다. "진리를 행하는 사람은 빛으로 나아온다. 그것은 자기의 행위가 하나님 안에서 이루어졌음을 드러내려는 것이다"(21). 요한복음에서 믿음과 행함은 분리될 수 없다. 니고데모는 그의 이야기 결론 부분 전에는 어둠과 그늘 속에서 살았다. 그러나 마침내 이야기의 결말에서 또 다른 숨은 제자였던 아리마대인 요셉과 함께 공개적으로 나와서 예수를 장사지냈다.

주석

니고데모의 이야기는 성서정과 A년 사순절 동안 요한복음을 네 차례 연속으로 읽는 것 중 첫 번째 이야기이다. 요한에게만 해당되는 이 이야기는 이 복음의 핵심 주제를 요약한다. 본문 주석의 첫 번째 이슈는 21절까지 연장해서 읽어야 하느냐는 것이다. 이 부분에 대한 고려는 몇 가지 이유가 있다. 첫째로 22절("그 뒤에 예수께서 제자들과 함께 유대 지방으로 가서서")이 이야기의 뚜렷한 전환을 보여주기 때문이다. 둘째, 예수는 17절 이후에도 말씀을 멈추지 않으셨다. 예수께서 니고데모에게 하신 말씀이 21절까지 이어진다면, 예수가 의도한 결론까지 읽어야 할 것 같다.

요한복음에서 되풀이되는 구조적 패턴은 표적, 대화, 담론이다. 예수는 표적을 행하고 난 뒤 거기에 있는 사람들과 대화하고, 다음에 표적을 해석하는 담론이 있다. 니고데모를 위한 표적을 행하지는 않았지만, 2절에서 니고데모가 표적을 말하면서 10-21절의 예수와의 대화가 이루어졌다. 18-21절을 본문에 첨가해야 할 셋째 이유는 신학적인 것이다. 19-21절에서 예수는 요한복음의 중심 주제인 빛과 어둠에 대해 말하고 있다. 빛은 신앙의 영역을 의미하고, 어둠은 불신앙의 영역을 뜻한다. 19절에서 예수가 "심판을 받았다고 하는 것은, 빛이 세상에 들어왔지만, 사람들이 자기들의 행위가 악하므로, 빛보다 어둠을 좋아하였다는 것을 뜻한다"고 말했을 때 이 말은 3장의 시작을 상기시킨다. 니고데모는 예수를 밤(어둠)에 찾아왔다. 니고데모에게 있어서 심판의 순간은 '지금-여기'에서의 예수와의 만남이다.

니고데모와 예수의 만남이 모호한 것은 3:18-21에 나오는 예수의 말씀 때문이다. 니고데모가 예수께 마지막 한 말은 "어떻게 이런 일이 있을 수 있습니까?"(3:9)였고, 예수와의 대화는 별 진척이 없었다. 비록(요한복음에서 특징적으로 나타나듯) 예수가 그에게 한 말은 의도적으로 중첩적이긴 했지만, 니고데모는 예수의 말을 문자적으로만 해석했다. "위로부터"(from above)라는 말은 "다시", "새롭게", "위로부터" 등 세 가지로 해석할 수 있다. 그런데 니고데모는 오로지 첫 번째로만 해석했다. 4장에서 우물가의 사마리아 여인은 다음 단계의 이해로 갈 수 있었는데, 니고데모는 예수의 제안이나 더 중요하게는 그가 누구인지를 인식할 수 없었다.

요한복음에서 예수와의 만남은 구원의 순간이다. 니고데모와의 대화는 예수에겐 단순히 설명이나 대화가 아니다. 말씀으로서 육신이 되신 예수는 니고데모에게 하나님을 알려 주신 것이다(1:18). 문제는 니고데모 자신이 고백했듯이 예수가 하나님께로부터 온 분이라는(3:2) 진리를 볼 수 있는가이다. 니고데모와 함께 가기 위해 그의 몰이해에 대해 예수는 물과 성령으로 거듭난다는(3:5) 개념을 도입하여 대답한다.

많은 주석가들은 이 언급을 세례의 관점에서 해석하지만, 복음서 전체로 보면 다른 해석의 가능성도 찾아볼 수 있다. 4장에서 예수는 자신을 "생수의 원천"으로 제시하면서 자신이 제공하는(7:37-39) 물과 성령으로 다시 연결시키고 있다. 그러기에 예수가 니고데모에게 한 말을 예수가 주시는 물과 이 복음서의 고유한 성령의 이해의 맥락에서 해석하는 것이 중요하다. 예수가 부활 이후에 자신을 계시하며 제자들에게 선물로 주신 성령은(20:22), 보혜사(Paraclete, 보호자, 위로자, 돕는 이)로서 예수가 아버지께로 가신 뒤에 예수의 사역과 현존을 행하는 자이다. 그것은 예수가 말한 물과 성령으로부터 나온 사역이여야 한다.

니고데모의 못 믿겠다는 듯한 "어떻게 이런 일이 있을 수 있습니까?"(3:9)라는 대답 이후에 그는 사라진 듯이 보이고 독자들만이 남는다. 갑자기 예수의 말씀은 독자들을 향하고 있다. 11절에서 "내가 진정으로 너에게 말한다"고 2인칭 단수를 사용하다가 "너희는 우리의 증언을 받아들이지 않는다"라고 2인칭 복수로 바뀐다. 이로써 독자들도 니고데모와 마찬가지로 예수와 만나는 자리에 위치한다. 이 복음서는 예수가 그리스도요 하나님의 아들이심을 믿는 신앙을(20:31-32) 지키고 유지하게 하려고 한다. "인자가 들려야 한다"라는 말에 함축되어 있는 예수의 죽음, 부활, 승천 때문에 영생이 가능하지만, 성육신은 영생이 지금 예수와 같이 사는 것도 포함하고 있음을 분명히 한다.

니고데모는 이후 요한복음에 두 차례 더 나온다. 7:50-52에서 니고데모는 예수와 종교 지도자들과의 치열한 갈등 가운데 예수를 변호하며 나타나는데,

그가 바리새파 사람들에게 던진 질문을 보면 예수에 대한 미온적인 변호를 한다는 인상을 준다. 마지막으로 예수를 장사지낸 비밀 제자인 아리마대 요셉을 돕는 장면에서 나타난다(19:38-42). 거기에서도 니고데모가 예수를 밤중에 찾아갔다고 상기시키고 있다(19:39).

한데 그는 예수의 시신을 위해 향료를 어마어마하게 갖고 왔다. 이 니고데모의 마지막 출현이 마침내 그가 낮에 찾아왔다는 것을 보여준 것일까? 아니면 여전히 밤에 찾아와 예수의 시신을 향료와 함께 무덤에 누인 것일 뿐인가? 그의 복합적 성격과 모호한 위상을 고려해 볼 때 본문의 해석은 이러한 복합성을 보여줄 뿐이지 결론이 난 것은 아니다. 니고데모는 그의 구원을 요구하거나 요청하지 않았다. 니고데모의 예수와의 만남과 이야기 속의 그의 계속적인 역할은 믿음의 모호성을 보여주는 것이다. 요한복음에서 "믿음"은 명사형이 아니다. 믿는 것은 동사형이고(3:15-16), 인간의 모든 모호성, 불확실성 그리고 비결정성의 영향을 받는다. 성육신한 하나님을 믿기 위해 성육신의 신앙이 필요하다. 믿음은 인간 자체와 마찬가지로 대단히 복합적이다.

목회

성서의 인물 중에서 21세기 교인을 대표하는 사람으로 간주될 만한 사람이 있다면 아마도 니고데모일 것이다. 여러 면에서 그는 공감이 가는 인물이다. 성공했고 자신감 있는 남자인 그는 지역 사회에서 지도력을 발휘한다. 그는 영적으로 개방적이고 호기심 많으면서도 이성적이다. 그는 예수를 직접 찾아가서 예수의 행동과 사회적 관계망을 알아내려고 한다. 그는 헌신적이고 호기심이 많아서 예수와 마주 앉아 이야기하기로 약속을 잡는다. 그러나 니고데모는 예수에 대한 관심을 사람들에게 공개할 준비가 되어 있지 않았기 때문에 이후로도 계속 그의 신앙을 비밀로 할 수 있도록 한밤중으로 약속을 잡았다. 그의 상상력은 예수에게 매료되었지만, 니고데모는 자기가 가진 신앙을 따로 구분하기를 원한다. 니고데모는 대낮에 자신의 신앙을 선언할 준비가 아직 되지 않았고, 자신의 삶을 변화시킬 준비가 되어 있지 않았다.

좋든 싫든 우리는 매주 일요일 아침 니고데모와 같은 사람들의 눈을 본다. 주류 개신교인이 되는 것은 최신 유행을 따르는 일이 아니며, 사람들이 이따금씩 교회에 나오거나 심지어 활동적인 회원이 될 수도 있지만, 우리가 교제하는 많은 신자들은 그들의 더 넓은 삶에서 니고데모이다. 그들은 믿음, 때로는 깊은 믿음을 가지고 있으며, 영적으로 호기심이 있지만, 그들은 자신의 영역에서 신앙을 유지한다.

니고데모와 같은 그리스도인이 되는 것을 21세기에는 이해할 수 있다. 신자들은 다른 인종 간의 결혼이라든지 동시에 여러 가지 일을 하는 환경 속에 있기 때문에 신앙에 대한 관용과 상호 존중에 우선권을 둔다. 문화적 규범은 종교를 사적 영역으로 밀어 넣어 신앙을 가족과 개인의 도덕에는 적합하지만, 공공 문제에는 부적합한 것으로 취급한다. 지난 2세기 동안 개신교 주류교단에서는 이러한 행동과 태도를 장려했다. 우리가 속한 종교는 자제력, 관용, 개인적인 도덕성을 증진하는데, 이것들은 모두 가치 있는 덕목이다. 우리는 공공의 도덕성과 사회적인 문제에 대한 참여도 물론 지지한다. 그러나 그 메시지는 주류 개신교 교단들의 쇠퇴와 소외로 인하여 약화되었다. 우리 교회 교인이 니고데모와 같은 그리스도인이라면,

그들은 개인적인 신자로서 실패한 것은 아니다. 어떻게 보면 우리가 우리 교인들을 분열된 신앙으로 밀어 넣어 왔다.

어둠 속에서 성장하는 믿음은 그 자체로는 칭찬해야 할 것이다. 그것은 진실하고, 진심이며, 개인적이며, 종종 깊이가 있다. 요점은 이 숨겨진 믿음이 잘못되었다는 것이 아니라 그것이 너무 작다는 것이다. 이 본문에서 예수는 니고데모의 신앙이 불완전하고 미성숙하다고 시사한다. 예수는 한밤중에 니고데모를 만난 것을 아직도 자기 어머니의 자궁 속에서 안전하게 있는 아이에 비유한다. 당신은 아직도 잉태되어 있는 중이라고 예수는 암시하신다. 당신은 거듭나야만 하며, 이 믿음을 대낮에 선포해야 한다.

예수는 니고데모와 이야기하시면서 조급해하시는 것 같다. 예수는 니고데모가 거듭남의 비유를 즉시 이해하지 못해서 짜증을 내신다. 그는 심지어 그 바리새인을 조롱하기까지 하신다.

예수의 조바심 때문에 어떤 사람들은 이 본문을 명령으로 읽는다. 당신은 다시 태어나야만 한다. 많은 사람들이 거듭남을 그리스도인이 해야 할 일로 해석한다. 이런 해석자들에게는 사람들이 그리스도를 그들의 주님과 구세주로 받아들이기로 긴급하게 결정하는 것이 무엇보다 중요하다. 그러나 이 해석을 정당하다고 할 수 있더라도 이 말씀을 명령으로 읽는 것이 유일한 선택은 아니다. 사실 이 말씀은 초청으로 읽는 것이 정당할 수 있으며, 확실히 목회적일 수도 있다. 예수께서 니고데모에게 물과 성령으로 거듭나야 한다고 말씀하실 때, 하나님이 니고데모의 삶에서 일하시게 하라고 요청하는 것이다.

데비 블루(Debbie Blue)는 이 본문에 대한 훌륭한 설교에서 이 본문에서 출생에 대한 비유가 놀랍고 도발적이라고 본다.* 그것은 너무 비합리적이며 실제로 육체적으로 우리에게 일어날 수 없기 때문에 놀라운 일이다. 니고데모도 그렇게 말한다. 거듭나라는 초대는 무의미하다. 아무도 문자 그대로 다시 태어날 수 없다.

---

* Debbie Blue, "Laboring God," *Sensual Orthodoxy* (St. Paul, MN: Cathedral Hill Press, 2004), 31-37.

그 초대는 도발적이기도 하다. 왜냐하면 그것이 우리의 상상력을 열어서 하나님과의 관계를 다시 한번 생각해 보도록 우리를 초대하기 때문이다. 이것이 이 본문과 그리고 사실 복음의 핵심이다. 예수께서는 우리 각 사람을 초대하셔서 낮의 빛으로 들어오게 하시고, 성숙한 신자가 되게 하시며, 그가 제공하는 풍성한 삶에 온전히 참여하게 하신 것처럼 니고데모를 초대하신다. 예수께서는 니고데모도 오늘날의 믿는 사람들도 이 일을 스스로 할 수 없다는 것을 알고 계신다. 물과 성령으로 태어나게 하는 분은 하나님이시다. 거듭남은 하나님이 주시는 선물이며, 하나님이 이루시는 하나님의 일이다. 우리에게 새로운 삶을 주시려고 애쓰시는 분이 바로 하나님이시다.

하나님은 우리와 우리의 믿음을 위해 애쓰신다. 하나님은 우리를 그리스도인으로 잉태하시고 우리의 신앙이라는 자궁에서 안전하고 따뜻하고 비밀스럽게 우리를 양육하신다. 어느 시점에서 하나님은 만삭이 된 임산부처럼 더 이상 참지 못하고 출산을 하신다. 하나님께서는 산도를 통해 그 아기를 더 큰 성숙으로, 삶의 충만함으로, 세상 속에서 온전하게 살아가는 믿음으로 들여보내려고 하신다. 그것이 바로 이 본문에서 예수께서 말씀하시는 것이다. 예수는 니고데모가 영적으로 탄생할 때가 되었다고 생각하신다. 아마도 예수는 지금이 많은 사람들이 다시 태어날 때라고 생각하신다. 하나님은 물과 성령으로 우리를 낳을 준비가 되어 있으시다.

우리 교인(혹은 설교자)들 가운데 얼마나 많은 사람들이 21세기의 옷을 입은 니고데모일까? 우리 교회 교인들 가운데 얼마나 니고데모의 조직화된 버전일까? 보이지 않는 곳에서 싸움을 피하여 본질적으로, 사적으로 번창하는 분열된 믿음을 가진 사람들과 기관들 말이다. 얼마나 많은 사람들이 그리스도인을 잉태하고 있는가? 우리 가운데 누가 신앙을 성장시킬 여지가 있을까? 이 본문의 복음은 하나님께서 우리를 성숙과 새 생명에 이르게 하는, 어렵고 지저분하고 땀을 흘리는 일을 열심히 하실 준비가 되어 있으시다는 것이다.

설교

　어떤 본문들은 너무 친숙하고 또 연상되는 내용이 많아서 그 본문으로 한 번 더 설교해야 한다는 생각이 설교자를 거의 지치게 만든다. 이제까지 언급되지 않은 것을 또 어떻게 말할 수 있을까? 이러한 생각을 하다 보면 나는 한 바이올리니스트가 떠오르는데, 그녀는 매년 11월이 되면 호두까기 인형 공연을 위한 다음 시즌을 생각하면서 약간 우울해진다. 그녀가 그 작품을 사랑하지 않거나 인정하지 못해서 그런 게 아니다. 우울한 이유는 매년 같은 방식으로 6주 연속 같은 파트를 연주해야 하는데, 그녀가 맡고 있는 세 번째 파트의 바이올린 영역에서 변화를 주기에는 한계가 있기 때문이다. "나는 이것이 당연히 클래식 오케스트라인 것을 알고 있고 또 연주를 하게 되어서 기뻐요"라고 그녀는 말하면서도 "하지만 나는 사람들이 이 파트에 '설탕요정의 춤' 말고도 더 많은 레퍼토리가 있다는 사실을 알기를 원해요"라고 덧붙인다.

　요한복음 3:1-17은 설교자에게 호두까기 인형처럼 당연히 강단의 클래식이라고 할 수 있다. 곧 우리는 그 본문에서 친숙한 구절, 신학적 뛰어남, 역사적 고백이라는 측면에서 가지고 있는 긍지 등을 다루어야 한다. 뿐만 아니라 점검해야 할 연관된 것들이 많아서 좀 복잡하게 만들기도 한다. "거듭남"(born again)이라는 용어 그리고 특히 16절("요한복음 3:16"의 약어임을 바로 알 수 있음)은 고속도로 표지판이나 자동차의 범퍼 스티커 또는 미식축구 경기장에서 흔히 볼 수 있다. 그것은 또 그리스도인과 비그리스도인의 구분 없이 사람들이 살고 있는 곳에서 어떤 종교적 열정을 단적으로 보여주는 상징이라고 말할 수 있다.

　이 말은 설교자는 설교를 준비하기 전에 몇 가지를 정리해야 함을 의미한다. 먼저 설교자는 이 본문이 불러일으키는 고정관념과 잘못된 개념을 구분하여 우리가 그 이미지를 새롭게 들을 수 있는 여지를 만들어야 한다. 요한복음 3:1-17은 (거듭남을 강조하는) 한 부류의 그리스도인에게 배타적으로 주어진 것처럼 보일 수도 있으나 이 본문이 주는 지혜는 우리 개개인을 그리고 우리 모두를 위한 것이다. 십자가를 향한 사순절 여정에 있어서 우리는 그것을 필요로 한다.

특별히 오늘의 본문에서는 세 가지 설교적 과제가 있다

용어를 정의하기

현실을 있는 그대로 바라보자. 이 구절은 우리를 그룹으로 분류하는 아주 나쁜 도구로 사용되어 왔다. "당신은 거듭났습니까?"라는 말은 "당신은 우리들처럼 구원받았습니까?" 또는 "당신은 저 사람들처럼 미쳤습니까?"로 사용될 수 있는 코드 언어이다. 내부자 모드에서 이 말은 한 사람의 구원을 예수 그리스도를 믿는 자로 결정하는 방식으로 기능한다. 외부자 모드에서는 종교적 광신도들을 지칭하는 편리한 방식으로 사용되고 있다. 두 질문 모두 특별히 도움이 되거나 정확한 것은 아닌데 그 이유는 둘 다 어떤 고정관념에 근거하여 그리스도인을 공적으로 정의하기 때문이다.

따라서 설교자가 해야 할 첫 번째 과제는 "거듭남"이라는 용어가 자신의 공동체에서 좋게 혹은 나쁘게 기능하고 있는가를 규명하는 일이다. 이것은 우리들을 설명하기 위해 사용하는 표현인가? 아니면 "우리"를 "저들"로부터 구별하기 위해 사용하는 표현인가? "거듭남"은 우리에게 무엇을 의미하고 또 거기에 우리의 인식은 얼마나 고정관념으로 작용하고 있는가? 한 사람이 거듭난 것을 어떻게 결정하는가? 그 결정을 할 권한을 누가 가지고 있는가? 그렇게 하는 일이 우리를 서로 결속되게 하고 그리스도의 몸으로 세워지도록 하고 있는가 아니면 분열과 갈등을 만들어내고 있는가? 여기서 중요한 것은 우리가 쓰는 용어들을 정의하고 잘못된 것을 바로잡아 공동체가 대화를 시작할 수 있도록 하는 것이다.

이웃과 더불어 작은 빛을 비추기

어떤 예술가들은 검증된 고전을 재해석하는 시도를 좋아한다. 발레 안무가인 마크 모리스(Mark Morris)와 그가 각색한 호두까기 인형(원작 "The Nutcracker"를 "Hard Nut"로 제목 변경)을 생각해보라. 또 화가 재스퍼 존스(Jasper Johns)가 성조기를 변형하여 그린 것 그리고 지미 헨드릭스(Jimmy Hendrix)가 미국 국가 <성조기여 영원하라>를 각색하여 자신의 우드스톡 공연에서 연주한 것을 생각해 보라. 고전적인 책(상징이나 노래 그리고 악보들)이 고전인 것은 다 이유가 있는데, 그것들은 우리의 상황에서 우리가 보고 듣기를 바라는 진실을 보여준다. 이것이 배우들이 셰익스피어(Shakespeare)를 암송하고 밴드들이 듀크 엘링턴(Duke Elington, 1923~1974, 미국의 전설적인 재즈밴드 리더)을 연주하는 이유이다. 당신은 이런 일을 하기 위해 뛰어나거나 시대를 앞서 있지 않아도 된다. 가장 중요한 일은 당신의 시간에 바로 그 자리에 있는 것이다. 그것은 사순절 기간에 당신의 현장에서 공동체의 일원이 되는 것이다. 그것은 진실하게 살고 있는 그 자리에서 하나님을 이야기하는 현장 신학자가 되는 것이다.

그렇다면 당신이 사는 곳에서 "태어남"은 어떤 것인가? 왜 우리는 다시 태어날 기회를 원하는가? 보다 정확하게는 우리는 스스로 낳을 수 없는데 왜 우리를 다시 태어나게 할 누군가가 필요한가? 오늘날 누가 우리를 낳고 우리와 함께 있는가 또 과거에 누가 우리를 낳았는가? 이것은 깨끗한 일인가 혹은 지저분한 일인가? 우리의 몸과 영혼은 어떻게 연관되어 있는가? 우리의 몸과 영혼이 이웃과 더불어 어떻게 계속해서 성장해 가는지를 볼 수 있는 수많은 질문과 이미지가 있다.

유머 이해하기

이 본문은 우리에게 니고데모에 관한 많은 단서를 준다. 그는 이미 모든 어리석은 질문들을 하였다. 그 질문들은 실제로 아주 재미있는 질문들이다. 10절에서 우리는 예수의 웃음소리를 들을 수 있다. "너는 이스라엘의 선생이면서, 이런 것도 알지 못하느냐?" 우리는 이 구절에서 부끄러움을 느꼈을 수 있다(많은 사람들이 그렇듯이). 하지만 유머는 종종 부끄러움보다 더 좋은 동기 유발 역할을 한다.

만일 예수께서 신적 심판을 하는 것이 아니라 율법 교사처럼 짤막한 풍자를 하고 있는 것이라면 어떻게 될 것인가? 그것은 이 이야기를 이해하는 우리의 관점도 달라지게 만든다. 갑자기 우리들 역시 무지하다는 것을 발견하게 된다. 니고데모를 통해 우리는 우리 중에 가장 좋은 교육을 받고 권위를 가지고 있는 사람조차도 여전히 어떤 답을 찾고 있음을 알게 된다. 우리가 이해하지 못하는 것(그리고 바울이 말하듯이 우리가 하나님의 얼굴을 대면할 때까지 그 온전함에 결코 이를 수 없을 것)을 놀리는 것은 무의미하다. 오히려 우리 자신들의 노력에 웃으면서 일어나 다시 시도하는 게 더 낫다. 이 본문이 제공하는 지혜는 신비스럽고 역설적이다. 그것은 작은 공간, 즉 거기에 있으면서 웃을 것을 요청하고 있다.

사순절 셋째 주일

요한복음 4:5-42

2023
0312

⁵사마리아에 있는 수가라 하는 동네에 이르시니 야곱이 그 아들 요셉에게 준 땅이 가깝고 ⁶거기 또 야곱의 우물이 있더라 예수께서 길 가시다가 피곤하여 우물 곁에 그대로 앉으시니 때가 여섯 시쯤 되었더라 ⁷사마리아 여자 한 사람이 물을 길으러 왔으매 예수께서 물을 좀 달라 하시니 ⁸이는 제자들이 먹을 것을 사러 그 동네에 들어갔음이러라 ⁹사마리아 여자가 이르되 당신은 유대인으로서 어찌하여 사마리아 여자인 나에게 물을 달라 하나이까 하니 이는 유대인이 사마리아인과 상종하지 아니함이러라 ¹⁰예수께서 대답하여 이르시되 네가 만일 하나님의 선물과 또 네게 물 좀 달라 하는 이가 누구인 줄 알았더라면 네가 그에게 구하였을 것이요 그가 생수를 네게 주었으리라 ¹¹여자가 이르되 주여 물 길을 그릇도 없고 이 우물은 깊은데 어디서 당신이 그 생수를 얻겠사옵나이까 ¹²우리 조상 야곱이 이 우물을 우리에게 주셨고 또 여기서 자기와 자기 아들들과 짐승이 다 마셨는데 당신이 야곱보다 더 크니이까 ¹³예수께서 대답하여 이르시되 이 물을 마시는 자마다 다시 목마르려니와 ¹⁴내가 주는 물을 마시는 자는 영원히 목마르지 아니하리니 내가 주는 물은 그 속에서 영생하도록 솟아나는 샘물이 되리라 ¹⁵여자가 이르되 주여 그런 물을 내게 주사 목마르지도 않고 또 여기 물 길으러 오지도 않게 하옵소서 ¹⁶이르시되 가서 네 남편을 불러 오라 ¹⁷여자가 대답하여 이르되 나는 남편이 없나이다 예수께서 이르시되 네가 남편이 없다 하는 말이 옳도다 ¹⁸너에게 남편 다섯이 있었고 지금 있는 자도 네 남편이 아니니 네 말이 참되도다 ¹⁹여자가 이르되 주여 내가 보니 선지자로소이다 ²⁰우리 조상들은 이 산에서 예배하였는데 당신들의 말은 예배할 곳이 예루살렘에 있다 하더이다 ²¹예수께서 이르시되 여자여 내 말을 믿으라 이 산에서도 말고 예루살렘에서도 말고 너희가 아버지께 예배할 때가 이르리라 ²²너희는 알지 못하는 것을 예배하고 우리는 아는 것을 예배하노니 이는 구원이 유대인에게서 남이라 ²³아버지께 참되게 예배하는 자들은 영과 진리로 예배할 때가 오나니 곧 이 때라 아버지께서는 자기에게 이렇게 예배하는 자들을 찾으시느니라 ²⁴하나님은 영이시니 예배하는 자가 영과 진리로 예배할지니라 ²⁵여자가 이르되 메시아 곧 그리스도라 하는 이가 오실 줄을 내가 아노니 그가 오시면 모든 것을 우리에게 알려 주시리이다 ²⁶예수께서 이르시되 네게 말하는 내가 그라 하시니라 ²⁷이 때에 제자들

이 돌아와서 예수께서 여자와 말씀하시는 것을 이상히 여겼으나 무엇을 구하시나이까 어찌하여 그와 말씀하시나이까 묻는 자가 없더라 [28]여자가 물동이를 버려 두고 동네로 들어가서 사람들에게 이르되 [29]내가 행한 모든 일을 내게 말한 사람을 와서 보라 이는 그리스도가 아니냐 하니 [30]그들이 동네에서 나와 예수께로 오더라 [31]그 사이에 제자들이 청하여 이르되 랍비여 잡수소서 [32]이르시되 내게는 너희가 알지 못하는 먹을 양식이 있느니라 [33]제자들이 서로 말하되 누가 잡수실 것을 갖다 드렸는가 하니 [34]예수께서 이르시되 나의 양식은 나를 보내신 이의 뜻을 행하며 그의 일을 온전히 이루는 이것이니라 [35]너희는 넉 달이 지나야 추수할 때가 이르겠다 하지 아니하느냐 그러나 나는 너희에게 이르노니 너희 눈을 들어 밭을 보라 희어져 추수하게 되었도다 [36]거두는 자가 이미 삯도 받고 영생에 이르는 열매를 모으나니 이는 뿌리는 자와 거두는 자가 함께 즐거워하게 하려 함이라 [37]그런즉 한 사람이 심고 다른 사람이 거둔다 하는 말이 옳도다 [38]내가 너희로 노력하지 아니한 것을 거두러 보내었노니 다른 사람들은 노력하였고 너희는 그들이 노력한 것에 참여하였느니라 [39]여자의 말이 내가 행한 모든 것을 그가 내게 말하였다 증언하므로 그 동네 중에 많은 사마리아인이 예수를 믿는지라 [40]사마리아인들이 예수께 와서 자기들과 함께 유하시기를 청하니 거기서 이틀을 유하시매 [41]예수의 말씀으로 말미암아 믿는 자가 더욱 많아 [42]그 여자에게 말하되 이제 우리가 믿는 것은 네 말로 인함이 아니니 이는 우리가 친히 듣고 그가 참으로 세상의 구주신 줄 앎이라 하였더라

신학

요한복음은 계속해서(성서 전체에서도 마찬가지이지만) 사람들이 예수를 처음 만날 때 그분이 어떤 분인지에 대해 오해하는 것으로 묘사한다. 수가성 야곱의 우물가에 서 있었던 익명의 여자도 예수의 모든 제자들과 마찬가지로 그런 부류의 사람에 속했다. 어떤 사람들은 끝까지 예수가 어떤 분인지 모르고 지나갔다. 사마리아 여자는 예수와의 대화를 통해 점차로 불신에서 신앙으로, 어둠에서 빛으로, 눈먼 상태에서 눈 뜬 상태로, 무지에서 지식으로, 오해에서 이해로 옮겨갔다. 요한복음 3장의 니고데모와는 달리 이 여자는 예수가 행한 이적을 본 적이 없었고, 예수가 하늘로부터 온 선생님이라는 것(3:2)도 들어 보지 못했다. 야곱의

우물에서 이 여자가 처음 만난 예수는 그저 목이 말라 마실 물을 찾고 있는 낯선 유대인 남자였다. 이 남자가 이 여자에게 마실 물을 달라고 청하였다. 이것은 당시의 상황에선 매우 파격적인 요청이었다. 왜냐하면 그런 요청을 통해 예수는 당시 중요하게 여겨지던 종교, 인종, 성에 근거한 사회적 경계를 넘어섰기 때문이다. 예수가 먼저 이 여자에게 말을 건 것은 당시의 사회적 관습 때문이라기보다는 예수가 그 여자가 속한 세상에 오셔서 모든 사람에게 비치는 참 빛(1:9)이었기 때문이다. 그 여자가 아직 깨닫지 못했지만, 빛이 세상으로 들어온 것이다. 그 여자가 아직 분별할 수 없었지만, 진리의 말씀이 그 여자에게 말해졌다.

오늘 본문은 반어법(irony)으로 가득 차 있다. 요한복음의 다른 이야기에도 반어법이 많이 사용된다. 세상을 사실적으로만 바라보는 사람은 반어법적으로 표현되는 예수의 모습과 복음의 내용을 이해하기 힘들다. 우리 눈에 명백하게 진리로 보이는 것이 진리라는 것을 부인할 수 없다. 그러나 그것은 부분적인 진리이지 완전한 진리는 아니다. 보이는 것과 실체 혹은 외양과 본질 간의 차이 때문에 반어법은 종종 유머나 비극(혹은 둘 다)의 형태를 띤다.*

사마리아 여자는 예수를 무엇인가 달라고 부탁하는 사람으로만 이해했다. 정말 중요한 것은 그 여자가 예수에게 줄 수 있는 것(우물물)이 아니고, 예수만이 그 여자에게 줄 수 있는 것(생명의 물)이라는 사실(7-15)을 그 여자는 깨닫지 못했다. 그 여자는 남편이 없다고 부분적인 진리만을 얘기했다. 예수는 그 여자가 다섯 명의 남편이 있었고, 지금 같이 사는 남자도 남편이 아니라고(16-18) 전체 진리를 밝혔다. 그 여자는 예수가 자신의 결혼 생활에 대해 다 아는 것을 보고 그가 예언자라고 추측했다. 그러나 그 여자는 예수가 그 여자의 삶에 관한 진실을 알 뿐 아니라, 그분 자신이 길이요 진리요 생명이신(19-24) 특별한 종류의 예언자라는 것을 깨닫지 못했다. 그 여자는 메시아가 오실 것이라고 믿고 있었지만, 갈릴리 출신의 이 유대인이 바로 그 메시아라는 것을 깨닫지 못했다(25-26). 물항아리를

---

* 요한복음에 나타난 반어법에 관한 탁월한 논의를 위해서 다음을 참고할 것: R. Alan Culpepper, *Anatomy of the Fourth Gospel: A Study in Literary Design* (Philadelphia: Fortress Press, 1983).

우물가에 놔두고 마을로 돌아가 이웃에게 "와서 보라"라고 외치고 나서야 비로소 그 여자는 눈으로 보이는 외양보다 더 깊고 넓은 실체를 분별하기 시작했다. "이는 그리스도가 아니냐?"(28-29)

사마리아 여자처럼 예수의 제자들도 반어법적인 상황에 처해 있었다. 그들은 예수에게 "랍비여 잡수소서"(31)라고 말했으나 예수가 "나에게는 너희가 알지 못하는 양식이 있느니라"(32)라고 말씀하시자 어리둥절했다. 상식에 근거해서 그들은 "누가 잡수실 것을 갖다 드렸는가?" 하며 고개를 갸우뚱할 수밖에 없었다. 예수가 어떤 종류의 음식에 대해 말씀하시는지 그들은 이해할 수 없었다. 그들은 넉 달이 지나야 추수할 것으로 생각하고 있으나 예수는 벌써 추수하게 되었다고 말씀하신다. 사마리아 여자가 예수에 대해 증언할 때야 비로소 예수가 어떤 분인지 이해하게 된 것처럼 제자들도 와서 보라(1:46)고 증언할 때야 비로소 예수가 어떤 분인지 깨닫게 되는가 보다. 반어법(이 본문과 요한복음 전체에 나오는)은 육신이 되신 말씀인(1:14) 예수가 이 세상에 계셨지만, 세상이 그를 알아보지 못했던(1:10) 상황에서 예수가 어떤 분인지 묘사하기 위해서 저자가 택한 문학적 기법이다. 세상은 자신이 보는 것을 이해하지 못했기 때문에 예수가 어떤 분인지 알지 못했다. 빌립이 나다나엘에게 요셉의 아들, 나사렛 출신 예수가 메시아라고 말했을 때 나다나엘은 온 세상 사람을 대표해서 "나사렛에서 무슨 선한 것이 날 수 있느냐?"(1:46)라고 질문했다. 예수가 "나는 하늘에서 내려온 떡이다"라고 말씀했을 때 유대인들은 눈에 보이는 바로는 그렇지 않았기 때문에 예수를 비판했다. 그들은 겉으로 보이는 것 이상을 볼 수 없었기 때문에 이해하지 못했다. "이는 요셉의 아들 예수가 아니냐 그 부모를 우리가 아는데"(6:41-42)라는 태도에서 보이는 것처럼 사람들은 명백하게 드러나는 것만을 본다. 그러나 세례요한은 성령의 도움으로 "이는 세상 죄를 지고 가는 하나님의 어린 양이다"(1:29)라는 것을 볼 수 있었다. 나다나엘이 "와서 보라"는 빌립의 부름에 응답했을 때 비로소 그는 예수의 참모습을 볼 수 있었다(1:49-51).

반어법은 요한이 택한 유용한 문학적 기법에 불과한가? 요한은 예수에 관한 이야기를 반어법을 사용하지 않고는 말할 수 없었다. 왜냐하면 예수 그리스도라는 존재 자체가 반어법적이기 때문이다. 반어법은 요한이 사용할 수 있는 많은 문학 기법 중의 하나가 아니다. 여기서 내용이 형식을 정한다는 말이 의미 있게 다가온다. 본질이 장르를 정한다. 예수는 진정으로 그 부모를 우리가 아는 요셉의 아들이다. 그런 겉모습은 진리이다. 그러나 그것이 예수에 관한 완전한 진리는 아니다. 예수는 동시에 태초에 하나님과 함께 계셨고, 하나님이신 그 말씀이다(1:1). 요한복음이 초대 교회의 예수 이해에 결정적인 영향을 끼쳤고, 칼케돈 신조의 기초가 되었다는 것은 우연이 아니다. 예수는 동시에 "완전한 인간이고, 완전한 신이다." 예수가 어떤 분인지의 신비는 그분이 요셉의 아들이라는 것과 그분이 말씀(Logos)이라는 것이 모순되지 않는다는 데 있다. 태초부터 요셉의 아들은 육신이 된 말씀이었다. 요한복음에 반어법이 많이 나오는 것은 요한이 반어법을 좋아해서가 아니고, 그가 말하는 내용이 반어법적이기 때문이다.

사순절의 둘째 주일과 셋째 주일은 요한복음의 독특한 두 인물을 보여준다. 니고데모는 밤에 예수께 와서 예수와 대화를 나눈 뒤 밤에 사라진다. 요한복음 4장은 예수와 만난 또 다른 인물인 우물가의 사마리아 여인과의 만남을 서술하고 있다. 니고데모와 사마리아 여인의 대조는 놀랍다. 그것들이 복음서에서 차례로 등장한다는 사실을 고려하며 우리는 이 대조를 모든 세부 사항에서 알아차려야 한다.

니고데모는 바리새파 사람이고 내부자이며 유대인의 지도자이다. 그는 남자이고 이름도 있는데 하지만 예수를 밤에 찾아왔다. 사마리아 여인은 종교적, 사회적, 정치적으로 외부자이다. 그녀는 여자이고 이름도 없었지만, 예수를 낮인 정오에 만났다. 이 두 사람이 예수와 한 대화를 대조하면 더 놀랍다. 니고데모는 그의 종교적 체계 속에 갇혀 나오지 못했지만, 사마리아 여인은 그녀의 종교적 배경을 뛰어넘어 예수와 신학적 논쟁을 하게 된다(20). 니고데모는 예수가 하나님이 보내신 자(3:17)라는 것을 듣지 못했지만, 우물가의 사마리아 여인은 하나님의 실제 이름을 들을 수 있었다(4:26). 니고데모의 마지막 질문이 "어찌 그러한 일이 있을 수 있나이까?"(3:9)라는 그의 불신앙을 보여주었다면, 우물가 여인의 마지막 말은 "이는 그리스도가 아니냐?"(4:29)로 온 동네에 예수를 증언하고 있다.

오늘 본문은 5절부터 시작하고 있지만 1절에서부터 읽어야 할 것이다. 3절 "예수께서는 유대를 떠나 다시 갈릴리로 가셨다"는 것은 장소를 설정하고 있다. 4절 "사마리아를 거쳐서 가실 수밖에 없었다"는 지리적으로도 사실이지만, 더욱 중요하게는 이 여행의 신학적 중요성을 설정하고 있다. 예수가 수가라는 동네에 이른 것은 그가 "하나님이 세상을 이처럼 사랑하신다"라는 선언을 성취하는 계시의 새로운 증언자가 되게 한다. 진정으로 사마리아를 통과하는 것은 이 세상에 하나님의 계시를 증언하는 데 긴요하다.

우물가의 사마리아 여인은 예수의 제안을 수동적으로 받지 않는다. 그녀는 즉시 자신을 가로막고 있는 사회적 장벽과 한계를 인식했지만(9), 동시에 그녀는 예수의 권위에 대해 자신의 믿음의 조상들에 대한 신앙(12)으로 도전했다. 니고데모와 마찬가지로 처음엔 그녀도 예수의 말씀을 문자적으로 해석했다. 그러나 그녀는 또한 예수님이 자신에게 필요한 것을 가지고 계시고, 의심하지 않고 예수가 제공하는 것을 요청할 수 있음을 깨닫는다(15).

많은 주석가들이 여인의 "죄"와 16-18절에 묘사된 대로 예수의 "용서"에 대해 집착하고 있지만, 본문 어디에서도 그녀가 저지른 죄와 예수의 용서에 대해 단 한마디도 말하고 있지 않다. 예수가 그녀의 남편에 대해 질문한 것은 그녀의 지난 결혼 관계에 대해 물은 것이 아니다. 도리어 그 질문은 니고데모의 경우와 같이 그녀에게 예수가 누구인지 이해하는 다음 단계로 나아가기 위해서였고, 그 대화는 성공했다. 그녀는 예수가 예언자임을 알았다(4:19). 더욱이 이 복음서의 죄는 행위와 관련된 도덕적 범주가 아니다. 죄는 불신앙, 즉 예수를 주님과 하나님으로 인정할 능력이 없거나 의사가 없는 것이다.

사마리아 여인이 예수가 누구인가에 대한 새로운 수준의 이해를 하게 되었을 때 그녀는 유대인과 사마리아인들 사이에 오랫동안 의견이 대립하고 있는 "수용 가능한 예배 장소가 그리심산인가 예루살렘인가"에 관해 예수와 신학적 대화를 하게 된다. 본질적으로 예배 장소에 관한 그녀의 질문은 하나님이 거하시는 곳에 대한 이 복음서의 근본적 문제를 보여주는 질문이다. 하나님은 예수 안에서 말씀이 육신이 되어 우리 가운데 거하시는 것이다(1:14). 결과적으로 예수는 여인에게 자신이 바로 그리스도임을 나타내신다(4:26). 이것은 요한복음의 첫 번째 "내가 그다"는 절대적 선언이다(6:20, 8:24, 28, 58, 13:19, 18:5, 7 참고). 마지막 "내가 그다"라는 선언은 로마군인 600명을 쓰러지게 했다(18:5-7).

예수는 이 여인에게 우물가에서 하나님을 알게 했고, 그녀로 하여금 이 세상에서 추수를 돕는 자들과 함께(34-38) 공동 증언자가 되게 했다. 그녀는 예수가 그리스도라는 것을 절대적으로 확신하지 못하지만(4:29에서 헬라어 구문은 부정적인 대답을 예상함), 그녀가 그녀를 방해할 수 있는 모든 것을 나타내는 물동이를 뒤에 남겨두는 것을 막지는 않았다. 그녀는 물동이를 버려두고 동네로 들어가서 사람들에게 예수와 만나도록 초대한다. 그녀는 예수가 자신에게 자신의 진정한 정체성을 드러내도록 인도하는 방식으로 예수께 응답한다. 그렇게 함으로써 그녀는 자신의 정체성이 변화되는 것을 본다. 우리는 사마리아 여인으로부터 우리 자신이 예수와 만나서 자신이 변할 뿐 아니라 하나님의 계시가 우리를 또한 변하게 한다는 것을 알게 된다.

　　여인이 자신의 동네에 돌아왔을 때 그녀는 예수가 그의 첫 번째 제자들에 하신 "와서 보라"(1:39)는 바로 그 말을 하고 있다. 그녀의 초대와 경험을 나눔으로 많은 사람이 예수를 믿게 되었다(39). 이어지는 장면도 첫 번째 제자들을 부르신 장면을 재현하고 있다. 예수는 그의 첫 번째 제자들에게 그랬듯이 사마리아 사람들과 함께 유하는데, 이는 요한복음에서 근본적인 관계를 나타내는 것이다. 동사 "유하다"는 헬라어 메노(meno)로 "거하다", "남아 있다"라는 뜻이다. 이것이 예수와 함께 거하기 때문에 사마리아인들이 "이분이 참으로 세상의 구주이신 줄 우리가 아노니"(42)라고 고백할 수 있었던 것은 요한복음에서 유일하게 "구주"라는 칭호가 사용된 경우이다. 예상치 못한 증언자로서 이 사마리아 동네는 "하나님이 세상을 이처럼 사랑하셔서 외아들을 주셨으니, 이는 그를 믿는 사람마다 멸망하지 않고 영생을 얻게 하려는 것이다"라는 3:16 말씀의 성취를 이룬다.

목회

예수께서 수가성의 우물에서 만난 여인은 언뜻 보기에 니고데모와 너무나 다르다. 그녀는 교육받지 못한 여성으로, 배우는 사람인데, 니고데모는 예수가 이스라엘의 선생이라고 부르는 교육받은 사람이다. 그녀는 사마리아인이고, 그는 유대인이다. 그녀에게는 부끄러운 과거가 있지만, 그는 지역 사회에서 존경받는 도덕적 지도자이다. 그녀는 정오에 예수를 만났고, 그는 한밤중에 온다. 문자적으로 그 여인은 니고데모를 돋보이게 하는 것처럼 보이지만, 그녀 자신이 복음 담화에서 중요한 역할을 한다.*

이 여인의 한 가지 특징은 그녀가 거의 완전히 소외된 사람이라는 것이다. 남성 중심의 세상에서 여성인 그녀는 유대교의 신앙 관습과 지리, 관습적 도덕 그리고 복음에 대해 낯선 사람이다. 수세기 동안 그녀는 독자들에게 이름 없는 여인으로 남아 있었다. 그녀는 그녀의 사회에서 사회적으로 일탈했다고 여겨질 만큼 외부인인가? 그녀는 자신의 상태나 행동 때문에 사람들에게 낙인찍히고 그들로부터 배척을 받았을까? 우리는 이것을 본문에서 단정할 수 없다. 거기서 더 나아가는 것은 소외된 사람이라는 여성의 상태를 과장하는 것이다.

그렇지만 복음서 기자의 눈으로 본 이 여인은 아무도 아니(nobody)라고 말할 수 있다. 그녀는 이름조차 알리지 못하고, 성별, 종교적 성향, 사회적 지위, 개인적 습관으로 인해 예수와 그녀의 공동체에서 멀어지게 되었다. 우리는 사람들이 이 여성을 피하려고 노력하고 가능한 한 그녀를 무시할 거라고 기대한다.

<나는 아무도 아니다! 당신은 누구인가?>(I'm Nobody! Who Are You?)라는 시에서 그 역할을 즐기는 것처럼 보이는 에밀리 디킨슨(Emily Dickinson)을 제외하면 아무도 아닌 존재가 되는 것은 쉽게 입을 수 있는 외투가 아니다. 인기 있는 인물이 된다는 생각은 디킨슨에게 우울한 전망이었지만, 그녀는 예외였을지도

---

* R. Alan Culpepper, *The Anatomy of the Fourth Gospel: A Study in Literary Design* (Philadelphia: Fortress Press, 1983), 91.

모른다. 대부분의 사람들은 아무것도 아닌 존재가 되는 아픔을 피하기 원한다. 그들은 중요한 사람으로 인정받고 소중히 여겨지고 싶어 한다.

이 본문은 낙인찍기의 굴욕감이나 아무도 아닌 존재가 되는 고통을 느낀 적이 있는 사람이라면 누구에게나 복음이다. 예수께서 이 여자에게서 떠나지 않으셨기 때문이다. 오히려 그는 그녀를 대화에 참여시키고, 진지하게 받아들이고, 며칠을 그녀의 마을에서 보낸다. 이 여인, 그녀의 공동체, 그들의 복지는 그들이 아무도 아니건 어떻건 상관없이 예수에게 중요하다. 그것이 복음이다.

그것은 도전적인 소식이기도 하다. 그것은 교회와 교인들에게 아무도 아닌 사람들(nobodies)이 예수의 눈에는 누군가(someboies)일 수 있다는 것을 일깨워주기 때문이다. 누가 그런 아무것도 아닌 사람인가? 바로 우리가 무시하는 사람들이다. 아마도 그들은 교회의 이웃이거나 문으로 걸어 들어오는 낯선 사람들이거나 예수를 믿고 믿음의 가정으로 환영받을 잠재적인 집단일 수 있다. 이 본문은 우리가 그리려고 하는 신앙 공동체의 경계가 너무 좁다는 것을 일깨워준다. 우리는 종종 아무도 아닌 사람들을 제외하려고 하지만 예수는 그렇게 하지 않으신다. 예수는 내부자뿐만 아니라 소외된 사람들도 제자로 맞이하신다.

예수는 또한 이제 막 믿음의 여정을 시작한 사람들을 환영하신다. 그 여인의 두 번째 특징은 새로 믿기 시작했으며 예수와 대화하는 동안 걸음마를 시작한다는 것이다. 예수는 그녀를 기다려 주신! 비유를 설명하고 계속 대화하려는 예수의 의지는 니고데모와의 참을성 없는 토론과는 뚜렷한 대조를 이룬다. 예수는 니고데모에게 한 것처럼 이 여인을 조롱하지 않으며, 우뇌 언어에 대하여 좌뇌의 반응을 하는 것을 나무라지 않는다. 대신에 그는 어린아이를 가르치는 부모처럼 그녀를 양육하고 그녀를 이끈다. 예수는 니고데모에게는 엄격하지만, 이 여인에게는 친절하다.

"예수의 엄격함과 부드러움"에 대해 설교하기를 좋아했던 어떤 목사가 있었다. 우리는 이 본문을 나란히 놓고 예수의 모순적인 성품을 본다. 예수는 대립할 수도 있고 공감할 수도 있다. 그는 완강할 수도 있고 관대할 수도 있다.

예수께서 그 여인의 신앙이 성장하는 것을 격려하실 때 우리는 그의 부드러움을 본다. 믿기 시작한 사람처럼 느끼고 걸음마를 하는 신자라면 누구나 용기를 낼 수 있다. 예수는 우리가 그를 향해 나아가면서 이해력을 키울 때 우리를 지지해 주신다. 그는 우리가 신앙을 깊게 하고 넓게 하며, 그가 누구인지를 인식하고 인정하기를 원하신다.

예수도 엄격할 수 있으며, 그 여인도 그것을 맛보았다. 그와 대화하는 도중에 예수는 그녀가 살아온 삶을 폭로한다. 그것은 예수께서 그녀가 스스로 밝히지 않는 그녀의 남편에 관해 이야기할 때 드러난다. 그녀는 예수에 대해 "내가 한 일을 모두 알아맞혔다"(29)고 말한다. 그녀가 예수를 만나 자신의 과거를 솔직하게 밝히지만, 이 대화와 고백 때문에 수치스러워하는 것 같지는 않다.

대신에 예수와의 만남은 그녀가 그녀의 모든 친구들과 이웃들에게 가서 이 사람에 관해 이야기할 용기를 주었다. 성전에서 죄를 고백했을 때 주님을 섬기기 위해 해방되었던 예언자 이사야(사 6:1-8)처럼 이 여인은 예수가 그녀의 결핍과 실패를 드러내고 나서 자유롭게 제자가 될 수 있다. 그녀는 예수의 증인이 된다.

이 이야기는 여인의 극적인 변화를 이야기한다. 그녀는 소외된 사람으로 이야기를 시작했지만 증인이 된다. 믿음의 초보자로 시작해서 예수 자신이 보내신 사도가 되어 그분을 대신하여 간증하게 된다.* 그렇게 그녀는 다른 여성들, 자신이 아무것도 아니라고 느끼는 사람들, 새롭게 믿기 시작한 사람들 그리고 과거가 있는 사람들을 위한 모델이다. 예수는 많은 사람들, 가장 가능성이 낮은 사람들, 심지어 아마도 당신과 나 같은 사람들을 만나서 믿음의 가정으로 환영하신다.

---

* Culpepper, *Anatomy of the Fourth Gospel*, 137.

설교

누군가 나에게 예수가 누구인가를 가장 잘 보여주는 이야기를 하나 고르라고 하면 나는 이 이야기를 택할 것이다. 여기에 설교자의 삶을 위한 구절이 있고 또 평생 설교할 구절이 있다. 이 본문에는 또 물을 채울 수 있는 두레박이 함께 있다. 그 두레박을 몇 번이고 내리라. 그러면 그때마다 그 두레박은 마르지 않는 그 우물로부터 생수를 또 그것을 깊이 마시는 것에 대한 설교를 길어 올릴 것이다.

갈급한 설교자들에게는 이 본문이 필요하다. 우리 설교자들은 그 우물과 그 안에 담긴 물 그리고 그것을 끌어올릴 두레박 그리고 우리 옆에 서서 우리가 했던 모든 일을 말해 줄 그분이 필요하다. 이 이야기는 우리가 있는 자리와 생각할 많은 일을 보여주고 있기 때문에 첫 번째 설교적 과제는 아마도 단순하게 공허함을 느끼고 마시는 것이 될 것이다. 늦은 시간에 우물에 온 우리에게 한 낯선 사람이 마실 물을 요청하는 장면을 생각해 보라(그곳은 낯선 사람이 늘 있는 곳은 아니다). 두레박이 없는 메시아 그래서 우리가 모든 것을 다 해야 한다고 중얼거리고 있는 우리 자신을 느껴보라. 우리 자신이 메마르고 공허하며 게다가 설교할 것도 없는 상태에 있음을 느껴보라.

그런 다음 우리의 두레박이 우물로 내려가고 이 낯선 사람이 계속해서 우리와 이야기할 때, 그의 말에 빠져들어서 그의 말씀이 마치 우물물처럼 그 시원함이 우리의 얼굴에 닿을 때 갑자기 그가 누구인지를 발견하게 되는 것을 느껴보라. 물이 올라올 때까지 계속 두레박을 당기는 것 그것이 설교의 과제가 아닐까? 날마다 우물곁에서 설교자는 기다리며 서 있는 것이다. 여기에 설교자의 삶을 위한 구절이 있고 또 평생 설교할 구절이 있다. 당신의 두레박을 이 본문으로 내리는 여러 가지 방법이 있는데 여기에 몇 가지를 소개한다.

예수께서 시작한다는 것을 주목하라

예수께서 우리와 대화하지 않는 데는 항상 그럴만한 이유가 있다. 이번에는 우물곁에 서 있는 사람이 여성이자 사마리아 사람이므로 대화가 불가능한 요건이 두 가지나 된다. 이외에 가까이하지 않을 몇 가지 이유를 본문에서 추론해서 추가한다면 그것은 (사마리아 여인의) 어두운 과거, 좋지 않은 평판, 지지 않으려는 말솜씨 등이다. 하지만 예수께서는 그녀와 이야기하기 위해 이러한 규칙들을 깨트렸고 그를 따르던 사람들은 충격을 받는다. 설교자이자 목회자로서 우리는 외부자(outsiders)와 대화하기 위해 규칙을 깨트리는 예수의 태도를 상상할 수 있다. 이것을 반대로 상상해보면 어떨까?

예수께서는 우리와 대화하기 위해 어떤 규칙을 깨트리는가? 그는 어떤 사회적 관습을 무시하고 있는가? 그는 진정으로 중요한 것과 우리를 구원하는 것에 대해 말하기 위해서 어떤 경계선을 넘고 있는가? 인간은 사회적 존재이고 또 사회적 현실에 의해 영향을 받고 있다고 정의된다. 때로 우리는 무엇을 보거나 혹은 보기 원하는 것들을 그냥 있는 그대로 두려고 한다. 예수께서는 경계선을 넘어서는 것을 특히 좋아한다. 예수께서는 설교자인 당신과 대화하기 위해 어떤 전통이나 관습 그리고 규례들을 넘어서야만 했는가? 우리는 사람들에게 말을 하기 전에 그 말을 우리가 직접 느껴야만 한다.

목마른 사람은 바로 예수임을 주목하라

사마리아를 지나서 걸어가는 일은 멀고도 피곤하다. 예수께서는 제자들이 마을로 먹을 것을 사러 간 동안 우물곁에 앉아 있다. 이곳이 예수와 그 여인이 만나는 장소이다. 목마른 사람이 우물에 가서 마시는 일은 어렵지 않아야만 한다. 하지만 예수께서는 스스로 그렇게 할 수 없음에 주목하라. 그는 그 여인에게 물을 마시게 해달라고 요청하여 그녀에게 낯선 사람이 그리스도임을 깨닫게 할 기회를 준다.

이 이야기에는 그 구성뿐만 아니라 이 장면에도 아름답고 단순한 무엇인가가 있다. 예수께서는 우물 옆에서 목말라하고 있고, 우리는 두레박을 가지고 있다. 뒤따르는 은유적인 대화는 우리가 이것을 정말로 받아들이기 전까지는 의미가 없다. 사랑으로 시원한 물 한잔을 건네주는 일과 같은 작은 일이 구원에 이르는 여정의 시작이 될 수 있는가? 그렇다 하지만 우리는 이 사실을 그 낯선 분(예수)을 만날 때까지 그리고 곤경에 처한 사람들에게 그렇게 할 때까지는 결코 알지 못할 것이다.

알아보는 순서에 주목하라: 예언자 그다음에 메시아

치유, 귀신 축출, 독심술 등은 항상 우리의 관심을 끄는 귀가 솔깃한 것들이다. 예수께서 묻지도 않고 그 여인의 인생에 관하여 몇 가지 상세한 일들을 말해주자 그녀는 크게 감명을 받는다. "선생님, 내가 보니, 선생님은 예언자이십니다"(19). 아마도 그녀는 메시아임을 알아보기 전에 이분의 초자연적인 능력을 대면해야 할 필요가 있었을 것이다. 아마 우리 모두가 그럴지도 모른다.

하나님의 위대한 일들은 보기에도 놀랍고 부인하기 어렵다. 세상의 죄를 안고 가는 하나님의 어린 양은 전적으로 다른 분이다. 이 사실을 이해하려면 우리는 다시 한번 살펴보아야 한다. 이 이야기에서 예언자는 시원한 물이 담겨있는 컵일 수 있는데, 그것을 통해 심원한 존재(메시아)가 가시적으로 드러난다. 이것이 영혼과 몸에 물을 공급하는 여정의 첫 단계이다.

말한 것뿐만 아니라 말하지 않은 것도 주목하라

이 여인은 자신이 메시아와 이야기하고 있다는 사실을 알고 놀라서 물동이를 놔두고 이 소식을 전하기 위해 마을로 달려간다. "내가 한 일을 모두 알아맞히신 분이 계십니다. 와서 보십시오"(29)라고 그녀는 외친다. 이 문장은 완성되지 않았음에 주목하라. 그녀는 아마 이렇게 외치고 싶었을 것이다: "내가 행했던 모든 것을 알고 있는 분… 그래도 나를 사랑해준 분을 와서 보십시오!" 그녀는 마지막 네 단어(그래도 나를 사랑해준 분, and loved me anyway!)를 말하지 않았으나 그녀의 행동에서 그리고 기쁨으로 달려간 일에서 그 의미가 암시되어 있다.

"그 여인이 행했던 모든 일들"은 수없이 많은 죄의 목록들이고, 그 밖에 일상적으로 알고 있는 일이다. 그것은 이웃들이 비판적으로 보았던 것으로 항상 그녀 앞에 있다. 예수께서 그 목록들을 잘 알고 있다는 것은 그리 특별한 일은 아니다. 하지만 그녀의 과거를 알고 있으면서도 여전히 그녀를 사랑하고 용서해주는 것이야말로 그녀가 지금까지 들었던 어느 것보다 믿을 수 없을 정도로 새롭고 신선한 것이다! 그녀가 이전에 했던 모든 것을 말해주고… 그래도 그녀를 사랑했던 그분이… 그녀의 생명을 구원한 것이다. 바로 그 순간에 그녀는 하나님을 본다. 그녀는 그리스도를 영접하고 이 소식을 알리기 위해 달려 나간다.

사순절 넷째 주일

요한복음 9:1-41

¹예수께서 길을 가실 때에 날 때부터 맹인 된 사람을 보신지라 ²제자들이 물어 이르되 랍비여 이 사람이 맹인으로 난 것이 누구의 죄로 인함이니이까 자기니이까 그의 부모니이까 ³예수께서 대답하시되 이 사람이나 그 부모의 죄로 인한 것이 아니라 그에게서 하나님이 하시는 일을 나타내고자 하심이라 ⁴때가 아직 낮이매 나를 보내신 이의 일을 우리가 하여야 하리라 밤이 오리니 그때는 아무도 일할 수 없느니라 ⁵내가 세상에 있는 동안에는 세상의 빛이로라 ⁶이 말씀을 하시고 땅에 침을 뱉어 진흙을 이겨 그의 눈에 바르시고 ⁷이르시되 실로암 못에 가서 씻으라 하시니 (실로암은 번역하면 보냄을 받았다는 뜻이라) 이에 가서 씻고 밝은 눈으로 왔더라 ⁸이웃 사람들과 전에 그가 걸인인 것을 보았던 사람들이 이르되 이는 앉아서 구걸하던 자가 아니냐 ⁹어떤 사람은 그 사람이라 하며 어떤 사람은 아니라 그와 비슷하다 하거늘 자기 말은 내가 그라 하니 ¹⁰그들이 묻되 그러면 네 눈이 어떻게 떠졌느냐 ¹¹대답하되 예수라 하는 그 사람이 진흙을 이겨 내 눈에 바르고 나더러 실로암에 가서 씻으라 하기에 가서 씻었더니 보게 되었노라 ¹²그들이 이르되 그가 어디 있느냐 이르되 알지 못하노라 하니라 ¹³그들이 전에 맹인이었던 사람을 데리고 바리새인들에게 갔더라 ¹⁴예수께서 진흙을 이겨 눈을 뜨게 하신 날은 안식일이라 ¹⁵그러므로 바리새인들도 그가 어떻게 보게 되었는지를 물으니 이르되 그 사람이 진흙을 내 눈에 바르매 내가 씻고 보나이다 하니 ¹⁶바리새인 중에 어떤 사람은 말하되 이 사람이 안식일을 지키지 아니하니 하나님께로부터 온 자가 아니라 하며 어떤 사람은 말하되 죄인으로서 어떻게 이러한 표적을 행하겠느냐 하여 그들 중에 분쟁이 있었더니 ¹⁷이에 맹인되었던 자에게 다시 묻되 그 사람이 네 눈을 뜨게 하였으니 너는 그를 어떠한 사람이라 하느냐 대답하되 선지자니이다 하니 ¹⁸유대인들이 그가 맹인으로 있다가 보게 된 것을 믿지 아니하고 그 부모를 불러 묻되 ¹⁹이는 너희 말에 맹인으로 났다 하는 너희 아들이냐 그러면 지금은 어떻게 해서 보느냐 ²⁰그 부모가 대답하여 이르되 이 사람이 우리 아들인 것과 맹인으로 난 것을 아나이다 ²¹그러나 지금 어떻게 해서 보는지 또는 누가 그 눈을 뜨게 하였는지 우리는 알지 못하나이다 그에게 물어 보소서 그가 장성하였으니 자기 일을 말하리이다 ²²그 부모가 이렇게 말한 것은 이미 유대인들이 누구든지 예수를 그리스도로 시인하는 자는 출교하기로 결의하였으므로 그들을 무서워함이러라 ²³이러므로 그 부모가 말

하기를 그가 장성하였으니 그에게 물어 보소서 하였더라 ²⁴이에 그들이 맹인이었던 사람을 두 번째 불러 이르되 너는 하나님께 영광을 돌리라 우리는 이 사람이 죄인인 줄 아노라 ²⁵대답하되 그가 죄인인지 내가 알지 못하나 한 가지 아는 것은 내가 맹인으로 있다가 지금 보는 그것이니이다 ²⁶그들이 이르되 그 사람이 네게 무엇을 하였느냐 어떻게 네 눈을 뜨게 하였느냐 ²⁷대답하되 내가 이미 일렀어도 듣지 아니하고 어찌하여 다시 듣고자 하나이까 당신들도 그의 제자가 되려 하나이까 ²⁸그들이 욕하여 이르되 너는 그의 제자이나 우리는 모세의 제자라 ²⁹하나님이 모세에게는 말씀하신 줄을 우리가 알거니와 이 사람은 어디서 왔는지 알지 못하노라 ³⁰그 사람이 대답하여 이르되 이상하다 이 사람이 내 눈을 뜨게 하였으되 당신들은 그가 어디서 왔는지 알지 못하는도다 ³¹하나님이 죄인의 말을 듣지 아니하시고 경건하여 그의 뜻대로 행하는 자의 말은 들으시는 줄을 우리가 아나이다 ³²창세 이후로 맹인으로 난 자의 눈을 뜨게 하였다 함을 듣지 못하였으니 ³³이 사람이 하나님께로부터 오지 아니하였으면 아무 일도 할 수 없으리이다 ³⁴그들이 대답하여 이르되 네가 온전히 죄 가운데서 나서 우리를 가르치느냐 하고 이에 쫓아내어 보내니라 ³⁵예수께서 그들이 그 사람을 쫓아냈다 하는 말을 들으셨더니 그를 만나사 이르시되 네가 2)인자를 믿느냐 ³⁶대답하여 이르되 주여 그가 누구시오니이까 내가 믿고자 하나이다 ³⁷예수께서 이르시되 네가 그를 보았거니와 지금 너와 말하는 자가 그이니라 ³⁸이르되 주여 내가 믿나이다 하고 절하는지라 ³⁹예수께서 이르시되 내가 심판하러 이 세상에 왔으니 보지 못하는 자들은 보게 하고 보는 자들은 맹인이 되게 하려 함이라 하시니 ⁴⁰바리새인 중에 예수와 함께 있던 자들이 이 말씀을 듣고 이르되 우리도 맹인인가 ⁴¹예수께서 이르시되 너희가 맹인이 되었더라면 죄가 없으려니와 본다고 하니 너희 죄가 그대로 있느니라

신학

죄나 악이 무엇인지 정의하는 것은 매우 힘든 일이다. 그러나 그것보다 더 어려운 일은 죄나 악에 관한 책임이 누구에게 있는지를 따지는 것이다. 과연 어떤 한 사람이 다른 사람보다 더 죄악될까? 우리는 죄악됨의 정도를 어떻게 측정할 수 있나? 어떤 사람이 다른 사람보다 악을 더 심하게 경험하였나? 예를 들어 20세기는 앞선 세기들보다 더 많은 악을 체험했는가? 유대인과 그리스도인들은(개인적인 그리고 집단적인) 악의 체험과 관련하여 두 가지 중대한 신학적인

질문과 오랫동안 씨름해왔다. 첫째, 악이 실재한다면 어떻게 신의 선과 권능이 정당화될 수 있는가? 둘째, 악의 실재는 하나님의 언약의 신실함에 관한 인간의 믿음을 부정하게 하는 근거가 되는가?

아브라함은 하나님의 명령에 순종해서 그의 외아들 이삭을 데리고 모리아산으로 올라가 그를 희생 제물로 드리려 했다. 천사가 이를 저지하고, 어린 양이 기적적으로 준비되어 희생 제물로 바쳐졌다. 아브라함은 그 장소를 "주님이 제공하실 것이다"(The Lord will provide)라고 이름 지었다(창 22:8, 14). 더 나아가 하나님은 이스라엘 백성에게 그들이 계명을 지키면 "너희가 사는 곳에서 나도 같이 살겠다. 나는 너희의 하나님이 되고, 너희는 나의 백성이 될 것이다"라고 약속했다. 혹독한 포로 생활도 불구하고 때가 되면 특별한 방식으로 "하나님이 제공하실 것이다"라는 이스라엘 백성들의 믿음은 흔들리지 않았다. 그와 유사하게 그리스도인들도 예수께서 다음과 같이 하신 말씀에서 큰 위로를 받아 왔다. "참새 두 마리가 한 냥에 팔리지 않느냐? 그러나 그 가운데서 하나라도 너희 아버지께서 허락하지 않으시면, 땅에 떨어지지 않을 것이다. 아버지께서는 너희의 머리카락까지도 다 세어 놓고 계신다. 그러니 두려워하지 말아라. 너희는 많은 참새보다 더 귀하다"(마 10:29-31).

고전적 기독교 신학은 종종 일반 섭리(general providence)와 특별 섭리(special providence)를 구분했다(필자는 provide와 providence의 관계에 주목한다. 한국어로는 이 둘의 밀접한 관계가 잘 나타나지 않는다. _ 역자 주). 전자는 칼뱅의 말을 빌리자면, 하나님께서 당신이 친히 창조하신 자연 질서를 존중하는 것이다. 후자는 "하나님께서 개별적 사건들을 각각 인도하셔서 모든 것이 하나님의 계획에 따라 진행되고, 어떤 사건도 우연히 생겨나지 않는다"는 확신과 관련되어 있다.[*] 이런 확신은 하이델베르크 교리문답(1563)에도 반영되어 있다. "전능하사 천지를 지으신 하나님 아버지를 내가 믿사오며"라는 사도신경의 첫 구절에 관한 해설을 다음과 같이 한다: "하나님이 이 고통 많은 세상에서 나에게 허용한 어떤 악도 선으로 변하게 하실 것이다. 왜냐하면 그분은 전능하신 하나님이고, 신실한 아버지로서

---

[*] John Calvin, *Institutes of the Christian Religion*, ed. John T. McNeill, trans. *Ford Lewis Battles*, LCC (Philadelphia:Westminster Press, 1960), 202-203(1.16.4).

그렇게 하시기로 결정하셨기 때문이다."*

그러나 20세기에 인류가 겪은 비극은—1차 대전 중의 참혹한 살상, 홀로코스트 인종청소를 통한 600만의 유대인 학살, 히로시마에서 원자폭탄 사용, 캄보디아와 르완다의 킬링필드 등— 모든 개별적 사건들이 하나님의 계획에 따라 진행된다는 신앙 고백을 하는 것을 매우 어렵게 만들었다. 20세기의 비극은 "하나님이 제공하실 것이다"라는 믿음을 포기하게 만드는가?

요한복음 9장의 나면서부터 눈먼 사람의 치유에 관한 이야기는 이런 당혹스러운 질문을 갖고 고민하는 우리에게 도움을 줄 수 있다. 이 본문은 오늘의 세계에서 섭리의 의미가 무엇인지에 관해 그리스도인들이 새로운 이해를 하도록 돕는다. 첫째로 요한복음 9장은 현대적 상황에서 섭리에 관한 주장은 고전적 섭리론보다 좀 더 절제되고, 겸손하고, 덜 요란한 방식으로 제시돼야 한다고 우리에게 충고한다. 요한복음 9장은 모든 사건들이 다 하나님의 뜻을 드러낸다고 주장하지 않는다. 매우 구체적이고 특별한 이 사람과 관계된 사건에만 하나님의 역사, 하나님의 섭리가 드러난다. 이 이야기나 어떤 다른 이야기도 홀로코스트를 설명하기 위해 사용될 수 없다.

둘째로 예수께서 이 사람이 왜 나면서부터 앞을 못 보았는지 설명하지 않았던 것처럼 오늘의 섭리론은 설명의 언어보다는 고백의 언어를 사용해야 한다. 예수의 제자들은 현대 신학자들이 사용하는 "자연적 악"과 "도덕적 악"의 구분에 대해 무지했을 수도 있다. 그러나 그들은 자연적 악(이 사람의 눈멂)이 누군가의 죄(이 사람의 죄 아니면 이 사람의 부모의 죄) 때문이라고 설명된다고 생각했다. 그러나 예수는 죄라는 범주를 통해 이 사람의 눈멂을 설명하려는 모든 시도를 배격했다. 이 사람의 눈멂에 대해 설명하는 것과 이 사람의 눈멂을 치유하는 것은 다른 목적을 갖고 있다. "하나님께서 하시는 일을 그에게서 드러내시려는 것이다"(3). 오늘의 섭리론은 본문의 도움을 받아 모든 사건들을 설명하려는 거창한 꿈을 버려야 한다. 그 대신 구체적인 사건 하나하나가 어떻게 하나님이 하시는 일을

---

* The Heidelberg Catechism, *Book of Confessions: Study Edition* (Louisville, KY: Geneva Press, 1996), 62(4.026).

드러내는지에 관심을 두어야 한다.

셋째로 이 눈먼 사람의 치유에 나타난 하나님의 임재와 역사하심은 설명할 수 없다. 왜냐하면 그것은 공적으로 확인할 수 없기 때문이다. 그것은 드러나는(계시되는) 것이지 인지되는 것이 아니다. 그리고 그것은 신앙의 은사를 받은 사람에게만 드러난다. 요한의 이야기의 아이러니는 눈먼 사람이 시력을 찾게 되었으나 다른 모든 사람들은 시력을 잃게 되었다는 것이다. 물론 여기서 말하는 시력은 육체적 시력을 말하는 것이 아니고, 그들이 목격한 것을 이해하고 믿을 수 있는 능력을 말한다. 이웃, 바리새파 사람들, 부모 등 모두가 예외 없이 이 사건 속에서 "하나님이 제공하신다"는 것을 보지 못했다. 치유 받은 사람조차도 무슨 일이 일어났는지 깨닫지 못했다. 믿음을 갖고 난 후에야 비로소 진정 하나님으로부터 온 분을 예배하였고(38), 시력의 치유보다 더 중요한 치유가 일어났다.

섭리는 역사에 관한 신학적 해명이 되어서는 안 된다. 섭리는 20세기 비극에 관한 합리적 해명이나 설명이 되어서는 안 된다. 섭리는 하나님에 적대적인 사건이 있을 때 하나님이 그 사건 안에서, 주위에서 관통하여 일하심으로 하나님의 뜻을 이루실 것이라는 믿음의 눈을 가신 사람들에 의한 신앙 고백이다.

주석

학문의 역사에서 요한복음 9장 1-41절은 전체 요한복음서의 내용과 중요성을 효과적으로 분리하는 역할을 했다. 주석가들은 한 번도 고쳐 달라고 요청하지 않은 나면서부터 눈먼 사람의 치유 뒤에 일곱 장면으로 독립된 드라마로 장을 구분했다. 해석자들은 이야기의 의미를 기적 그 자체에 두지만, 10:1-21에서 예수 자신이 치유에 대한 해석을 제공하고 있다고 말한다. 예수는 9:41에서 말씀을 멈추지 않았고, 10:1-21에서 예수의 말씀은 소경을 고치는 의미를 해석하는 담론으로 기능한다. 이것은 요한복음에서 계속되는 구조적 패턴이다.

예수는 표적(sign, 요한복음에서는 기적[miracle]이 아니다)을 행하고, 이어서 대화가 진행되며, 그 뒤에 표적의 의미를 해석할 수 있는 신학적 프레임을 제공하는 예수의 주석이 있다. 치유 자체는 대단히 간략하게 서술되는데 왜냐하면 중요하게 생각하는 것이 기적은 아니기 때문이다. 도리어 표적은 그 자체를 넘어 예수가 의미하는 그 무엇과 만나도록 향하고 있다. 이야기는 이어지는 대화와 담론에 무게가 주어진다.

눈먼 사람의 치유에 대한 담론이 9장의 해석에서 무시된다면 9장의 사건은 그것이 가진 의미와 영향력을 충분히 가질 수 없을 것이다. 불행히도 성서정과 본문도 문제를 상당히 복잡하게 만든다. 9장은 Year A 사순절 넷째 주일의 본문이지만, 나머지 담론(10:11-18)은 Year B 부활절 넷째 주일 복음서 본문이다. 더구나 예수가 귀신이 들렸는지, 귀신이 눈먼 사람을 고쳤는지에 대한 유대인들의 의견이 나누어진 것을 다룬 10:19-21은 포함되어 있지 않은데, 이 구절은 9장의 소경의 치유에 대한 10장의 예수의 말씀과 직접적으로 연결되어 있다.

치유가 일어난 것은 안식일이었다(9:14). 우물가의 사마리아 여인처럼 소경도 예수가 누구인지를 점차 이해하게 되는데, 단지 여기에서는 예수와 직접적인 대화를 통해서가 아니라 예수와의 만남에 대한 증언을 통해서이다. 바리새파 사람들의 심문에서 눈먼 사람은 그 이야기를 반복하는 중에 예수가 하나님께로부터 온 것을(33) 알게 된다. 이 고백은 그가 회당에서 추방되는 자극제가 된다. 예수는 치유 이후로 설화의 장면에서 사라졌다가 35절의 회당에서 추방된 이 사람과 만날 때 다시 나타났다는 것을 주의해야 한다. 예수가 누구인가에 대한 진리는 서론에서 이미 나타났는데 눈먼 사람도 이제 볼 수 있게 되었다.

9:1-10:21을 한 단위로 해석하는 것은 나면서부터 눈먼 사람의 치유에 대한 해석의 많은 주석적 통찰력을 가져온다. 이야기에 대한 첫 번째 해석은 아마도 예수가 누구인지를 인식하는 눈뜸 또는 영적 안목에 초점을 두고 있지만, 치유의 중요성은 이야기의 담론에서 나타난다. 사실 눈먼 사람은 첫 번째로 예수의 목소리에 반응했다. 예수는 그에게 "실로암 못으로 가서 씻으라"(7)고 말했고, 그는 그대로 했다. 그는 예수를 보기 전에 그의 말을 들었던 것이다.

우물가의 여인처럼 눈먼 사람도 점차적으로 예수를 알게 되었다. 그는 처음에 "예수라는 사람"(11)이라고 부르다가 "예언자"(17)로, "하나님께로부터 오신 분"(33)으로 그리고 마침내 "주님 내가 믿습니다"라고 말하고 엎드려 절하였다(38). 사실 37절에서 예수는 보고 치유하는 것이 믿는 데 중요하다고 말했다: "너는 이미 그를 보았다. 너와 말하고 있는 사람이 바로 그이다."

치유와 보는 것의 중요성은 눈먼 사람의 치유와 함께 10:1-21의 예수의 말씀을 들었을 때 충분히 이해된다. 이 담론에서 예수는 보는 것과 듣는 것을 믿는 것과 통합하고 있다. 예수는 그를 아는 양들은 그의 목소리를 듣고 따른다고 말했다. 요한복음에서 "아는 것"은 관계를 표현한다. 양과 목자의 비유에서 예수는 9장의 눈먼 사람과 예수 사이에 일어난 일의 새로운 이미지를 만들어 보는 것과 듣는 것의 중요성을 재론하고 있다.

눈먼 사람은 단지 예수가 치유한 사람일 뿐만 아니라 그의 양, 그의 제자 중의 한 사람이다. 양과 같이 눈먼 사람은 예수의 목소리를 들었다. 목자와 같이 예수는 그가 쫓겨났을 때 만나신다(35). 예수는 나면서부터 눈먼 사람에게 보는 것 이상을 제공한다. 예수는 그에게 선한 목자와 같이 그의 양을 위해 모든 것, 즉 무리로서의 보호(10:16), 좋은 꼴(9)과 풍성한 생명(10)까지 준다. 결과적으로 듣고 보는 것은 한 사람이 예수를 알고 믿는 것 이상이다. 그것은 예수와의 관계의 표현이고, 예수와의 관계는 또한 하나님과의 관계를 의미한다(10:14-15).

더구나 예수와의 관계는 목자와 양의 관계로 이미지화되어 제자도를 나타낸다. 선한 목자인 예수는 그의 양, 그의 제자들을 무리에서 안전하게 보호하신다. 21장에서 예수는 베드로에게 양을 치는 역할을 맡긴다.

보는 것과 듣는 것은 예수가 눈먼 사람의 치유에서 하나님을 알게 하는 이야기와 이 이야기 둘 모두에서 중요하다. 이 두 장을 통합하지 않고는 의미의 중요성을 이해하기 어렵고, 눈먼 사람의 눈뜸이 단지 모범이나 기적으로 축소된다. 사실 그는 예수가 10:1-18에서 말한 것을 구현하고 있는 것이다.

목회

    지난 수십 년 동안 여러 문화평론가들은 미국에서 이웃 관계의 붕괴, 학부모회나 교회 같은 조직의 낮은 참여율, 볼링 리그의 감소 등과 같은 사회적 자본이 침식되는 것에 대해 우려를 표시했다. 사람들은 유명한 책 제목이 말해주는 것처럼 "나 홀로 볼링"을 하는데, 이것은 많은 사람들에게 골칫거리다.* 사람들을 더욱 괴롭히는 것은 미국 사회에서 가장 기본적인 제도인 가족의 붕괴에 관한 보고서이다. 많은 사람들이 높은 이혼율과 대가족의 분산, 새로운 가족 구성을 수용해야 한다는 압력에 대해 우려하는 것은 당연하다.

    이러한 사회적 자본의 손실은 그런 조직에 직접 관련된 사람들뿐만 아니라 사회평론가에게도 문제가 된다. 왜냐하면 사회평론가들은 사회적 고립이 지역 사회와 개인에게 미칠 수 있는 부작용을 인식하고 있기 때문이다. 더 고립된 공동체는 덜 안전하다고 느끼는 경향이 있다. 사람들은 종종 친구나 사랑하는 사람들에게서 고립될 때 안정감을 잃게 된다. 최근의 한 연구에 의하면 그들은 덜 행복할 수도 있다고 한다. 행복은 전염성이 있는 것 같으며, 행복한 가족, 친구 또는 이웃과 연결되면 더 쉽게 행복해질 수 있다.

    이러한 우려 때문에 어떤 사람들은 과거의 공동체에 대해 향수를 느낀다. 그때 사람들은 서로 연결되어 있었고, 서로에게 주의를 기울이고, 도와주었다. 그때 사람들은 서로 돌보는 방법을 알고 있었다는 것이다. 그렇지 않다면 그들이 그랬을까?

    요한복음 9장을 사회적 자본의 붕괴에 대한 불안이라는 렌즈를 통해 읽는 것은 직관적인 인식에 반하는 것이기 때문에 흥미롭다. 우리가 이 본문을 읽을 때 옛날 공동체와 가족 체계가 강력하고 건강했을 거라는 전제가 모두 무너진다. 왜냐하면 자기 역할을 했을 거라고 가정하는 도움들이 전달되지 못하고 있기 때문이다. 이 본문은 예수가 태어나면서부터 시각장애인이었던 사람을 치료하는

---

* Robert D. Putnam, *Bowling Alone: The Collapse and Revival of American Community* (New York: Simon & Schuster, 2000).

이야기와 그에 대한 지역 사회, 종교 당국 및 그의 가족의 반응을 이야기하고 있다. 우리가 예상하는 대로 움직이는 것은 아무것도 없다.

처음 놀라게 되는 것은 지역 사회의 반응이다. 그들은 눈먼 사람을 알아보지 못한다. 이것은 너무 이상하다. 그 사람은 평생 동안 그들 가운데 살았다. 그의 이웃들은 그와 함께 지내면서 길을 건너거나 물을 길을 때 도와주었을 것이다. 그들은 그와 함께 예배했다. 왜 그들은 그가 고침을 받은 후에 그를 알아보지 못할까? 그의 정체성의 유일한 표식은 그가 눈이 멀었다는 것이었기 때문일까? 사람들이 지금까지 그에게서 볼 수 있었던 유일한 것이 그가 그들과는 다른 신체를 가졌다는 것이었을까?

이것은 다른 신체적 조건을 가진 사람들과 함께 지내는 우리 모두를 위한 목회적 주제를 제기한다. 우리는 어떻게 우리와 다른 사람들을 식별하고 알게 될까? 장애를 사람을 식별하는 표식으로 삼아도 될까? 아니면 그 너머를 바라보고 사람들의 인간성을 인식할 수 있을까? 다른 신체를 가진 사람들과 함께 있을 때 우리의 시력은 얼마나 제한적이거나 혹은 예리한가?

두 번째 목회적 주제는 종교 공동체의 행동을 둘러싼 것인데, 지도자들은 이야기를 통제하고 싶어 한다. 바리새파 사람들은 그 사람의 이야기를 듣고 싶어 하지도, 믿고 싶어 하지도 않는다. 왜냐하면 그들이 말하려고 하는 이야기와 반대되기 때문이다. 그들은 예수가 이 이야기에서 주인공이 아니라 죄인이기를 원한다. 그들은 자기들이 모든 종교적인 가치와 예배를 통제할 수 있는 다른 설명을 바란다.

어쩌면 1세기에도 종교 지도자들이 교회의 권위를 놓고 싸웠다는 사실을 깨닫는 것이 위안이 될 것이다. 죄를 규정하거나 은혜를 나누어주는 특권은 강력한 것이며, 종교 당국이 그것들에 욕심을 내는 것은 놀라운 일이 아니다. 어떤 형태로든 우리는 수세기 동안 이 특권들과 이 권력을 차지하려고 싸워왔고, 계속 싸우고 있다. 이 본문은 죄에 대한 정의나 은혜의 선물을 두고 싸우는 종교적 적대자들과 하나님이 우리 가운데 계신다는 것을 모호하게 하는 그런 싸움을 허용하는 종교적 적대자들을 정죄한다. 우리는 어떻게 이런 싸움에 휘말리게 될까? 어떤 쟁점이나 선입견이 하나님의 임재와 행동과 열정으로부터 우리의 관심을 돌리게 할까?

거의 모든 사람이 나면서부터 시각장애인이 된 사람을 잘못 대한다. 그의 가족조차도 그를 멀리하고, 그의 부모는 그의 복지보다 자신의 안전을 우선으로 여긴다. 나이 많은 부부가 아들을 위해 자기들의 집이나 직장이나 공동체를 희생하기를 꺼리는 것은 이해할 수 있지만, 그가 치유된 것을 즐거워하며 그와 함께 축하할 거라고 기대해야 하지 않겠는가? 이 본문에는 그런 것이 전혀 없다. 부모의 두려움은 그들의 기쁨을 압도하고, 아들을 당국에 넘겨준다.

공동체도 실패한다. 종교 당국도 실패한다. 가족도 실패한다. 이 이야기에서 신뢰할 수 있는 유일한 인물은 나면서부터 눈먼 시각장애인과 예수뿐이다. 시각장애인은 진실을 말했는데 심지어 위협을 당하고 공동체와 가족에게 버림받고 추방당하지만 그의 입장을 포기하지 않는다. 나는 볼 수 없었지만 지금은 본다. 그 사람은 거듭해서 예수 그리스도 안에서 경험한 구원의 은혜를 증언한다.

예수만이 그 사람이 신뢰할 수 있는 유일한 분이며, 우리가 이 이야기에서 신뢰할 수 있는 유일한 분이다. 바리새파 사람들은 은혜를 베푼다고 주장하지만 변화하게 하시는 분은 예수시다. 치유하는 분은 예수시다. 그가 고립되었을 때 마지막까지 그 사람과 함께 있는 분은 예수시다. 예수께서는 그렇게 우리와도 함께 하신다.

때때로 태양이 아주 밝을 때 또는 인공조명이 강할 때, 우리는 눈을 가늘게 뜨거나 감아야 한다. 밝은 빛은 우리에게 위험해 보이고, 그래서 자동적으로 반응하게 된다. 은유적으로 우리는 요한복음 9장에서 사람들이 반응하는 것을 본다. 세상의 빛이 밝게 빛나고, 공동체와 바리새파 사람들과 그 사람의 가족들은 자기방어적으로 눈을 감는다. 그것이 직관적으로 하는 일인가?

아니다. 이 본문에서는 모든 것이 직관적이지 않다. 세상의 빛이 우리 가운데 있고 우리는 눈을 감을 필요가 없다. 사실 가장 좋은 것은 눈을 크게 뜨는 것이다. 우리는 그 빛 때문에 눈이 멀지 않을 것이다. 우리는 구원받을 것이다.

설교

설교자는 이 이야기에 대해 계속해서 설교할 수 있지만, 이것은 말하는 것에 관한 이야기가 아니다. 그것은 시간에 관한 이야기이다: 이전과 이후, 그때와 지금, 몇 년 전과 오늘, 항상 그리고 갑자기.

그 사이에 무슨 일이 일어났지만 설교자는 그 일에 대해 제대로 말할 수 없다. 적어도 말이 되는 방식으로는 말이다. 당신은 어떤 순간이 있었다고 말한다. 무슨 일인가가 일어났다. 거기에 당신이 만난 사람이 있다. 그가 당신을 진흙과 빛으로 만졌다. 그 나머지는 다음 노래에 나타나 있다.

나 같은 죄인 살리신 그 은혜 놀라와
잃었던 생명 찾았고 광명을 얻었네

그다음에는 예상할 수 있는 심문이 있다. 사람들이 알기 시작한다. 놀라운 은혜는 지울 수 없는 흔적을 몸에 남긴다. 그들은 묻는다. 무슨 일이 일어났느냐? 너는 무엇을 했느냐? 그는 무엇을 했느냐? 너의 새로운 몸, 새로운 자아, 새로운 생명, 새롭게 눈뜬 일을 어떻게 설명하겠느냐? 너는 우리로서는 있을 수 없는 일 그래서 설명될 수 없는 일을 우리에게 어떻게 설명하겠느냐?

설교자는 이 본문에 대해 그리고 시각장애인으로 태어난 사람에게 일어난 일에 대해 계속해서 설교할 수 있으나 분명히 해야 할 점이 있다. 그것은 설명하는 이야기가 아니다. 어떤 일이나 기적은 결코 설명할 수 없다. 우리는 단지 그것들을 서술하고, 우리가 알고 있는 것을 이야기하고, 일어난 일과 우리가 믿는 바에 관해 말할 뿐이다. 입증과 설명이 가능한 일도 있지만 이 본문에서는 그렇지 않다. 이 본문은 시간에 관한 이야기이다: 이전과 이후, 그때와 지금, 오래전에 함께 있던 사람들과 오늘 우리와 함께 있는 사람들. 변화의 순간 그 자체는 그것이 가져다 준 변화보다는 중요하지 않다. 잃었던 생명 찾았고 광명을 얻었네. 설교자는 이것을 말할 수 있다. 설교자는 이것을 설명할 수 있다.

여기서 생각해보아야 할 몇 가지 설교적 관점이 있다.

눈이 먼 상황을 결핍보다는 현상으로 보라

나에게는 시각장애인으로 태어난 친구가 있다. 그녀로 인해 나는 연민이 어리석은 것임을 알게 되었다. 그녀는 나의 연민을 바라지도 않고, 당연하게 받을 이유도 없다. 그녀의 생활은 부유하고 풍요로우며 그 속에서 살아가고 있다. 분명히 그녀는 적응해서 사는 법을 배웠어야만 했다. 앞을 잘 보는 사람들 중심으로 구성된 세상에서 시각장애인이 된다는 것은 그녀가 우리들의 방식을 이해하고 거기에 맞게 대처할 방법을 발견해야 한다는 것을 의미한다. 또한 그녀가 부단히 우리에게 가르쳐주어야 할 것은 그녀와 함께 사는 법(그녀를 "돕는 것"이 아닌)인데 왜냐하면 우리는 그것을 모르기 때문이다. 우리가 눈을 손수건으로 가린 채로 걷거나 후천적으로 백내장이 생기더라도 우리는 시각장애인으로 태어난 것이 무엇인지 결코 알 수 없을 것이다.

이것은 미묘한 점이지만 본문을 깊이 성찰하기 위해서는 필수적이다. 우리는 다른 윤리보다는 다른 세계에 관해 이야기하고 있다. 많은 설교자들은 이 본문에서 역사적 세부 사항(예를 들어 예수 시대에 앞을 못 보는 것은 인간의 죄에 대한 심판으로 여겨졌다는 중요한 사실)에 매료되어 질병에 대한 신학적 해석이 얼마나 발전되어 왔는지에 깊은 관심을 지닌다. 많은 경우에 감사하게도 우리는 진전을 보였다. 이 본문은 우리에게 보지 못하는 상태 그 자체에 관심을 요청하는 것이지 거기에 이어서 윤리적 세계로 들어갈 것을 요청하지 않는다.

영원히 변하지 않을 세계에 태어나는 경험은 어떤 것인가? 세상에 대한 경험이 근본적으로 다른 사람들 사이에서 살아가는 것은 어떤 것인가? 그들의 세계를 이해하려 하고 당신의 것을 그들에게 설명하는 것은 어떤 것인가? 보지 못하는 것은 불신앙에 대한 은유라기보다는 먼저 존재의 상태이다. 본문을 더 분석하기 전에 우리 자신을 먼저 그 자리에 곧 지금 우리가 알고 있는 것들과는 근본적으로 다른 세계에 두려고 노력해야만 한다.

회심의 순간을 설명하고 변호해야 할 대상이 아니라 단순하게 이야기의 전환점이 되게 하라

솔직히 말하면 변화 과정은 지저분하다. 요한복음 9장이 보여주듯("그는 땅에 침을 뱉어서, 그것으로 진흙을 개어 나의 눈에 바르시고") 완전히 혐오스러울 수도 있고, 무엇보다 가장 중요한 것은 결코 설득력 있게 들리지 않는다는 점이다. 당신이 진흙으로 인해 거룩한 순간을 경험했다고 해서 우리 신발에 묻은 진흙을 벗겨내는 일을 그만둘 수는 없지 않은가?

설교자는 이 점을 기억해야 한다. 진흙으로 인해 한 사람이 황홀경에 빠질 때 대개 나머지 사람들은 대체로 그것을 자기기만의 전형적인 사례로 바라본다는 것이다. 시각장애인으로 태어난 그 사람이 한 것처럼 당신도 그 일을 설명하려고 해 보라 그러면 사람들은 당신이 온전한지를 묻고 당신의 말을 의심하고 결국 당신을 무시하게 될 것이다. 요한복음 9장의 진흙 이야기는 서로의 이야기를 듣기 전에 우리의 귀를(아마도 우리의 위도) 얼마나 주의 깊게 조정하여 준비해야 하는지를 가르쳐준다. 편견에 사로잡히면 들을 수 있는 능력을 엉망으로 만든다.

실제로 설명할 수 있는 것에 집중하라: 이전과 이후의 다른 점

시각장애인으로 태어난 사람은 자신의 변화의 순간을 모든 사람의 입맛에 맞게 설명할 수 없지만, 그 차이는 말할 수 있었음에 주목하라. 그는 권세를 가진 자들에게 "내가 알고 있는 모든 것은 전에는 보지 못하였으나 이제 나는 본다는 것이다"라고 말한다. 이것이 더 나은 방법인데 왜냐하면 이제 그는 다른 사람들 스스로가 볼 수 있고 들을 수 있는 일들에 관하여 말하고 있기 때문이다. 그들은 이 사람을 전부터 알고 있었다. 그들은 이제 그를 볼 수 있고, 분명히 그는 더 이상 시각장애인이 아니다!

그러므로 이전과 이후의 변화를 보여주라. 전에 나는 세상을 이렇게 보았다. 하지만 지금 나는 이렇게 보고 있다. 전에 나는 이것을 믿었다. 이제 나는 이것을 믿는다. 전에 나는 어떤 것들은 보지 못하며 살았다. 이제 나의 눈은 열렸고 여기에 내가 보는 것과 아는 것이 있다! 이러한 것들이 교회가 듣기를 원하는 이야기들이다.

예수를 고백하라. 설명하려 하지 말고

결국 우리가 말할 수 있는 모든 것은 예수께서 이 사람을 고쳐주었다고 믿는다는 것뿐이다. 우리는 어떻게 혹은 왜라고 말할 수 없고 설득시킬 수 있는 어떠한 증거도 줄 수 없다. 우리의 고백은 믿음이라는 새로운 세계에서 비롯되는 모든 것이다. 그것이 바로 그분이 요구하는 모든 것이다.*

---

* Desmond Tutu, *God Has a Dream: A Vision of Hope for Our Time* (New York: Doubleday, 2004), 19-20.

사순절 다섯째 주일

요한복음 11:1-45

¹어떤 병자가 있으니 이는 마리아와 그 자매 마르다의 마을 베다니에 사는 나사로라 ²이 마리아는 향유를 주께 붓고 머리털로 주의 발을 닦던 자요 병든 나사로는 그의 오라버니더라 ³이에 그 누이들이 예수께 사람을 보내어 이르되 주여 보시옵소서 사랑하시는 자가 병들었나이다 하니 ⁴예수께서 들으시고 이르시되 이 병은 죽을 병이 아니라 하나님의 영광을 위함이요 하나님의 아들이 이로 말미암아 영광을 받게 하려 함이라 하시더라 ⁵예수께서 본래 마르다와 그 동생과 나사로를 사랑하시더니 ⁶나사로가 병들었다 함을 들으시고 그 계시던 곳에 이틀을 더 유하시고 ⁷그 후에 제자들에게 이르시되 유대로 다시 가자 하시니 ⁸제자들이 말하되 랍비여 방금도 유대인들이 돌로 치려 하였는데 또 그리로 가시려 하나이까 ⁹예수께서 대답하시되 낮이 열두 시간이 아니냐 사람이 낮에 다니면 이 세상의 빛을 보므로 실족하지 아니하고 ¹⁰밤에 다니면 빛이 그 사람 안에 없는 고로 실족하느니라 ¹¹이 말씀을 하신 후에 또 이르시되 우리 친구 나사로가 잠들었도다 그러나 내가 깨우러 가노라 ¹²제자들이 이르되 주여 잠들었으면 낫겠나이다 하더라 ¹³예수는 그의 죽음을 가리켜 말씀하신 것이나 그들은 잠들어 쉬는 것을 가리켜 말씀하심인 줄 생각하는지라 ¹⁴이에 예수께서 밝히 이르시되 나사로가 죽었느니라 ¹⁵내가 거기 있지 아니한 것을 너희를 위하여 기뻐하노니 이는 너희로 믿게 하려 함이라 그러나 그에게로 가자 하시니 ¹⁶디두모라고도 하는 도마가 다른 제자들에게 말하되 우리도 주와 함께 죽으러 가자 하니라 ¹⁷예수께서 와서 보시니 나사로가 무덤에 있은 지 이미 나흘이라 ¹⁸베다니는 예루살렘에서 가깝기가 한 오 리쯤 되매 ¹⁹많은 유대인이 마르다와 마리아에게 그 오라비의 일로 위문하러 왔더니 ²⁰마르다는 예수께서 오신다는 말을 듣고 곧 나가 맞이하되 마리아는 집에 앉았더라 ²¹마르다가 예수께 여짜오되 주께서 여기 계셨더라면 내 오라버니가 죽지 아니하였겠나이다 ²²그러나 나는 이제라도 주께서 무엇이든지 하나님께 구하시는 것을 하나님이 주실 줄을 아나이다 ²³예수께서 이르시되 네 오라비가 다시 살아나리라 ²⁴마르다가 이르되 마지막 날 부활 때에는 다시 살아날 줄을 내가 아나이다 ²⁵예수께서 이르시되 나는 부활이요 생명이니 나를 믿는 자는 죽어도 살겠고 ²⁶무릇 살아서 나를 믿는 자는 영원히 죽지 아니하리니 이것을 네가 믿느냐 ²⁷이르되 주여 그러하외다 주는

그리스도시요 세상에 오시는 하나님의 아들이신 줄 내가 믿나이다 [28]이 말을 하고 돌아가서 가만히 그 자매 마리아를 불러 말하되 선생님이 오셔서 너를 부르신다 하니 [29]마리아가 이 말을 듣고 급히 일어나 예수께 나아가매 [30]예수는 아직 마을로 들어오지 아니하시고 마르다가 맞이했던 곳에 그대로 계시더라 [31]마리아와 함께 집에 있어 위로하던 유대인들은 그가 급히 일어나 나가는 것을 보고 곡하러 무덤에 가는 줄로 생각하고 따라가더니 [32]마리아가 예수 계신 곳에 가서 뵈옵고 그 발 앞에 엎드리어 이르되 주께서 여기 계셨더라면 내 오라버니가 죽지 아니하였겠나이다 하더라 [33]예수께서 그가 우는 것과 또 함께 온 유대인들이 우는 것을 보시고 심령에 비통히 여기시고 불쌍히 여기사 [34]이르시되 그를 어디 두었느냐 이르되 주여 와서 보옵소서 하니 [35]예수께서 눈물을 흘리시더라 [36]이에 유대인들이 말하되 보라 그를 얼마나 사랑하셨는가 하며 [37]그중 어떤 이는 말하되 맹인의 눈을 뜨게 한 이 사람이 그 사람은 죽지 않게 할 수 없었더냐 하더라 [38]이에 예수께서 다시 속으로 비통히 여기시며 무덤에 가시니 무덤이 굴이라 돌로 막았거늘 [39]예수께서 이르시되 돌을 옮겨 놓으라 하시니 그 죽은 자의 누이 마르다가 이르되 주여 죽은 지가 나흘이 되었으매 벌써 냄새가 나나이다 [40]예수께서 이르시되 내 말이 네가 믿으면 하나님의 영광을 보리라 하지 아니하였느냐 하시니 [41]돌을 옮겨 놓으니 예수께서 눈을 들어 우러러 보시고 이르시되 아버지여 내 말을 들으신 것을 감사하나이다 [42]항상 내 말을 들으시는 줄을 내가 알았나이다 그러나 이 말씀 하옵는 것은 둘러선 무리를 위함이니 곧 아버지께서 나를 보내신 것을 그들로 믿게 하려 함이니이다 [43]이 말씀을 하시고 큰 소리로 나사로야 나오라 부르시니 [44]죽은 자가 수족을 베로 동인 채로 나오는데 그 얼굴은 수건에 싸였더라 예수께서 이르시되 풀어 놓아 다니게 하라 하시니라 [45]마리아에게 와서 예수께서 하신 일을 본 많은 유대인이 그를 믿었으나

신학

본문은 흔히 "죽은 나사로를 살리심"이라는 제목으로 불리는 구절이다. 이런 간결한 제목은 물론 부적절한 것은 아니다. 이것은 분명 예수가 사랑했던 나사로에 관한 이야기이다. 그의 병, 죽음, 장사, 부패, 무덤에서 걸어 나옴 등이 이 이야기의 중요 요소이다. 그렇지만 이 이야기의 초점은 나사로라는 한 개인이 죽음에서 생명으로 구원받았다는 데 있다기보다는 1) 죽음에서 생명으로의 구원이라는

경이로운 주제, 2) 그 일을 행하신 분, 3) 그 일에 대한 다른 사람들의 반응에 있다.

이 세 가지 초점은 요한복음 전체를 관통하는 명확하고 단일한 신학적 관심과 밀접하게 연관되어 있다. 사복음서 전체가 부활절 이후 신앙(post-Easter faith)의 관점에서 서술되었지만, 요한은 부활 신앙을 예수의 사역 이야기 속에 매우 중요한 요소로 포함하고 있다. 즉, 예수께서 하신 말씀과 예수의 신적인 속성을 드러내는 사건들이 요한복음의 핵심적 신앙 고백, 즉 그리스도와 하나님이 하나라는 주장의 근거로 활용된다. 이런 특징 때문에 후대의 많은 신학자들이 요한이 예수의 인성을 덜 생생하게 기술한다고 혹은 요한의 기독론이 성육신을 가장 진실되게 기술한다고 칭송(혹은 비판)해 왔다. 이와 비슷하게 다른 복음서에는 예수가 어떤 분이고, 그분이 어떤 일을 행하시는지에 관한 진리가 최초의 오해 단계에서 시작하여 수많은 사건을 통해 점차 드러나 마지막에야 완전히 드러나는 것으로 기술하고 있으나 요한복음은 모든 진리가 예수의 생애 가운데 즉시 드러나는 것으로 묘사한다. 비록 역설과 언어적 유희와 몰이해와 예수의 설명 등의 방식을 통하지만 말이다.

나사로를 살리신 사건과 관련된 중요한 질문은 그 기적이 정말 일어났는가이다. 계몽주의 시대 이후로 성서신학과 조직신학자들 사이에서 기적에 관한 많은 논쟁이 있었다. 요한복음은 이 논쟁을 더욱 복잡하게 만든다. 나사로의 부활에 관한 이야기는 요한복음에만 나온다. 본문의 위치를 고려해볼 때 이 이야기는 예수의 죽음과 부활을 예고하는 뜻으로 소개된 것이 명백하다. 이 사건이 얼마나 사실에 근거해 있느냐는 질문은 크게 중요하지 않을 수 있다. 그렇지만 모든 복음서에서 예수의 사역에서 초자연적인 사건들이 중요한 역할을 하는 것으로 그리고 그것이 하나님의 능력의 증거가 되는 것으로 기술되고 있다. 비판적인 탐구 정신과 검증에 근거한 과학적 사고의 관점을 고려해 볼 때 기적(보통 사람들이 말하는 기적)을 믿을 것이냐 믿지 않을 것이냐는 오래된 논쟁 거리였다.

요한복음이 이러한 논쟁에 공헌한 것이 있다면 기적을 징표(Sign)로 보는 방식이다. 나사로를 일으키신 일은 요한의 이해에 따르면 예수가 행한 징표 중 가장 절정에 해당한다. 이 사건은 예수가 죽음의 세력을 정복한 것으로 묘사함으로 하나님의 임재와 능력이 예수와 함께함을 더욱 확실하게 드러낸다. 이런 징표는 목도(目睹)한 이에게 경이로운 것이고, 하나님의 영광의 증거가 된다. 이것은 어떤 사람에게는 예수의 영화에 관한 믿음으로 발전되기도 한다. 그러나 요한에게 "영광"이나 "영화"라는 용어는 들어 올림(lifted up), 즉 하나님과 하나가 되어 십자가에 들어 올리고, 죽음에서 생명으로 들어 올리는 것을 의미한다는 사실에 주목해야 한다.

따라서 나사로의 부활은 하나님의 종말론적 약속이 지금 이곳에서(나사로가 겪었던 병, 죽음, 매장 등의 일상사 속에서) 이미 실현되고 있다는 것을 드러낸다. 이것을 포함한 모든 징표는 예수를 가리키고, 예수는 다시 하나님을 가리킨다. 예수는 기도를 통해 당신이 하나님과 하나임을 보여주셨다. 생명을 주는 예수의 행동은 마리아나 마르다나 나사로 혹은 구경꾼의 믿음에 달린 것이 아니고, 그들에게 믿음이 생기게 한다. 여기에서 양들이 자기 목자의 음성을 인식한다는 요한의 또 다른 주제가 중요하게 부각된다. 나사로는 예수의 말씀에 무덤으로부터 나왔고, 그것을 본 많은 사람들이 믿었다.

이 중요한 징표적 사건에 앞서서 예수의 "나는…" 말씀의 최고 절정이라고 할 수 있는 "나는 부활이요 생명이다"라는 말씀이 소개된다(25). 이 말씀은 마르다 및 마리아와 나눈 대화 속에 포함되어 있다. 이 둘은 모두 믿음이 있었지만, 각자의 다른 관점에서 예수가 계셨더라면 나사로가 죽지 않았을 것이라고 말했다. 다른 사람들도 같은 생각을 했다(37). 앞서 예수가 나사로의 누이들이 사람을 보내어 나사로가 죽게 된 것을 알렸지만, 일부러 지체했다는 사실(5)은 이들의 하소연을 더욱 절실하게 만든다. 그러나 이런 배경은 요한의 신학적 입장을 명확하게 드러나게 하는 무대를 만들기 위한 준비였다. 요한의 신학적 요점은 이것이다: 살아서 부활이요 생명인 분을 믿는 자들은 결코 죽지 않을 것이다. 이 생명은 장래에 올 "모든 죽은 자들의 부활"(General Resurrection)에 관한 믿음과 관련된 것이 아니고, 마르다의 고백에서 드러나는 것처럼 한 구체적 개인의 믿음과 관련된다: "주님은 세상에 오실 그리스도이시며, 하나님의 아들이심을 내가 믿습니다"(27). 그리고 나사로가 일어나는 사건이 생겼다. 종말이 현재 속에서 실현된 것이다.

오늘 본문은 많은 신학적 질문을 불러일으킨다. 부활과 생명이 무엇인지를 이해하기 위해 은유가 꼭 필요한가? 마르다의 고백에 나오는 믿음의 내용은 어떤 사실이나 대상이 아니고 예수였다는 것이 의미하는 것은 무엇인가? 마르다의 고백은 요한복음에 나오는 신앙 고백 시리즈 중의 하나인데, 그 최종적인 고백은 "나의 주, 나의 하나님"이라는 도마의 고백이라 할 수 있다(20:28).

요한복음 결론부에 등장하는 도마의 고백은 요한복음에서 중요하게 생각하는 "보고 믿는"(seeing and believing)것의 주제를 상기시킨다. 나사로를 일으킨 사건은 하나의 징표로서 그것을 보는 사람에게 어떤 영향을 끼친다. 예수가 한 일을 보고, 마리아와 함께 온 많은 사람들이 믿었고 마리아와 마르다의 믿음도 각성되었다. 도마에게도 십자가에서 죽으셨다 살아나신 예수를 보는 것이 믿음을 갖게 된 계기가 되었다. 그러나 징표를 보는 것에 관해 최종적인 예수의 말씀은 이것이다: "보지 않고 믿는 자는 복이 있다"(20:29). 그렇다면 믿음은 보이는 것에 근거하는 것이 아니다. 이것은 신학자와 설교자가 씨름해야 할 도전적인 주제이다.

주석

일련의 일곱 가지 "징조"(요 12:18 참조)의 마지막 부분인 나사로의 부활은 부활이요 생명이신 분에 관한 이야기의 전환점을 표시한다(25). 요한복음에만 있는 본문으로 이 이야기는 예수의 마지막 유월절과 예수의 죽음 그리고 부활과 연관된 사건(확장된 담론)을 공생애와 연결시키는 가교 역할을 한다. 이 복음서의 많은 다른 부분들과 마찬가지로, 본문은 반복해서 예수가 누구인가와 죽음으로부터 생명을 가져오는 그의 능력을 믿는 행동(요한복음에서는 언제나 믿는다라는 동사를 사용하지 믿음이라는 명사는 사용하지 않는다)의 중요성을 강조한다. 이야기 차원에서는 일곱 번째 표적은 두 가지 결과를 가져온다. 첫째는 많은 사람이 예수를 믿게 되었고(45), 한편으로는 예수와 공의회와의 갈등을 강화했다(47-53).

이 본문은 죽음에서 생명을 가져온 설화적 묘사이지만, 많은 용어들이 요한복음 서문과 연관되고 있다: 하나님/예수의 영광(4, 1:14 참조), 빛(9, 1:4-9 참조), 생명(25, 1:4 참조), 믿는 것(15, 26-27, 40, 42, 45; 1:12 참조), 세상에 오실 그리스도(27, 1:9 참조). 여러 가지 수식어나 문장들도 요한이 사용한 것과 비슷하다: "내가…이다"(25), 사랑(agape; phileo, 3, 5), 마지막 날의 부활(24), 왔다가 하신 일 보고 믿게 되었다(45). 또한 이 사건은 나사로의 무덤에서 일어났는데 이는 많은 사람에게 예수의 무덤에서 일어난 사건의 거울이 된다. 이야기에서 앞뒤를 동시에 가리킴으로써 나사로의 부활은 복음의 많은 근본적인 주제를 구현한다.

두 가지 예수에 대한 반응-믿음과 갈등-이 이야기의 프레임을 구성하고 있다. 첫 번째 프레임에서는 나사로가 아프다는 이야기를 듣기 전에 예수는 봉헌절에 예루살렘에 있었는데 유대인들이 거기서 그가 그리스도인지를 밝히도록 강요했다. 예수의 대응에 분노하여 그들은 돌로 치려 하며 "사람으로서 감히 하나님이라고 한다"(10:22-33)고 고발했다. 예수는 제자들과 함께 요단강 건너 쪽으로 피했는데, 거기에서 많은 사람이 예수를 믿었다(10:42). 같은 두 가지 반응이 두 번째 프레임, 즉 나사로를 무덤에서 일으킨 후에 일어났다. 많은 유대인들이 예수를 믿었지만, 그 가운데 몇몇 사람은 예수가 나라에 위협이 된다고 걱정하는 바리새파 사람들에게 가서 알렸다. 그들은 서로 예수를 어떻게 죽일까 의논하였다(11:45-53).

한편 나사로는 자신이 부활과 아무런 상관이 없었지만, 마찬가지로 위협의 대상이 되었다. 그의 부활은 예수를 엄청나게 유명하게 만들었는데, 그래서 얼마 뒤에 베다니에서 잔치를 베풀었을 때 많은 사람이 다시 살아난 나사로를 보기 위해 모였다(12:1-9). 이 사람들이 예수의 예루살렘 입성 때에도 계속해서 예수와 나사로 이야기를 했기에 대제사장들과 바리새파 사람들이 표적을 행하는 사람을 따르는 것에 심각한 우려를 하게 했다. 종교 지도자들은 예수가 생명을 살리는 기적의 사역을 금지하도록 결정했고, 나사로가 많은 사람들이 예수를 믿게 하므로 (12:10-11, 17) 그도 죽이려는 음모를 꾸몄다. 분명히 부활과 생명이 되신 사람에 의해 생명을 구한 사람이 죽을 처지가 되었다.

나사로가 다시 살아난 일에 많은 사람들이 관여되었지만, 두 자매를 강조해서 본다. 그 자매들은 복음서가 쓰인 본래의 공동체에 알려진 사람들이다. 나사로는 그 자매들과의 관계로 소개되었다. 그는 마리아와 마르다로 베다니 사람이다(11:1). 인물의 정체성을 미세 조정하기 위해 저자는 나사로가 마리아의 오빠라고 했고, 예수께서는 마르다 자매와 나사로를 사랑했다고 말한다. 아마도 나중에 편집되었을 터인데 마리아는 예수에게 기름을 붓고, 머리털로 그의 발을 닦음으로 특별한 관심을 받았다. 그 사건은 아직 이야기의 수준에서 일어나지 않았지만, 그 사건은 예수를 믿거나 안 믿거나의 기회로써 예수의 일곱 번째 표적의 중요성을 다시 강조할 것이다(12:1-11).

마리아와 마르다는 예수와 각자 소통하지만 여기에서는 같은 말을 한다. "주님, 주님이 여기에 계셨더라면, 내 오라버니가 죽지 않았을 것입니다"(21, 32). 이 언급이 신앙의 고백인지 원망인지 헷갈리는데, 하지만 그들의 요구는 예수가 생명을 가져오는 분이라는 반복되는 주장을 보여준다. 마리아가 우는 것을 보고 마음이 아파서 예수는 "그를 어디에 두었느냐"라고 물었다. 나사로의 무덤에서 "돌을 옮겨 놓아라"고 명령하고, 예수는 큰 소리로 "나사로야, 나오너라"(43) 하고 외쳤는데, 그는 죽은 지 나흘이나 되어 어둠 속에 있다가 살아났다. 하나님의 영광의 표적으로 죽음을 이긴 것이다. 하지만 손발은 천으로 감겨있고, 얼굴을 수건으로 싸매고 있었다는 것은 죽음이 여전히 그를 붙잡고 있음을 보여준다.

다른 날에 다른 마리아는 다른 무덤에서 울면서 같은 질문을 던진다: "어디에다 두었는지를 내게 말해 주세요"(20:15). 그날에 장사지낸 옷은 무덤에 두었고, 얼굴을 싸맨 수건은 개켜 있었는데 더 이상 하나님이 일으킨 사람에게 필요 없는 것이다. 그날에 제자들은 나사로를 살리신 것보다 더 위대한 표적을 보았다. 여기, 나사로의 무덤에서 죽음이 당분간 거부된다. 거기, 예수의 무덤에서 선을 위해 죽음을 이겼다.

개인과 공동체의 성찰이 집중되는 이 계절에는 부활에 대한 희망과 죽음이라는 종말 사이의 긴장이 선명해진다. 고통스러운 상황과 죽음을 초래하는 사회 현실 속에서 우리는 한계를 넘어 꿈을 꾸게 하고 삶을 새롭게 경험하도록 해방하는 부활과 자유를 갈망한다. 한계를 넘어 꿈을 꾼다는 것은 온전함, 복지, 건강, 번영이 사람이 살아가는 기본인 세상을 상상하는 것이고, 그 꿈을 현실로 만들기 위해 생명의 하나님과 동역자가 되는 것이다. 우리가 사는 세상은 원래 세상이 그래야 하는 모습이 아니라는 것을 인식하면서 사람들이 삶 속에서 하나님의 현존을 경험하지 못하게 가로막는 사회 종교적 구속을 거부해야 한다. 사순절 다섯째 주일의 말씀은 우리가 살아가는 바로 지금 하나님의 임재를 간절하게 원하는 많은 사람들과 공동체의 삶에서 부활의 가능성을 숙고하도록 우리를 초대한다.

가능성을 상상하는 데 있어서 가장 큰 장애물은 지각(知覺)을 왜곡하는 것이다. 장애물은 본래의 모습보다 크고 불길해 보이기 때문에 우리는 분별력 있게 대안을 찾기보다 위험을 피하려고 애를 쓴다. 이것은 오늘의 성서 본문에서 분명하게 드러난다. 제자들은 예수가 사역하는 내내 예수의 동반자였으며, 마을에서 마을로, 도시에서 도시로, 산간 지방에서 다른 곳으로 함께 여행했지만, 부활과 생명의 회복 가능성보다는 상황에 따른 한계에 더 관심을 갖는 것처럼 보인다. 그들의 관심은 지난주 말씀에서 제자들이 시각장애인을 만났을 때 예수의 치유하는 능력보다 시각장애인이 왜 그렇게 되었는지에 더 관심을 가졌던 것처럼 자주 예수의 사역의 초점과 상반된다.

나사로가 병들고 그로 인해 죽었다는 소식을 들은 제자들은 이틀이 지난 후에 다시 유대 지방으로 위험한 여행을 하기로 한 예수의 결정에 대해 의견이 분분하다. 그들은 며칠 전 돌에 맞아 죽을 뻔하다 겨우 빠져나온 것을 상기하면서 유대로 돌아가는 것이 지혜로운 일인지 의문을 제기한다. 더욱이 예수 자신의 말처럼 나사로는 이미 죽었다. 그럼에도 불구하고 예수는 나사로의 병과 그에 따른 죽음이 계시하는 내용이 있을 거라는 가능성을 강조하고, 제자들에게 여행 때문에 문제가 생기지 않을 것이라고 확신시키면서 여행을 고집한다. 도마와 다른 제자들은 완전히 확신하지는 않았지만("우리도 그와 함께 죽으러 가자", 16) 부활의 가능성에 호기심을 느끼며 예수와 함께 길을 떠난다.

예수와 제자들이 마리아와 마르다의 집에 가까워지면서 삶과 죽음 사이의 긴장이 심화되고 슬픔이 압도한다. 나사로의 죽음과 마지막 잠든 모습을 애도하기 위해 모인 가족과 친구들의 울음과 애통이 분위기를 가득 채운다. 나사로가 죽은 지 나흘이 되어서 삶에서 죽음으로 가는 영혼의 여정은 이미 끝났다. 그의 영혼은 더 이상 몸 근처에 머물러 있지 않으며, 이것은 나사로는 확실히 죽었다는 것을 알려준다.

죽음이라는 결말은 마리아와 마르다의 슬픔을 깊게 하고, 예수가 아직도 도착하지 않았다는 사실은 실망감을 깊게 한다. "주님, 주님이 여기에 계셨더라면, 내 오라버니가 죽지 아니하였을 것입니다"(21). 마르다와 마리아는 예수를 친구로 여겼고, 만약 예수가 좀 더 일찍 도착했더라면 하나님께서 예수의 요청을 들어주셨을 거라고 생각했다. 그들은 그를 교사, 치유자, 기적을 행하는 사람으로 믿으며 그가 하나님이 보내신 메시아가 될 거라고 생각한다. 그들은 의심의 여지없이 마지막 날에 죽은 자의 부활을 예상하고, 그들의 형제 나사로와 다시 연합하게 될 것이라고 기대한다. 그러나 아무도 자신을 "부활이요 생명"이라고 하는 예수의 정체성을 경험해 본 적이 없었다. 예수는 마르다, 마리아 그리고 그들의 공동체의 의심을 그대로 둔 채, 그러나 새로운 생명의 가능성을 기대하도록 부활을 현재의 현실로 말한다. "나는 부활이요 생명이다."

마리아, 마르다와 그들의 공동체를 멀리서 관찰할 때, 우리도 부활의 가능성에 호기심을 갖고 무덤에서 그들과 합류해야 한다는 충동을 느낀다. 우리는 예수의 눈물이 사랑이나 후회를 나타내는 것인지 대놓고 궁금해하는 소리를 듣는다. 우리는 무덤을 막은 돌을 옮겨 놓으라고 지시하는 예수의 음성에서 긴장감을 듣는다. 우리는 깊은 신앙과 약해지게 하는 의심이 동일한 사건에서 합쳐지면서 예상되는 긴장감을 느낀다. 우리는 결말을 알고 있지만 나사로가 무덤에서 나오는 것을 숨죽이며 기다리고 있다. "나사로야, 나오너라!"(43)라는 선포는 무덤 전체에 울려 퍼져서 다시 살아나게 하는 생명의 부름으로 생명이 없는 나사로의 몸을 일깨운다.

그리스도인으로서 우리는 출생, 삶, 죽음, 부활이 주기적으로 일어나는 전례 전통에서 형성된 부활의 능력을 믿는다. 부활과 생명은 우리 삶의 의미의 중심이 되어 그리스도인이라는 소명 의식을 가지고 어떻게 살아야 하는지를 알려준다. 여기서 부활은 긴급한 부르심으로 우리와 마주 서서 세상이 사회적으로, 육체적으로, 영적으로 그리고 정서적으로 죽었다고 여기는 사람들이 새로운 현실 속에서 살아갈 가능성을 숙고하라고 우리를 촉구한다. 우리는 전쟁, 집단 학살, 빈곤, 질병, 불쾌감, 체계적인 학대, 조직적 억압이라는 수의에 묶인 사람들과 공동체의 삶에 부활의 능력이 나타나도록 기도한다.

나사로가 공동체를 다시 살아나게 한 것처럼 죽음의 손아귀에서 사람과 공동체를 해방시키는 것은 우리에게 무엇인가를 요구한다. 예수는 나사로를 무덤에서 불러내셨지만, 살아있는 사람들에게 "그를 풀어주어서, 가게 하라"고 요구하셨다. 오늘날 부활한 여자들, 남자들 그리고 아이들은 혼자서 걸을 수 있을 때까지, 자기 불신, 사회적 고립, 주변화 및 억압이라는 수의를 벗어 던질 때까지, 두려움, 근심, 상실, 슬픔이라는 포장을 찢어버릴 때까지 그들을 양육하고 강해지도록 돌보는 공동체가 필요하다. 그래서 자유로워진 여성, 남성 및 어린이들이 세상에서 존엄하게 걸으며 창조적인 주체가 되게 해야 한다.

몇 년 전 친구가 "… 가능성을 고려하라"는 슬로건을 쓴 포스터를 주었다. 여기서 줄임표는 해야 할 더 많은 말이 있다는 것을 표시한다. 이 슬로건은 한계를 넘어서 꿈꾸며, 부활의 가능성을 숙고하라고 도발적으로 우리를 일깨운다. 우리가 고난과 고통의 무덤 앞에 서서 하나님께서 구원하시는 사람들의 결박을 풀어주려고 준비하시는 예수의 음성을 듣기를 기대하면서.

설교

연속해서 요한복음 읽기를 하는 성서정과 Year A 사순절에 오늘 마지막으로 읽는 본문에서 만나는 중요한 내용은 우리가 성서에서 가장 짧은 구절로 기억하는 "예수께서는 눈물을 흘리셨다"(35)이다. 먼저 나온 번역인 RSV와 AV에서 보여준 이 간결한 표현은 NRSV가 "예수께서 울기 시작하였다"라고 번역하여 불필요하게 단어 수가 2배가 되었다고 해서 수사학적으로 더 나아진 것은 분명히 아니다.

이 구절은 요한복음에서 예수의 인간적인 면을 진정으로 드러내주는 역할을 한다. 요한복음은 말씀이 육신이 된 것을 분명히 입증하면서도 공관복음과는 대조적으로 예수를 이 세상에 전혀 "기반을 두고 있지 않은" 분으로 묘사하는 경향이 있다. 여기에 반박하는 것이 바로 친구 나사로의 시신 앞에서 우는 예수의 모습이다. 이 장면은 성육신 그 자체가 진실임을 보여주고 있고 또 친구의 죽음 앞에서 슬픔과 우정을 안타까워하는 우리들 인간의 모습을 예수께서도 보여주고 있는 것이다.

복음서 저자는 예수께서 우는 것을 목격하고 있는 사람들을 통해 우리들에게 "그가 얼마나 나사로를 사랑하였는지를 보라"고 알려주고 있다. 이것은 또 어휘 선택을 보여주는데, 여기에서 사용된 "사랑하다"라는 헬라어는 아가페(agape, 요한 문서들이 애용하는 자기를 내어주는 사랑)의 동사형이 아니다. 예수께서 친구 나사로에 대한 사랑을 표현한 것은 필리아(philia)인데 이것은 일상적으로 사용하는 헬라어로 보통 사람들이 친구를 향한 사랑을 뜻하는 것으로 "우정", "인간적 애정" 혹은 "깊은 감정"을 말한다. 몇 장 뒤에 나오는 요한복음 15:13-15에서 예수께서는 제자들을 종의 신분에서 친구의 지위로 격상시킨다. 초기 미국 작곡가 윌리엄 빌링스(William Billings)의 <예수께서 우셨을 때>(When Jesus Wept)는 바로 이 본문을 바탕으로 성가대나 교인들이 부르도록 만들어진 작품이다.*

비록 예수께서 친구 나사로의 죽음 앞에서 우는 모습이 오늘 복음서 이야기에서

---

* William Billings, 〈When Jesus Wept〉, *The New Century Hymnal* (Cleveland: Pilgrim Press, 1995), #192.

핵심적인 감정으로 드러나지만, 눈에 띄는 설교적 포인트는 특히 다음 주 종려주일(혹은 고난 주일) 그리고 고난주간이라는 관점에서 볼 때 오늘 본문 바로 다음에 나오는 구절들에 있다. 이상하게도 이 구절들 곧 요한이 전하는 고난 이야기의 핵심적 구성요소가 3년 주기의 개정성서정과 본문에는 빠져 있다! 예수께서 죽은 친구를 소생(resuscitation)시킨 사건은 예수 자신의 부활(resurrection)에 대한 예고이지만(은유적으로) 예수의 죽음을 기정사실화하는 역할을 한다.

오늘 할당된 본문 다음의 내용은 즉시 이 사실을 보고하는 것으로 서술하고 있다: "그러나 그 가운데 몇몇 사람은 바리새파 사람들에게 가서, 예수가 하신 일을 그들에게 알렸다. 그래서 대제사장들과 바리새파 사람들은 공의회를 소집하여 말하였다: "이 사람이 표징을 많이 행하고 있으니, 어떻게 하면 좋겠습니까? 이 사람을 그대로 두면 모두 그를 믿게 될 것이요, 그렇게 되면 로마 사람들이 와서 우리의 땅과 민족을 약탈할 것입니다." 그 가운데 한 사람으로서, 그 해의 대제사장인 가야바가 그들에게 말하였다: "당신들은 아무것도 모르오. 한 사람이 백성을 위하여 죽어서 민족 전체가 망하지 않는 것이, 당신들에게 유익하다는 것을 생각하지 못하고 있소…. 그들은 그날로부터 예수를 죽이려고 모의하였다"(요 11:46-50, 53).

여기서 다시 NRSV는 가야바의 충고를 "그것이 더 나으니"("it is better", it 한 사람이 죽어서 민족 전체가 망하지 않는 일, 50)라고 번역하고 있는데, 나는 더 오래된 RSV의 번역 "그것이 편리하나"가 보다 정치적 의미를 담고 있어서 좋아한다. 이 대목은 가야바가 예수를 죽이자고 한 이면에는 로마가 가야바 자신—그리고 그의 하나님의 백성들—의 삶에 폭력적으로 개입하지 않도록 하기 위한 빗나간 애국심과 민족 종교의 연대가 있었음을, 즉 정치적 방편임을 보여주고 있다. 그러므로 예수를 죽음으로 이끈 계획은 현상 유지를 위협하는 것을 미연에 방지하는 편리한(간편한[convenient] 그리고 유용한[useful]이라는 뜻을 지닌) 수단으로 작용하고 있다. 교회와 국가는 또 죄 없는 한 사람의 그 죽음을 묵인하고 있다. 그 일은 처음도 또 마지막 희생양도 아니고 가장 잔인하지도 또 가장 인도적이지도 않은, 그 시대와 또 다른 시대에서 자행되는 편리한 죽음이다. 누가복음은 예수를 빌라도 법정에 서게 만든 혐의를 이렇게 잘 요약하고 있다: "우리가 보니, 이 사람은 우리 민족을 오도하고, 황제에게 세금 바치는 것을 반대하고, 자칭 그리스도 곧 왕이라고 하였습니다"(눅 23:2, RSV, 한글 번역은 새번역).

가야바는 한 사람이 민족을 위하여 죽는 것이 "편리한 것"이라고 가르치면서 자신이 알고 있는 것보다 더 많은 말을 한다. 요한은 가야바가 자기는 알지 못한 채 예언을 하고 있다고(51), 즉 예수가 민족을 위하여 죽어야만 하는 일이 하나님의 계획을 예언하고 무의식적으로 미리 말했다고 말한다. 이것이 바로 예수의 죽음이 후에 교회의 속죄 신학(theology of atonement)으로(여기서는 아직 대속 신학으로 제한되지는 않고 있다) 되는 근거가 될 것이다*: 한 사람의 자기희생으로 인해 그 나라 혹은 유대민족 심지어 모든 믿는 자들뿐만 아니라 전 우주, 모든 피조물들이 구원을 받게 될 것이다. 가야바는 예수를 죽이자는 동의를 이끌어 내면서 스스로 하고 있는 일을 몰랐을 것이지만, 하나님은 죄 없는 자의 죽음을 만든 악을 복음으로 바꿀 수 있을 만큼 충분히 창의적이다.**

이런 음모를 꾸민 사람들이 성금요일에 그 결과를 얻게 되는 예수 이야기 구성은 오늘 한 친구의 죽음을 두고 울고 있는 예수에게서 시작된다. 부활절은 진실한 그리고 예상하지 않은 결과를 보여줄 것인데 거기서 우리는 우리의 친구가 예수만이 아니라 그를 죽음에서 일으키신 하나님인 것을 발견하게 될 것이다.

---

* Colin E. Gunton, *The Actuality of Atonement: A Study of Metaphor, Rationality and the Christian Tradition* (London: T.&T. Clark, 1988); 속죄양/희생제물로서의 예수에 대해서는 이 책을 보라: Rene Girard, *Things Hidden since the Foundation of the World* (Palo Alto, CA: Stanford University Press, 1987).

** 3. See Gen. 50:20.

사순절 여섯째 주일(고난 주일)

마태복음 27:11-54

[11]예수께서 총독 앞에 섰으매 총독이 물어 이르되 네가 유대인의 왕이냐 예수께서 대답하시되 네 말이 옳도다 하시고 [12]대제사장들과 장로들에게 고발을 당하되 아무 대답도 아니하시는지라 [13]이에 빌라도가 이르되 그들이 너를 쳐서 얼마나 많은 것으로 증언하는지 듣지 못하느냐 하되 [14]한 마디도 대답하지 아니하시니 총독이 크게 놀라워하더라 [15]명절이 되면 총독이 무리의 청원대로 죄수 한 사람을 놓아 주는 전례가 있더니 [16]그때에 바라바라 하는 유명한 죄수가 있는데 [17]그들이 모였을 때에 빌라도가 물어 이르되 너희는 내가 누구를 너희에게 놓아 주기를 원하느냐 바라바냐 그리스도라 하는 예수냐 하니 [18]이는 그가 그들의 시기로 예수를 넘겨 준 줄 앎이더라 [19]총독이 재판석에 앉았을 때에 그의 아내가 사람을 보내어 이르되 저 옳은 사람에게 아무 상관도 하지 마옵소서 오늘 꿈에 내가 그 사람으로 인하여 애를 많이 태웠나이다 하더라 [20]대제사장들과 장로들이 무리를 권하여 바라바를 달라 하게 하고 예수를 죽이자 하게 하였더니 [21]총독이 대답하여 이르되 둘 중의 누구를 너희에게 놓아 주기를 원하느냐 이르되 바라바로소이다 [22]빌라도가 이르되 그러면 그리스도라 하는 예수를 내가 어떻게 하랴 그들이 다 이르되 십자가에 못 박혀야 하겠나이다 [23]빌라도가 이르되 어쩜이냐 무슨 악한 일을 하였느냐 그들이 더욱 소리 질러 이르되 십자가에 못 박혀야 하겠나이다 하는지라 [24]빌라도가 아무 성과도 없이 도리어 민란이 나려는 것을 보고 물을 가져다가 무리 앞에서 손을 씻으며 이르되 이 사람의 피에 대하여 나는 무죄하니 너희가 당하라 [25]백성이 다 대답하여 이르되 그 피를 우리와 우리 자손에게 돌릴지어다 하거늘 [26]이에 바라바는 그들에게 놓아 주고 예수는 채찍질하고 십자가에 못 박히게 넘겨 주니라 [27]이에 총독의 군병들이 예수를 데리고 관정 안으로 들어가서 온 군대를 그에게로 모으고 [28]그의 옷을 벗기고 홍포를 입히며 [29]가시관을 엮어 그 머리에 씌우고 갈대를 그 오른손에 들리고 그 앞에서 무릎을 꿇고 희롱하여 이르되 유대인의 왕이여 평안할지어다 하며 [30]그에게 침 뱉고 갈대를 빼앗아 그의 머리를 치더라 [31]희롱을 다 한 후 홍포를 벗기고 도로 그의 옷을 입혀 십자가에 못 박으려고 끌고 나가니라 [32]나가다가 시몬이란 구레네 사람을 만나매 그에게 예수의 십자가를 억지로 지워 가게 하였더라 [33]골고다 즉 해골의 곳이라는 곳에 이르러 [34]쓸개 탄 포도주를 예수께 주

어 마시게 하려 하였더니 예수께서 맛보시고 마시고자 하지 아니하시더라 ³⁵그들이 예수를 십자가에 못 박은 후에 그 옷을 제비 뽑아 나누고 ³⁶거기 앉아 지키더라 ³⁷그 머리 위에 이는 유대인의 왕 예수라 쓴 죄패를 붙였더라 ³⁸이 때에 예수와 함께 강도 둘이 십자가에 못 박히니 하나는 우편에, 하나는 좌편에 있더라 ³⁹지나가는 자들은 자기 머리를 흔들며 예수를 모욕하여 ⁴⁰이르되 성전을 헐고 사흘에 짓는 자여 네가 만일 하나님의 아들이어든 자기를 구원하고 십자가에서 내려오라 하며 ⁴¹그와 같이 대제사장들도 서기관들과 장로들과 함께 희롱하여 이르되 ⁴²그가 남은 구원하였으되 자기는 구원할 수 없도다 그가 이스라엘의 왕이로다 지금 십자가에서 내려올지어다 그리하면 우리가 믿겠노라 ⁴³그가 하나님을 신뢰하니 하나님이 원하시면 이제 그를 구원하실지라 그의 말이 나는 하나님의 아들이라 하였도다 하며 ⁴⁴함께 십자가에 못 박힌 강도들도 이와 같이 욕하더라 ⁴⁵제육시로부터 온 땅에 어둠이 임하여 제구시까지 계속되더니 ⁴⁶제구시쯤에 예수께서 크게 소리 질러 이르시되 ㄴ)엘리 엘리 라마 사박다니 하시니 이는 곧 나의 하나님, 나의 하나님, 어찌하여 나를 버리셨나이까 하는 뜻이라 ⁴⁷거기 섰던 자 중 어떤 이들이 듣고 이르되 이 사람이 엘리야를 부른다 하고 ⁴⁸그중의 한 사람이 곧 달려가서 해면을 가져다가 신 포도주에 적시어 갈대에 꿰어 마시게 하거늘 ⁴⁹그 남은 사람들이 이르되 가만 두라 엘리야가 와서 그를 구원하나 보자 하더라 ⁵⁰예수께서 다시 크게 소리 지르시고 영혼이 떠나시니라 ⁵¹이에 성소 휘장이 위로부터 아래까지 찢어져 둘이 되고 땅이 진동하며 바위가 터지고 ⁵²무덤들이 열리며 자던 성도의 몸이 많이 일어나되 ⁵³예수의 부활 후에 그들이 무덤에서 나와서 거룩한 성에 들어가 많은 사람에게 보이니라 ⁵⁴백부장과 및 함께 예수를 지키던 자들이 지진과 그 일어난 일들을 보고 심히 두려워하여 이르되 이는 진실로 하나님의 아들이었도다 하더라

신학

오늘 본문은 예수가 체포된 후 빌라도의 재판부터 시작하여 예수의 죽음, 그 후 발생한 우주적 격변과 예수를 지키던 로마 병정들의 고백 등의 사건을 다루고 있다. 본문은 다른 복음서 정경에도 공통적으로 포함된 전통을 기반으로 하여 마태 고유의 신학적 관심이 반영된 것이다. 역사적 사건들과 성서적 암시가 너무 밀접하게 얽혀있기 때문에 비판적 분석가들은 역사적 세부 사항이 성서-신학적 해석을 낳았는지 아니면 그 반대인지를 정확히 파악하기 위해 애써야 한다.

그럼에도 불구하고 한 가지는 확실하다: 여기서 기독교 신앙의 핵심은 예수의 죽음이 그리스도 예수 안에 있는 하나님의 복음의 필수적 요소라는 신념이라는 것이다.

신약성서와 그 이후 신조, 고백, 교리서 안에 이 신념은 너무나 깊게 각인되어 있어서 그리스도인들은 그것을 너무 당연하게 여기고 그 신학적 의미를 간과할 위험이 있다. 이 책 앞에 나온 "종려 주일" 주제나 그 이후 이어지는 기독교 복음의 선포는 당연하거나 필연적 과정이 아니고 특정한 신학적 선택의 결과이다. 이 선택은 "역사적" 예수가 죽었고, 그의 죽음은 로마 제국이 반항적인 피지배자, 특히 반란을 일으킨 자에게 집행하는 사형의 한 형태인 십자가형이었다는 것을 역사적 사실로 받아들인다. 그러나 이러한 사실 자체가 이 죽음이 복음의 필수적 요소라는 확신을 설명하지 못한다.

바울이 처음 지적한 대로 "십자가에 달리신 그리스도"(고전 1:23)는 번드르르하고 효과적인 복음 전도 메시지가 아니다. 실제로 그리스도에 관해 설교하고 그를 따랐던 신자들 중에도 예수의 십자가상의 죽음을 신학적으로 부적절하다고 생각한 경우도 있었다. 그들에게 있어서 그의 죽음은 하나님의 복음이나 구주 예수 그리스도의 고유한 지위와 사역과 관련하여 중요한 의미를 갖지 못한다. 만일 예수의 사역 기간 동안의 말과 행동이 그리고 신자들의 내면에서 생생하게 체험되는 살아 역사하는 예수의 현존이 구원의 지혜, 깨달음, 치유, 희망 그리고 그 이상을 가져다준다면, 예수가 죽었던지 아니면 단지 그렇게 보인 건지, 어떤 죽임을 당했던지가 무슨 상관일까?

그렇다면 마태복음은 예수가 십자가에 못 박혔다는 선언의 신학적 차별성에 대해 성찰하도록 우리를 인도하는 셈이다. 예수의 수난과 죽음의 의미를 제시하기 위해 사용된 마태의 여러 신학적 주제 가운데 가장 두드러진 몇 가지를 여기서 언급할 필요가 있다.

하나는 이스라엘 역사와 예수와 그의 추종자들의 역사 가운데 드러나는 하나님의 구원 행위의 연속성에 대한 마태의 강조이다. 이 점은 수많고 다양한 율법, 예언서 및 다른 성서 인용문, 암시, 흔적 등을 통해 명백해지며, "하늘과 땅의 모든 권세"(28:18)를 통해 부활한 예수가 제자들에게 내린 지상명령을 통해서도 명백해진다. 이 점에서 마태복음이 두 정경, 즉 구약성서와 신약성서를 연결하는 위치에 있다는 것은 놀랄 만큼 의미심장하다.

두 번째 주제는 누가 하늘에서처럼 땅에서도 하나님의 구원 의지와 방도를 선포할 권한을 갖고 있는지에 관한 문제다. 마태의 대답은 나사렛 예수인데, 마태는 모세, 왕들, 예언자들 및 하나님이 구원의 도구로 사용했던 다른 인물들과 연결시키면서 그렇게 대답한다. 예루살렘 안 예수에 관한 이야기를 통해 마태는 통치자-왕으로서의 메시아라는 주제를 전면에 부각시킨다. 그 주제는 예루살렘 입성, "유대인의 왕 예수"라는 죄패, 백부장의 고백 등을 통해 드러난다. 빌라도의 질문, 예수의 대답이 아닌 대답, 주홍색 가운, 가시 왕관, 갈대로 만든 홀, 조롱 등도 이 주제를 반복해서 강조한다. 누가 하나님의 권위를 갖고 말하고 행동하는가? 빌라도, 로마 병정, 대제사장과 장로들, 군중인가? 아니면 거의 아무 말도 하지 않으면서 원수의 손에 의해 자행되는 무자비한 대우를 묵묵히 견뎌내는 예수인가? "고난 당하는 메시아"는 단순한 말장난이 아니다. 그 의미는 극적으로 명확해진다. 그것은 고백이다. 그런 상황에서 "예수가 주님"이라고 고백하는 기독교 신앙은 자신의 유익을 중요하게 생각하는 것과는 정반대되는, 매우 특이하고 이상한 발상이다.

주석

마태는 마가의 일반적인 설명을 따른다. 빌라도 앞에서 재판이 있고, 예수는 그 비난에 도전하기를 거부하고, 군중은 처형을 요구하고, 군인들은 그를 조롱하고, 그는 두 가지 금지령 사이에서 십자가에 못 박히고, 죽을 때 하나님께 부르짖었다. 성전 휘장이 찢어지고 백부장이 십자가 아래에서 그에 관한 진리를 고백한다. 재판(11-26), 십자가에 못 박히심(27-44) 그리고 죽음(45-54)이라는 세 가지 장면이 있다.

재판 장면(11-26)에서 주목할만한 것은 빌라도에게 "총독"(heɰgemoɰn)이라는 단어가 반복적으로 사용되어 빌라도의 권위가 세속적, 정치적 영역에서 오는 것 강조하는 것이다. 이와는 대조적으로 예수는 하나님으로부터 자신의 권위를 받는다. 동방박사들이 "유대인의 왕으로 나신"(2:2) 분을 찾고, 종교 지도자들이 헤롯 왕에게 알릴 때인 유아기 이야기에서 확증된 진리이다. 메시아는 이스라엘 백성을 보살피는 "통치자"(heɰgemoɰn, 2:6)가 되실 것이다. 권위의 문제는 예수의 사역 전반에 걸쳐(7:29; 9:6-8), 특히 종교 지도자들과의 갈등에서(21:23-27) 예수에게 항상 따라다닌다. 또한 마귀의 유혹 중 하나는 "천하만국"(4:8)을 제의하는 것인데, 예수는 이를 거절하였다. 따라서 빌라도의 재판은 지상의 통치자("총독")와 하늘의 통치자("유대인의 왕"27:11; "메시아"27:17, 22)의 대결이다. 십자가 저편의 독자들은 궁극적인 결과를 알고 있지만, 이 지점에서는 세상의 권세가 하나님의 기름 부음을 받은 자를 이기는 것처럼 보인다.

재판에서 두 가지 세부 사항이 있는데, 마태복음에만 나온다는 점에서 주목할 만하다. 빌라도의 아내의 꿈(19)과 빌라도가 손을 씻는 상징적 행위(24)에서 예수의 결백을 강조한다. 예전에는 예수를 메시아적 구세주로 환호하던 군중들이 이제는 그를 죽음으로 몰아넣고 있다. 대제사장들과 장로들이 채찍질하여 십자가에 못 박으라는 요구를 되풀이할 때 빌라도는 예수에 대한 혐의가 미움에서 비롯된 것임을 알았지만, 그들을 막을 수 없거나 그럴 의지가 없었다. 빌라도가 "이 사람의 피에 대하여 무죄"(24)하다는 주장은 "무죄한 피를 넘겨 죄를 지었다"(27:4)

고 한 유다와 언어적으로 상통한다. 두 사람 모두 "스스로 처리하십시오"(syorao)라고 덧붙인다. 빌라도가 예수의 죽음에서 자신의 역할을 부인하는 동안 유다는 그의 죽음을 회개한다. 군중들은 "그 사람의 피를 우리와 우리 자손에게 돌리시오"(25, 23:30-36 참조)라고 전적인 책임을 지고 있다.* 궁극적으로 모든 사람은 유죄이며, 예수께서 체포되기 직전에 말한 "이것은 죄를 사하려 주려고 많은 사람을 위하여 흘리는 나의 피 곧 언약의 피다"(26:28)라고 하신 예수의 용서의 말씀의 역설과 힘을 고조시킨다.

십자가에 못 박히신 장면(27-44)에서 "총독의 군인들"(빌라도의 계속되는 죄를 암시함)은 예수에게 진홍색 옷과 가시관을 입히고, 손에 갈대(홀 같은)를 쥐고, 그를 "유대인의 왕"(29)이라고 조롱한다. 백성과 대제사장들과 서기관들과 장로들과 함께 십자가에 못 박힌 강도들도 합세하여 조롱거리를 더한다. 그들은 예수를 "하나님의 아들", "이스라엘의 왕", "남을 구원한"(40-43) 분으로 조롱한다(1:21, 2:2, 15, 3:17). 십자가에 못 박히신 장면 전체에 걸쳐 시편 22편과 69편이 반복적으로 반복되는 것은 예수가 고난받는 종이며 하나님께서 입증하실 것임을 암시한다(시 22:7, 18, 69:19-21). 이 암시는 "나의 하나님, 나의 하나님, 어찌하여 나를 버리셨습니까?"(46; 시 22:1)라는 십자가의 말씀으로 강화된다.

45-54절에는 예수의 죽음에 대한 이야기가 있다. 마태는 마가를 거의 그대로 따라가며 예수의 버림에 대한 외침을 포함한다. 십자가형에 대한 일부 현대적 이야기와 달리 정경 복음서는 죽음의 의미와 결과를 지적하는 대신 죽음에 대한 끔찍한 세부 사항에 거의 주의를 기울이지 않는다. 마태는 십자가에 못 박히심의 우주적 의미를 생생하게 보여준다. 땅이 흔들리고, 바위가 갈라지고, 무덤이 열리고, 죽은 사람이 살아난다. 떠오르는 별이 동방에서 이방인 현자들을 데려온 것처럼 (2:2-10), 흔들리는 땅이 이방인 백부장과 그와 함께 있는 모든 사람들(나중의 독자들을 포함하여)에게 "이 사람은 참으로 하나님의 아들이었다!"(54)라고 말한다.

복음의 위대한 신비 중 하나인 버림받은 자가 이 가장 황량한 시간에도 관계를

---

* 레 20:9-16; 삼하 1:16; 렘 26:15 참조. 말할 필요도 없이 이 말은 유대인과 유대교 일반에 대한 정죄로 간주되어서는 안 된다(수세기 동안 많은 그리스도인들이 보았듯이).

주장하며 "나의 하나님"이라고 부르짖는다. 거절당하신 십자가에서의 예수는 인간의 체험 속에 온전히 사신다. 사람들이 서로에게 가할 수 있는 최악의 상황을 견디는 것, 즉 배신, 잔인함, 고통 등 모든 것이 그에게 일어났다. 사실 예수의 사역 초기에 "이리 가운데 양"(10:16)과 같은 제자들을 보내기 전에 예수는 어려운 진리를 예언했다. "사람들을 조심하여라. 그들이 너희를 법정에 넘겨주고 그들의 회당에서 매질을 할 것이다. 또 너희는 나 때문에, 총독들과 임금들 앞에 끌려 나가서 그들과 이방 사람 앞에서 증언할 것이다. … 형제가 형제를 죽음에 넘겨주고, 아버지가 자식을 또한 그렇게 하고, 자식이 부모를 거슬러 일어나서 부모를 죽일 것이다. 너희는 내 이름 때문에 모든 사람에게서 미움을 받을 것이다. 그러나 끝까지 견디는 사람은 구원을 얻을 것이다"(10:17, 18, 21-22; 참조 24:9-13).

마태의 이야기는 예수의 제자들에게 앞으로 일어날 모든 일이 이미 예수에게 일어났음을 보여준다. 그들이 무엇을 겪든 예수는 이미 고통을 겪었다. 그들이 직면한 죽음은 예수가 이미 겪었던 죽음이다. 이 복음서의 본질적인 기독론적 주장은 예수가 십자가에서 가장 고립된 순간에도 우리와 함께 하시는 하나님 임마누엘이라는 것이다(1:23; 28:20 참조).

목회

 고난 주일 예배에서 우리는 예루살렘 성문을 통해 개선 행진을 하는 카리스마 있는 스승이 아니라 배신당하고 버림받고 죽음의 필연성에 직면한 한 사람, 예수를 만난다. 예수에 대한 환호는 "십자가에 못 박으라"는 말에 굴복하고, 위로의 말은 고통과 반신반의의 말로, 복음서의 선포는 침묵으로 대체된다. 예수의 목소리는 근거 없는 선포와 잘못된 주장이 뒤섞인 불협화음에 가려져 뒤로 사라지고, 종교 지도자들은 예수를 반역죄로 고발하면서 그를 처형하도록 요구하라고 백성들을 설득한다.

 예수는 말을 별로 하지 않았는데 예수를 죽이려고 하는 사람들은 악의적으로 반응하기 때문에 곤란한 상황이 이어진다. 십자가 처형이 우리의 삶에 가지는 의미를 가려내는 것은 이와 비슷하게 어렵다. 왜냐하면 마태는 우리가 십자가형을 고립된 사건으로 관여하는 것을 허락하지 않고, 예수의 십자가형과 그의 전반적인 삶과 사역, 특히 체포되기 전의 사건들 사이의 명백한 연관성을 드러내기 때문이다. 다시 말해서 이 이야기는 우리를 기억하는 훈련에 참여하고, 예수께서 선포하신 복음과 대화하면서 예수가 십자가에서 비통하게 외치신 것을 듣게 한다. 그래서 십자가 처형이 우리 삶에 미치는 영향을 분별하고, 그것이 우리를 새롭게 창조하도록 초대한다.

 예수는 십자가에서 힘겹게 외치셨다. "나의 하나님, 나의 하나님, 어찌하여 나를 버리셨습니까?" 이 말들은 우리의 마음에 지울 수 없게 새겨져서 우리가 십자가에 못 박히신 분을 따르고 있음을 상기시켜 준다. 예수는 그의 안녕을 위협하는 사람들의 의지를 완화하거나 묵인하기를 거부한다고 선포한 자신의 메시지와 자신을 완전히 일치시킨다. 예수께서 개선 행진을 하신 다음 날 예루살렘 성전으로 돌아와 환전상들과 제물로 바칠 짐승들을 사고파는 사람들을 쫓아내시고, "'내 집은 기도하는 집이라고 불릴 것이다' 하였다. 그런데 너희는 그것을 '강도들의 소굴'로 만들어 버렸다"(21:13)는 예언자 이사야를 연상시키는 말씀을 하신 것을 보면 예수의 결심은 확고하다. 이사야의 영으로 예수는 예수의 치유가 절실한 "쫓겨난 이스라엘 사람들"(사 56:8)이 성전으로 모여드는 것을 환영한다. 성전이 가득 차게 외치는 아이들을 포함하여 모두가 놀라면서 예수가 예언된 바로 그분이라고 주장한다. "다윗의 자손에게 호산나!"

다음 날 예수는 가르치기 위해 성전으로 돌아가서 대제사장과 장로들과 다른 종교 지도자들의 행동을 비판하고, 세리와 매매춘 여성처럼 사회적으로, 도덕적으로 버림받은 사람들이 그들보다 하나님의 나라에 더 적합하다고 말함으로 그들과의 갈등을 심화시킨다. 예수는 사실상 하나님의 통치의 경계선을 "하나님의 나라의 열매를 맺기" 원하는(마 21:43) 모든 사람에게 개방하는데, 이것은 종교 지도자들이 받아들이지 않는 것이다. 게다가 그들이 율법을 두고 논쟁을 해서 예수를 거짓 예언자라고 깎아내리려고 할 때, 예수는 그것을 기회로 삼아 세상에 하나님이 계신다는 것을 나타내기 위해 사랑과 연민이 필요하다고 설명한다. 다시 말해 예수는 우리가 서로 사랑하고 가장 작은 사람에게 하나님께 하는 것처럼 하려는 우리의 의지가 하나님과 올바른 관계를 맺는 것과 불가분의 관련이 있다고 하심으로 사람들이 서로 관계를 맺는 양식을 혁명적으로 바꾸기를 희망하시면서 십자가에 못 박히기 전 며칠 동안 거의 침묵을 지키셨다.

아마도 예수는 충분히 말씀하셨고, 이제는 우리가 기억해야 한다. 만약 예수의 오랜 침묵과 십자가에서의 고통스러운 외침이 정말로 우리를 소명의 삶으로 부르고 고통당하는 사람들과 연대해서 그들의 괴로운 탄식을 멈추게 하도록 용기를 주려는 의도였다면 어떨까? 어쩌면 예수의 외침은 예수 혼자만의 외침이 아니라, 누군가 그들의 부름에 응답하지 않는다면 하나님과 사람들에게 버림받았다고 느껴왔고, 느끼게 될 수백만의 고통당하는 사람들을 대신하는 영원한 외침일 것이다. 아마도 예수의 고뇌에 찬 외침은 우리 존재의 중심에서 우리를 어루만져서 오늘날 예수의 제자인 우리가 예수의 가르침을 기억하고, 그 가르침 안에서 살기 위해 노력하게 하려고 의도되었을 것이다.

기억하면 왜곡이 줄어들기 때문에 예수의 가르침을 기억하면 먼 나라에서 그리고 우리나라 안에서 고통당하는 이웃과 가정과 예배 공동체 안에 있는 사람들의 목소리가 더 크게 들린다. 예수의 가르침을 기억하는 것은 돈과 지위와 권력과 형식주의에 집착하는 것을 막아주고, 예수와 함께 "나의 하나님, 나의 하나님, 어찌하여 나를 버리셨습니까?"라고 외치는 사람들에게 주목하게 해준다. 브라이언 마한(Brian Mahan)은 『우리 자신을 일부러 잊어버리기』라는 책에서 "고통에 관심을 갖는 것은 눈을 감거나 피하거나 얼버무리지 않고 우리가 보는 것을 단지 보는 것이다. … 우리가 그렇게 바쁘지 않고, 그렇게 무섭지 않고, 그렇게 몰두하지 않고 있을 때 하는 그런 행동"이라고 상기시킨다.

오늘의 사순절 이야기에서 예수의 죽음을 획책한 사람들은 권력에 집착하고 변화를 두려워하여 사랑과 연민이 실현되는 세상이 될 수 있었던 가능성을 놓치고 말았다. 그 결과 그들과 그들의 추종자들은 그들도 하나님의 아들을 믿게 되거나 변하지 않으려고 하나님의 아들을 십자가에 못 박고, 조롱하고, 비웃었다. 그들의 행동은 고통스럽지만, 교훈적으로 우리가 과거의 실수를 반성하고 현재의 실수를 반복하지 않을 수 있는 기회를 제공한다. 이에 대응하여 우리는 십자가에 달리신 분과 약속한 대로 하나님과 자신과 이웃에 대한 사랑을 구현하는 윤리적인 실천을 하면서 목회 사역에 몰두해야 한다. 십자가 처형은 단순히 애도해야 하는 사건이나 부활의 시작이 아니라 신실한 사람들이 주님과 함께 서 있다는 것을 기억하지 못할 때 악한 생각이 생겨난다는 것을 일깨워주는 것이다.

"참으로, 이분은 하나님의 아들이셨다." 군인들은 한낮의 어둠 속에 서서 발밑에서 땅이 흔들리는 것을 느끼고, 무덤이 죽은 사람들을 풀어주는 것을 목격하고, 지성소를 들여다보고서 깨달았다. "참으로, 이분은 하나님의 아들이시다."

설교

> 그들이 나의 주님을 십자가에 못 박았으나
> 그는 결코 한 마디도 하지 않았다
> 그들이 나의 주님을 십자가에 못 박았으나
> 그는 결코 한 마디도 하지 않았다
> 한 마디도, 한 마디도, 단 한 마디도

옛 아프리카 노예들의 흑인영가는 예수께서 고난과 죽음에서 보여준 태도를 문자 그대로 정확하게 노래하지 않았을 수도 있지만, 마태의 기록에서 붉은 글씨로 된 예수의 말씀을 보면 그를 고발한 사람들과 괴롭혔던 사람들 면전에서 침묵한 사실에 충격을 받지 않을 수 없다. 오늘 본문에서 우리는 단지 두 마디만 듣는데 그것은 "당신이 유대인의 왕이오?"(11)라는 질문에 "당신이 그렇게 말하고 있소"라는 짧은 두 단어(헬라어로)와 "엘리 엘리 라마 사박다니?"라는 아람어로 버려짐에 대한 절규이다. 이마저도 거리에 서 있는 사람들은 잘못 들었는데 그들은 "엘리"가 하나님을 부르는 것이 아니고 예언자 엘리야라고 생각했다. 배신, 부인, 고발, 정죄, 고문, 조롱 심지어 "지금 십자가에서 내려오시라지! 그러면 우리가 그를 믿을 터인데!"(42)라는 마지막 유혹조차도 이 유명한 나사렛 출신의 이야기꾼으로부터 아무 말도 이끌어 내지 못한다. 왜 그럴까?

고난 이야기를 거의 침묵하는 예수의 이야기로 전하는 마태의 선택은 이사야의 고난 받는 종의 노래(그중 하나가 오늘 성서정과 첫 번째 본문—이사야 50:4-9a—에 또 다른 것은 성금요일 본문에 있다)와 탄식시(시편 22편과 같은 것으로 그 시작 부분을 예수께서 마지막 숨을 내쉬며 외쳤다)를 예수 자신의 목소리로 만들어서 예수께서 그렇게 수동적으로 견디는 것이 하나님의 말씀을 이루기 위한 것으로 해석하게 만든다. 그것은 예수께서 그토록 심취해 있던 구약의 하나님의 말씀이 우리 앞에 두려움 가운데 펼쳐진 그의 고난과 죽음이라는 사건을 우리로 하여금 예수의 침묵을 통하여 바라보게 만드는 근간이 된다.

많은 교회들이 이 전체 고난 이야기(26:14-27:66) 읽기에 교인들이 함께하도록 구성하여 개인적 역할을 맡은 교인들과 군중과 여러 수많은 소리로 참여하는 교인들이 다양한 목소리를 내면서 참여 가능하게 만들었다. 나는 이것이 매우 효과적인 예전 참여 경험임을 알지만, 당연히 설교 시간을 제한해야 하는 것이기도 하다. 최근에 나는 5분짜리 묵상을 만들어 "고난 서곡"이라 부르고 그것을 예배에서 교인들이 고난 이야기를 읽기 전에 먼저 들려주는 것으로 설교를 바꾸었다. 이렇게 하면 설교는 고난 이야기를 듣기 전에 일종의 사전 교육 역할을 하는데, 그것은 마치 청중들이 곧 듣게 될 음악을 더 잘 이해하고, 더 예리하게 듣고 감상하도록 하기 위해 음악전문가가 콘서트 전에 하는 것과 같은 것이다. 교인들 스스로가 말씀에 근거한 공연에 참여하게 되기 때문에 이와 관련한 보다 적절한 이미지는 지휘자가 자신의 오케스트라 연주자들에게 연주하려는 곡을 세심하게 소개하는 것과 같을 것이다. 여기에서 핵심적 요소는 오늘 성서정과 중 첫 번째로 읽은 이사야서인데, 거기서 종은 "주 하나님께서 나를 학자처럼 말할 수 있게 하셔서, 지친 사람을 말로 격려할 수 있게 하신다. 아침마다 나를 깨우쳐 주신다. 내 귀를 깨우치시어 학자처럼 알아듣게 하신다"(사 50:4)라고 고백한다. 오늘날 설교자의 역할은 이 종이 보여주는 것처럼 교인들이 "학자처럼 알아듣게" 심지어 "주 하나님께서 내 귀를 열어주신 것처럼"(사 50:5a) 알아듣게 그들을 잘 돕는 일이다.

고난 이야기에 대해 보다 세심하고 참여하는 마음으로 읽기 위해 이런 준비를 한 교인들의 성서 읽기는 이어지는 고난주간 예전에서 교인들이 할 일부 역할에 대한 리허설이 될 것이다. 고난 이야기에서 교인들의 역할은 제자들과 함께한 목요일 마지막 만찬부터 금요일 저녁 빌린 무덤에 장사될 때까지 예수와 함께하는 연속적인 사건에 함께하는 것이다. 문제는 교인들 가운데 삼 일간 진행되는 예전에 모두 참여하게 되는 사람은 거의 없을 것이라는 점이다. 그래서 적어도 일주일에 한 번이라도 예수의 전체 고난 이야기 읽기에 참여하여 듣는 일이 중요하다! 나는 이 고난 이야기를 읽을 때 각 6절로 이루어진 사무엘 크로스만(Samuel Crossman)의 찬송 <알 수 없는 사랑을 위한 나의 노래>를 소개하는데

그중 마지막 부분을 "파송" 찬송으로 적절하게 사용한다:

> 여기 남아서 노래할 수 있어요
> 이런 신성한 이야기는 없어요!
> 사랑은 결코 없었어요 왕이시여
> 당신이 겪은 것 같은 슬픔은 결코 없었어요
> 이 분은 나의 친구 즐거운 찬양 가운데
> 나는 힘들지만 기꺼이 보낼 수 있어요*

레이몬드 브라운(Raymond Brown)의 방대하고 권위 있는 2권으로 된 『메시아의 죽음』(The Death of the Messiah)도 사복음서 모두에 있는 고난 이야기를 성찰하는 데 풍부한 자료를 제공한다. 그의 통찰력은 고난주간 매일 설교를 깊이 있게 준비하는 것을 도와준다. 브라운은 예수의 고난에서 침묵 전승이 제2이사야나 시편과 비교되기 이전에도 존재하지 않았을까 하는 의문을 제기하면서 시간이 지남에 따라 예수의 침묵이 이후 다른 사람들의 모범이 분명히 되었다고 판단하고 있다(벧전 2:21, 23을 보다).**

보다 간단하고 목회적으로 훨씬 더 도움이 되는 것은 현 캔터베리 대주교 로완 윌리엄스(Rowan Williams)의 재판받는 그리스도(Christ on Trial)이다. 그는 예수께서 "당신이 말하였소"(마 26:64)라는 말이 곧 "우리에게 말해주시오 그대가 하나님의 아들 그리스도요?"라는 가야바의 질문을 질문자에게 되돌려주었다고 신중하게 설명하고 있다. 사실상 그의 재판관들은 예수의 침묵으로 인하여 그들 자신의 입장이 거짓임을 입증하였고, 그 결과 자신들의 부당한 행위에 대한 재판관

---

* *Evangelical Lutheran Worship* (Minneapolis: Augsburg Fortress, 2006), #343. 나는 이 찬송가를 봉헌송이나 후주로 연주되는 Ralph Vaughan Williams의 멋진 〈Fantasy on Rhosymedre〉와 함께 옛 웨일즈 곡 〈Rhosymedre〉에 맞춰 부르는 것을 매우 좋아한다. 앞에서 인용한 영성은 The *Evangelical Lutheran Worship* #350에 있다.

** 2. Raymond Brown, *The Death of the Messiah*, 2 vols. (New York: Doubleday, 1994), 1:464-465.

역할을 하는 모양이 되고 말았다.* 아버지께서 금요일 범죄의 현장을 떠나셨다는 생각에 괴로워하는 예수에게 부활절 아침에 만나게 될 하나님의 유일한 최종적인 답은 놀랍게도 "그렇다"일 것이다.

___

* 3. Rowan Williams, *Christ on Trial* (Grand Rapids: Eerdmans, 2003), 30-31.

사순절 여섯째 주일(종려 주일)

마태복음 21:1-11

¹그들이 예루살렘에 가까이 가서 감람 산 벳바게에 이르렀을 때에 예수께서 두 제자를 보내시며 ²이르시되 너희는 맞은편 마을로 가라 그리하면 곧 매인 나귀와 나귀 새끼가 함께 있는 것을 보리니 풀어 내게로 끌고 오라 ³만일 누가 무슨 말을 하거든 주가 쓰시겠다 하라 그리하면 즉시 보내리라 하시니 ⁴이는 선지자를 통하여 하신 말씀을 이루려 하심이라 일렀으되 ⁵ㄱ)시온 딸에게 이르기를 네 왕이 네게 임하나니 그는 겸손하여 나귀, 곧 멍에 메는 짐승의 새끼를 탔도다 하라 하였느니라 ⁶제자들이 가서 예수께서 명하신 대로 하여 ⁷나귀와 나귀 새끼를 끌고 와서 자기들의 겉옷을 그 위에 얹으매 예수께서 그 위에 타시니 ⁸무리의 대다수는 그들의 겉옷을 길에 펴고 다른 이들은 나뭇가지를 베어 길에 펴고 ⁹앞에서 가고 뒤에서 따르는 무리가 소리 높여 이르되 호산나 다윗의 자손이여 찬송하리로다 주의 이름으로 오시는 이여 가장 높은 곳에서 호산나 하더라 ¹⁰예수께서 예루살렘에 들어가시니 온 성이 소동하여 이르되 이는 누구냐 하거늘 ¹¹무리가 이르되 갈릴리 나사렛에서 나온 선지자 예수라 하니라

신학

예수의 예루살렘 입성에 관한 이야기가 종려 주일 본문으로 택해졌지만, 여기에 종려나무는 등장하지 않는다. 이 본문은 십가까지 이어지는 수난 이야기의 시작 역할을 한다. 본문의 자세한 내용에 대해 많은 신학자들이 여러 가지 해석을 해 왔지만, 교회의 분열을 초래할 정도의 심각한 교리적 논쟁거리는 없다.

본문에는 복합적으로 뒤엉켜진 채 등장하는 몇 가지 주제가 있는데, 이에 관한 신학적 의미를 살펴볼 필요가 있다. 우선 본문에서는 정치적 주제가 기독론, 속죄론, 종말론과의 연관 속에서 전개되고 있다. 제2성전 유대교 시대(the age of Second Temple Judaism)의 메시아 대망의 배경에서 예수가 군중의 환호를 받으며 동물을 타고 입성하는 장면은 사복음서에 공통으로 나온다. 이러한 대망은 여러 다양한 전통과 기대와 연관이 있었으며, 매우 다양한 형태를 띠고 있었다. 그중에는 로마인 정복자와 부역자에 대한 무장 투쟁 운동도 있었다. 예수의 생애에 관한 비판적 연구와 성서 자체, 기독교 전통에 의하면, 그런 여러 형태의 대망들이 나사렛 예수의 인격과 사역을 이해하는 데 중요한 역할을 한다.

마태복음은 예수를 메시아로 규정하는 초기 기독교의 전통을 반영한다. 마태복음 기자는 이스라엘의 역사와 구약에 나타나는 하나님의 구원 행위를 예수와 교회 공동체에서 나타나는 하나님의 구원 행위와 연결시킨다. 예수와 관련된 사건을 율법과 예언자의 관점에서 바라보고, 율법과 예언자를 예수의 관점에서 해석하는 것과 구약을 예수의 생애 단계와 그 이후의 관점에서 조망하는 것이 두드러진다. 필요와 의도에 의한 선택의 과정에는 필연적으로 메시아가 어떤 분인가에 관한 신학적 입장이 전제된다. 수많은 다양하고 또는 서로 모순되는 메시아론 중에서 어떤 입장이 맞는가, 메시아가 왔다는 확실한 증거는 무엇인가 등에 관해 어떤 견해를 취해야 할까?

마태복음의 예루살렘 입성 이야기에는 메시아적 주제와 승리의 주제가 두드러진다. 여기에서는 구약의 메시아 대망과 중요한 순례 축제들(pilgrimage festivals)에 관한 언급과 암시가 중요한 역할을 한다. 직전의 장면에서 도시는 죽음을 가져온다. 즉, 메시아가 죽임을 당할 시간이 되었다. 예수는 20장에서 예고된 것을 이루기 위해 나귀와 새끼 나귀를 타고 입성할 준비를 하셨다. 이 일련의 사건 자체가 매우 명확하고 담대한 메시아적 주장이다. 이 이야기는 분명하게 다음의 사실들을 밝히 드러낸다. 예수가 메시아적 입성을 계획하고 수행하고, 군중은 그의 입성을 기뻐하고 환호를 보내고, 하나님의 메시아의 통치에 위협을 느낀 로마 권력은 서서히 대책을 마련한다.

이 이야기 속에는 일반적인 메시아의 이미지—화려하고, 축제적이고, 장엄하고, 충격적일 정도의 파괴력을 보이는—와는 명백하게 대조되는 측면이 강조된다. 스가랴 9:9은 메시아가 겸손하고 온순하게 나귀를 타고 온다고 말한다. 만일 이것이 예수가 메시아가 되는 방식이라면 이는 대중적인 메시아관과는 배치된다. 이런 문제는 메시아가 고난을 받고 죽임을 당할 것이라는 예고에 의해 더 심각해진다.

구약에 나오는 위대한 승전 영웅의 이미지와 로마 병정의 위협적인 행진을 기억하고 있는 대중들에게 이런 대조는 신학적 패러디로 다가오게 된다. 오늘 본문은 패러디적 사고를 촉발한다. 예수가 나귀를 준비시킨 과정과 "그가 갈릴리 나사렛에 나신 예언자"라는 평가와 이에 앞서는 어색하게 강조되고 기괴하기까지 한 상징적 행동들은 그런 점을 강조한다. 오늘의 신학자들은 여기서 하나님의 방식은 이 세상의 방식과 다르다는 것이 강조되고 있다는 것을 쉽게 판단할 것이다. 여기 나오는 통치는 섬김이 그 핵심적 요소로 작용한다. 온순함, 겸손함, 평안함, 자비, 자기희생적 관용, 연민 등은 하나님의 통치의 핵심 요소이다.

위의 주제와 함께 본문에는 조금 낯설 수 있는 두 번째 주제가 등장한다. 이것은 본문에 묘사된 예수의 이상한 메시아적 입성의 형태가 각자의 다양한 현장에서 다양한 메시아적 기대를 갖고 활동하는 그리스도인들에게 어떤 영향을 줄 것인가 하는 주제이다. 사람이 일하는 방식과 하나님의 일하시는 방식을 구별하는 그 다름은 무엇인가라는 질문이 중요하다.

이러한 질문은 오늘 이야기에 나온 방식으로 예루살렘에 입성한 예수는 이 세상 권력과 권세자들에게 언제나 큰 도전(영적인 도전뿐 아니고 정치적인 도전)이 었다는 점을 상기함으로 다루어져야 한다. 영적인 도전일 뿐 아니라 정치적인 도전이기도 하다. 예수의 방식은 열심당 등의 어떤 무장 혁명가들과도 달랐고, 정당을 통해 혹은 입법이나 행정명령을 통해 목적을 실현하려는 사람들의 방식과도 달랐다. 왕인 예수는 권력자에게나 변덕스러운 군중들에게나 위협이었다. 예수는 이 세상의 질서를 그대로 보존하기 위해 입성하거나 십자가에 달려 죽고 부활하지 않았다. 그러나 어떤 그리스도인들은 예수의 메시아적 통치의 영역을 개인의 영혼으로 제한하고, 관심을 이 세상이 아니고 다음 세상에 집중하기도 했다.

오늘 본문은 우리에게 대안적 사고를 하도록 권한다. 콘스탄티누스 황제 이전의 순교 역사나 오늘날의 변화된 상황에서 이루어지는 사회적, 정치적, 후기 식민주의적, 해방적 신학은 온화한 왕으로 오신 이 나사렛의 예언자의 오심을 환영하면서 이루어지는 시민들의 자발적 저항을 정당한 것으로 여겨왔었다.

예수의 메시아적 방식은 로마 제국이나 그 괴뢰 정권이나 궁정 예언자들이나 대중 선동가들의 방식과 다르다. 따라서 예수의 방식은 권력층이 자신의 방식으로 정권을 계속 유지하려는 상황에서는 위협이 된다. 그리스도인들이 권력을 잡았다고 상황이 달라지는 것은 아니다. 임마누엘이라 불리시는 분의 성품과 방식을 본받아 우리가 살고 있는 이 세상에서 새로운 사회 질서를 꿈꾸고 그것을 실현하기 위해 헌신하는 것은 그리스도인의 가장 중요한 사명이다.

예루살렘으로의 승리의 입성은 군중들에게 가이사랴 빌립보에서 베드로가 했던 것과 같이 예수가 메시아라고 고백하게 한다. 예수를 "예언자"라고 부르는(마 21:11; 16:13-14 참조) 그들의 외침은 그들이 예수 안에서 유대인의 메시아적 기대가 성취되었음을 인식하고 있음을 시사한다. 이 확언은 예수와 예루살렘 당국 간의 갈등이 고조되는 발판을 마련한다.

"무리"는 마태복음의 등장인물로서, 제자들로서 역할을 한다. 그들은 예수의 사역이 시작될 때 나타나며, 여러 지역에서 예수께 나아온다(4:25). 산상수훈이 끝날 무렵 그들은 그의 가르침을 듣고 있다(7:28-29; 13:2 참조). 그들은 병자를 고칠 수 있는 능력(12:15, 14:14, 15:30, 19:2)을 보고 그분의 권위(7:28-29, 9:8, 22:33)에 반복적으로 놀랐다. 그들은 "이런 것은 이스라엘에서 처음 보는 일이다"(9:33)라고 하면서 그가 귀신을 쫓아낼 때 놀란다. 그들은 예수가 다윗의 자손이라고 생각한다(12:23). 승리의 입성 전에 군중은 빵 몇 개와 물고기 두 마리로 두 번이나 허기를 채웠다(14:13-21, 15:32-39). 그러므로 그들이 예수가 그 도시에 나귀 타고 나타날 때 그처럼 열정을 나타내는 것은 놀라운 일이 아니다. 행렬의 중요성을 높이는 것은 메시아가 나타날 것으로 생각되던 장소인 감람산(21:1)에서 행진이 시작됐다는 사실이다(슥 14:1-11 참조).

"이 사람이 누구냐"라는 질문과 군중의 반응은 마태가 마가의 설명에 중요한 수정을 가한 것이다. 추가 변경 사항은 1) 예수의 왕권을 강조하고 유대 전통과 연속성을 유지하는 성취 예언의 삽입, 2) 군중이 예수를 다윗의 자손으로 확언하며 마태복음의 첫 구절을 되풀이하고 메시아적 주장을 더욱 강화함, 3) 예수가 도착했을 때 도시의 '소란'은 예수께서 십자가에 못 박히실 때 지진을 미리 보여주고 사건의 우주적 중요성을 높인다.

마태의 이야기에는 "이것은 예언자를 시켜서 하신 말씀을 이루시려는 것이었다"(1:22, 2:15, 8:17 참조)라는 문구로 표시된 유대 성서의 공식 인용문들이 포함되어 있다. 인용문은 예수의 유대적 메시아 기대의 연속성과 성취를 강조한다.

이 구절에서 공식 인용문(5)은 이사야서와 스가랴서의 합성으로 왕의 도래에 수반되는 구원을 선포한다. 원래 문맥에서 인용문의 첫 부분인 "시온의 딸에게 말하라"는 "보라 네 구원이 온다"(사 62:11b)라는 문구로 계속 이어진다. 원래의 예언은 거룩한 도성 예루살렘에 대한 하나님의 변호와 구원의 약속, 즉 마태의 인용에 의해 이월된 기대를 보여주고 있다.

인용문의 후반부는 스가랴 9:9에서 가져온 것이다. 원문은 여호와께서 원수를 무찌르시고 이스라엘을 회복하심에 관한 약속으로, 하나님을 승리하고 입성하는 평화로운 왕의 형상으로 묘사하고 있다. 마태는 예수께서 나귀와 나귀 새끼를 탔다는 이상한 그림을 제시함으로써 약속을 문자 그대로 해석한다(7 "그 위에 앉으셨다"). 어떤 경우든 지역 마을 사람에게서 "타는 것"을 빌리는 일상적인 행위는 구원과 회복에 대한 구약의 예언과 연결되어 더 큰 의미를 갖는다. 예수는 승리한 왕처럼 예루살렘에 입성하실 뿐만 아니라 하나님의 백성의 구속을 가져오기 위해 하나님의 기치 아래서 그렇게 한다. 물론 대가가 있을 것이다. 그는 이미 임박한 죽음에 대해 제자들에게 말했다(20:17-29). 그러나 지금으로서는 군중이 색종이 테이프 퍼레이드의 1세기 버전인 도로에 나뭇가지를 흔들고 옷을 펴면서 그 무시무시한 현실이 뒤로 밀려난다.

마태복음의 시작 부분은 예수를 "다윗의 자손이요 아브라함의 자손인 메시아"(1:1)라고 밝히고 있다. 이야기 속의 등장인물들은 특히 그의 치유 행위와 관련하여 예수를 "다윗의 자손"이라고 부르면서 비슷한 주장을 한다(9:27, 15:22, 20:30 참조). "다윗의 자손"이라는 구절은 마가와 누가를 합친 것보다 마태복음에 더 자주 나온다. 한번은 그분이 눈멀고 벙어리인 사람에게서 귀신을 쫓아내신 후에 무리가 놀라서 "이 사람이 다윗의 자손이 아닌가?" 하고 묻는다(12:22-23). 그들의 질문은 단순히 예수가 좋은 유대 혈통을 가지고 있다고 제안하는 우회적인 방법이 아니며(사실 그렇다), 그가 다윗만큼 중요한 왕이라는 의미만은 아니다(사실 그렇다).

마태의 이야기에서 예수를 다윗의 자손으로 환호하는 것은 메시아적 주장이다. 바리새파 사람들도 메시아가 다윗의 아들이라고 주장한다(22:41-42). 그래서 군중이 "호산나!(문자적으로 "우리를 구원하소서") 다윗의 자손께!"라고 외친다. 그들은 "주님의 이름으로 오시는 분"(21:9; 시 118:25-26 참조)이신 메시아적 구주가 오심을 축하하고 있다. 그들의 반응은 대제사장들과 서기관들의 주목을 피할 수 없었다. 성전에 있는 아이들이 환호하는 군중들과 함께 "호산나!"라고 외치자 분노가 솟구쳤다(21:15-16).

예수와 제자들이 예루살렘에 입성할 때쯤이면 온 도시가 "소란"(seiou)해진다. 동사에서 파생된 명사는 십자가에서 예수의 마지막 숨결(27:51; 27:54 참조)과 빈 무덤에 나타난 천사의 지진(28:2)을 가리킨다. 땅이 흔들리는 것은 "주의 날"(욜 2:10-11)과 하나님의 임재(시67:8; 욥9:6; 사13:13; 겔38:20 참조)와 관련이 있다. 비록 예루살렘 사람들이 예수 오심의 중요성을 완전히 이해하지 못하지만(예수가 누구인지 묻고 있다, 마 21:10), 그에 대한 그들의 반응은 적절하다. 메시아가 오실 때 그것은 땅을 뒤흔드는 사건이다. 군중은 재판에서 태도를 바꾸어 빌라도에게 예수를 십자가에 못 박으라고 외치겠지만, 지금은 예수가 성에 들어올 때 그가 기다리던 분임을 인식하고 있다.

목회

사순절 여섯째 주일에 서로 상반되는 것처럼 보이는 두 개의 사건이 서로 상승효과를 나타내는 것을 경험할 때, 이 절기는 우리를 십자가에 더 가깝게 이끈다. 종려 주일의 전례와 고난 주일의 전례는 같은 무대를 차지하고 있으며, 그 드라마들은 너무 가까이에서 펼쳐지고 있어서 감정적인 전환을 거의 만들 수 없다. 축하와 찬양은 상실과 애통으로 수렴된다. 강함과 취약함은 전례에서 하나의 순간을 공유하면서 "호산나"라고 외치게 하며, 동시에 십자가에 못 박히심과 그에 따른 애도를 준비하게 한다. 종려 주일의 예식은 우리가 교회로서 그리고 신앙 공동체로서 공유하는 우리의 정체성을 다시 숙고하면서 공동의 신앙, 용기 있는 선포, 눈에 띄는 행동을 하도록 우리를 부르는 순간을 강조한다.

이 둘이 함께 가진 강조점은 분명하다. 그것은 임재를 아주 강력하게, 메시지를 아주 설득력 있게, 사랑을 아주 완전하게 경험한 평범한 사람들의 비범한 용기를 드러내서 그들이 종교적으로, 시민적으로 수용할 수 있는 한계를 넘어서 예루살렘으로의 여정을 예수와 함께 하는 것이다. 그들 중 많은 사람들이 예루살렘 인근의 마을과 도시에 살고 있다. 다른 사람들은 여리고처럼 먼 곳에서부터 여행했기 때문에 생존을 위해 예수가 거저 주시는 음식이 절실히 필요했다. 그들이 예수를 따라 개방된 들판에서 부흥회를 열고, 들에서 열린 연회에서 저녁을 먹고, 예수가 만져주시는 경험을 하고, 예수가 행하는 기적을 목격하고, 예수가 선포하는 복음을 들었을 때 예수의 사역은 그들의 상상력을 사로잡았으며, 그들의 영혼을 자라게 했다. 그러나 지금 이 순간은 다르다. 예수의 목소리는 예수가 그들이 기다려 온 분이라고 분명하게 대답하는 동료들과 낯선 사람들의 평범한 공동체에게 자리를 양보한다.

그들에게 예수의 주위 사방에 있는 잠재적 위험에 대한 뚜렷한 걱정 없이 여행을 시작할 때 느꼈던 기대와 흥분이 분명해져야 한다. 그들은 종교 지도자들이 예수를 자신들이 살아남는 데 있어 가장 큰 적대자로 여긴다는 사실을 알고 있지만, 행렬이 도시의 성문에 접근할 때 목격자의 증언은 강렬해진다. 그들이 외치는 호산나는 산간 지방까지 메아리친다. 예수는 하나님이 세상에 임재하셨다는 부인할 수 없는 표현이 되었다. 그들의 외침이 너무 강렬해서 마태는 그들을 스가랴가 예언한 대로 말을 탄 메시아적인 군사 지도자가 아니라, 모든 나라를 위한 평화와 화해를 그의 입에 담고서 나귀의 등에 타고 성문으로 들어가는 하나님의 전사에 비유한다.

그들은 "우리를 구원하소서!"라고 외치면서 복음을 선포하는 사람을 위하여 외투와 망토와 나뭇가지로 왕이 지나가는 양탄자를 만들었다. "우리를 구원하소서!"라는 그들의 외침은 분열이라는 얼룩이 우리에게 스며들어서 평화롭게 살 수 있는 우리의 능력을 방해하고, 공동체의 복지를 위협한다는 것을 일깨워준다. 거의 본능적으로 "호산나!"라는 외침이 우리의 입술 밖으로 터져 나오고, 함께 살아가는 우리 삶의 수준을 스스로 성찰하는 사순절의 헌신을 강화하면서 이 승리의 행렬에 합류한다. 비범한 용기를 지닌 평범한 대중이 배타적인 관행과 정책에 반대하고, "주님의 이름으로 오시는 분"(9)과 함께 할 때 평화와 화해가 가능해진다.

역사는 우리가 홀로 할 수 있는 것보다 함께 할 때 더 많은 것을 이룰 수 있다는 것을 인정한 평범한 사람들의 이야기들로 가득 차 있다. 그것은 사순절 여정을 계속하면서 바로잡고 실천하는 이야기들이다. 19세기 중반 미국에서 자유를 찾는 노예들을 위해 지하 철도(Underground Railroad: 남부에서 북부나 캐나다로 탈출하는 노예를 도와주던 비밀 조직)에서 안전한 통행을 제공한 여성들과 남성들이 있었다. 1930년대 히틀러와 나치가 아니라 주 예수에게 충성한다는 확실한 입장을 취한 디트리히 본회퍼(Dietrich Bonhoeffer)와 고백교회의 사람들을 기억하라. 남아프리카의 젊은이들은 더 이상 인종 차별이 존재하지 않는 세계를 꿈꾸면서 넬슨 만델라의 지도 아래 인종분리정책에 반대하여 1944년에 아프리카 민족회의 청년 연맹을 결성했다.

정의와 인간의 존엄성이라는 하나님이 주신 은사에 대한 변치 않는 믿음에 근거하여 1963년 8월 28일 미국의 수도에 모인 흔하지 않은 용기의 본보기에 다양한 인종, 민족, 사회, 종교적 배경을 가진 25만 명의 여성, 남성, 어린이들이 합류한다. 예루살렘으로 가는 먼지로 뒤덮인 길을 예수와 함께 걸었던 사람들처럼 많은 사람들이 큰 위험을 무릅쓰고 순례길에 나서서 사람들을 조직적으로 억압하여 국가를 분열시키는 법을 비난하기 위해 행진했다.

마틴 루터 킹 2세 목사(Rev. Dr. Martin Luther King Jr.)는 유명한 "나는 꿈이 있습니다"(I Have a Dream)라는 연설의 결론에서 사람들이 서로 연대하고 정의가 인간관계의 규범적 표현이 되는 세상에 대한 꿈을 분명히 밝혔다. 그와 함께 거기 모인 군중들과 거실에서 지켜본 사람들과 전국 각지에 모인 수많은 사람들은 "절망의 골짜기에서 뒹굴기"를 거부하고, 오히려 승산이라고는 없는 상황 앞에서 꿈을 꾸고, 새로운 창조를 예언하는 예언자로 서 있었다.*

우리는 평범한 사람들 가운데 하나이지만 이 이야기와 다른 이야기들을 기억하기에 예수와 함께 행진하고 평화와 화해의 말씀을 선포할 용기를 가질 수 있다. 결국 예수를 따르는 사람들은 세상을 바꿀 수 있는 공식적인 권한이 없었지만, 이웃과 친구, 이방인과 먼 곳에서 온 여행자, 어린이와 어른들은 예수와 함께 성문으로 들어가서 오래도록 그들의 존재를 규정해 온 배타적인 관행에 이의를 제기했다. "이 사람이 누구냐?"라고 물었을 때 그들은 "갈릴리 나사렛에서 나신 예언자 예수"(11)라고 대답했다.

46절에서 보듯이 이것은 종교 지도자들을 불안하게 했지만, 마태는 우리에게 그 이유를 말해주지 않는다. 아마도 이 순간의 열정은 민중들이 거듭해서 정의의 편에 서는 시대를 예언하는 것일 수 있다. 어쩌면 종교 지도자들은 민중들이 정의롭고 생명을 긍정하는 존재가 되려는 깊은 열망을 느끼기 시작한 것을 우려했을 것이다. 어쩌면 예언자이신 예수의 모습은 우리를 "주님의 이름으로 오시는 분"(9)과 함께 담대하게 서서 평화와 화해를 지속적으로 실천하게 하는 전례의 순간으로 초대한다.

---

* Martin Luther King Jr., "I Have a Dream," *The Norton Anthology of African American Literature*, ed. Henry Louis Gates Jr. and Nellie Y. McKay (New York: W. W. Norton & Co., 1997), 80.

설교

"두 개의 행진이 30년 봄에 예루살렘에서 있었다"라고 성서신학자 마커스 보그(Marcus Borg)와 존 도미닉 크로산(John Dominic Crossan)은 자신들의 공저 『일주일: 예수, 예루살렘 입성에서 죽음과 부활까지』(The Last Week: What the Gospels Really Teach about Jesus' Final Days in Jerusalem)에서 쓰고 있다. 그들은 계속해서 두 행진을 비교하는데 하나는 동쪽에서 진행된 것으로, 주로 농민들로 구성된 무리가 감람산에서 시작하여 나귀를 타고 들어오는 갈릴리 출신 예수라는 사람을 따르는 것이다. 다른 하나는 도시 반대편 서쪽에서 로마 총독 본디오 빌라도(Pontius Pilate)가 제국의 기병과 군인들 행렬 맨 앞에서 군마를 타고 들어오는 것이다. 그는 가이사랴 마리티마(Caesarea Maritima)로부터 유대 명절인 유월절에 있을지도 모를 소요에 대비하여 법과 질서를 지킬 목적으로 이곳에 왔다. "예수의 행진은 하나님의 나라를 선포하였지만" 빌라도는 "제국의 힘"을 선포하였으므로 "예수를 십자가 처형으로 귀결되는 그 주간의 핵심적 갈등"을 예비하였다고 저자들은 주목한다.

로마의 행진은 보그와 크로산이 성서 외적인 자료들에 기초하여 상상력을 동원한 역사적 재구성이다. 하지만 그것은 저자들이 의도한 대로 4만 명 주민들이 살고 있는 거룩한 도시에 20만 명의 순례자들이 몰려들어 긴장감이 고조된 그곳에서 예수와 그의 추종자들이 "미리 준비된 행진"을 함으로써 생성된 정치적 측면을 강조하려는 목적을 잘 보여주고 있다.*

두 저자는 교회가 고난주간이라는 엄숙한 전례에 접어드는 일을 단지 성조기 대신 종려나무를 든 미국 독립기념일 퍼레이드처럼 경솔하게 되어서는 안 된다고 서술하고 있다. <왕 되신 우리 주께>(All Glory, Laud, and Honor)라는 찬송은

---

* Marcus J. Borg and John Dominic Crossan, *The Last Week: What the Gospels Really Teach about Jesus' Final Days in Jerusalem* (San Francisco: Harper San Francisco, 2006), 2-4. 로버트 H. 스미스는 보그와 크로산이 동과 서로부터 2개의 행진이 있었다는 가정을 이 자료에서 가져왔다고 본다. Proclamation 5, *Series A: Holy Week* (Minneapolis: Fortress Press, 1992), 7.

보다 진정성 있게 부르는 것으로, 말하자면 우리의 "구원자이신 왕"은 황제가 아니라 예수께 드려진 찬송임을 기억하면서 부르는 교회의 행진곡이다. 그것은 <여기는 당신의 땅> 혹은 <하나님 미국을 축복하소서> 같은 애국적인 노래가 아니라 <우리 승리하리라>나 <모두 목소리 높여서 노래하라>와 같이 교회의 항의와 저항에 더 가까운 노래이다.

마태 자신은 예수께서 예루살렘에 들어갔을 때 온 도시가 "들떠 있었다고"(10) 하면서 문자적으로 "흔들렸다" 혹은 "떨렸다"라는 의미를 지닌 헬라어를 사용하여 증언하고 있다(ἐσείσθη: 이 헬라어 단어는 대부분 캘리포니아 거주민이 잘 알고 있는 지진을 뜻하는 seismic의 어근이다. — 캘리포니아는 지진이 많으므로). 게다가 "이 사람이 누구냐?"라는 어수선한 질문에 대한 답으로 마태는 군중들의 대답이 "그가 갈릴리 나사렛에서 나신 예언자 예수"(11)라고 말하고 있다. 이 대답은 마태가 인용한 스가랴 9:9-10에 의해 강조되는데 거기서는 승리한 왕은 겸손하여 나귀를 타고 들어오고 "에브라임에서 병거를 없애고, 예루살렘에서 군마를 없앨" 평화의 왕으로 묘사되어 있다.

나귀와 군마를 예언적으로 대비시킨 이 구절은 예수의 비폭력적 예루살렘 입성이 지닌 의미를 잘 보여준다. 환호하는 군중들은 겉옷과 나뭇가지를 던져 그의 길을 인도하고 "호산나 다윗의 자손께"라고 외치며 다가온다. 호산나는 드물게 쓰는 아람어로 복음서에서(마태, 마가, 요한 그러나 누가에는 없다) 그것도 예수의 예루살렘 행진과 연관해서만 나온다. 호산나는 문자적으로는 "기도하오니, 나를 구원하소서(혹은 도와주소서)"라는 의미를 지닌 찬미 감탄사로 유대인에게는 할렐 예식서(시 118:25)의 일부분으로 사용되었고, 후에 교회의 예전에 도입되었다.

베네딕트 수도사 듀프너(Delores Dufner, OSB)는 왕이신 그리스도 주일에 널리 불리어지는 한 찬송을 썼다.

오 그리스도시여 우리가 당신을 우리의 왕이라고 부르는 것이 무엇을 뜻하는지요?

교회가 찬양하는 것은 당신께서 보여주신 왕의 어떤 얼굴입니까?

영광과 권세와 부와 명예의 자리에 앉지 않으시고, 당신은 그것과는 다른 낮은 길을 걸으셨습니다.*

이 찬송의 도입부 질문은 오늘 종려 주일의 핵심에 다가가게 한다: 이 예수 곧 갈릴리 나사렛에서 온 이 예언자는 누구인가? 이 질문에 온전히 답하기 위해 한 주간의 행사들이 고난주간에 진행될 것이지만, 대답을 얻기 위한 무난한 출발점은 군중들이 외친 "호산나"에 함축되어 있다. 우리 교회도 시편 118편을 여기에 맞추어 우리 자신의 종려나무 가지를 흔들면서 응답하면 되는 것이다. 우리의 찬양과 몸으로 드리는 경배는 하가다(haggadah)라는 유대교 유월절 예식에 참여하는 사람들의 입장에서 가장 잘 이해될 수 있다: "거룩한 분께서 노예로부터 벗어나게 한 것은 우리 조상들만이 아니다. 우리 역시 노예로부터 벗어났다. … 그러므로 우리 조상들과 우리들에게 이 모든 기적을 행하신 분께 감사하고 찬양하고 예물을 드리고 영광을 돌리고 높이고 찬양하는 것은 우리의 의무이다."**

우리의 고난주간 예전은 하나님께서 지속적으로 우리를 해방시키고 있음을 신앙 공동체 안에서 예전을 통해 다시 상기하는 것인데, 그 해방은 유대교에 뿌리를 두고 있다. 올해 교회의 고난주간 행사는 예수께서 선포한 하나님의 나라가 어떻게 진정으로 "다른 왕"을 환영하는지를 보여주며 시작해야 할 것이다.

---

* Delores Dufner, "O Christ, What Can It Mean for Us," *Evangelical Lutheran Worship* (Minneapolis: Augsburg Fortress, 2006), #431. "O Christ, What Can It Mean for Us" by Delores Dufner, OSB (First Verse) Copyright © 2001, 2003 by GIA Publications, Inc., 7404 S. Mason Ave., Chicago, IL 60638,
www.giamusic.com. 800.442.1358. All rights reserved. Used by permission.
** See The *Family Haggadah* (New York: Artscroll/Mesorah, 2008), 45, 47.

부활절

부활절

요한복음 20:1-18

¹안식 후 첫날 일찍이 아직 어두울 때에 막달라 마리아가 무덤에 와서 돌이 무덤에서 옮겨진 것을 보고 ²시몬 베드로와 예수께서 사랑하시던 그 다른 제자에게 달려가서 말하되 사람들이 주님을 무덤에서 가져다가 어디 두었는지 우리가 알지 못하겠다 하니 ³베드로와 그 다른 제자가 나가서 무덤으로 갈새 ⁴둘이 같이 달음질하더니 그 다른 제자가 베드로보다 더 빨리 달려가서 먼저 무덤에 이르러 ⁵구부려 세마포 놓인 것을 보았으나 들어가지는 아니하였더니 ⁶시몬 베드로는 따라와서 무덤에 들어가 보니 세마포가 놓였고 ⁷또 머리를 쌌던 수건은 세마포와 함께 놓이지 않고 딴 곳에 쌌던 대로 놓여 있더라 ⁸그때에야 무덤에 먼저 갔던 그 다른 제자도 들어가 보고 믿더라 ⁹(그들은 성경에 그가 죽은 자 가운데서 다시 살아나야 하리라 하신 말씀을 아직 알지 못하더라) ¹⁰이에 두 제자가 자기들의 집으로 돌아가니라 ¹¹마리아는 무덤 밖에 서서 울고 있더니 울면서 구부려 무덤 안을 들여다보니 ¹²흰 옷 입은 두 천사가 예수의 시체 뉘었던 곳에 하나는 머리 편에, 하나는 발 편에 앉았더라 ¹³천사들이 이르되 여자여 어찌하여 우느냐 이르되 사람들이 내 주님을 옮겨다가 어디 두었는지 내가 알지 못함이니이다 ¹⁴이 말을 하고 뒤로 돌이켜 예수께서 서 계신 것을 보았으나 예수이신 줄은 알지 못하더라 ¹⁵예수께서 이르시되 여자여 어찌하여 울며 누구를 찾느냐 하시니 마리아는 그가 동산지기인 줄 알고 이르되 주여 당신이 옮겼거든 어디 두었는지 내게 이르소서 그리하면 내가 가져가리이다 ¹⁶예수께서 마리아야 하시거늘 마리아가 돌이켜 히브리 말로 랍오니 하니 (이는 선생님이라는 말이라) ¹⁷예수께서 이르시되 나를 붙들지 말라 내가 아직 아버지께로 올라가지 아니하였노라 너는 내 형제들에게 가서 이르되 내가 내 아버지 곧 너희 아버지, 내 하나님 곧 너희 하나님께로 올라간다 하라 하시니 ¹⁸막달라 마리아가 가서 제자들에게 내가 주를 보았다 하고 또 주께서 자기에게 이렇게 말씀하셨다 이르니라

신학

부활절 아침에 일어난 일에 관한 요한의 서술에서는 승천의 주제가 시간적으로나 의미상으로 우선적인 것으로 강조된다. 막달라 마리아가 예수의 시신을 누군가 무덤에서 가져갔다고 말하는 것을 듣고 베드로와 다른 제자가 무덤으로 경주하듯이 달려갔는데, 이 두 제자의 각각의 반응을 요한복음은 자세하게 묘사하고 있다. 베드로는 삼베가 놓여 있는 것과 예수의 머리를 싸맸던 수건이 한 곳에 따로 개켜 있는 것을 보았다(6-7). 다른 제자도 무덤 안으로 들어가서 베드로가 본 것을 보았을 것이다. 요한은 추가로 그가 "보고 믿었다"(8)라고 기록하고 있다.

이 보고에는 의미가 분명하지 않은 내용이 포함되어 있다. 베드로가 삼베와 수건이 따로 있는 것을 보았다는 것이 무슨 의미가 있는 것인가? 삼베가 놓여 있다는 점을 언급한 것은 부활하신 예수에게는 삼베옷이 더는 필요 없었다는 점을 강조하기 위함인 것 같다. 이는 나사로(11:44)의 경우와 대조된다. 그는 천으로 감긴 채 무덤에서 걸어 나와서 예수가 그를 풀어주라고 명하셨다. 나사로의 경우는 지금 수의를 벗겨내야 하는 상황이다. 그러나 부활한 예수의 경우 수의가 앞으로도 필요 없으므로 수의를 옆에 놓아둔 것이다.

머리를 싸맸던 수건을 굳이 언급한 이유는 무엇인가? 예수님은 하나님과 함께 있을 때 얼굴을 수건으로 가릴 필요가 없다는 것을 표현하기 위함이라고 추측할 수 있다. 모세가 하나님을 만날 때 얼굴을 천으로 가릴 필요가 없었던 것처럼(출 34:33-35) 예수도 하나님의 얼굴을 직접 대면하러 갈 때 얼굴을 가릴 수건을 갖고 갈 필요가 없다는 것이다.

다른 제자의 행동과 반응은 우리의 머리를 갸우뚱하게 한다. 그는 베드로와 똑같은 장면을 보았을 텐데 그만이 "믿었다"라는 반응을 보인 것으로 묘사된다. 언뜻 그가 예수가 부활한 것을 믿은 것으로 생각할 수 있겠지만, 9절에서 "그들은 아직도 예수가 죽은 자들 가운데서 살아나야 한다는 성서의 말씀을 깨닫지 못했다"고 언급하는 것을 보면 그 생각이 잘못된 것 같다. 이 제자가 부활의 의미를 아직도 깨닫지 못했다면, 그는 도대체 무엇을 믿었다는 것인가? 그에게 증거로 제시된 것은 삼베와 머릿수건밖에 없었다. 프란시스 겐치(Frances Taylor Gench)는 산드라 슈나이더(Sandra Schneider)의 제안을 받아들여 그 제자가 믿은 것은 다음의 내용이라고 말한다: 십자가가 예수의 생명이 소멸한 사건이 아니고, 예수가 영광을 받는 사건이며, 이 예수는 하나님께로 돌아갈 때 얼굴을 수건으로 가릴 필요가 없었다.[*]

요한의 부활절 선포가 우선적으로 강조하는 내용은 예수가 다시 살아나셨다는 것보다는 예수가 생명의 하나님에게로 승천했다는 것(혹은 승천할 준비를 한다는 것)이다. 마리아가 무덤가에서 우는 장면(11-18)을 보면 그것이 더욱 명확해진다. 왜 울고 있냐는 천사와 예수의 질문에 마리아는 예수를 어디다 옮겨 놓았는지 알려달라고 요청한다. 마리아는 예수의 시신을 찾아 장례를 치르는 데 관심이 집중되어 있었다. 예수가 "마리아야"라고 이름을 부르자 목자의 음성을 알아들은 양과 같이 마리아는 "라부니!" 하고 대답했다. 비로소 그때 예수는 당신에게 임한 놀라운 사건에 대해 명확하게 설명한다: "내게 손을 대지 말아라. 내가 아직 아버지께로 올라가지 않았다. 이제 내 형제들에게로 가서 이르기를, 내가 나의 아버지 곧 너희의 아버지, 나의 하나님 곧 너희의 하나님께로 올라간다고 말하여라"(17).

"나의 아버지 곧 너희의 아버지, 나의 하나님 곧 너희의 하나님께로 올라간다"는 말에 예수가 승천했다는 부활절 메시지의 핵심이 포함되어 있다. 이것은 요한복음 첫 장의 "말씀이 육신이 되어"(1:14)라는 구절의 완성이고, "그를 영접하고 믿는 자들에게는 하나님의 자녀가 되는 권세를 준다"는 구절(1:12)의 성취이다. 하나님의 생명 안에 들어가심으로 승천하신 예수는 하나님의 자녀라는 관계를 예수와 연합한 모든 형제자매들에게 확장하신다.

물론 승천과 부활은 큰 틀에서 볼 때 늘 신학적으로 연결되는 개념이다. 둘 다 예수가 추진한 위대하고 고상한 계획이 사망에 의해 폐기되지 않았다는 것을 선포한다. 승천은 부활의 약속으로 연결된다. 부활에서 드러난 새 생명은 하나님의 품 안에서의 영원한 생명이라는 것이 명확해진다. 또다시 죽는 죽음이 아니다.

---

[*] Frances Taylor Gench, *Encounters with Jesus: Studies in the Gospel of John* (Louisville, KY: Westminster John Knox Press, 2007), 130.

그 대신 이 새 생명은 하나님 안에 사는 생명이고 따라서 영원히 사는 생명이다.

요한의 부활 이야기의 특징은 우리가 흔히 받아들이는 순서를 뒤바꾼다는 것이다. 그는 먼저 영원한 생명의 근원이신 하나님 안에서의 새 생명을 강조한다. 요한은 예수가 지금 하나님 안에서의 생명을 살고 계시다는 것을 제자들이 깨닫기를 무엇보다 우선적으로 바라고 있다. 부활하신 예수가 그들을 위해 그들과 함께 살기 원하신다는 것을 제자들이 아는 것도 중요하지만, 요한에게 더 중요한 것은 "말씀이 하나님과 함께 계셨다"(1:1)는 것이 부활 메시지의 핵심이라는 것이다. 이제 요한은 말한다. 그 말씀이 하나님이시다 그리고 그 말씀의 제자들(the Word's disciples)은 하나님의 자녀가 되는 권세를 갖고 있다.

단순히 말하면 이야기는 어느 이야기든지 인물과 구성에 관한 것, 즉 인물들이 무엇을 했고, 그들이 한 일의 순서가 어떠냐(비록 제시된 순서와 다를 수도 있지만)는 것이다. 본문에서 등장인물은 막달라 마리아, 베드로, 예수가 사랑한 다른 제자, 두 천사 그리고 마지막으로 이야기 끝에 나오는 예수다. 그들이 한 것은 와서 뛰어가서 보았다는 것이다. 허리를 굽히고 안으로 들어가서 보았다. 그들은 예상을 했지만 혼란스러워졌고 그래서 울었고 그리고 다시 보았다.

이 이야기의 인물이나 줄거리는 고전적 희극의 요소들을 많이 가지고 있다. 주인공은 아주 평범한 인물이다. 대단하지 않은 여인, 어부, 무명의 한 사람 등이다. 천사들은 별도로 다루어야 한다. 그들은 줄거리를 만드는 역할을 하며, 화자가 직접 말하는 대신 독자들에게 다양한 정보를 제공하고 있다. 줄거리는 연극에서 중요하다. 잃어버린 시체, 무대로 뛰어오고 나가고, 누군가를 혼동하는 것 등이다. 이러한 문제들을 해결하기 위해 하나님이 개입할 수밖에 없는데, 하지만 그 개입도 이야기의 끝이 아니다. 도리어 이야기는 다음에 일어날 일로 연결된다.

모든 연극은 대체로 관객들이 파악할 수 있는 영웅이 있기 마련이다. 여기서는 막달라 마리아인데 모든 이야기를 연결시킨다. 구성은 그녀가 주간의 첫날 이른 새벽에 무덤에 오는 것으로 시작된다. 그리고 거기에서 제자들에게 자기가 주님을 보았다고 얘기하는 것으로 끝난다. 이것이 이야기가 진행되는 흐름이다. 그녀의 대사가 마지막이다. 하지만 좋은 연극이 되기 위해서 그 사이에 많은 사건들이 있었다.

마리아가 무덤에 왔을 때 무덤 어귀를 막은 돌이 이미 옮겨져 있는 것을 발견했다. 그래서 마리아는 제자들에게 달려갔다. 베드로와 이름 모를 다른 제자에게 가서 그녀는 어떻게 되었는지 모르면서도 "누가 주님을 무덤에서 가져갔습니다"라고 말했다. 그런데 그녀는 무덤을 그때까지 들여다보지도 않았다.

제자들은 바로 뛰어갔다. 둘이 같이 뛰었는데 그 다른 제자가 베드로보다 빨리 달려서, 몸을 굽혀서 시체를 싼 삼베가 놓여 있는 것을 보았다. 하지만 베드로가 먼저 무덤으로 들어가 삼베가 놓여 있는 것을 보게 했고, 다른 제자도 따라 들어가 보았다. 무덤은 비어 있었는데 하지만 이 시점에서 누가 이유를 알 수 있겠는가? 등장인물 중에 아무도 예수가 죽은 자 가운데서 살아나신 것을 알 수 없었다.

마리아도 제자들과 함께 또는 바로 뒤에 따라서 뛰었을 것이다. 왜냐하면 그들이 집에 돌아갔을 때 무덤에 이르렀기 때문이다. 그녀는 남아서 울었다. 그리고 마침내 스스로 무덤 안으로 들어갔다. 그런데 연극이 관객을 놀라게 하듯 무덤은 더 이상 비어 있지 않았다. 예수의 시신이 놓여 있던 자리에 천사 둘이 앉아 있었다.

천사들은 마리아가 왜 우는지 물었다. 마리아가 대답하였다. "누가 주님을 가져갔습니다. 어디에 두었는지 모르겠습니다" 이렇게 말하고 뒤로 돌아섰을 때에 사람이 뒤에 서 있었다. 그녀는 동산지기로 알았는데 그 사람도 마리아가 왜 우는지 물어보았다. 그녀는 자세히 빈 무덤을 들여다보았지만 아무도 보지 못했다.

전형적인 연극적 또는 인간적 방식으로 등장인물들은 서로 말한다. 동산지기로 착각한 예수가 마리아에게 누구를 찾느냐고 물었다. 마리아가 말하기를 "여보세요 당신이 그를 옮겨 놓았거든, 어디에다 두었는지를 내게 말해주세요. 내가 그를 모셔 가겠습니다."

연극은 놀람과 변장이 가득하다. 관중들은 예수의 변장을 통해서 본래 있는 것을 본다. 다시 연극의 전형적 방식으로 마리아는 서 있는 그를 보지만 예수는 마리아가 자신을 알게 될 때까지 감춘다. 마침내 마리아가 알아보고 그에게 말한다. "선생님!"(16).

예수는 마리아에게 "내게 손을 대지 말아라. 내가 아직 아버지께로 올라가지 않았다. 이제 내 형제들에게 가서 이르기를, 내가 나의 아버지 곧 너희의 아버지, 나의 하나님 곧 너희의 하나님께로 올라간다고 말하여라"고 말한다. 연극의 플롯은 천사가 오고 없어진 시체가 발견되고 살아있음을 아는 것으로 해결된다. 하지만 이야기는 여전히 끝이 아니다. 이것은 고전적 연극이고 결혼으로 끝나는데, 막이 내리면서 새로운 이야기가 시작된다(계 21:2 참조).

예수가 말한 "나의 아버지 곧 너희의 아버지, 나의 하나님 곧 너희의 하나님"은 예수가 마지막 제자들과의 대화를 상기시킨다(요 14:10, 20). 그 대화에서 예수는 비록 그가 떠나지만 성령이 함께 하실 것이라고 약속 하신다(14:16-17, 26, 15:26).

그래서 연극은 끝나지만 이야기는 계속된다. 예수는 이어지는 이야기에서 그의 제자들에게 성령을 주시고 숨을 불어넣으신다(20:19-23). 성령은 불고 싶은 대로 부는데(3:8), 예수의 제자들에게 분다. 그래서 부활절 신앙은 계속된다.

이제 막달라 마리아는 제자들에게 가서 자기가 주님을 보았다는 것과 주님께서 자기에게 이런 말씀을 하셨다는 것을 전하였다. 당신은 빈 무덤을 보지 못했겠지만 막달라 마리아는 "나는 주님을 보았습니다"라고 말한다. 우리 또한 보고 믿을 수 있을까? 그것이 다음 본문 20:19-31의 중심적 주제이다.

요한의 부활절 이야기는 여러 차례의 달리기로 시작된다. 막달라 마리아가 무덤이 빈 것을 발견하고서 시몬 베드로와 사랑하는 제자에게 달려간다. 마치 달리기 출발을 알리는 총소리처럼 그녀의 말이 두 제자를 뛰어가게 해서 그들이 직접 확인하게 한다.

부활절 아침에 회중 가운데 숨가빠하는 사람은 많지 않을 것이다. 교회에 평소보다 더 많은 사람이 오기 때문에 자리를 잡으려고 경주하는 사람이 있을 수도 있지만, 아무도 뛰어오지는 않았을 것이다. 그들은 모두 왜 왔을까? 그들은 뭔가 새로운 것을 들으려고 왔을까? 아니면 아주 오래된 옛날이야기를 다시 들으러 왔을까? 습관의 힘 이상의 어떤 것이 작용했을까?

스위스의 위대한 신학자 칼 바르트(Karl Barth)는 부활절뿐 아니라 어떤 날이든 사람을 예배하게 하는 것은 사람들의 마음과 생각에 배어 있는 암묵적인 질문이라고 한다. 그 질문은 단순히 이런 것이다. "그게 사실인가?" 하나님은 살아 계시며 우리에게 생명을 주시는가? 하나님께서 우리가 자연의 법칙이라고 부르는 일상의 법칙을 세우셨을 뿐만 아니라, 어느 날 일상의 법칙을 깨뜨리고 어쨌든 예수를 죽음에서 일으키셨는가? 그날 아침에 아주 특별한 일이 일어나서 그 기초 위에서만 우리의 삶을 재건할 수 있다는 것이 사실인가? 그게 사실인가?

이런 질문들은 매우 강력한 것이며, 오늘 같은 날에는 피할 수 없는 것들이다. 때로는 부활절이 초신자를 위한 날이 아니라고 결론을 내리고 싶어진다. 오히려 부활절은 예수의 삶과 가르침을 다루는 입문 과정을 마친 그리스도인을 위한 고급 과정인 것처럼 보일 수 있다. 산상수훈으로 시작하라. 예수의 지혜에 경탄하라. 그에게서 배우라. 그의 인생에 매료되고, 그의 인격을 응시하라. 거기서 시작한다면 아마도 예수가 죽음에서 부활하신 이 신비한 이야기를 들을 준비가 더 잘 될 것이다.

가장 믿기 힘든 바로 그 일을 선포하는 날인 부활절에 예배하기 위해 모이는 것이 꽤 이상하게 보일 수 있다. 그러나 예수를 알았던 사람들, 초대 교회의 사도들과 성서의 저자들에 따르면, 부활절은 그렇게까지 예수를 따를 수 있는 사람들을 위한 이야기의 극적인 결론이 아니라는 것은 분명하다. 오히려 부활절은 시작이다.

사도행전에 기록된 초대 교회의 맨 처음 설교들을 읽어 보라. 무엇으로 시작하는가? 그들은 예수의 가르침에 대해 언급하지 않는다. 세상에서 사셨던 예수의 삶은 거의 주목받지 못한다. 그의 생애는 부활절의 관점에서 볼 때만 흥미로운 것처럼 보인다. 심지어 예수의 가르침조차도 그 자체로서는 중요하지 않다. 왜냐하면 그 안에 독창적인 것이 거의 없기 때문이다. 오히려 우리가 스승이 누구인지, 즉 하나님이 택하신 죽었다가 다시 살아난 자가 누구인지 충분히 고려할 때에만 의미를 갖는다.

이것이 복음서를 확장된 서론을 가진 부활절 이야기라고 부르는 이유다. 예수의 맨 처음 제자들에게는 기독교가 선포되는 시작점이 부활절 사건이었다. 제자들은 마치 부활절이 유일한 출발 장소인 것처럼 계속해서 부활절에 관한 선포로 시작했다. 수세기 동안 그리스도인들은 빈 무덤으로 달려가는 것으로 신앙의 여정을 시작했다. 스스로 세련되게 생각한다고 여기고 싶어 하는 현대인들은 때때로 하나님께서 죽은 자 가운데서 누군가를 살릴 수 있다는 생각이 우리와 마찬가지로 고대 사람들에게도 믿기 힘든 것이라는 사실을 간과한다. 고대 사람이라고 해서 멍청하지 않았다. 그들은 많은 사람들이 죽는 것을 보았지만 다시 살아나는 것은 단 한 번도 본 적이 없었다.

그렇다. 그 이야기 안에 의심할 만한 것이 있었다. 달리 표현하자면 그 이야기 안에는 그들의 마음과 생각의 가장 깊은 영역, 의심과 믿음이 동시에 있는 곳에 도달했던 무언가가 있었다. 즉, 부활에서 하나님은 믿을 만한 가치가 있는, 그래서 의심을 향해 열려 있는 사랑과 용서의 기적을 주셨다. 우리가 가질 수 있는 의심은 우리가 선포하는 것의 규모와 힘을 증명한다. 그러므로 믿음의 삶을 시작하는 곳이 꼭 의심할 여지가 없는 곳일 필요는 없다. 우리가 의심하지 않는 현실은 우리에게 하나님을 계시하기에 충분하지 않을 수 있다. 그래서 우리는 변명하거나 주저하지 않고 말한다. 우리가 부활절에서 선포하는 것은 확실성 안에 가두기에는 너무나 강력하며, 우리의 상상력의 테두리 안에만 두기에는 너무나 훌륭하다.

아무튼 부활절은 믿기 시작한 사람들을 위한 장소일 수 있다. 믿음의 삶을 시작하는 곳이 반드시 의심의 여지가 없는 곳일 필요는 없다. 오히려 우리는 초대 교회가 시작된 곳에서 의심에 대하여 열려 있는, 하지만 또한 하나님이 우리에게 하신 일을 드러내기에 충분히 크고 충분히 깊은, 더 큰 현실과 더 깊은 신비를 가지고 시작할 필요가 있다. 이것이 오늘까지 유지되어 온 역사상 가장 큰 의심과 동시에 가장 깊은 신앙의 원천이었던 부활절의 약속이다. 어쩌면 우리는 초대 교회가 바로 여기, 더 큰 신앙을 주장하기 위해 배당이 가장 크지만 의심을 감수해야 하는 곳에서 시작한 것이 옳았다는 것을 알게 될 것이다. 교회가 부활절 하루 가득 차는 이유 중 하나는 하나님을 우리에게 계시하기에 충분히 큰, 위험과 약속 둘 다 훨씬 큰 현실의 깊은 곳에서 헤엄치기를 원하기 때문일까?

목회자는 교인들이 오늘 예배를 떠날 때 물음표를 느낌표로 바꾸게 되기를 바랄 것이다. 그러나 물음표는 시작하기에 알맞은 좋은 곳이다.

설교

성서에서 부활절 이야기만큼 풍부한 설교 자료는 없다. 이 이야기는 그 첫날부터 (막달라 마리아가 가서 제자들에게 알렸던 날, 요 20:18) 그리고 그 이후 그것을 믿는 교회를 통해서 지금까지 선포되어 왔다. 요한복음은 여러 가지 방식으로 설교자를 위한 풍성한 설교 자료를 약속하고 있다. 사실 그것은 무한한 설교 자료이다. 여기 설교에 적용 가능한 많은 접근이 있다.

"막달라 마리아는 무덤에 갔고 돌이 이미 옮겨져 있었다"(20:1)

"와서 보라"는 요한복음에 늘 있는 주제 중 하나이다(1:39, 46, 4:29, 11:34). "와서 보라"는 또한 강력한 부활절 주제이기도 하다. 그것은 부활절과 성탄절을 연결시킨다(목자들이 가서 보았고). 막달라 마리아는 와서 예상했던 바와 달라져 있음을 보았다. 부활은 온갖 예상을 뒤엎었고, 그것을 이해하는 유일한 방법은 달라진 것을 와서 보는 것이다. 예수께서 함께 할 때 언제나 예상했던 것과는 일들이 다르게 전개된다. 그를 따르는 자들에게도 그렇게 될 수 있을까? 사람들이 이런 말을 하는 것을 듣는다면 얼마나 놀라운 일인가. "예수를 따르는 자들은 다른 사람들과는 다릅니다. 그들이 얼마나 세상을 사랑하는지를 와서 보십시오."

"그들이 주님을 가져갔다"(2)

이해할 수 없는 일을 만날 때 우리는 어떻게 해야 할까? 우리는 그것을 이해하려고 노력한다. '그들이 그를 가져갔음에 틀림없어. 그는 살아있을 수 없어. 그는 단지 상처를 입었을 뿐 결코 죽은 것이 아니야. 인간은 그런 일을 할 수 없기 때문에 그는 하나님이었지 인간이 아니었어(영지주의). 그의 추종자들이 수천 년 동안 사이비 종교를 만들고 세상을 속이기 위해 그를 숨기는 음모가 있었음에 틀림없어. 그는 실제로 거기에 없었어. 그는 단지 율법 교사이거나 아바타였지, 메시아는 아니었지.' 이러한 여러 가지 설명 가운데 어느 것이 맞는 것인가? 어떤 설명보다 그는 이렇게 답했다. "나는 부활이요 생명이니"(11:25). 진실은 곧 밝혀지게 되었다. 누군가 그를 가져간 게 아니었고, 그는 죽은 자들로부터 부활하셨다. 그는 마리아에게 나타나셨고, 그 후 여러 사람들에게 나타나셨다. 더 그럴듯한 설명에도 불구하고 부활절은 우리에게 진실을 보여준다. 그것은 마리아가 말한 것처럼 단순하다: "내가 주님을 보았다"(20:18).

"그러나 그는 들어가지 않았다"(5)

거기에 증거는 있었지만 예수께서 사랑하시던 제자는 들어가지 않았다. 실수가 많은 베드로의 대담함이 진실에 접근하고 이해하는 데 필요했다. 베드로는 증인이 었기 때문에 계속해서 기쁜 소식을 선포했다. 오늘날 예수께 다가가는 유일한 길은 역시 대담함이다. 설교자들은 소심해서는 안 된다. 설교자들은 증인이고 말씀은 그들이 부활을 선포할 때 새롭게 증인들을 만들어 낸다.

"그는 보았고 믿었다. 그러나 아직 이해하지 못하였다"(8-9)

신앙은 이해보다 선행한다. 그것은 선물이다. 성례전 신비 설교는 (mystagogical catechesis: 새로운 개종자에게 신앙의 신비에 관해 가르쳤던 것) 세례를 주기 전에 행해진 것이다. 신앙이 먼저 선물로 온다. 그것에 대한 이해는 나중에 따라온다. 그것은 어린아이에 대한 사랑 같은 것으로, 그 사랑은 그 아이가 자라서 어떤 사람이 될 것인가를 알기 전에 먼저 우리에게 온다.

"그리고 그녀는 흰옷 입은 두 천사를 보았다"(12)

이러한 메신저는 드물다(헬라어 angelos는 메신저를 뜻한다). 하나님께서는 일을 쉽게 진행할 다른 방식이 없을 때, 곧 수태고지 때, 요셉을 안심시킬 때, 목자들에게 알릴 때 그들을 사용하는 것 같다. 우리들은 천사들의 알림을 보다 많이 바랄지 모르지만, 그들은 하나님의 가장 위대한 메시지를 위해 준비되어 있다. 그중 가장 놀라운 소식은 그가 여기 없다는 것이다: 그는 죽지 않았다, 그는 살아있다. 오래된 우스운 이야기를 기억하는가? 어느 목사가 문을 노크하자 안에서 한 여성이 "당신 천사인가요?"라고 묻는다. 그러자 그 목사가 "아니요.

하지만 나는 (천사와) 같은 부서에서 왔습니다"라고 답한다. 우리 모두는 메시지 부서 소속이다. 우리는 다음과 같은 뉴스를 선포한다: 그리스도께서 부활하셨다. 그는 진실로 부활하셨다.

"그녀는 그가 예수인지를 알지 못했다"(14)

어떻게 그녀가 알 수 있었겠는가? 그는 있어야 할 곳에 있지 않았다. 우리는 생각지도 않은 곳에서 아는 사람을 만날 때 종종 알아보지 못할 때가 있다. 마리아는 살아있는 사람을 보고 있고, 그녀의 선생님은 죽었음에 틀림없다. 어떻게 이 남자가 예수라는 것을 알 수 있었겠는가? 우리도 종종 (우리 앞에 있는) 그를 알아보지 못하고 있음을 생각해보라: 도움이 필요한 낯선 이의 얼굴에서, 설교의 말씀에서, 빵과 포도주 앞에서. 어떻게 우리가 바로 그임을 알지 못할 수 있을까? 그가 우리에게 말하고 우리는 믿는다.

"내가 그를 모셔 가겠습니다"(15)

우리는 어수선한 것에 대해 정리를 잘한다. 뭐가 잘못되었나? 우리가 바로 잡을게. 예수께서 무덤에서 옮겨졌다고? 그는 보다 안전한 곳에서 쉬도록 해야 해. 이 일은 어수선한 것이고, 하나님께서는 우리가 그것을 바로 잡도록 두지 않을 것이다. 세상은 이 소식에 귀를 기울이고 있고, 그 어떤 것도 부활전의 상태로 되돌릴 수 없을 것이다. 모든 일이 새로운 것이고, 그 어느 것도 이전과 같을 수 없으며 어느 누구도 바로 잡을 수 없다. 오직 한 가지 할 일이 있는데 그것은 새로운 세상을 선포하고 거기에서 일어나는 변혁에 참여하는 것이다.

형제들에게 가서 말하라"(17)

잘 들으세요 부활절 예배에 와서 돌이 굴려진 것을 보고 천사들의 나팔 소리와 말을 들은 여러분, 이제 사람들에게 가서 그들에게 말하세요. 이것은 말씀이 어떻게 전파되었는지를 보여준다. 말씀의 전파가 마리아에게 달려있던 것처럼 오늘 우리에게 달려있다.

"막달라 마리아는 갔고 선포했다… 내가 주님을 보았다"(18)

이것이 첫 번째 설교이다. 그것은 한 여성이 하였다. 그녀는 보았고 믿었고 선포했다. 그녀는 안수나 공인된 설교자 양성 과정을 필요로 하지 않았다. 오직 예수로부터 들은 말씀만 필요로 하였다. 그런 다음 가서 말했다. 여기에 우리들을 향한 메시지가 있다: 그리스도께서 부활하셨다. 가서 사람들에게 말하라.

이 모든 주제들이 설교 준비에 유용하다. 설교자는 그녀/그의 설교적 상황에 기초하여 필요한 것을 선택하면 된다. 결국 오늘 하는 설교는 핵심적인 이 진리를 어떻게 말하는가가 될 것이다. 그리스도께서 부활하셨다. 그는 진실로 부활하셨다.

부활절 둘째 주일

요한복음 20:19-31

¹⁹이 날 곧 안식 후 첫날 저녁 때에 제자들이 유대인들을 두려워하여 모인 곳의 문들을 닫았더니 예수께서 오사 가운데 서서 이르시되 너희에게 평강이 있을지어다 ²⁰이 말씀을 하시고 손과 옆구리를 보이시니 제자들이 주를 보고 기뻐하더라 ²¹예수께서 또 이르시되 너희에게 평강이 있을지어다 아버지께서 나를 보내신 것 같이 나도 너희를 보내노라 ²²이 말씀을 하시고 그들을 향하사 숨을 내쉬며 이르시되 성령을 받으라 ²³너희가 누구의 죄든지 사하면 사하여질 것이요 누구의 죄든지 그대로 두면 그대로 있으리라 하시니라 ²⁴열두 제자 중의 하나로서 디두모라 불리는 도마는 예수께서 오셨을 때에 함께 있지 아니한지라 ²⁵다른 제자들이 그에게 이르되 우리가 주를 보았노라 하니 도마가 이르되 내가 그의 손의 못 자국을 보며 내 손가락을 그 못 자국에 넣으며 내 손을 그 옆구리에 넣어 보지 않고는 믿지 아니하겠노라 하니라 ²⁶여드레를 지나서 제자들이 다시 집 안에 있을 때에 도마도 함께 있고 문들이 닫혔는데 예수께서 오사 가운데 서서 이르시되 너희에게 평강이 있을지어다 하시고 ²⁷도마에게 이르시되 네 손가락을 이리 내밀어 내 손을 보고 네 손을 내밀어 내 옆구리에 넣어 보라 그리하여 믿음 없는 자가 되지 말고 믿는 자가 되라 ²⁸도마가 대답하여 이르되 나의 주님이시요 나의 하나님이시니이다 ²⁹예수께서 이르시되 너는 나를 본 고로 믿느냐 보지 못하고 믿는 자들은 복되도다 하시니라 ³⁰예수께서 제자들 앞에서 이 책에 기록되지 아니한 다른 표적도 많이 행하셨으나 ³¹오직 이것을 기록함은 너희로 예수께서 하나님의 아들 그리스도이심을 믿게 하려 함이요 또 너희로 믿고 그 이름을 힘입어 생명을 얻게 하려 함이니라

신학

　요한이 부활절 아침 이야기를 통해 예수가 승천하여 하나님께 돌아가는 내용을 전했다면, 부활절 저녁과 그 이후 전개되는 이야기를 통해 부활한 예수가 제자들에게로 돌아와 그들에게 사명을 주어 파송하시는 내용을 전하고 있다. 여기에서 등장하는 중요한 신학적 주제는 다음과 같은 것들이다: 부활한 예수가 주시는 평화, 부활 체험에 수반되는 사명, 십자가와 부활의 연속성.

막달라 마리아가 부활의 소식을 전했음에도 불구하고 오늘 본문의 막이 오르자 보이는 장면은 겁에 질려 문을 잠그고 모여있는 제자들의 모습이다. 이제 요한은 관심의 초점을 예수님이 하나님의 생명 안에 계시다는 증거로서의 빈 무덤에서 겁에 질린 제자들에게 나타나신 부활하신 예수로 옮긴다. 예수가 그들 앞에 나타났다. 그리고 두려워하는 그들에게 말한다: "너희에게 평화가 있기를!" 한 번도 아니고 두 번씩이나 예수는 그들에게 이런 식으로 평화를 기원한다(19, 21). 이것은 예수가 최후의 만찬에서 제자들을 위로한 말을 떠오르게 한다: "나는 평화를 너희에게 남겨 준다. 나는 내 평화를 너희에게 준다. 내가 주는 평화는, 세상이 주는 평화와 같은 것이 아니다. 너희는 마음에 근심하지 말고, 두려워하지도 말아라."

14장의 평화의 기원과 20장의 평화의 기원의 차이는 후자가 고난 당할 분이 아니고, 부활한 분에 의해 빌어졌다는 것이다. 세상이 줄 수 없는 평화는 이 세상이 주는 온갖 고통과 핍박에도 불구하고—예수의 경우를 통해 증명되었듯이—그들이 하나님의 자비와 돌보심 가운데 있다는 확신에서 오는 평화이다. 그리스도인들이 이천 년 동안 요한복음 14장의 평화를 장례식 예식의 필수 요소로 삼아왔지만, 이 평화의 기원이 겁에 질린 제자들에게 반복하여 주어졌다는 점에서 생의 마지막 순간처럼 특별한 경우만을 위한 평화가 아니고 매 순간을 위함이라는 것을 알 수 있다. 그리스도인들만이 하나님이 이 땅의 평화를 위한 선한 계획을 갖고 계시다고 믿는 상황에서도, 일상의 혼란과 증오로 가득 찬 일상 속에서도 필요한 평화다. 우리는 그 평화를 기원한 분이 바로 이 세상의 혼돈과 증오의 피해를 철저하게 본 분이라는 것을 기억해야 한다. 그분이 부활했다.

평화의 기원이 있자마자 제자들의 파송이 이어진다: "너희에게 평화가 있기를 빈다. 아버지께서 나를 보내신 것과 같이, 나도 너희를 보낸다"(21). 예수가 제자들에게 숨을 내뿜으신다는 묘사는 제자들을 지켜줄 성령에 관한 예수의 약속을 기억나게 한다(14:26, 15:26-27, 16:7b-11, 12-15). 더 나아가 이 구절은 창세기 2:7에서 하나님이 흙으로 사람을 지으시고, 그의 코에 생명의 기운을 불어넣으신 것을 상기시키고, 에스겔 37:9에서 마른 뼈들에게 생명을 주었던 생기를 기억나게 한다.* 파송은 한편으로는 부활하신 예수가 제자들과 늘 함께하신다는 믿음과 다른 한편으로는 피조 세계가 항상 생명으로 가득 차도록 새롭게 하시는 하나님의 능력에 관한 믿음으로 가능하다.

그런 능력에 힘입어 제자들은 그때나 지금이나 죄를 사해주거나 사해주지 않을 능력을 받는데, 이는 거창한 선포를 통해서가 아니고 하나님과 하나님의 하시는 일을 이 세상에 조금씩 더 지속적으로 알리는 방식으로 이루어진다. 교회가 그런 사명을 계속 수행할 때, 세상은 예수에게 어떻게 반응하느냐에 따라 심판과 결단의 순간을 맞게 된다.** 세상이 그리스도에게 믿음으로 반응하여 은총을 받아 자만과 나태의 이기심으로부터 돌아선다면 죄가 사하여질 것이다. 그 반대의 경우 세상은 계속해서 자만과 나태 속에서 파멸을 향해 추락할 것이다. 성령의 능력으로 행해지는 이 파송의 궁극적인 목적은 부활하신 예수가 줄 수 있는 새 생명, 거듭난 생명을 주는 것이다.

본문에 담겨 있는 세 번째 중요한 신학적 주제는 의심하는 도마와 관련되어 있다. 도마는 대개 다른 제자들의 말을 믿지 않고, 자신이 직접 예수를 보고서야 믿은 인물로, 부정적으로 묘사되곤 한다. 그러나 성서를 잘 읽어 보면 다른 제자들도 도마가 요구했던 것과 비슷한 증거를 경험했다. 20절을 보면 부활한 예수가 제자들을 처음 만나서 두 손과 옆구리를 보여 주셨다. 도마는 다른 제자들과 비슷한 정도의 증거를 원했다. 도마뿐 아니라 모든 제자들이 의심이 많았다.

부활한 예수를 만난 도마나 다른 제자들에게 필요했던 것은 확신, 즉 평화를 기원하고, 사명을 주어 파송하시는 분이 십자가에 달리고, 돌아가시고, 장사된 바로 그분이라는 확신이었다. 하나님 나라의 도래를 선포하고, 그의 가르침, 치유,

---

* Gail O'Day and Susan Hylen, *John*, Westminster Bible Companion (Louisville, KY: Westminster John Knox Press, 2006), 195.

** *Ibid.*

삶에서 그 나라의 실체를 구현하신 바로 그분이어야만 했다. 부활한 분은 손과 옆구리에 못과 창 자국이 있어야만 했다. 그래야만 그분이 하나님의 은총으로 최악의 비극적 상황을 이겨내고 승리했다는 것을 입증할 수 있기 때문이다.

따라서 도마가 의심했다는 것이 주된 관심이 아니다. 그는 다른 제자들과 마찬가지로 지금 그들 가운데 서 있는 분이 그때 그들을 부르신 분이라는 것을 확인할 필요가 있었다. 종말 시대를 사는 제자인 우리는 보지도 않고 믿었기 때문에 더 큰 믿음과 용기를 가진 제자라 칭함을 받을 수 있겠지만, 우리는 그들에게 신세를 졌다. 우리는 도마와 다른 제자들이 우리를 대신해서 본 것을 신뢰함으로 믿게 되었다. 그래서 우리도 부활하신 분이 십자가에서 돌아가신 분이라는 것을 확신한다. 그래서 우리의 소망은 지속된다.

주석

　요한복음의 흥미로운 측면은 시몬 베드로와 형제 야고보와 요한만이 아니라 공관복음에서는 이차적 등장인물인 반복되는 등장인물의 수이다. 요한복음에서는 이름이 전혀 알려지지 않은 사람 빌립과 나다나엘이 요한과 야고보보다 더 중요하고, 빌립은 나다나엘을 부르고(1:43-51), 무리를 어떻게 먹일 것인지에 대한 예수의 질문에 대답하고(6:6-7), 그의 아버지를 보기를 원한다(14:8-11).

　빌립은 또한 같은 동네 벳새다에서 온 안드레와 함께 예수를 보고자 하는 몇몇 그리스 사람들을 위해 소개 역할을 한다(12:20-26). 안드레는 예수를 따르기 전에 요한을 따랐지만, 그는 자신이 찾은 메시아를 보러 오라고 초대한 그의 형제 시몬 베드로보다 앞서 예수를 따랐다(1:40-41). 우리는 누가 도마를 불렀는지, 왜 도마를 "쌍둥이"라고 불렀는지 모르지만, 그는 요한복음의 예수와 그의 제자들에 대한 이야기에서 한 가지 역할 이상을 담당하는 또 다른 인물이다.

　20장에 나오는 이 이야기와 관련하여 우리는 그를 "의심하는 도마"로 생각하는 경향이 있지만, 사실은 그렇지 않다. 11장의 시작 부분에서 그가 예수를 따라 베다니까지 가는 것을 꺼리는 동료 제자들에게 "우리도 그와 함께 죽으러 가자"(11:16)라고 말할 때 그는 "용감한 도마"(또는 심지어 "어리석은 도마")일 수도 있다. 누군가가 그곳에서 예수를 돌로 치려고 하지 않았는가?

　도마는 예수와 함께 죽는 것이 무엇을 의미하는지 알지 못한다. 14장에서 그는 그 문제와 관련하여 "혼란스러운 도마"일 수 있다. 예수께서 제자들에게 아버지 집에 거할 곳이 많으니 너희를 위하여 처소를 예비하시겠다고 그리고 그들이 그곳으로 가는 길을 알고 있다고 말할 때 도마가 끼어든다: "주님, 우리는 주님께서 어디로 가시는지도 모르는데, 어떻게 그 길을 알겠습니까?"(14:5).

　요컨대 요한이 그를 묘사한 것처럼 도마는 단순히 의심하는 것 이상이다. 더욱이 앞에 있는 구절에 있는 이야기를 살펴보면 그중 두 가지가 있고(20:19-23; 20:26-29), 막간(20:24-25) 이야기가 밀접하게 관련되어 있다. 도마는 다른 제자들이 이미 본 것보다 더 많은 "증거"를 기대하지 않는다. 그러나 그가 그들의 증언을 의심하는 것은 사실이다.

두 이야기의 유사점은 매우 가깝다. 첫 번째(20:19-23)에서 예수는 제자들에게 도마가 없을 때 오신다. 두 번째(20:26-28)에서는 제자들과 도마에게 오신다. 두 이야기의 설정은 동일하다. 예수는 제자들에게 같은 방식으로 오시고, 같은 방식으로 인사하시고, 같은 방식으로 자신의 정체성을 보여준다.

첫 번째 이야기에서 제자들은 예수께서 오시어 그들 가운데 서실 때 문을 잠그고 집 안에 있었다. "평화가 너희에게 있을지어다"라고 말하신다. 그런 다음 그는 손과 옆구리를 보여준다. 이어 "평화가 너희에게 있을지어다"라고 반복하며 성령을 불어넣는다.

두 번째 이야기에서 예수께서 찾아와 그들 가운데 계실 때 제자들(도마를 포함하여)은 문이 잠겨 있는 집에 있었다. 또 "평화가 너희에게 있을지어다"라고 말하신다. 그런 다음 그는 도마에게 손과 옆구리를 보여주면서 손으로 직접 만져보도록 했다.

성육신은 빛이 어둠 속으로 들어오는 것이고, 기적은 표징인(로버트 카이저가 말한 것처럼 "보는 것은 믿는 것이다")* 것이다. 요한복음에서 "보는 것"이 대단히 중요하다. 요한복음에는 "본다"(see)라는 단어의 형태가 물리적으로 보는 것에서 이해하는 것에 이르기까지 영어에서와 동일한 의미 범위로 20번 이상 사용된다.

그래서 이 이야기들에서 예수는 제자들에게 손과 옆구리를 볼 수 있도록 하시며, 제자들은 예수를 보면서 기뻐한다(그가 "그분"임을 보고). 보는 것이 믿는 것이요, 기뻐하는 것이다. 중간 대화에서 도마의 요점은 그들이 가진 것을 보지 못했다는 것이다. 다른 제자들은 "우리는 주님을 보았습니다"라고 말한다(그냥 사실대로 전하는 것인가 아니면 조롱하는 것인가 정확히 알 수 없다). 도마는 "나도 보지 않고는 믿지 않겠다"고 말한다. 그러면서 그는 본다. 다시 예수께서 그에게 손가락을 내밀어 만져 보라고 초대한다. 그런 다음 도마가 만졌다는 증거도,

---

* Title of chapter 3 in Robert Kysar, *John, the Maverick Gospel* (Atlanta: John Knox Press, 1976), 65-83.

만지지 않았다는 증거도 없지만, 도마는 자신의 믿음을 고백한다: "나의 주님, 나의 하나님!"

보고 믿는 것이 이 구절의 유일한 주제는 아니지만, 이야기를 막간과 결론, 즉 대부분의 학자들이 확신하는 복음의 원래 결론과 연결된다. 또 다른 주제는 두려워서 잠긴 문에 관한 것인데, 그럼에도 불구하고 하나님의 은혜를 막을 수는 없다는 것이다. 실제로 문이나 두려움은 부활하신 그리스도가 제자들에게 오시는 것을 막을 수 없다. 그들은 다른 사람들을 잠글 수는 있지만 그를 잠글 수는 없다. 예수의 "평화가 너희에게 있을지어다"는 마태복음의 기록에서 천사가 마리아에게 말한 것(그리고 예수도 말한), "무서워하지 말아라"(마 28:5, 10)를 말하는 또 다른 방법일 수 있다.

이 이야기의 주제는 보고 믿는 것만이 아니다. 더욱이 두 번째 이야기가 결론짓듯이 보지 않고도 믿을 수 있다. 예수는 도마에게 "너는 나를 보았기 때문에 믿느냐? 나를 보지 않고도 믿는 사람은 복이 있다"(20:29)고 말했다. 그러므로 보지 않고도 믿을 수 있다. 책에 기록된 것(독자가 보고 읽을 수 있어야 하고 읽을 수 있어야 이해할 수 있다)은 예수의 표적이요, 그의 임재에 대한 읽을 수 있는 표현이요, 그가 누구인지에 대한 가시적 증거, 즉 어둠에 들어온 빛이요, "세상에 오는 모든 사람을 비추는 참 빛"(1:9)이다. 그래서 우리도 "그의 영광을 보았다"(1:14).

목회

일부 기독교회에서는 부활절 다음 주일을 공식적으로 작은 일요일(Low Sunday)
이라는 별명으로 부른다. 어떤 전통의 예배 인도자들과 예배자들에게는 매우
적절한 설명인 것 같다. 이 주일을 부활절 둘째 주일이라고도 부르며, 부활절
축하 행사를 즐겁게 계속하기도 하지만, 여러 교회들에서는 작은 일요일처럼
느낄 수 있다. 부활절 백합꽃은 치워졌고, 팡파르는 일주일 전에 그 방에서 즐겁게
울렸던 것의 메아리에 불과하다. 사람은 적고 열광은 줄었다. 아마 목회자는
일요일에 쉬고 있을 것이다. 이런 날 예배에 참석하는 것은 손님들이 거의 다
떠난 후 남아 있는 사람들이 당신이 너무 늦는 바람에 무엇을 놓쳤는지를 알려주는
것 같다.

그런 일요일은 2천 년 동안 그래왔던 것처럼 우리 역시 부활절을 그리워한다는
사실을 일깨워주는 데 도움이 될 수 있다. 우리는 부활절 이후의 시간 외에 다른
어떤 시간에도 살아본 적이 없다. 우리 대부분에게 매주 일요일은 부활절 이후의
일요일과 더 비슷하다. 우리는 부활에 대한 이야기를 들을 수 있지만 실제로
거기에 있지는 않았다. 우리는 직접 보거나 만지거나 경험하지 않았다.

흔히 도마와 그의 의심에 초점을 맞춘다. 심지어 마치 그가 의심하는 자로
지정되거나 한 것처럼 "의심하는 도마"라는 성서에 없는 별명을 붙이기도 한다.
하지만 막달라 마리아가 빈 무덤을 보았는데도 부활하신 그리스도가 나타나서
직접 개인적으로 말씀하실 때까지 믿지 않았다는 것을 기억하는 것이 도움이
될 수 있다. 그리고 나서 제자들에게 자신의 만남에 대해 이야기했을 때("내가
주님을 보았다") 제자들은 막달라 마리아의 말을 일축했다. 왜냐하면 자기 자신이
보지 못했기 때문이었다. 그래서 그들은 문을 잠그고 숨어 있었다. 부활절 저녁에
예수께서 그들이 숨어 있는 어두운 구석에 나타나셨을 때 그들에게 손과 옆구리를
보여 주셨고, 그제서야 제자들은 기뻐했다.

그러니까 부활하셨다는 말을 듣고 의심했던 사람이 도마가 유일했던 건 아니었
다. 이 이야기에 등장하는 다른 인물들과 마찬가지로 그는 직접 보려고 했다.

"나는 내 눈으로 그의 손에 있는 못자국을 보고, 내 손가락을 그 못자국에 넣어 보고, 또 내 손을 그의 옆구리에 넣어 보지 않고서는 믿지 못하겠소!"(25)

일주일 후 예수께서 제자들에게 나타나셨을 때 이번에는 도마도 함께 있었는데, 예수는 제자의 의심이나 또 다른 무엇을 요구하는 것에 대해 짜증을 내지 않으셨다는 것을 주목하라. 대신에 예수는 도마에게 말씀하셨다. "네 손가락을 이리 내밀어서 내 손을 만져 보고, 네 손을 내 옆구리에 넣어 보아라. 그래서 의심을 떨쳐버리고 믿음을 가져라"(27). 즉, "나를 간접적으로 만나는 것 이상이 필요한가? 네가 직접 보기를 원하는가? 나는 너를 비난하지 않는다. 만져라. 보아라. 믿어라."

우리는 도마가 예수의 존재를 만져서 확인하라는 예수의 제안을 받아들였는지에 대해 말하는 것이 아니다. 우리가 알고 있는 것은 그 제안에 대한 도마의 응답 "나의 주님, 나의 하나님"이 신약에 기록된 모든 신앙 고백 가운데 가장 강력한 것이라는 사실이다. 아마도 도마는 예수가 자신이 필요로 하는 것을 줄 수 있을 만큼 충분히 자신에게 관심을 가지고 있다는 것과 자기의 의심을 무시하지 않았다는 것을 아는 것으로 충분했을 것이다. 아마도 도마에게는 예수가 누구인지를 알기 위해서 부활하신 그리스도를 보고, 경외심을 가지고 그에게 말하는 것으로 충분했을 것이다.

확실히 예수는 "보지 않고도 믿는 사람은 복이 있다"(29)고 말씀하셨다. 부활절 축하 행사에 한주 늦게 예배에 참석하는 사람들에게는 특별히 적합한 축복인 것 같다. 그것은 또한 지난주에 받은 축복을 설명한다. 부활절 아침에 예배를 드리기 위해 모인 사람들은 빈 무덤에 가서 부활하신 그리스도를 직접 보지 못했다. 그러나 그들 중 많은 사람들이 믿었다. 예수께서 말씀하셨다. "축복이 있기를."

예수께서 도마에게도 축복하셨다는 것은 대단히 기쁜 소식이다. 우리는 예수께서 그를 따르는 사람들에게 우리가 할 수 있는 것 이상으로 믿음의 행위를 할 것을 기대하신다는 장애물을 세우지 않으신 것에 감사할 수 있다. 예수는 사람들이 어디에 있든지 그들을 만나셨고, 만나신다. 그는 모든 사람에게 똑같은 처방을 하지 않는다는 점에서 좋은 의사와 같다. 그는 그를 따르는 사람들에게 각기 다른 방식으로 접근하신다. 왜냐하면 결국 우리의 경험이 다르며 삶에 대한 우리의 접근 방식이 다르기 때문이다. 그는 우리를 축복할 방법을 찾아내신다.

요한에 의하면 그것이 예수가 의심을 다루는 방식이다. 그는 우리에게 필요한 것을 주신다. 요한은 이 구절을 다음의 언급으로 마친다. "예수께서는 제자들 앞에서 이 책에 기록하지 않은 다른 표징도 많이 행하셨다. 그런데 여기에 이것이나마 기록한 목적은, 여러분(우리!)으로 하여금 예수가 그리스도요 하나님의 아들이심을 믿게 하고, 또 그렇게 믿어서 그의 이름으로 생명을 얻게 하려는 것이다"(30-31).

그것이 우리 대부분이 믿게 된 방식이다. 우리는 보거나 만지지 않았다. 우리는 거기에 없었다. 우리는 들었다. 누군가 우리에게 "예"라고 말하도록 초대하는 방식으로 이야기를 들려주었다. 우리는 누군가 우리에게 무언가를, 어쩌면 작은 무언가를 말하는 것을 들었다. 마치 깊음에서 깊음으로, 우리의 이름을 부르는 것처럼. 우리는 설교, 성서 구절, 기도를 들었다.

우리 교회의 교인들에게 말로 하는 것 이상으로, 단순히 이야기를 말하는 것 이상으로 생명처럼 보이거나 느껴지는 어떤 것이 필요하다면 요한은 그것도 괜찮다고 말할 것 같다. 예수께서는 지금도 그들에게 그리고 우리 각 사람에게 필요한 것을 주실 수 있다. 예를 들어 우리는 우리의 빈손을 펴서 우리가 직접 만지거나 맛보기 위해 주님의 식탁에 초대받았다. 우리가 이번 주일을 '작은 일요일'로 경험하든, 부활절 둘째 주일로 접근하든 예수는 여전히 우리에게 필요한 것을 주실 수 있는 권능을 가지고 있다.

설교

인간의 마음은 체계적인 질서를 필요로 한다. 그것으로 사물을 지각하고 세상을 이해하며 인식하는 모든 정보를 정리한다. 이것은 우리에게 과학적 발견을 추동시키는 힘이다. 이것은 또한 법률적인 주장이나 법의학적 논쟁에서 핵심적인 역할을 한다. 이것은 우리가 신비한 이야기를 좋아하는 이유이기도 하다. 우리는 신비가 풀릴 때까지 증거를 좇는 강렬한 열망을 가지고 있다.

믿음은 이러한 인간의 마음이 풀기 원하는 핵심적인 신비이다. 우리가 어떤 것을 믿음으로 받아들인다는 것은 제한된 상황에서 완벽하게 이해할 수 없는 것을 기꺼이 받아들인다고 말하는 것이다. 그러면서도 여전히 우리는 믿음이 어떤 증거로 인해 뒷받침되어서 믿음이 도약하는 것을 원한다. 부활절을 맞이하여 우리는 믿음에서 가장 위대한 신비, 곧 예수께서 세상의 죄를 위해 죽으셨고 무덤에서 부활하셨음을 기념한다. 이 믿음에 기초한 사실은 예수에 관한 다른 모든 환상적인 이야기들과(치유의 기적, 물 위를 걸은 일, 한 번도 만난 적이 없는 사람에 대해 알고 있는 일) 비교해 볼 때, 인간의 마음이 가장 이해하기 어려운 것이다. 삶에서 죽음보다 더 확실한 것은 없다. 그것은 세금만큼이나 피할 수 없는 일이고, 무엇보다도 영구불변의 진리라고 말할 수 있다. 예수께서 죽음에서 살아나는 일은 인간의 마음과 부합하지 않는다. 그것은 일어날 수 없다.

요한복음은 법정에서 논쟁을 위해 쓴 예수 이야기이다. 그것은 단지 그가 살면서 무엇을 했는지를 말해 줄 뿐만 아니라 그 사실 배후에 있는 동기를 아울러 설명한다. 요한은 분명하고 뜻이 명확한 용어를 사용하여 서술한다. 그는 매우 단순한 은유를 사용하여 우리가 예수가 누구인지, 우리와 무슨 관계가 있는지(예수는 생명의 빵, 포도나무, 선한 목자, 생수 등)를 말한다. 요한은 마가와는 다른데 마가는 신비를 중심으로 전개한다. 마가의 예수는 기적을 행하고 그런 다음 사람들에게 "본 것을 아무에게도 이야기하지 말라고"(막 9:9) 명령한다. 마가는 사실을 설명하지 않고 모호하게 만든다. "모든 것들이 비유이므로… 그들이 듣기는 들어도 깨닫지 못한다"(막 4:12).

이와 달리 요한은 우리가 진리를 이해할 수 있도록 분명한 메시지를 준다. 그는 증거들을 주어서 사람들이 확실히 알도록 한다: "그런데 여기에 이것이나마 기록한 목적은, 여러분으로 하여금 예수가 그리스도요 하나님의 아들이심을 믿게 하고, 또 그렇게 믿어서 그의 이름으로 생명을 얻게 하려는 것이다"(요 20:31).

의심 많은 도마 이야기는 전형적인 요한을 보여준다. 예수께서는 다시 사셨고, 그를 따르던 사람들에게 나타나셨다. 도마가 이 놀라운 이야기를 듣고 믿을 수 없게 된다. 그는 우리와 같다. 이런 일은 믿기 어렵다. 사람들은 증거를 요구한다. 우리의 마음은 단지 친구들의 증언만 듣고는 믿음의 도약으로 나아갈 수 없다. 그들이 감정적으로 격앙된 상태에서 상상한 것을 말하고 사실이기를 바라는 것들을 말할 수 있기 때문이다. 그러한 증언은 공격당하기 십상이다. 오직 한 가지가 그 일을 입증해 줄 것인데 그것은 증거다.

예수께서 8일 후에 나타났을 때 도마는 그들과 함께 있다. 그는 증거를 요구한다. 그의 마음은 확실한 것을 찾고 있다. 예수께서 스스로 유효한 증인이 되신다. 예수께서는 믿음이 어떤 증거가 필요함을 알고 있다. 그는 도마에게 상처가 난 그곳에 손을 넣어 살펴보게 한다. 도마의 손가락 끝에 피가 묻어서 나온다. 이것은 실제 피다. 이것이 증거다. 이것이 진실이다. 예수께서는 죽었다가 다시 사셨다. 그는 진실로 다시 사셨! 아마 우리가 오늘날 놀라움으로 사용하는 이 부활절 외침(주님께서 부활하셨다)을 만든 사람은 도마 자신이었던 것 같다. 요한은 우리에게 이런 이야기가 필요한 것을 알고 있다: 분명하고 상세한 증거를 가지고 있는 증인이 있는 이야기.

부활절 둘째 주일은 부활절과 성령강림절 사이에 있는 "기쁨의 50일"(the Great Fifty Days)에 속한다. 역사적으로 이 기간에 설교자들은 부활절 전야 예배 때 세례를 받고 새롭게 신자가 된 사람들에게 이 신앙의 신비를 가르쳤었다. 세례 후에 "성례전 신비 설교"로 알려진 설교를 통해 설교자들은 인간의 마음이 그것을 이해하는 데 어려움이 있음을 가르쳤다. 요한의 저술들이 이 기간과 밀접하게 연관이 있음은 놀라운 일이 아니다.

요한의 의도는 신자들에게 이 신비를 설명하는 것이다. 그는 오늘날도 여전히 같은 일을 하고 있고, 도마 이야기는 그 도우미 역할을 한다. 우리가 고난과 부활 사건으로부터 멀어질수록 이 믿을 수 없는 복음에 대해 신빙성을 더해 줄 신뢰할 만한 증인이 절실히 필요하다. 도마의 증언은 오늘날에도 유효한가? "나의 주님, 나의 하나님"이라는 그의 외침은 오늘날 우리의 믿음을 향하여 말하고 있는가? 오늘날 이 놀라운 증거를 확신하며 사는 설교자가 담대하게 선포한다면, 그럴 수 있고 또 그렇게 말하고 있는 것이 된다.

그러나 확신을 주는 것은 도마의 증언만 있는 것이 아니다. 요한의 목소리를 통해 들려진 도마의 말은 도마를 돕는 조력자에 의해 해석된 것으로 우리에게 다가온다. 요한복음에서(15:26) 예수께서는 신앙이 지닌 신비스러운 일에 대해 우리의 이해를 돕기 위해 조력자, 상담가를 보낼 것을 약속했다. 설교자는 도마와 요한의 증언에 의존하지만 우리는 성령의 능력에 의해 확신한다. 인간의 마음은 증거를 원한다. 우리는 더 분명한 확신이 필요하다. 요한은 결국 증거만으로는 충분하지 않음을 알았다. 성령은 의심 많은 마음에 확신을 주기에 필요하다. 마지막 과제인 부활의 신비를 확신하는 것은 은혜의 선물이다. 증거는 단지 신앙으로 주어진 확신을 확인시켜 주는 것이다.

오늘날 설교자는 이 이야기를 어떻게 받아들여야 할까? 요한이 의도하고 있는 것처럼 이 이야기가 위대한 증인이 되게 하자. 우리의 배심원들은 도마의 친구들로 구성되어 있고, 그들 또한 도마처럼 의심과 희망 둘 다 가지고 있다. 예수는 부활하거나 혹은 그렇지 않을 수 있다. 표면적으로는 간단한 선택이다. 이해를 따르도록 우리의 뇌를 설계하신 바로 그분이 또한 우리의 마음을 여는 열쇠를 쥐고 계신다. 설교자들이 복음을 선포할 때 성령의 설득하는 능력이 배심원단의 마음을 움직여 증거가 증명할 수 없는 판결을 이끌어 낼 것이다. 그는 진실로 부활하셨다!

부활절 셋째 주일

누가복음 24:13-35

¹³그 날에 그들 중 둘이 예루살렘에서 이십오 리 되는 엠마오라 하는 마을로 가면서 ¹⁴이 모든 된 일을 서로 이야기하더라 ¹⁵그들이 서로 이야기하며 문의할 때에 예수께서 가까이 이르러 그들과 동행하시나 ¹⁶그들의 눈이 가리어져서 그인 줄 알아보지 못하거늘 ¹⁷예수께서 이르시되 너희가 길 가면서 서로 주고받고 하는 이야기가 무엇이냐 하시니 두 사람이 슬픈 빛을 띠고 머물러 서더라 ¹⁸그 한 사람인 글로바라 하는 자가 대답하여 이르되 당신이 예루살렘에 체류하면서도 요즘 거기서 된 일을 혼자만 알지 못하느냐 ¹⁹이르시되 무슨 일이냐 이르되 나사렛 예수의 일이니 그는 하나님과 모든 백성 앞에서 말과 일에 능하신 선지자이거늘 ²⁰우리 대제사장들과 관리들이 사형 판결에 넘겨 주어 십자가에 못 박았느니라 ²¹우리는 이 사람이 이스라엘을 속량할 자라고 바랐노라 이뿐 아니라 이 일이 일어난 지가 사흘째요 ²²또한 우리 중에 어떤 여자들이 우리로 놀라게 하였으니 이는 그들이 새벽에 무덤에 갔다가 ²³그의 시체는 보지 못하고 와서 그가 살아나셨다 하는 천사들의 나타남을 보았다 함이라 ²⁴또 우리와 함께 한 자 중에 두어 사람이 무덤에 가 과연 여자들이 말한 바와 같음을 보았으나 예수는 보지 못하였느니라 하거늘 ²⁵이르시되 미련하고 선지자들이 말한 모든 것을 마음에 더디 믿는 자들이여 ²⁶그리스도가 이런 고난을 받고 자기의 영광에 들어가야 할 것이 아니냐 하시고 ²⁷이에 모세와 모든 선지자의 글로 시작하여 모든 성경에 쓴 바 자기에 관한 것을 자세히 설명하시니라 ²⁸그들이 가는 마을에 가까이 가매 예수는 더 가려 하는 것 같이 하시니 ²⁹그들이 강권하여 이르되 우리와 함께 유하사이다 때가 저물어가고 날이 이미 기울었나이다 하니 이에 그들과 함께 유하러 들어가시니라 ³⁰그들과 함께 음식 잡수실 때에 떡을 가지사 축사하시고 떼어 그들에게 주시니 ³¹그들의 눈이 밝아져 그인 줄 알아 보더니 예수는 그들에게 보이지 아니하시는지라 ³²그들이 서로 말하되 길에서 우리에게 말씀하시고 우리에게 성경을 풀어 주실 때에 우리 속에서 마음이 뜨겁지 아니하더냐 하고 ³³곧 그때로 일어나 예루살렘에 돌아가 보니 열한 제자 및 그들과 함께 한 자들이 모여 있어 ³⁴말하기를 주께서 과연 살아나시고 시몬에게 보이셨다 하는지라 ³⁵두 사람도 길에서 된 일과 예수께서 떡을 떼심으로 자기들에게 알려지신 것을 말하더라

신학

예수의 십자가 사건 이후의 이야기는 심층적 의미를 포함하고 있어 주의하여 살펴봐야 한다. 이 이야기들은 일어난 사건의 단순한 기록이 아니다. 이 이야기들은 수많은 독자가 깊은 통찰력을 갖고 끊임없이 탐구하여야 밝혀질 신학적 의미를 담고 있다. 누가복음 24장은 부활과 승천 사이의 40일에 관한 기록의 한 부분이다. 누가복음 24:45는 이 기간이 예수께서 "성서를 깨닫게 하시려고, 그들의 마음을 열어 주던" 때라고 말한다. 누가복음과 사도행전으로 이어지는 신학적 흐름에서 그리스도와 성령의 상호 관계가 중요한 주제로 떠오른다. 또한 예수 외에 모든 제자가 평등했던 제자제도에서 세례와 성찬 등의 제도가 도입된 더 큰 교회로의 발전에 관한 관심도 드러난다.

오늘의 본문은 성전 권력자들의 눈 밖에 나서 로마인에 의해 처형당했던 갈릴리 예수를 따르던 제자들이 절망 중에 길을 떠나다 체험한 사건의 요지 이상의 중요성과 심층적 의미를 지니고 있다. 예수가 당황하고 실의에 빠진 제자들을 만난 이 이야기 속에서 교회는 오랜 세월에 걸쳐 부활의 신학, 믿음의 본질, 성령의 역할, 성찬식의 의미, 공동체적 실천의 중요성 등에 관한 중요한 교훈을 찾아냈다.

부활하신 예수는 쉽게 알아볼 수 없다. 사복음서 모두 부활한 예수를 만난 제자들의 경험을 묘사할 때 연속성과 불연속성의 요소를 제시한다. 제자들이 부활한 예수를 보았을 때 친숙함과 신비, 이해와 혼동의 요소가 같이 드러난다. 제자들이 부활에 관한 믿음이 있었다면, 그것은 세상 마지막 때의 부활이었지, 종말이 현재에 선취되어 일어나는 부활은 아니었다. 그들은 부활한 예수가 전에 그들과 함께 식탁에서 음식을 나누던 분인 것을 느낀다. 그들은 그분이 계속 그들에게 가르침과 격려를 해주신다는 것을 인식한다. 누가는 본문에서 완성된 부활 신학을 제시하지 않지만, 독자들은 이 분이 십자가에서 돌아가신 분이고, 지금 그들과 함께 있다고 결론을 내리게 된다.

엠마오로 가던 두 제자가 예수를 만난 이야기는 믿음의 본질에 관해서도 중요한 교훈을 준다. 믿음은 눈에 보이는 증거에 의존하지 않는다. 누가가 16절에서 "그들은 눈이 가려져서 예수를 알아보지 못하였다"고 말한 것을 볼 때, 부활한 예수를 알아보기 위해서는 깊은 차원의 앎이 필요하다는 것을 깨닫게 된다. 이들이 머물다 가시라고 예수를 만류하고 나서 그들은 그리스도 현현(Christophany)을 경험했다. 그들은 떡을 떼는 가운데 예수를 인식했다. 많은 사람들이 공식과 같이 언급하는 4단계—취하고, 축복하고, 떼고, 주는(took, blessed, broke, gave)—를 통해 그렇게 되었는지 모르겠지만, 아무튼 이제 그들은 당신의 몸을 주신 예수가 부활하신 채로 그들 앞에 있는 것을 인식하게 되었다.

누가에 따르면 신의 임재가 "부재처럼 보임"(seeming absence)의 형태로 경험되기도 한다. "한순간에 예수께서는 그들에게서 사라지셨다"(31)라는 설명 속에서 우리는 눈에 보이는 것이 믿음을 지속시켜줄 수 없다는 것을 깨닫게 된다. 거룩한 임재는 지속되지만, 그들이 알고 있는 방식으로는 아니다. 누가복음은 서두에서부터 성령의 역할을 강조했다. 세례요한에 따르면 성령에 의해 잉태된 분이 성령으로 세례를 줄 것이다(3:16). 오순절 소망의 핵심은 성령이 그들 위에 내려오고, 성령 안에서 그들이—예수가 더 이상 육체적으로 존재하지 않음에도 불구하고— 신적인 임재를 깨달을 것이라는 점이었다. 누가복음-사도행전의 승천 신학에서는 예수와 성령의 상호관계가 중요하다. 예수가 올라갔다는 것은 성령이 내려왔다는 것을 의미한다. 부활한 예수는 하늘 높은 자리에서 선물을 내려보낸다. 성령은 예수의 가르침이 진리였다는 것을 증명한다. 성령의 존재는 예수의 부재를 견딜 수 있게 한다.

누가복음 24장은 성찬 신학의 초기 형태를 보여준다. 본문 안에는 예수가 떡을 떼는 가운데 그를 사랑하는 자들을 만나시겠다는 약속이 있다. 환대가 은총을 불러들였다. 낯선 사람을 자신들의 공간에 초대했다는 것은 신뢰와 희망의 표시이다. 예수는 그들의 친절한 초대를 더 큰 축복으로 보답하셨다. 환대는 상처받을 가능성을 감수하고 이루어진다. 낯선 사람을 환영하는 것에는 늘 위험이 따른다. 상이 뒤집힐 수도 있다 — 좋은 쪽으로든 나쁜 쪽으로든. 본문에서는 주인과 손님의 자리가 뒤집혔다. 예수가 이 식탁의 주인이 되었다. 오늘날 성만찬은 본문에 나오는 환대의 요소를 회복해야 한다.

오늘날 환대가 복음 전파의 중요한 열쇠가 된다는 인식이 퍼지고 있다. 오늘 본문은 포스트모더니즘 시대에 유효한 영적 실천이 될 수 있다. 말보다는 행동이, 자기 보호보다는 환영이 사람들에게 두려움을 떨쳐내고 들어와 안락함을 느낄 수 있는 공간을 만들어준다. 공동 식사는 장벽을 허물고 그리스도와 연합하게 한다. 그리스도는 우리가 성찬—혹은 자신을 내주는 환영의 식탁—에 참여할 때마다 우리와 동석하신다.

고립에서 공동체로의 변화도 본문이 제시하는 중요한 주제이다. 그리스도가 길에서 두 제자를 만났고 그들은 마을에서 예수를 위한 자리를 마련했다. 하나님은 공동체가 진정한 공동체가 되게 하려고 늘 "타자"를 위한 공간을 마련하신다. 예수가 사라지자 두 제자는 자신의 내면을 다 드러내며 서로 이야기를 나눈다. "길에서 그분이 우리에게 말씀하시고, 성서를 풀이하여 주실 때에, 우리의 마음이 우리 속에서 뜨거워지지 않았습니까?"(32) 성서는 공동체 안에서 가장 잘 이해된다. 왜냐하면 우리는 우리의 편협한 해석을 지적해줄 다른 사람이 필요하기 때문이다. 우리 마음의 편협함을 도전할 다른 사람들의 해석이 필요하다.

그들이 경험한 것은 다른 사람과 나눠야 했다. 예루살렘으로의 복귀는 복음이 소용돌이처럼 확산되는 과정의 초기 단계이다. 이렇게 좋은 소식은 나눠야 한다. 이렇게 변혁적인 소식은 새로운 공동체를 창조한다. 예수 그리스도의 은총에 의해 눈이 뜬 사람들은 다른 사람들도 와서 떡을 떼는 가운데 그분을 알아보도록 초대하는 부활의 증인이 되어야 한다.

엠마오 도상에서 예수가 나타나신 사건은 복음서 이야기에서 가장 매력적인 이야기 중 하나이다. 이 이야기는 누가에만 있고 유사한 이야기가 마가복음 16:12-13에 있다.

본문은 누가의 빈 무덤 발견 이야기(24:1-2)에 이어 나온다. 여자들이 빈 무덤을 발견하고 "열한 제자"(9)에게 알리지만 믿지 않는다. 그러나 베드로는 그 무덤으로 달려가 여자들이 알려준 대로임을 발견하고 놀라서 집으로 돌아간다. 엠마오 이야기는 빈 무덤에 대한 이 애매한 반응과 모든 제자들에게 예수께서 나중에 나타난 일 사이에 있는 중간 역할을 한다.

이 이야기는 빈 무덤을 발견한 여자들(11)의 "어처구니없는 이야기"(idle tale)을 듣고 공동체를 떠나 예루살렘에서 삼십 리 떨어진 엠마오라는 마을을 향하여 슬프게 가던 두 제자에서 시작한다. 이야기가 전개되면서 그들은 예수의 선교 사역과 고난 이야기를 정리하고 있지만, 정작 온전히 이해하지는 못하고 있다. 후자(이해하지 못하고 있는 두 제자)가 이 엠마오 이야기의 궁극적인 목적 중 하나인데 그것은 부활하신 그리스도가 제자들에게 나타나 그의 죽음과 부활에 대한 진정한 의미를 보여주었다는 것이다.

길을 가는 여정(journey)을 이야기의 배경으로 설정하는 것은 전형적인 누가의 방식이다. 누가는 예수의 총체적인 선교를 갈릴리에서 예루살렘으로(9:51-3을 보라) 가는 것으로 그리고 궁극적으로는 승천을 통하여 하나님 우편에 앉게 되는 여정이라고 그리고 있다. 누가는 초기 기독교 공동체를 예루살렘에서 시작하여 "땅끝까지" 이르는(행 1:8) 여정으로 묘사하고 있다. 공동체 그 자체가 "여정 중인 백성들"(people of the journey, 행 9:2, 22:4, 24:14, 22)로 불렸다. 누가에게 있어 예수와 교회의 여정은 이스라엘에서 시작하여 성령을 통하여 "땅끝까지" 도달하는 구원 역사를 펼치고 있는 것이다.

중요한 순간은 부활하신 예수가 두 제자와 만나고 그들과 함께 걸을 때에 시작된다. 그들은 예수를 알아보지 못하지만(31절에 계시의 순간을 보여 준다), 그들 중 한 명인 글로바(Cleopas)는 그들이 깊이 생각하던 사건에 대해 예수께서 한 질문에 대답한다. 슬픔에 가득 찬 두 제자는 자신들을 이렇게 만든 사건에 대해 설명한다. 그들이 예수와 그의 선교를 "하나님과 모든 백성 앞에서, 행동과 말씀에 힘이 있는 예언자"(19)로 묘사한 것은 누가의 관점과 일치한다. 누가는 예수가 첫 예언자적 선교를 고향 나사렛 회당에서 시작할 때(4:16-30) 그리고 이어서 예언자로 환영을 받는 곳에서(7:16) 또한 치유와 축사를 하나님의 예언자의 일로 강력하게 선포할 때(13:31-35)도 그렇게 묘사하고 있다. 사도행전에서도 베드로(3:22)와 스데반(7:37) 둘 다 예수를 하나님께서 보내신 예언자로 보고 있다.

엠마오로 가던 제자들은 "그가 이스라엘을 구원할 것이라고 희망했지만"(21) 예수의 죽음은 이 희망을 산산이 부숴 버렸다. 독자는 복음서 서두에 기록된 오랫동안 구원을 기다려온 일이 생각날 것이다. 스가랴가 오랫동안 기다려온 구원이 이루어질 것을 하나님께 감사하고(1:68), 성전 예언자 시몬과 안나가 이스라엘의 구원의 때를 기다려왔던 일(2:30, 38)이다. 제자들의 절망에 더해진 것은 공동체 안의 여인들이 무덤이 비어 있었고, 예수께서 살아났다고 선포하는 천사들을 환상으로 보았다는(24:22-24) 터무니없는 주장이었다.

누가는 예수의 고난에 대한 예수 자신의 해석을 소개한다. 그것은 예수의 고난과 죽음은 하나님의 계획이 궁극적으로 패배한 것이 아니고, 새로운 생명을 얻는데 필요한 과정으로 이해되어야 한다는 것이다. 부활하신 예수는 이것을 그의 제자들에게 "모세와 모든 예언자들"의 가르침이고, 진실로 "모든 성서"가 말하고 있는 것(27)이라고 말하고 있다. 죽음에서 생명이 나온다는 양식은 사실상 전체 성서 이야기의 기본적인 양식이다. 원초적 혼돈으로부터 하나님은 생명을 창조한다. 이집트의 노예 상태로부터 자유와 조국이 나온다. 포로기의 파괴된 곳에서 새로운 백성이 시작된다. 제자들을 위한 예수의 성서해석은 예수의 죽음과 부활이 갖는 진정한 이해를 보여주고 있다. 이제 그들의 마음이 속에서 "뜨거워진다". 바로 여기에 누가의 기록이 지닌 핵심 내용이 있다. 부활하신 그리스도는 공동체 안에 계시고, 유월절 신비의 온전한 의미를 그들에게 이해하도록 하신다. 이야기는 예수와 제자들이 함께하는 식사에서 정점에 이른다. 저녁이 되고 예수가 길을 떠나려 할 때 제자들은 함께 머물 것을 요청한다. 식사는 누가 이야기의 단골 소재이고, 이 이야기의 결말도 같은 방식으로 결론짓는다. 이 식사는 오랫동안 기다려온 이스라엘의 모임(사 25:6-9)을 생각나게 하고, 예수 자신의 선교가 지닌 포용적인 영성을 보여주고 있다(눅 14:7-4, 15-4, 15:25-2, 16:19-1, 19:1-10). 예수가 누구인지 그리고 그의 죽음과 부활이 무엇을 의미하는지에 대한 온전한 계시는 식사 때 나타나게 된다(24:31, 35). 예수의 말과 행동은 군중들을 먹이던 때와 같았고(9:16), 마지막 유월절 식사(22:19)를 생각나게 하였다. 의심할 것도 없이 누가는 독자들에게 사도행전에 묘사된 "빵을 떼는 일"(행 2:42, 46, 20:7, 11, 27:35)과 연관을 시키려고 하고 있다. 이 이야기의 결말에서 부활하신 예수는 그들의 시야에서 사라지고, 두 제자는 즉시 예루살렘의 공동체로 돌아가기 위해 떠난다. 거기서 그들은 부활하신 예수가 이미 베드로에게 나타났음을 알게 되고, 자신들이 도상에서 예수와 만난 일 그리고 함께 식사한 일에 대해 증언한다. 누가는 여기에서 특징적인 몇 가지 주제들을 가지고 온다. 그것은 예수의 죽음과 부활은 하나님의 구원 계획 안에 있다는 것, 부활하신 그리스도에 대해 성서에 기초한 공동체의 경험이 지닌 희미한 이해와 성령의 감화가 주는 부활하신 그리스도에 대한 이해의 차이, 빵을 떼는 것을 공동체의 삶과 선교의 상징으로 이해하는 것 그리고 공동체를 떠나지 않고 그 안에서 인내하는 것의 중요성들이다.

50일간의 부활절 기간 가운데 3주가 지나면 부활절의 새벽이 보름달을 기준으로 변동하는 날짜가 아니라 카이로스(kairos)의 순간임을 기억하게 된다. 십자가에 못 박힌 사람을 지키면서 성금요일을 지키든지 혹은 석관에 봉인된 소멸된 희망을 붙잡고 성토요일에 갇히기는 쉽다. 만물에는 자신의 계절이 있다. 하지만 사흘 동안 기대와 기도로 거룩하게 지내는 "3일 묵상"(Triduum)에서 만물이 열매를 맺을 수 있는 것은 아니다. 글로바와 이름 모를 한 사람은 예루살렘을 떠나 11km 거리의 엠마오로 걸어가면서 "이야기하며 토론하고"(15) 있었다. 이제는 공포의 도시가 된 거룩한 '도시로 가는 연례 유월절 순례를 마치고 집으로 돌아가면서 그들의 말과 그들의 마음은 어느 때보다 무거웠다. 그들은 유월절 식사를 마친 후에 집으로 향했을 것이다. 그러나 죽음의 천사는 메시아 시대의 새벽에 이제 막 가지게 된 희망을 내버려두지 않았다. 그들은 무덤에 다녀온 여성들에게 그날이 "부활절"이라고 들었지만, 아직까지는 그들의 영혼의 골수에서 그것을 알지 못하고 있었다.

깨어진 꿈을 안고 가는 길에 정체를 숨긴 예수가 합류했다. 해방에 대한 기대의 성육신이신 분이 그들 옆에서 걷고 있다! 이야기꾼은 "그들은 눈이 가려져서 예수를 알아보지 못하였다"(16)고 하지만, 그들이 알아보지 못하는 이유를 알려주지는 않는다. 잘 알려진 이야기에서 종종 그러는 것처럼 모호한 세부 사항은 본문이 독자를 위한 거울이 될 수 있게 해준다. 허용된 몰래 보기를 통해 독자들은 본문에 자신의 해석을 투영하도록 허락받거나 초대받는다. 상세한 서술 안에 있는 틈새들은 우리의 성찰이 자리 잡는 데 도움이 되고, 따라서 비통하게 길을 가고 있는 우리의 위치를 찾는 데 도움이 된다. 하나님께서 그들이 보는 것을 제한하셨을까? 고통의 시간에 약점을 찌르는 것을 느끼지 못하는 사람이 누가 있을까? 하나님이 굽은 곳을 보실 수 있을지 궁금하지 않을까? 그들의 마음이 이야기에 대한 해석을 통해 이 드라마에서 그들이 맡은 역할을 인식하지 못하게 방해했을까? 부활이라는 마지막 장에 굴복하는 바람에 수난극으로 들어가는 입구를 놓친 것은 아닐까? 그들의 시력은 그들의 비참함 때문에 근시가 된 것일까? 그들의 상처받은 마음이 그들을 눈멀게 하는가? 의심의 여지없이 우리는 이 이야기들을 거울로 하여 우리의 모습을 볼 수 있다. 본문은 우리가 자신에 대하여 깊이 살펴보라고 요구한다. 거룩한 도시로부터 멀어지는 길은 우리가 가는 길이다. 아직 알지 못하고 있는 부활로부터 멀어지는 길을 가는 비통한 발걸음을 신발 밑창은 알고 있다.

글로바는 혼란, 슬픔, 당황, 배신, 분노로 인해 감정적으로 경직되어 있었지만, 그런 수렁 속에서 다만 몇 가지라도 감정적인 요소들을 건져내기 위하여 그들의 토론에 끼어든 예수의 민감하고 공격적인 질문에 장황한 이야기로 응답한다. 이야기를 전해주는 사람은 초기 기독교 공동체의 신조를 삽입하지만, 저자는 여전히 약간의 유연함을 가지고 있다. 새로운 교리에는 감정이 있다. "우리는 그분이야말로 이스라엘을 구원하실 분이라는 것을 알고서, 그분에게 소망을 걸고 있었던 것입니다"(21). "우리 가운데서 몇몇 여자가 우리를 놀라게 하였습니다"(22). "(그러나) 그분은 보지 못하였습니다"(24). 그것은 연약한 머리와 심장의 신앙 고백이다. 청소하는 천사들은 파편들 사이의 영적인 삶의 흔적을 찾아 길을 쓸고 있다. 산산조각 난 교리의 쓰레기에서 믿음을 찾을 수 있을까? 심장은 머리보다 더 많은 것을 알고 있다.

언뜻 보기에는 예수의 반응이 박식한 체하는 것처럼 보인다. 마치 예수가 주머니에서 율법 두루마리를 꺼내서 펼치고, 예언을 완성하고, 메시아가 완성할 일에 관해 다각적인 강의를 하는 것 같다. 그의 파워포인트는 감정적으로 냉담하다. 이 대화는 누가복음에 나오는 평범하고 친절한 이야기보다 마태복음의 설교 쪽에 더 가깝다. 그러나 잘 전해진 이야기는 역사를 되돌아보고 상상하고 미래로 나아갈 수 있는 힘을 끌어내는 창구 역할을 한다. 예수는 그들의 과거 신앙 전통과 자신의 연관성을 보여준다. 길을 가는 두 나그네, 예루살렘에 남아 있는 제자들 그리고 앞으로 찾아올 다른 독자들과 우리는 전통에 대해서만이 아니라, 열매 맺기를 바라는 희망에도 연결되어 있다. 그것은 시계와 달력의 역사가 아니라, 카이로스의 역사다. 모든 꽃은 자신의 계절에 꽃이 핀다. 일부는 아직 눈이 땅에 있을 때 나오고, 다른 것들은 여름의 더위에 우거진다. 부활절은 항상 사흘 만에 오는 것은 아니다. 돌은 굴려서 치워졌지만, 때때로 우리는 무덤에 머물러 있다.

이 본문은 예수께서 떠나는 척하신다고 넌지시 알려준다. 아마도 나그네들의 마음은 더 많은 것을 원하고 있을 것이다. 어쩌면 그들은 환대의 명령을 따라 살고 있는지도 모른다. 어느 쪽이든 그리스도께서 그들과 동행하신다는 사실을 아직 알지 못하면서 그들은 예수에게 머물러 달라고 요청한다. 그런 다음 매우 감동적이라는 점을 제외하면 어쩌면 우스꽝스러울 수도 있는 장면에서 그들은 성찬 식사를 함께 나눈다. 예수는 손에 빵을 들고, 축사하시고, 빵을 떼어서 새로운 생명과 새로운 눈을 주셨다. 가면무도회가 끝나고, 거룩한 기억이 되살아나고, 희망의 샘이 부글부글 다시 솟아나고, 감춰졌던 정체가 밝혀진다. 우리가 거리를 두고 본문을 보면, 우리는 제자들이 어떻게 그렇게 둔할 수 있었는지 묻게 될 것이다. 우리가 글로바의 이름 없는 길동무의 자리에 우리의 이름을 끼워 넣을 만큼 상처 입기 쉬운 사람이었다면, 우리도 경이로 가득한 놀라움을 경험할 것이다. 우리 마음의 무덤을 막은 돌들도 다시 굴러가 버릴 것이다.

배신과 십자가로 인해 부서진 관계를 끌어안는 확실한 사랑의 순간에 부활절 일출의 햇빛은 그들이 품고 있는 희망의 비밀을 밝혀준다. 부서진 빵은 우리의 부서진 믿음을 보살펴 주고, 우리의 수의를 뒤에 남겨두고, 실패한 꿈을 담아두었던 금고를 비울 용기를 키울 수 있다. 지친 나그네는 살아있음을 느낀다. 그들의 마음은 새로워진다. 빈 무덤에 대한 여인들의 증언은 이제 그들의 증언이기도 하다. 빵을 떼면서 부활의 새벽빛은 예루살렘에서 11km 거리에 있는 곳까지 이르렀다. 그들의 불타는 마음은 멀었던 눈을 밝히고 밤중에 부활절 달빛 속에서 11km를 달리도록 그들의 지친 영혼을 재촉한다. 거룩했던 도시는 다시 거룩하게 되고, 그들의 신앙 순례는 이제 막 시작되었다.

설교

오늘 아침은 자신들의 삶을 거짓 구세주에게 걸었던 두 제자가 가엾은 모습으로 한낮에 길을 걷는 것으로 시작한다. 그들은 어디로 가고 있는가? 그들은 다시 고기 잡던 그물로, 세관으로, 놓쳐버린 기회를 향해 그리고 좋아 보였던 옛날의 일상으로 가고 있다. 그들은 T. S. 엘리엇(T. S. Eliot)이 단순히 인간의 상태라고 불렀던 그곳으로 돌아가는 도상에 있다: "몇몇 사람들은 너무 멀리 떠나왔던 그 상태로…/돌아가는 데 성공했다. 그들은 자신들이 품었던 꿈을 기억할지 모른다/ 그러나 그것을 후회하지 않는다/다시 일상으로 돌아가서/너무 과도한 기대를 하지 않는 법을 배우라."* 좋았던 때가 끝나고 난 후 오랫동안 지속되는 인간의 불행한 상태에 대해 어떤 설교자가 묻지 않았겠는가? 죽음이 여전히 지배한다면, 부활한 구세주의 주장은 어떤 의미를 갖는가?

길을 가며 나누는 이 대화에는 두 사람이 전혀 상상할 수 없었던 시간과 장소에서 나왔던 한 질문이 넌지시 제기된다. 베드로가 오순절에 모인 군중들에게 구원의 역사에 대해 설명했을 때, 이미 시작된 이 구원의 계획에 동참하려는 사람들이 "우리가 어떻게 하면 좋겠습니까?"(행 2:37)라고 물었다. 베드로의 대답으로 인해 삼천 명이 회개하고 세례를 받았다. 마찬가지로 엠마오 도상의 두 제자들은 아무런 계획이 없이 그들 스스로에게 같은 질문을 하고 있다. 정해진 미래도 없이 또 특별한 목적지도 없이 길을 걷던 이들의 대화 내용은 무엇이었나? 우리의 지혜로는 알 수 없는 한계에 도달했을 때, 한때 가치 있는 것이라고 생각했던 것이 정서적으로, 경제적으로, 육체적으로 그리고 영적으로 우리를 초라하게 남겨 놓았다고 느꼈을 때 우리는 무엇을 할 수 있을 것인가?

엠마오로 가는 길은 11km나 되는 여정으로, 설교자는 이것을 주제로 그때나 지금이나 그리스도의 제자들이 모두 잘 알고 있는 절망과 무력감에 대해 많은 시간을 할애할 수 있다. 부활절 후 세 주가 빠르게 지난 후에 비어 있는 교인석은

---

* T. S. Eliot, *The Cocktail Party* (New York: Harcourt, Brace &World, 1950), 139.

어디로 가야 할지 혹은 무엇을 해야 할지 전혀 알지 못한 채 엠마오를 향해 가는 사람들을 생각나게 한다. 그들은 자신들의 상황을 알면서 함께 걷고 있는 그분을 알아보지 못할 것이다. 교회에 남아 있는 신자들도 마찬가지일 것이다. 그들은 죽음 이외에는 아무 일도 일어나지 않은 것처럼 길을 가면서 이야기한다. 그들은 자신들이 목격한 이 문제를 어떻게 바라봐야 할지 난감해한다. 그들은 운명보다는 숙명이 자신들의 몫인 것처럼 말한다.* 함께 있는 사람들이 말하는 비현실적인 기대 이외에는 아무런 희망도 없이 슬퍼하고 있는 이들은 이제 어떻게 남은 시간을 채우며 살 것인가? 살아가야 할 이유가 우리 내면에서 나오지 않고, 심지어 우리에게 적대적이기까지 할 때에 인간존재의 당위성은 어디에서 시작되는가? 비록 누가는 어떤 낯선 사람이 함께하기 전 제자들 사이의 대화를 단지 한 문장으로 서술하지만, 우리는 이 대화가 일생 동안 지속될 수 있음을 알고 있다.

그때에 곧 그림자가 길어지고 저녁이 되어 바쁜 세상이 조용해질 때, 또 다른 등장인물이 그들과 발걸음을 맞추고 함께 걸으면서 무슨 토론을 했는지를 묻는다. 이 질문이 그들을 길에서 멈추게 한다. 누가는 "그들은 걸음을 멈추었다"(17)라고 하여 하나님께서 대화에 개입하실 때 우리는 누군가 함께 있다고 생각하게 된다는 것을 보여준다. 그때는 바로 인간의 상황에 대한 수평적 시각이 하나님의 말씀이라는 수직적 시각과 교차하게 되는 때인데, 이때 우리는 그 자리에 서서 우리의 잃어버린 자아를 발견하게 된다. 이제 우리는 분명히 갈림길에 서 있다. 중요한 것은 우리 앞에 있는 가야 할 몇 킬로미터의 길이 아니라 당면한 순간이고, 시간을 뚫고 개입한 영원성이다.

설교자들도 부활하신 그리스도께서 우리에게 일어난 일에 대한 의미를 성찰하라고 요구하는 그 갈림길에 가만히 서 있어야만 한다. 언제 하나님의 말씀이 교회가 무의미한 대화를 계속하는 일에 개입하고 또 미친 듯이 앞만 향해 가려고만 했던 우리를 멈추게 하였던가? 한 낯선 사람의 질문으로 인해 우리가 방향을 잃었다고 고백하게 되었을 때, 우리는 어디를 향해 가고 있었는가? 그 고백을

---

* Glenn Tinder, *Against Fate: An Essay in Personal Dignity* (South Bend, IN: University of Notre Dame, 1981).

들은 그분이 우리를 좌절감에서 벗어나 간구함으로 바뀌게 한 것은 무엇이었나?

그때 그 낯선 사람은 요청받지도 않고 그들에게 이야기를 들려주는데, 그것은 마지막 날 일어날 사건을 통해서 하나님의 구원 목적을 발견하는 것에 관한 이야기이다. 누가는 그들의 마음이 뜨거워지고 있었다는 것을 보여 주지 않고 다만 시간이 늦었다고 서술한다. 그들이 목적지에 거의 다 왔을 때 예수께서는 자신이 없이도 그들이 계속 자유롭게 가도록 내버려둔다. 설교자는 이 점 역시 언급할 필요가 있다. 그분의 사랑은 우리가 언제나 자유롭게 등을 돌려도, 반항심으로 우리 마음의 문을 닫아도 또 그를 초대할 경우 발생할지 모르는 두려움에 우리의 마음을 굳게 잠가두는 것도 그대로 두는 그런 사랑이다. 여기서 그는 요한처럼 예수께서 신비한 방식으로 우리에게 온다고 하지 않는다. 우리의 초대장이 있어야 우리에게 온다.

설교자는 단지 교인들이 그리스도께 그들의 식탁에 함께 참여해 줄 것을 요청하라고(특히 식탁이 이미 준비되어 있다면) 제안할 수 있다. 그렇더라도 초대는 최종적으로 그의 몫이고, 누가의 말은 우리가 그의 이름으로 보내는 초대의 일부분을 보여주고 있다: "그들과 함께 음식을 잡수시려고 앉으셨을 때에 예수께서 빵을 들어서 축복하시고, 떼어서 그들에게 주셨다. 그제서야 그들의 눈이 열려서, 예수를 알아보았다"(30-31). 즉, 존 리스(John Leith)가 말한 것처럼 "계시는 인생의 여러 다른 경험들을 의미 있고 서로 연관되어 있는 것으로 엮어서 인간의 역사에서 어떤 양식과 목적이 있음을 보게 하는 것"으로, 그것은 "삶이 무엇인가 그리고 어떻게 살아야 하는가 사이의 부조화를 극복하게 한다."*

말씀과 성례전을 통하여 그리스도께서는 자신을 통하여 목표를 찾고 기뻐하는 사람들의 눈을 열어주신다. 그리스도의 교회는 부활하신 첫날 저녁 이래로 모인 군중들 가운데 집으로 가던 사람들이 서로서로 "오늘 아침 성서가 우리에게 열릴 때에 우리의 마음이 뜨거워지지 않았는가!"라고 말할 수 있다는 희망으로, 그가 준 은혜의 수단을 부지런히 사용해 오고 있다.

---

* John H. Leith, *Basic Christian Doctrine* (Louisville, KY:Westminster/John Knox Press, 1993), 30.

부활절 넷째 주일

요한복음 10:1-10

¹내가 진실로 진실로 너희에게 이르노니 문을 통하여 양의 우리에 들어가지 아니하고 다른 데로 넘어가는 자는 절도며 강도요 ²문으로 들어가는 이는 양의 목자라 ³문지기는 그를 위하여 문을 열고 양은 그의 음성을 듣나니 그가 자기 양의 이름을 각각 불러 인도하여 내느니라 ⁴자기 양을 다 내놓은 후에 앞서 가면 양들이 그의 음성을 아는 고로 따라오되 ⁵타인의 음성은 알지 못하는 고로 타인을 따르지 아니하고 도리어 도망하느니라 ⁶예수께서 이 비유로 그들에게 말씀하셨으나 그들은 그가 하신 말씀이 무엇인지 알지 못하니라 ⁷그러므로 예수께서 다시 이르시되 내가 진실로 진실로 너희에게 말하노니 나는 양의 문이라 ⁸나보다 먼저 온 자는 다 절도요 강도니 양들이 듣지 아니하였느니라 ⁹내가 문이니 누구든지 나로 말미암아 들어가면 구원을 받고 또는 들어가며 나오며 꼴을 얻으리라 ¹⁰도둑이 오는 것은 도둑질하고 죽이고 멸망시키려는 것뿐이요 내가 온 것은 양으로 생명을 얻게 하고 더 풍성히 얻게 하려는 것이라

신학

요한복음에 나오는 예수의 이미지 중 가장 대표적인 것이 자상한 목자의 이미지다. 오랫동안 예술가들은 상상력을 동원하여 목자되신 구세주를 시각적·음악적으로 형상화해왔다. 요한복음은 구약에 나오는 하나님에 관한 은유들을 섭렵하여 그것을 "나는…"("I am")이라는 선언의 방식으로 성육신에 적용한다. 요한복음 10장에서 예수는 이스라엘 사람들의 선한 목자에 관한 대망을 완성하는 분으로 소개된다. 이스라엘의 전통 깊은 곳에는 하나님이 그 백성들을 목자와 같이 친밀하게 돌보실 것이라는 기대가 깔려 있다. 그것이 다윗과 같은 목자 왕이든, "어린 양들을 팔로 모으시고 젖을 먹이는 어미 양들을 조심스럽게 이끄시

는"(사 40:11) 약속의 메시아든 하나님은 당신의 백성을 보호하시고 지키신다.

몇 가지 중요한 신학적인 주제가 본문에 등장하는데, 이들을 해석할 때 우리는 요한복음 자체와 정경 전체 배경을 고려해야 한다. 예수가 사용한 다양한 비유는 당시의 독자들뿐 아니라 오늘의 해석자들에게도 이해하는 데 많은 어려움과 도전을 준다. 오늘 본문에서 중요한 주제는 자신의 생명을 내주는 목자에 관한 기독론적이고 속죄론적인 이해이다. "목자가 누구인가", "구속적 희생의 의미가 무엇인가"라는 질문은 "구원의 본질이 무엇인가", "목자의 사역은 배타적인가"라는 질문과 연결된다. 따라서 해석자는 다른 목자들의 문제를 다룰 수밖에 없다. 또한 생명을 주는 공동체(life-giving community)를 강조하는 요한 특유의 교회론도 본문에서 고찰해봐야 할 주제이다.

요한복음의 기독론에 관한 논쟁의 역사는 길다. 많은 학자들이 요한의 기독론은 성육 이전부터 하나님의 생명 속에 있었던 말씀으로서의 성자에게 초점이 맞춰진다는 데 동의한다. 복음 자체가 어떻게 말씀이 육신이 되었는가에 관한 서술이라 말할 수 있다. 하나님께서 보내신, 위로부터 온 분이 로고스의 구현이라는 깨달음이 깊어질 때 복음의 핵심에 도달하게 된다.

공관복음에서는 예수가 그리스도로 선포되는 것이 그의 사역 끝부분에서 일어나지만─이를 귀납적 접근이라 할 수 있다─ 요한복음은 예수의 신적인 기원이 모든 것의 전제가 된다. 창세기의 창조 이야기를 연상시키는 고차원적인 서론으로부터 시작하여 도마가 부활한 그리스도를 하나님이라고 고백하는 결말 부분(20:28)에 이르기까지 요한복음은 예수의 신성을 전제로 받아들인다.

속죄론적 내용은 이와 같은 기독론적 확신으로부터 흘러나온다. 예수는 양들이 따라야 할 분이다. 왜냐하면 그분은 양 하나하나를 알고, 그들의 이름을 부르기 때문이다. 그분의 유일한 관심은 양 떼의 안전이다. 그분은 양들이 풍성한 생명을 누리게 하려고 자신의 목숨을 기꺼이 바칠 분이다. 그분은 목자일 뿐 아니라 문이다. 사람들이 그 문으로 들어가 하나님의 백성 일원이 된다. 여기에서 어느 정도 배타적인 구원론의 요소가 보인다. 그분을 통해 사람들이 구원을 받는다. 어느 사람도 이 구원의 입구를 놓쳐서는 안 된다.

본문은 한때 강력한 대체주의적(supersessionism: 그리스도인이 이스라엘을 대체한다는 주장) 관점에서 해석된 적도 있었다. 그 관점에 따르면 예수보다 먼저 온 사람은(8) 가치가 없는 존재들이다. 9장에는 예수와 유대교 회당 지도자 간의 갈등이 묘사된다. 이 논점은 무시할 수는 없다. 그러나 요한복음 전체를 대립의 관점에서만 파악하는 것도 문제다. 더 적절한 해석은 잘못된 목자를 따르는 것은 위험하다는 것이 강조되었다고 이해하는 것이다. 어떤 사람들은 예수가 하나님의 백성을 노리는 거짓 메시아를 경계하라는 말씀을 하신다고 해석한다. 요세푸스에 따르면 1세기 팔레스타인에는 그런 종류의 혁명가들이 있었다.

목자의 역할은 양들을 보호하고, 공포로부터 자유롭게 하고, 보존시켜주는 것이다. 예수는 "누구든지 나를 통하여 들어오면, 구원을 얻고, 드나들면서 꼴을 얻을 것이다"(9)라고 말씀하신다. 훔치고 죽이고 파괴하는 자와 달리 이 믿을만한 목자는 풍성한 생명을 주신다. 풍성한 생명이란 무엇인가? 오늘날 그것은 다음과 같은 것을 포함할 수 있다: 공공의 선에 공헌하는 보람된 직업, 생산적인 교회 공동체에 참여하기, 생명을 살리는 지속적 관계의 기쁨, 어떤 일이 생기든 그리스도를 통한 평정심.

요한복음에서 공동체의 역할은 매우 중요한 관심사이다. 요한복음이 말하는 공동체에는 몇 가지 특징이 있다. 예수는 나사로를 살리시어 공동체로 복귀시키셨다(11:38-44). 예수는 포도나무와 가지의 비유를 통해 예수와 그의 공동체 간의 유기적 관계를 강조하신다(15:1-11). 끝으로 온갖 종류의 물고기가 가득 차도 찢어지지 않는 그물의 이미지를(21:11) 통해 예수의 공동체는 다양한 구성원으로 가득 차게 된다는 것을 나타낸다. 오늘 본문에서 목자는 양들을 모아 한 공동체가 되게 하신다. 이것이 요한의 교회론의 특징이다. 양 떼를 모으고 흩어지지 않도록 보호하는 것은 예수가 양과 목자의 관계가 끊어지지 않도록 최선을 다하신다는 것을 표현한다. 교회는 예수와 맺는 관계를 통해 그 본질이 구현된다. 교인들의 생활에서 기독론적인 의식이 약화될 때, 즉 예수의 이야기가 무시될 때 교회는 키도 없이 정처 없이 떠도는 배와 같아진다. 기독론은 하나님이 우리한테서 멀리 떨어져 계시기를 원치 않는다는 것을 알려준다. 그 반대로 신적 비하를 통해 삼위일체 하나님은 창조 세계를 품으셨다. 말씀이 육신이 되었다. 이는 마치 하나님이 "우리의 형상을 따라" 우리와 같이 되신 것이다. 이것이 요한복음 서문이 밝히는 것이다.

　교회가 목자 이미지의 신학적 의미를 다시 깨닫는다면 그것이 교회에게 큰 힘이 된다. 기독교 아이콘의 역사를 보면 4세기 이후 예수의 목자상은 우주의 지배자(Pantocrator)의 상으로 서서히 바뀌었다. 그 이미지는 콘스탄티누스 황제가 교회와 세속 제국을 통일했듯이 모든 것 위에 군림하는 군주와 같은 모습으로 그려졌다. 교회가 제국적 권력의 표현 수단이 되면서 목자의 지팡이는 왕의 홀로 바뀌었고, 가시면류관은 교황의 3중관으로 바뀌었다. 교회가 목자의 이미지를 회복하려 한다면 교회는 단순함, 희생, 연대(simplicity, sacrifice, solidarity)를 강화해야 할 것이다. 이것들은 많은 사람이 갈 길을 잃고 헤매는 오늘날 절실하게 필요한 것들이다.

주석

예수를 선한 목자라고 설명하는 내용이 18절까지 계속되지만, 오늘 본문은 처음 10절만을 다루고 있다. 9장에서 예수는 바리새파 사람들과 대립하는데, 나면서 눈먼 사람을 위한 예수의 치유 행위와 그의 예수에 대한 증언을 거부하고, 그에게 나면서부터 죄인이라는 딱지를 붙이고 마침내 그를 추방한 그들의 행동을 날카롭게 대비시킨다(9:34). 시력이 회복된 눈먼 사람은 예수를 "주님"(9:38)으로 경배하고, 한편으로 바리새파 사람 자신들이 "눈먼 사람"(9:40-41)이 된다. 예수와 믿음 없는 종교 지도자들 사이의 대비는 10:1-10에서 다른 방식으로 계속된다.

지도력을 상징하는 목자의 이미지는 성서에 근거하고 있으며, 그리스와 로마 문학에서도 익숙한 은유이기도 하다. 많은 구약성서 구절에서 하나님은 이스라엘 목자로 묘사되어 있다. 아마도 시편 23편이 가장 기억에 남을만한 기록일 텐데, 여기에는 요한복음 10장에 나오는 친밀감과 보호의 분위기가 있다("주님은 나의 목자시니, 내게 부족함 없어라"). 다윗 또한 이상적인 목자로서의 왕으로 찬양받는다(삼상 16:6-13). 그러나 에스겔 34:1-31보다 더 중요한 구절은 없다. 이 구절은 의심할 여지없이 요한복음 10장에 영향을 미쳤다. 에스겔 34장은 하나님이 이스라엘의 목자라는 사실을 일깨우면서 백성을 인도받고, 보호받는 "양"으로 그린다. 그리고 백성의 지도자들을 양을 해치는 가짜 목자라고 날카롭게 비판한다. 그러면서 다윗을 하나님의 양을 돌볼 참 목자로 찬양한다. 이 전통적인 이미지는 요한에게 예수를 "도둑이고 강도"인 지도자들과 대비시키면서 그들과 달리 양들을 보호하고, 인도하고, 풍성한 생명을 주는 "선한 목자"(11)로 그리도록 영감을 주었다.

이 구절은 두 부분으로 되어 있다. 1-6절은 참 목자와 양을 해치는 "도둑"과 "강도"를 대비시킨다. 7-10절에서 지배적인 은유는 예수를 "문"으로 비유하는 것이다. 두 가지 예에서 말씀 전체는 분명하게 복음을 듣는 모든 청중들을 가르치려는 것이지만, 모든 담론은 직접적으로는 예수의 반대자들, 즉 9장의 바리새파 사람들에게 선포된다.

이 구절은 9장에서 설명하고 있는 바리새인들의 "눈멂"에 대하여 더 깊이 숙고하는 "아멘"으로 시작하지만, 지금은 문으로 양 우리에 들어가는 목자와 다른 방법으로 넘어 들어가는 "도둑"과 "강도"(1)를 비교한다. 그때나 지금이나 전통적인 농경 사회에서 양을 위한 울타리는 집 근처에 돌담으로 지어졌으며, 아마도 기어 올라가지 못하도록 가시나무 가지로 덮었을 것이다. 일반적으로 양을 훔치려고 들어오는 사람을 막기 위해 잠글 수 있는 문이나 입구가 하나 있었다. 양은 음식(고기와 우유)의 원천이었고, 의류와 다른 필수품과 물물교환을 하는 주요 자원이었기 때문에 도둑맞는 일이 많았고, 그로 인해 손실이 컸다.

여기서 묘사하고 있는 상황은 특히 밤에 입구를 지키고 있는 "문지기"(3)이다. 이것은 양 우리가 문지기를 고용할 만큼 크다는 것을 의미한다. 아마도 여러 가정이 그들의 양 떼를 돌보는 장소일 것이다. 문지기는 진짜 목자를 알아보고 그를 들어오게 한다. 양은 목자의 목소리로 그들의 목자를 알아본다. 여기서 다시 이 구절은 실제 상황을 반영한다. 전통 사회에서 고대와 현재의 경험은 목자가 종종 양들을 각각 이름으로 구별하고, 양들은 목자가 자기를 부르는 소리를 인식한다는 것을 확인했다. 목자가 양 떼를 따라다니는 서양과는 달리 중동에서는 목자가 자신의 양 떼 앞에서 가면서 계속해서 양들을 불러서 그들이 함께 있도록 한다. 요한복음에서 참 목자는 양 우리에서 양 떼를 데리고 나와 목초지로 인도한다.

이 부분은 예수의 반대자들이 예수가 사용한 "그림 언어"를 "깨닫지 못하였다"(6)는 것을 지적하면서 끝난다. 요한은 헬라어 파로미아(paroimian)라는 단어를 사용하는데, 이 단어는 "비유"(parable) 또는 연장된 은유 혹은 "그림 언어"와 유사하다. 요한복음에서 예수와 대화하는 사람들은 종종 예수의 말씀의 의미를 완전히 이해하지 못한다(예를 들어 니고데모와 빌라도의 경우를 보라). 그러나 예수의 말씀에 열려 있는 사람들에게는 그 의미가 분명하다. 예수는 다윗의 정신만이 아니라 하나님 자신의 섭리적인 사랑을 반영하는 진정한 목자이다. 예수와 제자들과의 관계는 친밀감과 신뢰이다. 그들은 그의 목소리를 듣고 그를 알아본다. 그는 그들에게 아무런 해도 끼치지 않고 오히려 그들을 보호한다. 그들은 기꺼이 그를 따르며, 예수는 제자들을 생명의 근원으로 인도한다(10).

마지막 부분(7-10)은 다소 다른 방향으로 움직인다. 또 다른 중요한 "아멘"은 예수를 "양들의 문"(7)이라고 말한다. 이것은 9절의 말씀에서 강조된다: "나는 그 문이다." 요한복음 전체를 통해서 요한이 선포하는 예수는 인간의 갈망 혹은 생활을 표현하는 특별한 특성들을 신적인 이름과 결합시키는 계시를 선포한다 — 빵(6:35), 생명(11:25), 빛(9:5), 진리(14:6), 길(14:6). 요한의 그리스도론에 비추어 볼 때 예수는 신성한 현존(1:18)을 드러내시고, 그것으로 하나님의 구속적인 사랑을 인간의 갈망과 생생하게 연결하도록 한다(3:16-17).

양들이 "목초지를 찾으러" 갈 수 있도록 하는 "문"의 이미지는 하나님의 구원하시는 사랑을 세상에 가져오는 예수의 역할을 표현하는 데 사용된다(3:17). 도둑이 "훔치고 죽이고 파괴하려고" 오는 데 반해 예수는 "생명을 얻고 또 더 넘치게 하려고" 오셨다(10:10). "생명"은 요한복음의 근본적인 개념이다. 복음의 시작 부분에서 "생명"은 말씀(1:3)을 통해 세상으로 온 하나님의 본질로 선언되며, 수난의 위기에서 절정에 이른 예수의 담화에서 생명을 주시는 것은 예수 사역의 목적 그 자체라고 선언했다(17:2, 3). 예수 자신이 세상을 향한 하나님의 "생명"의 구체화이다(11:25, 14:6). 그러므로 요한이 말하는 "생명"은 인간을 움직이게 하는 생명력일 뿐만 아니라 "영원한 생명"으로 이해되어야 하며, 예수를 믿는 믿음을 통해 하나님의 존재를 공유하는 것이다(20:31).

복음을 선포하고 복음서의 이야기를 말하는 데는 여러 가지 양식이 있다. 요한복음 9-10장에서는 3막짜리 연극으로 제시되었다. 제1막(9:1-12)에서는 시각 장애인으로 태어난 사람을 예수가 기적적으로 고쳐주신다. 도입부에서 제자들(9:2)이 시각장애의 원인을 "죄"라고 하는 것은 본다는 것이 은유임을 즉각적으로 상기시켜준다. 요한복음에서 눈이 먼 것이나 보는 것은 생물학적인 능력이나 한계가 아니라 예수 안에 계시된 하나님에 대한 영적 지향과 개방성이다. 요한복음에서 본다는 것은 예수의 비전을 수용하는 것을 의미한다. 제2막에서 예수가 함께 있는 장면과 예수가 함께 있지 않은 장면이 분리되어 완성되는데, 기적에 의해 촉발된 종교적 논란을 보여준다. 연극은 제3막에서 마치는데, 예수가 해설자가 되어 선한 목자의 이야기(요 10:1-21)를 말해준다.

요한복음의 독특한 패턴은 기적 이야기를 소개하고, 뒤이어 대화 또는 논쟁을 하고, 해석적인 담론으로 삼부작을 종결하는 것이다. 우리 삶의 이야기에서 흔히 일어나는 것처럼 장을 나누는 것은 단지 표시하기 위해서일 뿐이고, 이야기는 전체이다. 어떤 목회적 교류에서도 중심은 우리가 돌보는 사람들의 환경을 이해하는 것이다. 다른 말로 하면 텍스트는 콘텍스트 없이는 실체가 없다는 것이다. 우리가 이야기를 형성하는 만큼 이야기가 우리를 형성한다. 우리가 "진리"를 어떻게 해석하고, 어떻게 구체화하느냐를 통해 이야기에서 정보를 얻는다. 우리 삶의 한 사건을 어떻게 이해하는지가 다음 사건의 초점을 형성한다.

오순절로 가는 중간에 있는 부활절 넷째 주일의 말씀은 예수의 침으로 치료받은 사람과 하나님의 나라의 도래에 대한 은혜로운 비전에 대해 눈먼 채로 있는 바리새인들에 대한 신학적인 해석이다. 요한의 연극의 제3막은 독백이 아니다. 예수께서는 "그들"(6), 즉 바리새인들에게 말씀하신다. 상황에 맞는 청중과 독자는 귀를 기울여야 한다. 선한 목자 이야기에서 이 부분은 보고 싶어 하는 사람들이 볼 수 있게 해주기 위한 노력의 연속이며, 여전히 어둠 속에 있는 사람들에게 빛을 제공하려는 시도이다. 예수는 종교학자들과 지도자들에게 "비유"(6)를 수수께끼처럼 전한다. 많은 사람들에게 예수는 수수께끼이며, 오늘 말씀이 끝날 무렵 우리 모두는 우리가 시각장애인이 아닐까 궁금해할 것이다. 우리는 세상을 위한 예수의 비전을 이해하고 있는가? 눈이 멀어서 예수가 무슨 말을 하는지 "볼" 수 없는 사람에게 바리새파 사람들이 도전하는 것은 자가당착일지도 모른다. 예수의 치료 사역은 그의 메시지에 대한 확실한 증거이다. 그의 행동은 말보다 더 큰 소리로 말해왔지만, 지금은 그의 말이 조금 혼란스러워 보인다. 예수는 자신을 목자라고 하는 것인가 아니면 문이라고 하려는 것인가? 서로 얽혀 있는 은유는 무엇을 의미하는가? 우리는 그의 메시지를 보지 못하고 있는가?

예수의 수수께끼는 고대 그리스 극작가의 눈먼 예언자나 셰익스피어의 지혜로운 어릿광대의 지혜 전달 방식과 일치한다. 오이디푸스와 리어왕이 하찮은 혹은 눈먼 지혜 전달자를 무시한 대가를 스스로 치르게 된다는 것을 경고하는 이야기이다. 예수께서 선사(禪師)와 함께 선문답을 연구하셨을까? 한 손으로 치는 박수 소리는 무엇인가? 선문답의 도전은 단지 "올바른" 대답을 얻는 것이 아니라 섬세함을 유지하는 것이다. 좋은 파이처럼 층과 층 사이가 풍성하다. 그 난제는 우리를 오답에서 끌어내서 너무 단순한 것으로 치부하기에는 너무나 명확한 미묘함으로 끌어들이기 위한 것이다. 요한이 말하는 예수의 퍼즐을 풀기 위한 해석학적 열쇠는 10절에 있다. "나는 양들이 생명을 얻고 또 더 넘치게 얻게 하려고 왔다." 목자 연극에서 누가 문지기인가, 누가 목자인가 하는 역할을 규정하는 데 집중하면 점점 드러나는 하나님의 나라의 풍성한 삶의 이미지를 놓치게 된다. 풍성한 삶은 예수가 모든 사람을 위해 가진 비전이다.

선한 목자 담화의 비유에 목회적으로 접근하기 시작하려면 예수회의 고생물학자인 테야르 드 샤르댕(Teilhard de Chardin)의 개념을 기억하는 것이 도움이 될 것이다. 그는 우리가 영적 경험을 가진 인간이 아니라, 근본적으로 인간의 경험을 가진 영적 존재라고 말한다. 미묘하지만 중요한 해석의 렌즈는 독자적이지만 신비를 포용하는 요한복음의 저자와 일치한다. 바로 그 저자가 종교학자인 니고데모에게 "거듭나야" 하나님의 나라를 볼 수 있다고 말한다(3:3).

요한복음을 통해 예수는 풍성한 삶을 위해 반드시 필요한 요소인 물(4:14), 생명의 빵(6:35), 세상의 빛(9:5) 그리고 양 우리 안에 있는 쉼터를 제공하겠다고 말한다. 어떻게 어머니의 자궁에 다시 들어갈 수 있는지 궁금해했던 니고데모는 이제 양 우리를 측량할 것을 고려하거나 양 떼를 돌보는 데 드는 비용을 계산할 것이다. 그러면 그의 머리는 그의 마음이 시편 23편의 목가적인 이미지를 보지 못하게 할 것이다. 주님은 나의 목자시니, 내게 부족함이 없어라. 나를 푸른 풀밭에 누이시며, 쉴만한 물가로 인도하신다. 그러나 들판을 안전하고 영양을 섭취할 수 있는 곳으로 만드는 것은 목자가 있기 때문이다.

믿음의 신비와 담론의 수수께끼는 양의 우리와 풀이 무성한 푸른 들판에도 위험이 존재한다는 것이다. 낯선 사람, 도둑, 강도떼가 있다. 양 떼는 "죽음의 그늘의 골짜기"(시 23:4)를 건너야 할 때도 있다. 그뿐만 아니라 제1막에서 제자들처럼 누구의 죄 때문인지 물을 수도 있다(9:2). 종종 있는 그대로 평안을 누리기보다 비난할 이유를 찾기가 더 쉽다. 양들은 자기들이 누구에게 속해 있는지를 안다. 양들은 이름을 부르면 응답한다. 위험과 혼란이 있을 때에도 양들은 목자의 음성과 목자가 거기 있는 것에 위로를 받는다.

부활절 백합꽃이 시들어 가면서 우리는 믿음의 수수께끼를 계속 받아들이도록 초대받는다. 목자는 죽음으로 풍성한 삶을 제공했다. 때로는 보고 이해하기가 어렵지만, 한 손으로는 여전히 박수를 치고 있다.

설교

이 비유의 첫 세 구절에는 많은 이미지가 있다. 문은 양 우리로 들어가는 정식 출입구로 설정되어 있다. 목자는 문을 통해 이미 우리 안에 있는 양들에게 간다. 문에는 목자를 위해 문을 열어 주는 문지기가 있다. 그런 다음 문으로 들어가는 목자에 관한 상세한 묘사가 나온다. 그의 목소리는 양들에게 알려져 있다. 목자는 양의 이름을 하나씩 부른다. 그는 양들을 우리 밖으로 인도한다. 목자는 그들보다 앞서간다. 예수께서는 어떤 이미지를 자신과 가장 밀접한 은유로 제시하시는가? 문, 문지기, 목자? 오늘의 성서정과는 우리를 그 답이 목자라고 생각하기를 기대하고 있다.

그러나 바리새인들의 이해 부족을 감안하여 처음에 예수께서는 "나는 문이다"라고 말씀하시면서 가장 가능성이 적어 보이는 이미지를 언급한다. 문은 보호나 특권을 위해 문 안에 있는 사람들과 밖에 있는 사람들을 분리하는 어떤 것으로 우리는 이해한다. 이천 년 동안 교회는 예수를 문으로 선포함으로써 그 두 가지 목적을 위해 기여해 왔다. 요한복음 14장에서 제자들에게 한 "나는 길이요, 진리요, 생명이니, 나를 통하지 않고는 아버지께로 갈 자가 없다"는 말씀은 많은 사람들에게 이 은유를 그런 식으로 해석하는 신학적 지침이 되었다. 요한 공동체의 경우 그리스도라는 문을 통해 들어온 사람들은 회당에 남아 있던 양 떼의 문을 반드시 닫아야만 했다. 양쪽에서 배제와 포용에 관한 질문들로 격렬해졌다. 신학적으로, 도덕적으로, 인종적으로 누가 안에 있고, 누가 밖에 있는가? 요한에 의하면 그리스도라는 문을 통하여 들어간 양들의 표식은 피가 아니라 물이었다. 요한의 시대 이후로 목자가 아닌 낯선 사람의 목소리로 종종 판명되었던 수많은 신학적 기준들이 신자들을 분리시켜 우리로 몰아넣었다.

본문의 상황이 오늘의 목회적 현실과 매우 다르다고 생각할지 모르겠으나 주일 아침에 예수가 문이라는 사실을 깨닫는 것이 신학적으로 방황하는 우리에게 도움을 줄 수 있고, 특별히 오늘날 영성의 여정에서 수많은 낯선 목소리들이 도사리고 있는 상황에서는 더욱 그러하다. 교인들에게 필리오케 논쟁(filioque

논쟁: 성령이 성부와 또한 아들로부터 나온다는 주장으로 동서교회 분열의 한 원인 _ 역자 주)을 소개하고, 특히 아들이 하나님을 완전하게 계시해주는 문이라는 구체적인 주장이 오늘날 일으킬 수 있는 다양한 논란에 관해 생각해 보라. 예수가 사용한 다른 이미지에 근거하여 아들의 목소리로 다른 낯선 목소리를 판단해 보라. 오늘날 종말의 때에 수많은 양 떼의 생명을 훔쳐가는 도둑과 강도들의 주장을 검증해 보라. 우리는 어떤 사람들이 세미나 참석이나, 책이나 DVD 값을 내면 길과 진리와 생명을 준다고 주장할 때 목자의 목소리와 다른 그런 목소리를 어떻게 구분할 수 있을까? 교회도 같은 것을 주장하고 있지는 않은가? 예배, 성서 공부, 성도의 교제가 풍성한 생명으로 인도하는 문인 목자의 음성을 분별하고 그를 아는 것과 어떤 상관이 있는가?

문은 또 다른 방식으로 사용될 수도 있는데, 수 세기 동안 비도덕적인 삶으로 인해 은혜와는 거리가 먼 것으로 여겨지는 사람들에 대해 그렇게 해왔다. 오늘날 성적 지향에 관한 논쟁에서 벗어나 16세기 성찬을 제한했던 관행으로 돌아가 살펴보자. 분명히 문은 지지해 줄 울타리가 있어야 한다! 여기에서 예수는 문이고, 교회는 도덕적 문지기이다. 교인들은 칼뱅의 신학적 전통으로부터 멀리 떨어져 있다 할지라도 성찬에 관한 제네바 예식서를 읽으면 누구라도 성찬에 참여하기 전에 잠시 머뭇거리게 될 것이다. 16세기에는 자유주의자(Libertines)가 논쟁이 되었다면 20세기에는 고백교회의 일부 사람들이 나치 장교들이 성찬 식탁과 세례반으로 오지 못하도록 울타리를 쳤다. 이런 관행을 비판적으로 바라보면서 미하엘 벨커(Michael Welker)는 다음과 같이 기술한다.

> 성찬은 평신도들 사이에서는 도덕적, 종교적 감수성이 확산되는 역할을 해왔고, 성직자, 목회자, 장로, 교회 지도자들 사이에서는 도덕적, 종교적 통제를 실행하기 위한 다소 경직된 역할을 해왔다… 도덕적, 종교적인 관찰의 대상이 된 성찬은 더 이상 화해의 잔치로 이해되지 않았다… 그 대신 성찬은 많은 사람들을 불안에 떨게 하는 도덕적 문지기라는 수단으로 전락했다.*

교회가 문지기가 되고 예수를 문으로 이해하는 것은 도덕적으로 약하고 상처받기 쉬운 자들을 보호하기 위함인가 아니면 윤리적으로 깨끗한 공동체에게 특혜를 주기 위함인가? 교회는 아우구스티누스가 믿었던 것처럼 병자를 위한 병원인가 아니면 펠라기우스가 생각했던 것처럼 도덕적으로 완전해질 수 있는 자들의 모임인가? 문인 그리스도는 양 떼가 세상에 의해 타락하지 않도록 보호하는가 아니면 하나님이 세상을 사랑하셔서 특별히 잃은 양을 위해 문을 활짝 열어 놓으셨는가? 예수만이 문이어서 종말에 흩어졌던 양 떼들이 그를 통해 모두 하나가 되는가?(17:20-21)

마지막으로 요한복음 10장의 이 열 개의 구절은(앞에 있는 이야기는 말할 것도 없고) 이어지는 구절과 분리해서 이해할 수 없다. 그러나 성서정과가 설정한 이 구절들의 구분은 예수께서 "나는 …이다"라고 한 명제를 다시 주목해서 보는 렌즈 역할을 한다. 이 "나는 …이다"라는 명제에 등장하는 여러 이미지들은 선한목자 주일 등을 지정하면서 예수를 선한 목자로 선포하려는 목회적 필요로 인해 다른 이미지들이 많이 잊혀졌다. 요한복음 10장 앞부분에서 소개한 이미지들이 지닌 복합성에 주목하지 않으면, 교인들은 바리새인들이 "우리는 네가 하는 말을 이해하지 못하겠노라"라고 한 그 말을 반복하게 될 것이다. 또한 성서정과위원회가 첫 다섯 절에 관한 예수의 설명에 귀를 기울였다면, 오늘 복음서에 더 적합한 것으로 다음 시편을 택했을 것이다: "구원의 문들을 열어라. 내가 그 문들로 들어가서 주님께 감사를 드리겠다. 이것이 주님의 문이다. 의인들이 그리로 들어갈 것이다"(시 118:19-20).

---

* Michael Welker, *What Happens in Holy Communion?* (Grand Rapids: Eerdmans, 2000), 70.

부활절 다섯째 주일

요한복음 14:1-14

¹너희는 마음에 근심하지 말라 하나님을 믿으니 또 나를 믿으라 ²내 아버지 집에 거할 곳이 많도다 그렇지 않으면 너희에게 일렀으리라 내가 너희를 위하여 거처를 예비하러 가노니 ³가서 너희를 위하여 거처를 예비하면 내가 다시 와서 너희를 내게로 영접하여 나 있는 곳에 너희도 있게 하리라 ⁴내가 어디로 가는지 그 길을 너희가 아느니라 ⁵도마가 이르되 주여 주께서 어디로 가시는지 우리가 알지 못하거늘 그 길을 어찌 알겠사옵나이까 ⁶예수께서 이르시되 내가 곧 길이요 진리요 생명이니 나로 말미암지 않고는 아버지께로 올 자가 없느니라 ⁷너희가 나를 알았더라면 내 아버지도 알았으리로다 이제부터는 너희가 그를 알았고 또 보았느니라 ⁸빌립이 이르되 주여 아버지를 우리에게 보여 주옵소서 그리하면 족하겠나이다 ⁹예수께서 이르시되 빌립아 내가 이렇게 오래 너희와 함께 있으되 네가 나를 알지 못하느냐 나를 본 자는 아버지를 보았거늘 어찌하여 아버지를 보이라 하느냐 ¹⁰내가 아버지 안에 거하고 아버지는 내 안에 계신 것을 네가 믿지 아니하느냐 내가 너희에게 이르는 말은 스스로 하는 것이 아니라 아버지께서 내 안에 계셔서 그의 일을 하시는 것이라 ¹¹내가 아버지 안에 거하고 아버지께서 내 안에 계심을 믿으라 그렇지 못하겠거든 행하는 그 일로 말미암아 나를 믿으라 ¹²내가 진실로 진실로 너희에게 이르노니 나를 믿는 자는 내가 하는 일을 그도 할 것이요 또한 그보다 큰 일도 하리니 이는 내가 아버지께로 감이라 ¹³너희가 내 이름으로 무엇을 구하든지 내가 행하리니 이는 아버지로 하여금 아들로 말미암아 영광을 받으시게 하려 함이라 ¹⁴내 이름으로 무엇이든지 내게 구하면 내가 행하리라

신학

부활절 이후 주일들의 성서정과 본문에는 예수의 육체적 부재 속에서 제자들이 어떻게 예수가 가르친 대로 살 것인가에 관한 교훈이 많이 나온다. 오늘 본문은 예수의 고별담화 중 한 부분인데, 여기서 예수는 제자들이 죽음에서 생명으로

가는 예수의 여정을 준비할 뿐 아니라 그들 자신의 동일한 여정도 준비할 것을 가르친다. 오늘 본문에는 다음과 같은 심오한 신학적 주제들이 여럿 등장한다: 1. 신자들이 그리스도와 연합함, 2. 죽음 이후 생명에 관한 소망, 3. 구세주인 예수, 4. 예수와 "보낸 분"인 "아바"의 관계, 5. 기도의 신학.

1. 신자들이 그리스도와 연합함: 유다의 배신 이후 예수는 제자들에게 그들과 잠시만 더 함께 있을 것이라고 밝힌다. 베드로는 이에 대해 예수에게 어디로 가시냐고 묻는다. 본문은 제자들이 지금은 예수를 따라갈 수 없지만, 죽음도 끊을 수 없는 관계를 그들과 계속 맺을 것이라는 확신을 준다. 예수는 제자들에게 하나님을 믿고, "나"를 믿으라고 훈계한다. 복음서 저자는 이를 예수가 신적인 존재임과 예배의 대상이 됨의 근거로 제시한다. 그들은 이미 나사로의 부활을 통해 부활과 생명의 능력을 목격했기 때문에 예수가 그들이 보지 못하는 미래로 먼저 가시더라도 예수를 끝까지 따를 수 있다는 확신을 하게 된다. 예수는 죽음의 경계를 넘어서도 그들을 보호하실 것이다.

2. 죽음 이후 생명에 관한 소망: 본문은 사후 생명에 관한 소망과 제자들이 예수를 만날 것이라는 약속 등 종말론적인 내용으로 가득 차 있다. 공관복음서에서 부활 신학은—이것이 이 장의 주요 주제는 아니지만—사두개파와 바리새파의 대립을 초월하는 것으로 소개된다. 요한복음은 바울의 부활 신학에서 아직 해결되지 않은 갈등의 요소들을 자세하게 다루지는 않는다. 마카베오 혁명(주전 180-161) 기간에 부활 신학은 의로운 목적을 위해 싸우다 죽은 사람을 하나님이 어떻게 하실 것인가 하는 질문과 씨름하는 가운데 형성되었다. 부활의 소망의 핵심은 순교를 당하는 한 형제의 입을 통해 다음과 같은 방식으로 표현되었다: "너는 우리를 죽여서 이 세상에 살지 못하게 하지만 이 우주의 왕께서는 당신의 율법을 위해 죽은 우리를 다시 살리셔서 영원한 생명을 누리게 할 것이다"(마카베오하 7:9). 1세기 말에 요한복음의 저자가 다루는 부활 신학은 그보다 더 심오하다. 그 핵심은 그리스도 안에서 우리가 죽고 살아난다는 것이다(요 12:23-25).

예수가 어디로 가는지, 가서 어떤 준비를 하는지, 그가 어떻게 다시 제자들에게

돌아오는지 등의 어려운 질문들을 다루다 보면 큰 그림보다는 우리가 이해할
수도 없는 세부적인 사항에 정신을 빼앗길 수도 있다. 모든 사람이 계속 품고
있던 질문을 도마가 대표로 물었다: "주님, 우리는 주님께서 어디로 가시는지도
모르는데, 어떻게 그 길을 알겠습니까?"(5) 죽은 자가 거하는 영역은 살아있는
자들에게는 늘 신비로 남아 있다. 그곳은 하나님께 속한 공간이고, 우리는 결코
미리 가볼 수 없다. 그곳은 예수가 하나님이라고 믿는 모든 사람이 가게 될 공간이기
도 하다. 다른 사람을 위한 공간을 만드는 것은 삼위일체 하나님의 상호공유적
(perichoretic, 상호침투적, 윤무적) 본질과 연관된다. 요한복음은 예수가 그 일을
수행하신다고 증언한다.

3. 구세주인 예수: 예수가 제자들보다 먼저 갈 뿐 아니라 시간과 영원의 경계도
넘어서신다. 예수는 그들이 예수와 함께 머물 공간을 준비하여 그들의 생명에
지속적인 의미를 부여할 것이다. 요한복음이 묘사하는 세계에 관심이 있는 사람들
은 다음의 질문을 진지하게 고려할 수밖에 없다: 죽음을 넘어서는 소망을 가지려면
예수가 필수적인가? 요한복음 14:6은 사도행전 4:12("이 예수 밖에는, 다른 아무에게
도 구원은 없습니다. 사람들에게 주신 이름 가운데 우리가 의지하여 구원을 얻어야
할 이름은, 하늘 아래에 이 이름 밖에 다른 이름이 없습니다.")과 짝이 되어 구원에
관한 배타적 이론의 근거로 사용되었다. 오늘날 많은 그리스도인들은 승리주의
(triumphalism)에 근거한 배타적 구원론에 거리를 두면서도 본문에서 기독교적
희망의 근거를 찾을 것이다. 우리는 본문을 해석할 때 요한이 신자들을 위하여
내부자의 언어를 사용하고 있음을 기억해야 한다.

4. 예수와 "보낸 분"인 "아바"의 관계: 본문의 중심 주제는 예수와 하나님의
관계이다. 4세기에 아리우스는 예수가 하나님과 동일한 본질을 공유하지 않는다고
주장했다. 오늘 본문은 그에 대한 반론의 근거로, 즉 성자는 창조된 존재가 아니라는
근거로 인용되었다. 예수는 보낸 분을 완전하게 계시한다. 예수를 만난 사람은
하나님을 만난 것이다. 그들은 육신이 되어, 우리 가운데 거하고, 은혜와 진리가
충만한 말씀을 만난 것이다. 그를 통해 사람들은 이전에는 불가능했던 방식으로
하나님을 보고 하나님에 관한 지식을 얻게 된다.

이 주제를 깊이 이해하는 데에 "아버지를 우리에게 보여 주십시오"(8)라는 빌립의 요청이 중요하다. 아버지와 아들의 완전한 일치 관계는 상호 내주(mutual indwelling)의 언어를 통해 표현되는데, 이것도 청자에게는 이해하기가 어렵다. 이스라엘의 하나님은 보이지 않는 초월적 존재였다. 그 이름을 그들은 우회적인 방법으로만 말할 수 있었다. "나를 본 사람은 아버지를 보았다"는 말은 복음서에서 예수의 입에서 나온 말 중에 가장 높은 고(高)기독론적 주장(the highest Christological claims) 중의 하나이다. 예수가 자기의 말을 하지 않음은 물론 그 자신의 일을 하지도 않는다. 예수 안에 하나님이 완전하게 내주하기 때문에 예수의 말과 행동은 하늘에 계신 생명의 하나님을 계시한다. 다음 장에 가서야 상호 내주의 가르침이 본격적으로 전개되지만, 독자들은 예수와 하나님의 관계를 통해 자신이 풍성한 생명을 누리기 위해 어떤 관계에 있어야 하는지 유추할 수 있다.

5. 기도의 신학: 끝으로 살펴볼 본문의 신학적 주제는 기도에 관한 것이다. 언어의 간결성 때문에 예수의 가르침의 깊이와 넓이를 놓치면 안 된다. 예수를 믿는 사람들은 다음과 같은 이유로 더 위대한 일을 할 수 있을 것이라 약속한다. 1) 예수가 하나님 곁에 계시면서 우리를 위해 변호하고, 탄원해 주시기 때문이다. 2) 이 일들이 아들을 통해 하나님께 영광을 돌려 드릴 것이기 때문이다. 하나님께 영광을 돌리는 일들은 예수의 사명과도 연결된다. 예수는 제자들에게 예수의 이름으로 무엇이든지 구하는 것은 다 이루어 주겠다고 약속하신다. 이것은 "아들로 말미암아 아버지께서 영광을 받으시게 하려는 것이다"(13). 한편으로 예수의 이름으로 기도하는 것은 가장 효과적으로 기도하는 것이다. 다른 한편으로 예수의 이름으로 기도하는 것은 자신의 영적인 바램을 주님의 바람에 맞추는 것이다. 우리가 예수를 믿을 때, 우리는 예수께 드렸던 동일한 신뢰와 희망을 하나님께 드림으로 하나님을 믿기 시작한다. 거기로부터 성숙한 기도가 흘러나온다.

이 본문은 고별담화(Farewell Discourse)의 형식을 취하고 있다. 위대한 지도자가 슬픈 이별을 고한 예는 그리스와 로마 문헌에서도 발견되는데, 예를 들어 플라톤이 말한 소크라테스가 그의 제자들에게 한 이별사이다. 아마도 요한복음서에 더 큰 영향을 끼친 예는 신명기에서 모세가 그의 백성들에게 한 이별사일 것이다. 신약에서의 다른 예는 예수가 마지막 만찬(특히 눅 22:14-38, 간단한 병행구로는 막 14:17-31과 마 26:20-35)에서 하신 말이나 바울이 에베소교회의 장로들에게 한 이별사이다(행 20:17-38). 이 본문의 역할은 예수가 그의 임박한 떠남을 예고하고, 그의 제자들을 위로하며, 그들에게 장래의 방향을 제시하고 그리고 그들과 다시 함께할 것을 약속하는 것이다.

막 13장에 있는 소위 묵시론적 담화(병행구 마 24:1-44; 눅 21:5-38) 또한 이 본문의 중요한 병행구이다. 예수가 고난받기 하루 전 제자들을 모아놓고 공동체에서 그의 부재가 가져올 영향과 마지막 승리의 재림을 약속하며 말하고 있다.

14:1-7 앞 구절에서 베드로는 복음서에서 흥미롭게 계속되는 질문을 한다. "주님, 어디로 가시겠습니까?"(13:36) 예수가 베드로에게 자신이 가는 곳으로 그가 따라올 수 없다고 말했을 때 베드로의 대답은 애처롭다. "주님, 어찌하여 지금은 따라갈 수 없습니까?"(13:37). 이제 예수는 제자들에게 "너희는 걱정하지 말아라. 하나님을 믿으니 또 나를 믿으라"고 위로한다. 예수와 하나님과의 긴밀한 관계는 전체 담화의 강한 모티브이다(14:8-11 참조).

예수는 더욱 직접적으로 그의 떠남과 목적에 대해 말하기 시작하는데(2-3), 이는 그의 임박한 죽음과 영광에 대해 언급한 것이다. 멋진 집과 주거지에 대한 이미지를 떠올리게 하며, 예수는 제자들에게 이 세상에서의 죽음을 넘어 그와 함께할 장소를 마련하러 간다고 말한다. 영생에 대한 약속은 요한복음서의 중요한 주장이다(10:10). 죽음이 가져올 분리에도 불구하고 예수와 그를 믿는 사람들

간의 사랑과 신뢰의 결합은 결코 깨어지지 않을 것이다. 여기에서 15:1-17의 포도나무와 가지의 비유, 17장에서의 예수의 마지막 기도에서의 엄청난 약속, 부활하신 그리스도가 제자들에게 확신을 주기 위해 나타나셨던 것(20-21장)과 같은 복음서의 말씀이 이어진다.

예수의 "자신이 어디로 가는지 아는 그 길"에 대한 언급은 담화를 진전시킨다(4). 요한복음에서 여러 번 보았듯이 이해할 수 없는 질문이 예수로 하여금 더 확실하게 일하도록 한다. 도마는 그들이 어디로 가는지 그리고 그 길이 무엇인지 질문했다. 이것은 요한복음의 "나는 …이다"라는 선언으로 이어지는데 그것은 신의 이름과 인간의 바람을 융합한 진술이다. 이 선언은 세 가지 핵심적 비유를 포함한다. "길"(hodos)이라는 개념은 이스라엘이 약속의 땅으로의 여정을 포함하여 성서 이야기에 깊은 뿌리를 지니고 있다. 공관복음에서 길은 제자들도 같이 걸었던 갈릴리에서 예루살렘으로의 예수의 여정을 말한다(눅 9:51-62 참조). 사도행전에서 (9:2, 19:9, 23, 22:4, 24:14, 22) 누가는 기독교 운동이 예수가 걸었던 길을 따르며 복음을 세상 끝까지 전하는(행 1:8) "길"로서 명명되었다고 말했다.

요한복음에서 예수 자신은 하나님의 길을 구현했고, 그렇게 함으로써 제자의 길을 보여주었다. 예수는 또한 "진리"인데, 이것은 서론에서 보여주듯이(1:14, 17) 예수의 사명의 본질을 보여주고, 8장에서(8:21-47) 예수와 종교 지도자들과의 논쟁을 확증하고 그리고 "진리의 성령"의 선물(14:17, 15:26-27)에 의한 완전한 실현을 가져온다. 예수의 사명의 전체적인 목적은 세상에 생명을 가져오는 것이다 (1:4, 10:10). 예수가 제자들에게 약속한 생명은 "영원한 생명"인데, 말하자면 하나님의 존재 자체에 참여하는 것이다(10:28, 17:2-3).

14:8-14 다른 질문이 담화를 진전시킨다. 빌립이 "주님 저희에게 아버지를 뵙게 하여 주시면 더 바랄 것이 없겠습니다"라고 하였다. 빌립은 예수께 처음에 왔던 제자 중 하나이지만(1:43, 6:7, 12:21), 근본적인 그리스도론을 이해하지는 못했다. 요한은 예수를 하나님의 진정한 계시자로 묘사했는데, 그가 말하고 행동한 것만이 아니라 하나님의 임재를 육신 그 자체로 구현한다는 점에서이다(1:14-18).

예수는 하나님의 말씀을 그대로 말한다(8:26, 17:8). 그의 치유의 손길은 하나님의 사랑을 보여주고 있다(4:46-54, 9:4, 11:1-44). 무엇보다도 그의 친구를 사랑하는 행동으로서의 죽음은 하나님이 세상을 구원하는 사랑을 보여준다(3:16-17, 13:1-2, 15:13). 예수가 빌립에게 한 말은 이러한 관점을 뚜렷이 표현한다. "나를 보았으면 곧 아버지를 본 것이다"(14:9).

요한의 강력한 기독론은 14:6의 배타적인 주장을 보증한다. "나를 거치지 않고서는 아무도 아버지께 갈 수 없다." 요한복음에서 예수는 하나님께 가는 모든 다른 길 심지어 구약의 모세나 아브라함의 길도 가려 버린다. 요한복음의 목적은 가능한 한 강하게 그리스도인의 신앙과 세상에서 예수의 깊은 의미를 선언하는 것이다. 하지만 복음의 이 말씀을 기독교 외에는 하나님께 가는 다른 길이 아무런 소용이 없다는 결정적 선언으로 해석하지는 말아야 한다.

본문은 미래의 방향을 바꿈으로 끝을 맺는다. 예수가 아버지께로 가기 때문에 제자들은 예수보다 더 큰 일을 하게 될 것이다(12). 이것은 17:18과 20:21의 선교적 독려를 예고한다. 예수가 하나님의 사랑을 세상에 전하기 위해 아버지로부터 보냄을 받았듯이 제자들 또한 그러하다. "더 큰 일"의 의미는 논쟁 중인데, 이방인에 대한 교회의 선교의 폭넓은 참여를 가리키거나 또는 이것이 예수가 아버지께로 가는 것과 연관되어 있기에 예수의 죽음과 부활을 통해 세상으로 보내신 성령을 통해 제자들이 권능을 얻는 것을 말한다. 그 사이에 제자들은 그들이 들은 것에 자신을 가지고 기도하며, 공관복음서에서 예수의 권고와(막 11:24; 마 7:7-11, 21:22; 눅 11:9-10) 상통하는 확신을 갖게 된다.

요한복음의 고별 설교(요한복음 14-16장)의 도입부는 내가 처음 했던 설교의 본문이었다. 그때 나는 열네 살이었고, 그 설교는 우리 교회 목사님이 부임하신 지 11주년을 기념하는 "청소년 예배"에서였다. 우리 가족은 목사님이 강단에 서기 시작한 그 주일부터 그 교회에 다니기 시작했다. 나는 두려움에 가득 찼지만, 대담하고 풋내 나는 설교 제목을 아직도 기억하고 있다. "마음의 병의 치료." 십대 시절에 "고난"이라는 단어에 대한 나의 연구가 예수의 제자들의 고민을 재치 있게 드러냈다고 생각했기 때문에 나는 흥분했다. 그날 밤에 제자들이 마음이 불안하여 예수의 마지막 지시를 듣지 못했다. 내 제목은 실제로는 미성숙한 설교를 하면서 내가 긴장하고 있다는 것을 고백하는 것이었다. 열네 살짜리가 마음의 작용에 관해서는 말할 것도 없고, 설교에 대해 무엇을 알았겠는가?

고별 식사를 위해 예수와 함께 모인 제자들은 가슴이 쓰렸다. 예수의 긴 작별 인사를 듣고 가슴이 찢어지고 불안했다. 그들은 예수가 공생애를 시작하셨을 때부터 따라왔지만, 예수의 메시지와 비전과 사명을 이해하기에는 미숙했다. 그들은 그들이 살아 온 신학이 근본적인 변화에 관한 것이라는 사실을 이해할 수 없었다. 그들은 메시아를 찾고 있었고, 찾았다고 믿었다. 그들은 메시아를 불멸의 존재라고 믿었는데, 그러나 그는 사형을 당할 것이었다. 그들은 사람들을 점령에서 해방시킬 메시아적 영웅의 모습을 그리고 있었지만, 그는 압제자에 의해 패배당하는 것처럼 보일 것이다. 그들은 메시아가 영원한 평화의 왕국으로 인도할 것이라고 믿지만, 그들은 그들이 할 수 있는 가장 두려운 상상을 초월하는 공포를 경험하게 될 것이었다.

실망과 패배의 연회석상에서 우리의 마음이 어떻게 즐길 수 있을까? 이 본문은 장례식과 추도식에서 가족과 애도하는 사람들에게 위로와 격려의 말씀으로 사용되지만, 본문의 제자들은 이 말씀에서 위로받지 못한다. 그들은 아직 알지 못하지만, 그러나 작별 인사를 하는 것은 예수만이 아니다. 그들이 메시아의 메시지와 임무를 어떻게 이해하는지가 십자가를 어떻게 이해하는지를 의미할 것이다. 그들이 살면서 바라 온 모든 것이 예수 안에서 결실을 맺었다고 믿었는데, 그것이 곧 십자가에 못 박히게 될 것이다. 메시아가 불멸의 존재는 아닐지라도 메시아의 메시지는 영원하다는 것을 깨닫기까지 오랜 시간이 걸릴 것이다. 죽음은 마지막도 아니고, 영원한 단어도 아닐 것이다.

부활절 이후의 눈으로 보면, 제일 마지막으로 정경이 된 복음서의 마지막 부분으로 넘어가서 예수가 하신 말씀 가운데 이 세상에 대한 것이 아닌 부분을 건너뛰는 것은 쉬울 지도 모른다. 하지만 그러면 제자들은 자기도 모르는 사이에 호스피스 병동의 원목과 출산 병동의 조산사로 동시에 파견될 위기에 놓이게 된다. 그다음에 나오는 예수의 말씀은 그들의 입문서이다. 정의롭고 평화로운 메시아 왕국에 대한 그들의 희망적인 전망이 십자가에 못 박히는 도가니에서 녹을 때 제자들의 마음은 병들게 될 것이며, 그들은 불안해서 분별력을 잃게 될 것이다. 예수의 육신보다 더 많은 것이 사라질 것이다. 예수의 선교와 제자들 자신의 선교를 제자들이 이해하지 못하면, 다락방에 호스피스 병동 원목이 필요하게 된다.

출산 병동 조산사와 호스피스 병동 원목의 상황은 놀랍게 비슷하다. 새로운 생명이 태어날 때 무언가는 죽고, 영원한 것은 죽음에서만 완전한 탄생을 발견할 수 있다. 분만실과 호스피스 병실 모두에서 가족 구성이 바뀐다. 모든 것이 새로워지고 있다. 출생과 죽음은 변화의 이야기로 가득 찬 책장의 북엔드에 불과하다. 출생과 죽음은 우리 삶의 서사에서 반복되는 순환이다. 우리가 누구이고 어떤 사람이 되고 있는지에 대한 비전은 전에 우리 자신에 대해 가졌던 감각이 죽을 때조차 우리에게 생명을 준다. 그러나 그 순간에 그리스도께서 우리를 인도하시는 데도 우리는 종종 도마가 그랬던 것처럼 하나님이 어디로 가시는지 알지 못한다면 어떻게 그 길을 알 수 있는지 묻는다. 빌립은 우리가 아버지를 볼 수만 있다면 만족할 것이라고 주장한다. 삶의 이야기에서 다음에 무슨 일이 일어날지 알지 못해도 조산사와 호스피스 병동 원목의 역할은 충분히 있다.

제자들은 안전하다고 인식된 장소에 매달리려고 한다. 예수가 어디로 가시는지, 어떻게 함께 갈 수 있는지를 알고 싶어 한다. 그러나 요한복음에서 장소는 가까운 관계의 친밀함을 나타내는 은유로 사용된다. 양들은 목자 가까이에 있다. 예수는 하나님의 마음에 가장 가까이 있다. 그들이 고별 식사를 나누는 방에 앉아 있을 때 예수는 그들에게 그들을 위한 방이 많이 있는 장소가 있다는 것을 그들에게 확신시켜 주려고 한다. 관계는 변한다고 해도 계속될 것이다. 그들은 잊혀지지 않을 것이다.

고별 담화는 명령으로 시작하는데, 그것은 단순한 정서적 명령이 아니다. "너희는 마음에 근심하지 말아라." 이 말씀은 제자들의 의지를 가리키고 있다. 그들의 심장이 그들을 포기하더라도 굳건히 서라는 명령이다. 메시아적 군사 독재자에 대한 신학은 연민만이 가져올 수 있는 혁명으로 대체될 것이다. 출생과 죽음은 고통과 변화의 가능성으로 가득 차 있다.

동요하는 십대들은 사실 자신의 몸과 영혼 안에 믿음의 공간이 있다는 것을 알고 있다. 청소년기는 더 이상 어린 시절만큼 안전하지는 않지만, 아직 성인으로서 자급자족하지는 않는, 경계에 있는 시기, 즉 사이에 있는 시기이다. 문틀은 방 사이의 공간, 외부에서 내부로 통하는 출입구 같이 제한된 공간이다. 십 대들은 유아기를 떠나도록 안내하고 성인기의 지형을 안전하게 통과하도록 도와줄 산파와 원목의 역할을 하는 동반자가 필요하다. 청소년기 제자들에게 성령이 바로 그런 분일 것이다. 보혜사는 병든 마음을 치료하고 다가올 변화에 확고하게 서도록 도와줄 것이다. 아마도 청소년 설교자는 본문에서 말하는 마음의 병에 대해서 아직은 잘 모르더라도 무언가 알고 있을 것이다.

설교

요한복음 14장 도입부에 나오는 예수의 말씀은 새로 조성한 묘지 주변에 모인 교인들에게 우리가 수없이 설교했던 말이다. 자신의 죽음이 임박한 순간에 예수께서는 그의 제자들에게 그의 죽음이 끝이 아니고 "그 길"의 시작이라고 말하고, 그 길은 하나님 안에서 제자들이 있을 곳을 마련하는 것이라고 확신시킨다. 제자들은 믿지 못한다. 교회의 성도들 대부분도 그렇다.

매 주일마다 우리 교인들은 인간에게 준 생명이라는 선물이 영원하지 않다는 사실로 인하여 고통스러운 마음을 가지고 나온다. 그러므로 예수께서 시작하는 그곳에서 시작하라. 나사로가 죽었다는 소식에(요 11:33) 그의 마음이 괴로웠다가 그 자신의 슬픔 속에서 구원받았던 바로 거기서 시작하라. 예수의 대답이 예상되는 질문 곧 "무엇이 고통당하는 인간의 마음을 구원하겠는가?"에서 시작하라. 세상은 수많은 답을 제시한다. 예수께는 오직 한 가지만 있는데 그것은 "하나님을 믿고 또 나를 믿어라"(1)이다. 요한은 믿음이란 사람이 내적으로 동의하는 어떤 것이 아니라 한 사람, 곧 예수께 외적으로 그리고 적극적으로 헌신하는 것이라고 거의 확실하게 말한다. 여기서 루터가 대 요리문답에서 했던 말이 떠오른다. (십계명의) 첫 번째 계명에 대한 응답으로 루터는 하나님을 소유하는 것이 무엇을 의미하는지 묻고, 하나님은 당신의 마음이 의지하고 있는 것이라고 대답한다.* 고통을 당하는 마음이란 하나님께 의지하지 않고, 오히려 세상에서 마음의 고통을 덜어주려는 다른 모든 것들에 의지하는 마음이다. 예수께서는 불확실한 때를 살아가는 제자들에게 말한다. "너의 마음을 하나님께 맡겨라. 나에게 너의 마음을 맡겨라."

예수께서 취한 다음 조치는 다른 종류의 선물을 제시하는 것으로 그것은 영원한 생명이다. 그는 제자들이 마음으로 의지하는 하나님께서 "그들을 위한 자리"를 갖고 계시다고 말한다. 로버트 젠슨(Robert Jenson)은 이 하나님의 자리를 공간이 아닌 하나님께서 우리를 위해 마련한 시간과 연관해서 쓰고 있다. "시간이란

---

* 이 책에서 Paul Lehmann의 주장을 보라. *The Decalogue and a Human Future* (Grand Rapids: Eerdmans, 1995).

무엇인가? 나는 창조된 시간이란 하나님 자신의 삶 가운데 있는 공간이라고 대답한다. 만약 창조가 하나님께서 스스로 공간을 만드는 것이라면, 하나님은 반드시 광대하실 수밖에 없고… 하나님의 이 광대함을 그의 '시간'으로 생각해야 하며, 이 하나님의 영원성은 시간의 영향을 받지 않는다는 의미라기보다 하나님은 필요한 모든 시간을 가지고 계시다는 의미로 이해되어야 한다."* 하나님의 영원성을 뜻하는 은유로서 하나님의 이 광대함이 주일 아침에 선포될 가치가 있다.

제자들의 마음을 힘들게 했던 것은 이제 예수와 함께 했던 시간이 끝났다는 사실을 실감하는 것이었다. 우리와 시간과의 관계도 동일하다: 짧은 시간은 사랑하는 사람들을 우리에게서 빼앗아 간다. 회개란 하나님께 마음을 의지하는 사람들을 향한 하나님의 은혜인데, 그분은 사랑하는 사람들을 위해 필요한 모든 시간을 가지고 계신다. 하나님 자신의 생명 안에서 예수께서 마련하고 있는 자리는 영원한 생명이고, 그것은 젠슨이 자주 말했듯이 하나님의 다른 이름이다. 요한복음 서두에서 하나님께서 예수 그리스도 안에서 우리와 함께 계시고자 오셨다고 한 것처럼 우리도 그를 통하여 하나님과 함께 있으리라는 약속에 담긴 그리스도인의 소망은 무엇인지를 성찰해 보라.

이 시점에서 교인들은 문자 그대로 잃어버린 도마를 기억해낼 것이다. 빌립도 그다지 다르지 않다. 그 두 사람의 질문은 우리가(어둠 속에 있는 것처럼) 예수 그리스도 안에서 우리에게 오신 하나님을 얼마나 이해하지 못하고 있는지를 보여준다. 솔직히 우리는 어둠을 더 좋아한다. 기독교에서는 도마에 대한 예수의 답변을, 하나님이 그리스도였다는 사실을 믿지 못해서 소위 어둠 속에 머물고 있는 사람들을 처벌하는 수단으로 사용하였다. 예수와 함께 3년을 보낸 제자들 역시 이것을 믿지 않았다. … 또(믿음을 사람에 대한 적극적인 헌신으로 요한은 인식하고 있음을 강조하면서) 예수께서 "빌립아, 내가 이렇게 오랫동안 너희와 함께 지냈는데도, 너는 나를 알지 못하느냐"(9) 말씀하신 것처럼 빌립도 그러하였다. 우리 중 누가 그를 아는가? 그분을 안다는 것이 교회의 교리나 신조를 내적으로

---

* Robert Jenson, "Aspects of a Doctrine of Creation," *Colin Gunton*, ed., The Doctrine of Creation (London: T.&T. Clark, 1997), 24.

동의하는 것과 같은 것인가?(가나의 혼인 잔치부터 나사로를 살리신 것까지) 예수께서 행했던 표적이나 사역을 하나님의 영광과 동일시하는 사람들의 인식은, 그가 제자들에게 "내가 아버지 안에 있고, 아버지께서 내 안에 계시다는 것을 믿어라. 믿지 못하겠거든 내가 하는 그 일들을 보아서라도 믿어라"(11)고 말한 예수의 의도와 같은가? 삶을 통하여 그가 하신 일을 증언하지만, 입술로는 그의 이름을 고백하지 않는 사람들, 심지어 종교는 그렇게 하지 않더라도 예수께서 있을 곳을 준비하고 있는 그런 사람들은 "그 길"에 있을까?

요한복음 14장에서 배타적인 기독교를 보기보다는 그리스도 안에서 우리는 하나님의 주도하심으로 하나님께 오는 것임을 확신시켜 주기 위해 당한 예수의 고난을 생각하라. 여기서 우리는 배우가 아니다. 젠슨이 언급한 것처럼 "하나님은… 우리의 인지능력을 사용해서 알 수 있는 분이 아니다. 그는 결코 우리가 도달할 수 없거나 혹은 심지어 우리가 도달할 수 없음을 알게 함으로써 우리에게 알려지는 것이다. 그는 우리를 자기 자신에 대한 지식으로 인도한다."* 이 지식은 무엇인가? 육신이 된 말씀을 통하여 하나님의 자기 지식은 자기를 내어주고, 자기를 비우는 사랑, 곧 하나님의 아들 안에서 드러난다. "아무도 하나님을 본 사람이 없다"고 요한은 서문에서 서술하였다. "아버지의 마음에 가까이 다가간 이는 바로 외아들인 하나님이시며, 하나님께서 그것을 알려주셨다"(1-18). 예수 그리스도 안에서 우리가 하나님에 대해 아는 것은, 하나님은 우리 없이는 하나님이 되지 않기로 결정했다는 것이다. 사랑은 이 안에 있고(요일 4:10), 그 사랑은 하나님이다. 이것이 바로 주일 아침에 의미 있는 말씀이다.

마지막으로 그리고 우리가 사람들과("죽음이 우리를 갈라놓을 때까지") 맺는 계약과는 반대로 하나님이 우리를 사랑하시고, 있을 곳을 마련해주시며, 우리를 알고 또 우리에게 알려진 그 약속은 결코 없어지지 않는다(고전 13:8). 그러므로 우리의 마음은 결코 괴로워할 필요가 없다.

---

* Robert Jenson, *Systematic Theology: The Triune God* (New York: Oxford University Press, 1997), 227.

부활절 여섯째 주일

요한복음 14:15-21

[2023 0514]

> [15]너희가 나를 사랑하면 나의 계명을 지키리라 [16]내가 아버지께 구하겠으니 그가 또 다른 보혜사를 너희에게 주사 영원토록 너희와 함께 있게 하리니 [17]그는 진리의 영이라 세상은 능히 그를 받지 못하나니 이는 그를 보지도 못하고 알지도 못함이라 그러나 너희는 그를 아나니 그는 너희와 함께 거하심이요 또 너희 속에 계시겠음이라 [18]내가 너희를 고아와 같이 버려두지 아니하고 너희에게로 오리라 [19]조금 있으면 세상은 다시 나를 보지 못할 것이로되 너희는 나를 보리니 이는 내가 살아 있고 너희도 살아 있겠음이라 [20]그 날에는 내가 아버지 안에, 너희가 내 안에, 내가 너희 안에 있는 것을 너희가 알리라 [21]나의 계명을 지키는 자라야 나를 사랑하는 자니 나를 사랑하는 자는 내 아버지께 사랑을 받을 것이요 나도 그를 사랑하여 그에게 나를 나타내리라

신학

"너희가 나를 사랑하면, 내 계명을 지킬 것이다."

윤리학에서 "존재"(is)와 "당위"(ought)를 구별하는 것, 서술문과 명령문을 구별하는 것은 중요하다. 서술문은 사물이 어떤 상태인가에 관한 것이다. 명령문은 우리가 무엇을 해야 하는가 혹은 어떻게 살아야 하는가에 관한 것이다. 인류학자인 클리퍼드 기어츠(Clifford Geertz)는 전자를 문화의 세계관, 후자를 문화의 기풍(ethos)과 연관 지었다. 보통 이 둘의 관계는 혼동되기도 한다. "사물의 자연스러운 이치를 거슬러 행동하는 것은 어리석은 일이다"라는 말은 종종 도덕적 안일주의와 연결된다. 특히 "사물의 자연스러운 이치"가 기득권을 합리화하는 논리로 사용될

때 그렇다. 만일 어떤 사람이 "우리 작은 마을에서는 문을 잠글 필요가 없습니다. 왜냐하면 우리는 모두 하나님의 자녀이고, 하나님은 사랑이기 때문입니다"라고 말한다면 그것은 매우 순진한 생각이다. 존재를 당위에서 유추하거나 당위를 존재에서 유추하다 보면 자주 오류에 빠진다.

그러나 기어츠는 종교적 상징이나 의식(ritual)이 다음과 같은 기능을 한다고 생각한다: 1) 문화의 기풍과 문화의 세계관을 종합하는 기능(그 근거를 각각 상대의 권위에서 찾음으로), 2) 공동체의 정체성을 이 존재와 당위의 종합으로 포장하는 기능, 3) 이 종합에 사실성의 분위기(an aura of factuality)를 부여하는 기능.* 이 아우라 때문에 종교적 공동체 안에 속한 사람들은 세상을 다른 사람들과 다르게 볼 수밖에 없고, 공동체 밖에 속한 사람들은 공동체에 속한 사람들의 신념을 이상한 것으로 보게 된다. 일반적으로 과학과 역사-문화적 경험은 신적인 사랑이 우주를 창조했다는 생각을 받아들일 수 없다. 기독교적 상징의 아우라 밖에 있었던 니체는 하나님 사랑과 이웃 사랑이라는 기독교의 이중적 사랑을 약자와 겁쟁이의 윤리로 해석했고, 사실에 반하는 것으로 여겼다. 그러나 종교적 상징이나 신적인 사랑으로 포장된 정체성을 갖고 사는 사람들은 세상을 다르게 본다. 그들은 존재와 당위를 종합하여 세상을 본다. 우리는 사랑에 의해 창조되었기 때문에(존재) 우리는 창조주의 사랑을 모방하여야 한다고(당위) 믿는다.

이 대목에서 파라클레테(Paraclete)에 관해 살펴볼 필요가 있다.

요한복음에서 "진리의 영" 혹은 "성령"(14:26)이라고 번역된 단어는 그리스어로 파라클레토스(Paraklētos)인데, 이 단어는 보혜사, 모사(조언자), 위로자, 중재자(mediator), 중개자(broker) 등으로 다양하게 의역되어 왔다.** 어떻게 번역하든 이것은 종교적인 상징이며, 따라서 우리는 이것을 기독교 신앙의 윤리적 측면과 세계관적 측면의 통합과 관련하여 생각해 봐야 한다. 사랑이라는 윤리적 명령은 신적인 사랑의 관점에서 세계를 보는 것과 결합한다. 요한은 더 나아가서 보혜사를

---

* Clifford Geertz, *The Interpretation of Cultures* (New York: Basic Books, 1973), 89-90.
** Jerome H. Neyrey, *The Gospel of John*, New Cambridge Bible Commentary (New York: Cambridge University Press, 2007), 21-25, 149.

"진리의 영"이라고 부름으로 기풍과 세계관의 융합은 어떤 한 인류학자의 자의적이고 상대적인 발견이 아니고, 모든 존재 안에 깊게 새겨진 것이라고 말하고 있다. 기어츠가 제시하는 존재와 당위의 종합에 관한 이론은 모든 종교적 사상과 관습에 적용할 수 있을 것처럼 보인다. 그러나 요한복음 본문이 오늘날 우리가 세상이 어떠하리라고 생각하는지 그리고 어떻게 살아야 하는지에 대해 특별한 도전을 주는 것으로 기대한다면, 이러한 일반적인 관찰을 넘어서는 흥미로운 내용을 찾아야 할 것이다. 그런 기대를 갖고 다시 본문을 살펴보자.

보혜사에 관한 이야기는 동등성에 관한 예수의 강력한 말씀과 함께 등장한다. 아버지와 아들은 하나다. 복종과 사랑은 동일하다. 하나님을 아는 것과 하나님이 우리 안에 거하는 것은 같은 말이다. 그리스도의 생명은 제자들의 생명과 연결된다. 아버지의 사랑은 아들의 사랑과 같은 것이고, 아들의 사랑은 제자들의 사랑과 같은 것이다. 이런 동등성에 관한 내용은 1대1 보상 시스템에 관한 것인가? "당신이 나를 위해 해 주면, 나도 당신을 위해 해 주겠습니다", "우리가 아들을 사랑하면, 아들은 우리에게 다른 보혜사를 보내주실 것이다." 그런 조건적 성격은 요한복음의 "사랑의 논리"에 의해 극복된다.* 요한1서 4:8의 "하나님은 사랑이다"라는 선언 속에서 우리는 사랑은 모든 것의 조건임을 깨닫는다. 사랑이 모든 것의 조건이고 사랑이 무한하며 실현 가능할 때(예수의 "내가 너희를 고아처럼 버려두지 아니하고" 라는 말속에는 제자들의 한계에 대한 예수의 가슴 찡한 통찰력이 담겨있다) 사랑은 보상의 논리를 초월한다.

첫 문장을 다시 살펴보자. 명령의 내용이 하나님을 사랑하라는 것이고, 하나님이 사랑이라면, 하나님을 사랑한다는 것은 사랑을 사랑하는 것이다. 사랑의 대상(하나님, 사랑, 이웃)과 사랑의 주체(사랑하는 자)의 경계가 사랑의 실재 속에서 모호해진다. 17b절을 자세하게 살펴보자: "너희는 그(보혜사, 진리의 영, 신적인 사랑)를 안다. 그것은, 그가 너희와 함께 계시고, 또 너희 안에 계실 것이기 때문이다." 주체(너희)와 대상(신적인 사랑, 진리 등)은 서술어(알다, 거하다) 속에서 뒤섞여진

* "사랑의 논리"에 관한 논의를 위해 다음을 참고. Jean-Luc Marion, *God without Being* (Chicago: University of Chicago Press, 1991), 183-186.

다. 이렇게 경계가 희미해지는 것은 사소한 효과가 아니다. 왜냐하면 사랑이 끌어안는 관계는 계속 확장하기 때문이다. 사랑은 앎, 거함, 위로함, 먹임, 공급함, 발견함, 만짐, 치유함, 이름을 부름, 찬미함, 정의롭게 함 등으로 확대된다. 사랑의 그런 확장성 때문에 예수가 현재를 미래 시제로 표현한 것은 적절하다. 예수는 현재 제자들과 함께 거하고, 보혜사가 오면, 미래에도 계속 그들과 함께 거할 것이다. "그는 진리의 영이시다. 세상은 그를 보지도 못하고 알지도 못하므로"(17a); 가룟유다가 아닌 다른 유다가 물었다. "주님, 주님께서 우리에게는 자신을 드러내시고, 세상에는 드러내려고 하지 않으시는 것은 무슨 까닭입니까?"(22) 이런 배제가 의미하는 것은 무엇인가?

사조와 세계관의 융합이 공동체의 특수한 언어를 떠나서는 이해하기 힘들기 때문에 신학적 보편주의의 주장은 한계가 있다. 한 가지 가능한 해결책은, 우리가 절대적인 포용성을 신의 속성으로 주장하지 않으면서 하나님은 어느 누구도 잃은 자가 되는 것을 원치 않는다고 해석하는 것이다. 다른 해석의 가능성은 22절의 제자가 아직은 사랑의 논리를 파악하지 못했다고 보는 것이다. 어떤 경우든 보혜사가 드러내는 것은 사랑이라는 것이 중요하다. 이 세상의 비극—이상적인 생명과 현실적인 생명의 상태의 비극적 대조—을 극복할 수 있는 길은 사랑이신 하나님이다. 이 사랑은 우리 가운데, 우리의 한계를 넘어서 거하며, 이 세상을 무한하게 사랑하는 그런 사랑이다.

주석

최후의 만찬은 종종 친구들 사이의 조용한 식사로 묘사되지만, 요한복음 기자는 예수가 제자들 사이의 혼돈과 혼란과 염려를 위로하는 것으로 제시한다. 장면은 화자의 발표로 시작되는데, "유월절 전에 예수께서는, 자기가 이 세상을 떠나서 아버지께로 가야 할 때가 된 것을 아시고, 세상에 있는 자기의 사람들을 사랑하시되, 끝까지 사랑하셨다"(13:1). 그리고 예수께서 제자들에게 자신의 임박한 떠남을 알리고(13:33), 유다가 배반하도록 보내면서(13:21-30), 베드로의 부인을 예언하면서(13:36-38) 장면은 더 불길해진다. 제자들의 공포는 예수에게 했던 끊임없는 질문에서 분명하다(13:36, 14:5, 8).

고별담화(요 13-17장)는 예수께서 오실 것을 알리지만 이 땅에 남아 있는 자들을 위로하여 하나님의 일을 계속하신다는 것이다. 오늘 본문은 그러한 위안이 되는 성구 중 하나이다. 예수는 자신이 아버지께로 가는 길이라고 강조했고(14:6-7), 15-21절에서 지상에 남아 있는 사람들이 계속해서 이 길에 접근하는 방법을 말한다. 이 구절은 중심 메시지를 둘러싼 평행 진술(15-17과 19-21)을 제시한다. "나는 너희를 고아처럼 버려두지 아니하고, 너희에게 다시 오겠다"(18). 예수는 이 땅을 떠나신 후에도 아버지께 계속 나아갈 수 있음을 강조한다. 다른 구절에서 예수는 제자들이 계속해서 아버지께 나아가는 방법을 설명한다(16-17, 19-20). 너희가 나를 사랑하면 내 계명을 지킬 것이다(15, 21).

16-17절에서 예수는 그가 떠난 후에도 보혜사가 공동체를 지탱해 주겠다고 약속하신다. 성령에 대한 이 요한의 용어(14:26, 15:26, 16:7, 요일 2:1 참조)는 문자 그대로 법적 옹호자 또는 보조자를 가리키지만, 여기서 가장 중요한 것은 보혜사와 예수에 관한 복음의 언어이다. 독자들은 "또 다른 보혜사"에 대한 예수의 약속을 간과해서는 안 된다. 예수는 보혜사를 자신의 계속적인 임재로 말한다. 예수와 보혜사 둘 다 하나님께로부터 보내심을 받은 자(14:16; 참조 3:17, 34, 14:26, 15:26), 세상으로부터 버림을 받은 자(14:17; 참조 1:10, 7:7, 15:18), 예수의 제자들에 의해 알려져 있고(14:17; 참조 10:14), "진리"를 나타낸다(14:17; 참조

1:14, 17, 8:45, 14:6). 16장에서 예수는 보혜사가 자신과 마찬가지로 하나님 대신 하나님의 말씀을 말한다는 것을 인정한다(16:13; 참조 3:34, 7:16, 12:49). 보혜사는 또한 그리스도를 증거한다(15:26, 16:14). 첫 번째 "아버지의 보혜사"(요일 2:1)이신 분은 예수다. 그러나 예수께서 곧 떠나시는 동안 보혜사는 "영원히 너희와 함께"(14:16) 계실 것이다.

15절에서 예수는 보혜사의 오심은 제자들이 예수를 사랑하는 데 달려 있으며, 그 사랑은 그의 계명을 지킴으로써 보여준다고 했다. 예수는 단순히 도덕적 권고를 한 것이 아니다. 요한복음은 믿고, 사랑하고, 거하고, 계명을 지키는 것을 포함하여 여러 가지 방법으로 그리스도에 대한 인간의 적절한 반응을 설명한다. 이 모든 면에서 예수는 신자들이 아버지와 완전한 신분을 공유할 것을 요구한다(8:31-59 참조). 이 전적인 헌신은 예수가 제자들의 발을 씻기심으로 보여주신 사랑의 행위로 자신의 계명을 지킨다는 것에서 분명히 드러난다(13:1-20). 나중에 그는 "사람이 친구를 위하여 자기 목숨을 버리면 이보다 더 큰 사랑이 없나니"(15:13)라고 가르친다. 예수는 제자들에게 사랑하라고 명하셨고, 그들을 위한 자기 희생으로 이 완전한 사랑을 보여 주었다. 예수는 복음서 끝부분에서 베드로에게 말한 것처럼 적극적인 사랑을 명령한다(21:15-17 참조).

18절을 다른 면에서 보면 예수는 제자들이 직면한 불안한 상황과 계속해서 임재하신다는 약속을 연결시킨다. 19절에서 그는 자신이 머지않아 그들에게서 떠날 것을 인정하지만, 세상은 보지 않을지라도 제자들이 계속해서 예수를 보게 될 것이라고 그들에게 재확인한다. 예수는 그들에게 자신이 다시 오실 먼 미래에 대한 희망을 주신 것이 아니라, 비록 자신이 지상에 실제로 존재하지 않더라도 자신을 계속 알 수 있다는 즉각적인 희망을 주었다. 세상이 오지 않을 때를 볼 수 있는 이 능력은 그리스도 안에서 사는 삶에서 비롯된다(1:4, 10:10 참조). 19절의 마지막 구절은 그들이 어떻게 보지만 세상은 보지 못하는지를 나타낸다. 그리스도를 통해 얻을 수 있는 참된 생명은 공동체가 예수가 가신 후에도 계속 볼 수 있도록 한다. 예수를 보는 것은 예수가 아버지 안에 거하시는 것과 같이 그분을 따르는 사람들도 그분 안에 거하고, 그분도 그들 안에 거하신다는 것과 동일시된다.

예수는 15절에서 말한 것을 본질적으로 반복함으로써 15-21절을 마무리한다. 예수의 지상 임재 시간과 그의 부재 시간 사이의 연속성을 찾는 것은 그의 계명을 지킴으로써 증명된 그를 사랑하는 것에 달려 있다. 그러나 21절에서 예수는 사랑에 대한 강조를 3인칭 단수로 반복했다. "나의 계명을 가지고 지키는 자라야 나를 사랑하는 자라." 이 표현에서 최후의 만찬의 이야기의 청중은 배경으로 사라지고 복음의 독자들이 화자의 연설을 듣게 된다. 예수가 없는 이 땅에서의 삶에 대한 불안은 방에 있는 제자들에게만 있는 것이 아니며, 예수의 대답은 당시 제자들뿐만 아니라 현재의 독자들에게도 적절한 것이다.

이 구절의 평행 구조는 오늘 본문 이후에도 계속된다. 22절에서 예수는 자신의 말씀을 세상과 구별되는 길로 삼아 자신을 사랑하는 것을 다시 한번 강조한다. 15, 21, 23-24절의 반복은 예수의 말씀을 지킴으로써 예수를 사랑하는 것이 지상에서 예수 없는 삶에 대해 염려하는 사람들에게 필요한 차분함을 제시한다.

요한복음은 대부분의 구성원들이 지상에서 예수를 전혀 알지 못했던 공동체에서 주후 1세기 말에 완성되었을 것이다. 이 공동체는 스승 없는 삶에 직면한 제자들의 불안에 대한 이야기에서 자신을 보았다. 공동체는 예수의 차분한 말씀을 되풀이하여 자신의 불안을 해결했으며, 공동체가 그의 명령과 약속된 보혜사를 준수함으로써 아버지께 나아가는 것이 계속된다는 점을 상기시켰다. 시간과 장소에 관계 없이 예수의 메시지는 "나는 너희를 고아처럼 버려두지 아니하고, 너희에게 다시 오겠다"이다.

목회

　오늘 말씀은 예수가 그를 따르는 사람들에게 무엇인가를 확실하게 하려고 애쓰는 가슴 아픈 순간으로 시작한다. 예수가 제자들에게 부탁한 것은 예수께서 그들 가운데서 살면서 보여주신 사랑을 그들의 삶의 목표로 받아들이라는 것이다. 그의 지상 사역의 마지막 순간이 임박했을 때 그는 사랑한다는 말만을 할 수 있고, 하나님의 사랑이 가장 진실한 것임을 알게 해주는 그들의 변호인이 될 보혜사를 통해 그의 친밀한 아버지이신 하나님이 계속 그들과 동행하실 것이라는 확신만을 말할 수 있다.

　요한복음은 제국의 시대에 황제의 대리인들과 강요된 지배의 이미지들, 제국의 권력을 집행하기 위한 무기들에 포위된 사람들을 위해 기록되었다. 우리는 요한복음에서 사랑이 생명과 관계에 가져다주는 힘과 질서에 대한 현저하게 다른 주장을 발견한다. 세상이 존재하는 방식이나 권력의 정의에 대한 제국의 이해에 대하여 이보다 더 예리한 대비를 상상하기는 어렵다. 예수는 사랑과 진리의 연계성을 드러내기 위한 객관적인 교훈으로 주로 자신에게 의존한다. 예수가 제자들에게 사랑으로 이루어진 삶을 살아가려고 노력하는 것이 그들만이 아니라는 것을 확신시키는 것은 놀라운 일이 아니다. 그는 제국의 한 가운데서 사랑이라는 렌즈를 통해 현실을 보기로 선택하는 것이 매우 어렵다는 것을 인정하신다.

　이 어려움은 요한 공동체에 국한된 것이 아니다. 비록 우리의 도전이 세계를 정복한 제국이 아닌 서방 세계가 형성한 것이라고 해도 우리들 대부분은 그 도전을 알고 있다. 하나님의 사랑이라는 진리를 가리키는 예수의 사역을 이어받은 성령께서 지금 우리 안에 거하신다는 이 약속은 1세기 때와 마찬가지로 지금도 확실히 중요하다.

　예수께서 그의 말씀을 듣는 사람들이 품기 원하시는 사랑은 추상적인 철학적 개념이 아니라 그들처럼 보고, 그들처럼 말하고, 그들 가운데 사는 한 나사렛 사람이 삶과 관계들과 행동들에서 보여주었던 생생한 현실이다. 그는 배고픈 사람들에게 먹을 것을 주고, 한센병 환자에게 손을 대고, 병든 사람을 고치고,

여성들에게 관심을 가지고 존중하면서 말하고 행동했다. 예수의 삶에서 사랑은 섬김과 연민으로 나타난다. 그것은 또한 각 사람의 가치에 대한 비전과 상호 존중과 돌봄의 윤리의 중요성을 악용하는 사람들에 대한 격렬한 저항에서도 나타난다. 예수는 만나는 사람들에게 지배하는 권력 대신 사회적 지위에 관계없이 모든 사람의 복지를 목표로 하는 권력을 상상해 보라고 권유한다.

예수와 함께 살았던 사람들의 영혼과 희망이 얼마나 메말랐을지 상상하는 것은 어렵지 않다. 가난하고 세계사 서술의 중심에서 확실하게 밀려난 사람들, 게다가 제국주의의 통치라는 모욕까지 당해야 했던 사람들, 예수가 이름을 불러주신 사람들은 권력을 가진 사람들에게는 보이지 않기를 바랐다. 그래야 그들과 그들의 가족들이 안전할 것이기 때문이다. 그렇지만 예수의 임재를 통해 진정한 사랑이 감염되기 시작한다. 점진적으로 희망의 공동체가 탄생한다. 예수가 구현한 사랑의 힘이 로마의 통치에 대한 굴종과 굴욕보다 더 실제적이고 진실한 것인지 궁금해하도록 상상력이 촉진된다. 그런 다음 그가 주시는 사랑이 실제로 하나님의 사랑이라는 놀라운 확신을 갖게 된다. 예수와 하나님은 하나다. 하나님께서 제쳐두셨다고 생각했을 구속과 해방에 대한 약속은 다시 한번 믿을 만하고, 실현 가능하고, 진실해 보인다.

낯선 사상을 이해하기 위해서 때로는 진정한 변화의 경험이 필요하다. 예수는 대야와 수건을 들고 자기를 선생님과 주님이라고 부르는 사람들의 발을 씻어 주심으로 사랑과 사랑이 만들어 내는 관계의 힘이라는 진리에 관한 요점을 강조하시기 위해 유월절 식사를 선택하셨다. 하나님이 우리를 초대하시는 사랑은 위계질서를 의도하지 않는다. 사랑이 창조하는 현실은 하나님이 우리를 다른 사람들의 이웃이 되라고 부르신다는 진리를 보여준다. 이웃이 되는 것은 하나님이 사랑하시는 그리고 우리에게 사랑하라고 하시는 "다른" 사람 안에서 세상을 인식하는 것이다.

예수는 하나님의 사랑이 참되다고 주장할 뿐만 아니라 하나님의 사랑이 생명의 근원이라고 주장한다. 이 사랑은 우리 삶의 근원이자 우리 삶의 목표이다. 앨런 페이튼(Alan Paton)은 소설 『아, 그러나 당신의 땅은 아름답다』(*Ah, But Your Lan*

Is Beautiful)에서 하나님의 사랑이 생명을 주는 사랑의 힘과 무엇이 가장 진실한 것인지를 보여줄 수 있다고 확신한다.* 페이튼은 남아프리카공화국의 흑인들이 백인과 섞이는 것을 법률로 금지한 인종분리정책(apartheid)이 실시되던 시기의 남아프리카 상황을 설명한다. 그러한 체제 안에서 억압당하는 사람들의 인간적인 삶을 위해 일했던 남아프리카공화국의 한 백인 관리가 사망했을 때 관리의 가족들의 뜻에도 불구하고 흑인들은 장례식에서 쫓겨났다. 그것은 끔찍한 모욕이었다. 흑인 목사인 이사야 부티(Isaiah Buti)는 억압받는 사람들의 친구라고 생각할 만한 사람인 백인 법원장을 방문했다. 그는 그 판사에게 예수가 제자의 발을 씻었던 성금요일 예배 세족식에 참여해 달라고 요청했다. 목사는 법원장에게 그 판사의 집 하인으로 그의 자녀들을 돌보는 일을 했던 한 교인의 발을 씻어 달라고 요청했다. 법원장은 자기가 예배에 참석하는 것을 사전에 알리지 말아 달라고 했지만, 흔쾌히 참석하기로 동의했다.

판사가 마사 포투인(Martha Fortuin)의 발을 씻을 때가 되었을 때 판사는 앞으로 나와서 그녀의 발을 씻고 닦아 주었다. 그가 자리로 돌아가기 위해 일어나기 전에 그는 그녀의 두 발에 부드럽게 키스했다. 그것은 치유가 시작되게 하는 행동이었다. 왜냐하면 그는 그 단순한 돌봄의 표현에서 신실함과 생명을 주는 하나님의 사랑의 능력을 보여주었기 때문이다. 물론 그가 한 행동은 사람들에게 알려졌고 판사의 경력에 영향을 받았지만 그는 후회하지 않았다. 왜냐하면 그는 또한 우리가 서로를 이웃으로 인식하는 것을 돕는, 생명을 주는 사랑의 힘을 경험했기 때문이다.

---

* Alan Paton, *Ah, But Your Land Is Beautiful* (New York: Scribners, 1981), 229-235.

설교

"안에"(in)라는 말은 아주 짧은 말이다. 그래서 그다지 중요해 보이지 않는다. 그러나 예수께서는 여기서 그의 계명을 지키는 사람들 "안에" 있겠다고 그의 처음 제자들에게 약속하고 또 이 제자들도 예수 "안에" 있게 될 것이라고 약속하고 있다. 이 제자들의 후예라고 생각하는 우리들도 역시 "안에"라는 말을 궁금해할 수 있다. 예수께서는 실제로 우리 "안에" 계시는가? 우리는 어떻게 알 수 있는가?

핵심이 되는 것은 예수께서 약속하셨던 보혜사 곧 진리의 영이 제자들과—그리고 우리들과— 영원히 함께할 것이라는 사실이다. 우리가 영(the Spirit)이라는 말을 들으면 즉시 따뜻하고 개인적인 느낌(안전하다는 느낌 혹은 하나님과 연결되어 있다는 느낌)으로 생각하기 쉽다. 많은 찬송들이 이처럼 영에 대한 개인적 경험에 초점을 맞추고 있는 것 같다. 이러한 인식은 우리에게 위안을 주는데 특히 우리를 에워싸고 있는 세상이 통제가 불가능해서 요동치는 것처럼 보일 때 더욱 그렇다.

하지만 잠시 "보혜사"(Advocate)라는 단어를 생각하면 떠오르는 것에 관해 생각해 보자. 보혜사는 헬라어로 파라클레테(paraclete)인데 그것은 법정에서 우리 편에 서서 우리를 변호하기 위해 부름을 받은 사람을 의미한다. 텔레비전에 나오는 변호사 프로그램들을 생각해 보라. 탐정, 미스터리 그리고 액션을 생각해 보라. 파라클레테, 곧 보혜사는 현재 활동하고 있는 능력이다.

예수께서는 성령을 또 다른 보혜사라고 부른다. 이보다 앞서있는 보혜사는 예수 자신이고(요한일서 2:1은 이점을 분명히 말하고 있다. "누가 죄를 짓더라도, 아버지 앞에서 변호해 주시는 분이 우리에게 계시는데, 곧 의로우신 예수 그리스도이십니다."), 예수는 가장 분명하게 활동하고 있는 능력이었다. 소외된 사람들 그리고 죄인들과 함께 식사했던 장면을 생각해 보라. 성전에 있던 환전상들을 (뒤엎던 일들을) 생각해 보라. 갈릴리에서 예루살렘으로 가는 여정에서 보여주었던 치유와 말씀 선포를 생각해 보라. 예수의 이야기는 개별적인 느낌이나 위안이 아닌 행동에 관한 이야기이다.

예수께서 약속하는 이 보혜사, 곧 파라클레테는 "너희 안에… 너희와 함께"

있게 될 것이다. 예수 자신이 그가 아버지 "안에" 있는 것처럼 그리고 제자들이 그 "안에" 있는 것처럼, 제자들 "안에" 있게 될 것이다. 여기서 어떤 신비한 연합이 충분히 상상되지 않는가? 그리스도나 진리의 영의 내적 거주가 따뜻함이나 확신 같은 것인가? 그것은 추상적 관념이나 은혜의 상태인가?

빌라도의 관저에서 본디오 빌라도 앞에 서 있는 예수를 기억해 보라. 빌라도는 "진리가 무엇인가?"라고 묻는다. 예수께서는 그곳에 침묵하며 서 있다. 왜 그는 대답하지 않는가?

그 답은 바로 거기에 있다. 당신은 빌라도를 바라보고 있다. 진리는 당신 앞에 서 있다. 그를 보라. 그러면 여러분은 진리가 무엇인지 발견하게 될 것이다.

우리는 영을 볼 수 없으나 예수를 볼 수는 있다. 우리는 그가 치유하고, 가르치고 그리고 신실하게 죽음을 맞이한 것을 볼 수 있다. 예수의 활동을 모아놓은 활동사진을 모두 포함시키는 윤곽선을 그려보라. 그러면 당신은 빌라도가 묻던 진리를 인식하는 틀을 발견하게 된다. 당신 역시 보혜사, 진리의 영, 곧 우리 안에 그리고 우리 가운데 거하시는 예수 자신을 인식하는 틀을 가지고 있다.

복음서의 기록에서 우리는 예수께서 공동체 안에서 그의 제자들과 또 그가 섬긴 사람들과 함께 일하고 있는 것을 본다. 예수의 이야기는 예언자나 성인들에 관한 다른 전승의 이야기처럼 예수와 단 한 명의 제자에 관한 이야기가 아니다. 예수께서는 여러 부류의 사람들과 더불어 있으며 또 일하는데, 그들은 때로는 잘 살아 보려고 하고 또 어느 때는 성공, 희망 그리고 질문을 함께 나누며 살아가는 현실 속에 있는 사람들이다. 그래서 예수께서 그의 제자들 "안에" 있고 제자들이 그 안에 있게 될 것이라는 것을 약속할 때, 그는 단지 개인들과의 신비한 연합을 약속한 것이 아니라는 점이 분명해 보인다. 우리가 예수에 관해 알고 있는 모든 일들이 그가 공동체적 상황에서 역동적으로 존재하며 일했음을 말하고 있다.

실제로 "네 안에"라고 번역된 헬라어는 "너희들 가운데"(복수)로도 번역될 수 있다. 만일 우리가 이 예수의 약속을 개별적, 신비적으로 여기기보다 공동체적 개념을 더 강조하는 것으로 받아들인다면, 우리에게 어떤 영향을 미칠 것인가? 그것은 우리가 진정으로 "하나님과 바른 관계"에 있는지에 대한 우리의 두려움도 줄어들지 않을까? 그것은 우리 개개인의 개별적 가치 안에 머물기보다 우리의 에너지를 신실한 섬김이라는 적극적인 삶으로 나아가게 하지 않을까?

캘커타의 마더 테레사는 널리 알려진 평생의 갈등을 기록으로 남겨두었는데, 그것은 반평생이 넘도록 그리스도의 현존을 느끼지 못한 것으로 인해 그녀를 괴롭혔던 어둠과의 갈등이었다.* 그럼에도 불구하고 그녀는 대개 그리스도인 사이에서 현대의 성인으로 인식되어왔다. 몇몇 사람들은 그녀가 그 어둠에도 불구하고 신앙으로 살았다는 이유로 더욱 위대한 성인으로 여긴다. 영적 확신을 갖추진 못했지만 그녀는 꾸준히 자신이 받았다고 믿었던 소명에 근거한 선교를 수행하였고, 기독교 공동체는 그 선교를 인정하고 승인하였다.

예수께서는 분명히 서로 사랑하고 섬기라는 그의 계명을 지키는 사람들에게 그의 현존과 성령의 임재를 약속하고 있다. 예수께서 명령하는 사랑은 어떤 느낌이 아니고 심지어는 그리스도와의 연합을 확신하는 데서 나오는 느낌도 아니다. 예수께서 명령하는 사랑은 제자들의 발을 씻기는 스승이나 범죄자로 인해 죽는 왕과 연관된 것이다. 예수의 활동을 모아놓고 그 주위에 윤곽선을 그린다면, 그 선을 통하여 우리는 진리의 영이란 우리의 삶과 실천에서 나타나는 것임을 알게 될 것이다.

예수의 말씀을 이런 식으로 이해한다면 어떨까? 그리스도는 우리가 서로 사랑하고 섬기라는 그의 계명을 지킬 때, 우리 가운데 진정으로 현존한다고 인식하면 어떨까? 여러분의 공동체 내에서(여러분이 살고 있고 일하는 공동체뿐만 아니라 교회 공동체까지도) 주변을 둘러보라. 그리고 예수께서 활동했던 것과 같은 일들을 어디서 발견할 수 있는가를 살펴보라. 여러분에게 익숙한 공동체의 삶 가운데서 진리의 영이 현존하는 것을 식별할 수 있을 것이다.

---

* Mother Teresa, *Mother Teresa: Come Be My Light: The Private Writings of the Saint of Calcutta* (New York: Doubleday, 2007).

부활절 일곱째 주일

요한복음 17:1-11

2023
0521

¹예수께서 이 말씀을 하시고 눈을 들어 하늘을 우러러 이르시되 아버지여 때가 이르렀사오니 아들을 영화롭게 하사 아들로 아버지를 영화롭게 하게 하옵소서 ²아버지께서 아들에게 주신 모든 사람에게 영생을 주게 하시려고 만민을 다스리는 권세를 아들에게 주셨음이로소이다 ³영생은 곧 유일하신 참 하나님과 그가 보내신 자 예수 그리스도를 아는 것이니이다 ⁴아버지께서 내게 하라고 주신 일을 내가 이루어 아버지를 이 세상에서 영화롭게 하였사오니 ⁵아버지여 창세 전에 내가 아버지와 함께 가졌던 영화로써 지금도 아버지와 함께 나를 영화롭게 하옵소서 ⁶세상 중에서 내게 주신 사람들에게 내가 아버지의 이름을 나타내었나이다 그들은 아버지의 것이었는데 내게 주셨으며 그들은 아버지의 말씀을 지키었나이다 ⁷지금 그들은 아버지께서 내게 주신 것이 다 아버지로부터 온 것인 줄 알았나이다 ⁸나는 아버지께서 내게 주신 말씀들을 그들에게 주었사오며 그들은 이것을 받고 내가 아버지께로부터 나온 줄을 참으로 아오며 아버지께서 나를 보내신 줄도 믿었사옵나이다 ⁹내가 그들을 위하여 비옵나니 내가 비옵는 것은 세상을 위함이 아니요 내게 주신 자들을 위함이니이다 그들은 아버지의 것이로소이다 ¹⁰내 것은 다 아버지의 것이요 아버지의 것은 내 것이온데 내가 그들로 말미암아 영광을 받았나이다 ¹¹나는 세상에 더 있지 아니하오나 그들은 세상에 있사옵고 나는 아버지께로 가옵나니 거룩하신 아버지여 내게 주신 아버지의 이름으로 그들을 보전하사 우리와 같이 그들도 하나가 되게 하옵소서

신학

영광이란 무엇인가?

선거일 밤에 수많은 지지자 앞에 서 있는 후보자를 상상해 보자. 후보자와 청중은 선거운동을 성공적으로 수행하느라 매우 지쳐있지만, 이 순간은 안도와

기쁨의 감정에 휩싸여 있다. 그때 매우 신중하게 선택된 단어로 이루어진 문장이 선포되고, 그 후 후보자와 관중은 무아지경에 가까운 열광에 빠지게 된다. 잘 다듬어진 그 문장은 특별한 의미를 전달한다. 먼 훗날 성취 가능한 일에 관한 새로운 지평이 열린다. 이 순간에는 이전에는 할 수 없었던 특별한 방식으로 세상이 보이고, 미래가 꿈꿔진다. 그러나 이런 상상은 매우 평범한 것에 관한 상상이다. 그것은 우리가 상상할 수 있는 순간에 관한 것이기에 평범하다. 그러나 우리가 성서에 나오는 "영광"의 신학적 의미를 파악하고자 할 때 우리의 상상력은 한계에 부딪힌다. 성서의 표현과 신학적 해석과 일상적 의미의 삼각관계를 통해 그 뜻을 충분히 이해하기까지 우리는 영광의 참뜻을 알지 못한다.[*]

영광(히브리어는 kabod, 그리스어로는 doxa)은 중대함, 평판, 명성을 뜻할 수 있고, 명성은 빛날 수 있다. 따라서 영광은 보여질 수 있다. 서사시의 영웅들은 특별한 순간에 빛나는 행동을 하는데, 그들은 그렇게 기억되기를 원한다. 사회에서 영광은 그것을 지각하고 인정함으로 이루어진다. 군중과 후보자는 오랜 기간에 걸쳐 그런 영광을 이루기 위해 애썼다. 선행되었던 좋은 이미지들은 더 새롭게 강화된다. 그 순간은 아프리카 마을에서 찬양 챈팅을 할 때와 비슷하다. 찬양 단원의 연주의 감동이 충분히 축적된 후에 리더가 등장하여 폭발적인 호소력을 갖고 당면한 도전에 관한 일성을 내뱉는다.

영광은 일련의 절차와 밀접하게 연관된다. 군중과 지도자는 특별한 사건을 만들고 그 안에 빠져든다. 그들을 하나가 되게 하고 활기차게 하는 영광의 요소가 그들을 감싸고 그들 안으로 스며든다. 이런 것들은 관찰하는 사람이 분별할 수 있는 형태로(자세, 위용, 연설의 리듬) 일어난다. 그렇다. 영광은 의식, 제복, 상투적인 선언문 등을 통해 표현된다. 사회학자 뒤르켐(Emile Durkheim)은 이런 현상을 사회적 황홀경(사회적 흥분, 사회적 들썩임, social effervescence)이라고 표현했다.

[*] Anthony J. Kelly and Francis J. Maloney, *Experiencing God in the Gospel of John* (New York: Paulist Press, 2003), 11-14; Hans Urs von Balthasar, *The Glory of the Lord: Theological Aesthetics*, 7 vols., trans. *Erasmo Leiva-Merikakis and Brian MacNeil* (San Francisco: Ignatius Press, 1983~1991), 6:32-37, 7:239-244.

예수의 기도에 나오는 영광은 이런 사회적 영광과 유사하기도 하고, 새로운 내용을 담고 있기도 하다. 영광의 절차적, 확장적, 참여적 특성은 유사한 점이다. "아버지의 아들을 영광되게 하셔서, 아들이 아버지께 영광을 돌리게 하여 주십시오"(1); "나는, 아버지께서 세상에서 택하셔서 내게 주신 사람들에게 아버지의 이름을 드러냈습니다"(6); "나의 것은 모두 아버지의 것이고, 아버지의 것은 모두 나의 것입니다. 나는 그들로 말미암아 영광을 받았습니다"(10). 새로운 내용은 예수가 제자들을 위해서 당신을 위한 영광에서 등을 돌린다는 것이다. "나는… 아버지께서 내게 주신 사람들을 위하여 빕니다"(9). 앞에서 언급했던 영광은 조금 우려되는 요소를 담고 있지 않나? 허세, 이기심, 공허한 허영심 등의 악덕이 명성과 늘 따라다닌다. 또한 보통 일반적인 영광은 내용이 없다. 앞의 예의 후보자는 그 사람의 신념이나 됨됨에 상관없이 모든 후보자에게 적용 가능하다. 군중도 선동가에게 환호하는 무지한 사람일 수도 있다. 예수는 허영에 빠지거나 과시하는 식의 영광을 거부한다. 요한복음에서 아버지와 아들의 영광은 십자가와 연관되어 있고 또 약속한 보혜사와도 연관되어 있다(14:17, 15:26). 이 보혜사는 이 세상을 품으면서 초월하는 신적인 사랑의 영이다.

따라서 영광은 "하나님은 사랑이다"(요일 4:8)라는 십자가의 논리 안에서 이해돼야 한다. 모든 관계, 행위, 묵상은 2-3절에 함축되어 있는 사랑 안에서만 그 의미가 충분히 파악된다. "권세"는 "모든 사람에게 영생을 주게 하려는 것"과 관련된다. 영생이란 무엇인가? 그것은 하나님과 그리스도를 아는 것이다. 어떤 종류의 앎인가? 하나님에 관한 지식도 일반적인 지식과 공통점과 차이점이 있다. 하나님과 아들을 알고 사랑하는 것은 진리를 알고 사랑하는 것이다. 그 진리는 사랑이신 하나님에 관한 진리이다. 보는 것(seeing)에 관해서도 마찬가지다. 어머니와 딸의 영광을 보는 것은 사랑을 통해 사랑을 보는 것이다. 사랑이 사랑을 사랑스럽게 본다(Love sees love lovingly). 이 사랑은 추상적 이념이 아니고 사랑의 행동이다. 예수는 하나님이 하나님의 이름(즉, 사랑)으로 제자들을 보호해달라고 기도했다(11).

주님의 영광—그리고 그것과 진리, 사랑, 봄의 관계—은 또한 아름다움과 관련이 되어 있고, 신학적 미학의 주제가 된다.* 그러나 아름다움은 영광만큼 이해하기 어렵다. 보통 아름다움은 감각으로 인식되며 통합적인 특성을 갖는다. 미학적 인식은 눈으로 볼 수 없는 무한적 사랑이나 역사 속의 극단적인 고난과 억압의 상황을 이해하는 데는 적절하지 않은 것 같다. 사랑의 논리에 따르면 초월적인 아름다움을 인지하거나 다른 자를 영광스럽게 하는 것은 궁극적으로 신적인 사랑의 자기 비움 안에서 자아와 타자를 바라보는 것과 관련된다.

따라서 사랑의 논리 안에서 우리가 아름다움과 영광에 대해 말할 때 우리는 무시당하는 자, 병든 자, 추한 자, 타락한 자, 십자가에 달린 자, 추방당한 자, 감옥에 갇힌 자 등과 백치, 정신병자, 완고한 자, 살인범, 불량배, 독재자, 강간범, 소아 성도착자 등 그리고 부모, 경찰, 예술가, 연기자, 정치가 그리고 게이 군인, 레즈비언 연예인 등(그 외 또 누구를 나열해야 할까)을 포함한다는 것을 기억해야 한다. 오늘 본문 다음에 나오는 12절의 "멸망의 자식"은 누구를 말하는가? 유다? 빌라도? 오사마 빈 라덴? 누가 아름다움과 영광에서 배제되었는가? 우리가 그 질문에 자신 있게 답하는 순간 우리는 예수님이 그 사람(혹은 그런 부류)은 부르지 않는다고 말함으로 이 세상의 영광의 방식으로 돌아가는 것이 아닐까? 그 순간에 우리도 잃은 자가 되는 것이 아닌가?

---

* Frank Burch Brown, *Good Taste, Bad Taste, Christian Taste: Aesthetics in Religious Life* (Oxford: Oxford University Press, 2000), 95-127.

요한복음 17장 1~11절은 학자들이 종종 대제사장의 기도라고 부르는 것으로 시작하는데, 여기에서 그리스도가 대제사장으로 활동하여 인류를 대신하여 하나님께 중보하는 것을 말한다. 이미지가 정확하지는 않지만, 제목은 예수가 떠나신 후 세상에 남아 있게 된 공동체의 염려를 하나님께 드리는 예수의 예물로 강조한다. 요한복음 17장은 복음서의 다른 곳에서 볼 수 있는 많은 주제를 계속하고 완성하며, 고별 설교(13-17장, 특히 13:31-35)의 다른 곳에서 하신 예수 말씀의 많은 부분을 소환한다. 17장은 예수의 가르침을 아들과 아버지 사이의 기도로 요약한다. 이 새로운 수사학 형식은 제자들이 배경으로 사라지면서 고별 설교의 서사 장면을 변경하고, 현재의 독자들이 아버지와 예수의 친밀한 대화를 엿듣도록 초대된다.

눈을 하늘로 돌리면서 "세상을 이겼다"(16:33)고 하신 예수의 말은 사역에서 고난 이야기로의 전환을 나타낸다. 이 전환은 또한 예수가 복음서 전반에서(2:4; 4:21; 5:28; 7:30; 8:20 참조) 예상했던 "때가 왔습니다"(17:1)라는 선언으로 알 수 있다. 고별 설교 전체가 가야 할 때에 설정되어 있지만(13:1), 여기에서 예수가 때가 도래했다고 선언했고, 복음서에서 그러한 언급은 그에 수반되는 행동을 동반한다. 고난 이야기는 예수의 기도 직후에 시작된다.

본문은 세 부분으로 나눠진다. 첫 번째 부분(1-5절)에서 예수는 아버지께 자신의 일이 끝났다고 말하고 아버지 곁의 자기 자리로 돌아가기를 요청한다. 두 번째 부분(6-8절)에서 예수는 제자들의 반응을 자신이 참으로 그에게 주어진 임무를 완수한 증거로 제시한다. 세 번째 부분(9-11절)에서 예수는 하나님께 자신이 뒤에 남겨둔 자들을 보호해 달라고 간구한다. 공동체에 대한 이러한 관심은 대제사장의 기도 나머지를 차지한다.

첫 번째 부분에서 예수는 자신의 사명을 완수한 것에 대한 영광을 돌리는 것을 요청한다. 1-5절의 반복은 영생의 중심 정의(3절)가 예수의 성취에 대한 요약(2, 4절)과 영광을 위한 반복적인 요청(1, 5절)으로 둘러싸인 교차배열법의 구조를 보여준다. 예수는 복음의 다른 곳에서 모두 발견되는 다양한 이미지로 자신의 성취에 대해 말하지만, 그 차이의 중심은 예수의 주된 역할이 아버지를 계시하는 것임을 암시한다. 3절에서 예수는 영생, 곧 한 분이신 참 하나님을 아는 지식을 정의한다. 영생이 거의 언급되지 않고 미래의 희망으로만 있는 공관복음과는 달리(마 19:16~30 이하 참조), 요한복음에서 영생은 현재의 실재이며, 예수와 그를 보내신 분(3:15-16, 36; 5:24; 6:47)을 믿는 사람들에게 즉시 가능하다. 예수는 이 땅에서 하신 일을 사람들이 하나님을 알 수 있는 기회를 만든 것으로 요약했다.

1절과 5절에서 예수는 하나님의 일을 마쳤기 때문에 아버지와 함께 창조되기 전의 위치인 영광으로의 복귀를 요청했다(1:1~5 참조). 그리스어 doxa에 대한 번역 "영광"은 말의 뉘앙스를 놓치고 있는데, 이는 그리스어 문헌에서 의견, 평판 또는 외모를 나타내기 때문이다. 신약에서는 광채(행 22:11)에서 위대함(마 6:29), 영예(살전 2:20) 등의 의미가 있다. 70인역에서 doxa는 야훼를 번역하는 데 자주 사용되며, 종종 주님의 임재를 의미한다(민 14:10). 복음서에서의 다양한 사용은 이 용어를 하나로 정의하는 것을 어렵게 한다. 참된 doxa는 오직 아버지께로부터 와서(5:41-44) 예수께 주어진 것이며(8:54), 하나님의 doxa의 계시는 예수가 지상에서 행하신 일(1:14; 2:11)의 필수적인 부분이다. 아들을 영화롭게 하는 것은 아버지께 영광을 돌리게 하며, 이는 예수와 가장 관련이 있다(11:4; 15:8; 21:19 참조).

6-8절에서 예수는 자신의 계시에 대한 제자들의 반응을 자신이 하나님의 사역을 완수했다는 증거이자 영광을 구하는 근거로 제시한다. 2절에서 예수는 자신의 "모든 육체를 다스리는 권세"를 인정하시면서 자신의 사명의 보편성을 강조한다. 그러나 6절에서 그는 제자들의 예수가 하나님께로부터 오신다는 인식을 지적하면서 예수의 메시지에 대한 적절한 반응을 특징짓기 위해 복음서 전체에서 동의어로 사용되는 용어인 수용, 지식, 믿음으로 다양하게 묘사됨을 지적하면서, 제자들을 세상과 구별했다. 예수는 1-5절에서 자신의 일차적인 성취를 하나님에 대한 지식을 계시하는 것으로 규정하고, 6-8절에서 그의 계시를 받아들인 자들을 제자로 선언한다.

9-11절에서, 예수의 기도는 간구로 바뀌었다. 그분이 버리신 자들, 비록 세상에

속하지 않을지라도 세상에 남아 있는 자들을 아버지께서 지켜 주시기를 간구한 것이다. 아버지께서 "그들을 지켜달라는" 예수의 요청에 따라, 아버지는 예수께 주신 자들을 자신이 보호하도록 다시 넘겨 받는다. 예수는 지상에 있을 때 그들을 "지키시는" 것에 대해 말하고(12절), 이제 아버지께 오셨으므로 계속 보호하기 위해 보혜사를 보내 달라고 아버지께 간구하겠다는 이전 약속을 되풀이한다 (14:16~19; 15:26~27; 16:7~11 참조). 예수께서 부재하시더라도 공동체는 아버지께 접근할 수 있는 상태를 유지할 것이다. 예수께서 떠나신 후 공동체에 대한 이러한 관심은 고별설교의 지배적인 주제이며 나머지 기도의 초점이 된다.

어떤 사람들은 예수께서 세상을 대신하여 요청하신다는 것을 명백히 부인하셨다는 사실을 가혹하게 여길지 모른다. 세계에 대한 이러한 무시는 복음서 전체와 복음의 역사적 맥락 내에서 메시지를 거부하는 세상에서 정체성을 찾으려는 초기 기독교 그룹의 이원론적 관점에서 읽어야 한다. 요한은 세상(ho kosmos)을 구원에 합당한 하나님의 피조물이라고 말했지만(3:16-17), 세상은 다른 사람의 통제 아래 떨어졌고(12:31; 14:30), 예수를 거부했다(1:9-10; 3:19). 여기서 예수는 영생을 얻은 사람들에게 초점을 맞추었다. 나중에(18-23절) 그는 제자들과 그들의 말을 믿은 자들 사이의 연합, 곧 아버지와 아들의 연합을 본받은 연합을 위해 기도하신다. 예수는 이 일치가 제자들이 그분의 말씀을 세상에 전하고 세상이 하나님께서 아들을 보내신 것을 믿게 하는 기초가 되기를 기도한다(17:21).

목회

이 구절은 제자들에 대한 예수의 가장 절박한 희망을 보여준다. 여기서는 기도로 되어 있지만, 예수의 의도는 제자들이 그리고 2천 년이 지난 후에 우리가 그의 간청을 듣도록 하는 것이었다. 십자가에 못 박히신 몇 시간 동안 예수는 자신의 전체 사역에서 가장 중요한 것에 집중하신다. 마지막 순간에 자신의 삶과 희망의 중심에 있는 것과 소통하려는 욕구는 인간이 항상 경험하는 것이다. 암으로 병원에 입원해서 죽어가고 있는 어머니가 유치원에 다니는 딸들에게 남길 메시지를 담은 비디오테이프를 만들어서 나중에 딸들이 큰 다음에 그들의 삶의 길잡이가 되게 하려는 소망으로 삶의 목적과 에너지를 찾았다는 이야기를 동료 목회자에게 들은 적이 있다. 비록 살아서 직접 말해줄 수는 없지만, 딸들이 어머니의 보살핌과 사랑을 받도록 하는 것은 매우 중요하다. 어머니는 비디오테이프가 그녀의 아이들이 그녀를 기억할 수 있도록 도와주기를 바랄 뿐이지만, 예수는 우리 안에 거하는 영이 우리의 심장에 예수의 메시지가 살아있게 할 수 있음을 알고 말씀하신다.

예수의 관심사 가운데 중심은 무엇인가? 예수에게 있어서 사역의 정점은 우리가 그의 삶과 사역을 통해 하나님을 알게 되는 것이다. 예수의 최종적인 희망은 자신이 찬양을 받는 것이 아니라, 그의 삶과 사역이 하나님의 사랑과 구원의 목적을 보여주는 창문으로 인식되는 것이다. 그래서 예수는 사람들이 그를 통해 하나님을 알게 되기를 기도한다. "안다"는 것은 우리의 삶에 있어서 강력하고, 적극적이며, 고백적인 그리고 친밀한 관계에 있다는 뜻이다. 하나님을 아는 것은 사랑과 정의를 위한 하나님의 비전으로 형성될 영원한 새로운 질서가 있는 새로운 현실 속으로 믿는 사람들을 인도하는 경험이다. 예배는 지금 우리의 관계들과 공동체 안에서도 실현될 수 있다. 하나님을 아는 것은 요한복음의 독자적인 계명인 사랑에 순종하는 것에서 분명하게 드러날 것이다. 다른 말로 하면 영생은 현재와 깊은 윤리적 관련성을 가진다.

요한 공동체는 영원한 생명에 대한이 언급이 로마가 영원한 도시가 될 것이라는 주장과 극적으로 대비된다는 것을 깨달았다.[*] 요한복음에서 인류를 위한 하나님의 비전과 제국의 주장을 대비시키는 논쟁적인 부분은 슬프게도 현대 그리스도인들에게 계속적인 공명을 일으키고 있다. 예수는 제국의 권위와는 다른 권위를 주장하신다. 예수에게 모든 사람들에게 영원한 생명을 주는 권한을 주신 것은 하나님이시며, 이것은 로마 제국의 거짓된 주장과는 확연히 다른 것이다. 하나님은 무엇이 진리이고 무엇이 신뢰할 만한 가치가 있는 것인지에 대하여 아주 다른 비전을 드러내신다. 그렇지만 이 기도에서 하나님이 주시는 영원한 생명이 모든 사람에게 주어지는 것이 아님을 의미하는 배타적인 언어를 어떻게 다루어야 할까? 요한 공동체의 이원론이 우리에게 도전한다. 요한 공동체에서 "세상"이라는 용어는 흔히 정의와 사랑과 자비를 위한 하느님의 희망에 반대하는 위험하고 적대적인 장소를 가리킨다. 이 구절에서 예수는 온 세상을 위해서 기도하는 것이 아니라 예수께서 가르치셔서 하나님의 사랑과 하나님을 아는 지식으로 인도하신 사람들을 위해 기도한다. 그는 적대적인 세계에서 하나님이 그들과 우리를 보호하신다는 확신에 차서 기도한다. 이러한 이원론은 요한의 신자 공동체에만 해당되는 것은 아니지만, 성서의 다른 많은 구절들에서 하나님의 자비가 넓으시고, 우리 믿는 사람들이 종종 하나님의 뜻에 반대한다는 인식은 우리가 이 본문을 보다 관대하게 해석하는 것이 좋다는 것을 의미한다. 우리 모두는 하나님이 사랑하시는 다른 사람들뿐만 아니라 우리 자신의 가장 나쁜 충동으로부터 우리를 지켜주시는 하나님의 보호가 필요하다. 우리가 의지할 수 있는 것은 예수가 그랬던 것처럼 하나님의 은혜와 섭리적인 보살핌에 대한 보증이다.

큰 분열이 여러 기독교 공동체의 일치를 위협하는 시대에 예수를 믿는 우리는 하나라고 하는 예수의 기도의 강렬함은 충격적이다. 그는 하나님과 함께하는 깊은 친밀감으로 기도하며, 요한복음의 다른 곳에서는 성령 혹은 보혜사와의 친밀한 관계 속에서 기도한다. 예수와 아버지와 보혜사는 서로 차이를 허용하는 긍정적인 상호 의존성을 누린다. 아마도 이 초기 삼위일체적 주제는 우리가 어떻게 그리스도 안에서 하나됨을 상상할 수 있는지를 암시한다. 삼위일체의 위격이

---

* Warren Carter, *John: Storyteller, Interpreter, Evangelist* (Peabody, MA: Hendrickson Publishers, 2006).

역동적으로 상호 의존하는 것처럼 우리도 생각과 실천이 동일해야 한다는 의미는 아니다.

전 세계 그리스도인들이 점점 더 나은 의사소통을 하고, 서로에게서 배울 수 있게 되는 것처럼 우리도 하나님의 사랑의 넓이와 교회의 범위에 대한 근본적으로 다른 해석으로 인하여 심각하게 시험 받고 있음을 알게 된다. 하나님의 모든 백성을 전부 포함하는 것이라든지, 경제 정의에 대한 하나님의 비전이 지배 국가와 개발 도상에 있는 국가의 그리스도인에게 각각 달랐던 것에 대한 뿌리 깊은 그리고 역사적으로 조성된 감정 등이 그것이다. 하나됨은 필연적으로 우리가 각 신자 공동체의 특별한 은사, 경험 및 통찰력을 존중하는 방법을 찾도록 요구할 것이며 또한 우리가 공통적으로 갖는 복음에 대한 책임을 통해 서로를 지원할 것을 요구할 것이다. 역사는 위험이 교회 밖에만 있다는 요한 공동체의 확신이 잘못되었다는 것을 그리스도인들에게 가르쳐주었다.

그리스도 안에서 하나됨은 또한 아브라함을 조상으로 하는 종교들 사이에서 관계를 복구하고 구축할 기회가 시급하다는 새로운 도전에 직면하게 한다. 특히 기독교, 유대교 및 이슬람교 전반에 걸쳐 종교 근본주의가 증가하는 상황에서 우리는 하나님의 사랑이 특정한 사람들과 장소를 초월하여 상호 책임의 언약으로 연결된 한 인간 공동체를 창조한다는 것을 히브리 예언자들이 어떻게 이해하게 되었는지를 기억한다. 랍비 조나단 삭스(Jonathan Sacks)가 그의 저서 『차이의 존엄성』(Dignity of Difference)에서 제시하는 것처럼 우리와 같지 않은 사람들의 얼굴에서 하나님의 형상을 볼 수 있게 해주는 종교 신학이 필요하다. 모든 인류의 얼굴에서 하나님을 발견하는 것은 예수께서 우리에게 지금 약속을 따라 살라고 초대하시는 영원한 생명의 목표이다. 아브라함의 하나님은 땅에 사는 모든 가족이 축복을 받기를 원하신다.

설교

오늘 부활절 기간 마지막 주일에 지난 일들과 또 앞으로의 일을 바라본다. 우리는 예수께서 제자들에게 나타나신 일을 들었고, 그분의 승천을 찬양하였으며, 약속된 보혜사가 오시리라는 약속을 받았다. 다음 주에 우리는 성령의 은사들을 지니고 선교로 나아가는 새로운 교회의 탄생을 축하하게 될 것이다. 오늘 우리는 잠시 멈추어서 예수께서 제자들을 위해 했던 기도이자 곧 우리를 위한 기도로 고백하는 예수의 기도를 다시 듣는다. 예수의 기도에는 확신과 명료함이 있다. 예수께서는 자신의 아버지의 이름을 제자들에게 알게 했다. 그는 진리에 관한 지식을 가르쳐주었다. 이제 그는 제자들의 안전을 위해 기도한다. 조금 후에 그는 아버지의 보호가 필요한 이유를 열거할 것이다. 제자들은 세상이 미워했고, 그들은 악과 악한 자들로 인해 어려움에 처하게 되었다(14-15). 여기서 그는 제자들의 보호를 특별한 목적을 위해 요청하고 있는데 그것은 "우리가 하나인 것 같이, 그들도 하나가 되게 하여 주십시오"(11)이다.

이것은 예수께서 했던 기도의 일부이기 때문에 일치를 위한 이 기도는 또한 우리들에게도 확신과 명료함을 주면서도 한편으로는 의문을 제기하게 만든다. 예수의 기도가 응답되었다는 어떤 증거를 우리가 볼 수 있는가? 예수께서 "우리가 하나인 것처럼 하나"라고 말할 때 그것은 무엇을 뜻하는가?

요한복음이 어떻게 시작되는지 생각해 보라. "태초에 '말씀'이 계셨다. 그 '말씀'은 하나님과 함께 계셨다. 그 '말씀'은 하나님이셨다." 첫 구절부터 요한은 예수의 신비, 곧 그가 하나님이면서 동시에 하나님과 구별되는 점을 표현하기 위해 애쓰고 있다. 우리는 예수를 보고 "이것이 하나님의 모습이다"라고 말한다.

예수께서 제자들이 그와 아버지가 하나인 것처럼 하나가 되게 해달라고 기도할 때 그는 우리 모두가 이러한 신비로 들어가도록 기도하고 있는 것이다. 우리 각자가 하나님과 혹은 그리스도와 하나가 될 뿐만 아니라, 우리 모두가 예수와 아버지가 하나가 된 방식으로 서로 하나가 되어야 한다는 것이다.

어떤 면에서 이러한 신비의 첫째 부분은 쉽다. 우리 모두는 하나님과의 하나됨 속에서 성장하는 길이 있다. 우리는 공동예배를 통해 그 성장의 토대를 마련할 수 있다. 우리는 하나님의 이름으로 개인 기도를 통한 영적 훈련, 성서 공부 그리고 봉사를 통해 할 수도 있다. 우리는 특수한 상황, 곧 정의, 치유, 목회적 돌봄이 필요한 곳에 헌신할 수도 있다. 하나님과 하나 됨을 위해 어떤 길을 따르던 간에 성령은 우리 삶 속에서 우리를 더 가까이 이끌어 내서 심장박동을 느끼는 것보다 더 가까이 계신 하나님의 현존을 알게 한다. 우리는 눈과 귀를 열고 기꺼이 받아들이고 응답하기만 하면 된다.

예수께서는 또한 제자들이 서로서로 하나가 되게 해달라고 기도하고 있다. 여기에는 오늘날 우리 앞에 놓여 있는 아픔이 또한 분명히 있다.

오늘날 우리들의 교회, 예수 그리스도의 교회를 특징짓는 개념은 분열일 것이다. 우리에게는 많은 교파와 그 아래 교단들이 있다. 그래서 누가 안수를 받을 수 있는가 그리고 기도할 때 어떤 용어를 사용해야 하는가에 대해 논쟁하고 있다. 우리는 세상에서 또 지역 교구에서 어느 교단과 연합해야 하는가에 대해서도 논쟁을 벌인다. 또 우리 교회가 세속적인 삶에 어떻게 참여해야 하는지 혹은 종교는 국가와 어떤 관계를 맺어야 하는지에 대해서 설전을 벌인다. 이러한 분열은 아픔의 근원이 된다. 이것이 비단 오늘날 우리들만의 새로운 현상이 아니라는 사실이 다소 도움이 될 것이다.

예수를 대면하여 알던 사람들이 활동하고 있을 때에도 기독교 공동체는 논쟁을 하고 있었다. 그들은 음식을 함께 먹을 수 있는 사람은 누구인가를 두고 논쟁했다. 그들은 어느 그룹이 "진정한" 교회인가에 대해서 또 어떤 영적인 은사가 없어도 진실한 그리스도인이 될 수 있는지에 대해서도 다투었다. 과거와 현재의 이 모든 논쟁들이 예수의 기도가 결코 응답되지 않았음을 보여주는 것은 아닌지 우리는 의아해할 수도 있다.

하지만 그 선택은 만족스럽지는 않아 보인다. 요한이 그리는 예수는 근본적으로 어떤 면에서 신뢰할 수 있어 보이는가? 예수께서 자신의 제자들과 우리들을 위하여 어떻게 기도했는가를 다시 들음으로써 우리는 용기를 얻었는가? 우리는 하나님께서 기도를 들으시고 응답한다고 믿는가? 우리는 하나님께서 우리 모두가 하나가 되게 해달라는 예수의 기도를 들으셨다고 또한 믿는가? 만일 그렇다면, 문제는 일치에 대한 우리의 인식일 수 있다. 우리가 그리스도인들의 "하나됨"에 대해 생각할 때 무언가 다르게 접근할 필요가 있을 수도 있다.

예수께서는 "우리가 하나인 것 같이, 그들도 하나가 되게 하여 주십시오"(17:11)라고 기도했다. "그 말씀은 하나님과 함께 계셨다. 그 '말씀'은 하나님이셨다"(1:1). 바로 이 구절을 연구했던 몇몇 고대 신학자들은 예수와 아버지가 하나가 되었다는 것을 아버지, 아들, 성령이 서로 엮여있거나 심지어 춤을 추는 것과 같은 움직임을 암시하는 용어로 말했다. 만일 예수의 일치를 위한 기도에 대한 응답이 한 개의 블록으로 견고해지는 것이 아니라, 오히려 즐거운 상호작용, 영광스러운 춤에 대한 것이었다면 어떻겠는가? 만일 우리가 잠시나마 이런 생각을 한다면, 다른 견해를 갖고 있는 우리 형제자매들과의 관계에 영향을 미칠 것인가? 아마 우리가 추구하는 방향은 전체가 동의하는 그런 것이 아니라, 믿음이라는 공통된 춤을 출 때 다른 방식으로 춤을 출 수도 있다는 것을 보여주는 것이다.

그리스도인의 일치는 이런 모습일 때 가능할 것이다. 바울이 하나의 몸에 많은 지체가 있다고 말했듯이 하나의 춤을 많은 댄서가 출 수 있고 또 하나의 노래를 여러 목소리가 부를 수 있다. 이런 다양성에 대해 우리에게 물을 때 그 답은 예스가 된다. 그렇다, 우리와 다른 사람들도 진실로 그리스도인들이다. 그렇다, 이 모든 다양성 속에는 아픔이 있지만 거기에는 또한 가능성도 있다. 그렇다, 거기에는 갈등이 있지만 또한 영광도 있다.

이 다양한 움직임, 행동이 우리를 혼란스럽게 하는가? 갈등에 대한 불안으로 좀 더 안정적인 길로 가도록 우리를 유혹하는가? 우리가 속한 이 기독교 공동체는 때로는 거칠고 답답하며 비상식적이기도 하지만, 우리는 예수의 이 기도에 우리의 신뢰를 둔다. 예수께서 사랑했던 제자들 그리고 그가 지금 사랑하고 있는 우리 교회 공동체는 이 기도에 표현된 대로 살았고 지금도 그렇게 살아가고 있다.

성령강림절

성령강림절

요한복음 7:37-39

> ³⁷명절 끝날 곧 큰 날에 예수께서 서서 외쳐 이르시되 누구든지 목마르거든 내게로 와서 마시라 ³⁸나를 믿는 자는 성경에 이름과 같이 그 배에서 생수의 강이 흘러나오리라 하시니 ³⁹이는 그를 믿는 자들이 받을 성령을 가리켜 말씀하신 것이라 (예수께서 아직 영광을 받지 않으셨으므로 성령이 아직 그들에게 계시지 아니하시더라)

신학

장막절 마지막 날 예수는 사람들에게 이렇게 말한다. "목마른 사람은 다 나에게로 와서 마셔라. 나를 믿는 사람은… 그의 배(heart)에서 생수가 강물처럼 흘러나올 것이다." 복음서 기자는 이 생수가 성령이라고 선언한다. 요한에 따르면 성령은 예수가 올림을 받은 후에야, 즉 십자가에 못 박힌 후에야 주어진다(12:23, 32). 성령은 예수가 떠난 후에야 내려온다(7:33). 예수가 가장 약한 순간에, 즉 그가 다른 사람들을 위해 자신을 완전히 열어 놓을 때 생수가 흘러나온다(21:18). 이것이 요한이 예수의 복음을 전할 때 중요하게 생각하는 공통 주제이다. 부재를 통한 임재, 죽음을 통한 생명, 연약함을 통한 능력.

대부분 사람에게 이것은 모순이다. 어떻게 어떤 사람이 우리를 떠난 후에야 더 우리 가운데 존재할 수 있는가? 어떻게 생명이 끊어져 가는 사람을 통하여 우리 안에 생명의 물이 넘칠 수 있나? 어떻게 연약함을 통해―우리를 해치려는 세력(죽음을 포함)에게 우리의 약함을 노출하고도― 능력을(영생의 능력을 포함하여) 얻을 수 있단 말인가?

수 세기 동안 신학자들은 요한복음이 사복음서 중 가장 신비적이라고 평가해왔다. 플라톤 철학의 영향을 받은 신비주의자들 중 일부는 서로 대립하는 특성들을 강조함으로—영과 물질, 혼과 육, 빛과 어둠, 개인과 집단 등— 이원론에 빠지기도 했다. 그러나 성서적 사고유형과 히브리적 인식 방식에 충실한 신비주의자들은 이원론이 아니고 변증법(dialectics)적으로 접근했다. 즉, 그들은 이 실체 간의 역동적이고 상호적인 관계에 주목했다.

14세기 도미니칸 수도사 에크하르트(Meister Eckhart)는 요한의 영적 사촌이라 할 정도인데, 그는 한 인간의 존재가 그 사람의 부재를 통해 더 충실하게 체험된다는 것을 인간의 언어를 통해 설명했다. "우리가 말을 할 때 우리 속에서 말이 나오지만, 여전히 그것이 우리 안에 있다는 것은 경이로운 일이다. 말은 밖으로 나오지만, 여전히 안에 있다."* 다른 사람에게 영향을 끼치는 말은 밖으로 나오지만, 그 말을 형성하는 생각은 우리 안에 있다고 말할 수 있다. 사실 우리가 더 엄격하고 효과적으로 사고한다면, 그 사고에서 나온 말은 듣는 사람들에게 더 좋은 유익을 줄 것이다. 따라서 우리가 말의 부재 상태에서 얼마나 깊은 지적, 영적 내용을 내적으로 발전시키느냐에 따라 우리가 사람들에게 하는 말이 얼마나 효과적인가가 결정된다.

에크하르트는 하나님의 역동적인 본성을 설명하기 위해 이와 같은 인간의 표현력을 예로 든다:

> 모든 피조물은 안으로부터 흘러나오지만, 여전히 안에 머문다. 하나님은 모든 것 안에 계신다. 더 많은 것이 안에 있고, 그보다 더 많은 것이 밖에 있다(The More [God] is within, all the more [God] is without).**

창조와 피조물은 하나님으로부터 흘러나오지만, 하나님 안에 있다. 그것들은

---

* Meister Eckhart, "Sermon 2: Creation: A Flowing Out But Remaining Within," Matthew Fox, trans., *Passion for Creation: The Earth-Honoring Spirituality of Meister Eckhart* (Rochester, VT: Inner Traditions, 2000), 65.

** *Ibid.*

하나님과 구별(distinct)되지만, 하나님으로부터 분리(separate)되지는 않는다. 따라서 하나님이 당신 안에 더 깊이 거할수록 하나님은 피조물 속에, 피조물을 통해 더 많이 흘러나온다. 초월과 내재는 하나님과 창조와 마찬가지로 반대되는 대립항이 아니다. 그들은 동시에 구별되면서 깊은 일치의 관계에 있다.

더 나아가 에크하르트는 하나님의 이와 같은 역동성을 삼위일체적 용어로 설명한다. 하나님은 하나님 존재 안에 머물면서 독생자를 낳고 또 그런 존재 안에서 성령이 흘러나온다. 이와 같은 "안에 머묾"(remain within)과 "밖으로 흘러나옴"(flow out)의 이중적 특질은 하나님의 근본적 속성에 속한다.* 이 두 특질은 서로 대립하는 것이 아니고, 도리어 서로를 지지하고, 강화하고, 향상시킨다.

하나님의 형상으로 지어졌다는 것은 우리도 이런 이중적인 능력을 갖추고 있다는 것을 의미한다. 우리는 "안에 머물" 능력을 갖고 있다: 인격적 주체로서 하나님이 주신 지적, 정서적, 영적 은사를 세상 사람들을 위해서 개발할 능력. 또한 우리는 "밖으로 흘러나올" 능력을 갖고 있다: 다른 사람들과 관계를 맺기 위해 밖으로 손을 뻗치고, 다른 사람들에게 우리가 받은 선물(gift, 재능, 은총)을 나눠 주고 또 그들만이 우리에게 줄 수 있는 선물을 받는 것. 우리가 이처럼 외적으로 더 많은 은총을 다른 사람들과 나눌수록 내적으로, 인격적으로 우리는 더 풍성한 생명을 누리게 될 것이다.

이와 같은 상호작용의 과정에서 성령의 역할은 품는 것이다. 성령이 인간의 주체성이나 능력을 대체하는 것은 아니다. 성령은 인간을 격려하고, 북돋우며, 활력을 준다. 예수는 "이제부터는 내가 너희를 종이라고 부르지 않겠다. 종은 그의 주인이 무엇을 하는지를 알지 못한다"(15:15)라고 말씀하셨다.

예수를 믿는다는 것은 예수를 신뢰하고, 예수의 방식을 믿는 것, 즉 예수가 한 일을 하는 것이다. 예수는 아버지에게서 들은 모든 것을 나누었고(15:15), 다른 사람들을 사랑했고, 스스로를 그들과 세상으로부터 쉽게 상처받을 처지로 몰아넣었다. 예수를 신뢰하는 사람도 같은 일을 할 것이다 ― "내가 너희를 사랑한

---

* "Sermon 6: The Greatness of the Human Person," *Passion for Creation*, 103.

것 같이, 너희도 서로 사랑하라(15:12). 예수는 친구들을 세상으로 보내셔서(17:18) 그들이 받은 것을 나누고 열매를 맺게 하신다(15:16).

이런 사랑은ー이와 같이 주고 받는 사랑은ー 매우 위험한 일이다.

> "내가 너희에게 종이 그의 주인보다 높지 않다고 한 말을 기억하여라. 사람들이 나를 박해했으면 너희도 박해할 것이요, 또 그들이 내 말을 지켰으면 너희의 말도 지킬 것이다"(15:20).

생명을 주는 상호작용에 참여함으로 그들은 매우 상처받기 쉬운 처지에 빠진다. 살기 위해 죽음의 위험을 감수해야 한다. 그러나 보혜사가 오셔서 세상이 죄(불신)와 불의(예수의 방식이 하나님의 방식이 아니라는 주장)와 심판(이 세상 지배자의 방식이 참된 방식이 아니다)에 대해 잘못되었음을 깨우쳐 주실 것이다(16:8-11). 이런 생명의 방식은 기쁨으로 인도할 것이고, 이 기쁨을 누구도 빼앗아 가지 못할 것이다(16:22).

요한복음 7-8장은 예수께서 예루살렘 성전을 중심으로 한 유대인의 초막절에 나타나신 일에 대해 알려 준다.* 1세기 역사가 요세푸스(Josephus)는 이것을 유대교 축제 중 가장 중요한 축제로 언급한다. 열왕기상 8장 2절을 보면 솔로몬이 성전을 봉헌한 절기가 있었다. 원래 추수 축제는 하나님의 생명 주시는 임재가 광야의 바위에서 나온 물처럼 성전에서 강으로 흘러나올 때를 위한 종말론적 희망과 관련이 있게 되었다. 축제를 축하하는 것에 물과 빛이 관련된 의식이 포함되었으며, 이 두 가지 모두 여기와 8:12에서 예수 자신을 밝히신 것을 상징한다.

공관복음에서 성인 예수는 단 한 번 축제에 간다. 그러나 요한복음에서 계시와 갈등의 축제 장면은 2:13-22에서 예수가 성전을 정결케 하는 것으로 시작하고, 요한복음의 세 번째이자 마지막 유월절에서 예수가 죽음을 향해 나아가는 이야기에서 끝마친다. 6장 4절에서 다가오는 유월절에 대한 간략한 언급조차도 생명의 떡에 관한 담론의 갈등과 관련하여 나타나며, 이는 7장 1절에서 예수가 유대에서 위험에 처해 있기 때문에 갈릴리에 머물고 있다는 발표로 이어진다. 이번 예루살렘 방문에서 당국과의 갈등은 7장에 네 번 언급되어 예수를 죽이겠다고 위협하고, 세 번은 예수를 체포하는 내용이 언급되면서 더욱 격렬해졌다. 그의 체포와 죽음에 대한 언급은 다른 어떤 장보다 여기에서 자주 나온다. 우리는 또한 7:39에서 예수가 그의 죽음을 통해 영광을 받으신 것에 대한 첫 번째 언급을 발견하고, 이 축제 만남은 그를 돌로 치려는 첫 번째 시도와 함께 8:59에서 끝난다.

처음에 비밀리에 축제에 오셨던 예수께서 그 축제의 절정인 "큰 날"에 서서 외치는 것은 이러한 위협과 두려움의 분위기 속에서 성전에서 극적인 물 의식이 일어났을 것으로 보인다. 이 의식의 맥락에서 그는 자신을 목마른 사람에게 생수의 근원으로 제공한다. 그의 초대는 6:48-51에서 그가 자신과 광야에서의 만나의 관계를 기반으로 하며, 6:35에 있는 약속과 유사하다. 그러나 여기에서 마시는

---

* 이 이름은 요한복음 1:14에서 말씀이 육신이 되어 우리 가운데 거하시게 되거나 장막이 되심을 말하는 데 사용된 동사와 같은 어근에 근거한다.

것에 강조점이 있는 것에서 우리는 또한 사마리아 여인에게 생수를 제공하는 이야기와 공명한다(4:14).

요한복음은 물 이미지로 가득하다. 첫 번째 기적에서 예수는 물을 풍성한 결혼식의 포도주로 바꾸었다(2:1-11). 우리는 세례요한의 증언(1:32-34)과 니고데모와 예수의 대화(3:5)에서 물과 성령의 결합을 본다. 3:4에서 또한 7:38에서 우리는 감정의 자리로 이해되고, "마음"으로 번역된 "자궁"(koilia)이라는 단어를 보게 된다. 두 곳 모두에 세 가지 용어(물, 성령, 자궁)가 사용됨이 암시적이다. 니고데모는 위에서 태어나기 위해 어머니의 뱃속에 다시 들어가야 하는지 묻는다. 예수는 물과 성령으로 거듭나야 한다고 대답한다. 7:38에서 예수는 목마른 곳에서 풍부한 생수의 근원으로 바꾸실 것은 믿는 이들 자신의 자궁이다. 4:7-26에서 우리는 생수에 대한 또 다른 언급과 영에 관한 대화를 보게 된다. 그곳에서 예수께서 주시는 물은 그것을 마시는 사람들 안에서 "영생하도록 솟아나는 샘물"이 된다 (4:14). 마지막으로 7:39에서 예고된 영광의 순간, 예수께서 그의 영을 넘겨주신 후(19:30) 그의 옆구리에서 물과 피가 쏟아진다(19:34).

7:38의 성서 인용은 해석자들에게 두 가지 질문을 제기한다. 인용의 출처는 아래에 언급되어 있고, 다른 하나는 예수나 신자 중 누구의 마음이 의도된 것인지에 대한 질문이다. 예수가 인용한 구절은 "그의 배에서 생수가 강물처럼 흘러나올 것이다"고 말한다. 해석가들은 2세기부터 이 문제에 대해 토론해 왔으며, 많은 학자들은 이는 예수를 가리킨다고 주장한다. NRSV는 중요한 초기 원고에서 강조점으로 뒷받침되는 다른 대안을 제시한다. 이 읽기에서 부활 후 신자는 예수께서 제공하신 생수의 강으로 가는 도관이 된다. 이 이미지는 4:14에 나오는 샘물과 비슷하며 두 해석 모두 성령의 활력과 능력을 강조한다.

예수에게서뿐만 아니라 신자에게서도 흘러나오는 성령의 개념은 아버지와 아들이 서로 하나인 것처럼 신자와도 하나라는 이 복음의 약속과 일치한다(14:20, 17:20-23). 예수와 아버지는 예수를 사랑하는 사람들과 함께 거처를 마련해야 한다(14:23). 그 영은 예수 자신 안에 거하고 예수와 아버지를 그들에게 현존하게 하기 위해 또 다른 옹호자로서 예수 뒤에 오실 것이다(14:16-17, 26, 16:7). 이 구절은 또한 7:39에 있는 성령에 대한 설명에 빛을 비춰준다. 메모에 따르면 복음은 이 시점 이전에 성령이 존재하지 않는다고 제안하지 않지만, 예수는 마지막 밤에 자신이 떠나신 후 새로운 방식으로 그들에게 성령을 보내실 것이라고 반복해서 말한다.

본문에서 두 번째 모호한 점은 예수께서 인용하신 구절의 위치에 관한 것이다. 완벽한 적합성은 없지만, 가능성은 풍부하다. 여기에는 광야의 반석에서 나온 물과 관련된 구절이 포함된다(시 78:15-16). 성전(겔 47:1-12; 욜 3:18)과 예루살렘(슥 14:8)에서 흘러나오는 강에 대한 종말론적 약속, 사막의 강에 대한 약속(사 43:19, 44:3, 58:11), 자기 자녀들에게 와서 마시라고 부르는 지혜(잠 18:4; 시락서 24:30-33) 그리고 사랑하는 자는 동산의 샘, 생수의 샘, 레바논의 흐르는 시내에 비유된다(아 4:15).

예수의 담대한 초청과 약속으로 요한복음 7:37-39은 독자들에게 과거에 광야에서 하나님의 신실한 공급하심을 기억하고, 미래에 풍성한 선하심에 대한 하나님의 보증을 신뢰하고, 생명 주는 선물을 축하하라고 독자들에게 촉구한다. 성령은 지금도 하나님의 보좌에서 강같이 흐르고 있다.

목회

예수께서 "목마른 사람은 다 나에게로 와서 마시게 하라"(37b)고 외쳤을 때, 육체적으로 목마른 사람들에 대해 이야기하신 것이 아니다. 인간의 정신의 어떤 메마른 상태, 건조함, 삶의 유연성이 결핍된 상태에 관해 말하고 있었다.

우리는 모두 갈증 나는 집회에 앉아 있었다. 지루했다. 인간의 이성과 추론, 논리와 설득이 난무했다. 그러나 우리는 모두 목이 말랐다. 방안은 성령에 잠길 필요가 있었다. 무언가 빠진 것이 있었다. 예수는 "목마른 사람은 다 나에게로 오라"고 큰 소리로 말씀하셨다.

오늘 우리나라를 볼 때 우리는 목마름의 전염병에 걸린 것이 아닌지 걱정된다. 땅이 메말랐다. 관계가 메말랐고, 리더십이 메말랐으며, 미래에 대한 꿈이 메말랐다. 교회에는 꿈이 말라버린 사람들이 많이 있다. 그들은 목이 말라서 성령을 필요로 한다. 예수께서는 "목마른 사람은 다 나에게로 와서 마시게 하라"고 큰 소리로 말씀하셨다.

교인들 중에는 어딘가에서 누군가와 관계를 맺고 있는 사람들이 있다. 관계는 건조하고, 부서지기 쉽고, 고통스럽다. 관계는 금이 갔고, 습기라고는 없다. 그런 사람들은 목이 말라서 성령을 필요로 한다. 예수는 "목마른 사람은 내게 오게 하고 나를 믿는 사람은 마시게 하라"(37b-38a)고 외치셨다.

교인들은 어느 정도 수준에서는 그 물을 얻는 방법을 알고 싶어 한다. 더 경건해져야 할까? 교회에 더 자주 와야 할까? 서약을 강화해야 할까? 담배와 춤과 술과 욕을 멈춰야 하나? 기도만 하면 되는 걸까?

오늘은 성령강림 주일이다. 미국의 주류 개신교인들과 가톨릭 신자들이 성령강림절을 지키지 않는다고 느껴본 적이 있는가? 그들은 크리스마스 전야에 갑자기 나타나고, 여전히 그렇게 해야 한다는 듯이 부활절에 나타나지만, 성령강림절에는 설교자가 회중을 거의 밀어붙이는 것 같다. 그들은 정말로 이해하지 못하는 것 같다.

나는 전체 교인에게 성령강림절 날 빨간색 옷을 입으라고 요청해 보았다.

12명이 그렇게 했고, 다른 사람들은 잊었거나 그렇게 하기를 원하지 않았다. 우리는 성령강림절에 예배 무용단을 두려고 애썼다. 하지만 잘되지 않았다. 우리는 사도행전의 성령강림절 본문을 장로교식 방언으로 6명이 6개의 각기 다른 언어로 동시에 읽어 보려고 했다. 우리는 트럼펫, 현수막 그리고 우리가 치울 수 있는 것들은 모두 치우려고 했지만, 전혀 제대로 되지 않았다. 교인들은 성령강림절에 별 관심이 없다. 그들은 성령강림절을 기다리지 않는다. 성령강림절 만찬이나 파티를 따로 하지 않는다. 성령강림절 퍼레이드도 없다. 성령강림절 카드를 주고받지 않는다. 심지어 상점들은 성령강림절이라고 써 붙여 놓지도 않는다.

왜 그런지 궁금해한 적이 있는가? 왜 대부분의 지역에서 성령강림절은 교회의 잃어버린 잔치일까? 아마도 사람들이 성령과 너무 가까워지기를 원하지 않기 때문일 것이다. 어쩌면 우리가 성령강림절에 대해 이해하지 못해서일지도 모르지만, 우리는 크리스마스나 부활절 역시 이해하지 못한다. 예수 그리스도의 탄생과 부활을 경축할 수는 있지만, 성령께서 나를 포함해서 모든 사람의 육체에 오시는 것을 축하하는 일은 너무 과한 것일지도 모른다.

그러면 없애자. 누군가 말했다. "말이 죽었으면 내려와야지!" 성령강림절이 "죽은 말"이라면 내려와야. 그러나 인간의 육신에 성령께서 계시지 않는다면 우리는 무엇을 잃게 될까?

한 가지는 내가 무엇을 위하여 왜 기도하는지 알 수 없게 된다는 것이다. 하나님이 어딘가에서 인간의 삶에 접촉하시지 않는다면 기도가 무슨 소용이 있겠는가?

둘째로 내가 어떻게 하나님과 연결되고 계속될 수 있을까? 성령의 역할이 그리스도께서 우리에게 가르치신 것들을 가르치고, 죄를 깨닫게 하고, 사랑하게 하는 것이라면, 우리가 성령강림절에서 내려온다면 이 모든 일이 어떻게 일어날 수 있을까?

바울은 갈라디아에 있는 그리스도인들에게 성령에 관해 가르치려고 할 때 "사랑과 기쁨과 화평과 인내와 친절과 선함과 신실과 온유와 절제"라는 열매의 목록을 만들었다(갈 5:22-23a). 우리는 그것들을 축하하기 원한다. 우리는 확실히 그런 것들이 필요하다. 우리가 성령강림절을 잃어버리면 어떻게 그런 열매들을 맺을 수 있을까? 우리가 그것들을 만들어낼 수 있을까?

때때로 우리는 잃어버리면 안 되는 것들을 이해할 수 없다는 이유로 없애버리곤 한다. 우리가 성령을 이해해야만 하는 것이 아니다. 우리는 성령이 필요하다는 것을 이해해야 한다. 성령 없는 기독교 신앙은 물이 없는 수영장과 같다. 무슨 의미인가? 많은 수영 자세와 수영 방법을 알고 있어도 수영을 할 수 없다. 우리는 그런 수영장에 있는 것이다.

성령강림절은 "죽은 말"이라고 단언할 수 없다. 우리는 성령의 은사 말고 다른 대안을 생각할 수 없기 때문에 성령의 은사를 축하하는 일에서 내려올 여유가 없다. 성령이 없는 세상은 있을 수 없다. 비록 인간이 이해하지 못하고 설명할 수 없어도 하나님의 손길이 닿지 않는 세상은 있을 수 없다. 하나님께서 인간의 삶 속에 하나님의 마음과 뜻을 불어 넣지 않는 세상은 있을 수 없다. "사랑과 기쁨과 화평과 인내와 친절과 선함과 신실과 온유와 절제"가 없는 세계는 있을 수 없다. 존재할 수가 없다.

어쩌면 당신은 이 설교를 "아마도 우리는 성령강림절을 없애야 할 것"이라고 말하는 것으로 시작했을지도 모른다. 그것은 분명히 누군가의 관심을 끌 것이다. 몇 사람이 "아멘"을 하거나 혹은 박수갈채를 보낼지도 모른다. 충격 요법은 우리 시대가 우리에게 전해주는 소식 들을 귀를 일깨울 수 있다. 우리에게 성령강림절이 없었다면 어땠을까? 성령이 없는 세상이 있었다면 어땠을까? 그런 세상은 있을 수 없다. 그래서 "하나님 감사합니다".

설교

　이 짤막한 본문에는 두 가지 주제가 있는데 둘 다 설교하기에 좋은 자료가 된다. 첫 번째는 인간의 필요에 관한 것이다. 예수께서는 "목마른 사람은 다 나에게로 와서 마셔라"(37)라고 하여 인간이 필요로 하는 것을 직접 언급한다. 이 초대는 언뜻 보기에는 온 세상 모든 곳에 살고 있는 인류 전체를 향한 것처럼 보인다. 우리 중에 목마르지 않은 사람이 누가 있으며, 무언가를 열망하지 않는 사람이 누가 있겠는가? 그 열망은 돈, 지식, 친근한 관계, 소유, 명성, 권력 등이다. 인간이란 모름지기 가지고 있는 것보다 더 많은 무언가를 열망하고, 현재보다 더 많이 소유한 사람이 되기를 목말라한다.

　광고 제작자들은 우리가 목마르다는 것을 알고 있어서 그들은 예수처럼 말하는 법을 배웠다. 오늘날 소비지향적인 사회에서 모든 광고는 본질적으로 "목마른 사람은 다 나에게로 와서 마셔라"에 두고 있다. 다이어트? "당신이 좋아하는 음식을 먹으면서 원하는 만큼 체중을 줄여라", 자동차? "당신을 추월하지 못하게 하라", 노화 방지 화장품? "너무 늦기 전에 주름살을 펴서 몸매를 아름답게", 오토바이? "이것들은 한 가지 목적을 위해 존재한다. 당신을 첫 번째로 목적지에 도착하게 하기 위해", 향수? "섹시함을 드러낼 뿐 아니라 놀라운 여성으로 피어납니다" 등등. 날씬해지기를, 젊어지기를, 섹시해지기를, 신나기를 원하십니까? 목마른 사람은 모두 우리에게로 오라.

　예수의 초대는 메마르고 목마른 세대를 향한 단순한 부름 그 이상이다. 예수께서는 문화가 줄 수 있는 것을 시도해보고 소용이 없다는 것을 발견한 사람, 세상의 공허한 약속과 거짓 광고로 인해 지쳐버린 사람들에게 말한다. 예수께서는 문화가 가져다주는 탄산수처럼 달콤함 속에서 그 공허함을 맛본 사람들을 부른다. 예수의 말씀은 예언자 이사야가 "너희 모든 목마른 사람들아, 어서 물로 나오너라"(사 55:1)라고 말한 것을 생각나게 하지만, 이사야의 그다음 구절 역시 예수의 초대에 어울린다: "어찌하여 너희는 양식을 얻지도 못하면서 돈을 지불하며, 배부르게 하여 주지도 못하는데, 그것 때문에 수고하느냐?"(사 55:2) 예수께서는 "너희를 목마르게 하는 것이 무엇이든지 그것을 가지고 내게로 오라"고 말하지 않고, 오히려 "이 유혹적인 문화 속에서 어떠한 공허한 약속도 너희의 목마름을 해결해 줄 수 없음을 발견했을 때, 내게로 와서 진정한 생수를 마셔라"라고 말한다.

언젠가 연합그리스도교회(United Church of Christ, 1960년대에 4개 교단이 연합하여 창설한 미국의 진보적 교단 _ 역자 주) 소속 릴리언 다니엘(Lillian Daniel) 목사는 정부청사 내에서 불공정 노동행위에 저항했다는 이유로 그녀와 다른 그리스도인들이 체포되었을 때 어떤 젊은 경찰관과 나누었던 이야기를 들려주었다. 그들은 체포되기 직전 함께 찬송을 부르고 있는 중이었다. 이제 다니엘 목사만 따로 한 작은 경찰차에 갇혔다. 그녀를 호송할 책임을 맡은 그 경찰관은 작은 창문을 통해 자신의 무례한 대우에 사과하고, 그 일을 할 수밖에 없는 아픔을 표현하였다. 그래서 다니엘 목사는 "왜 당신은 자신이 싫어하는 일을 하면서 여기서 계속 일하느냐?"고 물었다.

그는 "군대를 다녀온 후에 어쩌다 보니 이러게 되었어요. 나는 2년 후에 그만두렵니다. 그리고 난 아직 젊어요"라고 말했다. 그런 다음 그 경찰관은 자신의 인생에서 보다 갈급한 것이 있다고 고백했다. "하지만 내가 당신께 말하고 싶었던 것은 따로 있어요"라고 그는 말을 이었다. "내가 당신께 말하고 싶었던 때는 좀 전에, 당신의 동료들과 함께 나도 좋아하는 <나 같은 죄인 살리신>(Amazing Grace) 찬송을 정부청사에서 부르고 있을 때였어요. 나는 당신들이 찬송을 부르는 그 소리가 좋았어요. 그래서 나는 당신이 이 사실을 알기를 원했어요" 다니엘 목사는 "고마워요"라고 말했고, 그 경찰관은 "당신은 곧 여기에서 나가게 될 겁니다"라고 말했다. 그러자 그녀는 "당신도 그렇게 될 겁니다"라고 말했다.[*]

예수께서는 이 젊은 경찰관같이 스스로 자기가 있는 자리가 본질적으로 맞지 않다고 여기는 사람들, 삶의 심원한 의미를 찾는데 여전히 목말라 하는 사람들 모두에게 말씀하신다. 불협화음의 세상 한가운데서 아름답게 울려 퍼지는 찬송처럼 예수의 부름은 그렇게 들려온다: "누구든지 목마른 사람은 다 나에게로 와서

---

[*] Lillian Daniel, "Minute Fifty-four," Jackson W. Carroll and Carol E. Lytch, eds., *What Is Good Ministry?* (Durham, NC: Duke Divinity School, 2003), 7.

마셔라."

이 본문의 첫 번째 주제가 인간의 필요에 관한 것이라면, 두 번째 주제는 예수의 정체성과 관련이 있는 것으로, 보다 구체적으로 말하면 우리가 예수께 응답할 때 그리고 우리의 갈급함을 세상의 말라버린 우물이 아닌 예수께 가져갈 때 일어나는 것에 관한 것이다. 우리는 예수께서 이렇게 말하는 것을 기대하고 있을지 모른다: "나는 생명의 강이다. 내게로 오라 그러면 생수를 너희에게 줄 것이다." 그러나 실제로 예수께서 말씀하시는 것은 이것보다 앞서 나간다. 예수께서는 만일 우리가 목마름으로 그에게 오면 우리들 자신이 생명의 강이 될 것이라고 약속한다: "믿는 자의 배에서 생수가 강물처럼 흘러나올 것이다"(38b). 목마른 사람들이 예수께로 올 때 그는 단지 목마름을 잠시 면할 영적인 음료를 건네주지 않는다. 대신 그는 그들에게 성령의 내주를 줄 것이다(왜 이 본문이 성령강림절 성서정과에 사용되었는지를 보여주는 이유이다). 성령을 통하여 믿는 자들은 영원한 하나님의 생명에 참여하고, 풍성한 생명의 물은 그들을 통하여 흐르고 또 흐르게 된다.

성령께서 주시는 이 약속은 예수, 곧 역사적 예수, 갈릴리의 먼지투성이 뒷길을 걸었던 예수, 가르치고 치유하며 제자들의 공동체를 만들었던 예수, 본디오 빌라도에게 재판을 받고 로마의 십자가에서 죽었던 그 예수를 의미한다. 이 예수는 단지 기억이나 이야기 혹은 관념으로 남아 있는 것이 아니라 믿는 자들을 위해 살아있고, 끊임없이 현존하고 있다.

이것을 이해하는 하나의 방식은 예수를 믿음으로 인해 우리는 성령을 받게 되고 성령의 능력 안에서 우리는 예수를 언제나 우리의 마음속에 두는 것이다. 만일 "우리의 마음속에 있는 예수"를 무언가 행복한 어떤 것이나 높은 수준의 영적인 것으로 상상한다면 완전히 잘못 이해하고 있는 것이다. 예수 안에서 일어난 놀라운 일은 그 안에서 철학자들이 불가능하다고 말했던 것이 실제로 일어났다는 점이다: 영원하고 신비한 하나님의 말씀이 육신이 되었고, 그 결과는 하나님을 천하게 만든 것이 아니라 육적인 것을 신성하게 하였다. 그리스도인의 삶에서 일어난 놀라운 일은 영광을 받으신 예수께서 성령을 통하여 다시 한번 믿는 자들의 삶 속에서 육신이 되었다는 것이고, 그 결과 예수께서 믿는 자들의 마음이라는 작은 공간에 갇혀 있는 것이 아니라 믿는 자들의 삶이 그의 것처럼 크고 생명을 주는 "생수의 강"이 되었다는 것이다.

삼위일체 주일

마태복음 28:16-20

> ¹⁶열한 제자가 갈릴리에 가서 예수께서 지시하신 산에 이르러 ¹⁷예수를 뵈옵고 경배하나 아직도 의심하는 사람들이 있더라 ¹⁸예수께서 나아와 말씀하여 이르시되 하늘과 땅의 모든 권세를 내게 주셨으니 ¹⁹그러므로 너희는 가서 모든 민족을 제자로 삼아 아버지와 아들과 성령의 이름으로 세례를 베풀고 ²⁰내가 너희에게 분부한 모든 것을 가르쳐 지키게 하라 볼지어다 내가 세상 끝날까지 너희와 항상 함께 있으리라 하시니라

신학

마태복음이라는 드라마의 절정 부분에서 예수는 이방인의 땅인(4:15) 갈릴리에서 제자들을 만나 그들에게 최종 지침을 주고, 예수가 삼위일체와 함께 누리는 것과 동일한 종류의 사귐과 능력을 약속한다.

앞서서 예수는 열두 제자들을 보내면서 그들에게 더러운 귀신을 쫓고, 병을 고치며, 하늘나라가 가까이 왔다는 복음을 선포할 권위(혹은 능력, authority or power, exousian, 10:1)를 주셨다(10:7). 예수는 바로 그런 사역을 계속해 오셨다. 예수의 사역과 제자들의 사역의 차이는 단 한 가지인데 그것은 가르치는 것이었다. 예수는 가르쳤고, 제자들은 가르치지 않았다. 그런데 제자들에게 주는 이 최종적 위임에서 사역의 대상을 이스라엘 사람에게서 세상 모든 민족으로 확장하고, 예수를 추종하는 모든 자에게 "가르치는" 임무도 위탁하신다.

예수의 이 당부는 매우 놀라운 내용을 포함하고 있다. 제자들은 예수가 하던 일을 하게 되는데 예수보다 더 큰 영향을 끼치면서 하게 된다.

어떻게 그들이 그런 일을 할 수 있을까? 예수에게 주어졌던 것과 동일한 능력(28:18, exousia)을 통하여서만 그리할 수 있다. 그것은 아버지와 아들과 성령의 능력이다. 그 이름으로 그들은 하나님이 창조한 모든 민족으로부터 제자를 삼아 세례를 주어야 한다. 예수는 그 능력을 부여받았으며, 이제 예수는 그들에게 세상 끝날까지 그들과 함께 계실 것이라 약속하신다(20). 제자들이 치유하고 선포하고 가르치는 능력을 가질 수 있는 것은 그들이 예수와 갖는 관계 그리고 예수가 삼위일체 하나님과 갖는 관계 때문이다.

신약성서에서 삼위일체적 표현을 쉽게 찾아볼 수 없다. 19절의 표현은 마태 공동체가 세례식에서 사용했던 것일 수 있다.* 우리가 후대에 발전된 삼위일체 교리에 근거해서 본문의 의미를 분석하는 것은 무리가 있겠지만, 하나님의 본질에 관한 후대 교리는 다른 정경의 본문과 함께 이 본문에 의존해서 형성된 것임은 확실하다. 후대에 발전된 하나님의 본질에 관한 교리들은 예수와 제자들에게 영향을 주었던 능력의 본질과 효과에 대해 마태가 어떤 생각을 했는지를 짐작하는 데 도움을 준다.

개신교 신학자 아서 맥길(Arthur McGill)은 아리우스 논쟁을 4세기 알렉산드리아를 중심으로 이루어진 교회의 정치적 갈등이나 철학적 세계관 간의 충돌로만 이해해서는 안 된다고 지적했다.** 맥길은 아리우스와 아타나시우스(그들의 추종자들을 포함)의 견해 차이는 하나님의 본성과 이 세상과 인간의 삶에 나타나는 하나님의 능력의 양식에 관한 것이었다고 주장한다. 어떤 하나님을 믿는가─단일하고, 고립되고, 초월적인 존재로 믿느냐, 복수적이고 참여적이고 내재-초월적인 존재로 믿느냐─가 신자들이 삶의 양식에 큰 영향을 미친다는 것이다.

아리우스는 성자가 성부와 동등하거나 동일한 방식으로 영원할 수 없다고 생각했다. 따라서 그는 "성자가 존재하지 않은 적이 있었다"라고 말함으로 다른

---

* *The New HarperCollins Study Bible*, rev. ed. (New York: HarperSanFrancisco, 2006), 1721, note on Matt. 28:19.

** Arthur McGill, *Suffering: A Test of Theological Method* (Philadelphia, PA: Westminster Press, 1982).

모든 피조물처럼 성자도 성부에 의해 창조되었다는 견해를 밝혔다. 아리우스는 하나님은 전적으로 유일하고, 완전하고, 결여됨이 없는 존재이다. 영원 전부터 성부와 동등한 누군가가 있었다는 것은 성부가 어떤 것이 필요하고, 약점이 있는 존재라는 의미를 갖게 된다. 그것은 하나님도 변할 수 있다는 것이고, 다른 존재에 의해 영향을 받을 수 있다는 것이 된다. 인간이 가변적이고 연약해서 온갖 고통이 생긴다는 것을 생각해볼 때, 아리우스는 하나님이 가변적이라는 관점은 용납할 수 없었다. 유한하고 죽을 수 있는 온갖 인생의 부침의 영향을 받지 않는, 변하지 않는 존재가 있어야 한다고 그는 생각했다.

아타나시우스는 그리스도의 성육신을 통해 그와는 다른 하나님의 본질과 신적 권능이 계시 되었다고 믿었다. 하나님은 고립된 단자로 존재한다기보다는 영원 전부터 관계적 존재였다. 예를 들어 성부, 성자, 성령의 상호 관계는 영원 전부터 있었고, 지금도 있고, 영원히 계속될 것이다. 하나님 안에서의 일치는 사랑의 일치 관계로, 어느 한쪽이 다른 쪽에 의해 삼켜져서 없어져 버리는 일이 일어나지 않고 서로 세워준다. 요한복음 5:29ff와 3:35는 아버지가 하는 일을 아들도 하고, 아버지가 아들에게 모든 것을 주었다고 표현한다. 하나님의 능력은 이방 신처럼 다른 것 위에 군림하듯이 압제적으로 드러나지 않는다. 하나님의 능력은 자기 보존을 위해 다른 모든 것을 삼켜버리는 식으로 표현되지 않는다. 맥길은 『디오그네투스에게 보내는 편지』(*Epistle to Diognetus*)를 인용하면서 "힘 (force, 위력)은 하나님의 속성이 아니다"라고 말했다. 도리어 하나님의 능력과 예수의 능력은 자기를 내어줌(self-giving)에 있다고 말할 수 있다.

하나님은 내어줌(giving)을 통해 권능을 행사하신다. 하나님은 신적 본질을 성자와 모든 피조물과 나눔으로 그들을 양육한다. 예수는 자신의 목숨을 위협하는 강제적 권력에 직면해서도(나눔의 능력에 힘입어서) 자신을 지키려고 발버둥 치지 않으셨다. 예수는 자신에게 가해진 위협을 피하지 않음으로 생명은 목숨을 부지하려는 노력에 달린 것이 아니고, 하나님의 손에 달려있음을 우리에게 깨우쳐 주셨다. 이렇게 함으로 예수는 사탄의 권세가 헛된 것임을, 이 세상의 악한 지배적인 세력을 존중하거나 그것에 대해 겁낼 필요가 없음을 밝히 보여주셨다.* 우리가 이것을 깨달을 때, 우리는 목숨을 부지하고 많은 것을 소유하려는 과정에서 우리를 억누르고 있는 온갖 두려움으로부터 해방되어 우리를 지탱시켜주는 모든 것들을 다른 사람들과 나눔으로 그들을 사랑할 수 있게 된다.

예수는 우리를 신적 생명의 공동체적 능력으로 초대하신다. 예수는 또한 다른 사람들을 모든 민족으로부터 초대할 것을 우리에게 명하신다. 예수는 우리가 그 사명을 감당하는 데 우리를 그대로 놔두지 않으신다. 우리에게 능력을 주신다. 예수는 우리와 함께하시고 우리에게 능력을 주시겠다고 약속하셨다. 그러나 예수의 방식은 강제적이지 않고 섬김의 방식이며 설득적 방식임을 기억해야 한다.

---

* *Ibid.*, 76, 77, 82, 85, 94.

주석

　마태복음은 예수의 말씀으로 끝을 맺는다. 제자들에 대한 보고나 화자의 논평이나 성령의 강림에 대한 기대가 아니라 그의 음성, 그의 사명, 그의 임재에 대한 약속이 이야기를 하나님 나라의 좋은 소식에 의해 형성되는 미래로 이동시키는데, 본문에 나오는 제자들뿐만 아니라 모든 제자들에게 항상 열려 있는 미래이다.

　제자들에게 부활하신 예수의 나타남에는 제자도와 음모의 장면이 번갈아 나타난다: 막달라 마리아와 다른 마리아와 함께 아리마대 요셉이 장사함(27:57-61); 종교 당국과 빌라도가 무덤을 확보함(27:62-66); 여인들이 무덤을 방문함, 죽은 사람처럼 누워있는 경비병들과 천사와의 대화 그리고 그들에게 예수의 나타나심(28:1-10); 부활을 은폐하려는 권위자들의 음모(28:11-15). 이 음모는 출생 이야기를 형성하는 동방박사들의 숭배와 함께 헤롯의 폭력이 개입한 것을 연상시킨다(1:18-2:23). 마태의 이야기는 예상치 못한 기적, 천사의 방문, 갈릴리 여행으로 시작되고 끝난다. 앞의 이야기가 두려움에 떨며 달아나는 귀환 피난민 가족의 어린아이로 끝나는 반면 이 이야기는 하늘과 땅에 대한 모든 권세를 가진 완전한 부활과 영광의 임마누엘을 보여 준다. 탄생 이야기의 위협과 약속이 한 바퀴 도는 것이다.

　마태복음의 결말은 복음의 여러 가닥을 한데 모은다. 28:16이 남아 있는 열한 제자를 언급하면서 장면을 설정함에 따라 유다의 배신과 절망을 상기시킨다. 예루살렘의 중심에서 멀리 떨어진 갈릴리로의 이동은 탄생 이야기뿐만 아니라 요한이 체포된 후 갈릴리로의 이동을 연상시킨다(4:12-17). 산꼭대기는 세상의 모든 찬란한 왕국에 대한 사탄의 제안에 대한 유혹을 생각나게 한다. 그러나 예수는 천국(4:8)과 산상수훈(5:1, 8:1), 기도를 위한 물러남(14:23), 무리를 고치심(15:29), 변형(17:1) 그리고 감람산(21:1, 24:3, 26:30)을 통해 유혹을 거절한다.

　제자들은 예수를 보고 경배하지만 어떤 사람들은 의심한다. 예배에 대한 언급은 탄생 이야기의 동방박사들과 28:9에서 이미 예수를 경배한 여자들을 가리킨다. 의심을 의미하는 이 동사는 신약의 다른 곳에서 마태복음 14:31에만 나타나며, 여기서 예배와 함께 다시 나타난다. 그곳에서 베드로는 믿음으로 예수와 함께 물 위를 걷다가 바람을 무서워하여 가라앉기 시작한다. 그가 구원을 받았을 때 제자들은 예수를 경배했다. 마태는 갈릴리 바다의 경이로움과 부활의 영광에서 예배와 함께 의심의 여지를 만들기를 선택한다. 요한의 부활 이야기에 도마가 등장한 것처럼 이것은 의심하는 숭배자들이 부활 이야기에서도 자신을 발견할 수 있는 공간을 만든다.

제자들의 잠정적인 태도와는 대조적으로 18-20절에서의 예수의 말은 십자가에 못 박히고 부활한 메시아에 대한 하나님의 계획의 완전한 성취를 강조하는 "모든"(pas)이라는 단어가 네 번 반복되며 바위처럼 확고하다. 모든 권위, 모든 민족, 예수께서 명하신 모든 것, 모든 날("항상"으로 번역됨).

예수의 권위가 반복적으로 복음서 전체에 걸쳐(7:29, 9:2-8, 21:23-27의 예) 산상수훈과 다른 곳에서 그것을 인정하는 군중과 그것에 의문을 제기하는 반대자들에 의해 언급되었다. 예수의 권세가 하늘과 땅에 있다는 것은 주기도문(6:10)과 11:25-27에 나오는 예수 자신의 기도에 나타난다. 11:27에서 이미 참된 것이 부활의 빛 안에서 완전하게 드러났다.

그 권위를 근거로 예수는 제자들에게 가서 더 많은 제자를 삼으라고 명하신다. 이제 이야기의 많은 부분에서 의심스러운 다른 것으로 간주되어 온 이방인들이 있다(6:32, 10:5, 20:25 참조). 이스라엘과 함께 모든 민족에게 보내는 데 포함된다. 이방인에 대한 소망은 이미 표현되었고(4:14-16, 12:17-21), 배제됨과 함께(15:24) 이제 그들의 포함은 자격과 상관없다. 예수의 사역에 대한 마태의 기록을 특징짓는 구분은 교회의 부활 생명에서 초월되어야 한다.

제자 삼으라는 명령은 두 가지 활동, 세례와 가르침을 포함한다. 세례식은 3:13-17에 나오는 예수 자신의 세례를 가리키며, 하늘에서 음성이 그를 사랑하는 아들로 선포할 때 성령이 그에게 내려온다. 이것이 삼위일체 주일(Trinity Sunday)이 고려되는 지점이다. 예수가 제자들에게 새로운 제자들의 세례에서 자신의 이야기를 재현하고, 아들을 임마누엘로 삼으시고 아버지께서 그들을 사랑하시는 삼위일체 하나님의 삶에 그들을 포함시키라고 말한 것과 같다. 그리고 성령이 비둘기같이 내려 그들을 인도한다.

가르침은 예수가 명령한 모든 것들을 포함하는데, 산상설교와 다른 강론과 더불어 여기에서도 분명히 의도된 세 번째 떠올리기이다. 예수의 하늘나라 복음은 반복되는 정보가 아니다. 도리어 사명은 새로운 제자들을 가르쳐 그들이 예수가 세상에서의 삶의 방향으로서 제정하도록 한다.

예수의 가르침은 마지막 말이 될 수 없다. 마지막 말은 "마지막 말이 절대로 있을 수 없다"는 것이다. 헬라어 원문은 NRSV가 제시하는 것처럼 마지막 문장의 시작에서 문자적으로 기억하라는 뜻은 아니다. 예수 또한 단지 기억이 아니다. 예수는 "보라! 내가 너와 함께 있겠다"고 말했다. "하나님이 함께 하신다"는 임마누엘은 그의 탄생 전부터 그를 따르는 사람과 이 세상 끝날까지 항상 함께 있으리라는 것이다. 하나님의 나라가 가까이 와서 겨자씨와 같이 뿌리를 내리고 들에 숨겨진 보물과 같이 영광스러운 성취에 이를 것이다.

본문은 복음서뿐만 아니라 부활절과 성령강림절에 대한 교회의 축하도 포함하여 적절한 대단원을 제공한다. 비록 드라마나 계절의 아름다움은 한 해로 완성될지 몰라도 예수와 부활절 이후의 삶은 언제나 매일 새롭게 시작한다.

목회

오늘은 삼위일체 주일이지만, 암에 걸린 사람들은 아마 신경쓰지 않을 것이다. 오늘은 삼위일체 주일이지만, 임신을 할 수 없는 젊은 부부도 아마 신경 쓰지 않을 것이다. "하지만 오늘은 삼위일체 주일입니다"라고 예배위원회는 선포한다. 그래도 제멋대로 하는 십 대 자녀를 둔 가정, 이혼을 앞둔 부부, 직장을 잃은 사람, 그들은 신경 쓰지 않을 것이다. 하나님이 아버지, 아들 그리고 성령이시라는 것이 그들에게 정말로 중요할까? 그들은 단지 하나님이 하나님이시고, 하나님이 그들이 누구인지, 어디 있는지, 무엇을 하고 있는지, 그들에게 필요한 것이 무엇인지를 알고 계시는지 알고 싶을 뿐이다.

삼위일체에 관해 이야기하는 것은 무모한 토론이 될 수 있다. 역사를 살펴보면 삼위일체는 쉬운 교리가 아니다. 하나님의 위격(person) 혹은 위격들(persons)을 둘러싸고 있는 엄청난 신비가 있다. 어떤 사람들은 그것에 대해 아주 분명히 알고 있는 것처럼 보인다. 어떤 사람들은 혼란스러워하고, 또 다른 사람들은 조금도 신경 쓰지 않는다. 분명한 것은 삼위일체를 옹호하는 입장에서 설교하면 지루한 설교가 될 것이고, 교인들의 실생활에 경고 사격을 하는 셈이 될 것이다.

왜 우리에게 삼위일체 주일까지 필요할까? 삼위일체 주일에는 크리스마스나 부활절처럼 초를 꽂지 않는다. 신문에도 나지 않는다. 아마도 삼위일체가 혼란스럽고 우리는 그것에 대해 어떻게 이야기해야 할지 모르기 때문일 것이다. 위대한 아우구스티누스는 그것을 아주 간단한 삽화로 축소해야 했다. 그는 나무의 예를 들었다. "뿌리는 나무다. 몸통은 나무다. 가지는 나무다. 하나의 나무, 하나의 본질, 그러나 세 가지 다른 존재." 좋다. 그렇게 설교해보자! 짧은 설교. 교인들이 좋아할 것이다.

어쩌면 우리는 다른 방식으로 접근할 수 있을 것이다. 삼위일체가 없다면 어떨까? 예수는 가서 아버지와 아들과 성령의 이름으로 사람들에게 세례를 주라고 말씀하셨다. 우리가 아버지의 이름으로만 세례를 준다면 어떨까? 어색하게 들리는 것 말고도 그리스도의 일과 인격 그리고 계속되는 성령의 활동을 부인하는 것이 된다. 그것은 하나님이 어떤 분인지를 충분히 설명하지 못한다. 당신은 매우 강력하고 신비롭지만 분리된 하나님의 충만함에 잠기게 될 것이다. 그것은 우리를 단순한 신비주의로 이끌 수 있다.

우리가 예수의 이름으로만 세례를 준다면 어떨까? "나는 예수의 이름으로 세례를 베풉니다. 아멘." 그러면 "전능하신 아버지 하나님, 하늘과 땅의 창조주"*라는, 볼 수 있거나 이해할 수 있는 것보다 더 크고, 논리와 이성을 넘어서는 하나님의 위격을 놓치게 될 것이다. 또한 오늘 우리와 함께 하시는 하나님의 지속적인 임재이신 성령도 놓치게 될 것이다.

우리가 "성령의 이름으로 세례를 준다"고만 말하면 어떨까? 거기에 무엇이 빠져 있을까? 누락된 것은 하나님 아버지의 위대하심과 창조성 그리고 육신 안에 계신 하나님이신 예수 그리스도의 구속 사역이다. 우리는 죄를 이기시기 위해 죽음에서 부활하신 하나님이라는 부분을 놓치게 될 것이다. 제발 그것을 놓치지 말라!

셜리 구트리(Shirley Guthrie)는 "같은 하나님이신 아버지와 창조주로 우리 위에 계신 하나님, 성육신하신 말씀과 아들로 우리와 함께 계신 하나님은 또한 성령 하나님으로 우리 안에 그리고 우리들 사이에 계신다"라고 썼다.**

예수의 말씀에 따르면 이 모두가 없이는 세상으로 나아갈 수 없다. 우리가 이해하든 이해하지 못하든 간에 우리는 하나님의 전 존재에 잠기게(또는 적셔지게) 된다. 우리는 세상에서 무력한 사람이 아니다. 우리는 창조주이신 전능하신 하나님과 단절되지 않았고, 인간의 몸을 입으신 하나님의 구속 사역으로부터 단절되지 않았으며, 우리 안에, 우리 가운데, 때로는 우리 밖에 거하시는 성령 안에 계신 동일하신 하나님의 현존으로부터 단절되지 않았다. 이것은 다른 사람들과 떨어져서, 고립되어, 혼자서, 화가 나서, 황폐해지고, 우울하고, 슬픔에 잠기고, 절망적이며, 두려워하고, 불안하고, 상처를 입고, 수치스럽고, 지친 기분으로 예배당에

---

* The Apostles' Creed.
** Shirley C. Guthrie, *Christian Doctrine*, rev. ed. (Louisville, KY: Westminster John Knox Press, 1994), 80.

앉아 있는 사람들을 축하하는 엄청난 선물이다.

예수는 세례식을 수행하기 위해 교회를 파송한 것이 아니다. 모든 사람을 물에 적시는 것만으로 세상이 고쳐지지는 않을 것이다. "아버지, 아들, 성령"이라고 말하는 것은 마술이 아니다. 더 어려운 일은 제자들을 만드는 것이다.

제자는 학생이다. 그들은 인턴과 같다. 인턴은 관찰하고, 지도를 받으며, 연습하고, 질문하고, 실수하고 그리고 그것들로부터 배운다. 예수는 매우 분명하게 말씀하셨다. "그러므로 너희는 가서, 모든 민족을 제자로 삼으라"(19a). 가서 그리스도의 학생들을 만들라. 인턴 과정에 있는 사람들을 평생 학습 과정에 들어가게 하라. 이것이 교인들이나 우리가 바꾸려고 하는 다른 무언가를 제자로 만드는 중요한 패러다임 전환이다.

그리스도의 학생을 만드는 것과 하나님의 충만하심에 잠기는 것은 나란히 진행된다. 성령의 역사가 없이는 우리 자신이나 다른 누구라도 그리스도의 학생이나 인턴이 될 수 없다. 성령의 역사는 예수가 어떤 분이었고 무엇을 했으며, 어떤 분이고, 무엇을 하고 계시는지에 달려 있다. 그리스도는 계속 아버지를 가리키고 있다. 그래서 그 안에 권능이 있다. 그것은 삼위일체, 즉 하나님의 충만이며, 우리가 학생으로서 애착을 갖는 것이다.

아마도 삼위일체 주일이 더 중요하게 다루어져야 할 것이다. 이날은 예배 달력에 조용히 자리 잡고서 우리가 누릴 자격은 없지만 경축할 수 있는 하나님과의 관계 속에서 하나님의 전 존재에게 우리를 바치는 것이다. 이날은 세례라는 선물을 통해 삶과 죽음에서 우리가 속해 있는 분을 경축하는 날이다. 이날은 학생들이 선생님에게 경의를 표하는 날이다!

설교

이 본문이 삼위일체 주일을 위한 성서정과의 복음서로 선정된 이유는 거의 확실하게 삼위일체의 세 위격을 모두 언급하고 있는 세례 예식을 포함하고 있기 때문이다. 하지만 이 구절들 속에 완전하게 발전된 삼위일체 교리가 들어있는 것처럼 여긴다면 잘못 이해하고 있는 것이다. 먼저 이 본문은 후대의 삼위일체 교리사와 연관하여 너무 초기의 것이다. 사람들이 잘못 알고 있는 것처럼 기독교 신학자들은 담쟁이넝쿨이 붙어 있는 건물(학교 _ 역자 주)에서 재미 삼아 그것을 재료로 교리를 만들어내지 않는다. 기독교 교리는 군인들이 설치하는 부교(river bridges)처럼 시작하곤 한다. 그것들은 필요할 때 즉석에서 조립되고, 임무를 수행하는 사람들의 무게를 견딜 수 있도록 그 현장에서 보강된다.

삼위일체 교리는 신학이라는 싱크 탱크에서 시작된 것이 아니라 실제로 예배하고 섬기는 그리스도인들에 의해 표현된 것이다. 이들은 다른 사람들이 볼 때는 미련해 보이는 삶, 곧 과부와 고아를 돌보고 박해를 받으며 피를 흘리는 삶을 기꺼이 살아내는 이유를 분명히 말해야 하는 상황에서 성령이 그들을 하나님의 생명을 추구하며 살게 하셨고, 그 하나님은 그리스도 안에서 세상과 화평을 이루어 가고 있는 분이라고 설명하였다. 교회가 이 특별한 삼위일체라는 부교 위에 놓을 널빤지가 필요했던 것은 마태복음이 기록된 지 몇 세기 후였다. 마태는 단지 삼위일체에 대해 파편적인 교리만 가지고 있다. 아마 이 점에 관해 마태가 알고 있는 모든 것은 그리스도인은 성부, 성자 그리고 성령에 관해 경건하게 말해야 하며, 그러한 언급은 한 분이신 참 하나님에 대한 유대교적 주장과 배치되지 않는다는 것이었다.*

마태복음이 온전한 형태의 삼위일체 신학을 보여주지 않는 또 다른 이유는 당면한 절박한 상황 때문이었다. 그가 직면한 도전은 하나님의 세 위격이 정확하게 서로 어떤 관계인가를 밝히는 것이 아니었고(그것은 후에 나타난다고 앞에서

---

* See M. Eugene Boring, "Matthew," *The New Interpreter's Bible* (Nashville: Abingdon Press, 1995), 8:504.

말했듯이), 나사렛 예수를 따르겠다는 시골의 소심한 사람들을 어떻게 복음을 가지고 두려운 세상으로 나아가게 할 것 인가였다.

이것이 우리가 대 사명(the Great Commission)이라고 부르는 오늘의 본문을 이해하는 핵심이다. 그런데 그 장면이 약간 우스워 보인다. 예수께서는 "나는 하늘과 땅의 모든 권세를 받았다"라고 말하지만, 주변의 어느 것도 그 주장을 뒷받침하고 있지 않다. 만일 예수께서 많은 군중들에게 이야기하고 있었다면, 그 배경으로는 끝이 보이지 않는 사람들의 열이 줄지어 있고 할렐루야 합창을 부르는 몰몬교 대성전 합창단 같은 것이 자리 잡고 있어야 그럴듯해 보일 것이다. 하지만 예수께서는 갈릴리 후미진 곳의 이름도 없는 산에 서서 열한 명의 제자들(한 주 전에는 12명), 그것도 그들 중 몇 명은 왜 이날 예배하러 왔는지에 대해 의심하고 확신하지 못하는 제자들이다.

예수께서는 그들에게 더욱 믿음으로 나아갈 것을 강조한다: "너희는 가서, 모든 민족을 제자로 삼으라." 그런데 "민족"이라는 말은 현대적 의미의 민족, 국가가 아니고 "외국인", "우리와는 전혀 다른 종족"같은 것으로 간단하게 말하면 "이방인들"이다. 이 제자들은 유대인이었고 성서를 알고 있었다. 하나님은 아브라함에게 이 땅의 모든 종족이 어느 날 하나님의 가족으로 될 것이고 심지어 이방인들도 이스라엘의 하나님 앞에 절하게 될 것이라고(창 12:1-3) 약속했다. 그러나 이 약속은 성서의 많은 일들처럼 이 이야기는 우리가 성취하게 될 과제라기보다는 기도서에서나 나오는 수려한 구절이라고 쉽게 잊고 지나갈 수 있는 것이었다. 수도 적고 또 정체성이 불확실한 제자들에게 그들이 시온산을 향하여 예수의 이름으로 온 세상의 사람들을 모을 것이라는 이야기는 마치 오늘날 서로 다른 목표를 갖고 불완전한 믿음을 가진 적은 수의 우리 교인들에게 "세상으로 가서 암을 치유하고 환경을 정화시키며 믿지 않은 이들에게 복음을 전하고 네가 있는 그곳에서 세상의 평화를 이루라"고 말하는 것과 같다.

바로 그 점이 핵심이거나 핵심에 가깝다. 그 과제가 완전히 불가능해 보인다는 바로 그 사실이 제자들을 하나님의 자비와 능력에 완전히 맡기게 만든다. 교회의 사역은 "모든 권위"가 교회나 교회가 가진 것에 있지 않고, 아들 예수 안에서 드러난 하나님의 도우심, 성령 안에서 항상 교회에 함께 하려는 아들의 의지에 달려있다는 인식 없이는 그 열매를 거둘 수 없는 것이다.

버몬트의 목사인 개렛 카이저(Garret Keizer)는 자신의 작은 교회에서 부활절 철야기도를 드린 이야기를 들려준다. 단지 2명만이 이 예배에 참석하였지만 카이저는 부활절 초를 밝히고 기도한다. "촛불은 '그리스도께서 부활하셨다'라는 소식을 선포하기에는 너무 부끄럽거나 풀이 죽은 목소리처럼 캄캄한 어둠 속에서 흩날립니다." 그는 계속해서 기도한다. "하지만 그 초는 불을 밝히고, 여기 우리 세 사람은 밖에는 겨울에 녹이 슨 머플러를 단 차량의 소음이 있지만 봄이 다가오는 토요일 저녁 오래된 교회 안에 깜박이는 불빛과 함께 있습니다. 이 순간은 철저하게 세속적인 시대에서 사람들을 뒤로 하고, 소수의 사람들이 조용히 이 의식을 행하면서 불확실한 마음으로 가득 차 있습니다. 이 의식이 불확실한 이유는 여기서 사용하는 용어들이 너무 극단적이기 때문입니다. 주님은 우리와 함께 하시거나 아니면 우리는 한심한 바보들입니다."[*]

이것은 늘 우리 교회에 있는 문제이기도 하다. 우리는 소수의 공동체 구성원들이 삼위일체 하나님에 대한 단편적인 믿음과 이해를 가지고 예수께서 우리들에게 가르쳤던 모든 것을 가지고 세상으로 들어간다. 주님께서 우리와 함께 계시고 모든 권세가 그리스도께 주어졌든지 아니면 우리는 진실로 한심한 바보들이다.

---

[*] Garret Keizer, *A Dresser of Sycamore Trees: The Finding of a Ministry* (New York: Penguin, 1991), 73.

성령강림절 후 둘째 주일

마태복음 9:9-13, 18-26

⁹예수께서 그곳을 떠나 지나가시다가 마태라 하는 사람이 세관에 앉아 있는 것을 보시고 이르시되 나를 따르라 하시니 일어나 따르니라 ¹⁰예수께서 마태의 집에서 앉아 음식을 잡수실 때에 많은 세리와 죄인들이 와서 예수와 그의 제자들과 함께 앉았더니 ¹¹바리새인들이 보고 그의 제자들에게 이르되 어찌하여 너희 선생은 세리와 죄인들과 함께 잡수시느냐 ¹²예수께서 들으시고 이르시되 건강한 자에게는 의사가 쓸 데 없고 병든 자에게라야 쓸 데 있느니라 ¹³너희는 가서 ㄱ)내가 긍휼을 원하고 제사를 원하지 아니하노라 하신 뜻이 무엇인지 배우라 나는 의인을 부르러 온 것이 아니요 죄인을 부르러 왔노라 하시니라 ¹⁸예수께서 이 말씀을 하실 때에 한 관리가 와서 절하며 이르되 내 딸이 방금 죽었사오나 오셔서 그 몸에 손을 얹어 주소서 그러면 살아나겠나이다 하니 ¹⁹예수께서 일어나 따라가시매 제자들도 가더니 ²⁰열두 해 동안이나 혈루증으로 앓는 여자가 예수의 뒤로 와서 그 겉옷 가를 만지니 ²¹이는 제 마음에 그 겉옷만 만져도 구원을 받겠다 함이라 ²²예수께서 돌이켜 그를 보시며 이르시되 딸아 안심하라 네 믿음이 너를 구원하였다 하시니 여자가 그 즉시 구원을 받으니라 ²³예수께서 그 관리의 집에 가사 피리 부는 자들과 떠드는 무리를 보시고 ²⁴이르시되 물러가라 이 소녀가 죽은 것이 아니라 잔다 하시니 그들이 비웃더라 ²⁵무리를 내보낸 후에 예수께서 들어가사 소녀의 손을 잡으시매 일어나는지라 ²⁶그 소문이 그 온 땅에 퍼지더라

신학

우리가 고려해야 할 마태복음의 두 단락은 풍부한 신학적 자료이다. 첫 번째 단락인 마태복음 9:9-13은 제자들을 부르신 이야기의 전형을 보여준다. 특히 세리 마태의 부르심 이야기가 그렇다. 두 번째 단락인 9:18-26에서는 죽은 소녀가 살아나고 한 여인이 치유되는 장면이 소개되는데, 이는 믿음의 생명력 넘치는

능력에 대한 세심하고 수려한 해설이다.

먼저 마태의 부르심에 대해 살펴보자. 예수가 길을 가다가 마태가 세관에 앉아 있는 것을 본다. 마태가 사회적으로 비난받는 직업을 택한 것이 개인적 이유 때문인지 아니면 가족의 생계를 위한 불가피한 선택이었는지가 명확하게 드러나지 않는 것처럼 예수의 "나를 따라오너라"라는 말이 초대인지 명령인지 불분명하다. 이 생동감 있는 이야기 속에서 마태는 일어나 예수를 따라간다. 새로 찾은 제자직을 위해 세리로서의 모든 일을 내팽개친 것으로 보인다. 우리가 마태에 대해 아는 것은 그의 이름과 직업이 전부이다. 이 마태가 삶의 관심을 직업에서 소명으로 옮김으로 그의 정체성도 근본적으로 바뀐다.

마태가 과거의 삶을 뒤로 한 지 얼마 되지 않아 예수를 따르는 일 때문에 그는 자신이 떠났던 수많은 동료들과 다시 함께하게 되었다. 세리와 죄인으로 불리는 그들이 예수 및 제자들과 자리를 같이 하고 음식을 먹었다. 새로운 소명을 찾은 마태는 사회적으로나 도덕적으로 배척된 사람들(아마도 이들은 그의 동료이자 안면이 있던 사람들이었을 것이다)과 섞여서 교제했다. 이 광경을 보고 바리새파 사람들은 예수의 제자들에게 왜 예수가 그런 해로운 사람들과 어울려서 음식을 드시냐고 비판적으로 물었다. 예수는 호세아 6:6을 인용하며 "나는 의인을 부르러 온 것이 아니라, 죄인을 부르러 왔다"고 말하면서 하나님은 자비를 원하시지 희생제사를 원하시지 않는다고 대답했다. 이것은 흥미로운 대화이다. 왜냐하면 스스로를 의롭게 여기는 바리새파 사람들은 예수가 상대하고 싶은 부류가 아니었기 때문이다.

죄인이라고 손가락질을 받으며 예수와 식사를 하고 있는 그들을 예수는 구원이 필요한 사람, 구원을 절실하게 원하지만 생활 방식과 직업 때문에 결코 구원을 받지 못할 것이라는 두려움에 빠져있는 사람으로 파악했다. 의인보다는 죄인을 향한 편애는 구스타보 구티에레즈(Gustavo Guttierez)가 주장한 가난한 사람에 대한 하나님의 편애를 연상시킨다. 가난한 사람들이 하느님의 관대함과 은총을 가장 필요로 하는 것처럼 예수의 만찬에서는 사회적으로나 도덕적으로 버림받은 사람들도 마찬가지다. 여기서 한 걸음 더 나아가 만일 우리가 바리새파 사람들에 대한 예수의 반응의 이유, 즉 의인보다는 죄인을 부르는 데 우선순위를 두는 이유가 의인들이 자신들이 곤경에 처했다는 사실을 깨닫지 못하기 때문이라고 해석한다면, 우리는 예수가 스스로 의롭다고 생각하는 사람들은 절대로 부르지 않는 것인지 궁금해진다.

죄인들은 자신의 부족함을 인식하는 반면 스스로를 의인으로 여기는 사람들은 교만과 자만으로 가득 차서 그들이 하나님의 은혜로운 자비를 필요로 한다는 것을 깨닫지 못하는 것인가? 예수 앞에서 자신을 의롭다고 선언하는 것은 어떤 사람도 지킬 수 없는 주장을 하는 것이다. 우리 모두는 죄인이다. 그렇지만 자신이 곤경에 처했음을 깨닫는 사람은 도움이 필요 없다고 주장하는 사람과 다르다. 전자는 예수를 자신의 삶에 모셔들이는 반면 후자는 예수가 못 들어오게 문을 닫는다. 그리스도는 하느님의 자비를 가장 필요로 하는 사람들과 자신의 부족함을 가장 절실하게 인식하는 사람들 곁에 가까이 계신다.

두 번째 단락은 권세 있고 의로운 사람들에게 즉각적인 운명의 역전을 선언하기 때문에 중요하다. 당시 가장 의로운 사람으로 여겨지는 인물 중 한 사람이었을 것이 확실한 회당 지도자가 나타났는데, 이 지도자는 한편으로는 아무도 해결할 수 없는 어려운 사정을 갖고 있었고, 다른 한편으로는 예수에게는 어떤 어려움도 해결할 수 있는 능력이 있다는 놀라울 정도의 순수한 믿음이 있었다. 그의 딸은 죽었고, 그는 예수께서 오셔서 딸에게 손을 얹어 주신다면, 그 딸이 살 것이라고 확신한다. 예수는 아무 말 없이 일어나 그를 따라가신다. 그런 와중에 12년 동안 출혈로 고생한 여성도 등장한다. 예수가 자신을 고쳐주실 것이라는 확신을 갖고, 그녀는 예수의 옷자락을 만지기 위해 손을 뻗는다. 본문은 이것이 월경 출혈인지 확실하게 밝히지 않는다. 만약 그렇다면 유대교 전통에서 이 여자는 의례적으로 부정할 것이고, 그녀가 예수를 만지는 것 또한 예수를 부정하게 만드는 것이다. 그래서 마태복음 저자가 그녀가 예수를 만지기 위해서가 아니고, 예수의 옷을 만지기 위해 손을 뻗었다고 묘사하는 것은 정교한 신학적 구성이다.

여인에 대한 예수의 반응은 숨 막힐 정도로 놀랍고 신학적 깊이가 있다. 예수는 그녀가 낫게 된 것은 그녀의 믿음 때문이라고 말한다. 예수는 당신이 그녀의 치유를 위해 어떤 것도 했다고 말하지 않고 또 그녀가 낫기 위해 해야 할 조건을 제시하지도 않았다. 대신, 예수는 그녀의 믿음이 그녀의 치유를 가져왔다고 인정한다. 이것은 예수가 12-13절에서 바리새파 사람들에게 말씀하신 것을 뚜렷하게 반영하는 것이다. 치유되는 사람은 자신이 처한 곤경을 인식하고 믿음을 가진 사람이다. 바로 그런 방식으로 회당 지도자는 자신의 믿음을 표현함에 있어서 어떤 종류의 허영심이나 독선도 내세우지 않고, 도움을 갈망하며 예수에게 오고, 예수는 그의 딸을 살려줌으로 응답한다. 예수는 이 일을 하기 위해서 큰 능력이 필요하다고 주장하지 않고, 대신 그 딸이 단지 자고 있었고 죽지 않았다고 말한다. 이를 보고 현장에 있었던 직업적 애도자들은 예수를 조롱한다. 딸의 회복을 가져온 것은 회당 지도자인 아버지의 믿음이었다.

이 두 단락에서 예수는 곤경에 처한 사람들에게 오셔서 그들이 곤경에 빠져 있다는 것을 인식하신다. 의로운 사람들은 곤경에 처하지 않았거나 자만심으로 가득 차서 그들이 얼마나 깊은 곤경에 처해 있는지 깨닫지 못한다. 더 나아가 믿음은 그 자체가 치유력을 갖고 있으며, 예수를 만나기 전에 이미 주어진 하나님의 은혜로운 선물이다. 이 풍요롭고 풍성한 믿음의 토양 위에 예수의 능력이 자라고 꽃을 피울 수 있었던 것이다.

주석

마태복음 8:1-9:34은 치유 기적의 모음을 제시한다. 치유는 마태복음에서 처음이다. 그것들은 예수께서 산상수훈(5:1-7:29)을 설교하신 직후에 일어났다. 치유는 예수의 설교에서 요구하신 다른 사람들에 대한 연민과 자비를 보여준다. 치유는 또한 로마 사회와 유대 법에 확고하게 자리 잡은 사회적 경계를 넘어서는 것을 나타낸다. 예수는 유대 율법에 따라 "정결하지 못한" 것으로 여겨지는 사람들을 만지고 그들이 만지기도 했다. 예수가 나병환자를 만지고 고치셨다(8:1-3; 레 13장 참조). 예수는 죽은 자들 사이의 묘지에 사는 두 명의 귀신 들린 남자를 고치시고(8:28-34), 죽은 소녀의 시체를 만지셨다(9:23-25; 민 5:2, 19:11-13 참조). 그는 계속해서 몸에 혈루증으로 고통받는 한 여인을 만지셨다(9:20-22; 레 15:19-30 참조). 예수는 로마제국에 의해 억압받는 유대인들과 사회의 최하층에 있는 사람들을 치유하고 옹호하실 뿐만 아니라, 로마 백부장의 종을 고치고(8:5-13), 유대 지도자의 딸을 죽은 자 가운데서 살리심(9:18)으로써 계급과 민족의 경계를 완전히 무시한다.

세관에서 일하는 마태를 보시고 예수는 그에게 다가가서 "나를 따르라"(9)고 말하신다. 어부 베드로, 안드레, 야고보, 요한을 부르실 때 하신 말과 같다(4:18-22). 베드로, 안드레, 야고보, 요한, 마태는 부르심을 받은 후 즉시 자신의 직업과 가족을 떠나 예수를 따르게 된다. 마태복음에서 진정한 제자도는 기꺼이 예수를 온전히 따르겠다는 의지로 나타난다(8:22, 10:37-38, 16:24-25, 19:21, 27-29 참조).

예수는 마태를 제자들의 공동체로 부르시고, 그와 다른 세리들과 함께 식사하심으로써 배제된 사람들을 포함시켜 사회적, 공동체적 관계를 재정립한다. 세금 징수원은 로마 제국 당국과 협력하는 사람으로 여겨졌기 때문에 유대인들 사이에서 사회적으로 버림받은 사람들이었다. 그들은 로마를 위해 세금을 징수했을 뿐만 아니라 법적으로 정당한 것보다 더 많은 돈을 징수하여 자신의 개인 부를 증가시켜 이윤을 남겼다. 그들은 불충실하고 반역자로 간주되어 대부분의 다른 유대인들에게 멸시와 기피를 당했다(5:46, 18:17, 21:31-32 참조). 바리새파 사람들은 예수께서 세리를 받아들이고 그들과 교류하는 것에 대해 기분이 상했다고 표현한다. 그들은 "세리와 죄인들"(9:11, 11:19)과 함께 식사함으로써 사회적 규례를 어긴 예수를 비난한다.

예수는 바리새파 사람들의 비판에 대해 의사가 필요한 것은 건강한 사람이 아니라 병자라고 말한다. 비슷한 격언이 그리스 철학자들에게도 일반적이었다. 많은 그리스 사상가들은 철학자를 영혼의 의사로 여겼다. 잠언에 덧붙여서 예수는 예언자 호세아의 말씀을 인용했다. 마태복음에서 자비는 의식적 관습과 종교적 전통보다 우선한다(5:22-24, 23:23). 다른 복음서에서 예수가 인용하지 않은 인용문은 마태복음에서 다른 사람들을 자비롭고 동정심 있게 대하는 것에 대한 강조를 뒷받침한다(5:38-48, 7:12, 25:31-46 참조). 병자에게 필요한 것은 종교적 의식(즉, "희생제사")이 아니라 자비이며, 예수가 가져오는 것도 자비이다(9:27, 15:22, 17:15, 20:30-31). 마태복음의 예수는 유대 율법에 대한 바리새파 사람들의 독선적인 해석을 넘어 그 이상으로 자비를 포함하도록 하는데, 이는 배제된 사람들을 포함하도록 사회적 관계를 재정립하는 결과를 낳는다. 마태복음의 예수에게 자비는 그가 증진하기 위해 온 사회적 기풍(5:7, 18:33, 23:23)의 중심에 있다.

예수의 자비는 죽은 소녀와 혈루증 여인을 고치시는 중심에 있다. 그리스어 텍스트는 죽은 소녀의 아버지를 단순히 "지도자"가 아니라 "회당의 지도자"(18)로 구별한다. 본문에서 그가 유대인이 아니라 이방인임을 암시하는 것은 아무것도 없다. 유대인 지도자로서 아버지는 예수가 시체에 손을 얹는 것이 예수를 더럽힐 것이라는 사실을 가장 잘 알고 있을 것이다.* 마찬가지로 열두 해 동안 혈루증을 앓던 여자는 유대 율법이 자기를 부정하다고 선언하고, 예수를 만지는 것이 그를 더럽게 함을 분명히 알고 있다. 그러나 유대 지도자나 혈루증 여인은 주저함이 없다. 둘 다 분명히 예수의 치유 능력뿐만 아니라 예수의 자비에 대한 믿음을 가지고 있는 것 같다.**

---

* 마가복음 5:22에서 그 남자는 야이로라는 회당장으로 밝혀졌는데 그의 딸은 예수께 왔을 때 아직 죽지 않았다.

** 마가복음 14:34~36 참조. 마태는 예수가 자신을 만진 사람과 "두려움과 떨림으로"(막 5:30-33)

죽은 소녀의 아버지는 영향력 있는 유대 지도자이지만, 예수 앞에 무릎을 꿇고 자기 딸에게 손을 얹어 달라고 요청한다. 무릎을 꿇는 행위는 사회적 열등감을 인정하는 몸짓이다. 지도자의 딸의 죽음은 그 당시에는 흔한 비극이었다. 예수 시대에 어린이의 거의 절반이 다섯 살이 되기 전에 사망했다.* 영아 사망률에 대한 그들의 친숙함은 아마도 그 이유 중 하나일 것이다. 예수께서 그 소녀가 "죽은 것이 아니라 자고 있다"고 말하시고, 사람들은 비웃는다. 소녀의 부활 소식이 지역 전체에 퍼진 이유 중 하나이기도 하다.

혈루증 앓는 여자의 치유에 대한 마가의 기록(막 5:27-29)과는 달리 마태복음의 치유는 그녀가 단순히 예수의 옷을 만지는 것과 관련이 없다. 마태복음에서 예수는 여인을 바라본다. 그리고 그녀에게 "기운을 내어라 딸아. 네 믿음이 너를 구원하였다"(22). 이 명백한 자비의 행위 후에 그 여자는 즉시 낫게 된다. 마태는 하나님의 치유 능력이 예수의 옷이 아니라 예수의 자비에 있음을 확인한다. 마태복음에서 하나님의 능력은 항상 자비와 관련되어 있다. 그래서 예수는 "가서 '내가 바라는 것은 자비요, 희생제물이 아니다' 하신 말씀이 무슨 뜻인지 배워라"(13)고 말하신다.

예수께 다가가는 여인을 묻는 예수의 이야기를 생략한다.

* Roger Bagnall and Bruce Frier, *The Demography of Roman Egypt*, Cambridge Studies in Population, Economy and Society in Past Time 23 (Cambridge: Cambridge University Press, 1994), 87.

오늘 본문을 접하는 많은 사람들은 "교회는 성인들(saints)을 위한 박물관이 아니라 죄인들을 위한 병원이다"라는 말을 기억할 것이다. 설교자가 이 말을 사용하는 것이 오늘 본문에서 예수를 찾는 사람들이 영적인 필요뿐만 아니라 육신적인 욕구를 가지고 있다는 것을 무시할 위험이 있기는 하지만, 이 속담은 교회가 병원과 마찬가지로 다양한 필요를 가진 다양한 사람들이 도움을 찾기 위해 오는 곳이라는 사실을 상기시킨다.

죄와 질병이라는 설득력 있지만 불확실한 비유를 통해 예수는 자신을 영적으로 곤경에 처한 죄인(세관의 마태)을 찾으러 가는 치유자일 뿐만 아니라 딸이 죽은 회당장이나 혈루증 앓는 여인 같이 신체적으로 문제가 있는 사람들을 회복시킬 수 있는 사람으로 소개한다. 의사가 누군가를 치료하기를 주저하거나 고통당하는 사람을 돕기를 거부하지 않는 것처럼 예수의 목회는 긴급성과 접근성을 특징으로 한다. 소외된 사람과 사회 기득권층에 있는 사람 모두 예수에게서 긍휼히 여기는 마음을 본다. 긴급한 요구가 있는 사람이나 만성 통증이 있는 사람 모두 치유의 능력을 본다. 손을 내미는 사람이나 손짓해서 오라고 해야 하는 사람 모두 세심한 도움을 본다. 주일 예배와의 연관성은 쉽게 이해할 수 있다. 누가 예배당에 앉아 있든, 교인이 어떤 시련을 겪고 있든 오늘 본문은 모든 사람에게 예수께서 가까이 계시고 치유를 베풀고 싶어 하신다는 확신을 준다.

실제로 설교자를 향한 도전은 우리 자신의 필요가 하나님 앞에 내놓기에 적절하다는 것을 청중이 확신하게 하는 것이 아니라 우리의 육체적, 정서적, 영적 욕구가 예수께서 말씀하신 죄의 짐과 어떤 관련이 있는지를 이해하게 하는 것이다. 예수는 상처를 치유하고 죄인을 용서하기 위해 오신다. 설교자는 이 두 가지를 모두 염두에 두어야 한다. 그러나 의도치 않게 교회를 병원과 동일시하는 설교는 암묵적으로 질병이 죄와 직결되며, 육체적, 정서적으로 곤경에 처한 사람들에게 회개가 더 많이 필요하다는 주장을 할 수 있다.

설교를 하면서 이런 논의를 강조할 필요는 없지만, 죄와 질병 혹은 감염의 연관성이 이 본문에도 나타나며, 이 이야기를 듣는 사람에게도 생길 수 있다. 세리와 죄인에 대한 바리새파 사람들의 혐오는 혈루증을 앓는 여인을 만났을 때 그대로 반영된다. 세리와 이 여성 모두 추방당한 사람으로 여겨지는데, 왜냐하면 그들은 "불결"하기 때문이다. 우리 시대의 교회와 공동체에서도 많은 사람들이 그렇게 생각한다. 절박함은 필연적으로 도움을 요청하게 하지만, 낮은 자존감에 대한 인식은 수용이나 목회적 관심을 추구하는 사람의 의지를 방해할 수도 있다. 오늘 본문을 듣는 사람들은 교회나 하나님의 도움을 받을 자격이 없다고 생각할 수도 있다.

그러나 우리의 사회적 지위, 가치관, 육체적 건강과 같은 우리의 상태가 그리스도와의 관계와 어떻게 교차하는지에 대한 질문은 오늘 본문을 더욱 강력하게 만들고 목회적 문제를 다루는 데 더욱 유용하다. 이야기 전반에 걸쳐 관습이 뒤집히고, 장벽이 무너지며, 분리되었던 사람들이 뒤섞인다. 거룩하신 예수는 죄 많은 세리를 부르시고, 이 모습을 지켜보는 바리새파 사람들이 보기에 자격이 없다고 생각하는 사람들과 함께 식탁에 앉으신다. 회당장은 전례를 무시하고 정통으로 인정받지 못하는 랍비 앞에서 절을 한다. 어떤 여인은 그녀를 도울 수 있을 거라고 생각하는 분에게 다가가기 위해 대중들에게 경멸당할 것을 무릅쓰고 무리 속으로 들어간다. 예수는 죽은 소녀를 손으로 만져서 살아있는 사람들에게로 다시 데려오신다. 만약 이런 선들이 교차될 수 있다면, 교인들이 힘들어하는 문제가 무엇이든 간에 확실히 이 구절에서 격려를 받을 수 있을 것이다.

이 이야기는 예수와 함께 주인공답지 않은 남자 주인공과 잊혀지지 않을 여자 주인공을 제공한다. 회당장은 자신을 낮추고, 결함이 있는 여인은 예수의 겉옷을 움켜쥘 용기가 있다. 그들은 서로 다른 곳에서 서로 다른 이유로 온다. 한 사람은 사회 계층의 꼭대기에 있다. 다른 한 사람은 완전히 소외되어 있다. 한 사람은 긴급하고 절박한 요청이 있고, 다른 한 사람은 만성적이고 보다 복합적인 상태에 있다. 두 사람 모두 믿음이 있다. 두 사람 모두 그들의 죄나 개인적인 상황과 상관없이 예수의 관심을 받고 기적적인 결과를 얻게 된다. 예수는 남자가 자기의 어린 딸을 부를 때 사용하는 "딸"이라는 말로 여자를 부름으로 그들이 똑같이 귀하다는 것을 일깨워주신다. 모두 하나님의 자녀이고, 예수는 도움이 필요한 우리에게 오셨다.

자신의 병 때문에 고민하거나 자신의 가치를 의심하는 사람들이 이 이야기를 듣는다면 예수 때문에 이 이야기가 보편적 접근성을 가지게 된 것에 용기를 얻어야 한다. 바리새파 사람들이 조롱하면서 위선적으로 비난하는 것을 들으면 목사와 지도자들은 자신들의 높은 지위가 좀 더 위태로워질 수 있겠지만, 아버지로서 간청하는 회당장에게 예수께서 기울이시는 관심을 보고 위안을 찾을 수 있을 것이다. 교인들 중에 보이지 않는 고통을 안고 앉아 있는 사람들이나 자신의 염려를 드러내는 것이 편하지 않은 교인들은 예수께서 마태에게 하신 포괄적인 초대로 안심할 수 있으며 오래 고통 받은 여인의 용감한 믿음으로 고무될 수 있다.

오늘 말씀은 자연스럽게 치유에 대한 초대로 이어지며, 이에 따라 설교는 쉽게 추가적인 전례로 이어질 수 있다. 설교자는 예배에 온전함과 치유를 위한 탄원을 포함시키려고 할 수 있고, 설교 후에 특별한 기도를 제안하거나 아니면 단순히 특별한 관심이 필요한 사람에게 해당되는 약속을 추가하려고 할 수 있을 것이다. 이 말씀이 예배 전체를 어떻게 형성하든지 간에 마태복음에서 이 이야기를 듣는 사람들은 자신의 상황이 어떠하든지 예수께서 베푸시는 치유와 예수께서 제안하시는 영접이 믿는 사람 모두에게 가능하다는 것을 알고서 떠날 수 있다.

설교

자비를 베푸는 예수의 사역은 왜 "병자들"에게 집중하고 있는가?(12) 로마제국의 혜택을 받고 있는 건강하고 부유한 그리스도인들에게는 어떤가? 예수의 사역이 중점을 두는 내용은 검은 부유하고 라떼를 마시며 전원주택에 사는 교인들에게는 불편해 보일 수 있다. 예수 사역의 중심은 의로운 그리스도인들이 아니라 죄인들이다. 이 본문으로 하는 설교는 2개의 본문에 따라 달라질 수 있지만, 예수께서 외부인이었던 사람들을 부르고 곁에 앉아 그들을 만져주어 내부인으로 만든 일을 살펴볼 수 있다. 각각의 장면은 소외된 사람들과 보다 친밀하게 되는 예수를 보여준다.

부르심

예수께서는 세리인 마태를 부르시고 "나를 따라오너라"(9)고 말씀하신다. 마태는 사회적으로 멸시와 미움을 받았는데 그 까닭은 세리들은 부패하고 또 로마제국 체제를 위해 헌신하는 것으로 알려졌기 때문이었다. 그가 하는 세금 징수는 로마제국의 고위층과 불의한 현실 체제를 유지시키는 일을 도왔다. 예수께서는 그를 불러서 지상의 제국에 대한 헌신에서 기준이 다른 나라의 한 부분을 맡긴다. 워렌 카터(Warren Carter)는 이것을 "그분을 따르는 일은 하나님의 나라를 만나는 것을 의미한다"라고 표현한다.* 이 거룩한 나라는 마태처럼 사회적으로 버림받은 사람들을 환영한다. 다음 장면은 이 점을 확인시켜준다.

앉으심

예수께서는 사회적으로 버림받은 사람들뿐만 아니라 도덕적으로 외면당하는 사람들도 부르고, 심지어 그들과 함께 앉아서 식사를 한다(10). 우리는 식탁에서 어떤 사람들을 환영하는가? 우리들은 누구와 함께 앉아서 시간을 보내는가? 이

---

* Warren Carter, *Matthew and the Margins: A Sociopolitical and Religious Reading* (Maryknoll, NY: Orbis Books, 2000), 217-218.

본문은 설교자에게 우리가 받아들이는 사람들이 누구인가를 생각해 볼 것을 요청한다. 우리는 예수께서 버림받은 사람들과 함께 식사한 사실을 알고 있다. 그런데 우리는 어떠한가? 오늘날 병든 사람은 누구인가? 식탁에서 친교를 나누는 사람은 우리가 사는 사회적 관계 속에서 인정받은 사람을 의미한다. 예수께서는 당시 규범보다 더 평등한 사회적 관계를 추구한다. 식탁에서 그가 보여준 포용은 당시 현실에 대한 문제 제기이다. 그는 귀신들린 사람들과 함께 앉아 먹음으로써 어느 누구도 심지어 죄인이라도 하나님의 자비 안에 있음을 입증하였다.

그리스도인들은 예수께서 식탁에서 보여준 급진적인 포용성으로 인해 소외감을 느낄 수도 있지만, 여기서 제자들은 예수 그리고 버림받은 사람들과 함께 식탁에 앉아 있다. 이 본문으로 하는 설교는 그리스도인들이 병들고 건강하지 못하게 되는 방식에 대해 생각해볼 수 있다. 우리는 어떤 면으로든 자비가 필요한 세리나 죄인이 아니라고 당연하게 가정해서는 안 된다. 하지만 일부 신자들이 다른 사람들을 다르다는 이유로 배제하는 것 또한 인정해야 한다. 이런 면에서 그리스도인들을 "병자"로 볼 수도 있지만, 오늘날 사회적으로 소외된 사람들은 죄수, 매춘부, 포주, 에이즈 환자, 마약 판매자 등이다. 대다수 사람들은 그들을 보면 예수처럼 곁에 앉기보다는 차를 몰고 그냥 지나가 버린다. 이들을 위한 사회적 사역을 하는 사람들은 그 사역을 통해서 인정을 받을 수 있지만, 그렇지 못한 사람들은 예수의 자비로운 사역으로 인해 죄의식을 느낄 수도 있다. 이 모든 것은 교인의 상황에 달려 있다. 한 가지는 분명하다. 예수께서는 우리를 이 은혜의 사역으로 부르면서 스스로 소외된 사람들에게 다가간다는 것이다. 우리는 누구를 대상으로 사역을 하고 있는가? 우리가 그분을 따른다면, 버림받은 사람들 곁에 앉을 뿐만 아니라 그들을 만지게 될 것이다.

만져주심

예수께서는 당시의 모든 사회적 관습을 넘어서 버림받은 사람들을 만져주심으로써 더욱 친밀해진다. 18-26절에 보면 예수께 도움을 요청했던 두 병자의 사례가 나온다. 그들은 모두 여성이다. 한 명은 죽었다. 다른 하나는 피를 흘리며 죽어가고 있다. 놀랍게도 소외된 사람들을 향한 예수의 자비로운 사역을 강조하고 있는 이 장면에서 예수께서는 사회의 권력자들과 특권층에게도 문을 열어서 어느 누구도 그의 자비에서 제외되지 않고 있음을 보여주고 있다. 공직자일 가능성이 높은 "회당장"은(18) 예수께로 가서 "손을 죽은 딸에게 얹어 달라(즉, 만져달라)"고 간청하고 예수께서는 이 절망감에 빠진 아버지의 기도에 응답하신다. 어떤 아버지가 어린 딸을 살리기 위해 모든 힘을 다하지 않겠는가?(그렇지만 설교자는 자녀들을 학대하는 아버지들이 여전히 있음을 알고 있어야 한다.)

회당장이 예수께 온 이후에 한 여인이 온다. 그 딸의 손을 만지러 가는 길에서 사회의 주변부에 있는 한 여인이 예수의 옷 끝자락을 만진다(20). 그녀는 혈루증이라는 지속적으로 피를 흘리는 병을 앓고 있는데, 율법에 의하면 그녀는 부정하고 누구도 만져서는 안 된다(레 15:19-30). 예수께서 그녀를 만진 것이 아니라 그녀는 만지기만 하면 치유가 일어날 수가 있음을(21) 믿고 만졌다. 예수를 만짐으로써 그녀는 "나았고"(22), 문자 그대로 "구원되었다". 예수께서는 사회적, 육체적 죽음에서 죽어가는 그녀를 구원하셨다. 그녀와의 접촉으로 인해 발생할 오염이라는 위험을 감수한다. 그의 몸이 이 여인과 접촉한 것처럼 그 역시 또 다른 여성의 몸인 죽은 소녀를 만지신다.

예수께서 도착했을 때 이미 애도하는 음악이 들리고 있었지만, 예수께서 하실 일 곧 만질 수 없는 죽음 그 자체를 만지는 것을 막지는 못한다. 죽은 소녀의 몸에 손을 얹는다는 것은 오염되는 것을 뜻하지만, 예수께서는 소생을 위해 스스로 소외되는 것을 감수하신다. 그가 "그 소녀의 손을 잡으시니, 그 소녀가 벌떡 일어났다(25). 가장 놀라운 일은 그의 명성을 위태롭게 만들지도 모를 두 가지 일, 곧 1) 여성에게 손을 내밀고, 2) 만짐으로써 그들을 치유한 일을 예수께서 하신 것이다. 우리 사회는 예수께서 살았던 사회와 정확하게 같지는 않지만, 설교자는 여성들이 여전히 어떻게 배척당하고 있으며, 그들의 목소리가 많은 교회 강단에서도 침묵되고 있는지를 말할 수 있어야 한다. 여성 안수를 반대하는 그리스도인들은 예수와 여성과의 관계를 다시 살펴볼 필요가 있다.

더욱이 예수께서 베푸신 치유의 손길은 치유란 무엇이고, 어떻게 일어나는

지에 대한 질문을 하게 한다. 예수께서는 오늘날 이런 치유를 할 수 있을까? 그분은 죽은 사람을 살릴 수 있을까? 치유는 신체적일 수도 있지만, 그것은 또한 관계적, 사회적인 것으로 소외당한 사람을 공동체로 돌아가게 하여 거기서 다시 사랑의 손길을 받을 수 있게 하는 것이다. 심지어 죽음 앞에서 혼자가 아님을 알아야 할 필요가 있는 사람들에게 이 회복적인 치유의 손길만큼 힘을 주는 것은 없다. 어떤 신이 죽음을 멸하기 위해 우리를 위하여 죽음을 만지려고 하겠는가? 그분은 바로 우리를 위해 자비로운 사역을 하시는 하나님이시다.

성령강림절 후 셋째 주일

마태복음 9:35-10:8

³⁵예수께서 모든 도시와 마을에 두루 다니사 그들의 회당에서 가르치시며 천국 복음을 전파하시며 모든 병과 모든 약한 것을 고치시니라 ³⁶무리를 보시고 불쌍히 여기시니 이는 그들이 목자 없는 양과 같이 고생하며 기진함이라 ³⁷이에 제자들에게 이르시되 추수할 것은 많되 일꾼이 적으니 ³⁸그러므로 추수하는 주인에게 청하여 추수할 일꾼들을 보내 주소서 하시니라 ¹예수께서 그의 열두 제자를 부르사 더러운 귀신을 쫓아내며 모든 병과 모든 약한 것을 고치는 권능을 주시니라 ²열두 사도의 이름은 이러하니 베드로라 하는 시몬을 비롯하여 그의 형제 안드레와 세베대의 아들 야고보와 그의 형제 요한, ³빌립과 바돌로매, 도마와 세리 마태, 알패오의 아들 야고보와 다대오, ⁴가나나인 시몬 및 가룟 유다 곧 예수를 판 자라 ⁵예수께서 이 열둘을 내보내시며 명하여 이르시되 이방인의 길로도 가지 말고 사마리아인의 고을에도 들어가지 말고 ⁶오히려 이스라엘 집의 잃어버린 양에게로 가라 ⁷가면서 전파하여 말하되 천국이 가까이 왔다 하고 ⁸병든 자를 고치며 죽은 자를 살리며 나병환자를 깨끗하게 하며 귀신을 쫓아내되 너희가 거저 받았으니 거저 주라

신학

오늘 본문은 마태복음에 나오는 예수의 다섯 설교 중 네 번째 것으로 "선교 담화"로 알려진 부분을 포함한다. 예수는 무리를 보면서 그들을 위해 할 일이 너무 많다고 말씀하시고, 열두 제자들을 추수하기 위한 일꾼으로 파송하신다(9:38). 이 본문은 제자들만을 위한 명령이 아니고 모든 신자들을 위한 것이다.

마태복음 10:5-6에는 예수가 "사도들"에게 이방인이나 사마리아인에게로 가지 말고 유대인에게만 복음을 선포하라고 당부하는 장면이 나온다. 마태복음에서는 사도라는 단어가 여기에만 등장한다. 정확히 열두 사도가 보내졌다는 것은 상징적

으로 새 이스라엘과 그 열두 지파의 중요성을 표현한 것이다. 사도들이 주어진 사명을 감당할 수 있도록 예수는 예수 자신이 행사하던 권위를 그들에게 준다. 더러운 귀신을 쫓고, 병든 자를 고치는 권위가 그것이다. 주목할만한 것은 가르치는 권위는 언급되지 않았다는 것이다. 이 권위는 예수만 가진 것처럼 보인다. 그렇다면 사도들은 진정한 의미에서 설교자가 아니었는가? 가르치는 사역은 예수만이 할 수 있는 것인가? 예수의 가르치는 권위가 마태복음에서 매우 강조되는 것을 생각해 볼 때 사도들에게 부여된 권위 중 가르치는 권위는 빠졌다는 것은 매우 이상한 일이다.

더 나아가 예수는 열두 사도들에게 지켜야 할 지침을 내리는데 예를 들어 자발적 가난, 여분의 옷 소지 금지 등이다. 이는 방랑적 견유학파나 에세네학파와 구별하기 위함인 듯하다. 그들은 신자나 개종자의 집에서 머물러야 한다. 그들을 환대하지 않는 사람들은 그에 상응하는 값을 힘들게 치를 것이다. 예수는 그들이 고난과 핍박을 당할 것이라 말씀하고, 그들이 늑대 속의 양과 같다고 하며, 어떻게 선교의 사명을 성공적으로 수행할지에 관한 가르침을 주신다.

초기 선교사를 위한 실천적 지침서와 같은 글의 신학적 톤이 갑자기 바뀐다. 사도들이 배신을 당하고, 권력자들에게 넘겨질 것이라고 예고한 뒤 예수는 10:19-20 에서 다음과 같이 말한다. "사람들이 너희를 관가에 넘겨줄 때에, 어떻게 말할까, 또는 무엇을 말할까, 하고 걱정하지 말아라. 너희가 무슨 말을 해야 할지, 그때에 지시를 받을 것이다. 말하는 이는 너희가 아니라, 너희 안에서 말씀하시는 아버지의 영이시다." 이런 강력한 권고가 없었다면 본문은 평범한 지침서에 불과했을 것이다. 사도들은 고난이나 핍박을 받을 때 하나님의 영이 그들을 통해 말씀하실 것이라는 약속을 받는다.

이것은 예언이나 설교의 은사도 아니고, 모든 것이 잘 될 것이라는 안위의 말도 아니다. 예수는 하나님이 사도들과 함께하고 시련의 때에 그들을 통해 역사하실 것이라는 약속을 하시는 것이다. 사도들이 위험에 처하게 될 것이라고 경고한 후에 예수는 성령이 그들과 함께하고 그들을 통해 역사할 것이기 때문에 끝까지 견딜 수 있을 것이라고 약속한다. 이런 약속이 나오게 된 배경을 생각해 보는 것이 중요하다. 왜냐하면 예수는 성령의 임재를 가장 강력하게 체험하게 되는 것은 핍박당하고 용기를 잃을 때라고 말하기 때문이다.

오늘 본문에서 우리는 몇 가지 중요한 신학적 의미를 찾을 수 있다. 첫째로 예수는 세상을 홀로 복음화하려고 하지 않으신다. 예수는 신자들에게 예수의 이름으로 그의 권위를 힘입어 복음을 전파하라고 명령한다. 오늘날 우리가 목사, 사제, 평신도 지도자의 권위를 주장할 때, 우리는 기독교 운동 초기의 상황을 고려해야 한다. 또한 우리는 예수가 우리에게 허용한 권위의 성격에 대해서도 생각해 봐야 한다. 예수가 우리에게 준 권위는 특별한 목적을 위해 주어진 것으로, 절대적이거나 무오적인 것이 아니다. 도리어 우리는 비판과 박해가 있을 때, 그런 것들을 불가피한 것으로 받아들여야 한다. 제자가 되기 위해 치러야 할 값은 매우 크다. 예수는 그를 따르는 것이 얼마나 위험한지를 강조하신다.

둘째로 이 사명은 새로운 이스라엘을 위한 것이지 모든 민족을 복음화하라는 것은 아니다. 복음의 선포는 우선 유대인을 대상으로 한다. 예수의 죽음과 부활 이후에야 그 대상은 모든 민족으로 확장된다. 다음의 구절을 보면 예수는 선민들을 동일한 믿음하에 하나로 모으기를 원하는 것 같다. "이 고을에서 너희를 박해하거든, 저 고을로 피하여라. 내가 진정으로 너희에게 말한다. 너희가 이스라엘의 고을들을 다 돌기 전에 인자가 올 것이다"(10:23). "인자"라는 표현은 심판과 관련이 있는데, 이 구절이 70년 예루살렘과 성전 파괴를 통해 일어난 유대인의 박해를 언급하는 것인지는 논란의 여지가 있다.

셋째로 사도들과 그들의 말을 받아들이지 않은 사람들에게 내리는 벌은 매우 중대하다. 예수는 소돔과 고모라에 내렸던 것과 비슷한 하나님의 심판이 내릴 것이라 말한다. 특히 주목할만한 것은 예수가 하나님의 뜻에 반하는 자들을 벌하신다고 하지 않고, 단순히 사도들을 환영하지 않거나 그들의 말에 주목하지 않는 자들에게 그런 심한 벌을 내린다는 점이다. 이 단계에서 제자들의 주된 사명은 이스라엘의 치유였는데, 그것이 너무 중요한 사명이어서 그 소식을 무시하는 것만으로도 큰 벌을 받는다는 것이다. 여기에서 우리는 하나님과 이스라엘 사이에 맺은 언약을 회복하는 것이 매우 중요하다는 신학적 주장을 읽을 수 있다. 이 세상의 어떤 권세나 주권자도 하나님과 그 백성이 세운 언약을 방해할 수 없다. 그 언약을 회복하는 것이 예수가 만민에게 복음을 전하라는 사명보다 우선된다.

주석

예수의 치유기적 이야기들 끝에(8:1-9:34) 마태복음 기자는 예수의 사역에 대한 요약을 제공한다. 4:23 말씀을 상기시키는 이 네 절(9:35-38)은 예수의 가르침 (5-7장)과 예수의 행동(8-9장)에 관한 부분을 결론 맺는다. 이 절들은 이행구로서 윤리적이고 동정심 많은 유대 메시아로서 예수의 소개로부터 그들의 스승의 발자취를 따르고자 하는 열두 제자들에 대한 사명으로 전환된다. 이 본문은 예수의 가르침, 설교 그리고 치유 사역들에서 '불쌍히 여기심'이 동기였음을 보여준다 (9:35-36, 14:14, 15:32, 18:27, 20:34). 예수는 백성들이 그들을 방어하고 돌보아 줄 목자가 필요한 괴롭힘 받고 무력한 양(문자적으로 억압받아 땅에 넘어진 양)으로 보았다. 마태 기자는 예수를 그의 양을 돌보는 동정심 많은 목자로 묘사한다 (18:10-14, 26:31 참조).

추수의 비유로 넘어가 예수의 백성들에 대한 동정심은 그로 하여금 추수할 것이 많은 데 추수할 일꾼은 적다고 한탄하게 한다. 동정심은 억압의 문제를 구원의 기회로 전환 시킨다. 예수가 "추수하는 주인에게 일꾼들을 그의 추수밭으로 보내시라고 청하라는"(9:38) 제자들에게 한 요청은 열두 제자들을 사도들로서 파송하는 소환과 사명의 전조가 된다.

사실 예수의 제자들은 열둘보다 많지만, 예수는 사도들로서 파송하는 작은 그룹을 선택한다. 열둘이라는 숫자는 이스라엘 열두 부족을 대표하고, 이스라엘의 이전의 영광을 회복하는 것에 대한(19:28) 상징이다. 사명을 준 열두 제자들은 예수 사역 초기에 부르심을 받고, 예수와 상당한 시간을 같이 보냈다(4:18-22, 9:9-13). 열두 제자들을 부르신 후 예수는 그들에게 그가 가진 권세와 권위를 주어 그가 하신 일들을 할 수 있도록 했다(7:29, 9:6-8, 21:23-27, 28:18).

열두 제자에게 명하신 내용은(10:5-42) 그의 다섯 강화 중에 두 번째를 구성한 다.* 첫 번째 강화(산상설교)와 같이 예수의 가르침은 임박한 종말론적 기대가

---

* 다른 네 강화는 5:1-7:27, 13:1-52, 18:1-35, 24:3-25:46이다.

나타나고 있다(10:16-23, 7:21-23 참조). 사도로서 열두 제자들은 예수의 사역을 계속하기 위한(10:16-25, 40-42, 28:16-20) 대표자로서 파송되었다. 예수는 그들에게 "보아라, 내가 너희를 내보내는 것이, 마치 양을 이리 떼 가운데로 보내는 것과 같다"(10:16)고 말했다. 이것은 산상설교에서 제자들에게 "거짓 예언자들을 살펴라. 그들은 양의 탈을 쓰고 너희에게 오지만, 속은 굶주린 이리들이다"(7:15) 하신 말씀을 상기시킨다. 이 두 경고의 문장에서 맥락을 보면 "이리들"이란 유대 종교 지도자를 가리킨다(5:20, 10:16-18, 23).

다시 목자 모티브로 돌아가서 예수는 자신을 전적으로 "이스라엘의 잃어버린 양"(10:5-6, 15:24)에게 관심을 두고 있다고 말한다. "잃어버린 양"이란 개념은 앞에서 백성들을 "목자 없는 양"(9:36)이라고 묘사한 것에서 만들어졌다. 에스겔 예언자는 많은 유대 백성들을 약탈하고 억압하고 흩어지게 하여 목자 없는 양을 만든 "유대 목자"들을 규탄했다(겔 34:2-10). 백성들이 목자가 없으므로 예수가 목자로 와서 잃어버리고 흩어진 이스라엘 양들을 구하고 이스라엘을 회복한다.

마태에서만 사도들에게 이방인과 사마리아 사람들을 피하고 오로지 이스라엘 백성들에게 가라고 지시한 것으로 나타난다. 이러한 제한은 복음서 마지막에 부활하신 예수가 제자들에게 "그러므로 너희는 가서, 모든 민족을 제자로 삼아서" 라는 명령에 의해(28:19a) 거두어진다. 마태복음에서 예수를 유대인들에게만 사역을 완수하는 것으로 제시하지만, 이방인들은 여러 곳에서 그들의 믿음으로 인해 칭찬받고, 제자로 장차 하나님의 왕국의 상속자로 그려진다(2:1, 8:10-12, 15:28, 21:43, 22:1-14). 마태에서 예수의 족보에는 심지어 세 명(아마도 네 명)의 이방인 여자(다말, 라합, 룻 그리고 아마도 밧세바)가 예수의 조상으로 나온다(1:1-6).

유대인 특권과 이방인 포함 사이의 긴장은 필시 예수운동의 역사적 발전을 반영하고 있다. 예수운동은 배타적인 유대교 운동으로 시작했다. 그런데 마태가 쓰여진 때에 마태 공동체는 유대인 배타주의를 포기하고 필시 유대인과 이방인으로 구성되었을 것이다. 역사적 예수는 명백히 배타적으로 유대인 선교 사명에 관심을 갖지만, 부활하신 예수는 그의 제자들에게 모든 민족을 제자로 삼으라고 명령함으로써 마태 공동체의 길을 예비한다.

사도들의 메시지는 기본적으로 하나님의 나라가 도래했다는(10:7, 3:2, 4:17) 세례요한과 예수의 메시지와 같다. 바울서신이나 오늘날 대부분의 서구 기독교는 예수의 설교를 하나님의 구원의 행위로 강조하고 있지만, 열두 제자들에게 사명을 주는 데서 예수는 하나님의 나라가 가까이 왔다는 기쁜 소식을 설교하도록 가르쳤다. 하나님 나라의 도래는 병자가 치유되고, 죽은 자가 살아나며, 나병환자가 깨끗해지고, 귀신이 쫓겨나는 등의 억압받는 자의 구원으로 나타난다.

예수는 사도들에게 가르침을 재정적 보수에 관한 이슈를 말함으로 결론 짓는다(10:8b-15). 재정적 이득이 아닌 다른 이들에게 대한 사랑이 언제나 사역의 동기가 되어야 한다. 예수는 사도들에게 그들이 하나님께 구원을 거저 받았듯이 다른 사람에게도 거저 주어야 한다고 말했다(고후 11:7 참조). 예수는 사도들에게 필요한 물자가 공급되어야 할 필요성을 인정했지만(10:10b-11; 고전 9:3-19 참조) 또한 사도들은 물질적 준비에 대해 걱정하지 말아야 하고(6:25-34 참조), 개인적 재정적 이득이 목적이 되어서는 안 된다. 지역에서의 환대를 통해 사도들은 그들이 보내진 사람들과 물질을 나누었다(빌 4:14-20 참조). 예수는 한편으로 사도들에게 하나님이 준비하신다는 것을 확신시켰지만 또한 다가올 박해와 그들이 예수가 받았던 대우를 받을 것이라고(10:16-25) 경고했다.

예수가 하시는 일은 쉬워 보인다. 그는 모든 도시로 가서 모든 회당에서 설교하고, 질병 하나하나를 모두 고쳐준다. 거리가 너무 멀지 않고, 청중도 회의적이지 않으며, 질병도 심하지 않다. 예수께서는 사역을 완수하셨다. 예수가 그의 사역을 수행하도록 제자들에게 위임할 때 상황은 훨씬 어려워진다. 새로운 일을 시작하는 사람들, 특히 이제 막 학교를 떠난 졸업생이나 교인들 가운데 특별한 봉사를 위임받은 사람들에게 이 구절들은 예수의 발자취를 따르는 사람들 앞에 어떤 일이 놓여 있는지에 대한 냉철한 진단을 제공한다.

그리스도께서 주시는 신성한 사명은 정치적 현실, 사회 분열 및 조직적인 무질서가 있는 이 세상에 적용되는 것이다. 도전들이 있고, 성공할 가능성이 회의적임에도 불구하고 또 그리스도께서 우리보다 훨씬 쉽게 할 수 있는 일을 우리가 성취하려면 불가피한 어려움이 있음에도 불구하고 그리스도는 자신 있게 우리를 보내신다. 이 본문은 우리로 하여금 이상과 실제의 차이를 인정하게 하면서 제자로서 우리의 신앙이 크게 도약하도록 밀어붙인다.

설교자는 괄호 안에 있는 10:9-23을 포함할지를 결정해야 한다. 만약 8절에서 멈추면 제자들의 위임은 상대적으로 실현 가능해 보인다. 그들이 해야 할 일이 가능하다는 것을 예수께서 이미 보여 주신 것이다. 그러나 본문이 계속되면서 가난한 사람들의 요구, 복합적인 대립에 대한 예측, 신체적인 위해의 가능성 그리고 사명이 성공할 수 있을지에 대한 의문을 듣게 된다. 계속 진행할수록 우리가 하는 일은 더 불쾌하게 들린다.

하지만 청중들은 예수가 아닌 다른 사람이 그 일을 감당할 수 있는지에 대해 궁금하지 않으면 본문을 더 듣지 않아도 된다. 병을 고쳤어? 한센병자를 깨끗하게 했다고? 아마도. 악마를 쫓아내? 죽은 사람을 살려? 예수가 한 일에 익숙해질 사람은 거의 없을 것이다. 예수가 성취한 일을 제자들이 이제 곧 수행해야 할 임무와 나란히 놓고 보면, 예수를 따르는 사람들은 예수가 한 것만큼 하지 못할 운명인 것처럼 보인다. 예수는 모든 도시와 마을로 가셨지만, 제자들은 그들이 일을 하는 지역에 남아 있어야 한다. 예수는 모든 회당에서 설교하셨지만, 제자들은 어떤 집에서는 환영하고 어떤 집에서는 박대한다는 것을 알게 될 것이다. 예수께서는 많은 사람들을 만나셨고, 그들의 모든 질병을 고쳐주셨다. 제자들은 계속해서 어려움을 만나면서 많은 고난을 겪게 될 것이다.

이들 초기 제자들은 그리스도와 함께 할 때 무엇을 할 수 있는지에 대한 직접적인 증인으로, 확신과 결단과 강철 같은 용기로 잘 해낼 수 있었다. 그러나 우리는 목자 없는 양에게 더 가깝다고 느낄지도 모른다. 오늘날 많은 그리스도인들은 이웃 마을에 사는 낯선 사람들은 말할 것도 없고, 교회에서 옆에 앉아 있는 사람들과 자신들의 신앙에 대해서 말할 수 있는 자신감이 부족하다. 제자들은 기꺼이 먼지를 발목에서 털어버리고 다른 곳에 가서 복음을 전했지만, 우리가 살고 있는 다문화 세계에서 우리는 우리의 신앙을 가지고 다른 사람에게 접근하는 것이 너무 뻔뻔스럽게 보일까 봐 두려워서 주저한다. 아마도 예수의 맨 처음 추종자들은 질병을 치료하고 기적을 행하는 데 성공했지만, 많은 사람들은 우리가 그렇게 할 수 있을 가능성이 매우 희박하다고 생각할 것이다.

그럼에도 불구하고 제자들이 고대 이스라엘의 그런 마을들로 보내심을 받은 것처럼 예수를 따르는 사람들은 계속해서 믿음만을 가지고 세상에 들어가 그리스도의 일을 완수하라는 도전을 받는다. 세상에는 많은 믿음이 필요하며, 많은 교인들은 우리가 필요한 것을 성취할 수 있을 만큼 충분한 믿음을 가지고 있는지 궁금해할 것이다. 예수께서 이방인과 이스라엘 집의 사람들을 구별하실 때 우리는 세상에서, 우리나라에서, 심지어 교회 안에서도 정치적 분열과 문화적 갈등이 계속되고 있음을 기억하게 된다. 그렇게 오래전에 복음이 어떻게 효과적으로 전파되었는지 들으면서 정보, 산만함 그리고 진실에 대한 경쟁적인 아이디어에 의해 압도되는 세상에서 우리는 메시지를 전달하려고 고군분투하고 있다. 제자들이 파송될 때 아무것도 가지지 말고, 대가도 받지 말아야 한다면, 오늘날 교회가 부와 맺는 관계는 계속 가난하게 살아가는 사람들의 필요와 더욱 단절된 것처럼 보인다. 우리는 우리의 신앙을 위해 개인적으로 기꺼이 겪어야 하는 고난이 무엇인지 궁금하지 않을 수 없다. 열두 제자가 예수를 낮은 차원에서 대신한다고 보면,

오늘날 이 사명을 듣는 우리에게 현실과 이상 사이의 간격은 엄청나게 넓어진다.

그러나 우리는 역사를 통해 놀라운 일들, 불가능해 보이는 일들이 이루어졌으며, 교회의 평범한 교인들을 통해 계속해서 행해지고 있음을 인정해야 한다. 예수의 말씀은 이 구절에 열거된 열두 제자에게보다 그들에게 훨씬 더 용기를 주고 동기를 부여했다. 신실한 그리스도인들의 노력의 결과로 불치병이라고 생각되는 질병이 박멸되고, 부당한 법이 뒤집어졌으며, 어떤 문들은 열리지 않을 것이라고 생각한 사람들이 문이 활짝 열리는 것을 보았다. 아마도 그 가운데 가장 사소한 것이 오늘날 그리스도인들이 박해받는 세계 많은 지역에서 기독교가 살아남을 뿐 아니라 성장하고 있다는 사실일 것이다.

이러한 성취가 일어날 때 신실한 사람들은 성공을 더 높은 권세에게 돌리는데, 그렇게 하는 것은 당연한 일이다. 우리 자신이 할 수 없는 일을 하도록 하는 것은 그리스도다. 이 구절은 그리스도께서 왜 우리를 그의 사명에 포함시키시는지 그리고 정확하게 어떻게 우리가 그리스도를 통해 성공할 수 있는지를 신비로 남겨 두지만, 그러나 신실한 사람들은 기적적인 일들을 성취한다. 아마도 예수가 목자 없는 양들에 대해 연민을 계속 가지고 계시기 때문일 것이다. 아마도 기도가 응답되었고, 풍성한 수확을 위해 충분한 일꾼들이 보내졌기 때문일 것이다. 아마도 아버지의 성령의 말씀이 적시에 적절한 사람들을 통해 선포되었을 것이다.

아마도 그리스도를 따르는 사람들은 현실과 이상 사이의 간격이 실제로 연결될 수 있는 것을 보는 믿음을 발견했을 것이다. 비록 쉬운 일은 아니더라도 예수는 우리가 그 일을 해낼 수 있다고 생각하시는 것 같다.

설교

예수로 인해 계속 놀라워했던(9:33) 군중들은 실제로 여기서 가장 도움이 필요한 사람들이다. 이런 군중들은 도처에 있지만(7:28, 12:23, 14:13, 21:46), 어느 곳에서도 그 필요한 것들을 얻지 못했는데, 그 이유는 "그들은 마치 목자 없는 양과 같이 고생에 지쳐서 기운이 빠져 있었기 때문이다"(9:36). 예수께서는 그들이 피곤한 사람들이고 상처 입은 채로 살아가고 있는 것을 보고 있다. 게다가 그들은 목자가 없고 길을 "길을 잃은" 사람들인데, 그 까닭은 인도해 줄 사람이 아무도 없기 때문이다. 구약성서에서 목자 없는 양이 된다는 것은 이스라엘에서 그들을 돌봐주거나 바른길로 인도해 줄 예언자나 왕이 없는 상태를 말하는 것이었다(민 27:16-7; 사 40:11; 겔 34:1-). 진정한 목자 예수(2:6)께서 도움이 필요한 그들을 바라보기 전까지 그들을 돌보아 줄 사람은 아무도 없었다. 그는 그들이 기다려 온 분이고 이제 그는 그들을 보고 있다. 사람들 곧 군중들에게 꼭 필요한 것들이 처음부터 바로 강조되고 있다. 그들의 어려움은 분명하게 드러나 있고, 독자들은 이제 목자가 이런 인간의 필요에 응답할 것을 기다리고 있다. 인간의 필요에 대한 교회의 응답은 무엇인가? 우리는 관심을 갖고 있는가 혹은 관심을 덜 가져도 괜찮은 것인가?

예수께서는 곤경에 처한 그들을 보고 그들의 필요를 공감한다. 더욱이 그들을 불쌍히 여긴다(9:36). 그들을 불쌍히 여기는 감정은 그의 "창자"나 "내장"에서 나와서 깊이 체화되었는데 여기서 연민(compassion)이란 말이 유래하였다. 같은 용어가 14:14과 15:32에 사용되었는데 그 이유는 이 목자는 한결같은 자비와 연민으로 그의 사역을 행하기 때문이다. 그는 보는 것으로 인하여 마음이 움직이고 곤경에 처한 사람들에 대해 구체적인 행동으로 응답한다. 예수께서 보여준 이 연민은 행동으로 이어지게 된다. 교회도 이들이 직면하고 있는 필요를 볼 수 있지만, 그것이 곤경에 처한 사람들을 향한 자비로운 반응이나 사랑이 담긴 선교로 이어지지 않을 수도 있다. 심지어 교회는 눈앞에 있는 이 사람들을 물끄러미 바라보면서도 그 필요를 인식하지 못할 수도 있다. 그러므로 설교자는 교인들에게 어디에 어떤 어려움에 처한 사람들이 있는지를 설명해주는 일이 도움이 될 수 있다.

예수의 연민은 그를 선교로 나아가게 한다. 누군가의 곤경을 보고 그들에 대해 긍휼한 마음으로 응답하는 것은 신앙적 실천을 요청한다. 아이러니하게도 예수께서 제자들에게 추수할 일꾼을 주인에게 보내줄 것을 기도하라고 할 때(9:38) 제자들 자신이 그 기도에 대한 응답이 되었다. 그들 자신이 그들의 기도에 대한 응답이었고, 이것은 우리들도 우리 기도의 응답이 될 수 있음을 보여준다. 제자들은 추수할 일꾼이 된다. 하지만 그들이 "사도들", 곧 "보냄을 받은 사람들"로 불리기 전에 그들은 예수에 의해 부름을 받고 권위를 부여받는다(10:1).

이 사도들은 배신자, 열심당원 등을 포함하고 있어서 완벽하지 않은 사람들이지만, 긍휼히 여기시는 분이 이 세상을 섬기라고 부르셔서 그 일을 위임받은 사람들이다. 추수하는 주님께서는 그들에게 권한을 주고 해야 할 일을 위한 준비를 시킨다. 제자들이 지닌 권위는 예수의 권위이다. 예수께서는 그의 제자들을 통하여 곤경에 처한 사람들을 만나는 분이다. 우리가 어려움을 만나는 게 아니다. 하나님이 하신다. 하나님께서는 당신의 선교에서 교회를 홀로 내버려 두지 않고 세상 속에서 사역을 위해 성도들에게 필요한 것들을 갖추게 한다. 선교가 무엇인가는 공동체 주변 "군중들"의 필요가 무엇인가에 따라 각자에게 다르게 보일 수 있다. 하지만 교회는 본질적으로 "보냄을 받은 사람들", 즉 사도적인 것은 분명하다. 우리는 우리 자신을 보내지 않는다. 추수하는 주님께서 우리를 선교 현장으로 보내신다. 이 선교란 무엇인가?

선교란 하늘나라가 가까이 있음을 말과 행동으로 선포하는 것으로 나타난다. 이 복음은 특별한 메시지 안에 들어있고(예를 들어 10:7 "하늘나라가 가까이 왔다"), 병든 자를 돌보고, 죽은 자를 일으키고, 나병환자가 깨끗이 되고, 마귀를 쫓아냄을 통하여 드러난다. 병든 자, 죽은 자, 나병환자 그리고 악령에 사로잡힌 자 등을 향한 이런 선교는 자신들과 비슷한 사람이나 해를 끼칠 것 같지 않은 사람들에게만 다가가는 오늘날 교회의 선교와는 거리가 멀 수도 있다. 예수께서는 제자들을 이런 위험한 선교로 부르시는데, 그것은 이런 어려움에 처한 사람들에 대한 그의 연민 때문이다. 말로만 하는 것은 충분하지 않다. "도래하는 하나님의 통치에 관한 메시지는 하나님의 돌보심이라는 구체적인 사실을 통하여 믿을 수 있게 주어져야 한다"*는 언급처럼 선교는 가시적인 증거를 보여주어야만 한다.

더욱이 이 돌봄의 선교는 대가가 지불되는 것도 아니다. "거저 받았으니, 거저 주어라"(10:8). 근본적으로 복음은 값없이 받는 것이다. 인간에게 필요한 것에는 값을 치르지 않는다. 그들은 다만 하나님의 나라에서 만나지기만 하면 되는 것이다. 교인들이 복을 받기 위하여 돈을 내야 한다고 말하는 번영의 신학을 추종하는 설교자들은 예수의 이 말씀으로 인하여 각성해야만 한다. 궁핍한 사람은 예수께서 그들의 어려움을 만나주는데 그가 씨를 뿌릴 필요는 없다.

이것이 복음인데 그 이유는 어려움에 처해있을 때 예수께서 불쌍히 여기시고, 곤경에 처한 사람들을 섬기도록 다른 사람들을 선교의 현장으로 보내기 때문이다. 하나님께서는 곤경에 처한 사람들을 만나는 길을 내어주시고, 이 자비로운 사역은 "잃어버린 양들"에게 값없이 주어진다. 예수께서 원하는 것은 잃어버린 양들을 찾는 것이다. 이 본문으로 하는 설교는 좌절에 빠진 군중들의 필요를 언급하면서 그들의 문제에서 시작할 수 있다. 그런 다음 본문에 나타난 은혜를 부각시키는 방향으로 나아갈 수 있는데, 그것은 예수의 연민과 그가 제자들을 곤경에 처한 사람들을 만나도록 보내는 것이다. 이처럼 본문의 흐름이 설교의 흐름을 보여준다. 마지막으로 이 본문으로 하는 설교의 역할은, 교인들을 긍휼한 마음을 지니고 세상 속으로 보내는 것이다. 이 설교는 본문 자체가 그렇듯이 선교를 향한 강력한 요청을 담아야 한다. 단지 어려움에 처한 사람들을 보는 것만으로는 충분하지 않다. 그 곤경에 대해 무언가를 하기 위해 보냄을 받아야 한다.

---

* Douglas R. A. Hare, *Matthew*, Interpretation series (Louisville. KY: John Knox Press, 1993), 111.

성령강림절 후 넷째 주일

마태복음 10:24-39

²⁴제자가 그 선생보다, 또는 종이 그 상전보다 높지 못하나니 ²⁵제자가 그 선생 같고 종이 그 상전 같으면 족하도다 집 주인을 바알세불이라 하였거든 하물며 그 집 사람들이랴 ²⁶그런즉 그들을 두려워하지 말라 감추인 것이 드러나지 않을 것이 없고 숨은 것이 알려지지 않을 것이 없느니라 ²⁷내가 너희에게 어두운 데서 이르는 것을 광명한 데서 말하며 너희가 귓속말로 듣는 것을 집 위에서 전파하라 ²⁸몸은 죽여도 영혼은 능히 죽이지 못하는 자들을 두려워하지 말고 오직 몸과 영혼을 능히 지옥에 멸하실 수 있는 이를 두려워하라 ²⁹참새 두 마리가 한 앗사리온에 팔리지 않느냐 그러나 너희 아버지께서 허락하지 아니하시면 그 하나도 땅에 떨어지지 아니하리라 ³⁰너희에게는 머리털까지 다 세신 바 되었나니 ³¹두려워하지 말라 너희는 많은 참새보다 귀하니라 ³²누구든지 사람 앞에서 나를 시인하면 나도 하늘에 계신 내 아버지 앞에서 그를 시인할 것이요 ³³누구든지 사람 앞에서 나를 부인하면 나도 하늘에 계신 내 아버지 앞에서 그를 부인하리라 ³⁴내가 세상에 화평을 주러 온 줄로 생각하지 말라 화평이 아니요 검을 주러 왔노라 ³⁵내가 온 것은 사람이 그 아버지와 딸이 어머니와 며느리가 시어머니와 불화하게 하려 함이니 ³⁶사람의 원수가 자기 집안 식구리라 ³⁷아버지나 어머니를 나보다 더 사랑하는 자는 내게 합당하지 아니하고 아들이나 딸을 나보다 더 사랑하는 자도 내게 합당하지 아니하며 ³⁸또 자기 십자가를 지고 나를 따르지 않는 자도 내게 합당하지 아니하니라 ³⁹자기 목숨을 얻는 자는 잃을 것이요 나를 위하여 자기 목숨을 잃는 자는 얻으리라

신학

이번 주와 다음 주 두 본문에 나오는 중요한 신학적 주제는 제자도이다. 이번 주일 설교를 준비하면서 잠시 멈춰 자신이 지금까지 제자도를 어떻게 이해해 왔는지 생각해 보는 것이 좋겠다. 나는 나의 삶과 사역에서 내가 생각하는 제자도를

실천하기 위해 어떻게 살아왔나? 내 교인들이나 다른 사람들은 그들의 삶의 자리에서 하나님의 부르심에 성실하게 응답하고자 하는 과정에서 어떻게 제자도에 부응하는 삶을 살았나? 이런 질문들에 답하는 과정에서 이곳에서 몇 주에 걸쳐 다루는 제자도에 관한 논의와는 다른 측면을 배우게 될 수도 있다.

우선 제자(disciple)는 학습자(learner)라는 사실을 유념하자. 믿음에 관해 배울 때 어떤 것이 가장 중요하다고 생각하는가? 설교를 듣는 회중이 믿음에 관해 배우려고 할 때 그들이 내면적으로나 외양적으로 본받을 만한 사례들은 무엇인가? 우리의 일상생활에서 특별히 잘 배우기 위한 사적, 공적 자질은 무엇일까?

수많은 중요한 질문이 던져진다. 본문 34-39절 중 유명한 구절("너희는 내가 세상에 평화를 주려고 온 줄로 생각하지 말아라. 평화가 아니라 칼을 주려고 왔다.")은 관심을 제자도, 즉 예수의 길을 따른다는 것이 무엇인지를 배우는 과정에 두고 해석한다면 회중이나 설교자에게 큰 도움이 된다.

제자도는 복음을 선포하기 위해 부름 받아 파송되는 사도나 복음 선포자의 길과는 다르다는 것을 이해하는 것이 중요하다. 제자도는 여행과 같다. 우리가 집중해서 살펴봐야 할 내용은 예수가 우리에게 가르치려고 하는 것이 무엇인지 그리고 우리가 그것으로부터 무엇을 배워야 하는지이다. 오늘 본문을 대하면서 우리는 가르치는 자가 되기를 잠시 멈춰야 한다. 그리고 예수로부터 우리가 어떤 사람이 되어야 하고, 어떤 말을 해야 하고, 다른 사람들과 어떻게 소통해야 하는지 배워야 한다. 멈춤은 오늘 본문에 나오는 제자도의 중요한 한 측면, 즉 순종을 생각할 때 더욱 중요하다.

순종의 본질을 설명하는 한 가지 방식은 권력(power)의 관점에서 접근하는 것이다. 우리는 권력을 조정, 규제, 통치와 같은 것으로 생각하는 경향이 있다. 이런 관점은 승복에 근거한 독재적 순종의 모델을 낳게 한다. 여기에서는 상호 관계가 결여된 고립된 존재들이 전제된다. 권력은 각각 분리된 존재의 속성이 되고, 다른 존재에 대한 지배와 동일시된다. 이런 권력은 "상처받지 않을 능력"(invulnerability)의 개념을 전제로 하여 성립한다.

어떤 사람은 34-36절의 예수의 말씀에서 위와 같은 권력관을 확인할 수 있다고 말할지도 모른다. 그런 유혹을 거부해야 한다! 권력이 "상처받지 않을 능력"이라는 생각을 접고, 주위 구절들을 검토해 보라. 그러면 하나님의 통치의 신비를 선명하고 정확하게 선포할 수 있을 것이다. 이 구절은 우리가 하나님이 예수를 통해 일하신다는 사실을 우리의 아주 좁은 사적인 시각에서 판단하지 말라는 경고를 담고 있다. 대신 제자는 알고 경험하게 된 것을 많은 사람들과 나눠야 한다.

담대한 증언은 권위주의적 제자도 모델에 기반을 두는 것이 아니다. 그 모델에서 순종은 힘의 불균형이 전제된 자아-타자의 배타적인 관계에서 이루어지며, 따라서 우세한 지위에 있는 자에 대한 순종의 주된 동기는 두려움이다. 32절에서 예수는 강력한 중재자로 소개되고, 28-30절에서 하나님은 세심한 배려를 통해 심판하신다고 말한다. 우리는 서로 간에 두려움을 느낄 필요가 없다. 우리가 두려워해야 할 분은 34절 이후에 설명되는 놀라운 권위를 예수에게 주신 하나님이다. 하나님의 섬세한 배려를 제자는 아무렇게나 행동해도 된다는 면허로 오해하는 일이 없어야 한다. 또한 제자는 스스로 사고하지 않는 로봇과 같다는 생각도 거부해야 한다. 후자는 행동의 기술일 뿐 신실한 증언의 기준이 될 수는 없다.

권위적 순종의 세계관은 질서를 강조하고 지속적 변화를 거부한다. 그러나 성서적 세계관은 목표를 향한 움직임을 강조한다. 순종의 권위적 모델은 신실한 제자도의 요소로 적합하지 않다. 왜냐하면 그 모델은 질서 유지에 관심이 크고, 미래를 의심과 공포의 관점에서 보기 때문이다.

하나님이 아니고 우월하고 지도적인 권위에 전적으로 집중하는 순종은 이 세상에 대해 눈을 감게 하고, 지시만을 따르게 하고, 우리가 선생의 지침을 정확히 따르기만 하면 우리도 선생이 될 것이라고 믿게 만든다. 혹은 우리가 갖고 있는 모든 권위를 포기하라고 설득하려 한다.

이 세상에 대해 눈을 감게 한다면 제자도나 복음 증언은 우리가 더 깊은 신앙의 경지로 가는 길의 안내 역할을 하기보다는 그 자체가 목적이 된다고 할 수 있다. 이런 경우 우리는 권위를 행사하는 자들에 의해 쉽게 조종받게 된다. 여기서 우리는 잠시 멈춰 우리도 그런 유혹에 빠져 성서, 전통, 경험을 성장과 인도가 아니고, 억압과 지배의 도구로 사용하지 않았었는지 반성할 필요가 있다.

오늘 본문 전체에서 순종은 책임을 포함한다. 제자는 우선 예수의 가르침을 주의 깊게 듣고, 그다음 적절한 응답에 관한 결정을 하는 자이다. 이 응답에 관한 옳은 결정을 하는 사람은 제자가 되어 신앙 안에서 배우고 성장하는 역량을 갖추게 된다. 여기서 상황이나 하나님의 뜻에 관해 선입관이나 관습적 견해를 갖고 접근하면 우리는 혼란에 빠질 수 있다. 우리가 이 세상 다른 사람들에 대한 책임을 받아들이고 세상을 변혁하는 일에 참여할 때, 예수는 우리에게 분별력 있는 순종(discerning obedience)을 요구하신다. 이것이 예수께서 34-39절에서 선포하는 이 세상의 질서이다.

주석

오늘 본문은 소위 "선교 강화"(Missionary Discourse)로서 마태에 나오는 중요한 다섯 강화 중 두 번째 것이다. 마태는 두 가지 다른 선교 전통들(막6:6b-13과 Q10:1-20)을 융합한 것으로 보이는데, 여기에 Q의 다른 자료를 더 첨가했다. 강화의 후반부에 위치한 오늘의 인용구들은 제자들이 그들의 사명을 완수하려 할 때 당면했을 문제들에 대한 반응(10:16-33)과 제자도의 원리(10:34-39)를 말하고 있다.

선교 강화는 예수가 그의 갈릴리 선교 기간 동안 특정한 시점에서 제자들을 사명을 감당하도록 파송했을 때 그들에게 준 가르침으로서 마태의 이야기 방식으로 제시되고 있다. 여기에는 현재의 인용구를 포함한 말씀들이 담겨져 있는데, 분명히 역사적 예수 시대보다 후대에 적용하기 더 좋은 것들이다. 마태에 아주 일반적인 "투명성"이라 부르는 이 현상은 종종, 어떤 것은 복음서가 쓰여진 때나 혹은 그 이전 시대의, 마태 공동체의 삶의 모습을 보여준다. 현재의 컨텍스트는 예수운동을 따르는 제자들의 경험한 어려움들을 보여주고 있는데, 이는 대부분 유대 당국에 의해 그들의 사역에 대한 부정적 대응에서 기인한 것이다.

이 인용구 바로 앞에 예수의 문제되는 발언이 나오는데 제자들이 이스라엘 고을들을 다 돌면서 설교하기 전에 인자가 올 것이라는 예언이다(10:23). 이 말은 신약성서 어디에도 나오지 않는데, 그래서 원자료나 본문의 진위 여부가 해결되지 않고 있다. 또한 마태가 이 말을 취한 이유가 무엇인지에 대해서도 확답하기 어렵다. 이 구절에 대한 해석의 역사는 다양하다. 한쪽 편에 속하는 학자들은 이 구절이 역사적 예수가 한 것으로, 마태도 그가 예수와 같은 사람이든 아니든 간에 인자의 임박한 재림에 대한 기대로서 묵시적 종말론을 가진 것으로 믿었다. 다른 쪽의 스펙트럼을 가진 학자들은 "투명성"에 의존하여 이 구절이 예수의 재림이 대단히 멀리 떨어진 것으로 보이던 때인 1세기 말의 회당에서 마태 공동체가 경험했던 실패에도 불구하고 마태가 유대인 선교에 대한 효용성을 계속 주장하는 것에 대한 교정의 표시로서 임박한 재림에 대한 언급을 한 것은 아니라는 것이다.

하지만 어떤 해석을 취하든 그것은 불가피하게 현재 본문의 해석에 영향을 주는데, 왜냐하면 10:23이 이 본문의 서문처럼 역할을 하기 때문이다.

앞에 나오는 방랑 설교자와 치유자들로서의 제자들을 위한 강화에서 특정한 가르침을 포함하여 이 본문은 예수를 따르는 사람으로서 그들이 얼마나 취약하며 보호할 수단이 없는가를 보여주고 있다. 스승이 바알세불로 모함받고 처형되었다면, 그의 제자들도 그만큼, 아니 그보다 더 어려움을 겪어야 할 것이다. 그런 의미에서 24절은 일반적 격언이 아니라 그들이 행하는 사역 때문에 고통당하는 자들에게 주는 특정한 윤리적 권고이다.

이것은 1세기 말 도시 지역에서 삶의 공동체로서의 마태 공동체의 사회문화적 현실뿐만 아니라, 전부는 아니지만 주로 그들의 종말론적 긴급성에 의하여 자발적으로 집과 가족을 떠난(35-37) 방랑하는 카리스마적 선교자들로 특징지어지는 팔레스타인 시골 지역의 초기 예수운동을 또한 반영하고 있다. 전통적 역사의 관점에서 보자면 이는 마태 이전의 자료로 돌아갈 수밖에 없는데, 이러한 전통의 빛 안에서 보는 특정한 형태의 선교는 마태 공동체에게 적용할 수는 없다. 하지만 그것을 이 강화 속에 통합함으로써 마태는 예수를 위해 소유와 가족을 급진적으로 포기하는 기풍을 보존하고 있다.

주된 권고는(26-31)는 같은 구절, 즉 "두려워하지 말라"는(26, 31) 되돌이 구성법으로 되어 있다. 그리고 바로 중심에는 사람을 두려워하지 말고 모든 사람을 종말론적으로 심판하시는(28) 하나님을 두려워하라는 궁극적인 권고가 있다. 이러한 종말론적 위협은 하나님께서 비록 참새와 같은 작은 것이라도(29, 31) 돌보신다는 말로 균형을 취한다. 두 가지 다른 인간의 운명을 보여주는 같은 패턴으로, 32절은 종말론적 심판정의 하나님 앞에서 인간의 옹호자로 또는 심문자로서 예수의 이미지를 보여준다. 본문의 마지막 부분은 예수가 평화를 주러 온 것이 아니라 칼을 주려고 왔다는 선언(34)으로 시작한다. 이 구절은 Q자료(눅 12:51 참조)에서 가져왔는데, 도마서 16장과 거의 비슷하다. "내가 무엇을 하러 온 것으로 생각하지 말라"라는 구절은 마태복음 5:17과 같은데, 이것은 복음서 기자 자신에게서 온 것임을 제시한다. 종말론적 전쟁의 주제는 여러 유대교와 기독교의 경전의 전형적인 묵시적 이미지들에 의해 입증된다. 이 강화에 마태가 적용한 것을 해석자들이 너무 쉽게 마태 본문을 실현된 종말론으로 읽지 않도록 주의해야 한다. 그렇다. 하나님의 나라가 가까이 왔다. 하지만 마태의 경우에는 종말론적 평화의 궁극적 완성은 아직도 이루어지지 않았다.

본문의 마지막 절(39)은 박해를 견디고 값비싼 제자됨을 끌어안을 수 있어야 한다는 윤리적 권고의 절정이다. 여기의 맥락으로는 Q자료(눅17:33)에서 온 것인데, 막8:35과도 병행구를 이루기 때문에 마가와 Q자료가 겹치는 하나의 예가 될 수 있다. 또 다른 비슷한 구절인 요한복음 12:25이 있다는 것을 보면 이 구절은 복합적인 증거로 규정지을 수 있는데, 하지만 진위성에 너무 의존하지 않아야 한다. 이 구절은 그리스도 따르기(imitatio Christi)의 원리에 근거하며, 그러기에 초대기독교 공동체의 부활 이후 경험으로부터 예수의 삶과 죽음을 회상적으로 해석하는 것을 반영하고 있다.

나의 장모인 코니(Connie)는 가톨릭 미사에 매일 참석하는 은퇴한 신실한 그리스도인이다. 그녀는 오늘의 본문을 좋아하지 않기 때문에 성구 해설도 소용이 없다. 오늘 말씀이 치유하고 복음을 선포하는 선교를 위해 제자들을 파송하시면서 예수가 제자들에게 주신 말씀을 모아놓은 것일 뿐이라고 설명해도 들으려고 하지 않는다. 그녀도 믿음의 삶에는 갈등과 심지어 반대가 포함될 것임을 이미 알고 있다. 어쨌든 그녀는 신실한 가톨릭 평신도이다. 믿음의 길을 따라가면 어떤 제자들은 예수가 고통을 겪은 것처럼 고통을 겪을 것이며, 신실한 사람들의 공동체는 공포의 순간에도 인내하려고 노력해야 한다는 것을 그리스도의 제자라면 누구나 알고 있다.

그러나 그녀는 이 구절에서 예수가 너무 지나치다고 주장한다. 그녀가 아는 예수는 칼이 아니라 평화를 주려고 오는 분이다. 신앙 공동체 내에서 불화가 일어난다는 것을 알 만큼 교회 주변에서 오랜 시간을 보냈지만, 그녀가 믿는 예수는 가족 가운데 그런 분열을 결코 조장하지 않을 것이었다.

여기서 예수는 아들이 자기 아버지와 맞서게 하고, 딸이 자기 어머니와 맞서게 하겠다고 약속하고 있다. "나보다 아들이나 딸을 더 사랑하는 사람도 내게 적합하지 않다"(37). 나의 장모는 고개를 저으며 의아해하면서 읽는다. "어떻게 이것이 성서에 들어갔을까?"

비평적인 해석이라는 가상의 옷을 만들 수도 있겠지만, 그러나 이 본문을 설교하면서 주일 아침에 앉아 있는 많은 사람들이 확실히 공유하는 코니의 문제의식을 고려하지 않는다면, 인간의 심오한 필요에 대해 목회적 민감함을 제공하는 데 실패할 것이고, 가장 도전적인 상황에서 복음의 권능에 대해 말할 기회를 놓치게 될 것이다. 우리는 가족 간의 불화를 잘 알고 있는 사회에 살고 있다. 우리는 이 말씀이 가족의 기능 장애와 불화에 대한 기묘한 초대로 읽히지 않도록 정말로 조심해야 한다.

오늘 본문은 성서의 단어가 얼핏 보아서는 무슨 말을 하는지 알 수 없다는 것에 대한 좋은 예다. 성서 구절을 가지고 교리를 증명하려고 하는 열심이 이 구절을 가지고 가족을 갈라놓으려는 종교적 종파의 결정을 정당화하려고 할 수도 있겠지만, 이 말씀은 그런 주장을 옹호하지 않는다. 예수는 실제로 복음의 부르심 때문에 갈등과 낙담, 심지어 육체적 안녕에 대한 위협에 직면해서도 자신의 기독교도 신앙에 따라 살려고 하는 신자들에게 이 말씀을 하신다.

제자들은 설교와 치유의 사명을 가지고 파송되면서 반대와 갈등에 직면한다는 것이 무엇을 의미하는지 금방 알게 되었다. 복음을 전한 데 대한 응답으로 박해를 받을 때 예수가 빵을 떼어 주시던 아늑한 시절은 아득히 먼 것처럼 보인다. 이것은 모든 세대의 그리스도인의 이야기의 일부가 될 것이다. "우리가 극복할 수 있을 만큼 강하지 않다는 것을 알았을 때 우리는 무엇을 해야 할까?"

마태는 이 세상의 모든 시련에도 불구하고 교회는 견뎌낼 것이라고 선언한다. 두려움의 시기에도 복음은 진리일 것이다. 각각의 제자들은 어떨까? 그 문제에 있어서 개인과 가족조차 무엇보다 중요한 하나님의 말씀을 선포하는 것보다 덜 중요하게 여겨야 한다. 복음의 기쁜 소식을 듣고 받아들일 때 개인의 삶, 가족 구조 및 사회 전체가 번영하게 될 것이다. 그때까지 우리는 육신을 죽일 자들을 두려워할 필요가 없다. 왜냐하면 그들은 영혼을 죽일 수 없기 때문이다. 사람의 죽음이나 참새의 죽음이나 어떤 죽음도 하나님의 뜻이 아니면 일어나지 않는다. 예수는 신실한 사람들에게 계속해서 하나님을 사랑하며 살라고 하신다. 결국에는 우리가 찾는 것이 참되고 영원한 삶이 될 것이기 때문이다.

톰 롱(Tom Long)은 제자들과 선교사들이 예상할 수 있는 갈등에 직면하여 개인적이고 가정적으로 예상할 수 있는 혼란에 빠졌을 때 네 가지를 보게 될 것이라고 한다. 첫째, 성령은 분명히 우리와 함께 하실 것이고, 우리를 결코 포기하지 않을 것이다. 둘째, 우리는 고통이 헛된 일이 아니라 믿음을 증명하는 것임을 깨닫게 될 것이다. 셋째, 고난 속에 있다고 해도 그 어떤 것도 복음을 근절하거나 신실한 사람들에 대한 하나님의 사랑과 주의 깊은 돌보심을 파괴할 수 없음을 알게 될 것이다. 마지막으로 가족의 분열이 반드시 일어나겠지만, 예수는 가족을 반대하지 않는다. 그보다는 예수에 대한 신실함이 충성의 위기를 초래하고 결단을 강요하는 때가 올 것이다. 복음은 가치를 뒤흔들고 우선순위를 재배치하며, 목표를 재조정한다. 롱은 "그리스도의 이름으로 생명을 바치는 것은 삶을 자유롭고 거룩하고 선하게 하는 모든 것을 얻는 것"*이라고 한다.

이 본문을 가족의 불화를 위한 초대장으로 읽는 사람들에게 나의 장모가 믿음의 이름으로 문제 제기를 하는 것이라면, 그가 옳다. 예수는 그게 아니라 박해 가운데 두려움을 극복할 수 있는 신앙을 인정하라고 우리를 초대하신다. 자신의 운명이 사랑하는 하나님의 손에 있음을 알고 있는 신자들은 이 세상에서 두려워할 것이 없다는 것을 이해할 것이다.

나아가 그리스도의 제자로 살면 하나님의 섭리를 알 수 있다. 어떤 힘도 그보다 더 크지 않으며, 그보다 더 확실한 보증은 없다. 사랑을 위하여 얼마나 놀라운 평화의 제물인가.

그러한 확신으로 무장한 신자들은 새로운 방식으로 십자가에 접근할 수 있는 힘을 얻는다. 십자가는 더 이상 이 세상의 불의와 불행에 대한 수동적 수용을 의미하지 않는다. 십자가는 오히려 앞으로 올 하나님 나라의 표징이며, 예수 그리스도의 부르심에 순종하는 사람들이 살아가면서 알 수 있는 힘이다. 믿음의 빛으로 사는 사람들은 모든 상처와 모든 도전에 대해 하나님의 방법이 승리할 것을 알고 있는 신자들이 가진 확신으로 이 세상의 악의 세력에게 도전한다.

---

* Thomas G. Long, *Matthew, Westminster Bible Companion* (Louisville, KY: Westminster John Knox Press, 1997), 120-122.

설교

마태의 첫 번째 독자들과 더불어 우리는 열두 제자를 보내기 전에 그들에게 주는 예수의 교훈을 들으면서 우리도 또한 말과 행동을 통하여(10:7-8) 하나님의 나라에 대한 메시지를 전파하는 데 있어 우리 자신의 역할을 생각하도록 도전을 받는다. 이 나라를 향한 과제는 급진적인 사회질서 변혁을 추구하므로 당연히 갈등으로 이어지게 된다. 오늘의 본문으로 설교할 때 어려운 점은 그 개념이 난해하기 때문이 아니라, 그것이 보여주는 세계가 지닌 명백한 두려움과 우리 대다수가 살고 있는 "안전한" 세계 사이에는 단절이 있어 보인다는 점이다.

그러한 "안전"을 확보하기 위해 어떤 타협이 이루어져 왔는가? 오늘날 예수를 따르는 일을 반대하는 입장은 마태의 첫 번째 독자들이 직면했던 것보다는 더 미묘하지만, 그에 못지않게 현실적이다. 설교자의 과제는 이러한 도전들을 분명히 하고 또 용기를 가지고 응답하는 일이 가능하다는 것을 보여주는 것이다. 본문의 요구를 오늘날의 상황과 조율하면서 설교자는 몇 가지 주제들과 씨름하게 될 것이다.

예수처럼 된다는 것은 무슨 의미인가?

이 부분은 제자들이 스승처럼 되어야 한다는(25) 사실에서 시작한다. 그러나 그 스승은 어떤 사람인가? 이런 맥락에서 나오는 대답은 불안하게 만들 수 있다. 예수께서는 "너희는 내가 세상에 평화를 주려고 온 줄로 생각하지 말아라… 칼을 주려고 왔다"(34)라며 자신이 당연하고 순수하게 늘 선을 행하는 사람이라는 역할을 거부한다. 분명히 이 말씀에는 평화가 있고 또 그다음에도 평화가 있다. 진정한 평화의 왕이 요구하는 것은 우선순위에 있어 덜 중요한 것을 잘라내고 허약한 우리의 상식적인 도덕성을 빠르게 회복시키는 칼처럼 느껴질 수 있다.

만일 예수께서 정말 깨달음을 얻고 우리가 흔히 상상하는 긍정적이고 좋은 사람이라면 왜 이런 곤경에서 벗어날 수 없었을까? 왜 몰려든 군중들은 그를 그런 무서운 이름으로(25절, 평화의 왕이 아닌 악마들의 왕, 바알세불) 불렀을까?

왜 그를 따르는 일이 가족관계를 파괴하는 것인가?(35-36) 어떻게 해서 그는 십자가에 달렸는가?(38)

그 답은 그의 적대자들이 이상하고 불안한 생각을 가졌기 때문이 아니라, 예수께서 그랬기 때문이다. 대중의 견해나 베스트셀러 책과는 달리 예수를 따르는 사람들이 알아야 할 모든 것은 유치원에서 배울 수 있는 것은 아니다. 하나님 나라의 일은 전통적인 친절보다 더 논란이 많고 현 질서에 위협이 되는 것임이 드러난다. 만일 그 스승이 다른 사람들을 분노하게 한다면, 그 제자들은 어떻겠는가?(25)

물론 상대방을 분노케 하는 일이 큰 속임수도 아니고 신실하다는 것을 보여주는 확실한 표지도 아니다. 진정한 제자도는 한결같은 마음으로 그 나라를 추구하는 것(6:33)이고, 그 결과를 받아들이는 데 있다. 어느 누구도 화나게 하지 않고 항상 깊은 고민 없이 살아가는 교회는 그 길이 교회가 주인이자 주님으로 공경하는 예수의 길인지를 진정으로 물어야만 한다.

두려워할 것인가 혹은 두려워하지 말아야 할 것인가?

이 주제와 관련하여 본문에는 두 가지 견해가 있다. 지배적인 것은 성서에 너무 자주 나오듯(26, 28a, 31) '두려워하지 않는 것'이다. 이것은 순진한 사람들이 근심 없이 사는 행복이 아니라, 위험성을 충분히 감지한 상태에서 자신의 입장을 견고히 지키는 강인한 용기를 뜻한다. 제자 공동체 내에서 "칼을 가진 자"들을 교육하는 것에 대해 분명한 반대가 있었던 상황에서 공동체는 두려워하지 않는 사람들을(17-18) 양성하는 데 관심을 지니고 있었다.

다른 한편으로 이 본문은 두려움 그 자체가 두려워하지 않는 사람들을 양성하는 데 필요한 역할을 한다고 보고 있다. 이 본문은 확실한 종말론을 전제하고 있는데, 그때에는 진실이 드러나고(26-27), 재앙이 발생하게(28) 될 것이다. 설교자는 이 종말의 문제를 올바르게 판단하기 위해서 현 상황을 잘 알아야만 하겠지만, 이 문제는 또한 주류교회들이 하나님께 대해 가져야 할 올바른 두려움에 관해 감정적으로 설명하기보다는 연구를 해야 할 때가 된 것을 보여준다. 마태는 우리들에게 좀 다른 신학적 긴장 상태에서 살아갈 것을 요청한다. 참새의 운명에도 관여하고 우리 머리카락 숫자도 세는 하나님(29-31)이지만, 그럼에도 불구하고 그분은 우리에게 강요하지 않는다. 우리의 삶을 향한 하나님의 친근한 관심은 위로이자 또한 요청이다. 사실 하나님께서 우리의 삶에서 요청하는 모든 것이 우리에게는 위로가 된다. 하나님의 나라를 이루는 사역에서 직면하게 되는 진정한 위험 요소는 그것을 피할 수 없다는 것이 아니라, 오히려 우리의 궁극적 관심으로 인하여 흐려진다는 것이다.

제자들은 어느 편에 설 것인가를 결정할 상황에서(28) 문제가 되는 것은 육체적인 고통보다 마음의 문제라는 것을 본능적으로 알고 있고, 예수와 그가 선포한 하나님의 나라에 서는 것을 망설이거나 거부하는 것은 하나님 앞에서 받게 될 예수의 변호를 포기하는 것(33)이라는 생각에 어느 정도 동기부여를 받는다. 하지만 하나님을 적절하게 두려워하는 것은 언제나 세상에서 인간의 일을 두려워하지 않는 것으로 나타난다.

가족에 대한 예수의 입장은?

대가족제도를 조직적으로 해체하고 흩어지게 하는 경제적 세력으로 인하여 오늘날의 가족이 받는 타격 그리고 태어난 가족관계를 악한 것으로 여기는 지배적인 대중 심리구조를 고려한다면, 예수마저도 가족 간의 유대에 반대하는 언급을 많이 하는 것은(35-37) 좀 불공평하게 느껴진다. 또한 이 본문의 첫 번째 독자들 역시 예수와 그의 주장을 거부해야 한다는 가족 내부의 압력에 직면했다. 미가 7:6을 인용한 이 35절은 가족관계가 이미 불타버리고 재에 앉아 있는 사람을 위로하기 위함이라는 해석도 가능하다.

하지만 어떤 식으로든 예수께서는 가족의 가치를 높이 평가한 분은 아니다. 그는 하나님 나라의 가치들을 가지고 있었고, 그것은 가족과 같은 개념은 아니다. 예수께서 자신의 가족과 갈등 관계에 있음을 또 그를 가족 갈등의 사례로 묘사하는 많은 이야기들이 얼마나 많이 있는지 놀라울 따름이다. 그는 자신을 따르는 사람들은 하나님의 나라와 하나님의 의를 가장 우위에 두어야 할 것을 주장한다. 인간의 삶에 있어 우선순위의 이러한 완전한 전환은 이 과정에서 순서가 바뀌는 기관들(가족 등)의 반발을 가져오는 것은 당연한 일이다.

이 모든 성서정과는 제자도의 삶에 있어 철저한 선택에 관해 말하고 있다. 우선순위에 있어 덜 중요한 것을 포기하는 일은 새로운 삶의 희망을 위해 사회적 죽음이라는 위험부담을 떠안는 것이다. 이 선택에 가장 알맞은 이미지는 십자가와 그것이 약속하는 죽음 그 너머에 있는 생명이다(38-39).

성령강림절 후 다섯째 주일
마태복음 10:40-42

⁴⁰너희를 영접하는 자는 나를 영접하는 것이요 나를 영접하는 자는 나를 보내신 이를 영접하는 것이니라 ⁴¹선지자의 이름으로 선지자를 영접하는 자는 선지자의 상을 받을 것이요 의인의 이름으로 의인을 영접하는 자는 의인의 상을 받을 것이요 ⁴²또 누구든지 제자의 이름으로 이 작은 자 중 하나에게 냉수 한 그릇이라도 주는 자는 내가 진실로 너희에게 이르노니 그 사람이 결단코 상을 잃지 아니하리라 하시니라

신학

몇 절 안 되는 짧은 본문을 통해 우리는 서로를 환영하는 것이 얼마나 중요한지에 대해 깊은 성찰을 하게 된다. 하나님이 우리를 환영할 때 보이시는 환대의 깊은 차원이 얼마나 특별한 것인지를 발견하는 것은 우리가 그런 환대를 행하고 나서이다. 오늘 본문의 신학적 초점은 그리스도를 섬기는 가장 중요한 방식으로서의 연민 어린 환영 혹은 환대이다. 본문의 목록을 보면 이 환영은 항상 행해져야 하며, 성자가 될만한 특별한 인물에 의해 행해진 거창한 행위에 국한되지 않는다는 것을 깨닫게 된다. 서로에 대한 진심에서 우러나온 간단하고 기본적인 친절이 하나님이 원하시는 전부이다. 우리는 주위를 돌아보면서 도움이 필요한 사람이 누구인지 살펴봐야 하고 무엇인가 행해야 한다.

기독교 신앙은 우리에게 연민이 가득한 환영을 하도록 장려한다. 이런 환영은 다른 사람에게 우리를 개방하고, 그들을 신뢰하고, 그들과 나누고, 그들을 조종하지 않고, 개인적인 이익을 추구하는 것을 넘어서는 삶을 살도록 우리를 권유한다.

또한 우리는 지난주 마태복음 본문에서 묘사된 것처럼 우리가 연민에 근거한 행동을 하는 것을 방해하고, 왜곡하는 온갖 요소가 있다는 현실도 고려해야 한다. 진실로 우리의 연민적 환영은 친밀하고, 따뜻하고, 깊고, 지속적인 인간관계와 거리감 있는 인간관계가 병존하는 역설의 상황 속에서 이루어지게 된다.

보살핌의 관계를 맺으려는 우리의 의지는 우리의 능력 안에 있지만, 우리가 자신의 수단에만 의존하려고 할 때 우리는 너무 자주 진정한 관계를 만들고 발전시키는 부분에서 실패한다. 자만심, 이기주의, 자기 회의 등이 우리가 아무 이해관계 없이 다른 사람과 연결하는 것을 방해한다. 따라서 우리가 이런 역설적 상황 속에서 믿는 대로 행하고, 서로에게 연민을 갖고 환영하며, 진정한 환대를 보이는 삶을 살기 위해서는 하나님의 보살핌이 필요하다. 이 짧은 네 구절에서 예수는 잘못된 의존 관계와 비합리적인 기대와 근거가 희박한 희망을 통해 타인과 자신을 왜곡시키는 경향을 극복하도록 우리를 도우신다.

연민적 환영은 하나님을 통해 타인에게 가까이 감을 의미한다. 진정한 인간관계는 은총으로 가득 찬 신적인 사랑의 환대를 우리의 삶과 인간관계의 중심에 위치시킬 때 가능해진다. 이 환대를 통해 우리는 친밀하고, 사랑하고, 지속적인 관계는 소원하고, 간헐적이고, 껄끄러운 관계와의 관련 속에서 그 가치가 드러남을 가르쳐준다. 예수가 오늘 본문에서 제시하는 환영은 생생하고, 때로는 골치 아프게 만드는 역학 관계가 포함된 환영이다. 우리가 서로에게 이런 환영을 보이면서 살 때 우리는 제자에게 주는 풍성한 보상을 하나님 안에서 받을 것이다.

설교자가 오늘 본문을 회중의 삶과 연결하려면 다양한 형태의 억압과 불평등이 존재하는 오늘 세계에서 환대를 통한 연민적 환영(compassionate welcome through hospitality)이 어떻게 효과적으로 작동할 지에 대해 생각해보는 것이 도움이 된다. 우리가 억압자의 관점에서 판단하는 것을 어떻게 극복할 수 있나? 우리가 억압받는 사람들이 추진하는 사회개혁에 어떻게 더 동조하고 지원할 수 있나? 어떻게 교회 안내위원의 인사와 목사의 악수가 우리가 사는 세계가 하나님의 통치를 향해 근본적으로 변화한다는 신호가 될 수 있을까?

억압적인 환경 속에서 형식적인 환대만으로는 충분하지 않다는 것을 기억해야 한다. 환영을 베푸는 사람은 종종 계속 안락한 집 안에서 자기 삶의 모든 것을 통제하면서 살고 있다. 이런 경우 우리는 억압받는 자들이 우리가 원하는 방식으로 우리가 만든 세계에 편입되기를 강요한다. 오늘 본문에서 지적한 것처럼 주인이 절대적인 선택권이 있는 상황에서 관계의 상호성에 주목하는 것이 절실하게 요구된다. 고압적인 자세로 원조를 베푸는 것과 진정한 환대는 다르다는 것을 확인할 필요가 있다.

이런 높은 수준의 의식에 도달하게 되면 우리는 환대뿐 아니라 회개도 필요하다는 것을 깨닫게 된다. 타인을 환영하지 않는 생활 방식에서 벗어나기 위해서 우리는 하나님 안에서 제시된 새로운 생활 방식을 기꺼이 수용해야 한다. 회개를 통해 우리의 특권적 지위는 상실된다. 편하게 집 안에 있는 것을 당연하게 여기는 태도도 도덕적 해이로 비판을 받게 된다.

예수가 오늘 본문에서 상에 관한 언급을 하였지만, 우리가 보상을 바라고 연민적 환영을 행하는 것이 아님은 당연하다. 사랑이 항상 사랑의 응답을 받는 것은 아니다. 예수는 제자들에게 당신을 따르는 길에는 고난과 핍박이 있으리라는 것을 명확히 밝혔다. 어떤 때는 사랑에 대해 십자가 처형의 응답이 오기도 한다. 우리는 증오의 한복판에서도, 심지어 증오가 승리하는 것 같은 상황에서도 사랑을 행하기로 부름받았다.

연민은 따라서 사랑이 핍박을 불러올 수 있다는 역설 위에서 행해진다. 우리는 하나님의 은총이 증오로 가득 찬 상황에서도 계속 작동했음을, 십자가 후에는 부활이 있음을 기억해야 한다. 예수는 우리에게 위험한 사랑을 행하도록 부르신다. 우리가 이런 사랑을 행할 때 우리의 삶과 타인의 삶에서 하나님이 주시는 축복이 명백하게 드러날 것이다. 우리가 그리스도의 연민을 구현하는 삶을 살 때 그를 통해 하나님의 자비를 통한 환대는 이 세상에 더욱 충만해지는 것이다.

연민적 환영에 뿌리를 둔 환대는 연습이자 영적 훈련이다. 이를 통해 우리는 환대가 새롭고, 낯설고, 모르는 타인을 우리 삶 속으로 받아들이는 것임을 배우게 된다. 이 과정에서 우리는 타인이 어떤 능력이 있고, 어떤 취약점이 있는지, 거주지와 생계 수단과 관련하여 어떤 필요가 있는지 파악해야 한다. 또한 우리는 우리의 세계관이나 관점, 더 나아가 우리의 영혼과 마음을 열 용기를 가져야 한다.

우리가 타인에게 환대를 실천하면서 새로운 깨달음을 체험하고 믿음의 새로운 이야기를 접하게 됨으로 우리 자신의 관점이 영향을 받게 된다. 그 결과 우리의 신학적, 영적 상상력이 자극을 받아 우리가 새로운 존재가 될 수 있다. 이것이 우리에게 주어지는 가장 큰, 누구도 빼앗을 수 없는 상이 아닐까?

이 본문은 마태복음의 선교 강화의 결론 부분이다. Q자료 선교 강화의 끝부분(눅 10:1-16)과 병행구이지만, 마가의 선교 강화에는 없다(막6:7-13). 박해와 고통에 대한 위험들의 경고를 포함하여 선교를 위해 제자들에게 여러 가지 지침을 준 뒤에, 마태의 예수는 그들에게 보상과 받을 상(misthos, 41)에 대해 제시한다. 마 10:40은 눅 10:16과 거의 비슷한 병행구인데, 그것은 Q자료의 선교 강화 전통에는 공관복음 전 단계에서 결론적으로 보상의 말이 이미 있었다는 것을 의미한다.

마태복음 18:5은 마가복음 9:37에서 온 것인데, 마태복음 10:40과 언어적 유사성을 보여주지만, 아마도 다른 자료에서 왔을 것이다. 왜냐하면 방랑 설교자가 아니라 작은 아이들에 언급하고 있기 때문이다. 달리 말하면 마가복음 9:37 자체는 마태복음 10:40과 같이 처음에는 제자들에 관해 언급한 것을 나중에 작은 아이들에게 적용하는 것으로 수정한 것이다.

제자들이 받아들여지거나 거부된다는 주제는 선교 강화의 핵심 부분(10:11-15)에서 언급하고 있는데, 이것은 또한 마태복음 선교 신학(10:24-25 참조)의 가장 중요한 원리 중의 하나인 예수 닮기(imitation Christi) 원칙과 간접적으로 연관되어 있다. 바로 전 본문과는 달리 여기에서 보상에 대한 약속은 종말론적 언어로 기술되어 있지 않다. 하지만 이 본문의 문학적 맥락과 직접적으로 연관되어 현재 본문도 의도된 청중들에 의해 종말론적 감각으로 잘 해석되어질 수 있다. 10:40에서 예수는 제자들을 받아들이는 사람에 대해 말하지만 분명하게 말하지 않고 있다. 말하자면 예수의 제자들을 받아들이지 않는 사람은 예수를 거부한 것이고, 그것은 예수를 보낸 하나님을 거부하는 것과 같다. 이점은 눅10:16의 Q자료 선교 강화에서 명확하게 한 것이다.

40절은 전체 구절의 주제를 제시한다. 보냄을 받은 자는 보내는 이의 온전한 임재를 나타낸다. 이는 유대의 shaliah(그리스어 apostolos에 해당하는 히브리어)의 원칙에 해당하는 것으로, 어떤 사람이 보낸 사절은 그 사람 자신과 같다는 것이다. 인용된 원리 자체는 다른 사람에 의해 보내진 어떤 사람에 관해 언급하고 있다.

40절은 그러한 원리를 이 사명의 특사로 보내진 예수의 제자들의 받아들임에 대한 보상(거부함에 대한 벌도 의미한다)의 구체적 사례에 적용한 것이다.

41절은 공관복음에는 병행구가 없는데 원자료는 알려지지 않았다. 언급한 예언자가 누구인지, 의인이 누구인지 분명하지 않다. 디다케(Didache)에서는 사도와 예언자가 방랑 선교사들에 대한 언급으로서(11:4-6) 교차해서 사용된다. 비록 두 문서 간에 직접적 문학적 관계가 정립되어 있지 않지만, 마태와 디다케가 서로 공유하고 있는 유대기독교적 배경에서 예언자와 사도들이 아마도 정확하게 구분되지 않는다고 말할 수 있는데, 특별히 그들이 방랑 선교자로서 활동하고 있는 경우에 그러하다. 달리 말하면 우리는 이 절에서 "의인"이라고 하는 사람이 누구인지 다른 선교사들을 가리키는 말인지 알 수 없다.

42절은 마가의 선교 강화의 일부가 아닌 마가복음 9:41에 기초하고 있다. 마태는 마가복음 9:41의 2인칭 복수형(hymas)을 "이 보잘것없는 사람 중 하나에게"(mikron)로 바꾸었다. 마태는 이 용어를 마태복음 18:6에 남아 있는 마가복음 9:42에서 뽑아서 방랑 선교사들로서의 예수의 제자들을 기술하는 용어로 사용하고 있다. 이러한 마태의 편집적 노력은 초기 기독교 방랑 선교사들이 견뎌야만 했던 배고픔과 갈증을 포함한 여러 가지 어려움 등을 포함하여 조금 더 적대적인 상황을 반영한 듯이 보인다. 그러한 맥락에서 마태의 예수는 이런 작은 사람들 가운데 하나에게 냉수 한 그릇이라도 주는 자는 반드시 상을 받을 것이라고 말한 것이다.

마태는 양과 염소의 비유에서 같진 않지만 비슷한 여기 있는 형제 중에 "지극히 보잘것없는 사람"(마 25:40, 45)이란 용어를 사용하고 있다. 때때로 이러한 연관은 양과 염소의 비유에서 "이들 중에 지극히 보잘것없는 사람"이라는 구절의 의미가 예수의 제자들을 가리킨다는 합리적 추론을 하게 한다. 하지만 그러한 언어학적 관련성은 양과 염소의 비유 해석에서 제한된 의미로 사용되어서는 안 된다. 도리어 그것은 일반적으로 초기 기독교 공동체의 구성원들이 진실로 "작은 자"로서, 그들이 어디에서부터 왔든지 예수의 제자들은 자신을 이 세상의 작은 자로서 정체성을 가지고 또한 이 세계의 다른 자들을 섬기려고 부르심을 받았다는 인식을 가져야 한다.

현재 본문은 우선적으로는 예수가 보낸 방랑 선교사들을 받아들이는 사람들에 대한 보상의 약속이다. 하지만 의미상으로는 또한 예수의 이름으로 초기 기독교 공동체에서 보냄을 받은 방랑 선교사들이 비록 그들이 직면할 반대, 박해, 고통에도 불구하고 종말론적 보상이 클 것이므로 결코 낙심하지 말라는 격려이기도 하다. 만약에 방랑 선교사들을 받아들이는 사람들이 받을 보상이 크다면, 종말론적 하나님의 나라에서 방랑 선교사들이 받을 보상은 얼마나 크겠는가!

목회

　필자의 예일대 동문인 아일랜드의 예배신학자 시오반 개리건(Siobhan Garrigan) 은 그녀의 책『실제적인 평화를 위한 과정』(The Real Peace Process)의 자료 조사를 위하여 아일랜드 여행을 한 이야기를 해주었다.* 북아일랜드에 있는 어떤 장로교 회에 도착한 시오반은 두 명의 여성 교인들의 환영을 받으면서 대화에 초대되는 줄 알았다. 시오반은 이 여성들이 일종의 안내자로, 교회 문 앞에 서서 새 신자가 오면 인터뷰하는 일을 하는 사람들이라는 것을 알게 되었다. 그들은 조용히 그녀의 이름과 아침 예배에 참석하러 온 다른 방문자들의 이름을 물었다.

　그제서야 시오반은 무슨 일이 벌어지고 있는지 알았다. 그들의 이름을 듣고서 안내자들은 그들 각각의 문화적, 종교적 정체성에 대한 결론을 내렸다. 프로테스탄 트 이름을 가진 사람들은 따듯하게 환영을 받으며 자리로 안내되었다. 마리아와 캐서린 그리고 패트릭 같이 명백히 가톨릭적인 이름을 가진 사람들에게는 교회를 잘못 찾아왔다고 하고는 가버렸다. 나는 시오반이 수십 년 전에 끝난 연구를 언급하는 것이라고 생각했다. 어떤 교회도 더 이상 이런 방식으로 행동하지 않을 것이기 때문이었다. 하지만 나의 소망은 즉시 깨져버렸다. 시오반은 이런 일이 지금도 일어나고 있다고 썼다.

　이것은 나 같은 북미인들에게는 낯선 이야기라고 생각했다. 왜냐하면 이 이야기 는 멀리 있는 아일랜드 장로교회에 관한 것이기 때문이다. 그들은 우리와 전혀 다르며 아직도 개신교와 가톨릭이 싸우고 있다. 다행히도 우리는 그런 문제가 없다. 우리 사회에서 그러한 차별적인 행동은 이미 지나간 일이다. 우리는 마침내 아프리카계 미국인 대통령을 선출했으며, 모든 벽과 경계를 허물었다. 우리의 예배 공동체에서는 모든 사람이 환영받는다.

　아일랜드의 언덕에 있는 개신교 교회처럼 불안한 이미지를 보면, 우리는 복음과 대치되는 그런 경계를 즉시 허물고 싶어 한다. 그러나 어쩌면 그것은 우리가

---

* Siobhán Garrigan, The Real Peace Process (London: Equinox Publishing, forthcoming).

인정하고 싶어하는 것보다 더 익숙하다. 우리는 문을 가로막지 않는다고 믿고 싶어 하기 때문에 우리가 문을 가로막고 있다는 것을 알지 못할 수도 있다. 우리가 알고 있는 교회들은 낯선 사람들을 찾아내서 이름을 물어서 그들이 속한 곳으로 보내려는 은밀한 시도는 하지 않을 것이다.

그럼에도 불구하고 우리가 알고 있는 교회에 대해 솔직하게 말하면 경계선을 다르게 정의하기는 하지만, 여전히 그리고 더 미묘하게 경계를 규정하고 있다고 고백해야 할 것이다.

우리는 사람들의 교육 수준과 직업에 대해 알고 싶어 한다. 내가 가장 잘 아는 교회가 그러는 것처럼 교육 수준이 높을수록 공동체가 더 따뜻하게 대할 것이다. 아무도 외면하지는 않겠지만, 우리는 우리와 같은 사람들과 더 많은 공통점을 가지고 있다고 혼잣말을 할 것이다. 그러한 질문이 가진 의미는 모두에게 분명하다. 방문자의 이름으로 개신교인지 가톨릭인지를 결정하는 것과 별반 다르지 않다.

다른 공동체에서도, 이웃이 가진 클럽 회원권이나 다니는 학교에 이르기까지 다양한 질문을 한다. 이 모든 것은 예의 바른 대화의 영역으로 간주된다. 어쨌든 교육을 받지 못한 사람들은 정말로 우리 교회에서 불편함을 느낄까? 덜 부유한 사람들이 다른 사람들에게 불편함을 느낄까? 정말 가입할 필요가 있고, 그것이 공동체를 새로운 사람들에게 더 개방적이게 하는 지배적인 사회적 또는 정치적 관점이 있을까? 교회의 문이 활짝 열리기 전에 정말로 확립되어야 하는 성 정체성이나 가족 모델에 대한 분명한 기준이 있을까?

오늘 복음서의 말씀은 예수 그리스도의 몸인 교회 안에서 서로에게 제공하는 환영의 본질에 관하여 이 모든 질문을 하도록 우리를 초대한다. 이름이 우리 이름처럼 들리거나 교육 수준이나 은행 잔고가 우리와 비슷한 사람들끼리만 모여서 얻는 보상도 찾을 수 있겠지만, 너무 많은 교회가 너무 오랫동안 용인해 온 배타적인 행동에는 대가가 따른다.

예수는 이 문제를 가장 개인적인 용어로 말씀하신다. 그는 가족들이 서로를 위해 품고 있는 사랑, 우리가 부모를 돌보고 자녀를 보살펴 주는 부드러움을 묘사한다. 그 부드러움과 연민은 우리의 삶으로 들어오는 모든 사람들을 그리스도의 이름으로 사랑하는 모델이 되어야 한다. 우리가 이방인을 영접할 때, 우리는 다른 누구도 아닌 그리스도를 영접하는 것이다.

이것은 처음에는 끔찍하게 불안한 소식처럼 들릴 수 있다. 아일랜드 장로교회의 입구에서 안내하는 사람들은 불신의 문화로부터 정보를 받아 왔기 때문에 그렇게 행동하는 것이다. 그들이 문을 닫고 싶어 하는 것은 그들의 생활과 그들의 작은 교구가 안전하기를 원하기 때문이다. 우리는 우리가 인정하는 것보다 그들과 더 닮았다.

이제 예수께서 오셔서 말씀하신다. "가족을 사랑하고, 가장 가까운 공동체를 사랑하고, 그 사랑을 확장하고, 더 멀리 더 멀리 확장하라. 낯선 사람을 환영하라. 당신이 그의 인생을 거의 이해할 수 없는 사람을 환영하라. 그들을 변화시키려고 하지 말라. 그들 또한 하나님의 것이기 때문이다."

우리는 이것이 복음이라고 담대하게 설교하는가? 이전에 차단되었던 사람들, 과거에 환영받지 못했던 사람들이 우리가 부르는 신앙의 노래에 여전히 참여하기를 원한다면, 그들에게 이것이 복음이라고 생각할 수 있을 것이다. 물론 낯선 사람이 이전에 닫혀 있던 교회의 문에 접근하는 위험을 무릅쓰려면 약간의 은혜 이상이 필요할 것이다.

아니, 진짜 복음은 이전에 문을 지키고 있는 사람들을 위한 것이다. 예수께서는 우리가 하나님의 공동체의 문지기가 아닌 척하고 있지만, 우리가 문지기가 아니라고 단언하신다. 우리는 그 일을 더 이상 감당할 수 없다. 우리가 할 일은 환영하고, 포옹을 요청받을 때 포옹을 하고, 더운 여름날 시원한 물 한 컵을 제공하는 것이다. 예수께서는 우리가 받을 보상이 참으로 충만할 것이라고 말씀하신다.

설교

이 구절은 제자도와 사명에 관해 추가된 담론에 대한 결론이다. 강조점은 보냄을 받은 사람들이 겪을 시련(10:16-39)으로부터 그들을 맞이할 사람들의 책임 (40-42)으로 바뀌고 있다. 이야기 구조상 이 말씀은 열두 제자를 보내기 전에 직접 그들을 향해 주어진 것이다: 예수와 하나님께서 그들과 함께 계시고 또 그들이 받을 대접에도 함께 하신다(40). 우리 독자들은 이 선포를 권면과 약속으로 "바로 옆에서 듣고 있다." 만일 우리가 예수께서 보내는 이 취약함 가운데 있는 사람들을 "환영한다면"(환대를 보여준다면), 우리는 그들이 받을 상을 나누어 가질 수도 있다. 이런 순회선교사들을 "예언자", "의인", "작은 자들"(41-42)이라고 표현한 것은 문체상 강조한 것일 수도 있고 혹은 마태복음의 첫 번째 독자들이 이미 알고 있었던 다른 유형의 기독교 선교사를 지칭하는 것일 수도 있다.

간결하지만 반복적인 이 성서정과 본문은 오늘날 교인들과 연관시킬만한 뚜렷한 공유점을 찾기가 쉽지 않아 설교에 어려움이 있다. 한 방법은 환대에 관한 주제 설교로 활용하는 것이다. 순회선교사들을 맞아들이라는 이 명령은 위험에 노출되어 있는 낯선 이들을 환대하는 보다 광범위한 성서적 태도와 연결시 킬 수 있다(창 18:1-8; 레 19:33-34; 눅 24:29; 롬 12:13; 히 13:2 참조).

유대교와 기독교의 이 관습은 오늘날 낯선 사람과 환대는 무관하다고 생각하며 살아가는 현대인과는 극명한 대조를 이룬다, 오늘날 우리는 집을 편안하고 쾌적한 곳으로 만드는 것을 강조하는 문화에서 살고 있다. 집에 대한 "리모델링"이 급상승 했지만, 그것이 실제로 환대를 위한 것이라기보다는 집수리 재료 공급 회사들의 수익만을 늘려주었고, 심지어 환대는 우리와 비슷한 사람들에게만 호의를 베푸는 것으로 협소하게 여겨지게 되었다. 궁핍한 사람들을 맞아들이는 기독교의 환대를 오늘날 문화에 적용시키는 것은 무리가 있다. 주택 위기가 일어났을 때 수백만 개의 세심하게 가구가 갖춰진 손님용 침실이 사용되지 않고 먼지가 쌓일 때까지 그대로 있었다. 그러므로 낯선 사람, 이민자, 노숙자 등에 대한 두려움이 너무도 명백해서 이러한 환대를 공적 담론이나 방침으로 논의하는 데 어려움이 있는 것은 놀라운 일이 아니다.

또 다른 보다 모험적인 접근은 아마 이 본문에 더 가까이 다가가서 무슨 일이 일어나는가를 보는 것이다. 먼저 이 성서정과가 권면하는 환대는 선교사들, 곧 그리스도의 메시지를 들고 우리에게 오는 사람들에게까지 확대되어야 한다는 것이다. 언뜻 보기에 이것은 현대 상황에서는 가능성이 없어 보인다. 본문을 연구한 학자들이 마태의 "작은 자들"은 일반적으로 도움이 필요한 사람들이 아니고 순회하는 복음 전도자들이라고 우리를 확신시켜 주기 전까지는 설교하기가 더 쉬웠다. 이제 교인들은 "앞으로 기독교 국가"가 될 선교지에서 피곤한 여행을 하며 온 선교사들과 자주 신앙을 공유하려고 집으로 모시려 하지 않겠는가? 만일 초청 강사가 이따금씩 우리 마을에 온다면, 환대는 편리한 호텔에 쾌적한 방을 잡아주는 것과 같게 될 것이다.

교인들이 다양한 자선 사역을 하면서 만날 수도 있는 많은 "순회 선교사들"은 어떠한가? "작은 자들"을 가난하고 소외된 사람들로 이해하는 것과 다른 한편으로 하나님 나라의 선교사들로 이해하는 것, 이 두 가지 중 하나를 선택하는 것은 결국 잘못된 것이다. 우리는 노숙자나 늘 배고픈 사람들이 우리의 환대를 절실히 필요로 하는 기독교 메시지의 전달자라고 상상할 수 있는가? 그러면 우리는 곧장 자선의 대상으로 여기는 사람들과 신앙을 위해 공유할 무엇이 있는 사람들과의 구별을 명확히 해야 한다고 말할 것이다. 그렇지만 어떻게 기관으로부터 선교 목적의 후원이 없이 어느 누가 선교사가 될 수 있겠는가? 그들이 이런 방식으로 이해하지 못한다면 어떻게 위험에 처할 수도 있는 순회 설교자가 될 수 있겠는가?

하지만 소유를 중시하는 사회에서 지위가 없고 도움이 필요해서 우리에게 오는 많은 사람들은 사실 깊고 확고한 아마도 순진하고 어린아이 같은 신앙을 지니고 있다. 중앙아메리카에서의 의료 선교로부터 이 나라에서의 음식, 쉼터 제공 사역에 이르기까지 나는 우리가 도움을 주었던 사람들이 보여준 생생한 신앙으로 인해 종종 놀랐다. 삶에 필요한 것들이 더 모자라고 취약한 여건에 있지만, 그들은 우리가 믿기 위해 애쓰는 복음을 대할 때, 보다 직관적으로 받아들이는 것 같았다. 그들이 자신들의 신앙을 간증할 때 얼마나 확신에 차 있고, 우리들 마음에 감동을 주었는지! 그들은 찬양, 고백 그리고 애통함을 표현하면서 우리를 잠잠하게 만들었던 세속 문화를 기쁨으로 넘어섰다.

이 행사를 주관한 우리들은 "전대에 돈이 없고"(10:9), 지갑에 건강보험카드도 없는 이 "작은 자들"로 인해 신앙이 강해지고 있음을 알게 되었다. 그들은 믿음으로 우리에게 자신들을 던졌고, 그래서 정착된 교회가 그리스도에게 물 한 잔을 드리는 소중한 기회를 만들어 냈다(8:20, 10:40-42, 25:40). 우리가 힘들게 얻은 이 두 번째 순전한 모습이 이들 알려지지 않은 선교사들의 단호한 신앙으로 인해 발효되지 않는다면, 그 신앙은 계속 유지될 수 없음을 아버지는 알고 계실까? 만일 그렇다면 환대를 실천함으로써 우리들 또한 우리의 상을 잃지 않게 됨을(42) 깨닫게 될 것이다.

본문에 대한 이러한 접근은 심각하지 않고 가볍게 다루는 것이 가장 좋다. 지나치게 귀에 거슬리는 선포는 듣는 사람들을 두려운 마음으로 조사를 받는 느낌을 줄지도 모른다. 이렇게 보는 방식이 사람들을 즐겁게 하고 또 장난스럽게 보일지 몰라도 교회가 자선활동에 대한 대안적인 인식을 할 수 있는 여지를 만들어 낼 것이다. 목표는 사람들에게 이 본문이 진실로 무엇을 말하고 있는가를 확신시키는 데 있는 것이 아니라, 교회로 하여금 상상의 나래를 펴서 보는 것과 존재하는 것을 새로운 믿음의 눈으로 보도록 도와줄 때 그 일이 무엇을 뜻하는지를 보여주는 데에 있다.

성령강림절 후 여섯째 주일

마태복음 11:16-19, 25-30

¹⁶이 세대를 무엇으로 비유할까 비유하건대 아이들이 장터에 앉아 제 동무를 불러 ¹⁷이르되 우리가 너희를 향하여 피리를 불어도 너희가 춤추지 않고 우리가 슬피 울어도 너희가 가슴을 치지 아니하였다 함과 같도다 ¹⁸요한이 와서 먹지도 않고 마시지도 아니하매 그들이 말하기를 귀신이 들렸다 하더니 ¹⁹인자는 와서 먹고 마시매 말하기를 보라 먹기를 탐하고 포도주를 즐기는 사람이요 세리와 죄인의 친구로다 하니 지혜는 그 행한 일로 인하여 옳다 함을 얻느니라 ²⁵그때에 예수께서 대답하여 이르시되 천지의 주재이신 아버지여 이것을 지혜롭고 슬기 있는 자들에게는 숨기시고 어린 아이들에게는 나타내심을 감사하나이다 ²⁶옳소이다 이렇게 된 것이 아버지의 뜻이니이다 ²⁷내 아버지께서 모든 것을 내게 주셨으니 아버지 외에는 아들을 아는 자가 없고 아들과 또 아들의 소원대로 계시를 받는 자 외에는 아버지를 아는 자가 없느니라 ²⁸수고하고 무거운 짐 진 자들아 다 내게로 오라 내가 너희를 쉬게 하리라 ²⁹나는 마음이 온유하고 겸손하니 나의 멍에를 메고 내게 배우라 그리하면 너희 마음이 쉼을 얻으리니 ³⁰이는 내 멍에는 쉽고 내 짐은 가벼움이라 하시니라

신학

내가 어린 시절부터 가장 좋아했던 찬송가 중의 하나는 데벤터(Judson W. Van DeVenter)가 1896년에 작사한 "I Surrender All"("내게 있는 모든 것을", 찬송가 50장)이다. 나는 특히 후렴 부분을 좋아했다. 이 부분은 오늘의 본문과 밀접하게 관련된다:

I surrender all, I surrender all,

All to Thee, my blessed Savior, I surrender all.

주께 드리네, 주께 드리네,

사랑하는 구주 앞에 모두 드리네*

　내가 상상하기로는 바로 이것이 예수께서 마태복음 11:28-30에서 우리를 제자
도로 초대하신 후 듣기 원하시는 응답이다.

　그 초대가 있기 전에 예수는 하나님의 지혜가 옳다는 것이 그 결과에 의해
입증될 것이라고 명확히 말씀하셨다(19). 그리고 예수가 하나님과 특별한 관계에
있고, 그 관계를 다른 사람들과 나눌 수 있다고 하셨다. 예수가 오늘 본문 결론부에서
제안하는 제자도로의 초대는 이런 맥락에서 이해해야 한다.

　이 제자도로의 초대의 많은 특징 중 하나는 우리의 목회적(평신도와 성직자
모두 포함) 상황과 우리가 믿음을 실천하는 구체적인 삶의 자리에 관한 깊은
성찰을 필요로 한다는 것이다. 믿음, 사랑, 소망, 정의를 위한 투쟁의 상황에서
제자도를 실천하면서 우리는 신앙과 매일의 삶을 연결하는 하나님의 통합적인
관심을 깨닫는 데까지 도달해야 한다. 이 변혁적 제자도를 실천하는 것은 어렵지만,
필수적이고, 때로는 매우 고독한 길이다. 제자의 길을 가면서 우리가 하나님의
형상대로 지음 받았다는 사실을 잊지 말아야 한다. 융단을 짜듯이 우리의 존재를
직조하시는 분은 하나님이시다. 우리는 하나님으로부터 받은 무조건적인 사랑을
누리고 또 우리가 받은 은총과 자비를 다른 사람에게 전하는 삶을 살면서 제자도를
이루게 된다. 이것은 우리의 한계에 주목하지 않고 가능성에 주목하는 삶이며,
하나님의 요구에 "네"라고 대답하는 삶이다. 우리가 그렇게 살아갈 때 예수를
통해 계시된 하나님의 사랑은 우리가 점점 더 서로를 잘 이해하고, 연민을 베풀고,
용납할 수 있도록 인도하신다.

　제자로 사는 것은 우리가 온전하고 하나님께 충실한 삶을 사는 것을 의미한다.
우리의 정체성을 하나님 안에서 찾음으로 우리의 자아관이 바로 서게 되면 우리는
삶의 대소사와 관련하여 깊은 신학적 통찰력을 발휘하게 된다. 예수의 제자가

---

* Judson W. Van DeVenter, "I Surrender All," *African American Heritage Hymnal* (Chicago:
GIA Publications, Inc., 2001), #396.

되면 안식만 얻는 것이 아니고 핍박도 경험하게 된다. 따라서 우리는 우리가 살아야 할 새로운 존재 양식과 우리가 전해야 할 예수의 가르침에 관한 확신에 가득 차 있어야 한다.

믿음으로 충만한 제자도 신학은, 부분적인 복음 위에 세워져서 죽어가거나 이미 죽은 목회를 생산하는 제자도 신학이 되지 않기 위해 복음을 살아 있는 것으로 풀어내야 한다. 오늘 본문에서 예수가 우리를 초대한 생명력이 넘치는 제자도는 우리로 교회 건물 유지를 위한 위원회에만 관심을 둘 것이 아니고, 환영과 양육의 장을 만드는 데 더 관심을 갖게 만든다. 오늘 본문에서 예수가 우리를 초대하는 제자도는 그의 말씀에 초점을 맞춤으로 그리고 예수가 우리 각자를 부르신 독특한 사명을 살아내면서 복음의 짐을 짊어짐으로 안식을 얻게 될 것이라는 것을 깨달음으로 우리의 사역을 펼쳐내기를 요구한다.

제자도의 신학과 관련하여 설교자가 탐구할 수 있는 또 다른 주제는 우리가 더 강력하고, 더 현실적이며, 물질적으로나 구체적으로 더 정의로운 세상을 꿈꾸기 위해 필요한 것은 무엇인가이다. 새 하늘과 새 땅의 성격에 관한 이러한 탐구는 29절을 16-19절과의 연관 속에서 자세하게 살펴봄으로 이루어질 수 있다. 16-19절 에서 설교자는 "범상치 않은 것에 대한 두려움"이나 "소외된 자들을 사랑함" 등의 주제에 대해 생각해 볼 수 있는 기회를 갖는다. 이 내용이 "내 멍에를 메고 나한테 배워라"는 29절의 예수의 말씀과 어떻게 관련되는지 생각하다 보면, 보통 사람들이 일상생활을 하면서 겪게 되는 다양한 사례들이 연결되면서 깊은 성찰을 하게 될 것이다.

그러나 제자도에 관해 배우는 것이 중요한 만큼 제자도의 신학은 우리가 배운 것을 어떻게 표현할지 그리고 어떻게 계속 배울지에 대해 깊이 생각하도록 우리를 밀어붙인다. 그것은 제자의 공동체 안에서 가장 효과적으로 이루어지는데, 우리의 일상적 삶 속에서 제자도의 실천은 연못의 잔물결처럼, 때로는 지진 후 해일처럼 주변 사람들에게 크고 작은 영향을 미친다.

마지막으로 설교자는 공동체 안에서 제자도가 어떻게 작동하는지를 배우기 위해 영원한 명저인 본회퍼의 책 『나를 따르라』(The Cost of Discipleship)를 참고하는 것도 좋겠다. 여기서 제자도의 교사와 학생의 관계는 학생이 배운 것을 어떻게 적용할지를 이해하도록 돕는 단계로까지 성장해야 한다.

본회퍼는 값싼 은혜의 위험으로부터 십자가에 대한 성찰로 독자를 인도하면서 개인의 영적 형성과 지복과 의로움의 능력 등의 주제에 초점을 맞춘다. 예수가 "수고하며 무거운 짐을 진 사람은 모두 내게로 오너라. 내가 너희를 쉬게 하겠다"라고 말씀하실 때, 그 말씀을 들은 다양한 사람들이 자신들을 위해 "보고", "듣고", "느낀" 구체적인 이미지들을 만들어내기 시작하는 것을 상상할 수 있다.

그때 우리는 안도와 깊은 감사의 마음으로 "모두 드리네"라고 노래할 수 있다.

주석

마태복음의 주요 문학적 구성 요소는 다섯 개의 긴 강화인데, 각 강화마다 이야기들이 따른다. 오늘 본문은 예수가 제자들에게 사명을 주는 것에 관한 (9:35-11:1) 두 번째 강화에 따르는 이야기 중의 일부분이다. 이것이 의미하는 바는 선교를 위해 제자들을 파송하는 예수의 모티브나 이스라엘의 고을(10:23)들의 반응 또는 무반응이 여전히 전체 문학적 구조에서는 본문의 배경이다.

자료에 관해서는 마태복음 11:16-30 전체가 Q자료에서 온 것으로 보이는데, 하지만 세 문단 각각은 누가복음에 있는 Q자료와 병행구이다. 그것은 마태복음 11:16-19와 누가복음 7:31-35, 마태복음 11:20-24와 누가복음 10:12-15 그리고 마태복음 11:25-27와 누가복음 10:21-22이다. 마태복음 11:28-30은 공관복음에는 병행구가 없다. 그것은 마태의 특별한 전승이나 마태 자신의 창작으로 볼 수 있다.

불가능하지 않지만 가능성이 적은 추측은 마태는 Q자료로부터 "내게로 오라"는 초청을 택했지만 누가는 삭제했다는 점이다. 이러한 관찰은 원자료의 범위와 공관복음 전 단계 Q자료의 본문에 담겨져 있는 말씀들의 순서에 대한 자료비평적 질문들을 제기하게 한다. 그러한 질문들은 보통 해결하기 어려운데, 하지만 특정한 경우에는 학자들의 의견이 일반적으로 누가복음보다는 마태복음이 더 많은 수정들을 했다는 것을 인정하는 쪽으로 기울고 있다.

첫 번째 문단 16-19절 앞에는 세례요한이 감옥에서 그의 제자들을 보내어 예수가 "오실 그분"(11:2-3)인지를 묻는 이야기가 나온다. 예수는 그들에게 대답하고 그들이 떠날 때 세례요한에 대한 짧은 연설로 군중에게 말했다. 그중 이 구절 (16-19)이 결론 부분이다. 16절은 앞에서 "들을 귀가 있는 사람은 들어라"는 말의 연결되는 의미보다는 반대되는 의미로 시작한다.

이러한 언어적 연결은 이 본문의 우화적 말씀들의 궁극적 의미를 밝혀준다. 그것은 진실로 이 세대(16)에 들을 귀가 있는 사람은 없는 것처럼 보인다는 것이다. "이 세대"의 본래의 참고는 예수 시대이지만, 침투성의 편집적 의도에 따라 마태의 세대나 또는 우리의 세대에도 적용할 수 있다.

비유 자체는(16b-17) 여기에 나온 인물이 실제 누구인지에 관해 많은 논쟁의 주제가 되어 왔다. 이 비유가 일반적으로 사람들, 특별히 세례요한과 예수의 적들은 전혀 적절한 반응을 보이지 않는다는 현재의 인용구에서 하는 역할이 무엇인지가 더 중요하다. 해석하는 부분(18-19)에서는 풍자적으로 세례요한과 예수를 그들의 생활 스타일과 받은 비난으로 비교하는데, 요점은 비교가 아니라 그들 각자를 향해 모략하는 자들의 어리석음이다.

이 부분은 격언으로 끝난다: "지혜는 그 한 일로 옳다는 것이 입증되었다." 19절의 "일"이란 신학적 의미가 있는 단어인데, 이는 2절의 "그리스도께서 하신 일"을 상기시킨다. 이는 또한 예수가 한 여러 가지 일(11:5)들을 가리키기도 한데 이는 예수가 선언한 복음의 핵심을 보여준다.

두 본문 사이에 있는 본문(20-24)에서 청중은 같지만 주제는 바뀐다. 여기에서 예수는 회개하지 않는 이스라엘의 도시에 대한 예언자적 심판을 선언하는데, 이들은 16절에서 예수가 말한 것이나 행한 것에 대해 적절한 반응을 보이지 않는 "이 세대"의 다수를 대표하고 있다. 그러므로 이해하지 못하고 적절한 반응을 보이지 않는다는 주제는 2-24절의 전 부분에 걸친 주제이다.

두 번째 단락인 25-30절은 부정적 강화에서 긍정적 강화로 바뀌는 것을 보여준다. 문학 양식으로는 기도(25-26), 선언(27) 그리고 충고(28-30)이다. 앞에 부분과 비교하여 예수의 기도는 앞에서 언급하지 않은 그룹으로 예수의 말을 듣고 이해하고 따른 소수의 사람을 보여준다. 적절하게 반응하지 않은 사람들을 "지혜 있고 똑똑한 사람"으로 성격 지움으로 예수의 이 말은 주되게는 교육받은 유대 지도자인 그의 적들의 범위를 좁힌다. 그리고 하나님의 계시를 받는 사람을 아이로 규정한다. 이 비유는 일반적으로 겸손한 자를 지칭하지만, 또한 제자이든 군중이든 특별히 예수를 따르는 사람들을 가리킨다.

25절 예수의 기도에서 기원은 주기도문과 비슷한데, 하지만 예수의 유일성을 표적으로 취하지 않는다. 하나님을 아버지에게 기원하는 것은 전형적으로 유대인들이 기도를 시작하는 방법이다. 예수가 독특한 것은 기도의 내용에서 볼 수 있는데, 아버지와 아들과의 상호이해의 독점적 성격과 또한 아들을 계시의 유일한 중개자로(27) 지정하고 있다. 이 기도는 누가복음 10:22과 말 그대로 병행구이다.

배타적 계시의 그러한 주장은 종종 종파주의의 표시인데, 보통 변방의 초기 공동체로서 그가 속한 큰 사회의 주류에 대항하여 정통성을 얻으려고 하는 것이다. 이러한 측면은 Q 공동체나 마태 공동체의 성격을 잘 보여주는데, 하지만 이것은 누가 공동체에 적용하는 것은 논란 중이다. 그러므로 28-30절의 결론적 권고는 70년 이후 유대교의 소수자 운동으로서 마태 공동체의 곤궁함이 배경이 된다는 것으로 해석되어야만 한다.

이 흥미로운 복음서 말씀은 7월 4일 미국의 독립기념일 주간에 성서정과에 나온다. 미국에서 설교하는 목회자는 이런 상황에서 이 말씀을 읽지 않을 수 없다. 사실 그렇게 하는 것은 목회적으로 당황스러운데, 왜냐하면 예수가 주장하는 바로는 민족, 국가, 모든 세대가 다 부족하기 때문이다. 오늘 말씀은 신실한 국가를 위한 축하의 말씀이 아니다. 예수께서 묘사하는 방식과 거리를 두려고 노력할 수도 있지만, 이 가르침을 전적으로 무시하기에는 너무 많은 이야기들이 우리에게 익숙하다. 진실이 너무 많다.

이 구절은 자기들이 부르는 노래를 사람들이 전혀 이해하지 못하는 아이들의 이야기로 시작한다. 그들이 기쁜 노래를 부를 때 아무도 춤을 추지 않았다. 장송곡을 불렀을 때 아무도 눈물을 흘리지 않았다. 그들은 세례자 요한보다 더 잘 이해받지 못했고, 예수보다 더 잘 이해받지 못했다.

예수는 개인이 응답하지 않는 것에 대해 말하는 것이 아니라, 분명하게 부르고 있는 노래에 대해 사회 전체, 실제로는 전체 세대가 반응하지 않는 것을 말하고 있다. 어떻게 우리는 우리 세대가 애국적인 축제 일주일 동안 춤추는 이유와 우는 이유를 이해하거나 혹은 이해하지 못하는 방식에 대해 생각하지 못할 수 있을까? 우리는 우리 문화의 다른 노래와 목소리에 너무나 자주 그리고 쉽게 무감각해진다. 우리는 중요한 순간을 놓칠 뿐만 아니라, 무거운 짐을 지고 휴식이 필요한 사람들을 위해 슬퍼해야 할 때마다 춤을 춘다.

예수께서 모여 있는 사람들을 떠나 하나님께 기도를 올리실 때 우리는 예수의 초점이 늘 우리의 관심을 끄는 강하고 지혜롭고 지성 있는 사람들이 아니라, 우리가 갈망하는 영향력 있는 위치에서 멀리 있는 "어린아이들"(25)에게 얼마나 확실하게 집중되어 있는지를 깨닫기 시작한다. 우리는 지혜와 지식을 찾아 일생을 보내는데, 지금은 그것들이 예수께서 무시하는 바로 그 속성처럼 보인다. 하나님의 나라에서는 우리의 인간적인 관심을 끄는 것들은 거의 주목되지 않는다. 더욱이 하나님의 축복은 이 세상에 지혜와 계략으로 가득 차 있는 사람들에게 의도적으로 감추어져 있다. 오히려 어떻게든 하나님의 방법을 가장 잘 이해하는 것은 이 세상의 순수하고 순진한 어린아이들이다.

성공한 사람들로 가득 찬 교회에서 혹은 적어도 세상에 사는 동안 성공하기를 갈망하는 사람들로 가득 찬 교회에서 설교하기에는 어려운 말이다. 더 일반적으로 민족의 힘과 결단을 기념하고, 겸손의 미덕은 거의 고려하지 않는 국경일 주말에 설교하는 것은 여전히 더욱 어렵다.

그럼에도 불구하고 우리의 목소리가 이 땅의 억압받는 사람들을 대신해서 목청을 높인 맨 처음 목소리는 아니었을 것이다. 칼 바르트(Karl Barth)는 정의는 언제나 "위협받는 무고한 사람들, 억압받는 가난한 사람들, 과부, 고아와 이방인들에게 호의를 베풀 것을 요구한다"고 주장했다. "하나님은 항상 무조건적으로 그리고 열정적으로 그들의 편에 서시고, 그들의 편에만 서신다. 높은 자들에게 맞서시고 낮은 자들을 대신하신다. 이미 권력과 특권을 향유하고 있는 자들에게 맞서시고 그것을 거부당하고 박탈당한 자들을 대신하신다."* 수십 년 동안 해방 신학은 성서의 명령을 확장하여 그리스도의 급진적인 말씀을 많은 민족의 자유를 위한 투쟁과 일치시켰고, 구원하시는 복음의 말씀은 우리가 힘없는 사람들, 권리를 빼앗긴 사람들의 경험 한복판에 있을 때 가장 잘 이해된다고 지속적으로 주장해왔다. 여러 새로운 교회의 모델들이 예배와 공동체 건설에 대한 낡은 방식을 거부하고, 물질적 재산이나 기존 권력에 구애받지 않고, 주변부에서 신앙으로 살아가는 법을 추구하고 있다.

예수께서는 지치고 무거운 짐을 진 사람들에게 자주 인용되는 위로의 말을 하기 전에 의미 있는 참여와 사회 분석으로 초대하고 계신다. 그것이 이 본문을 읽는 목회적 열쇠가 될 것이다. 우리 삶에 가까이 있는 상처받은 사람에게 그리고 우리에게서 멀리 있는 상처받은 사람에게 이 말씀은 무엇이라고 말하는가? 우리는 심각하게 투쟁하고 있는 사람들과 궁핍에 압도된 사람들과 어떻게 교제하고 있는가? 예수가 정말로 그의 축복이 강하고 힘 있는 사람이 아니라 어린아이와

---

* 1. Karl Barth, *Church Dogmatics*, II/1 (Edinburgh: T. & T. Clark, 1955), 386.

비천한 사람들에게 알려졌다고 주장하고 있다면, 지금이야말로 우리도 우리 자신을 우리 사회의 변두리와 우리 삶의 변두리에서 살고 있는 사람들의 곤경과 동일시해야 할 때다.

예수가 풍족한 시대보다 곤경에 처한 시대에 더 많이 임재하시고, 확신의 시대보다 절망의 시대에 더 많이 임재하신다는 것을 우리 자신과 우리 교회에게 상기시키기 전에는 목회적 확신의 말씀으로 너무 빨리 이동해서는 안 될 것이다.

안식은 가장 강하고 가장 힘센 사람에게 제공되지 않는다. 안식은 불의가 짐이라는 사실을 이해하지 못하는 세상에 지쳐 버린 사람들에게 제공된다. 예수의 멍에는 이 세상이 이해하지 못하는 사람들을 도우러 오시는 하늘의 권능에 의해 쉬운 것으로 만들어진다.

요컨대 군사력이나 정치권력을 통해, 지적인 능력이나 개인적인 매력을 통해 자신의 구원을 책임지고 있다고 믿는 사람은 예수의 위로를 받을 필요가 없다. 예수는 하늘의 은사로 그들을 괴롭히지 않으실 것이다. 그러나 자신에게 구세주가 필요하다고 깨달은 사람들에게 예수는 인생의 짐을 들어주시고, 외로운 영혼에게도 안식을 주시는 풍성한 위로로 찾아오신다.

설교

마태복음 11장은 예수와 그가 전한 하나님 나라 소식에 대한 다양한 응답들을 보여주며, 그를 영접하고 편안히 쉬라는 새로운 초대로 결론짓고 있다. 이번 주 성서정과는 세 가지 분명하고 설교하기에 풍성한 영역으로 나눌 수 있다.

요한과 예수

이 두 사람은 달라도 너무 달랐다. 요한은 메뚜기를 먹는 광야의 예언자이고, 예수는 모든 부류의 사람들과 좋은 음식 먹기를 좋아한 것으로 알려져 있다. 요한은 일부러 흠이 있는 털옷을 입었고, 예수는 가끔 결혼피로연에서 포도주가 떨어지지 않게 하나님의 힘을 사용하라는 요청을 받았다. 요한은 그의 청중들에게 "독사의 자식"이라고 말했고, 예수는 마태복음에서 그의 대표적인 설교를 할 때 그들에게 복이 있다는 말로 시작했다(5:1-11). 그들은 너무 달랐고, 한때 폭발적으로 "광야에서 외치는 소리"였던 요한은 이제 어두운 감옥에서의 조심스러운 질문(11:2-6)을 하는 사람으로 나타났다.

예수께서는 이 모든 일이 하나님의 계획 가운데 일부라고 설명한다(11:7-15). 그런 다음 그는 자신과 요한 사이의 차이를 말하는 한 비유와 그리고 둘 다 거부당하는 공통점에 관해 이야기한다. 그는 사람들을 경기규칙을 바꾸는 변덕스런 아이들에 비유한다. 요한은 와서 먹지도 않고 마시지도 않았는데(18) 사람들은 그런 삶의 스타일에 전혀 관심이 없었다. 요한은 그들의 취향에 비해 너무 구식이어서 너무 엄격하고 요구사항이 많았다. 그래서 그들은 피리를 불면서 "이봐 요한 좀 가볍게 해. 지옥 불만 이야기하지 말고 피리 소리에 맞춰 춤이나 추자구"라고 말했다. 그 후 예수께서 왔고, 예수는 이들이 결코 생각조차 해보지 못했던 춤을 출 준비가 되어 있었다. 그때 그들은 예수와 함께 있던 무리들을 향하여 통곡했고, 예수를 "마구 먹어대는 자요" 또 "포도주를 마시는 자"(19)라고 불렀다.

하나님의 방식은 우리가 보기에 너무 적거나 너무 과할 수 있고 또 동시에 너무 "보수적"이거나 너무 "자유주의적"일 수 있다. 우리는 요한의 단호한 주장,

곧 결단의 때가 우리 모두에게 다가왔으므로 마음을 살피고, 쭉정이를 불태워 버리며, 하나님께서 준비한 미래를 우리의 모든 삶으로 받아들이라는 것에 대해 짜증이 날 수 있다. 그렇지만 예수 또한 우리를 화나게 만들 수 있다. 그는 사람들의 삶에 대해 지나치게 낙관적 태도를 가지고 있어서 어떤 사람들은 희망이 없이 살아가고 있다는 사실 그리고 우리들이 안정적인 삶을 유지하기 위해 일을 해야만 한다는 사실을 이해하지 못하는 것처럼 보인다.

이 두 사람의 메시지는 우리들이 어렵게 얻은 일상적 삶에 위협이 될 수 있다. 우리는 요한의 과도한 요구들과 예수의 놀라운 관대함 사이에서 중간 지점을 유지하기를 원한다. 그래서 하나님께서 우리와 세상을 위해 계획한 특별한 미래에 올인하기보다는 현재의 우리 자신을 안정되게 하는 방향으로 온건함을(혹은 평범 함을?) 견지하면서 계속해서 조정을 해나가야만 한다.

예수를 아는 것, 하나님을 아는 것

우리가 사는 세상에서 가장 좋은 것들은 집중적인 노력을 통해 이루어진다. 탁월한 이론이 생성되는 것에서 시작하여 생명을 구하는 의학 기술 또 독보적인 음악 연주에 이르기까지 인간의 노력이 거둔 성과는 놀랍다. 이러한 지식을 얻거나 달인이 되기 위해서는 부지런히 그 일을 추구해야 한다. 한 분야에서 달인이 되기를 원하면 일찍 일어나고, 열심히 집중하고, 오래 있으면서 반복하고 또 반복해야 한다.

그런데 가장 중요한 일을 포함하여 이러한 방식으로 되지 않는 일도 있다. 하나님에 관한 지식은 그렇게 얻어질 수 없는 것으로 여겨진다. 하나님은 세상에 있는 어떤 것처럼 우리가 다가가서 우리 자신의 힘으로 잡을 수 있는 그런 분이 아니다. 우리의 노력으로 하나님에 관한 지식을 얻으려 하면 할수록 우리는 더 적게 얻는다. 적어도 예수께서도 이 문제를 이렇게 이해한 것 같다. 하나님은 일반적인 방식으로 열심히 무언가를 찾으려고 하는 사람에게는 감추어져 있는 것 같고, 심지어 모든 지식을 이해하는 데 능력이 떨어지는 사람들이 오히려 하나님에 관한 지식을 얻는 데 뛰어나 보인다(25-26).

물론 하나님에 대해 어느 누구도 예수보다 더 잘 이해하지 못한다(27). 그래서 아마도 예수께서는 그의 사역이 잘 진행되지 않는 것처럼 보일 때도 감사의 기도(25)를 드렸을 것이다. 우리가 하나님의 방식으로 살아가려 할 때, 박해(10장)와 배척(11장)이 세상으로부터 오게 되는 것은 당연한 일이다. 하나님을 가장 잘 알고 있는 사람에게는 모든 것이 계획된 대로 진행된다는 사실이 너무나 분명하다. 그들은 영적으로는 "어린아이들"(25)이고, 신학적으로는 덜 현학적이며, 자신들의 이해 능력의 한계를 알고 있다. 또 예수를 겸손하게 받아들이고, 그가 보여주는 하나님께(27) 어떻게 다가가는지를 알고 있다.

예수의 멍에

성서정과의 마지막 구절은(28-30) 설교하기에 가장 분명한 내용을 담고 있다. 이 익숙한 내용은 예수를 따르는 일이 쉬운 이유가 그가 바리새인과는 달리 우리가 사는 방식에 엄격하지 않기 때문이라는 의미로 이해되었다. 예수를 이렇게 규율을 지키지 않는 사람으로 이해하는 일은 엄격한 윤리적 삶을 보여주는 산상수훈(5:17-20)과 부합하지 않는다. 예수께서 약속하는 "편한 멍에"(30)는 10장에 배치된 엄격한 요구와 11장에 나오는 배척당하는 것에서 바라보면 더 당혹스럽다. 왜 예수께서는 많은 것을 요구하면서도 쉽게 해주겠다고 제안할까?

예수께서 주는 것은 일로부터의 자유가 아니라 과중한 일로부터의 자유이다. 마음에 병이 들 정도로 지치고 피곤함은 모든 일을 하는 과정의 필연적 결과가 아니다. 오히려 잘 안 맞는 일, 억지로 하거나 두려워서 하는 일 혹은 의미를 찾지 못한 채 하는 일들로부터 나온다. 또 진정으로 중요한 일을 전혀 하지 않을 때 오는 피곤함도 있다. 편한 멍에는 해야 할 일, 즉 우리의 모든 것을 요구하고 최선을 다해야 하는 목적을 지닌 일을 의미한다. 그것은 하나님의 나라가 실현되는 것을 보려는 열정이 동기가 되어 하는 일을 뜻한다. 그것은 하나님의 계획이 마침내 이루어지는 분명한 미래를 향해 일하는 것을 뜻한다. 온유하고 겸손한 주님의 멍에를 받아들이는 것은 영혼을 쉽게 하는 가치 있는 일을 받아들이는 것이다.

성령강림절 후 일곱째 주일

마태복음 13:1-9, 18-23

¹그 날 예수께서 집에서 나가사 바닷가에 앉으시매 ²큰 무리가 그에게로 모여 들거늘 예수께서 배에 올라가 앉으시고 온 무리는 해변에 서 있더니 ³예수께서 비유로 여러 가지를 그들에게 말씀하여 이르시되 씨를 뿌리는 자가 뿌리러 나가서 ⁴뿌릴새 더러는 길 가에 떨어지매 새들이 와서 먹어버렸고 ⁵더러는 흙이 얕은 돌밭에 떨어지매 흙이 깊지 아니하므로 곧 싹이 나오나 ⁶해가 돋은 후에 타서 뿌리가 없으므로 말랐고 ⁷더러는 가시떨기 위에 떨어지매 가시가 자라서 기운을 막았고 ⁸더러는 좋은 땅에 떨어지매 어떤 것은 백 배, 어떤 것은 육십 배, 어떤 것은 삼십 배의 결실을 하였느니라 ⁹귀 있는 자는 들으라 하시니라 ¹⁸그런즉 씨 뿌리는 비유를 들으라 ¹⁹아무나 천국 말씀을 듣고 깨닫지 못할 때는 악한 자가 와서 그 마음에 뿌려진 것을 빼앗나니 이는 곧 길 가에 뿌려진 자요 ²⁰돌밭에 뿌려졌다는 것은 말씀을 듣고 즉시 기쁨으로 받되 ²¹그 속에 뿌리가 없어 잠시 견디다가 말씀으로 말미암아 환난이나 박해가 일어날 때에는 곧 넘어지는 자요 ²²가시떨기에 뿌려졌다는 것은 말씀을 들으나 세상의 염려와 재물의 유혹에 말씀이 막혀 결실하지 못하는 자요 ²³좋은 땅에 뿌려졌다는 것은 말씀을 듣고 깨닫는 자니 결실하여 어떤 것은 백 배, 어떤 것은 육십 배, 어떤 것은 삼십 배가 되느니라 하시더라

신학

비유와 그에 대한 해석으로 이루어진 오늘 본문은 복음을 반대하는 사람들에 관한 이야기 사이에 끼어있다. 11-12장에는 예수의 사역에 관한 오해와 반대에 관한 이야기가 기록되어 있다. 13장은 예수가 고향에서 배척받는 이야기로 마무리된다. 복음이 어떤 환경에서는 성장하는데 왜 다른 환경에서는 그렇지 못한가하는 질문에 대한 답은 바로 이 비유가 배척/반대 이야기 사이에 위치해 있다는데서 그 힌트를 얻을 수 있을 것이다. 이 질문을 뒤집어 보면 풍성한 열매를

맺는 제자도의 필수 조건은 무엇인가가 된다.

마태는 복음을 들은 사람에 비해 이해한 사람이 적고, 심어진 나무에 비해 열매 맺는 나무는 적은가 그리고 열매 맺는 제자도의 중요한 요소가 무엇인가에 관해 실제적인 신학적 설명을 제공한다. 마태는 그의 청자/독자에게 적어도 세 가지 중요한 관점을 제시한다. 설교자는 이 중에 어떤 관점을 택할 것인가가 아니고, 모든 관점을 고려함으로 이 비유의 깊은 의미를 파악할 수 있다. 이 비유는 씨뿌리는 자, 네 가지 토양 그리고 기적적인 결실에 관한 비유이다.

씨뿌리는 자

씨뿌리는 자는 복음을 퍼뜨리는 자로 설교자, 교사, 복음 선포자, 선교사, 예수 혹은 하나님이 될 수도 있다. 오늘의 복음 전도 방식은 밭을 가는 것에 큰 관심을 기울인다: 인구조사, 전도 대상 분석, 대상에 적합한 소통 전략 구상 등. 이런 전략들이 정말로 씨가 뿌려질 토양의 성격을 밝혀주나? 그렇지 않다. 씨 뿌리는 자는 밭의 표면 아래 어떤 토양이 있는지 미리 알 수 없다. 교회나 설교자도 씨를 뿌리기 전에 토양의 상태를 짐작할 수 없다. 씨뿌리는 자에게 주어진 가장 중요한 과제는 씨를 뿌리는 것 자체이다.

네 가지 토양

파종의 결실은 제자이다. 마태가 비유를 해석한 것을 보면 한 군데에서는 씨가 복음이라고 했고(19), 그 외에는 씨를 "발아된 제자"와 연결한다. 네 가지 토양은 풍성한 결실을 맺는 제자도의 필수적 조건에 관해 설명해준다. 제자가 성장하기 위해서는 "이해"(깨달음, understanding)가 필수적이다.

마태복음에서 이해가 매우 중요하다는 것은 명백하다. 이해가 없이 말씀은 심어지지 못한다. 비유 속의 새와 같이 가까이 있는 사악한 자가 믿음의 가능성 자체를 낚아채 갈 것이다. 이해를 기반으로 다른 모든 것이 가능하다. 그러나 이해는 단순히 지식을 획득하는 것과 다르다는 것이 중요하다. 이해는 긴박하게 행동하는 통찰과 밀접하게 연관된다. 이해는 삶의 방향을 바꾸는 지식이다.

철길에 서 있는데 기차가 바로 앞에 다가오고 있다고 상상해 보자. 그 상황을 이해하는 순간 급하게 행동을 취할 것이다. 마태에 따르면 예수는 청자들에게 제자도의 근본적인 필수 조건이 무엇인지 알려주기 원했다. 그것을 이해하는 순간 제자로서의 여정이 시작된다. 마태복음 전체는 우리가 그와 동일한 이해를 하기 원한다. 교회도 그와 동일한 목적을 갖고 있다.

이해는 필수 조건이지만 풍성한 결실을 맺는 제자도를 위한 충분 조건은 아니다. 이해와 함께 집중(attentiveness, 경청)과 인내(perseverance)도 필요하다. 마태는 제자는 악한 자들의 강력한 반대를 견뎌내야 한다고 반복하여 강조한다. 그런 반대는 우선 핍박의 형태로 온다. 복음을 처음에는 기쁘게 받아들였지만 "말씀 때문에 환란이나 박해가" 일어날 것이다(21).

제자는 핍박(외적인 반대)뿐 아니라 유혹(내적인 반대)에도 대비를 해야 한다. 세상의 염려(마 6:25-32)와 재물의 유혹(22)이 그것이다. 다른 곳에서(마 19:16-22) 마태는 세상의 걱정이나 부의 미끼에 빠지는 제자의 예를 들었다. 마태복음 6:33에서 예수는 먼저 하나님의 나라를 추구하라고 강조했다.*

기적적 결실

예수 공동체에는 뿌려진 밭의 토양을 바꿀 수 없는 수동적인 씨앗뿐 아니고 돌짝밭이나 가시덤불을 옥토로 바꿀 수 있는 씨앗도 있다. 그러나 제자들도 바꿀 수 없는 것은 이해의 문제이다. 믿음처럼 이해도 선물이다.

복음에 반대하는 세력이 그렇게 많은 것—악한 자, 굳어진 마음, 박해, 세상의 염려, 재물의 유혹 등—을 생각할 때 제자들이 있고, 하나님의 나라가 자란다는 것이 기적처럼 보일 수 있다. 결실은 기적적이다. 왜냐하면 결국 모든 성장은 하나님으로부터 오기 때문이다. 반대 세력이 씨앗의 3/4를 취할 수도 있다. 그러나 남은 씨앗은 풍성한 결실을 맺을 것이다. 제자도를 시작하게 하는 믿음은 선물이다. 제자가 맺는 풍성한 결실도 선물이다. 바울로부터 종교개혁자들과 현대에 이르기

---

* Warren Carter, *Matthew and the Margins: A Sociopolitical and Religious Reading* (Maryknoll, NY: Orbis, 2000).

까지 신학자들이 인간이 구원의 과정에서 하는 역할에 관해 많은 견해를 제시했지만, 변하지 않은 진리는 믿음은 하나님의 선물이고, 제자가 맺는 결실은 하나님이 우리 안에서 일함으로 이루어지는 것이라는 점이다. 우리는 왜 어떤 사람은 믿음을 선물 받고 풍성한 결실을 맺는 제자가 되는지 추측할 수 있지만, 그 이유를 우리는 확실히 알 수 없고 또 먼저 믿은 사람이 많은 열매를 맺으리라고 확신할 수도 없다.

이 모든 해석이 우리에게 주는 결론적 교훈은 반대와 유혹을 이겨내고 풍성한 결실을 맺는 제자를 많이 만들기 위해 씨를 충분히 많이 뿌리라는 것이다. 아마 오늘 본문은 사도행전 2장과 짝이 되어 읽힘으로 교회가 선교에 관해 희망과 겸손을 유지하는 데 도움을 줄 것이다.

마태복음 13장은 최근에 학계에서 지지받고 있는 마태복음의 문단 구조를 크게 세 부분으로 나눌 때 중간 부분에 속한다. 가장 많이 주장되고 있는 것은 마태가 모세오경을 따라서 다섯 가지 문단 구조로 이루어져 있다는 전통적 학설이다. 킹스베리(J. D. Kingsbury)는 좀 더 단순하게 세 부분의 패턴으로 이루어져 있다고 주장했는데, 이는 예수의 공생애로 인도하는 자료, 공생애 자체 그리고 고난과 부활하신 그리스도의 사역으로 이루어진 예루살렘에서의 사역으로 이루어져 있다는 것이다.*

최근에 위더링턴(Ben Witherington III)은 여섯 가지 구조적 패턴을 제시했다.** 이러한 구조적 형식에서 마태는 예수를 지혜 전통에서의 현자로 묘사한다. 마태가 어떤 패턴을 따랐든지 이 장은 그의 사역에 대한 군중의 반응에 대한 예수의 개인적 평가를 담고 있다. 수 세대를 걸쳐 이러한 비유들은 교회의 사역에 대한 대중들의 반응에 대해 교회 자체의 평가에도 도움이 되었다.

13장에 있는 8가지 비유를 통해서 마태는 예수가 그의 삶과 사역을 통해 하나님의 나라가 그 시대에 침투해 들어왔으며, 하나님께서 완성에 적합한 시기가 되었다고 결정할 때까지 이 나라가 계속 자라난다고 이해했다고 보았다. 첫 번째 비유와 이에 대한 해석이 이번 주 복음서의 본문이다. 이번 주 성서일과에 빠진 부분(10-17)에서 예수는 비유로 가르치는 이유를 설명했는데, 하나님 나라의 비밀은 오직 그의 제자들만 알 수 있다는 것이다. 다른 사람들은 보고 듣기는 해도 이해할 수 없다고 했다. 은유적 연설의 형태로서의 비유는 짤막한 문구에서 긴 이야기까지 가능하다. 씨뿌리는 자의 비유로 알려진 오늘 본문은 이야기 형태를 따른다. 비록 마태가 예수는 비유를 그의 초기 사역에서 사용했다고 말했지만 (5:14-16, 7:24-27 그리고 9:15-17, 11:16-17, 12:43-45), 이 담론에 모아진 가르침은 비유 전부를 포함하고 있다. 비유로 가르치는 이유를 담은 부분과 제자들에게

---

* J. D. Kingsbury, *The Parables of Jesus in Matthew 13* (London: SPCK, 1969), 130-131.

** Ben Witherington III, *Matthew* (Macon, GA: Smyth & Helwys, 2006), 14-21.

두 비유에 대한 개인적 설명을 해준 것과 비유를 들음에 있어 일반적 충고 등이다.

예수의 비유에서 설파된 두드러진 주제는 하나님 나라이다. 다드(C. H. Dodd)의 견해인 비유의 목적이 "마음을 졸라 행동적 사고로 인도하기"라는 것이 맞다면, 묘사할 수 없는 하나님의 나라를 묘사하는 더 좋은 방법이 있겠는가? 13장의 담론은 나아가 12장에서 말한 가족 이슈에 대한 예수의 대답을 더 조명한다. 가르치기 위한 랍비나 현자의 지혜가 중요한 자리에 앉아서(1) 복과 하나님 나라의 율법이 제시된 산상 담화(설교)의 자리와 공명하며, 예수는 하나님 나라에 대한 신선한 가르침을 나누기 시작한다. 이러한 가르침은 혈육으로서의 친족이 아니라 그가 말한 것을 듣고 이해하는 사람들에게 초점을 맞춘다.

씨뿌리는 자의 비유는 공관복음 모두에서 볼 수 있는(막 4:3-9; 눅 8:5-8) 여섯 가지 비유 중의 하나인데, "귀 있는 사람은 들어라"는 충고로 시작하고 끝난다. 이어지는 해석은 단순한 들음에서(listening) 경청으로(hearing) 옮겨간다. 비록 이 부분의 진본성(authenticity)은 계속해서 논란 중이지만, 비유 자체의 진본성은 광범위하게 받아들여지고 있다. 비록 마가나 마태의 해석은 복음서 기자나 후대 교회 지도자의 편집이라고 알려져 있지만, 비유 그 자체에 주어진 설명이라는 것은 사실이다. 그것은 또한 예수 자신의 자기 이해와 잘 맞고, 비유에서 제시된 제자들의 배움의 흐름과도 일치하는 주제들을 말하고 있다.

예레미아스(Joachim Jeremias)는 비유에서 묘사된 씨 뿌리는 자의 활동은 시대의 맥락에서 매우 친숙한 것이었다고 강하게 주장했다.* 무엇보다 확실한 것이 씨뿌리는 자의 의도는 박토에 씨를 낭비하는 것이 아니라, 어떤 곳이든지 바라는 수확을 생산할 수 있는 곳에 씨를 뿌리는 것이다. 씨가 얼마나 좋은가, 씨뿌리는 사람이 얼마나 관심을 갖는가에 관계없이 별로 좋지 않은 상태의 땅에 그런 식으로 뿌려진 씨들은 성장하지 않거나 빈약하게 성장하거나 불완전하게 성장하게 된다. 수확의 결과가 풍성한 수확인가 또는 단순히 보통 수확보다 조금 더 높은 것을 말하는 것인가에 대해서는 학문적 논쟁이 있다. 그럼에도 불구하고 좋은

---

* Joachim Jeremias, *The Parable of Jesus* (New York: Charles Scribner's Sons, 1963), 151.

땅에 뿌려진 씨앗들은 풍성한 열매를 맺게 된다.

씨뿌리는 자와 씨앗은 변함없는데, 왜 네 가지 타입의 밭의 결과는 바뀌는가에 대해서는 비유의 목적이 왜 나누어진 복음의 메시지에 대한 반응이 계속해서 엄청나게 다른가를 이해하게 해줌으로 제자들과 예수 자신에게도 도움을 준다. 씨뿌리는 자와 밭은 좋다. 어떤 밭이 나쁘다고 규정되는 것은 그들의 선택 때문도 아니고, 좋은 땅이 좋다고 하는 것도 더 많이 열매를 거두었다는 것 때문은 아니다.

땅을 이해하는 데 있어 우리는 은유를 지나치게 확대하거나 상황이 확증하는 것 이상으로 해석해서는 안 된다. 좋은 땅이 좋은 것은 단순히 그것의 본질이 씨앗이 충분히 자라날 수 있도록 환경을 제공하기 때문이다. 그러기에 하나님의 나라는 엄청난 걸림돌에도 불구하고 풍성한 수확을 생산하는 것과 같다.

성서정과에서 빠진 10-17절은 제자들이 예수에게 왜 비유로 가르치는가를 설명해 달라고 요청하는 부분이다. 예수께서는 그들에게 "그들에게는 하늘나라의 비밀을 아는 것을 허락해 주셨다"(11)고 대답했다. 이 선물은 새로운 축복이고 지복이다(16, 17). 그들에게는 깨달음을 주셨다. 그렇게 말함으로써 어느 시대의 제자들이든지 초점을 실패할 수밖에 없는 노력이 아니라 맺은 풍성한 열매를 축하하는 것에 맞추어야 한다.

목회

이 구절은 종종 씨 뿌리는 자의 비유라고 하며, 때로는 땅의 비유라고도 한다. 어쩌면 백배의 추수라고 해야 할 것이다. 추수가 겨우 30배였어도 이 이야기는 기적으로 끝났을 것이다. 일곱 배는 농부에게 좋은 해를 의미했으며, 열 배는 진정한 풍요를 의미했다. 30배는 1년 동안 마을 사람들을 먹이고 100배는 농부가 갈릴리 바다 옆 별장으로 은퇴하게 해 줄 것이다.

이 비유는 풍성한 수확에 관한 이야기이다. 확실히 예수는 상당히 현실적인 이야기로 시작한다. 군중 속의 모든 사람들은 예수가 전통적인 1세기 농사의 어려움을 묘사할 때 고개를 끄덕인다. 조심스럽게 산성과 알칼리의 균형을 유지하고 씨앗을 땅에 주입하는 현대의 미국 농부와는 달리 예수 시대의 농민들은 씨앗을 뿌리고 나서 쟁기질을 한다. 이런 식으로 씨앗을 흩뿌리면 일부가 단단한 토양에 떨어지거나 돌이 너무 많아 뿌리를 잘 뻗기 어려운 땅에 떨어지거나 가시와 잡초 사이에 떨어지는 것은 놀랄 일이 아니다. 그것이 실제 생활이며, 예수를 포함하여 모두가 알고 있는 일이다.

예수와 그를 따르는 사람들은 이것이 농사뿐만 아니라 그 당시 예수 자신의 사역에도 적용된다는 것을 알고 있었다. 그의 가르침이라는 씨앗은 바위가 널린 곳과 가시덤불에 떨어졌다. 앞선 장에서 제자들은 바다에서 폭풍을 만나 신앙을 잃어버렸다. 바리새파 사람들은 그의 메시지를 질식시키고 싶어 한다. 예수는 곧 고향에서 나사렛 사람들이 그를 거부하는 딱딱한 흙을 경험할 것이다. 예수는 이 비유를 말로만 하지 않았다. 그는 그렇게 살았다.

마태복음이 기록된 공동체도 마찬가지다. 1세기 팔레스타인은 그리스도인이 되기 힘든 시간과 장소다. 빈곤과 박해로 인해 엄청난 수의 사람들이 이 지역에서 떠나고 있다. 교회 안에는 반대자들과 거짓 예언자들이 있다. 이 비유로 예수는 그를 따르는 사람들에게, 마태는 그의 공동체에게, 예수의 메시지가 거부당하는 것이 그 메시지가 잘못되었거나 그들의 노력이 어리석다는 것을 의미하지는 않는다는 사실을 일깨워 준다. 농사에 있어서도, 신앙에 있어서도 그것은 단지 살면서 경험하는 현실일 뿐이다.

예수처럼 설교자들은 비유의 씨 뿌리는 자가 그랬던 것처럼 복음이 땅에 안착하리라는 보장이 없어도 널리 복음을 전한다. 일요일 아침에 우리는 온갖 이유로 예배에 참석한 교인들을 바라본다. 새로 온 사람들 중에는 "쇼핑하듯 교회를 다니는" 사람들과 그리스도인이 되려고 "시도하는" 사람들이 있다. 위기에 처한 사람도 있지만, 상황이 좋아지면 사라질 것이다. "아이들을 위해" 오는 가족은 아이들의 축구 시즌이 시작되면 즉시 출석을 중단한다.

설교자는 그런 사람들 앞에 서 있다. 설교자는 설교가 뿌리를 내리게 되기를 희망해서 열정과 영혼을 설교에 부어 넣었다. 그러나 그는 그렇게 될 확률이 씨 뿌리는 사람보다 낫지 않다는 것을 알고 있다. 강력한 메시지라고 생각해서 설교했는데, 사람들은 "미안하지만, 오늘 말씀은 나에게 와 닿지 않았어요"라고 말하거나 "이발하신 게 마음에 드는데요?"라고 상관없는 말을 할 뿐이었던 적이 있었는가? 다음 일요일에 다시 강단에 올라가서 다음 설교를 했는가?

그것이 우리의 일이며 우리의 소명이다. 씨를 뿌렸는데 그 씨가 바위가 많거나 건조하거나 잡초가 많은 땅에 떨어지면 상심한다. 그런 소명을 받아들이면, 이 비유의 힘겨운 진리를 아는 우리 교인들과 연대하게 된다. 도무지 말을 듣지 않는 10대 자녀를 가진 부모는 단단한 땅이 어떤 것인지 알고 있다. 품질이 우수한 제품을 생산하고 직원에게 먹고 살 만큼 임금을 지불하는 사업가는 더 저렴한 상품으로 이동하는 고객을 보면서 얕은 뿌리를 잘 이해하게 된다. 이 비유는 이 이야기를 맨 처음 들었던 군중들에게 일깨워주었던 것처럼 그런 때에 우리가 혼자가 아니라는 것을 일깨워준다.

비유는 초점을 어디에 두어야 하는지 일깨워준다. 나 자신의 사역에서 나는 종종 시간, 에너지, 희망 같은 나의 자원들을 척박한 장소와 사람들이 아니라 성장을 위해 설득하고 달래고 노력하는 데 쓰고 싶은 유혹을 받는다. 씨앗이 뿌리를 내리지 않으면 절망하며 시간을 보낼 수도 있다. 씨 뿌리는 사람은 그러지 않는다. 그는 어떤 씨앗이, 그것도 꽤 많은 분량이 나쁜 땅에 떨어지는 것을 현실로 받아들이며 계속해서 씨를 뿌린다. 마태복음의 다음 열다섯 장이 보여주는 것처럼 예수께서는 아무리 건조하고, 바위가 많고, 잡초가 많은 곳에서도 그 말씀을 뿌리신다. 그를 따르는 사람들 역시 그렇게 하도록 부름 받았다.

그러나 예수처럼 우리에게도 이 비유에서 발견되는 또 다른 부르심이 있다. 많은 설교가 좋지 않은 땅의 이야기로 끝나지만, 이 이야기는 그렇게 끝나지 않는다. 좋은 토양에서 정상적인 추수로 끝나지도 않는다. 그것은 백배를 추수하는 기적으로 끝난다. 그 가능성을 신뢰하고 설교하는 것 또한 우리의 일이다.

비유의 결말은 가장 큰 도전이다. 예수는 청중들에게 거절에 직면할 때 "계속하라"고 격려하는 것보다 더 나아간다. 오히려 그의 비유는 그들에게 그리고 우리에게 하나님의 풍성하심을 믿으라고 도전한다.

비유가 좋은 땅에서 일곱 배를 추수하는 것으로 끝났다면, 우리의 유대인 형제자매들이 하는 말처럼 다예뉴(dayenu), 그걸로 충분하다. 그러면 격려와 희망의 좋은 이야기가 될 것이다.

그렇지만 이 비유는 단순히 실용적인 것만은 아니다. 비유는 또한 약속으로 가득 차 있다. 우리는 이 세상의 거부와 현실 앞에서 그 약속을 선포하도록 부름 받았다. 소설가 베브 무어 캠벨(Bebe Moore Campbell)은 이렇게 말한다. "우리 가운데 어떤 사람들은 공허한 신앙을 가지고 있다. 물건이 다 떨어지기를 기대하면서 돌아다닌다. 공기가 부족하고 물이 충분하지 않을 거라고 기대한다. 누군가가 당신에게 옳지 못한 일을 할 거라고 기대한다. 내가 섬기는 하나님은 모든 사람에게 충분한, 가장 좋은 것을 기대하라고 말씀하셨다."[*]

이 비유는 우리에게 하나님을 신뢰하라고 요청한다. 예수는 이 세상이 힘든 길이라는 것을 아신다. 그는 또한 하나님의 풍성한 길을 알고 있다. 우리가 목회자로서 하나님의 풍성하심 또한 믿기를 바란다.

---

[*] Bebe Moore Campbell, *Singing in the Comeback Choir* (New York : Putnam, 1998), 131.

설교

"씨 뿌리는 사람이 씨를 뿌리러 나갔다."

우리는 모든 곳 심지어는 싹이 날 것 같지 않은 곳에도 씨를 뿌린 이 사람을 어떻게 생각해야 할까? 최고의 농사법은 차치하고라도 새가 먹을 수 있는 잘 닦아놓은 길, 자랄 것 같지 않아 보이는 바위투성이의 밭 또는 씨가 자랄 기운을 막아버리게 될 가시덤불 사이에 씨를 뿌리는 이 사람 안에는 어떤 생각이 자리 잡고 있을까?

우리는 이 씨 뿌리는 사람이 바보처럼 씨를 포함한 소중한 자원을 낭비한 일을 이해하기 어렵다. 당연히 씨 뿌리기에 적합한 곳은 좋은 땅이고, 우리는 그것을 쉽게 받아들인다. 우리는 농부는 아니지만 여기서의 교훈을 우리 상황에서 손쉽게 적용한다. 만일 당신이 교회를 개척하려면 매우 신중하게 생각하고, 성장이 확실한 곳에서 하라. 만일 당신이 새로운 선교를 시작하기로 결정한다면 좋은 결과가 기대되는 곳을 선택하라. 만일 교인이 2배로 성장하는 것을 원한다면 늘어날 교인들을 예상하여 메시지를 잘 만들고, 그 메시지가 충분히 동기부여가 되어 목표가 생기고 무언가를 하려는 사람들에게 손을 내밀라. 햄버거 가게나 주유소, 편의점을 시작할 때처럼 특별히 장소에 대해 전략적으로 생각하고, 최상의 결과를 얻기 위해 최선을 다하라. 좋은 땅을 찾아서 그 위에 씨를 뿌려라! 사업이란 그런 것이다!

이 본문에 나오는 씨 뿌리는 사람은 좋은 사업가는 분명히 아닌 것 같다. 그는 단지 씨를 아무 데나 뿌리려는 것 같다. 왜 그는 이렇게 할까? 아마도 그는 우리에게 복음은 훌륭한 경영 전략보다 더 크고, 좋은 땅보다 더 위대하다는 것을 보여주기 위해서 그런 것 같다. 이 이야기는 비유이기 때문에 우리는 이 이야기를 통하여 씨 뿌리는 사람이 뿌리는 씨가 떨어지는 "어느 곳"이라도 하나님의 돌봄과 구원 행위가 이루어질 가능성이 있음을 기대할지 모른다. 씨 뿌리는 사람은 씨를 좋은 땅뿐만 아니라 돌이 많고 척박한 곳에도 뿌리는데, 그 이유는 세상을 향한 하나님의 비전은 때로 이해하기 어렵고, 가능성이 없는 곳에서도 이루어짐을 보여주기 위함이다.

언젠가 나는 그러한 곳에서 하나님과 그분의 자비하심을 얼핏 보았던 적이 있다. 당시 나는 변호사, 정치인, 재단 관계자, 언론인들로 구성된 시민 지도자들과 함께 우리 시의 사법 체계를 담당하는 몇몇 기관을 시찰하고 있었다. 그날 시찰이 거의 끝나갈 무렵 우리는 소년원과 구치소를 방문하고 있는 중이었다. 그곳은 너무 우울했고, 큰 자물쇠가 달린 철조망과 날카로운 철사로 전기 울타리를 감싼 정문이 있었다. 우리가 들어가고 문이 철커덕 닫힐 때 나는 이 청소년들이 이렇게 여기에 들어왔을 때 심정이 어떠했을까를 상상해 보았다. 우리는 각층마다 시찰을 하였고, 여기서 일하고 있는 한 특별한 젊은 판사를 만나게 되었다. 그녀는 우리에게 신입 재소자가 들어오게 되는 작은 방들을 보여주었다. 그녀는 또 계속 교육을 받을 수 있도록 하는 교실도 보여주었다. 이어 재판이 진행되는 법정도 보여주었다.

시찰이 거의 끝나갈 무렵 그녀는 우리를 나이 어린 범죄자들이 있는 감옥을 체험하게 해주려고 어두운 복도로 인도하였다. 각 방은 철문으로 되어 있고, 밑에서 2/3되는 지점에 (안에서 밖을 내다볼 수 있는) 좁은 일자형 창문이 있었는데, 그곳을 통하여 여러 눈동자가 우리가 복도를 걸어가는 동안 지켜보고 있었다. 그들 중 일부는 중범죄자로 기소되었고, 몇몇은 재범자가 되어 다시 들어왔다. 우리가 듣기로는 그들 대부분이 짧은 인생 기간에 그들을 보살펴 줄 부모들, 가족, 이웃, 교회로부터 거의 돌봄을 받지 못했다고 한다. 아무 일도 하지 않은 채 그 좁은 창으로 우리를 뚫어지게 바라보는 그 눈빛을 바라보는 일은 너무도 힘이 들었다. 그래서 나는 그중 한 문 앞에 서서 그 눈을 보며 이렇게 속삭였다: "하나님께서 당신을 사랑하십니다." 그 눈은 깊은 감동을 받은 것 같지는 않아 보였다. 나는 그때 그 사람에게 무슨 변화가 생겼다면 그다음에 무슨 일이 일어났을까 하고 궁금해할 때도 있다. 내가 했던 그 속삭임은 새들이 먹는 길 위에 떨어진 것일까? 기운을 가로막는 가시덤불 속에 떨어진 것일까? 나는 결코 알지 못할 것이다.

시찰이 계속되면서 이 힘든 과정을 지켜보는 일이 누적되어가자 시찰단 중한 명이 마침내 복도 끝에서 멈추어 서서 울기 시작했다. 그러자 인도하던 그 판사가 이것을 보고 설명을 멈추더니 그 사람 뒤로 가서 팔로 안아주었다. 그리고는 그녀도 울면서 "알아요, 그 마음 나도 알아요"라고 말했다.

그때 나는 생각했다. "만일 내가 재판을 받게 된다면, 나는 저분과 같은 판사에게 받으면 좋겠다"라고. 그때 나에게 갑자기 한 생각이 떠올랐는데 그것은 나에게는 진실로 저분과 같은 재판관이 있다는 것이었다!

우리들의 복된 재판관, 곧 우리가 걸어가는 이 길에서 최종적으로 판단을 내리실 거룩한 분은 오늘 본문에서 씨 뿌리는 사람과 같다. 이 비유는 하나님에 관해 드러내는 그만큼을 감추고 있는 수수께끼와 같다. 이 이야기는 처음 독자들과 청중들이 이해하기 어려웠음이 틀림이 없는데, 그 근거는 뒷부분에 알레고리적 해석(18-23)을 추가하여 의미를 분명히 하고 또 좋은 땅에 대한 요점을 확실히 하고 있기 때문이다.

궁극적으로 이 비유는 좋은 땅에 관한 것이라기보다는 씨 뿌리는 좋은 사람에 관한 것이다. 여기서 씨 뿌리는 사람은 자라날 가능성이 가장 높은 좋은 땅만을 골라서 뿌릴 정도로 주의 깊거나 계획적이지 않다. 아니 오히려 이 씨 뿌리는 사람은 실패할 가능성이 높은데, 그 이유는 모든 곳이 좋은 땅일 가능성이 있는 것처럼 생각하고, 모든 곳에 거리낌 없이 씨를 뿌리기 때문이다. 돌 위에도 가시덤불 속에도 딱딱한 길 위에도 어쩌면 감옥 안에도!

이 이야기는 하나님의 씨앗이 싹을 내거나 뿌리를 내리지 못하는 장소나 환경이 있는지에 대해 우리로 하여금 다시 생각하게 한다.

성령강림절 후 여덟째 주일

마태복음 13:24-30, 36-43

²⁴예수께서 그들 앞에 또 비유를 들어 이르시되 천국은 좋은 씨를 제 밭에 뿌린 사람과 같으니 ²⁵사람들이 잘 때에 그 원수가 와서 곡식 가운데 가라지를 덧뿌리고 갔더니 ²⁶싹이 나고 결실할 때에 가라지도 보이거늘 ²⁷집 주인의 종들이 와서 말하되 주여 밭에 좋은 씨를 뿌리지 아니하였나이까 그런데 가라지가 어디서 생겼나이까 ²⁸주인이 이르되 원수가 이렇게 하였구나 종들이 말하되 그러면 우리가 가서 이것을 뽑기를 원하시나이까 ²⁹주인이 이르되 가만 두라 가라지를 뽑다가 곡식까지 뽑을까 염려하노라 ³⁰둘 다 추수 때까지 함께 자라게 두라 추수 때에 내가 추수꾼들에게 말하기를 가라지는 먼저 거두어 불사르게 단으로 묶고 곡식은 모아 내 곳간에 넣으라 하리라 ³⁶이에 예수께서 무리를 떠나사 집에 들어가시니 제자들이 나아와 이르되 밭의 가라지의 비유를 우리에게 설명하여 주소서 ³⁷대답하여 이르시되 좋은 씨를 뿌리는 이는 인자요 ³⁸밭은 세상이요 좋은 씨는 천국의 아들들이요 가라지는 악한 자의 아들들이요 ³⁹가라지를 뿌린 원수는 마귀요 추수 때는 세상 끝이요 추수꾼은 천사들이니 ⁴⁰그런즉 가라지를 거두어 불에 사르는 것 같이 세상 끝에도 그러하리라 ⁴¹인자가 그 천사들을 보내리니 그들이 그 나라에서 모든 넘어지게 하는 것과 또 불법을 행하는 자들을 거두어 내어 ⁴²풀무 불에 던져 넣으리니 거기서 울며 이를 갈게 되리라 ⁴³그때에 의인들은 자기 아버지 나라에서 해와 같이 빛나리라 귀 있는 자는 들으라

신학

이 비유는 마태복음에만 나온다. 지난주 본문(마 13:1-9, 18-23)에 나오는 비유와 마찬가지로 씨가 여기에서도 중심적 상징이다. 지난주 비유에서는 모든 씨가 좋은 파종자에 의해 뿌려졌지만, 오늘의 비유에서는 두 종류의 파종자가 뿌린 대조되는 성격의 씨가 소개된다. 또한 오늘 비유에서는 씨가 믿음과 제자도를

상징하는 것이 아니라 제자도만을 상징한다. 즉, 하나님의 제자가 되느냐, 악한 자의 제자가 되느냐 하는 선택만이 주어진다. 복음을 심고 전파하는 과정에서 만나게 되는 반응은 수용이나 핍박이다. 그러나 여기에서는 또 한 가지 이슈가 등장하는데, 믿음의 공동체 안에 악의 제자라는 씨를 뿌린 악한 적이다. 오늘 비유를 해석하는 데 우리는 동시에 교회론과 인간론의 관점을 적용해야 한다. 또한 우리는 마태가 제안하는 교회론과 인간론이 적절한 것인지에 관해서도 평가를 해야 한다.

본문에는 지상 교회의 본질에 관한 두 가지 교회론적 주장이 담겨있다: 1) 교회는 두 종류의 제자가 섞여 있는 공동체다. 2) 제자의 진정한 정체와 운명은 종말시 심판의 순간까지 드러나지 않을 것이다. 오늘 비유는 역사 속에 구현된 천상 교회라 할 수 있는 지상 교회가 늘 겪게 되는 근본적인 딜레마를 이해하게 하는 두 가지 틀, 즉 기술적(descriptive) 관점과 규범적(normative) 관점을 제시한다. 예수 공동체는 예수를 본받고, 예수를 따르고, 이 세상에 예수의 얼굴을 보여주고, 예수의 이름으로 사랑의 계명을 실천하기 위해 존재한다.

그러나 교회는 한순간이라도 순수한 공동체였던 적은 없다. 사실 교회는 절대 순수하지 않다고 단정적으로 말할 수 있다. 가시적 교회와 불가시적 교회의 구분을 굳이 거론하지 않고도 우리는 지상의 교회가 거룩하지 않다는 사실을 부인할 수 없다. 기구로서 교회는 "예수라면 어떻게 했을까"(WWJD, What Would Jesus Do)라는 질문의 정답에 반대되는 행동을 하기도 했다. 어느 주어진 한순간에 교회 안에는 공적으로나 사적으로 비기독교적인 방식으로 행동하는 구성원들이 있다. 교회는 항상 여러 요소가 혼합된 구성체로 존재해 왔었다.

이상이 기술적 교회론에 해당한다면, 규범적 측면에서는 교회 지도자들이 다른 종류의 제자들에 대해 어떻게 해야 하는지의 문제가 다뤄진다. 답은 이것이다: 솎아내는 것은 세상 끝날 하나님께 맡겨라. 마태의 공동체의 경우 밀과 가라지를 그대로 놔두라는 것이 교회 리더십이 어떤 종류의 징계(discipline)도 하지 말라는 것은 아니었다(마 18:15-17 참고). 그러나 이승의(temporal) 심판은 종말론적 심판 과는 구별된다.

히포의 아우구스티누스는 교회가 혼합적 구성체라는 것(corpus permixtum)을 잘 이해하고 있었다. 아우구스티누스는 마니교(Manicheans: 선과 악의 본질), 펠라기우스(Pelagians: 구원이 행위와 은총과 갖는 관계), 도나투스(Donatists: 사제와 비숍의 순수성과 그들의 성직의 관련성. 특히 배신한 사제에 의해 행해진 성례의 유효성에 관해) 등에 대한 논쟁에 관여했었다. 그는 가라지처럼 자라나는 죄의 상황을 보고 교회가 아무것도 하지 말고 모든 것을 하나님께 맡기자고 주장하지는 않았다.

그 반대로 잘못을 범한 교회 지도자들은 죄질에 따라 경징계에서 중징계(파문)를 받았다. 그럼에도 불구하고 아우구스티누스는 교회 지도자로서의 경험과 신앙인으로서의 개인적 체험을 근거로 가시적 교회가 완벽하게 거룩한 외양을 유지하는 것은 불가능하고, 몇몇 구성원에 의한 부정한 행동이 미래 교회의 완전한 거룩의 가능성을 훼손하지 않는다고 결론지었다.*

최소한 오늘 비유는 교회론과 종말론의 구분을 폐기하고 지상 교회를 천상 교회로 신성화하려는 시도가 잘못된 것임을 지적한다. 교회는 하나님께서 약속한 하나님 나라의 완성이 아니다. 따라서 교회가 혼합적 구성체라는 사실이 아래 목록에 나오는 교리나 은유, 묘사에서 잘 드러난다.

- 병자를 위한 병원
- 노아의 방주(방주 밖에 폭풍이 있으므로 방주 안의 악취를 견딜 수 있음)
- 성도의 교제
- 구원의 과정에 있는 공동체
- 섞인 몸(*corpus permixtum*)
- 하나님 나라를 미리 맛보게 하는 상징, 성례
- 징계와 연민의 필요성

---

* Augustine, "Baptism, Against the Donatists (*De Baptismo Contra Donatistas*)," trans. J. R. King, chaps. 4 and 5, *A Select Library of the Nicene and Post-Nicene Fathers of the Christian Church*, ed. Philip Schaff (Grand Rapids: Eerdmans, 1956), 4:447-478.

— 하나의, 거룩하고, 보편적이고, 사도적인

— 개혁되었고 개혁하는(reformed and reforming)

— 교회 구성원과 세계에 은총을 전달하는 자.

오늘 비유와 관련하여 생각해 봐야 할 또 다른 주제는 인간론이다. 신학적 인간학은 모든 교리 속에 그리고 진정한 공동체의 본성에 관한 논의 속에 내포되어 있다. 마태의 신학적 인간학은(오늘 비유와 25장의 최후의 심판 시 양과 염소의 비유 등에서 보는 것처럼) 고대 세계에서 통용되던 인간론과 공통점이 있다: 인간은 어떤 한 종류에 속한다. 모든 인간은 근본적으로 하나님의 자녀이거나 사탄의 자녀, 그리스도의 제자이거나 악한 자의 제자이다.

프로이트 이후 시대를 사는 사람들은 인간의 종류를 그렇게 칼로 두부 썰 듯 구분할 수 없다는 것을 잘 안다. 우리 모두에게는 다양한 동기, 고상하고 저속한 생각들이 혼재되어 있다. 최근의 뇌과학에 의하면 우리의 뇌는 파충류의 뇌(싸워야 할지, 도망가야 할지 판단하는 본능이 핵심) 단계에서 발전하여 정신적 충격(trauma)을 저장하는 편도체(amygdala)를 거쳐 대뇌 피질(cerebral cortex) 안의 "신의 자리"(God spot)에 이르기까지 진화해 왔다고 한다. 우리는 그리스도인 개개인도 혼합체라고 생각해야 할 것이다. 우리 안에는 밀의 요소와 가라지의 요소, 거룩함과 속됨, 풍성한 결실의 가능성과 파괴의 가능성이 혼재해 있다. 이런 인간론적인 측면을 이해할 때 우리는 하나님이 종말에 모든 것을 분리해 주실 것이라는 숙명론적 태도로부터 공동체와 개인의 거룩의 가능성을 점차 높여 가는 쪽으로 노력하는 것을 장려하는 관점으로 서서히 옮겨갈 수 있을 것이다.

예루살렘 함락 이후 초기 기독교 공동체 안에서 커지는 근심에 대해 걱정하면서 마태는 씨 뿌리는 사람의 비유와 함께 가라지의 비유를 제시한다. 씨 뿌리는 사람의 비유에서 예수는 왜 복음에 대한 반응이 그렇게 크게 다른지 그리고 자주 비생산적인지에 대한 문제에 대해 언급하고 있다. 가라지의 비유에서는 관심이 외부 문제에서 내부 문제로 초점을 바꾼다. 기독교 공동체가 형성되던 시기 작은 무리로서 그들의 선생 둘레에 모여 있던 때부터 지금까지 우리는 교회의 역설적 본질과 그 안에 작동하는 모순적 힘과 씨름해 왔다.

그러기에 가라지의 비유(24-30)는 마태에 유일하게 있지만, 비유가 말하는 상황은 그렇지 않다. 만약에 마태복음이 예수의 목격자에 의해 쓰여진 것이 아니라 1세기 말(기원후 80~90년) 안디옥교회 공동체 내부의 누군가가 썼다는 견해를 받아들인다면, 지금 이 비유가 포함하는 근거는 더욱 명백해진다.* 안디옥교회는 초기 예루살렘 박해 이후에 디아스포라 유대 그리스도인들의 교회로 시작되었다. 도시 교회로서 큰 도시들에 일반적인 인종의 다양성을 반영한다. 특히 예루살렘 파괴 이후의 인구 변화에 따라 변화하는 도심의 문화적 구성은 믿음의 공동체 안에 종교적 다양성으로 인한 갈등이 심해졌다.

그들의 기본 구성이 바뀌고 씨 뿌리는 사람의 비유 끝에서 예상되었던 그러한 성장과 함께 최근 생겨난 교회의 질문이 "처음에는 우리와 같은 것으로 보였지만, 시간이 갈수록 믿음과 행동의 표현에 있어 우리와 다른 사람들을 우리가 어떻게 대할 것인가?"라는 것으로 되었다. 좀 더 직설적으로 말하자면 "우리 구성원 중에 어떤 사람들은 가라지와 같이 가치가 없어 보이는데 어떻게 언제 우리가 그들을 우리 가운데서 제거할 것인가?"이다.

교회 지도자들이 분명히 다른 씨앗인 사람들을 판독하려고 하지 않은 것은 복음의 본질에 대한 참된 숙고이거나 또는 믿음의 공동체 안에 남아 있는 것으로

---

* David Garland, *Reading Matthew* (Macon, GA: Smyth & Helwys, 2001), 3-4.

교회의 힘이나 증언을 다른 데로 돌리려는 것이 아닌가? 마태가 말하듯 비유는 어떠한 종류의 믿음의 공동체와 교회가 되어 살아남고, 바라는 하나님의 나라를 만들어야 하는 가라는 질문과 대답을 더 제기하고 있다.

만약에 비유가 마태가 묘사하는 상황에서 예수가 직접 말한 것이라면—예수는 자신의 재판과 죽음을 향해 나아가는 중이고, 그의 제자들은 곡식과 가라지의 특징을 반영하고 있다—부활 이후에 그것을 같은 제자들에게 적용하는 것이 가능하다. 선과 악을 구분하고자 하는 관심에서 애기가 끝나기 전에 서둘러 판단을 내린다는 것이 얼마나 쉬운가를 인지하면서 그들은 오로지 자신들의 변덕과 배반을 생각하게 된다.

궁극적으로 이 비유는 종말론적이고, 기다림과 심판, 모임과 분리, 보호와 파괴의 주제를 말하고 있다. 비유는 외부의 적이 누구인가에 초점을 두지 않는다. 도리어 초점은 선과 혼합된 죄악에 대한 두 가지 잠재적 반응을 보여준다. 처음의 것은 만약에 주인이 무심코 잘못된 씨를 뿌렸다면, 가라지를 제거할 것인가를 알고 싶어 하는 종의 반응으로부터(이어지는 풍자적인 설명에서는 확인되지 않는) 온다. 다른 반응은 주인의 반응이다. 기다리면서 종말의 심판에 해결될 때까지 모순덩어리와 함께 살자는 것이다.

등장인물의 배경과 정체성에 관한 질문이 제기된다. 비록 36-43에서 설명이 주어졌지만, 질문이 완전히 해결되지는 않았다. 무엇이 또는 누가 곡식밭에 가라지를 뿌렸는가? 좋은 씨가 가라지 사이에 떨어진 씨 뿌리는 사람의 비유와는 달리 여기에서는 좋은 씨앗을 뿌린 밭으로 시작한다. 밭은 믿음의 공동체 자체일 수 있는가?

이 비유에서 밝혀진 상상의 눈으로 밭은 새롭게 싹트는 하나님 나라로서의 믿음의 공동체를 묘사한다. 만약에 주인이 나쁜 씨를 뿌리지 않았다면 누가 뿌렸는가? 해설에서 "악한 자" 또는 "마귀"로 설명된 적들이 믿음의 공동체에 직접 접근하여 직접 공격한 것인가? 그러기에 말해진 특정한 문제는 세상에서의 악의 존재가 아니라 도리어 믿음의 공동체 안에 있는 "가라지"나 총체적 악의 실제적 존재이다.*

가라지 비유의 해설에 대해서는 몇몇 학자들은 36-43절의 해석을 예수께 돌리는 것은 복음서 저자의 창작이거나 아마도 후대 교회 지도자들이나 서기관들에 의한 편집일 것이라고 주장한다. 물론 그것도 가능하지만, 이 주장은 해석이 적어도 지혜 교사들이 적용한 가르침의 패턴에 맞는 그 원칙에 있어서 예수의 것과 진짜 비슷하다라는 사실을 강하게 부정하지 못한다.

성서정과 본문은 34-35절을 빠뜨렸는데, 거기에서 마태는 예수가 비유로서 가르치는 것이 예언의 성취라는 예수의 방법론임을 말한다. 비록 어떤 고대 원고들은 35절에서 말한 이사야의 인용과 같은데, 가장 그럴듯한 자료는 시편 78:2이다. 원고의 강한 증거에 따라 NRSV는 이사야의 본문을 생략한다. 이 두 절을 가지고 마태는 하나님 나라 비유의 공적 선언과 하나님 나라 비밀에 대한 개인적 가르침을 구별하고 있다. 비밀 또는 "숨겨진 것"은 세상 시작부터 평범하게 보아서는 숨겨져 있다.

14-16절에서 요약했듯이 하나님 나라 비밀을 이해하기 위해서 해왔고, 계속해서 필요한 것은 어리석지 않은 마음이고, 볼 수 있는 눈이고, 들을 수 있는 귀이다. 36절에서 예수는 군중으로부터 물러나 집 안으로 들어가 충고한다: "귀 있는 사람은 들어라." 이것은 고발이자 도전이요 제안이다.

---

* 다른 이해를 위해서 "밭"을 "세상"이라고 규정하는 주장을 하는 Garland, *Reading Matthew*, 149-150을 보라.

독보리는 잡초의 악마다. 독보리는 잡초가 "아직 장점이 발견되지 않은 식물"*
이라는 에머슨(Emerson)의 주장을 반박하는 것이다. 성서에서 "가라지"라고 알려
진 독보리는 아무런 장점이 없다. 그 뿌리는 좋은 작물의 뿌리를 둘러싸고 귀중한
영양분과 부족한 물을 빨아들여서 좋은 작물을 손상시키지 않고서 뿌리를 뽑기가
불가능하다. 땅 위에서 독보리는 씨앗을 가질 때까지 밀과 똑같아 보인다. 그
씨앗은 환각에서 죽음까지 모든 것을 일으킬 수 있다.

예수께서 이 해로운 "속이는 잡초"를 사용하여 악마의 성육신을 설명하시는
것은 놀라운 일이 아니다. 독보리는 가짜 밀로도 알려져 있는데, 이미 경고한
"양의 탈을 쓴 굶주린 이리"의 식물판이다(마 7:15). 더욱이 예수는 악이 의도적이라
고 말한다. 앞서 씨 뿌리는 사람에 관한 이야기와는 달리 이것은 좋은 씨앗이
열매 맺지 못하는 땅에 떨어지는 우연에 관한 비유가 아니다. 여기서 원수는
의도적으로 속이는 잡초를 좋은 밀밭에 뿌린다.

역설적이게도 악에 대하여 확고하게 초점을 맞추는 것은 비유에 목회적인
힘을 부여한다. 예수는 악의 실체를 분명히 인정하신다. 예수의 비유는 악의
파괴적인 본성을 보여 주면서 악을 근절해야 할 필요성과 동시에 그렇게 하기
어렵다는 것을 강조한다.

우리 교회에 예수께서 무엇에 관하여 말씀하셨는지 모르는 사람은 없다. 때로
우리 자신의 삶은 농부의 훼손된 밭을 닮았으며, 잡초와 밀은 우리의 영과 혼과
마음속에서 얽혀있다. 사도 바울은 분명히 그것을 알고 있다. "내가 해야겠다고
생각하는 일은 하지 않고, 도리어 해서는 안 되겠다고 생각하는 일을 하고 있으니
말입니다"(롬 7:15). AA 또는 Alanon(알콜중독자 자주치료협회) 회원도 마찬가지
다. 첫 번째 단계는 "우리는 술에 대하여 무력하며 우리 삶을 수습할 수 없게
되었다"고 고백한다. 네 번째 단계는 밀을 잡초에서 분류하는 "두려움 없이 우리

---

* Ralph Waldo Emerson, "The Fortune of the Republic"(1878), reprinted in Ralph Waldo
  Emerson, *Miscellanies* (London: Adamant Media Corp., 2006), 396.

자신에 대한 도덕적 검토를 하는" 것이다.

우리를 탈선시키는 수많은 방해물들과 마찬가지로 원수가 씨를 뿌리는 일을 개인적으로 경험하는 것은 좀 더 미묘할 것이다. 이메일, 전화, 끝없는 회의는 마치 우리가 하나님의 나라에서 일하는 것처럼 보이게 할 수 있지만, 단순히 우리 자신의 영혼이 분열된 증상일 수 있다.

때때로 우리가 하는 일이 잡초가 무성하거나 악한 자의 공격 아래 있다고 느낄 수 있다. 비유에 나오는 종들처럼 우리 교인들 가운데 많은 사람들이 직장에서 잡초와 밀을 구별해야 한다는 도전에 직면하고 있다. 어쩌면 회사의 큰 수익을 기쁘게 생각하지만, 그 수익의 뒷면에 있는 장부 기록에 대해서는 확신하지 못하는 중간 관리자일 수도 있다. 어쩌면 창의성과 학생들에 대한 돌봄을 선의의 비판으로 질식시키는 학부모 집단과 마주하고 있는 교사일 수도 있다. 어쩌면 "회사의 이익"을 위해 다른 방법을 찾아 달라는 요청을 받은 변호사일 수도 있다.

이 사람들은 1세기 갈릴리 농부는 아닐지 모르지만 매일 악과 마주한다. 예수도 그랬다. 그가 이 비유를 말하기 바로 전에 바리새인들은 그를 속이려고 했고, 그를 해치려는 음모를 시작했다. 그들은 진정한 지도자처럼 보이지만, 예수와 관련해서는 독보리처럼 거짓되고 치명적이다.

예수와 마태복음의 저자 역시 악이 공동체 자체에 영향을 줄 수 있음을 안다. 예수는 복음서 다른 곳에서 "주여, 주여"라고 부르짖으며, 충실하고 동정심 많은 것처럼 보이지만, 사람들을 방황하도록 인도하며, 공동체에 해를 끼치는 "거짓 메시아들과 거짓 예언자들"에 대해 경고한다(7:22, 24:24). 스데반 돌봄 사역의 창설자인 케네스 훅크(Kenneth Haugk)는 그러한 사람들을 "교회 안에 있는 적대자"라고 설명한다. 적대자, 잡초, 늑대, 거짓 예언자, 가짜 밀 등등 어떤 이름을 붙이든 그들은 신앙 공동체 안에 있는 현실이다. 예수의 비유는 그 어려운 진실을 인정하는 것이다.

동시에 비유는 성급하게 판단하지 말라고 분명하게 경고한다. 우리는 처음부터

---

* Kenneth Haugk, *Antagonists in the Church* (Minneapolis: Augsburg, 1988).

어떤 것이 좋은 식물이고, 어떤 것이 아닌지를 항상 말할 수는 없다. 정원사였던 나의 할머니가 그녀의 정원에서 우리의 앞마당으로 꽃들을 옮겨 심었던 적이 있었다. 이틀 후에 그녀는 다시 와서 미친 듯이 그 꽃들을 파냈다. "내가 실수했어." 그녀는 80세가 된 얼굴에서 땀을 흘렸다. "이건 잡초야. 이걸 심으려고 했던 게 아닌데. 서두르자. 엄마가 오기 전에 도와줘!" 내가 사랑하는 할머니는 예수의 비유에 나오는 악한 자가 전혀 아니지만, 이 이야기는 악한 것에서 선한 것을, 잡초와 밀을, 이단과 충성스러운 반대를, 파괴적인 대립과 건강한 갈등을 구별해내는 것이 어렵다는 사실을 잘 말해 준다.

그래서 주인은 하인들에게 열매를 보고 차이를 알 수 있는 추수 때까지 참고 기다리라고 말한다. 그러한 인내는 행동하지 않거나 갈등을 피하려는 핑계가 아니다. 마태복음 뒷부분에서 예수는 공동체에 유해한 행동을 어떻게 다루어야 하는지에 대해 설명한다(18:15-17). 그런 행동이 바뀌지 않으면, 추수 때 밀과 잡초를 분리하는 것처럼 공동체와 분리하여 "이방 사람이나 세리"와 같이 여겨야 한다.

그렇게 분리하는 것이 가혹하고 비기독교적인 것처럼 보일지 모르지만, 예수는 악한 자의 간계를 너무 잘 알고 있다. 그는 악을 처리하는 데 실패하면, 해로운 독보리의 씨앗들이 번식하고 다른 밭에도 퍼지는 것처럼 악이 널리 퍼지게 된다는 것을 알고 있다. 비유를 해석하면서 예수는 추수꾼을 "세상 끝날"에 오는 천사라고 한다. 이렇게 종말론적으로 뒤트는 것은 최종적인 목회적 진리를 제공한다. 사실 잡초는 종종 이 세상에서 승리한다. 예수는 그것을 알고 계신다. 우리가 섬기는 사람들도 그렇다.

비유의 결말은 잡초를 뿌리는 적보다 강하고 현명한 분이 계시다는 것을 확인시켜준다. 하나님은 좋은 것과 나쁜 것을 가려내실 것이다. 다시 말하지만, 우리의 관대하고 계몽된 귀에는 이 말이 가혹하게 들릴 수 있지만, 이런 추수 때의 심판은 직장에서 벌어지는 부패에 직면하고 있는 사람들에게 혹은 억압의 시대와 장소에 살고 있는 사람들에게는 최고의 복음이다. 이 비유는 증오와 불의의 씨가 매일 뿌려지는 세상에서 하나님이 여전히 주관하고 계심을 명백히 단언한다. 옛 찬송가가 말했듯이 "악이 너무도 강해 보이지만, 하나님은 여전히 통치자시다."*

---

* Maltbie D. Babcock, "This Is My Father's World"(1901), *The Worshipbook* (Philadelphia: Westminster Press, 1970), #602.

설교

이 비유는 "안에 있는 자"와 "밖에 있는 자" 사이에 경계선을 그으려는 우리 인간의 피할 수 없는 집착에 한 줄기 밝은 빛을 던져준다. 토마스 롱(Thomas G. Long)이 언급한 것처럼 농사에 관한 이야기는 "예수 자신의 사역에, 교회 생활에 그리고 마지막 날의 심판에" 모두 적용이 된다.[*]

두말할 것도 없이 이 이야기는 먼저 잡초 같은 예수의 적대자들을 잘 알고 있는 예수의 제자들과 추종자들을 안심시키기 위한 것이다. 예수의 사역 중에 드러난 그들의 끊임없는 비난, 도전 그리고 적대감은 예수의 메시지가 부족하거나 결함이 있어서가 아니고 오히려 그의 원수인 마귀의 소행이라는 것이다. 주인은 "원수가 이렇게 하였구나"(28)라고 하여 밭에 있는 잡초의 존재를 언급한다.

오늘날 우리는 이 비유를 통해 교회 생활에서 놀라운 통찰력을 발견한다. 밭에서 좋은 밀과 해로운 가라지가 함께 자라는 것처럼 교회도 두 종류의 사람이 있다. 밭에서 위험한 잡초를 제거하려는 주인의 하인들처럼 우리들 역시 매 시대에 걸쳐 잡초 역할을 하는 사람들과 함께 있으면서 의심하곤 한다. 사람들의 태도나 성서적, 신학적 문제가 리트머스 시험지처럼 이들을 구분하는 역할을 한다. 오늘날 교회들이 서로 다른 상황에서 어떤 요소들에 대해 관대하게 아니면 배타적으로 경계선을 그어야 하는 지는 늘 고민거리이다. '우리는 누구를 공동체 내로 들어오게 하고, 누구를 밖에 남겨두어야 하는가?' '하나님이 받아들이는 사람은 누구이며, 그 이유는 무엇인가?' '그렇지 않은 사람은 또 누구이고, 그 이유는?' 이러한 질문들을 함으로써 우리는 종종 교회가 환영해야 할 사람의 범주에 대해 규정을 하는 것이 우리의 과제라고 생각하곤 한다. 실제로 얼마나 넓게 그 범위를 정할 수 있을까 그리고 그것은 여전히 교회일까?

하인들이 밀과 잡초가 무엇인지를 분명히 하려는 태도는 이해할 수 있다. 그들은 머지않아 추수를 할 것이고 잡초를 태워서 누가 내부자이고 외부자인지에

---

[*] Thomas G. Long, *Matthew* (Louisville, KY: Westminster, John Knox Press, 1997), 151.

대한 문제를 완전히 해결할 수 있을 것이다. 하지만 마태가 이야기하듯 이 비유의 주인은 보다 깊은 지혜를 보여준다: "안 된다"라고 하면서 "가라지를 뽑다가 가라지와 함께 밀까지 뽑으면 어떻게 하겠느냐? 추수 때까지 둘 다 함께 자라도록 내버려 두어라"(28-29)라고 말한다. 그는 이 식물들에 대해 항상 언급하고 있을 수 없기 때문에 추수 때까지 둘 다 자라게 두라고 말한다.

이러한 제동을 거는 말속에는 성급한 구분을 하려는 것을 피하고, 그 대신에 거룩한 의도를 지닌 모호함을 위한 여지를 마련하려는 의도가 들어 있다. 이 모호함은 막연하고 근거도 없는 그런 것이 아니고, 현명하고 의도적인 모호함이다. 다른 사람들에 대해 우리는 종종 오래 참지 못하고 문제를 머리로만 의논하여 그들이 우리 편인지 아닌지를 결정하려 할 때가 많다. 그러나 이 비유에서 언뜻 보이는 하나님은 무한한 인내심을 보여주셔서 우리가 다른 사람들과 함께 중요한 사랑의 사역을 계속하도록 혹은 적어도 함께 살아가도록 허락하신다. 때로는 우리의 인내가 만들어 낸 자리에서 혜택을 입는 것은 비단 다른 사람들뿐만이 아니라 우리 자신이기도 하다. 이것이 바로 우리가 한 번 "거듭나는 것"이 아니고, 계속해서 새롭게 탄생하는 의미이다.

추수 때까지 잡초와 밀이 함께 섞여서 자라는 이 복된 장면은 단지 오늘날 일시적으로 존재하는 신앙 공동체의 모습뿐만이 아니라, 우리가 알고 있듯이 훗날 종말의 심판에 대한 모습이기도 하다. 그것에 대해 본문은 하나님께서 영원히 선과 악, 신앙과 불신앙, 승리와 비극이 혼합되어있는 세상을 용납할 뿐만 아니라, 마지막에 하나님만의 선한 시간에 세상을 심판하고 또 구원하는 역할을 하는 하나님을 가리키고 있다. 그리스도인들은 하나님의 나라가 고통 가운데 기다리는 이 세상을 위해 그리고 우리 주 예수 그리스도를 통해 마침내 완성될 것이고, 그 온전함을 드러내게 될 것이라고 믿는다. 그동안에 이 나라는 우리 안에서 자라나기 시작해서 우리 주변에 그리고 때로는 기적적으로 우리를 통하여 확장되어 나간다. 그리고 하나님은 이 모든 것이 "추수 때까지 함께 자라는 것"(30)을 기뻐하신다.

뛰어난 설교자요 신학자인 패트릭 윌슨(Patrick J. Willson)은 이렇게 말했다.

예수는 그 나라가 반석과 같아서 단단히 고정되고 견고하여서 변하지 않는다고 말하지 않았다. 예수는 그 나라가 거대한 기계 같아서 무언가를 투입하여 결과물을 얻을 것이고, 그 결과물은 투입하는 것에 의해 달려있다고 말하지 않았다. 그는 그 나라가 작은 씨로부터 자라난 커다란 나무 같다고 말했다. 아주 크게 자라서 공중의 모든 새들이 와서 그 가지에서 쉴 수 있고 심지어 여러분과 나 같은 낯선 사람들조차도 쉴 수 있다고 말했다. 그는 또 하나님은 가루 서말에 누룩조각을 넣어 반죽을 온전히 부풀리게 하는 가정주부와 같다고 말했다. 이것이 바로 그 나라는 아주 작은 데서 시작하여 하나님께서 계획한 모든 것으로 자라나는 방식이다. 세상의 기초를 놓을 때, 즉 창조의 첫 순간부터 그 나라는 하나님의 계획 속에 있었고 하나님께서는 그 나라가 자라듯 무한히 인내하고 계신다.*

우리가 끊임없이 개인적으로 또 공동체적으로 세상 속에서 행동하는 것은 바로 이 하나님을 향한 것이다. 이러한 여정 속에서 누가 하나님의 관심 안에 있고 밖에 있는가를 결정하는 일은 우리의 일이 아니다. 오히려 우리의 과제는 누구나 이 하나님께 속해 있다고 상상하면서 우리가 모을 수 있는 모든 것을 가지고 우리 주 예수 그리스도를 통하여 하나님의 거룩한 의도를 지닌 모호함을 포용할 수 있도록 애쓰는 일이다.

---

* Patrick J. Willson, "God Is Not Finished," 1981년 8월 9일 Grace Presbyterian Church of Midland, Texas에서 한 설교.

성령강림절 후 아홉째 주일

마태복음 13:31-33, 44-52

³¹또 비유를 들어 이르시되 천국은 마치 사람이 자기 밭에 갖다 심은 겨자씨 한 알 같으니 ³²이는 모든 씨보다 작은 것이로되 자란 후에는 풀보다 커서 나무가 되매 공중의 새들이 와서 그 가지에 깃들이느니라 ³³또 비유로 말씀하시되 천국은 마치 여자가 가루 서 말 속에 갖다 넣어 전부 부풀게 한 누룩과 같으니라 ⁴⁴천국은 마치 밭에 감추인 보화와 같으니 사람이 이를 발견한 후 숨겨 두고 기뻐하며 돌아가서 자기의 소유를 다 팔아 그 밭을 사느니라 ⁴⁵또 천국은 마치 좋은 진주를 구하는 장사와 같으니 ⁴⁶극히 값진 진주 하나를 발견하매 가서 자기의 소유를 다 팔아 그 진주를 사느니라 ⁴⁷또 천국은 마치 바다에 치고 각종 물고기를 모는 그물과 같으니 ⁴⁸그물에 가득하매 물 가로 끌어 내고 앉아서 좋은 것은 그릇에 담고 못된 것은 내버리느니라 ⁴⁹세상 끝에도 이러하리라 천사들이 와서 의인 중에서 악인을 갈라 내어 ⁵⁰풀무 불에 던져 넣으리니 거기서 울며 이를 갈리라 ⁵¹이 모든 것을 깨달았느냐 하시니 대답하되 그러하오이다 ⁵²예수께서 이르시되 그러므로 천국의 제자된 서기관마다 마치 새것과 옛것을 그곳간에서 내오는 집주인과 같으니라

신학

이번 주일 본문은 세 부분으로 구성된다: 1) 전복(subversion)에 관한 4개의 비유(31-33, 44-46), 2) 가려냄(sorting)과 최후의 심판에 관한 비유(47-50), 3) 마태의 자신의 일에 관한 이해. 두 번째 부분에 나오는 비유들은 지난주에 다룬 가라지 비유와 유사하여서 여기서는 첫 번째와 세 번째 부분에 관해서만 설명하려고 한다.

겨자와 누룩, 도둑과 상인. 이 비유들의 전복적인 내용과 등장인물들의 부정적 특징 등은 13장의 다른 비유에 나타나는 풍성한 소출, 가라지의 제거, 진실한

제자의 구별 등의 주제와 대조된다. 겨자(31)는 농부들이 밭에서 발견하면 뽑아버리고 싶은 가라지와 같은 것인데, 여기서는 시작할 때는 작지만 크게 자란다는 점에서 하나님의 나라를 가리키는 비유로 사용되었다. 누룩(33)은 사체를 부패시키고 무교절 기간에 집안에서 제거해야 하는 것이지만, 여기서는 좋은 의미로 사용되었다. 하나님은 여인이 밀가루에 누룩을 섞듯이 이 세상 안에서 하나님의 나라가 발효하도록 만드셨다.

또한 하나님의 나라를 발견하는 것은 다른 사람의 밭에서 보물을 발견하고, 밭 주인에게는 그 사실을 숨긴 채 자신이 가진 모든 것을 팔아 그 밭을 사는 사람과 같다고 했다(44). 우선 왜 그 사람이 남의 밭에서 땅을 파고 있었는지 수상하다. 그의 행동은 절도에 해당한다. 당시 상인은 오늘날 중고차 판매인이 받는 것과 같은 취급을 받았다. 그들의 숨은 의도와 비양심적 태도는 늘 비판의 대상이었다. 그러나 이 상인은 절대적 상품을 구매하기 위해 모든 것을 팔아서 망할 수도 있는 위험을 자초하였다. 일단 절대적 상품을 구매하고 나면 더 이상 사거나 파는 것이 불가능해진다.

이 비유들은 하나님 나라의 제자도를 묘사하기 위해 관습을 깨뜨리는 사람과 사물을 미화한다. 다른 어떤 것보다도 이 비유는 하나님의 나라—또한 하나님 나라에서의 이상적인 시민상—는 로마제국과 근본적으로 다르다는 것을 일러준다.

이 비유들은 보수적 성향의 중산층의 종교가 되어버린 미국의 기독교에 근본적인 도전이 된다. 오늘 본문은 제자도의 본질이 무엇인지 다시 한번 생각해보도록 한다. 사람들에게 오늘날 중산층의 도덕, 모범적 시민의식, 책임감 있는 성품 등에 관해 가장 큰 영향을 끼치는 기관이 무엇인지 물어보라. 대부분 교회라고 대답할 것이다.

주류 교회는 더 이상 이전에 갖고 있었던 사회적 지위를 유지하지 못하고 있다. 1900년대부터 1950년대 말까지 주류적 역할을 했지만, 더 이상 주류라는 말은 해당되지 않는다. 그러나 "주류"와 "인습적"(conventional, 전통적)이라는 표현의 유사성 때문에 주류 교회적 심리는 여전히 사라지지 않고 있다. 이 비유들은 하나님 나라에 적합한 제자가 되기 위해 어떤 준비를 갖춰야 하는지 물음으로 주류 교회적 심리에 대해 도전장을 던진다. 사회의 바탕이 건강(평화와 정의가 충만한 샬롬이라는 의미에서)할 때, 교회가 사회와 조화를 이루는 것은 이상할 것이 없다. 교회는 사람들이 잘 적응하고 균형을 이루도록 도와줘야 한다.

그런데 사회가 하나님의 나라보다는 로마 제국과 더 유사하여 정책이나 예산이 사회적 불평등과 구속적 폭력(redemptive violence: 폭력으로 구원을 달성하려는 생각)을 조장한다면, 교회의 역할은 무엇인가? 병든 사회에 적응하고 그 안에서 균형 잡힌 생활을 하도록 돕는 것은 복음에 반대되는 일이다. 워렌 카터(Warren Carter)가 언급한 것처럼 "개인이 병든 사회에 잘 적응하려면, 부패만이 온전히 그 목적을 이루게 할 것이다."* 교회가 때와 장소를 가리지 않고 해야 할 일은 오늘날의 가라지, 누룩, 도둑, 상인을 구별할 줄 아는 제자를 길러내는 것이다.

오늘 본문의 마지막 부분에서 마태는 "이해"(understanding, 깨달음)라는 주제로 돌아온다. 예수는 가까운 제자들에게 "너희가 이 모든 것들을 깨달았느냐"(51)고 묻는다. 그들은 "예"라고 대답했다. 그다음 마태는 많은 학자들이 마태의 자기 이해라고 규정하는 특이한 발언을 하고 있다: "하늘나라를 위하여 훈련을 받은 율법학자는 누구나, 자기 곳간에서 새것과 낡은 것을 꺼내는 집주인과 같다"(52). 이것이 무슨 의미인가? 우리가 율법학자를 토라의 해석자로 이해한다면, 하늘나라를 위해 훈련받은 율법학자는 성서, 해석의 전통, 예수의 가르침 등으로 더욱 보강되고 풍성해진 보물을 갖고 있다.

옛것을 꺼내는 것은 전통—히브리 성서와 그 주석의 전통—으로부터 배우는 것이다. 새로운 것을 내놓는 것은 예수의 가르침에 근거하여 어떤 측면에서는 전통과의 연속성을 유지하고, 다른 측면에서는 전통의 의미를 바꾸는 방식으로 대화에 참여하는 것이다. 예수의 가르침 자체를 두 종류로 나눌 수 있다: 1) 전통으로부터 받은 가르침, 2) 당대의 하늘나라의 율법학자가 되기 위해 훈련받은 자들을 통해 살아계신 주님이 공동체에게 주는 가르침. 전통은 전달과 수용, 대화와 논쟁 과정과 분리될 수 없다.

---

* *Matthew and the Margins: A Sociopolitical and Religious Reading*, 2000, 291.

마태의 자기 이해는 오늘날 복음을 가르치고 설교하는 자들이 스스로에 대해 성찰하는 데 거울과 같은 역할을 한다. 나는 스스로를 명백하게 하늘나라의 율법학자로 훈련받은 자로 이해하는 설교자를 만나본 기억이 없다. 마태의 본문은 우리를 그렇게 이해하도록 권유한다. 우리가 설교하거나 가르칠 때 우리 스스로를 어떤 자로 이해하는가? 구약과 신약성서가 우리의 낡은 전통이라면, "새것"에 해당하는 것은 무엇인가? 52절에 소개된 마태의 자기 이해는 우리의 자기 이해를 위한 사색의 좋은 출발점이 된다.

주석

마태복음 주석에서 데이비스와 알리슨은 세 번째 예수의 담론(13:1-53)을 단순히 세 부분으로 나눈다.* 첫 번째 부분(1-23)은 예수의 사역에 대한 복합적인 반응에 대한 이해를 제공하고 있다. 두 번째 부분(24-43)은 호의적인 반응의 결여에 대한(24-30, 36-43) 둘째 이유로서 악한 자들의 악의적인 일에 대해 묘사하고 있다. 마지막 부분(44-53)은 하나님 나라를 발견하기 위한 적절한 반응에 대해 말하고 있다.** 각 부분들은 그 부분의 비유의 내용에 관한 요청으로 끝난다.

그러한 패턴을 따라 오늘 성서 정과의 여섯 가지 짧은 비유들이 두 번째 부분을 차지하고 있다. 그런데 여기에서 네 가지 주제로 나누어진다. 겨자씨와 누룩의 비유(31-33)는 가라지의 비유와 그것의 설명 가운데 위치한다. 이 두 비유들은 분명히 문제되는 복음 선포의 순수성과 하나님 나라 미덕의 놀라운 마지막 결과의 대조에 초점을 두고 있다.

오늘 본문의 여섯 비유들 중에 다섯 가지는 비슷한 패턴을 따르고 있다. 다섯 가지 비유들은 "하늘나라는 …와 같다"를 함축적인 말로 시작한다. 이 공식은 위더링톤(Witherington)에 따르면 지혜 교사의 방식을 따른 것인데, 이것은 마태의 구조적 공식은 예수를 새로운 모세가 아니라 "지혜 교사"로 제시한다는 그의 주장을 강화시킨다.*** 예외는 마지막 비유인데(52), 단순히 지혜 교사의 은유적 묘사로 간주될 수 있다.

겨자씨 비유와 누룩의 비유는 둘 다 호의를 주지 않거나 변화의 교훈을 제시하는 데 정결하지 못한 그러한 요소들을 사용한 것이다. 마태의 겨자씨 비유의 설명은 Q 전승이나 정경이 아닌 도마복음서와 비슷하다. 오늘날에 겨자씨를 이상화하는

---

* W. D. Davies and D. C. Allison Jr., *A Critical and Exegetical Commentary on the Gospel according to Saint Matthew*, International Critical Commentary, vol. 2 (Edinburgh: T. & T. Clark, 1991).

** *Ibid.*, 371.

*** Ben Witherington III, *Matthew* (Macon, GA: Smyth & Helwys, 2006), 257 이하.

이미지와는 반대로 겨자씨 관목은 고대의 사람들의 정원에 추가하고 싶지 않은 식물이었다. 그 겨자씨 관목은 소중한 정원의 공간을 낭비하는 잡초이다. 앞의 가라지의 비유와 같이 겨자는 몹시 뽑고 싶거나 태우고 싶은 식물이었다.

하지만 여기에서 예수는 작고 별 소용없는 어떤 것이 놀랍게 자라나 피난처와 양육의 장소를 제공한다고 말한다. 예수는 이것을 하나님의 활동에 비유했다. 앞의 비유의 교훈이 다른 사람들은 쓸데없는 것으로 여길 때 하나님의 나라에서 궁극적으로 가치가 있는 것이 무엇인가를 가리킴으로 강조된다.

짝이 되는 비유들이 듣는 사람의 능동적 상상력에 의해 그려진 이미지를 보완하는 패턴을 따르면서 누룩의 비유는 하나님 나라의 변화하는 능력을 강조한다. 누룩은 오늘날 부엌에서 사용하는 효모균과 다르다. 성서 시대에는 누룩은 거의 보편적으로 어떤 악한 것이나 정결하지 못한 것으로 이해되었다.

그 시대의 효모제는 장차 빵을 굽는 효소로 사용하기 위해 남은 빵의 부분을 부패하도록 놓아둠으로써 만들어졌다. 충분히 부패하지 않으면 소용이 없는데 새로운 반죽이 부풀도록 하지 못한다. 오랫동안 부패하게 놓아둠으로써 빵만 망치는 것이 아니라 식중독을 일으킬 수 있다. 누룩은 치명적이다. 밀가루를 발효시키는 데는 겨자씨와 같이 작은 양만이 필요하다. 여자가 섞은 가루 서말로 결혼식 잔치를 위해 충분한 빵을 구울 수 있다. 이 비유에서 추가적 관심(누가복음의 잃어버린 동전의 비유와 같이)은 예수의 역할을 그 여자의 역할에 비유한다는 것이다.

44-50절의 마지막 부분의 비유들은 마태복음에 유일하다. 이 설교 모음의 다른 비유와는 달리 이 세 비유들은 예수나 듣는 사람의 수용성(이해력)에 관한 것이 아니다. 도리어 그것은 하나님 나라의 궁극적 가치에 관한 것이다. 처음 두 개의 비유, 숨겨 놓은 보물 비유와 값진 진주 비유는 박해 받는 안디옥 그리스도인들의 상황을 직접적으로 말하고 있다. 하나님 나라의 선물을 우연히 또는 오랜 노력 끝에 발견했든지, 그들은 복음에서 그것을 자신의 것으로 하기 위해 다른 모든 것을 포기할 만큼 가치가 있는 그러한 최고의 가치를 찾았던 것이다.

그물 비유의 종말론적 본질은 하나님 나라의 가치에 대해 말한다. 가리지 비유에서와 같이 심판의 날이 올 것이다. 마지막 시대에 심판이 올 것이고, 심판은 선이든 악이든 현재에서 결정된 결과로 오는 것이다. 씨뿌리는 사람의 비유에서 하나님 나라의 약속은 넓게 뿌려졌다. 하지만 "잡은 것"이 좋은 것이든 나쁜 것이든 결정되는 것은 우리에 의해서가 아니라 하나님을 대신한 천사들에 의해서이다.

마지막 비유는 제자들에게 하신 마무리 진술인데, 그것 또한 마태복음에만 있다. 예수와 같이 제자들도 율법학자이다. 하나님 나라의 비밀을 나눈 사람들은 이제 적절한 마지막 교훈을 통해 선생들이 된다. 마태 동시대인들이 직면한 도전과 비슷한 도전들이 계속되었다. 그러기에 담화는 상기시키는 것으로 끝난다. 진실로 지혜 교사들은 옛것과 새것 모두에 가치가 있음을 깨닫는 것이고. 지혜는 둘 모두에서 발견되는 진리를 존중한다.

마지막 그룹의 비유들로 마태는 하나님 나라는 주변화되고, 정결하지 못하고, 남은 자들에 의해 수용되는 것이라는 메시지로 마친다. 의례들의 규칙은(누룩에 관해서와 같이) 종말에 적용하지 못한다는 것을 보여준다. 그리고 하나님 나라의 미래 실현에 대한 응답은 현재 자신이 가진 모든 것을 제공하는 것이 좋다. 그렇게 하는 사람들은 예수의 참 가족을 발견하게 된다. 들을 귀 있는 자는 듣고 깨닫는다.

군중들이 실망했다면 어쩌면 몇몇 제자들도 그랬을지 모르겠다. 예수는 씨앗과 나무에 관한 비유를 한 가지 더 말씀하시고서 빵을 굽고, 밭을 갈고, 낚시를 하는 이야기를 들려주신다. 그렇다. 그는 부유한 상인에 관한 이야기 하나를 덧붙이지만, 나머지는 모두 겨자나무처럼 평범하다. 어떤 왕이나 심지어 왕자도 이 왕국의 비유에 등장하지 않는다. 열혈당 시몬이나 그의 동료 유다를 기쁘게 할 군 장성이나 혁명 지도자는 없다. 그들은 실망했음에 틀림없다.

우리 교인들도 실망할지 모르겠다. 하늘에 대한 그들의 비전이 겨자나무와 집안일을 포함하는지 의심스럽다. 하나님은 농부 또는 빵 굽는 여성보다 좀 더 자주 "주님" 또는 "왕"으로 여겨진다. 마찬가지로 현대의 기독교 음악은 예수를 "경배하는" 것에 대해 노래하며, 예수를 높이고 가장 높은 하늘에 계신 그를 찬양한다.

그렇지만 예수가 자신의 나라와 하늘에 대해 하시는 이야기는 말 그대로 땅으로 내려와 있다. 그 이야기들은 소작농, 주부, 어부 같이 일상생활을 하는 평범한 사람들에 대한 흔한 이야기다. 이것은 하늘나라에 대한 고상한 비전이 아니다.

물론 그것이 핵심이다. 그리스도인으로서 우리는 예수 그리스도의 인격 안에서 신과 인간이 만나는 신비인 성육신을 믿도록 부름 받았다. 예수의 비유에서 예수께서는 성육신의 초점을 그 자신이 아니라 주위의 세계에 두셨다. "하늘나라는" 인간 생활에서 가장 흔한 것(31, 33, 44, 45, 47)과 "같다". 예수 자신처럼 우리에게 볼 눈과 들을 귀만 있으면, 이 일상의 세계는 신과 인간의 거룩한 만남을 구체화한다.

예수의 비유는 그 구체화에서 그리스 신화 또는 로마 신화나 이솝 우화와 크게 다르다. 예수의 이야기에는 신이 인간으로 변장하거나 말하는 동물로 등장하지 않고, 여자와 남자가 일상적인 일을 하고 있을 뿐이다.

마태에 따르면 예수가 광야에서 나올 때 제일 먼저 한 일이 "하늘나라가 가까이 왔다"(3:2)고 선포한 것이다. 그는 누군가를 치유하거나 소외된 사람들을 만나거나 여성을 존중하거나 가난한 사람들을 돌볼 때마다 하늘나라가 가까이 있음을 보여 준다. 그는 또한 하늘나라의 비유를 통해 하늘나라가 가까이에 있음을 보여준다.

예수에게 하늘나라는 달콤한 미래 안에 있는 밀교의 왕국이 아니라 겨자나무나 빵 한 조각처럼 가까이에 있다. 하늘나라가 영원한 고통의 위협보다 훨씬 가까이 있다는 것이 믿음으로 초청하는 그의 부르심의 기초다. 이 다섯 가지 비유 가운데 마지막 비유만이 종말론적인 심판과 이를 가는 이야기를 포함한다. 나머지 비유들은 반죽을 하는 것에서부터 밭을 가는 것까지 일상생활의 구석구석에서 하나님을 상상한다. 예수는 사람들이 지옥을 두려워하게 해서가 아니라 하늘나라를 가까이에서 보도록 도우심으로 인간의 삶을 변화시킨다.

예수는 하늘나라에 대한 그러한 이미지를 제시함으로 그의 조상 모세가 그의 백성에게 한 고별사를 반복한다. 약속의 땅 경계에서 모세는 이스라엘 자손에게 "그 명령은 당신들에게 아주 가까운 곳에" 있다고 상기시킨다(신 30:14). 세상에 있는 하늘나라의 비유에서 예수는 그 진리를 재확인한다.

또한 예수는 하늘나라를 상상하기 위해 세계 7대 불가사의를 이용하지 않는다. 그는 심지어 당당한 레바논의 삼나무를 사용하지 않고, 작은 겨자나무를 사용한다. 그 씨앗은 가장 작은 것의 상징이며 그 씨앗에서 나오는 나무는 아무리 크더라도 하찮은 나무, 좀 더 정확하게는 하찮은 덤불이다. 겨자는 그 시대의 칡이나 소금삼나무다. 그건 하늘나라의 이미지로 어떤가?

그리고 빵 100덩어리를 만들 수 있는 누룩이 있다. 어떤 전통에서는 누룩을 부패와 불순의 상징으로 여긴다. 하지만 예수의 비유에서 누룩은 하늘나라의 기적적인 성장의 주인공이 된다. 하나님이 겨자씨와 부패하게 하는 누룩을 사용하여 하늘나라를 키우실 수 있다면 당신과 함께 무엇을 하실 수 있을지 상상해 보라.

가장 작은 것에서 풍성함으로, 하찮은 덤불에서 생명의 나무로, 부패하게 하는 누룩에서 많은 사람들에게 먹이기에 충분한 빵으로의 기적적인 변형. 예수에 의하면 하나님의 나라는 그와 같다.

다음 두 비유가 그 보물을 위해 모든 것을 기꺼이 포기하는 사람들에 대해 말하는 것은 당연하다. 소작인 농부와 진주 상인의 과한 반응이 어울리는 것은 앞선 비유에 나오는 엄청난 겨자 덤불과 빵 덩어리들뿐이다.

물론 커다란 진주나 숨겨진 보물만큼의 가치가 있는 하늘나라가 은이나 금으로 만들어진 것이 아니라 덤불과 빵으로 만들어졌다는 역설이 있다. 당신은 칡 한 덩이를 위해 당신이 가진 모든 것을 포기할 수 있는가?

예수의 비유는 단순한 도덕적 우화가 아니라 그러한 결단을 요구한다. 비유는 모세의 고별사처럼 하나님의 길을 선택해야 하는 우리의 책임을 강조한다. 모세는 그것을 생명과 번영, 죽음과 파멸 사이의 선택이라고 말한다(신 30:15). 예수의 비유는 좋은 물고기 혹은 나쁜 물고기로 하나님의 나라 대 악한 자의 나라를 가리킨다. 모세와 마찬가지로 예수도 우리를 궁지에서 벗어나게 하지 않는다. 하나님의 나라가 가까이 있다는 것은 우리에게 매일 그 나라를 선택하라고 도전한다.

아이러니하게도 예수의 비유들이 너무 세상에 근거하고 있기 때문에 우리가 세상에서 하늘나라를 경험하지 못하게 할 수도 있다. 교인들은 대부분 겨자를 슈퍼마켓 선반의 플라스틱병에서 찾고, 빵은 비닐봉지에 넣어서 오며, 진주는 홈쇼핑에서 할인가로 구입한다. 1세기 팔레스타인 지방의 비유는 하늘나라라는 다른 세상의 비전만큼이나 우리에게 낯설 수 있다.

그러므로 새로운 비유를 찾아보라. 당신의 세계에서 겨자씨처럼 풍부하게 생산되는 것은 무엇인가? 우리 시대에 마치 누룩처럼 부패한 것으로 경멸되지만, 실제로는 변화시키는 하나님의 힘을 보여주는 것은 무엇인가? 밭을 가는 사람이나 진주를 찾는 상인처럼 교인들이 그것을 가지려고 모든 것을 포기하는 것은 무엇인가?

예수처럼 새로운 이야기를 통해 시대를 초월한 진리를 말해보라. 그의 눈을 통해 당신 주위의 세계를 보라. 그런 다음에 가까이에 있는 하늘나라에 대한 예수의 비전을 향해 당신의 교회의 눈과 귀를 열라.

설교

이 본문에 대한 일반적인 접근은 겨자씨, 즉 눈에 띄지 않는 작은 씨가 빨리 자라나서 5미터나 되는 무성한 큰 나무로 되어 뜨거운 중동의 기후에서 새들에게 그늘과 서식지를 제공한다는 것에 초점을 맞추는 것이다. 작은 것으로부터 눈에 보이는 성장이라는 이 주제는 매 시대 교회에 큰 힘이 되었고, 이 본문으로부터 적절하게 얻을 수 있었다.

이 본문에 대해 또 다른 접근을 할 수 있다. 이 본문은 일련의 숨겨진 것에 대한 비유들 곧 밭에 숨겨진 보화, 평범한 진주 속에 숨겨진 값진 진주, 그물 속에 가득 찬 잡은 고기들 가운데 숨겨져 있는 좋은 고기들의 비유를 포함하고 있어서 설교자는 이 본문을 다른 시각으로 살펴볼 수 있다.

겨자씨 역시 숨겨져 있다. 거의 무게가 나가지 않고 야생에서 잡초처럼 자라는 겨자씨는 농부의 밭에 가지런히 의도적으로 뿌려지지 않는다. 설교자는 여기서 의문을 가질 수 있다: 이 비유의 주된 강조점은 성장인가 아니면 이어 나오는 비유들과 더불어 하나님의 나라에 관해 무언가 침입해 들어가서 예상하지 못한 결과를 낳는 어떤 것에 관한 것인가?

겨자씨는 다른 종류의 씨앗이 담긴 커다란 자루 안에 눈에 뜨이지 않게 있다가 중요한 작물의 씨앗을 뿌릴 때에 함께 땅 위에 떨어진다. 사람들은 계획하고 뿌린 씨앗 외에 다른 씨앗이 싹을 내고 자라는 것에 대해서는 주목하지 않는다. 겨자나무는 기대했던 것이 아니고 어느 누구도 겨자씨에 주목하지 않는다. 그것은 보기도 어렵고 관찰하기도 어렵지만, 더 중요한 작물과 함께 섞여 있다. 결국 겨자씨가 싹을 내고 자라나서 그 최종 형태는 기대했던 바와 완전히 다르게 된다.

예수께서 "하늘나라는 겨자씨와 같다"라고 하는 말을 들은 제자들은 충격을 받았을 것인데 그 이유는 그런 나라를 심고 재배하는 것은 가지런히 배열된 곳에서 체계적이고 예측 가능하게 전개될 것이라고 생각했기 때문이다. 하늘나라는 콩과 같고 혹은 아름답게 줄을 맞추고 있는 라벤더꽃이나 목화 또는 포도처럼 있는 것이다. 심겨져 있는 것은 계획된 것이고 따라서 모두 비슷하게 함께 자란다.

그러나 하늘나라가 겨자씨와 같다는 것은 아마도 줄을 맞추어 가지런히 정돈된 작물이 끊임없이 예기치 않았던 침범을 당하고 마침내 뒤집혀지는 것을 암시하는 것일 수 있다. 겨자씨는 다른 씨앗이 담긴 자루 속에 혹은 씨 뿌리는 사람의 손안에 숨겨져 있다. 마찬가지로 이 흔한 작은 비유 속에 더 깊은 의미가 숨겨져 있을지 모른다.

종종 우리는 하늘나라에 관하여 명확하고 논쟁의 여지가 없는 경계선을 그리길 원한다. 의문을 갖는 것 그리고 우리가 믿는 것과 믿기 어려운 것을 탐구하는 것은 정당한 일이다. 그러나 우리가 예수를 1세기에 살면서 선을 행했던 그냥 좋은 사람으로 여기고, 오늘 우리에게 불필요한 것처럼 행동하면서 주일에 모여서 "예수 그리스도는 주님이시다!"라고 선포하는 것은 정당하지 않은 일이다.

교회에서 우리는 교회에 잘 맞는 것과 그렇지 않은 것을 규정할 수 있기를 원한다. 그래서 자연스럽게 우리가 말하는 정형화된 중요한 것들이 있다. 우리는 성서를 가지고 있다. 우리는 신조를 가지고 있다. 우리는 예전을 가지고 있다. 우리는 전통을 가지고 있다. 우리는 세례에 관한 확신을 가지고 있다. 이처럼 우리에게는 경계선이 있고 그 안에 가지런히 정돈된 교리와 실천 항목이 있다.

우리가 정직하고자 할 때 그리고 경계선 안에 있는 것에 대해 기대를 거의 하지 않을 때, 우리의 귀에 속삭이는 하나님의 소리를 듣게 되는데 그 소리는 우리를 경계선 밖으로 나아가게 하고, 그것이 우리의 경계선인지 하나님의 경계선 인지를 분별하도록 요청한다. 이러한 점에서 "하늘나라는 겨자씨와 같다". 즉, 겨자씨는 하나님께서 우리들이 바른 것이라고 생각하는 것에 대해 끊임없이 도전하게 만드는 작은 상징이다. 그것은 자루 안에, 씨 뿌리는 자의 손안에, 교회 안에, 하나님의 마음 안에서 겨자씨처럼, 밭에 감추어진 보화처럼, 일반 진주 속에 감추어진 아주 좋은 진주처럼, 잡은 물고기 가운데 감추어진 맛있는 물고기처럼 그렇게 감추어져 있다.

1980년대 초 어느 날 데스몬트 투투(Desmond Tutu) 주교가 공영방송 TV에서 놀라운 인터뷰를 했던 장면을 나는 기억한다. 지금으로서는 믿기 힘들겠지만 당시에는 인종차별정책이 매우 강했고, 그런 상황이 곧 종식되리라는 외적인 조짐도 없었다. 투투 주교는 미묘한 말을 했다. "백인이 우리 땅에 왔을 때 우리에게는 땅이 있었고, 그들은 성서를 가지고 있었다. 그들은 "다 같이 기도합시다"라고 말했다. 우리가 눈을 떴을 때 그들은 땅을 가지고 있었고, 우리는 성서를 가지고 있었다. 우리는 더 좋은 것을 갖게 되었다."*

하늘나라는 겨자씨처럼 우리가 견고하게 만들었던 확신과 경계선이라는 땅을 침범해서 거기에서 무언가 새로운 것, 더 좋은 것을 창조해낸다. 우리가 너무도 분명하다고 생각한 것 안에 숨겨진 그것은 우리가 알고 있다고 여겼던 것들을 놀랍게 침범하시는 하나님께서 변화시키고 구원하실 때까지 예측할 수 없는 방식으로 바꾸고 자라나고 있다.

이 이야기는 청소년 시절부터 교회와 좋지 않은 관계에 있었던 한 사람에 관한 것이다. 그가 말하기를 교회는 규제에 너무 관심을 쏟았기 때문에 그는 교회를 떠났다. 그의 아버지는 그에게 교회에 한 번 더 기회를 주자며 설득하였고, 마침내 그는 그렇게 하기로 동의하였다. 그는 주일에 용기를 내어 일어났고, 교회로 갔다. 교인들은 참회기도를 하고 있는 중이었다. "우리는 해서는 안 될 일들을 하였고, 해야만 할 일들을 방치하였습니다. 그래서 우리 모두 건강하지 못하게 되었습니다."

그는 이 기도를 들었고 미소를 지었다. "좋아! 이 기도는 내가 좋아하는 것이네"라고 그는 말했다.**

* Greg Jones, "Africa and the Bible," www.episcopalcafe.com, July 28, 2007.
** William H. Willimon, "Our Kind of Crowd," 1996년 9월 15일 Duke대학교 채플 설교.

성령강림절 후 열째 주일
마태복음 14:13-21

¹³예수께서 들으시고 배를 타고 떠나사 따로 빈 들에 가시니 무리가 듣고 여러 고을 로부터 걸어서 따라간지라 ¹⁴예수께서 나오사 큰 무리를 보시고 불쌍히 여기사 그 중에 있는 병자를 고쳐 주시니라 ¹⁵저녁이 되매 제자들이 나아와 이르되 이 곳은 빈 들이요 때도 이미 저물었으니 무리를 보내어 마을에 들어가 먹을 것을 사 먹게 하소서 ¹⁶예수께서 이르시되 갈 것 없다 너희가 먹을 것을 주라 ¹⁷제자들이 이르되 여기 우리에게 있는 것은 떡 다섯 개와 물고기 두 마리뿐이니이다 ¹⁸이르시되 그것 을 내게 가져오라 하시고 ¹⁹무리를 명하여 잔디 위에 앉히시고 떡 다섯 개와 물고기 두 마리를 가지사 하늘을 우러러 축사하시고 떡을 떼어 제자들에게 주시매 제자들 이 무리에게 주니 ²⁰다 배불리 먹고 남은 조각을 열두 바구니에 차게 거두었으며 ²¹먹은 사람은 여자와 어린이 외에 오천 명이나 되었더라

신학

겉으로 볼 때 이것은 악마를 기쁘게 하는 기적이다. 빵을 이용한 속임수, 무한한 정치적 가능성을 갖고 있는 영적 능력을 보여주는 행위다. 황량한 광야에 내버려진 굶주린 군중이 다른 수단이 아니고 예수 때문에 배불리 먹게 되었다는 것으로 충분하다. 예수의 생애 중 이 시점에 예수를 만난 군중은 아직 그분이 누구인지 판단할 수 있는 충분한 경험을 하지 못했다. 군중은 그분의 말씀, 손길, 현존을 갈망하였기에 광야에서 허기에 고통당하는 상황에 부닥치게 되었다. 그들 의 필요를 아시고, 예수는 군중들을 위한 음식을 마련했다.

이분은 얼마 전 본인이 허기에 고통당할 때 비슷한 방법으로 자신을 위해 음식을 만드는 것을 거부했던 그분이 아닌가?(마 4:2-4) 그러던 그가 이제 마귀에게 굴복하여 마침내 돌을 빵으로 바꾼 것인가?

본문의 신학적 주제를 파악하기 위해서는 본문 이야기의 배경을 이해할 필요가 있다. 히브리어 사상에서 광야/사막은 방황 및 불확실성과 관련이 있다. 이스라엘이 자신을 이집트 노예 생활로부터 해방해 준 하나님께 거역했던 반란의 장소이다(신 9:7). 마태의 독자들에게 광야는 또한 유혹의 장소, 예수의 공생애 개시를 위한 시험의 장이기도 하다(마 4:1-11).

광야는 인간의 의미, 정체성, 안전과 지속성 등의 근거에 대해 심오한 질문을 제기하는 장소다. 광야는 하나님은 신실하시고 인간의 상황에 맞춰 필요한 것을 제공하신다는 생각에 근본적으로 의문을 제기한다. 시편 78편(오늘 마태복음의 본문을 이해하는 데 매우 중요한 시편)을 보면 반역적이고 불신앙적인 영혼들이 "하나님이 광야에서 상을 차려 주실 수 있는가?"라고 말하며 하나님께 대든다(시 78:19).

여러 면에서 이 기적은 마태복음에서 반복되는 주제와 잘 연결된다: 예수님의 행동은 연민(compasssion)에서 나온다(14). 오늘 본문을 비롯한 복음서 여러 곳에서 예수는 사람들이 필요로 하는 것—건강, 진리, 음식, 마음의 평화—을 아시고 그것 때문에 마음이 움직인다. 예수는 그들이 "목자 없이 양처럼 고생하며 기진해 보여서" 그들에게 연민을 느끼셨다(마 9:36).

예수는 호세아 6:6의 "나는 제사가 아니라 자비를 원한다"라는 말씀을 좋아했다. 당시 종교 지도자들이 예수를 비난했을 때 예수는 자신의 사역을 정의하고 변호하기 위해 이 구절을 여러 번 사용했다(마 9:13, 12:7). 예수는 자신의 사역 전체를 하나님 나라의 도래와 밀접하게 관련시켜 이해하는데, 그 핵심 개념은 연민이다. 늦은 저녁 패스트푸드점이나 가게가 없는 상황에서 자비는 빵의 형태로 나타났다.

성서는 기적 자체의 세부 사항에 관해서는 자세히 설명하지 않는다. 그런 일이 어떻게 일어났는가? 우리가 눈으로 확인할 수 있는 것은 무엇인가? 우리는 처음에는 먹을 것이 거의 없었다는 얘기를(빵 다섯 덩어리와 물고기 두 마리가 제자들이 제공할 수 있는 전부였다) 듣는다. 그런데 그다음에는 모든 사람을 배부르게 하고도 많이 남을 정도로 음식이 풍성했다는 얘기를 듣는다.

파솔리니의 명작 영화 <마태복음>은 이 장면을 기쁨이 충만한 순간으로(폭발적이고 예기치 못한 요소로 가득 찬 부활의 장면과 거의 비슷할 정도로) 그린다. 예수가 제자들이 준비한 빈약한 음식에 대해 감사기도를 하자 경고나 설명이 끼어들 여지가 없이 갑자기 바구니에 음식이 가득 찼다.

마태가 자세하게 기록하는 내용은 기적 자체의 작동 과정(이것에 대해 우리가 아는 것은 하나도 없다)에 관한 것이 아니고, 예수님의 기도에 관한 것뿐이다.

예수는 하늘을 우러러보신다(19). 이것은 믿음과 겸손이 신체적으로 표현된 것이다. 하늘은 지극히 높으신 분이며(눅 1:32, 35, 6:35), 모든 생명과 모든 선의 근원이신 아버지 하나님의 거처이다. 하늘을 우러러보시면서 예수는 제자들에게 가르치셨던 것처럼(마 4:1) 하나님의 이름에 영광을 돌렸다(그것을 가장 우선적인 것으로 여기셨다).

예수가 광야에서 받은 첫 번째 시험은 하나님으로부터의 독립 선언, 즉 자신의 자치권 주장에 관한 것이었다. 성서에서는 이것이 가장 중심적인 죄이며, 중요 반란 행위이다. 예수는 그에 대해 거부 의사를 명확히 밝혔다. 예수는 우리는 전적으로 하나님께 의존한다고 주장했다. "사람은 떡으로만 살 것이 아니요, 하나님의 입에서 나오는 모든 말씀으로 말미암아 살리라"(마 4:4; 신 8:3). 인간 실존은 하나님의 말씀에 의존한다.

예수는 빵을 축복하셨다(19). 이것은 빵에다 이전에 없던 성분을 집어넣는 일종의 마술적 의식이 아니다. 빵에 축복한 것은 "땅으로부터 음식을 제공하는"(시 104:14) 우주의 통치자 하나님께 드리는 찬양과 감사의 표현이다. 여기에 축복을 받는 대상은 빵이 아니라 빵을 제공해 주시는 하나님이다. 예수는 인간의 삶에 필요한 모든 것을 하나님이 주신다는 것을 인정하고 있다. 그의 축복은 하나님을 신뢰하는 표현이다. 그는 이미 제자들에게 "오늘 우리에게 일용할 양식을 주시옵소서"(마 6:11)라고 기도하라고 가르치셨다. 이제 그는 굶주린 5,000명을 대신하여 그 기도를 드리고 있다.

예수는 우리가 빵으로만 사는 것은 아니지만 "빵이 없으면 살 수 없다"는 것을 알고 있다.* 4세기의 신학자인 요한 크리소스톰(John Chrysostom)은 이 기적에 담겨 있는 예수의 의도 중 하나가 "마르키온(Marcion)의 입을 막는 것",**

즉 마르키온과 다른 영지주의자들이 거부하는 물질 세계의 선함을 긍정하는 것이라고 주석을 달았다. 그렇다면 예수는 또한 무신론적 유물론과 허황된 소비주의가 부인하는 것, 즉 하나님의 말씀이 우리 존재를 규정한다는 사실을 강조하려는 의도가 있다고 말할 수 있다. 이것은 마르키온주의자들과 마르크스주의자, 맘몬 숭배자들 모두에게는 기적과 같은 것이다. 광야에서 만나가 이스라엘 백성에게 내려온 것에 대해 시편 78:25은 "사람이 천사의 음식을 먹었다"라고 기술한다. 모든 빵이 하늘의 빵이라는 말은 진리다. 예수는 "빵은 땅의 열매로 만드는 것은 사실이지만, 빵은 오직 위로부터 하나님의 선물로 주어진다"는 사실을 증거한다.*

* Augustine, Sermon VI "On the Lord's Prayer," *Nicene and Post-Nicene Fathers of the Christian Church,* first series, vol. 6 (Grand Rapids: Eerdmans, 1974), 276.

** John Chrysostom, Homily 49, *Nicene and Post-Nicene Fathers,* first series, 14 vols. (Peabody, MA: Hendrickson, 1994), 10:305.

* Dietrich Bonhoeffer, *The Cost of Discipleship* (New York: Touchstone, 1995), 167.

금방 보아서는 오천 명을 먹인 사건과 다른 두 사건—예수의 나사렛 방문 (13:53-38)과 헤롯 안티파스가 세례요한을 죽인 사건(14:1-12)—과의 관련성은 별로 없어 보인다. 하지만 이 두 사건들은 오늘의 성서 본문과 마찬가지로 장소와 관련이 있다.

첫째 사건에서 예수는 그의 고향에 온다. 예수는 비록 지혜와 권능이 있었지만, 목수의 아들로서 그의 사회적 위치와는 어울리지 않은 행동을 했기에 사람들은 분노했다. 그러기에 예수가 자신의 행동을 예언자와 비유하고, 그러한 활동에 대한 분노는 예언자를 거부하는 것으로 비유되자 그는 한적한 곳으로 물러날 수밖에 없었고, 그래서 대안적 고향을 선택해야만 했다.

오늘 본문에서는 예수는 헤롯 안티파스의 학정에 대한 대안적 장소를 고른다. 이 잔혹한 세계는 로마제국의 영향력에서 오는데, 그곳에서는 로마의 통치가 총독(폰티우스 빌라도), 분봉왕(헤롯 안티파스) 그리고 지역 귀족들을 통해 간접적으로 행해졌다. 결과적으로 이러한 제국 질서 속에서는 헤롯과 같은 통치자는 로마에게 협력하지 않으면 파직되었다. 그는 또한 백성들을 안정되게 통치하지 못하면 또한 파직당한다. 마태복음 14:5은 분명히 헤롯은 요한을 죽이려고 했으나 그를 예언자로 여기는 민중이 두려워서 뜻을 이루지 못했다고 말한다. 그러기에 살로메가 요한의 머리를 쟁반에 담아서 가져다 달라고 요구했을 때(14:8), 그녀는 헤롯을 곤경에 처하게 했다. 왜냐하면 세례요한의 처형이 소요를 일으켜 그가 유지하기 원하는 질서를 깨뜨릴 수 있었기 때문이다.

따라서 예수가 한적한 곳으로 가실 때 로마의 촉수에 대한 대안을 선택하고 있다. 군중이 그를 따르며 동일한 대안을 선택한다(14:13). 그들은 현상 유지에 의한 지배와 지역 협력자를 통한 제국의 지배에 사로잡혀 있는 그들의 도시를 버린다. 그러나 주의가 필요하다. 세례요한도 헤롯이 대표하는 로마의 촉수 대신 한적한 곳을 택했다. 요한의 경우와 마찬가지로, 예수의 대안 선택은 궁극적으로 그를 로마와 충돌하게 만들 것이다(마 21-27장).

예수는 군중들에게 사랑이 사회적 지위를 극복하는 그리고 제국의 잔인성과 확연히 대조되는 대안적 세계를 제시했다. 헤롯의 궁정 잔치는 예언자를 죽이는 결과를 낳은 반면 나사렛 예수는 일상생활에서 군중들의 요구를 들어주고 그들을 먹이셨다. 마태는 예수의 대안적 행동을 간결하게 묘사한다. 그는 병자를 고쳐 주셨다(14). 비록 NRSV에서는 "병자를 고쳐 주셨다"로 번역했지만, 그 말은 또한 목수의 아들과 같은 사회적 지위가 낮은 사람들을 돌보았다는 것을 말하고 있는데, 이를 주의 깊게 보아야 한다.

그러나 이 대안적인 세계는 큰 문제에 봉착한다. 먹을 것이 없다. 제자들이 예수께 와서 양식이 있는 저세상으로 돌아가자고 제안하며 "무리를 보내라"고 말한다. 예수는 제자들에게 "먹을 것을 주라"는 명령으로 응답한다. 제자들이 먹을 것을 주면 갈 필요가 없다.

이것은 고대 팔레스타인의 또 다른 사회적 현실을 보여주고 있다. 물물교환에 있어서 일반 사회에서는 주인과 종의 관계가 적용되는데, 그것은 주인인 엘리트들과 종인 농민들 사이의 평등하지 않은 상호 관계를 말한다. 예를 들어 흉년에 종들이 주인들에게 곡식을 요청하게 되면, 그 보상으로 종들이 주인들을 위해 일하거나 다른 도움을 주어야 한다. 하지만 광야와 같은 대안적 장소에서는 이러한 종류의 평등하지 않은 상호 관계의 가능성이 없다. 예수는 그의 제자들에게 사회적 지위에 관계없이 음식을 나누어 주라고 말했다. 여기에서 관계의 동기는 필요와 사랑이다.

더군다나 로마는 자신들을 식량의 공급자(bread basket)로 인식했다. 로마의 동전 한쪽에는 네로의 초상이 그려져 있고, 다른 한쪽에는 농업의 여신 세레스(Ceres)가 새겨져 있는데, 그 단어는 "황제의 일 년 추수"라는 뜻이다. 이것은 로마 종교의 관점에서 식량의 공급에 대한 신학적 해석이 담겨 있다. 황제는 식량을 제공하는 세레스의 대행자라는 것이다.

오천 명을 먹인 것도 신학적 의미가 있다. 이러한 상황에서 예수는 하나님의 통치 활동을 보여주는(12:28) 행동을 함으로써 하나님 나라가 다가왔음을 선포한 것이다. 예수가 하늘을 바라보고 보리떡 다섯 개와 물고기 두 마리를 축복하실 때 그는 사랑에 근거하여 약한 자를 돌보고, 이를 통해 하나님의 통치를 보여주신 것이다. 아무런 대가를 바라지 않고 필요에 근거하여 굶주린 자를 먹임으로 하나님의 통치 행위를 보여주는 것이다.

오병이어의 사건에 대한 해석은 보통 엄청난 숫자를 강조한다. 하지만 다른 신학적 해석이 있다. 종말에 하나님의 마지막 통치에 대한 전통적 예상은 대단히 보편적이고 포용적이라는 것이다. 이러한 예상에 반해서 예수가 귀신을 쫓아내고, 병자를 고치고, 굶주린 자를 먹이는 것이 소수인 것처럼 보인다. 하지만 마태복음 13장의 배경에서는 그러한 행동이 신학적으로 정당하다.

13장에서 예수는 비유를 사용하여 두 가지 선언을 하신다. 하나는 군중들에 대한 대중적 선언이고(13:2), 다른 하나는 제자들에게만 주어진 선언이다(13:36). 13장의 전반부 끝에 작은 시작과 관계되는 두 비유가 있다. 첫째로 하나님의 나라를 겨자씨에 비유하여 나중에 큰 나무가 된다는 것이다(13:31-32). 둘째로 하나님의 나라를 여인의 누룩에 비유하여 밀가루가 넣었더니 나중에 부풀어 올랐다고 말했다(13:33).

이 관점에서 보면 예수의 대안적 세계는 한적한 곳으로서 그곳에서 약한 자를 섬기며, 그의 제자들에게 필요와 사랑에 근거하여 사람들에게 음식을 나누어 주고, 오병이어와 같은 작은 양으로 오천 명이 넘는 사람들을 먹이는 것이다. 이것을 크게 자라는 겨자씨나 크게 부풀어 오르는 누룩으로 비유한 것이다. 필요와 사랑에 근거해서 약한 자를 섬기고 굶주린 자를 먹이는 것이 하나님 나라의 통치를 방식을 보여주는 것이다.

목회

마태복음 14:13-21에서 오천 명을 먹이는 이야기는 다양한 상황에서 그리스도인들에게 영감을 주었다. 그 일은 예수와 제자들이 세례자 요한의 잔인한 죽음에 대해 알게 되고, 절망에 빠진 군중들과 함께 긴 하루를 보낸 직후에 일어난다. 제자들은 당연히 도망가려고 했다. 그들은 슬픔에 잠겼다. 그래서 제자들은 군중들을 가게 하자고 한다. 우리라도 그랬을 것이다.

그렇지만 예수께서는 무리를 불쌍히 여기시고 식사에 초대하셨다. 제자들은 충격을 받았다. 왜냐하면 그들은 단지 물고기 두 마리와 빵 다섯 개만 찾아낼 수 있었고, 그것으로는 수천 명의 군중이 먹을 수 없었기 때문이다. 그럼에도 불구하고 예수께서는 무리에게 먹을 것을 주라고 하셨고, 모두가 충분히 먹었을 뿐만 아니라 열두 광주리가 남았다. 제자들은 그날 저녁 종종 그랬던 것처럼 하나님의 사랑의 기적적인 능력에 놀랐다.

이것은 유일하게 네 복음서에 모두 나오는 기적 이야기다. 이 기적은 분명히 초기 교회에 매우 중요했다. 어떤 사람들은 초기 그리스도인들이 성찬식에서 이 말씀을 정기적으로 읽었다고 주장한다. 이 일이 이스라엘 백성을 위해 하나님이 하늘에서 제공하신 만나와 평행을 이룬다고 생각하는 사람도 있다. 이런 이유들보다 더 중요한 것은 오천 명을 먹이신 이야기를 초대 교회가 소중하게 여겼다는 것인데, 이 사건이 그리스도인들에게 복음의 메시지의 핵심을 가르쳤고 또 큰 역경에도 불구하고 하나님께 신실하려고 하는 그리스도인들을 위한 희망과 영감의 깊은 원천이었기 때문이다.

세상의 많은 지역에서 우리는 오늘 우리 가운데 살아나는 빵과 물고기 이야기에서 부활의 능력을 본다. 그것은 하나님이 사랑이심을 보여주며, 그리스도를 따르는 것이 무엇을 의미하는지를 가르쳐주고, 세상에서 선한 일을 하시는 하나님의 능력을 우리에게 확신시켜주기 때문에 위대한 능력의 이야기다.

무엇보다 이 이야기는 하나님이 사랑이시라는 것을 가르쳐준다. 핵심적인 사실은 예수가 연민을 가지셨다는 것이다. 엄청나게 압박하는 반대에도 불구하고 사람들에 대한 연민은 예수의 주된 동기였다. 그것은 추상적인 동정이 아니다. 연민은 우리 모두의 가장 기본적인 필요에 대해 깊은 관심을 갖는 것이다. 오늘의 사건에서 그것은 배고픈 사람들을 위한 음식이다. 이 이야기는 예수의 기본적인 지향이 "가난한 자를 위한 선택"이라는 것을 볼 수 있도록 라틴 아메리카의 많은 사람들이 우리를 도왔음을 확인해 준다. 우주의 궁극적인 힘이신 하나님은 세상의 평화, 굶주림의 종말, 가정의 복지, 모든 민족을 위한 영적인 온전함을 이루려고 하신다.

이 이야기에서 우리가 배우는 두 번째 교훈은 제자가 되는 것, 즉 하나님께서 우리에게 맡기신 위대한 책임에 관한 것이다. 예수께서 오천 명을 먹이시지 않았다. 그는 제자들에게 그렇게 하라고 말씀하셨다. 하나님께서는 우리를 세상에서 하나님의 일이 이루어지게 하는 그리스도의 몸, 그 손과 발이 되도록 위임하셨다. 하나님은 홀로 일하시지 않고, 여러분과 나 같은 사람들을 통해서 일하신다. 예수를 따르는 것은 다른 사람들에 대한 사랑과 정의와 긍휼의 구체적인 행동으로 우리의 신앙을 표현하는 것이다. 마태가 우리에게 형제자매 중에서 "가장 작은" 사람들, 가난하고, 목마르고, 감옥에 갇힌 사람들을 통해 예수를 만나게 된다고 말한 것은 우연이 아니다.

셋째, 이 복음서 이야기는 가장 필요한 때, 우리가 통제할 수 없는 상황에 직면했을 때 하나님께서 우리에게 세상에서 선을 위해 일할 수 있는 힘을 주실 것이라는 사실을 일깨워 준다. 예수께서 제자들에게 오천 명을 먹이라고 말씀하셨을 때 제자들은 불가능하다고 생각했다. 필요한 것은 너무 많았고, 가진 것은 너무 적었다. 우리도 같은 느낌이 들지 않는가? 그러나 제자들이 함께 일하면서 예수를 따랐을 때 그들은 충분한 것보다 더 많이 가지게 되었다.

그리스도인들이 세상을 위한 하나님의 선하신 목적에 연대와 신실함으로 함께할 때 성령의 능력이 위대한 일을 행하신다는 것을 제자들이 발견한 것은 이번만이 아니다. 오천 명을 먹이신 이야기가 우리에게 주는 약속은 우리가 연대와 신실함으로 하나 되면 하나님이 우리와 함께 하신다는 것이다. 그것은 갈등과 고통이 없을 거라는 약속이 아니다. 예수도 십자가의 길을 가셨다. 그것은 하나님이 우리와 함께 하시고, 세상의 사랑과 평화와 정의를 위한 하나님의 뜻이 궁극적으로 승리할 것이라는 약속이다.

수백만의 사람들과 지구 자체를 너무나 절망적인 상황으로 몰고 가는 악의 힘에 사로잡힌 세상을 향해 "충만한 삶"을 제공하시는 예수와 하나 되라는 그리스도의 부르심에 신실하기를 꿈꾼다면, 이것은 우리에게 절실하게 필요한 약속이다. 우리는 그것이 주님께서 갈릴리 언덕에서 제자들에게 지키신 약속이고, 수세기 동안 하나님의 신실한 백성들에게 계속 지키신 약속이며, 우리에게 계속 지키실 약속이라는 것을 알고 있다!

오천 명을 먹이신 이야기는 대부분의 그리스도인들에게 매우 익숙하지만, 그 메시지는 언제나 새롭다.

— 하나님은 세상에 있는 모든 사람을 사랑하시고 돌보시며 "충만한 삶"에 대한 약속은 모든 피조물과 창조 그 자체에게까지 미치고 있다.
— 하나님이 우리를 오늘날 우리의 세상에서 하나님의 일을 이루는 도구가 되도록 제자로 부르신다.
— 우리가 우리 세상을 향한 하나님의 선한 뜻을 추구하는 신실한 제자로 함께 할 때 가장 가능성이 없는 곳에서도 하나님의 사랑의 힘이 관철될 수 있다고 하나님께서 성령 안에서 우리에게 약속하셨다.

이천 년 전에 갈릴리의 언덕에서 일어난 사건은 그날 함께 있었던 오천 명의 사람들에게 기적이었다. 그러나 더 깊은 메시지는 오늘날 지구상의 60억 인구에 대한 하나님의 사랑의 기적과 우리가 하나님께서 사랑하시는 세상이 충만한 삶을 살게 되도록 하는 데 하나님의 동역자로 부름 받았다는 기적이다.

설교

　이 이야기의 초점은 이 사건을 보았던 군중들의 수에 관한 것일 수도 있다. 혹은 그들을 놀라게 한 요인이나 아니면 예수의 사역에서 이 사건이 얼마나 중요한 것인지에 관한 것일 수도 있다. 그것이 무엇이든 복음서 기자들은 그것을 놓치지 않고 있다. 이것은 유일하게 네 개의 복음서에 모두 기록되어 있는 예수의 기적 이야기이다. 이 이야기에는 설교도 없고, 말로 하는 비유도 없다. 이것은 활동적인 면이 많은 이야기이다. 아마 이 이야기에 담긴 교훈 중 하나는 인간의 필요를 충족시키는 일은 지속적이어야 한다는 것인데, 설교자는 그 사실을 늘 설명할 필요는 없다.

　설교자는 이 이야기의 규모와 범위에 주목할 수 있다. 예수의 사역을 보여주는 성서의 많은 장면들은 지방에 있는 극장에서 몇몇 배우들만으로도 쉽게 공연할 수 있지만, 이 장면은 너무 커서 작은 무대에 담기는 어렵다. 여기에는 오천 명의 남자뿐만 아니라 여자 그리고 어린이가 있다. 게다가 활동적이다! 예수를 묘사하는 데 사용된 동사를 주목해 보라. 예수는 보았다. 그는 긍휼히 여겼다. 그는 명령했다. 그는 취했다. 그는 우러러보았고, 축복하였고, 또 떼어서 주었다. 이 이야기는 행동으로 가득 차 있다. 하지만 그 웅장함과 활동적인 점에도 불구하고 홀로 조용한 시간을 찾으려는 예수와 더불어 시작한다.

　예수께서는 마태복음에서 자주 그러하듯 물러나서 휴식을 취하고 있다. 이 오병이어의 기적을 마친 후에도 그는 다시 휴식을 취한다. 그러나 예수께서 한적한 곳에서 쉬려고 할 때도 그를 따르는 사람들은 문자 그대로 그를 뒤에서 따라가고 있다. 군중들은 걸어서 그를 뒤따라왔고, 생각했던 것보다 더 오래 그리고 더 멀리 왔음에 틀림없는데 그것은 식사 시간이 되었을 때 그들 중 어느 누구도 도시락을 가져오지 않은 것을 발견한 것으로 알 수 있다. 어떤 사람들이길래 식사 시간이 지날 정도로 먼 길을 오면서 음식을 가져오는 것을 잊었는가?

　아마도 영혼의 갈급함이 있어서 배에서 꼬르륵 소리가 난 후에도 예수를 계속 따라왔을 수 있다. 제자들은 때가 늦어서 무리들을 음식을 사 먹으러 보내는 것을 걱정하였지만, 무리들이 배고픈 것에 대해 불평을 했다는 이야기는 없다. 그들은 다른 종류의 것으로 자신들을 채워주는 분을 계속해서 따라가는 데 만족한 것 같다.

제자들은 저녁 식사에 대해 진심 어린 걱정을 한 것 같지만 "무리를 헤쳐 보내어"(15)라고 말한 것으로 보아 깊이 개입하려고 한 것 같지는 않다. 여기에는 어떤 긴장감이 있는데 그것은 먹을 것이 필요한 큰 무리들이 제자들을 걱정하게 만드는 것이다. 식사 시간이 되었을 때 만일 6명이 예수를 따르고 있었다면 그때 어떤 제자는 해결할 수도 있다고 생각했을 수 있다. 하지만 먹을 것이 필요한 큰 무리들은 제자들을 압도하였다. "무리를 헤쳐 보내어"는 먹을 것이 필요했던 대규모 무리들 앞에서 무력함을 고백하는 한 표현일 수도 있다.

예수의 응답은 행동을 요구한다. 그는 "그들이 물러갈 필요 없다. 너희가 그들에게 먹을 것을 주어라"(16)라고 말한다. 배고픈 사람들이 너무 많아 제자들을 주눅 들게 할지라도 이들을 먹일 책임이 그들에게 있다. 주님은 도움이 필요한 사람에게 될수록 가까이 가는 반면에 그의 제자들은 그들이 떠나가기를 자주 바라고 있다.

대부분의 성서는 이 이야기의 제목을 "오천 명을 먹이신 예수"라고 붙인다. 실제로 예수께서는 음식을 단지 제자들에게 주었을 뿐이고, 그런 다음 제자들이 다른 사람을 먹인 것이다. 이 이야기는 분명히 수많은 사람들을 먹인 예수의 기적이지만, 제자로의 부르심을 단지 수동적인 경건으로의 부름으로 축소해서는 안 된다. 우리를 향한 요청은 도움이 필요한 사람들을 향한 적극적인 사역이다. 예수께서는 열두 제자를 먹인다. 열두 제자들은 오천 명을 먹인다.

설교자에게 이 점은 분명한 질문을 제기한다. "어떻게 우리는 이 복된 돌봄을 받아왔으며 또 그것을 도움이 필요한 사람들에게 전달하는 데 왜 실패하였는가?" 먼저 이 이야기에서 제자들은 무리들에게 먹을 것을 주라는 예수의 명령에 응답하지 않았지만, 기적이 일어난 후에 그들이 받은 것을 무리들에게 나누어 준다.

제자들이 행동하는 데 주저했던 이유 중 하나는 그들이 분명히 자신들이 가지고 있던 것이 충분하지 않다고 생각했던 것이다. 예수께서 무리들에게 먹을 것을 주라고 명령했을 때 제자들은 이렇게 대답했다: "우리에게는 빵 다섯 개와 물고기 두 마리 외에는 없습니다"(17). 그들이 가지고 있던 것이 빈약한 것은 사실이지만 그들은 그것을 "없다"라고 표현했다. 일반적으로 이 본문에 대한 설교는 어떻게 우리의 보잘것없는 것이 예수의 손에서 풍성해지는가를 강조할 것이다. 이것은 분명히 사실이다. 하지만 제자들을 향한 예수의 첫 번째 명령은 "너희가 그들에게 먹을 것을 주어라"였다. 물론 예수께서는 우리가 겸손하게 드린 것을 우리가 생각했던 것보다 더 큰 것으로 바꾸신다. 하지만 예수께서는 우리들에게 보다 큰 꿈을 갖도록 요청하시는 것도 사실이다. 예수께서는 "나에게 물고기와 빵을 달라 그러면 내가 그들을 먹이겠다"라고 말하지 않았다. 그의 첫 번째 요청은 제자들이 세상 속에서 자신들이 지닌 능력에 대한 생각을 바꾸는 것이었다.

가진 것이 "없다"라고 여기는 제자들에게 가능성은 필연적으로 적다. 만일 제자 중 어느 하나가 "하늘을 우러러 축복기도를 하고, 그 빵을 쪼개었다면" 무슨 일이 일어났을까? 물론 우리는 알지 못할 것이다. 더 두려운 질문은 얼마나 우리는 주님으로부터 "그들에게 먹을 것을 주어라"라는 말을 들었고, 우리의 무기력함으로 인해 그것을 몇 번이나 외면했는가이다. 만일 우리가 바구니에 "아무것도 없다"고 생각한다면, 실제로 빵 몇 개와 물고기 몇 마리가 있더라도 예수께는 배고픈 사람들을 먹일 것이 "아무것도 없게" 될 것이다.

예수께서 오병이어를 취하고 축복기도를 한 후 떼어서 나누어 주는 것은 성만찬을 미리 보여주는 것이라 볼 수 있다. 지금까지는 이 이야기가 행동을 요청하는 사회 복음을 강조하였다면, 이 이야기가 또한 거룩한 신비와 깊이 연관되어 있음을 주목하는 것도 중요하다. 이 이야기를 성만찬의 전조로 이해하면, 예수께서 단지 음식만을 공급한 분은 아니라는 점을 깨닫게 된다. 이 이야기는 다른 기적, 교훈 이야기와 더불어 세상에서 펼쳐지는 하나님의 위대한 구원 드라마의 일부이다. 하나님께서는 지금도 세상에서 화해를 이루어 나가고 있고 예수의 사역은 언제나 이 거대한 구원 이야기에 적극적으로 참여하고 있다.

성령강림절 후 열한째 주일
마태복음 14:22-33

²²예수께서 즉시 제자들을 재촉하사 자기가 무리를 보내는 동안에 배를 타고 앞서 건너편으로 가게 하시고 ²³무리를 보내신 후에 기도하러 따로 산에 올라가시니라 저물매 거기 혼자 계시더니 ²⁴배가 이미 육지에서 수 리나 떠나서 바람이 거스르므로 물결로 말미암아 고난을 당하더라 ²⁵밤 사경에 예수께서 바다 위로 걸어서 제자들에게 오시니 ²⁶제자들이 그가 바다 위로 걸어오심을 보고 놀라 유령이라 하며 무서워하여 소리 지르거늘 ²⁷예수께서 즉시 이르시되 안심하라 나니 두려워하지 말라 ²⁸베드로가 대답하여 이르되 주여 만일 주님이시거든 나를 명하사 물 위로 오라 하소서 하니 ²⁹오라 하시니 베드로가 배에서 내려 물 위로 걸어서 예수께로 가되 ³⁰바람을 보고 무서워 빠져 가는지라 소리 질러 이르되 주여 나를 구원하소서 하니 ³¹예수께서 즉시 손을 내밀어 그를 붙잡으시며 이르시되 믿음이 작은 자여 왜 의심하였느냐 하시고 ³²배에 함께 오르매 바람이 그치는지라 ³³배에 있는 사람들이 예수께 절하며 이르되 진실로 하나님의 아들이로소이다 하더라

신학

오천 명을 먹이신 사건 이후 무대는 광야에서 바다로, 주제는 광야에서 필요한 것을 공급하시는 하나님으로부터 풍랑에서 구출해주시는 하나님으로 전환된다. 여기에도 이스라엘의 역사적 체험에 관한 기억이 중요한 요소로 등장한다. 앞의 본문에서 순종과 기도의 종으로 묘사되는 예수는 하나님의 말씀에 전적으로 의존하는 것으로 묘사되는데, 이번 본문에서 예수는 다른 유형의 곤란한 상황에 빠지게 되었다. 이 구절을 통해 기독론의 매우 중요한 측면이 드러난다.

예수는 제자들을 배에 태워 먼저 보내고, 군중을 해산시킨 다음 홀로 조용히 기도할 시간을 갖는다. 아침 이른 시간에 그들이 아직 육지로부터 멀리 떨어진

곳에서 바람과 파도에 시달리고 있을 때 예수가 그들에게 나타난다.

그는 바다 위를 걸어 그들에게 왔다(25). 예수가 그들에게 다가가기 이전에도 그들은 위험에 처해 있었지만, 그 위험에 관해 몇몇 어부 출신 제자들은 알고 있었다. 그들을 정말로 두렵게 한 것은 폭풍보다는 예수의 모습이었다. 그들은 그것이 유령이라고 생각했다(26). 요한복음의 평행 구절을 보면 그들은 즉시 예수를 알아보았지만, 여전히 두려워했다(요 6:19). 그것이 그들에게 다가오는 예수일 수도 있다. 그러나 그 모습은 그들이 지금까지 보거나 알거나 이해했던 것과는 너무 달랐다. 그것은 과연 어떤 성격의 존재인가? 눈속임꾼? 마술사? 악한 혼령? 마태가 제시하는 답은 그것보다 훨씬 더 혼란스럽다.

히브리 사상에서 물은 단순히 물질적인 차원 이상의 의미를 지닌다. 깊이를 알 수 없는 심연이든, 격류로 넘치는 강이든 아니면 모든 것을 삼켜버리는 홍수든 물이 인간의 삶에 주는 위협에는 물질을 넘어서는 차원이 있다. 칼 바르트에 따르면 성서의 창조 이야기에서 물은 그 힘이나 양에 있어서 하나님의 창조와 반대되는 것으로 취급된다. 또한 물은 이스라엘 백성을 향한 구원에 저항하는 악한 세력으로 여겨진다.*

구약성서 전체에서 하나님의 주권은 물을 정복하고 다스리는 가운데 드러난다. 세상의 창조(창 1:2), 노아와 맺은 언약(창 9:8-17), 홍해에서 바로의 군대로부터 이스라엘을 구원한 놀라운 사건(출 14:21), 수위가 높아진 요단강을 기적적으로 건너 약속의 땅으로 들어가는 사건(여호수아 3:14-17) 등은 물을 정복한 하나님의 권능을 드러낸다.

이스라엘의 하느님은 파도를 짓밟으시고(욥 9:8; 합 3:15) 심연의 밑바닥을 걷는다(욥 38:16). 이것들은 하나님의 계획을 방해하려는 모든 것에 대한 하나님의 주권적이고 초월적인 능력을 드러내는 구체적인 징표다(시 93:4 참조).

따라서 배 안에서 사투를 벌이고 있는 제자들에게 예수가 접근했을 때 그들이 온갖 상상을 하며 두려워했던 것은 자연스러운 반응이다. 도대체 어떤 사람이

---

* Karl Barth, *Church Dogmatics*, III/1 (Edinburgh: T. & T. Clark, 1958), 105, 147.

그와 같은 권위를 갖고 자유롭게 물 위를 걸어올 수 있을까? 제자들의 반응과 연관된 행동은 모두 당연한 것이었다. 예수만이 하나님께 속한 권한을 행사할 수 있다. 예수가 그들에게 말을 걸 때 그 말은 이미 신성한 계시로 다가왔다.

안심하여라. 나다. 두려워하지 말아라(27)

예수는 "ego eimi"라고 말했는데 그 뜻은 간단히 말하면 "나다"("it is I")이지만 그 안에 더 깊은 의미가 담겨 있다. 마태의 청중에게 이 헬라어 문구는 특별한 의미를 지니고 있다. 이것은 모세가 불이 붙은 떨기나무 앞에서 들은 하나님의 히브리 이름의 희랍어 번역(70인역)과 매우 유사하다(출 3:14).

예수는 그 신성한 이름을 사용하여 당신의 존재를 알리신다. "나는"("I AM", 야훼)이 여기에 파도를 정복하여 짓밟고 서 있다. 간결하면서도 의미심장한 이 말씀과 제자들 앞에 전개되는 놀라운 장면을 통해 예수는 당신을 이스라엘의 구원자이자 해방자이며, 세상의 창조자와 무질서의 정복자인 하나님과 동일시하고 있다.

용기를 북돋고 두려움을 쫓아내는 말씀을 통해 제자들은 그들 눈앞에서 벌어지고 있는 폭풍 속의 상황이 기쁜 소식으로 귀결될 것이라는 확신을 하게 되었다. 이사야서 여러 곳에서 하나님이 당신을 계시하실 때 두려워하지 말라는 말씀을 하신다(사 41:10, 13, 43:5. 그리고 특별히 물에 대한 하나님의 승리와 명백하게 연결된 43:1, 2).

"두려워하지 말라"는 말씀은 성서에서 중요한 순간마다 등장한다. 특히 복음서 중 예수의 탄생과 부활과 관련된 대목에서도 등장한다. 하나님의 권능을 드러내는 것은 피조물을 겁에 질리게 하거나 위축시키기 위해서가 아니고, 구원하고 일으켜 세워주기 위함이다.

폭풍 중의 현현은 그 속에 은총과 자비의 요소를 포함하지만, 성서에서 진정한 계시는 단순히 이론에 그치거나 상상 속에서 일어나는 것은 아니다. 믿음의 요청을 듣고 응답하기 위해서는 반드시 어떤 값을 치러야 한다. 영성은 반드시 제자직의 형태로 나타난다.

물 위로 걸어서, 주님께로 오라고 명령하십시오(28)

베드로는 주님을 알아보고, 그와 함께 바다 위에서 우아하게 걷기를 원한다. 예수는 "오라"(29)고 말하고, 베드로는 담대하게 안전지대로부터 밖으로 발을 내디딘다. 그러나 곧 예수로부터 눈을 떼고, 대신 물질적 요소에 집중한다. 곧 그는 물에 빠지게 되어 구해달라고 외치게 되었고, 예수는 손을 내밀어 그를 붙잡았다(30-31, 시 69:1-2 참조).

다급해진 베드로는 "주님"이라고 외치지만, 그 의미를 완전히 이해하지 못했을 것이다. 예수의 주되심은 이 사건 속에서 매우 중요한 의미를 갖는다. 그는 깊은 물과 강풍과 파도는 물론 인간 생명을 억누르는 모든 파괴적 세력을 정복하는 주님이다. 본문에 나타나는 예수의 행동은 그의 추종자들에게 출애굽 사건과 약속의 땅에 관한 언약을 새롭게 상기시킨다. "그들이 배에 오르니, 바람이 그쳤다"(32).

오늘 본문의 사건은 (예수의 변형과 마찬가지로) 제자들이 예수의 정체성과 사명에 관해 깨닫게 되는 순간을 묘사한다. 모든 사건은 다음과 같은 확고한 신앙 고백을 향해 달려간다: "선생님은 참으로 하나님의 아들이십니다"(33). 이것은 우선 예수를 장차 오실 왕인 메시아로 인식하는 것이지만, 이 구절에는 더 많은 암시가 포함되어 있다. 마태복음에 따르면 부활 전에도 제자들은 예수와 이스라엘의 하나님 사이의 특별한 관계를 어렴풋하게나마 파악할 수 있었던 것이다.

주석

이전 주일의 성서정과인 마태복음 14:13-21의 주석과 함께 예수의 고향 방문의 부정적 결과(13:54-58)와 헤롯의 세례요한 참수 사건(14:1-12)을 염두에 둘 필요가 있다. 외딴곳에서 약한 자들을 돕고 배고픈 자들을 먹이는 점에 있어서 예수가 산에서 홀로 있는 것은 그의 고향 사람들의 불신과 헤롯 안티파스의 잔혹한 제국에 대한 대안을 제시하는 것이다.

본문의 구조는 단순하다. 예수는 홀로 산에 있다. 그 시간에 제자들은 배에 타고 육지에서 멀리 떨어져 있었는데 풍랑에 몹시 시달리고 있었다. 예수는 바다 위로 걸어서 제자들에게 가셨는데, 이것은 예수의 정체성과 연관되어 있다. 장면이 바뀌어 예수의 정체성에 대한 질문은 베드로의 실패로 끝난 물에서 걷는 것과 연관된다. 여기에서 예수는 그를 구하면서 믿음을 가지도록 권고한다.

산은 고대에서 하늘과 땅이 접촉하는 장소로 여겨졌다(예를 들어 시나이산이나 감람산). 마태복음 14:23에서 마태는 처음으로 예수 자신이 기도하러 가신다고 말한다. 기도에 대한 가르침이 많이 들어있는 산상설교와 비교하여 이 산의 경험은 아주 간단히게 한 단어로 "기도힌다"라고 표현했다. 기도의 내용이 없으므로 예수가 다른 사람과 떨어져 있는 것만 유독 강조된다. "예수께서는 홀로 거기 계셨다"(23).

예수의 홀로 계심은 바꾸어 제자들의 상황을 강조하는 것이다. 예수의 고향과 헤롯 안티파스의 제국에 대한 대안과 결부하여 바람과 파도는 제자들에게 제시한 예수의 대안적 세계에도 위험이 있다는 것을 보여준다. 의미심장하게 제자들의 어려움은 예수의 부재와 연관된다. 바다에서 풍랑이 치는 요나의 이야기와 같이 바다에서의 재앙은 악한 것이나 배 안에 있는 부족한 사람들에 대한 신의 형벌로 이해되었는데 오늘 본문이 딱 그 상황이다.

바다의 위험은 처음에는 제자들의 반응에 대한 언급이 없이 묘사된다. 그들은 육지에 멀리 떨어져 있고, 풍랑에 몹시 시달리고, 바람이 거슬러서 불어왔다(24). 이 시점에서 마태는 마치 군중들을 먹일 때처럼 예수가 걸어서 나타나는 기적적인 행동을 말한다. 물 위를 걷는 것은 의심할 바 없이 자연의 요소에 대한 신적 능력을 의미한다. 그러기에 이 행동은 "자연 기적"(nature miracle)으로 묘사된다.

계몽주의 시대 이후 학자들은 소위 자연 기적이라 일컬어지는 것을 해석하는 데 어려움을 겪고 있다. 기술적으로 14장 앞에서 음식이 늘어나 군중들을 먹일 수 있었기 때문에 그것도 '자연 기적'으로 볼 수 있지만, 예수가 굶주린 사람들의 필요를 제공했다는 점에서 그것을 '선물 기적'(gift miracle)으로 해석한다. 예수가 물 위로 걷는 것도 하나님과의 관계를 확정해 주는 것으로 이해할 수 있지만, 하지만 그것도 역시 다른 사람들을 향한 자선적 관심의 측면이 있다. 이 점에서 물 위를 걷는 것도 군중들을 먹인 것만큼이나 선물 기적에 다름 아니다.

학자들은 일반적으로 마태는 마가에 비해 예수의 제자들에 대해 보다 더 긍정적으로 기술하고 있다고 결론을 내린다. 하지만 그들은 여전히 결점이 있다. 마태복음 13:51에서 예수가 제자들에게 비유로 가르친 다음 "너희가 이것을 모두 깨달았느냐"라고 물으시니 그들은 "예"라고 대답하였다. 하지만 예수께서 그들이 바다에 풍랑으로 위험에 처했을 때 물 위로 걸어오자 예수가 선포한 하나님의 나라에 대해 이해했다고 말한 제자들은 겁에 질렸다.

그들이 겁에 질린 것은 예수의 접근에 대한 잘못된 해석의 결과이다. 그들은 유령이라고 생각했다. 이 사건에 대한 문화적 배경에는 하나님과 악의 세력 사이의 우주적 전쟁에 관한 믿음이 있다. 위에서 지적한 대로 위험한 바다는 이러한 전쟁의 징후로서 이해할 수 있다.

예수가 없으면 제자들은 하나님과 악의 싸움이 어느 쪽으로 끝날지 모르기 때문에 전쟁이 두렵고 두려워 부르짖는다. 그러므로 그들이 물 위를 걸어오는 예수를 볼 때 그의 임재는 기껏해야 모호하다. 사실은 더 나쁘다. 그들은 그가 유령, 속임수라고 생각했다. 그는 실제로 악의 세력의 대리인인가? 그들의 문제 중 일부는 위험에 처한 예수가 그들에게 오실 때 그들이 예수의 임재를 알 수 있는지에 대한 불확실성이다. 그들의 문제 해결의 첫 번째 부분은 예수의 말씀에서 찾을 수 있다. "두려워하지 말라"(27). 예수는 제자들에게 자신이 하나님의 대리자라고 말씀하셔서 하나님의 통치가 악의 세력을 이긴다는 것을 확신시켜 주었다.

그것으로 충분한가? 베드로에게는 분명히 아니었다. 베드로가 물 위로 걷겠다는 요청은 여전히 예수의 정체성에 관한 의문과 관련된다. "주님, 주님이시면, 나더러 물 위로 걸어서, 주님께 오라고 명령하십시오"(28). 예수가 제자들에게 나타난 것의 애매모호함은 두 가지 결과를 가져왔다. 첫째, 베드로의 예수의 정체성에 관한 시험은 실패로 끝났다는 것이다. 그는 두려워했고, 물에 빠졌다. 그는 여전히 예수가 비유에서 선포한 하나님 통치의 대행자라는 것을 믿지 못했다. 둘째로 예수는 베드로나 다른 제자들의 부족함에도 불구하고 그들을 구했다. 그러므로 예수가 악의 세력을 이기는 하나님의 대행자라는 적극적인 정체성이 확증되었다.

주목할 것은 일반적 해석이 주장하듯이 물 위로 걷는 것 자체는 하나님의 대행자로서 예수의 정체성을 세우지 못한다. 사실 물 위를 걷는 것은 애매모호하다. 결정적인 것은 예수의 말과 그의 구하는 행동이다.

목회

마태복음 14:22-33은 생생한 이미지로 가득 차 있다. 거친 바다로 보냄을 받은 제자들과 그들을 구하려고 바다를 걸어와서 물결을 잔잔하게 하신 예수의 그림은 세대를 넘어서 그리스도인들에게 위로와 격려와 도전을 준다. 오늘 본문과 마가복음 6:45-52과 요한복음 6:16-21에 있는 평행 본문은 예수께서 종종 우리에게 미지의 바다로 들어가라고 부르시지만, 우리가 신실한 믿음으로 들어가면 그가 우리를 결코 포기하지 않으신다는 사실을 기억하도록 하려고 수 세기 동안 사용되어 왔다.

이 본문에는 하나님이 우리를 부르시고 우리에게 보장하신다는 중요한 차원을 생생하게 보여주는 풍부한 이미지들이 다양하게 있다.

— 매우 불확실한 상황에서도 기도하는 시간을 가지시는 예수의 모습은 기도가 필요하지 않다고 생각할 만큼 격렬하거나 긴급한 일은 결코 없다는 것을 상기시켜준다.
— 오늘 예수가 우리를 선교사로 파송하시는 것처럼 제자들을 선교사로 파송하시는 모습.
— 험한 바다의 그림과 우리가 그리스도께서 맡기신 사명을 시작하면 우리가 종종 거친 물결에 빠지더라도, 예수는 우리를 포기하지 않고, 제자들에게 오셨던 것처럼 우리가 그를 가장 필요로 할 때 우리에게 오신다는 사실.
— 예수와 그가 시작한 하나님의 나라는 자연의 힘을 능가하는 권세를 가지고 있으며 우리의 두려움과 우리를 두렵게 만드는 악을 이길 수 있다.
— 예수가 예상치 못한 방식으로(물 위를 걸어서) 제자들에게 오셨을 때 제자들이 두려움 때문에 예수를 알아보지 못하는 그림.
— 제자들을 위해 험한 물결을 잠잠하게 하시는 예수의 모습과 우리의 험한 물결 역시 잠잠하게 하실 수 있다는 사실.
— 예배와 "선생님은 참으로 하나님의 아들이십니다"(33)라는 고백을 통해 예수의 구원의 은혜에 응답하는 제자들의 모습.

이 모든 이미지들은 하나님의 사랑, 예수 그리스도의 구원의 은혜, 선교에 대한 소명 그리고 우리에게 가장 필요할 때 그리스도의 사랑과 함께 하심에 대한 확신을 설명할 수 있는 풍부한 힘을 가지고 있다. 그러나 마가복음과 요한복음에서 발견되지 않는 마태복음의 독특함은 베드로와의 대화와 베드로가 주님의 명령에 응답하여 배에서 나와 물 위를 걸어서 예수께로 가려는 시도에 있다. 이 만남이야말로 이 구절을 통해 하나님이 우리에게 말씀하시도록 하는 가장 풍성한 이미지를 가질 수 있게 한다.

다른 제자들처럼 베드로는 사나운 파도와 이른 새벽에 물 위를 걸어서 다가오는 사람 때문에 공포에 사로잡혔다. 예수께서 제자들에게 말씀하신 후에도 제자들은 예수인지 확신하지 못했다. 제자로 부름 받는 것이 예수와 고유한 관계를 맺는 것이라는 것을 아는 베드로는 "주님, 주님이시면, 나더러 물 위로 걸어서, 주님께로 오라고 명령하십시오"(28)라고 대답했다. 예수가 "오너라"고 명령하자 베드로는 믿음과 신실함으로 배에서 나왔다. 믿음으로 바다를 건너는 여행을 시작하고서 그는 두려워하게 되었지만, 예수의 강한 팔이 그를 들어 올려서 배로 돌아가게 했다.

이 구절에서 아주 분명한 것은 우리가 그리스도의 부르심에 충실하려면 거친 파도 한가운데서도 믿음으로 걸어가라고 부름 받았다는 것이다. 믿음으로 걸어간다고 해서 거친 파도나 두려운 일을 만나지 않을 거라는 보장은 없지만, 예수가 우리를 버리지 않으시고 가장 필요할 때 그의 팔을 뻗어 우리를 건져 올려서 배로 되돌아가게 하실 것이라는 확신이 항상 우리와 함께 한다.

몇 년 전 뉴욕 리버사이드 교회의 목사인 어니스트 캠벨(Ernest Campbell)이 교회의 위기에 관하여 강연하는 에큐메니칼 목회자 모임에 참석한 적이 있었다. 나는 "우리 시대에 믿음이 부족한 것처럼 보이는 이유는 우리가 믿음이 필요한 어떤 것도 하지 않기 때문"이라는 그의 주장을 항상 기억할 것이다. 그가 옳았다. 그리스도를 믿는 믿음과 그리스도 안에서 충만한 삶을 사는 열쇠는 베드로의 모범을 따라 배의 안락함과 안전에서 벗어나 세상의 거친 파도를 향해 들어가 예수 그리스도 안에 있는 하나님의 사랑과 자비와 정의를 선포하는 것이다. 제자가 되는 것은 위험하고 흥분되는 일이지만, 그것은 하나님께서 우리에게 그렇게 하고 그렇게 되도록 부르신 것이고, 하나님은 우리가 "배에서 나오면" 주님이며 구주이신 예수 그리스도와 동행하게 될 것이라고 보장해 주신다.

윌리엄 윌리몬(William H. Willimon)은 "예수인지 어떻게 알 수 있습니까?"라는 설교에서 이것을 가장 잘 설명했다.

베드로가 모험을 감당하지 않고 물 위를 걸으라는 부름에 복종하지 않았다면 베드로는 결코 예수를 인식하고 예수에게 구조되는 놀라운 기회를 갖지 못했을 것이다. 너무 많은 사람들이 안전한 얕은 곳에서 물을 튀기고 있을 뿐이어서 우리의 신앙을 시험하고 심화시킬 기회를 거의 갖지 못하는 것은 아닌지 궁금하다. 오늘 이야기는 당신이 예수와 가까워지기를 원한다면 바다를 향해 모험을 떠나야 하고, 예수의 약속에 대한 신뢰를 통해, 위험과 모험을 통해 그의 약속을 증명해야 한다는 것을 의미한다.*

예수와 함께 배 밖으로 나가는 것이 가장 위험하고, 가장 흥분되고, 가장 충만한 삶을 사는 길이다. 마태복음 14:22-33은 그렇게 하라고 우리를 초대한다!

---

* William H. Willimon, 'How Will You Know If It's Jesus', August 7, 2005, http://day1.org/950-how_you_will_know_if_its_jesus.

설교

　대부분의 설교자들처럼 예수께서도 사람들로부터 벗어나 홀로 있기를 원한다. 이 이야기는 많은 사람을 먹인 사건에 이어 나오는데, 그 사건 또한 사람들로부터 벗어나 홀로 기도하려는 예수와 끈질기게 뒤따르는 군중들로 시작하고 있다. 이제 군중들은 먹고 나서 흩어졌고, 예수께서는 다시 홀로 있으려 한다. 앞에 있는 이야기에서 예수께서는 기도하기 위해 홀로 있었고, 그런 다음 군중들을 먹인다. 오늘 이야기에서도 예수께서는 기도하기 위해 홀로 있다가 그런 다음 물 위를 걷는다. 마태는 예수의 기도 생활과 그가 하는 놀라운 일들이 분명히 함께 가고 있음을 놓치지 않으려고 한다. 이 이야기 후반부에서 베드로는 풍랑 속에서 "주님, 살려 주십시오"(30)라고 외친다. 예수를 향한 그의 외침은 예나 지금이나 여러 제자들의 기도처럼 보일 수 있다. 그러나 예수께서는 풍랑 속이 아닌 풍랑 이전에 기도한다. 마태는 우리들이 이 점을 놓치지 않기를 바라고 있다. 바람이 거세질 때 단호하게 두려워하지 말라고 할 수 있었던 것은 그 풍랑 이전에 했던 기도 때문이다.

　이 이야기의 등장인물들은 몇 명인가? 이것은 함정이 있는 질문이다. 물론 모든 제자들이 있다면 거기에는 13명이 있다. 하지만 설교를 위해서는 그곳에 3명의 등장인물이 있다. 예수는 말하고 행동한다. 베드로는 말하고 행동한다. 그리고 제자들은 한 사람처럼 말하고 행동한다. 11명의 제자들은 마태의 기록에서는 하나의 목소리로 간주되고 있다. 이 점은 설교에 있어 중요한데 그 이유는 한 사람의 위험스런 행동이 그 공동체의 나머지 모두에게 영향을 미칠 수 있다고 이 이야기는 강조하기 때문이다. 이 이야기 끝에 제자들은 배 뒤편에 모두 가 있고 바람이 멈추었을 때 그들은 예수를 경배한다. 그들의 두려움과 경배 사이에 한 제자의 위험스런 행동과 은혜의 팔에 안기는 안전함이 있다. 한 제자의 신뢰와 위험스런 행동은 추종자들의 공동체 전체에 영향을 미친다. 위험을 무릅쓰고 예수의 부름을 향하여 나아가는 사람들은 다른 신자들의 삶에 변화를 가져올 수 있다.

두려움은 이 이야기에서 반복되는 주제이다. "겁에 질려서", "두려워서 소리를 질렀다", "두려워하지 말아라" 그리고 "무서움에 사로잡혀서" 등 이 모든 것이 11개의 구절에서 나오는데, 이 주제를 간과하지 말라는 저자의 뜻이기도 하다. 두려움은 이 이야기에서 여러 역할을 하고 있다. 만일 이 이야기가 그리스 비극이고 두려움이 하나의 배역이라면, 그 배역은 가면을 바꾸기 위해 몇 차례 자리를 뜰 것이다. 첫 번째 가면은 예수께서 그들을 향하여 걸어오는 모습을 본 제자들이 느끼는 단순한 두려움을 나타낼 것이다. 이것은 알 수 없는 것에 대한 두려움 혹은 우리들이 살아가는 동안 어려운 시기에 존재하는 두려움일 수 있다. 가면을 바꾸면 풍랑 속에서 위험을 무릅쓰고 예수를 향하여 베드로를 나아가도록 만든 그 동기에 감추어진 두려움을 그 가면은 보여줄 것이다. 마지막 가면은 베드로의 눈길이 예수로부터 자신을 에워싼 파도로 옮겨졌을 때 산만해진 집중력과 혼합된 두려움을 보여줄 것이다. 베드로가 바람을 보았을 때 자신의 상황을 알아차린 그 두려움이 그의 믿음을 약하게 만든다. 그래서 우리가 예수께서 우리를 향해 오는 것을 보고 두려워할 때 또는 우리의 두려움이 예수를 향하여 나아가게 할 때 혹은 우리의 두려움이 우리를 집중하지 못하게 할 때, 예수께서는 변함없이 이 모든 두려움의 적으로 남아 있다. "안심하여라. 나다. 두려워하지 말아라"(27). 예수께서 함께 계시는 것에 초점을 맞추면 두려움을 물리치게 된다.

일부 설교자들은 베드로가 거센 물속으로 들어가는 것을 세례의 이미지로 여기고 이 이야기를 세례의 눈으로 설교한다. 이 이야기에서 나오는 세례 이미지와 오늘날 대부분의 세례와는 비교할 점이 많다. 오늘날 대부분 교회에서 심지어는 침례를 하는 전통에 있는 교회에서도 세례는 위험한 일이 아니다. 세례 주는 사람과 받는 사람이 온도 조절 장치를 갖춘 유리 섬유로 된 수조로 걸어 내려간다. 때로 세례를 주는 사람이 물에 젖을까 봐 낚시용 옷을 입기도 한다. 그런 다음 세례를 마친 후 수세자는 따뜻한 수건과 헤어드라이어를 주는 세례위원회 위원들로부터 축하 인사를 받는다. 오늘날 세례 예식은 베드로가 풍랑이 이는 바다를 건너 주님에게로 가는 위험스런 단계와는 커다란 차이가 있다. 베드로의 발은 유리 수조 바닥에도 닿지 않는다. 이 이야기에서 나오는 세례 이미지는 위험과

신뢰 그리고 헌신으로 차 있다. 거센 폭풍우, 강력한 위험부담 그리고 현실적
위험은 세례 이후의 삶에 더 적합한 이미지가 될 수 있다.

베드로가 "주님, 살려 주십시오"라고 외치자 예수께서는 손을 내밀어 그를
잡았고 이렇게 말했다. "믿음이 적은 사람아, 왜 의심하였느냐?"(31) 이것은 단순한
물음이 아닐 수 있다. 왜 베드로는 의심하였을까? 왜 우리는 풍랑을 언제나 정복하는
분 앞에서 의심하고 있는가? 베드로는 예수를 신뢰했기에 발을 내디뎠다. 예수께서
는 결코 그를 실패하게 하지 않았다. 여전히 강한 바람이 그를 두렵게 했다.
그러나 그의 위험스런 행동이 늘 베풀어주시는 은혜 안에서 더 깊은 신뢰를
만들어 냈다.

우리는 예수께서 "믿음이 적은 사람아, 왜 의심하였느냐"고 말씀하신 목소리에
담긴 의도를 알지 못하기 때문에 설교할 때 선택을 할 수가 있다. 주석서들이
한 본문의 역사적 배경에 관해 몇 가지 도움을 주지만, 설교자는 듣는 사람을
위해 그 이야기를 해석할 때 그 목소리에 담긴 감정을 선택해야 한다. 만일 설교자가
예수께서 화가 나서 베드로의 "적은 믿음"을 꾸짖는 것이라고 생각한다면, 예수께
서 장난기 어린 말투로 재미있게 말했다고 생각하는 설교자와는 다른 방향으로
설교가 진행될 것이다.

비슷한 방식으로 설교자는 또 "적은 믿음"을 해석해야 한다. 설교는 적은
믿음을 폄하하고, 청중들에게 큰 믿음을 가지라고 도전을 줄 수 있다. 하지만
마태는 또 다른 설교 가능성을 제시하고 있다. 마태복음 17:20에서 마태는 "너희에
게 겨자씨 한 알만한 믿음이라도 있으면, 이 산더러 '여기에서 저기로 옮겨가라!'
하면 그대로 될 것이요, 너희가 못할 일이 없을 것이다"라고 기록한다. 이 이야기에
앞서 일어났던 이야기에서는 오천 명이 도시락 하나로 인해 먹었다. 베드로는
단지 적은 믿음을 가졌으나 어느 누구도 배에서 나가지 않았다. 적은 믿음이
두려움으로 시작한 이야기를 경배로 마치는 이야기로 바꾸는 데 필요한 모든
것이 될 수도 있다.

성령강림절 후 열두째 주일

2023
0820

마태복음 15:(10-20)21-28

²¹하나님이 큰 바다 짐승들과 물에서 번성하여 움직이는 모든 생물을 그 종류대로, 날개 있는 모든 새를 그 종류대로 창조하시니 하나님이 보시기에 좋았더라 ²²하나님이 그들에게 복을 주시며 이르시되 생육하고 번성하여 여러 바닷물에 충만하라 새들도 땅에 번성하라 하시니라 ²³저녁이 되고 아침이 되니 이는 다섯째 날이니라 ²⁴하나님이 이르시되 땅은 생물을 그 종류대로 내되 가축과 기는 것과 땅의 짐승을 종류대로 내라 하시니 그대로 되니라 ²⁵하나님이 땅의 짐승을 그 종류대로, 가축을 그 종류대로, 땅에 기는 모든 것을 그 종류대로 만드시니 하나님이 보시기에 좋았더라 ²⁶하나님이 이르시되 우리의 형상을 따라 우리의 모양대로 우리가 사람을 만들고 그들로 바다의 물고기와 하늘의 새와 가축과 온 땅과 땅에 기는 모든 것을 다스리게 하자 하시고 ²⁷하나님이 자기 형상 곧 하나님의 형상대로 사람을 창조하시되 남자와 여자를 창조하시고 ²⁸하나님이 그들에게 복을 주시며 하나님이 그들에게 이르시되 생육하고 번성하여 땅에 충만하라, 땅을 정복하라, 바다의 물고기와 하늘의 새와 땅에 움직이는 모든 생물을 다스리라 하시니라

신학

도로시 L. 세이어스(Dorothy L. Sayers)의 라디오 드라마 <The Man Born to Be King>(예수의 생애를 다룬 라디오 연속극으로 BBC에서 방송됨 _ 역자 주)이 1941년에 처음 방송되었을 때, 일부 청취자들은 그 내용이 저속하고 불경스럽다고 불평했다. 세이어스는 어떤 청취자가 헤롯이 자신의 법정에서 예수에게 "입 닥쳐"라고 말한 장면을 거론하며 드라마가 예수에게 너무 거친 언어를 사용했다고 비판한 웃지 못할 일도 있었다고 회상했다.* 거친 언사에 그렇게 민감하게 반응하는 사람들은 분명 성서를 읽어보지 않았을 것이다.

가나안 여자를 대하는 예수의 태도와 언어는 매우 충격적이다. 그녀가 바라는 것은 단지 귀신 들린 딸을 낫게 하는 것이었는데, 예수는 그녀를 개라고 부른다. 이는 당시 유대인들이 이방인에게 붙여준 이름이었다. 우선 예수는 그녀의 부르짖음에도 불구하고 그녀를 아는 척도 하지 않고 침묵한다(23). 그런 다음 그는 자신의 사명은 "이스라엘 집의 잃어버린 양"(24)만을 위한 것이라고 말한다. 그리고는 자녀를 위한 "음식"(26)을 그녀와 같은 비이스라엘인에게 던져주어서는 안 된다고 말한다. 이 사건은 편견, 하나님의 선택, 하나님의 자비의 한계 등에 관한 깊은 질문을 던진다.

"가나안"이라는 단어는 신학적으로 중요한 의미가 있다. 가나안은 옛날에 이스라엘이 자신의 정체성을 지키기 위해 대적했던 우상을 숭배하는 적들에 대한 기억을 불러일으킨다. 마태복음에서는 가나안이 예수님의 족보에 등장하는 다말, 라합, 룻과 같은 여인들과 관련이 있으므로 다소 긍정적인 의미도 지닌다(마 1:3-5).

몇몇 최근의 주석가들은 이 사건을 예수가 동정심을 내려놓고 그 자신의 편견을 직면해야 했던 순간으로 본다. 보통 때의 역할이 뒤집혀서 존경받는 선생이 외부인으로부터 "이스라엘 집 밖에 있는 사람들에게 환대를 넓힐 필요가 있음"을 배우게 된다.*

이 구절의 열쇠는 여자가 자신과 자신의 딸을 위해 추구하는 자비다. 그녀는 이스라엘 사람이 아니지만, 예수와 그의 병 고치는 능력에 관해 분명히 알고

---

* Dorothy L. Sayers, *The Man Born to Be King* (San Francisco: Ignatius Press, 1990), 16.
* 샤론 링(Sharon Ringe)은 마가가 "헬라인이요 수로보니게 족속"(7:27) 여자라고 지명한 이 여자는 성, 인종, 문화-종교적 소속 때문에 삼중적으로 소외되었다고 지적한다. Elisabeth Schussler Fiorenza, *But She Said* (Boston: Beacon Press, 1993), 98에서 재인용; Letty M. Rusell, *Church in the Round* (Louisville, KY: Westminster John Knox Press, 1993), 163; 과거의 주석가들은 이 여자의 겸손, 단호함, 통찰력 등을 강조하면서 예수가 의도적으로 이 여자로부터 그런 반응을 불러일으키기 위해 그렇게 대했다고 주장하기도 했다. 다음을 참고: Augustine, "Sermons on New Testament Lessons," *Nicene and Post-Nicene Fathers of the Christian Church*, vol. 6, first series ed. (Grand Rapids: Eerdmans, 1974), 342-347; Martin Luther, *The Sermons of Martin Luther*, vol. 2 (Grand Rapids: Baker Book House, 2000), 148-154.

있다. 그녀는 특히 귀신을 쫓아내는 것이 예수의 메시아적 사명과 연관되어 있다는 것을(마 12:23) 알고 있었고, 그래서 "다윗의 자손"(22)으로부터 자비를 구한다.

Kyrie eleison - "주님, 자비를 베푸소서." 이 기도는 그 이후 여러 세기 동안 수도원 회랑에서 낭송되었고 병원에서 속삭여졌고, 전장에서 외쳐져 왔다. 이것은 극한 상황에 부닥친 영혼의 부르짖음으로 가장 깊은 불행에 처한 인간 상태에 관한 생생한 증언이다. 이런 상황에서 예수는 침묵한다. 놀랍게도 그 여인은 예수의 무관심에 흔들리지 않는다. 그녀는 계속 외친다.

그녀의 확신은 확고한 근거를 갖고 있다. 왜냐하면 마태에 의하면 예수 사역의 절대적 핵심은 자비이기 때문이다. 이전에 바리새인들이 정결 의식과 하나님의 율법 준수에 관한 질문을 했을 때 예수는 두 번씩이나 호세아 6:6을 인용했다: "나는 자비를 원하지 제사를 원하지 않는다." 자비는 예수가 그들의 종교와 삶의 방식을 비판하는 데 초석과 같은 역할을 한다.

가나안 여인의 이야기가 직전에 바로 이 문제에 관한 바리새인들과 더 많은 충돌이 소개된다. 그러나 이번에는 호세아서의 인용은 없다. 마치 이 여인이 "제사가 아니라 자비!"라는 예언서의 핵심을 지적해 주는 것 같다.

그러나 그녀가 자비를 구하는 길에 하나의 큰 장애물이 있다. 그리고 그 장애물을 거기에 놓은 것은 예수처럼 보인다. 그가 주는 "음식"은 개가 아닌 자녀를 위한 것이다. 그는 이스라엘 선택에 관한 교리(예수를 비판하던 종교 지도자들에 의해 편애, 배타주의, 차별의 근거로 사용되었던 교리)에 따르면 그녀가 자비를 받을 수 없다고 말하고 있다.

여전히 가나안 여인은 흔들림이 없다. 그녀는 하나님께서 선택된 사람들에게 자비를 베푸시는 것에 반대하지 않는다. 그와 반대로 그녀는 그것을 자신의 소망의 근거로 붙잡는다. "개들도 주인의 상에서 떨어지는 부스러기는 얻어 먹습니다"(27). 그녀는 하나님의 선택의 기본 근거가 하나님이 자비로우신 하나님이 되려는 결정이라는 사실을 안다. "내가 긍휼히 여길 사람을 긍휼히 여기고, 불쌍히 여길 사람을 불쌍히 여기겠다"(출 33:19; 롬 9:15). 자비를 통해서 - 이것이 하나님이 하나님 되시기로 결정하신 방식이다.

그녀는 예수가 다른 외부자와의 대화 속에서 언급한 "구원은 유대인에게서 온다"(요 4:22)라는 말의 뜻을 이해한다. 자비는 이스라엘로부터 시작될 수 있지만, 이스라엘의 하나님의 속성 때문에 거기서 끝날 수 없다는 것을 알고 있다. 그것은 집안의 다른 사람들, 심지어는 "개들"에게까지 넘쳐흐른다.

그 여인은 하나님의 자비가 그녀의 딸과 자신을 위해 충분하다는 명확하고 흔들리지 않는 확신을 갖고 예수께 나아간다. 예수는 전에 다른 이방인에게서 이러한 신앙을 보았고, 그에게 다가올 미래에 대해 예언했다. "많은 사람이 동과 서에서 와서, 하늘나라에서 아브라함과 이삭과 야곱과 함께 잔치 자리에 앉을 것이다"(마 8:11). 감출 수 없는 기쁨으로 예수는 그녀의 "위대한 신앙"을 칭찬하고 그녀의 요구를 들어 준다.

주석

　가나안 여인의 이야기는 바리새파 사람들과 율법학자들과의 논쟁에(15:1-9)
이어 나오는데, 두 사건은 비교된다. 여기 바리새파 사람들과 율법학자들에게
고정관념을 두지는 말라. 그들은 자신들의 문제를 제기하는 것이지 그들이 유대교
를 대표하든가 또는 모든 바리새파 사람들과 율법학자를 대변하는 것은 아니다.

　그럼에도 불구하고 두 가지 점에서 비교가 중요하다. 첫 번째 경우에는 사회적으
로 받아들여진 사람들이 외부적 차이를 강조하고 마음의 문제를 놓쳤다고 하면,
두 번째 경우에는 사회적으로 소외된 여인이 하나님의 은혜를 구하기 위해 외부적
차이를 돌파한다. 비교는 아주 놀라운 점을 보여준다. 첫 번째 경우에 그의 질문자들
을 깨우치기 위해 예수가 급소를 찌르고 있다면, 두 번째 경우는 여인이 예수의
반응을 바꾸도록 급소를 찌른다.

　마찬가지로 본문에는 다른 흥미로운 반전이 있다. 비록 예수가 이방 도시인
두로와 시돈 지방으로 갔지만(21), 이것이 이방인들을 향한 의도적인 움직임이라는
것은 불확실한데, 왜냐하면 그 지방에는 유대인들 도시도 있었기 때문이다. 그런데
10:5에서 예수는 제자들에게 이방인들에게 가지 않도록 가르치는데, 15:24에서
가나안 여인에게도 비슷한 도전을 한다. 이 이야기는 예수가 이방인 선교에 주도권
을 가진 이야기가 아니다. 도리어 이방 여인이 예수와의 만남을 주도한다. 그렇게
함으로 그녀는 믿음이 무엇인가를 극적으로 보여준다.

　마태의 독자들이 이 여인에 대해 가진 문화적 전제는 무엇인가? 가나안 사람들은
여호수아의 정복 때 이스라엘이 왔던 땅에 살던 주민들이기에 우리는 유대인과
가나안인들 사이에 거리가 있을 것으로 생각할 수 있다. 인종, 유산, 종교 그리고
성별에 있어 그녀는 유대의 사회적 규범과 거리가 있다. 더구나 그녀의 딸은
귀신이 들렸다.

　여기에 더하여 여인의 행동은 받아들이기 어렵다. 그녀의 문화권에서는 여인들
이 공적 자리에 나타나면 안 된다. 그녀는 예수를 만나는 데 주도적일 뿐만 아니라
소리 질러 요구했는데 이는 사회적 규범을 어긴 것이다. 사회적 모욕은 심각하게

고려되지 않았기에 예수가 그녀에게 한마디도 대답하지 않았을 때(23) 예수는 당시의 사회적 규칙에 의거하여 행동한 것이다. 나아가 제자들은 그 여자가 소리 지르는 것이 사회적 물의를 일으키므로 떠나보내게 해달라고 간청한다.

제자들에게 이방인에게 가지 말라는 10:5의 가르침과 일치되게 예수는 여인에게 그의 사명이 오로지 이스라엘에게만 있다고 말했다. 나중에 더 많은 비유적인 용어가 나오므로 여기에서는 예수가 그의 사명은 오로지 "이스라엘의 잃어버린 양"을 위한 것(24)이라고 비유를 사용한 것만 지적하겠다.

이 지점에서 여인의 태도가 바뀐다. 그 여자는 존경의 몸짓으로 예수께 무릎 꿇고 간청하였다. "주님, 나를 도와주십시오"(25). 정서적 차원에서 이것은 마태의 독자들에게 사회적 모욕에서 동정심으로 극적인 전환을 가져왔다. 예수는 여전히 이스라엘에 대한 사명을 고집한다. "자녀들의 빵을 집어서, 개들에게 던져주는 것은 옳지 않다"(26). 예수는 또다시 비유를 사용하는데, 이러한 비유들은 문자 그대로 직역될 수는 없다. 그럼에도 불구하고 비유는 이스라엘을 위한 하나님의 축복을 다른 사람(이방인)들과 나누는 것은 유용하지 않다는 것이라는 의미이다. 예수가 '작은 개'라고 비유하는 것은 여자와 그 딸을 격하하는 의미이다.

하지만 그 여인은 주저하지 않는다. 비록 '작은 개'라는 비유적 용어가 비인간적이지만, 가나안 여인은 그것을 주인의 상에서 떨어진 부스러기와 같다고 말한다. 여기에서 이야기는 사회적 모욕에서 확인으로 나아간다. 그녀의 행동은 큰 믿음을 보여주었고, 그 여자의 딸이 나은 것은 하나님의 은혜가 그들에게 함께 한 것이다.

사건은 여인이 자비를 구하며 소리 지르는 것에서 시작되었다. "불쌍히 여겨 달라는"(have mercy, 22) 번역은 명사형이지만 헬라어에서는 동사이다. 같은 동사가 자비한 사람은 하나님이 그들을 자비롭게 대하실 것이다(5:7)는 팔복에 나온다. 그것은 또한 다른 사람이 치유를 요청할 때나(9:27, 17:15, 20:30-31) 용서받지 못한 종이 18:33에 결여하고 있는 것이다.

마태에서 그것의 의미를 명확하게 보여주는 단서는 귀신을 쫓아내는 것을 예수 자신이 설명하는 것에서이다. "내가 하나님의 영을 힘입어서 귀신을 쫓아내는 것이면, 하나님의 나라는 너희에게 왔다"(12:28). 마태의 통전적 시각에서 보면 하나님의 자비를 구하는 여인의 외침은 하나님의 통치에서 도움을 받고자 적극적으로 도전하는 것이다. 더 나아가 그녀가 "도와주십시오"라고 간청할 때 그녀는 실제로 베드로가 물에 빠졌을 때 간청할 것을(14:30) 되풀이하고 있다. 베드로가 그 여인 모두 예수의 행동에서 하나님의 나라의 실현을 간청하는 것이다.

무엇이 예수가 여인의 믿음을 크다고 확정하는가? 그 여인은 예수를 "주님"이라고 부르지만, 이것은 신앙 고백적 용어의 "주님"이 아니라 "주인"이라는 뜻이다. 그녀는 예수를 "다윗의 자손"(22)이라고 부르는데 마태복음에서 예수를 말하는 기독론적 용어이다. 그녀가 예수를 주님으로 다윗의 자손으로 부를 때 예수가 그녀의 믿음을 인정하는 반응이 없다. 그 무엇인가 더 있다.

계속해서 그녀는 인종, 유산, 종교, 성별 그리고 귀신에 사로잡힘 때문에 생긴 경계를 허문다. 심지어 그녀는 예수가 인종적 경계를 허무는 것을 주저할 때 예수에 대항한다. 마태가 큰 그림에서는 그녀와 그녀의 딸은 하나님의 통치를 통해 도움을 받아야 한다고 믿었다. 그래서 그녀는 기꺼이 장벽을 깨고, 장벽을 깨는 것이 그의 믿음을 극화했다. 가나안 여인과 그 딸이 하나님의 통치로부터 자비를 받아야 한다고 믿는 것을 예수는 믿음이라고 불렀다.

마태복음에 나타난 예수는 다른 사람들의 이야기를 듣고 배운다. 이 경우에도 마태의 예수는 이방인 가나안 여인으로부터 무엇인가를 배우면서도 부끄러워하지 않으실 정도로 넓은 분으로 나타난다. 우리는 이 여인과의 만남 때문에 예수가 그의 사명을 이방인에게로 확장했는지는 확실히 알 수 없지만, 마태의 끝에서 복음은 모든 민족을 위한 것이라고 말한다(28:19).

목회

다행스럽게도 성서정과는 오늘의 복음서 말씀에 일련의 삽입구를 추가한다. 마태는 신학적으로 함축적인 이 장을 처음부터 끝까지 단단히 구성하기 위하여 많은 주의를 기울였기 때문에 15장의 처음 10절도 포함되기를 바랄 뿐이다.

이 장을 통해 다루는 한 가지 주제는 전통이 종교 생활에서 해야 하는 역할이다. 목회자라면 누구나 "전통"이라는 이름으로 "하나님을 위하여" 싸운 교회의 투쟁을 알고 있다. 전통은 한 번 이상 일어나는 예배 행위에서부터 교회가 대대로 실천해 온 예배 의식에 이르기까지 모든 것을 의미할 수 있다. 전통은 신앙을 위해 견고하면서도 유연한 기초를 제공할 수 있지만 그 반대의 방식으로 기능할 수도 있다. 오늘의 본문에서 예수는 유대 전통의 공식적인 수호자를 질책한다. 유대의 전통에서 생명과 활력을 빼앗아 전통과 관계없는 종교적 유물이나 그보다 더 나쁜 것으로 화석화시켰기 때문이다.

기독교 공동체 안에서 예배하고, 하나님을 섬기기 위해 목숨을 거는 사람들에게 오늘 복음서의 말씀은 고대 교회사의 격투기장일 뿐이다. 마태는 예수와 예루살렘 당국 사이의 기억할 만한 논쟁을 단순히 기록할 뿐 아니라 예수와 예루살렘 당국 사이의 만남을 되살려 낸다. 마태는 당시의 교회를 유대인과 이방인이 점점 더 많이 섞이고 있는 교회, 기록되고 구전된 유대의 전통에서 자란 사람들과 그러한 전통에서 배제된 사람들이 점점 더 많이 섞이고 있는 교회로 기록하고 있다. 히브리 전통에서 자라서 새롭게 그리스도인이 된 사람들은 기록되고 구전된 그들의 전통들 가운데 어떤 것을, 왜 교회의 생활 속으로 가져오는지 분류하고 있다. 1-10절에서 예수는 종교 지도자들이 어떻게 전통을 하나님의 뜻에 어긋나는 잘못된 방법으로 사용해 왔는지 조롱하는데, 이런 논쟁의 반향은 21세기 교회에서도 여전히 귀에 거슬린다.

오늘 말씀의 괄호 안의 구절(10-20)에서 복음서 기자는 예수가 설교했던 원래 상황과 마태의 시대 그리고 수 세기 후에도 강타하는 예수의 설교를 다시 이야기한다. 하나님께 대한 순결이나 종교적 신실함은 맹목적으로 전통을 숭배하는 것이 아니라고 예수는 말한다. "입으로 들어가는 것이 사람을 더럽히는 것이 아니라, 입에서 나오는 것, 그것이 사람을 더럽힌다"(11). 이것은 예수가 신자들을 좌절시키기 위해 대화에 던져 넣은 기이한 격언이 아니라, 하나님의 은혜와 영원한 사랑이 오직 예전적으로 순결한 사람들, 즉 이스라엘 백성을 위해서만 남겨져 있다고 주장하려는 "거룩한" 이유로 "전통"과 전통들이 사용되는 것을 거부한 사람이 하는 예언이다. 성서에 이와 관련된 내용이 없다고 슬퍼하는 교회 안팎의 사람들을 위해 10-20절에서 예수와 함께 시간을 보내도록 초대하라.

예수와 예루살렘 종교 권력과의 이러한 만남은 이방인 출신인 대부분의 그리스도인들에게는 좋은 소식인 반면 교회 당국에게는 경고가 된다. 환대와 신실함을 어떻게 이해하는지에 대해 교회가 큰 관심을 가지라고 하는 주요한 경고의 역할을 한다. 어떤 설교자가 "그들이" 이곳에서 예배하는 것이 불편할 것이라는 말을 듣지 못했거나 슬프게도 암시하지 않았는가? 어떤 교회가 마음을 정결하게 하는 것보다 "손을 씻는" 것에 더 많은 관심을 기울이지 않았는가? 어떤 그리스도인이 그리스도의 마음에서 멀리 떨어진 방식으로 행동하기 위한 구실로 종교적 전통을 주장하지 않았는가?

예수와 종교 권력 사이의 논쟁은 얼마나 많은 천사들이 바늘귀 위에서 춤을 출 수 있는가 하는 것처럼 애매한 신학적 싸움이 아니다. 예수에게는 종교적인 순결과 신실한 제자도가 궁극적으로 주일학교나 예배에서 얼마나 많은 출석 배지를 받았는지, 얼마나 자주 성서를 통독하는지, 얼마나 많은 돈을 교회에 헌금하는지에 의해 결정되는 것이 아니다. 순결함 신실함은 궁극적으로 교회가 어떻게 그리스도의 근본적인 환대와 사랑을 말하고 생활하는가에 의해 나타난다.

이 장 전체를 읽으면 예수는 전통을 지키는 자들과의 한 번의 강렬한 만남으로부터 전통이 만들어 놓은 "거룩한" 울타리 밖에 있는 익명의 두 여성들과의, 마찬가지로 강렬한 만남으로 나아간다. 진정한 예언자의 전통에 따라 예수는 자신이 방금 주장한 비유를 실행하신다. 그는 전통이 "독성 폐기물 구역"이라고 생각하는 "부정한" 지역으로 여행한다. 어떤 교회와 어떤 그리스도인들이 제자도가 오염될 수도 있는 부정하고, 더럽고, 위험한 곳으로 간주되는 영역을 가리키지 않았는가?

마태는 목회적 상상력을 자극하고 상식이 금방 제압할 수 있는 질문을 하기 위해 이 이야기를 들려준다. 교회가 예수를 따라 세상의 "독성 폐기물 구역"으로 들어간다는 것은 무엇을 의미할까? "우리는 항상 이런 식으로 해 왔다"는 말에 대해 조바심을 덜 내고, 전통적으로 "부정"하거나 "불필요한" 사람으로 여겨져 온 사람들의 외침에 좀 더 귀 기울이는 것은 신자들에게 무엇을 의미할까? 이 이름 없는 이방 여인은 그녀의 이름 없는 이방인 딸을 대신하여 예수가 "전통"으로 장벽을 치고, 하나님의 은혜에 접근하는 것을 가로막게 두지 않았다. 캐럴라인 루이스(Karoline Lewis)가 잘 본 것처럼 "그 여인은 자신의 위치와 한계를 알고서, 그것들에 굴복하지 않고, 오히려 그것들을 빛으로 가지고 와서 그것들에 대해 질문한다. '주님, 그렇습니다. 그러나 개들도 주인의 상에서 떨어지는 부스러기는 얻어먹습니다.'"*

마태는 이 구절들을 하나로 모아서 부활하신 예수의 마지막 위임으로 예시했다. "그러므로 너희는 가서, 모든 민족을 제자로 삼아서"(마 28:19). 그렇다. 예수는 "나는 오직 이스라엘 집의 길을 잃은 양들에게 보내심을 받았을 따름"(15:24)이라는 이스라엘 백성들에게 하나님의 약속을 성취하려고 왔다. 이 예리한 말씀으로 예수가 무엇을 의미하던 간에 마태는 이 말씀을 인용하여 교회가 항상 이스라엘에 대한 하나님의 사랑과 약속이 예수의 생애와 죽음과 부활 안에서 성취되었음을 기쁘게 생각하라고 상기시킨다. 이 계약 전통에 포함된 이방인들은 결코 이것을 잊을 수 없으며, 예수 안에서 하나님의 언약이 십자가를 모든 나라에 이르게 하신 것에 대해 감사하는 일을 멈추지 않을 것이다.

---

* Karoline M. Lewis, "Living by the Word," *Christian Century* (August 12, 2008), 18.

설교

만지거나 먹을 수 있는 품목과 시기에 관한 지침을 다룬 방대한 목록이 1세기 유대교 가르침의 대부분을 차지했다. 이 정결음식법은 개인의 성결에 있어 매우 중요한 위치를 점하고 있었고, 오늘 본문에서 예수께서는 그 방향을 전환시키고 있다. 대부분 종교 공동체에서는 몸을 더럽히고 상하게 하는 것들에 관심을 기울였지만, 예수께서는 우리 몸으로부터 나오는 것이 세상을 더럽히고 상처를 줄 수 있다는 점에 더 주목하고 있다.

어제 먹은 점심은 그것으로 끝이다. 예수께서는 "입으로 들어가는 것은 무엇이든지, 뱃속으로 들어가서 뒤로 나가는 줄 모르느냐?"(17)라고 묻는다. 이것은 좀 정제되지 않은 묘사이다. 정결음식법이 부정하다고 한 것을 실수로 먹었더라도 배설기관은 모두 밖으로 배출한다. 하지만 부주의한 말, 악, 거짓말, 음행은 계속해서 해를 끼친다. 우리의 말과 행동은 더럽히고 상처를 줄 수 있고, 그로 인한 고통은 어제 먹은 점심과는 달리 쉽사리 배출되지 않는다.

고대 이스라엘의 정결음식법이 먼 옛이야기 같아 보이지만, 그 법이 기초하고 있는 원리는 여전히 현대 문화에서도 발견된다. 오늘날 여러 문화에서도 비슷한 윤리를 가르치고 있다. 우리는 훌륭한 어린이는 더럽힐 수 있는 것들로부터 몸을 지켜야 한다고 배웠다. 이것은 여전히 사실이지만, 마태의 오늘 본문은 청중들에게 순전히 개인적 신학으로부터 보다 넓은 기독교 시민의식으로 전환하는 데 도움이 될 수 있다. 예수께서는 우리의 몸에 해를 끼치는 게 무엇이 있을까라는 자기중심적 사고를 넘어서 우리의 행동과 태도가 다른 사람들에게 얼마나 상처를 주는가라는 보다 넓은 생각으로 전환하도록 우리에게 요청한다.

마태는 이 더럽힘에 관한 논의를 예수께서 가나안 여인과 만난 이야기와 연관시키는데, 이것은 설교하기 어려운 본문으로 한 편의 설교로는 답하기 어려운 문제들을 제기한다. 이 이야기에는 귀신이 나오고, 처절한 어머니의 외침을 무시하는 예수, 화가 난 제자들, 제한적인 예수의 사명 그리고 이 여인을 개라고 부르는 예수의 명백한 모욕 등 한 편의 설교 혹은 몇 편의 설교로도 감당하기 어려운 주제들이 너무 많이 있다. 그럼에도 불구하고 어려운 본문을 설교하는 일은 우리들에게 삶은 단순하지 않다는 것 그리고 모든 중요한 것을 언제나 세 가지 요점으로 깔끔하게 정리할 수 없다는 것을 가르쳐준다. 설교자와 청중들은 이 이야기를 두고 함께 고민할 기회를 만난 것이다.

예수께서는 두로와 시돈이라는 이방인 지역에 있는데, 그곳은 신실한 유대인들은 혼자 걸어가지도 않는 곳이다. 인종에 대한 고정관념과 편견이 이스라엘 사람들과 가나안 사람들 사이에 행해지는 모든 일에 영향을 미치고 있다. 제자들은 두 지역 간의 반감과 폭력 사태에 대해 잘 알기에 주변을 살피면서 걷는다. 그때에 그들 중 하나인 이방인 지역 거주자가 예수를 향해 소리친다. 이것은 서로 대립적인 관계에서 나올법한 반감의 외침이 아니다. 그것은 한 어머니의 진정한 탄원이다.

어떤 역할은 다른 모든 역할을 능가한다. 그렇다. 이 여인은 이방인이다. 그렇다. 두로 혹은 시돈의 시민으로서 그녀는 아마도 헤롯을 숭배했을 것이다. 그렇다. 그녀는 가나안 사람이다. 하지만 그녀는 또한 고통 가운데 있는 아이의 어머니이기도 하다. 근심 어린 부모의 처절한 외침으로 그녀는 병든 자를 치유했다는 명성을 지닌 사람에게 탄원한다. 그녀의 호소는 설득력이 있다. 그녀는 예수를 "주님"이라 부르고, 귀신에게 고통을 당하고 있는 딸을 대신하여 문화의 장벽을 넘어 "다윗의 자손"에게 간청한다.

설교의 어려움은 바로 여기에서 시작된다. 예수께서는 그녀에게 대답하지 않고 제자들은 심지어 더 공격적이다. 그들은 예수께 "저 여자가 우리 뒤에서 외치고 있으니, 그녀를 돌려 보내십시오"(23)라고 요청한다. 예수께서는 그녀의 탄원에 자신의 사명이 제한되어 있다고 대답한다: "나는 오직 이스라엘 집의 길을 잃은 양들에게 보내심을 받았을 따름이다"(24). 이것이 제한된 사명이지만 예수께서는 분명히 자신의 사명을 이해하고 있음을 아는 것 또한 중요하다. 마태복음은 예수께서 기도한 때를 강조한다. 기도를 통한 하나님과의 관계를 통해 예수께서는 이 세상에서 자신의 사명을 인식한다. 그는 궁극적인 구원의 목적을 단념하지 않는다.

위대한 일을 선택한다는 것은 좋은 일을 포기하는 것을 의미한다. 이 땅에 사는 누구에게나 시간과 공간이 제한되어 있다는 것은 어떤 일들은 하지 않은 채로 두는 선택을 해야 하는 것을 의미한다.

예수의 태도는 변함이 없지만, 그 어머니는 고통을 당하는 딸을 대신하여 계속 탄원한다: "주님, 나를 도와주십시오"(25). 앞에서 보았듯이 예수의 침묵은 그가 할 수 있는 가장 정중한 반응이다. 이때 예수는 그녀를 개라고 부른다: "자녀들의 빵을 집어서, 개들에게 던져 주는 것은 옳지 않다"(26). 가나안 사람들을 개라고 부르는 일은 이스라엘 사람들에게 있어서는 익숙하고 또 자주 쓰는 모욕이었다. 만일 오늘날 고등학교 복도에서 여자를 암캐라고 부르는 것을 듣는다면 같은 어조였을 것이다.

이 말은 우리들 가운데 더 예민한 사람들의 귀에만 거슬리는 게 아니다. 우리는 예수께서 다르게 반응하기를 기대한다. 이 예수의 반응을 부드럽게 하기 위해 몇 가지 설교적 시도가 있어 왔다. 어떤 사람들은 여러 정황을 고려했을 때, 가나안 여인과 예수의 대화가 철저하게 그녀의 인격을 인정한 것이라고 해석한다. 또 다른 사람들은 복음의 지평을 넓히기를 호소한 그녀의 탄원을 예수께서 인정함으로써 이방인을 전격적으로 포함시킨 사례임을 지적한다. 예수의 반응은 정반대의 주장을 하기 위해 상투적인 말을 하는 곱게 보이지 않는 풍자일 수도 있다. 결국 이 이야기는 우리의 입으로부터 나오는 것에 관한 가르침에 이어서 나온다.

이 본문은 예수의 행동을 우리가 쉽게 이해할 수 있는 방식으로 설교하는 것도 가능하다. 그러나 설교자는 예수께서 우리가 예상하는 대로 항상 우리에게 다가오는 것이 아니라는 현실 앞에 분명히 설 수도 있다. 이 이야기 속에서 또 우리 자신들의 이야기 속에서 예수께서는 우리가 바라는 대로 항상 보여주지는 않는다. 예수께서 우리가 기대하는 대로 우리에게 다가오지 않을 때에 우리는 어떻게 정직하게 반응하고 우리의 믿음을 재정립할 수 있을까? 어려운 본문을 정직하게 마주할 때 성실한 제자들이 질문하는 것은 당연한 일이다.

성령강림절 후 열셋째 주일

마태복음 16:13-20

¹³예수께서 빌립보 가이사랴 지방에 이르러 제자들에게 물어 이르시되 사람들이 인자를 누구라 하느냐 ¹⁴이르되 더러는 세례 요한, 더러는 엘리야, 어떤 이는 예레미야나 선지자 중의 하나라 하나이다 ¹⁵이르시되 너희는 나를 누구라 하느냐 ¹⁶시몬 베드로가 대답하여 이르되 주는 그리스도시요 살아 계신 하나님의 아들이시니이다 ¹⁷예수께서 대답하여 이르시되 바요나 시몬아 네가 복이 있도다 이를 네게 알게 한 이는 혈육이 아니요 하늘에 계신 내 아버지시니라 ¹⁸또 내가 네게 이르노니 너는 베드로라 내가 이 반석 위에 내 교회를 세우리니 음부의 권세가 이기지 못하리라 ¹⁹내가 천국 열쇠를 네게 주리니 네가 땅에서 무엇이든지 매면 하늘에서도 매일 것이요 네가 땅에서 무엇이든지 풀면 하늘에서도 풀리리라 하시고 ²⁰이에 제자들에게 경고하사 자기가 그리스도인 것을 아무에게도 이르지 말라 하시니라

신학

가이사랴 빌립보에서 이루어진 베드로의 신앙 고백은 가장 중요한 기독론적 고백 중의 하나이다. 마태는 이야기의 전개상 거의 예상하기 힘든 대목에서 이 장면을 소개한다. 예수를 만난 사람들은 자신이 겪은 일을 이해하기 위해 예수를 다시 살아 돌아온 위대한 예언자라고 말하기도 했다. 예수는 그런 다양한 의견에 관해 베드로에게 물은 후 이제 베드로에게 직접 물으신다. "그러면 너희는 나를 누구라고 하느냐?" 베드로는 다음과 같이 대답할 수 있었다. "선생님은 살아 계신 하나님의 아들 그리스도십니다." 마가복음은 늘 그렇듯이 더 간단하게 기술한다. "선생님은 그리스도이십니다"(막 8:29). 마가와 마찬가지로 마태도 예수가 제자들에게 "메시아의 비밀"을 지키라고 명하는 것으로 나온다.

베드로의 영감으로 가득 찬 고백을 복음서에 나오는 다른 고백들(주, 선생님, 다윗의 아들 등의 명칭보다는 더 깊은 고백)과 비교해보는 것이 유익할 것이다.

— "나는 당신이 누구신지 압니다. 하나님께서 보내신 거룩한 분입니다"(막 1:24, 더러운 귀신 들린 사람).
— "당신은 하나님의 아들입니다"(눅 4:41, 귀신 들린 사람에게서 나오는 귀신들이 외치는 소리).
— "세상 죄를 지고 가는 하나님의 어린 양이로다"(요 1:29, 세례요한이 예수를 보고).
— "이분이 참으로 세상의 구주이심을 알았기 때문이오"(요 4:42, 우물가에서 예수를 만난 여인이 예수를 소개한 후 사마리아 사람들의 반응).

베드로의 고백은 예수의 질문에 대한 답으로 나온 고백이고, 그 고백 후 예수가 크게 축복했다는 점에서 특이하다. 이 이야기를 통해 우리는 신학적 작업의 중요성에 관해 진지하게 생각하게 된다. 교리는 본질적으로 영적인 것에 부착하는 부수적인 것이 아니고, 총체적인 종교적 경험의 필수적인 한 요소이다. 신학과 영성은 신과의 만남이라는 동전의 양면과 같다.

예수는 이 기회를 활용하여 그런 신학적 성찰은 인간의 이성적 사고의 산물("이것을 알려주신 분은 사람이 아니라")이 아니고 하늘에 계신 내 아버지(17)가 주시는 선물이라는 것을 가르쳐 주신다. 우리는 후대 교회에서 형성된 신학적 견해에 성서 본문을 억지로 뜯어 맞추려고 시도하지 않도록 조심해야 한다. 명확한 삼위일체 교리―창조 이전부터 존재하는 성부, 성자, 성령의 하나됨―와 성자의 완전한 인성과 신성에 관한 교리는 공관복음이 쓰일 당시에는 아직 확립되지 않았었다. 그럼에도 불구하고 마태복음에 나오는 베드로의 고백, 즉 예수는 메시아(그리스도, 기름 부음을 받은 자, 구세주)요 살아계신 하나님의 아들이라는 고백은 하나님과 그리스도에 대한 핵심적인 인식을 포함하고 있다.

시몬 바요나의 별명인 베드로라는 단어에 주목하여 예수가 "이 반석 위에 나의 교회를 세울 것이다"(18)라고 말한 것으로 되어 있는데, 이의 역사적 근거와 의미에 관해서는 많은 논쟁이 있어 왔다. 약 4세기경부터 가톨릭교회는 이 구절을 로마 주교의 우위를 위한 근거로 해석했다. 개신교인들은 교회의 기초가 되는 것은 베드로라는 인물이 아니고 그의 신앙이라고 주장했다. 사도 계승에 관해 어떤 특별한 이론을 주장하든 시간이 지나도 지속하는 하나님 백성의 이미지가 중요하다는 것은 명백해졌다. 시몬은 완고한 성격이나 융통성 없는 머리 때문에 그런 별명을 얻었었는지 모르겠지만, 이제 예수에 관한 이 기독론적 고백 때문에 예수는 베드로라는 별명에 최고의 의미를 부여하였다. 그는 앞으로 하나님이 쌓아 올릴 돌들을 떠받치는 바위가 될 것이다.

예수는 아마도 이사야 51장을 마음에 두고 계셨는지도 모르겠다: "나 주를 찾는 사람들아, 내가 하는 말을 들어라. 저 바위를 보아라. 너희가 거기에서 떨어져 나왔다. 저 구덩이를 보아라. 너희가 거기에서 나왔다." 예언자는 아브라함과 사라를 최초의 믿음의 바위로 묘사한다(사 51:1-2). 베드로전서에서는 이 이미지를 받아서 그리스도를 사람에게는 버림을 받았지만 하나님에 의해 선택된 살아있는 귀한 돌이라고 표현한다(2:4). 이제 우리는 예수와 베드로 그리고 예수를 하나님의 아들이요 구세주로 고백한 후대의 많은 사람들을 본받아 "살아있는 돌이 되어 신령한 집을 짓는 데" 참여하도록 부름받은 존재로 이해해야 한다(벧전 2:5).

오늘날 다양한 교회 전통에 속한 설교자들은 이 본문으로부터 오래된 과거의 논쟁거리를 불러오지 않으면서 교회에 관한 신학을 적극적으로 탐구할 수 있다. 예를 들어 우리는 교회가 기독교 신앙과 신학에 필수적이라는 것을 알 수 있다. 교회론에 관한 한, 사도신경이 옳고("거룩한 공회와 성도가 서로 교통하는 것을 믿습니다") 미국 공리주의는 틀렸다. 교회는 단지 더 큰 목적을 달성하기 위한 수단도 아니고, 같은 생각을 갖고 있는 사람들의 자발적 단체도 아니다. 그것은 신앙의 중요 항목이다. 예수는 당신의 교회를 세우겠다고 약속한다. 그는 자신이 짓고 있는 교회를 보호하여 죄와 죽음의 세력이 막강한 파괴력을 발휘해도 교회는 늘 승리할 것이다.

예수는 그의 교회와 그의 나라를 연결한다. 교회는 단지 다가올 하나님의 나라를 선포하거나 그날을 위해 사람들을 준비시키는 것이 아니다. 예수가 "천국의 열쇠"를 주시고, 묶고 풀 권세를 주실 때 그는 교회를 창조하고 있는 것이다. 이 교회는 "나라가 임하옵시며 뜻이 하늘에서 이룬 것 같이 땅에서도 이루어지이다"(마 6:10)라는 예수의 기도에 대한 하나님의 응답의 핵심이다.

예수께서는 예루살렘 입성 이전의 위험한 시기에 제자들에게 예수가 메시아라는 것을 누구에게도 말하지 말라고 엄하게 명하셨다(20) 그러나 오순절 성령강림절 이후에는 그 복음을 전하는 것이 교회의 주요 임무가 되었다.

주석

마태는 이 본문을 마가에서 가져왔지만(8:37-30), 여러 가지 중요한 변경을 했다. 마가에서는 이 이야기를(31-33과 더불어) 시몬 베드로(다른 모든 제자들도)가 예수의 정체성과 목적을 이해하는 데 실패한 예로 들고 있다. 베드로의 "선생님은 그리스도이십니다"라는 신앙 고백이 처음엔 칭찬을 받았지만, 결국엔 고난과 죽음을 포함한 예수의 사명(궁극적으로 제자들의 사명)을 받아들이지 않으려는 것으로 인해 예수로부터 강한 질책을 받는다. 마가복음에서는 베드로가 모범이 되는 것이 아니라 외부자(outsider)의 예가 되는데, 이는 하나님의 편이라기보다는 사탄의 편이라는 것이다.

하지만 마태는 이 장면에 긍정적으로 보았던 "선생님은 살아계신 하나님의 아들 그리스도십니다"라는 제대로 된 예수에 대한 신앙 고백 후 예수가 베드로를 칭찬하는 것을 삽입함으로써 베드로를 살리고 있다. 이 시점에 베드로는 부정적인 모습으로 나타나는 것이 아니라, 예수의 중요성을 정확하게 이해하고 있는 참된 제자를 대표하고 있다. 이곳에서 사용된 예수의 명칭—인자, 그리스도, 하나님의 아들—은 모두 마태의 기독론에서 중요하다(그리스도만 마가에서 가져왔고, 다른 둘은 마태는 첨가한 것이다).

시몬 베드로가 예수를 제대로 이해했다고 한 것은 베드로의 고백이 자신의 통찰력에서 온 것이 아니라 하나님에게서 왔다고 예수가 말함으로 확증된다. 결과적으로 예수는 시몬에게 "반석"(헬라어로 베드로, 아람어로 케파)이라는 별명을 지어 주는데, 둘 다 그때에는 팔레스타인에서 사람 이름에 사용되지는 않았다. 언어의 유희처럼 예수는 시몬에게 말하기를 "너는 베드로다. 나는 이 반석 위에다가 내 교회를 세우겠다"고 말한다(요 1:42에서 명시적으로, 막 3:16에서 묵시적으로 예수가 베드로에게 이 별명을 지어준다).

대부분의 학자들은 이 부분이 예수 자신이 말한 것이 아니라 마태(또는 초기 마태 자료)에게서 온 것으로 여긴다. 오로지 여기와 마태복음 18:17에서만 "교회"(에 클레시아)라는 단어가 나온다. 그런데 마태에게는 교회가 예수의 부활 이후에 그의 가르침을 펼치기 위해 생겨난 것이 아니라 초기 예수가 그가 시작한 사역을 계속하기 위해 세운 또는 최소한 청사진을 그린 것이라고 본다.

18절의 Hades는 히브리어의 Sheol과 같은 죽음의 문을 가르킨다. "죽음의 문들이 교회를 이기지 못할 것이다"라는 것은 약속과 격려의 말씀이다. 즉, 세상의 어떤 권력도, 심지어 인간에 가장 큰 적인 죽음 자체도 교회의 사역을 위협하거나 이기지 못한다는 것이다. 그러한 말은 아마도 유대인 회당에 대항하여 때때로 상반되는 신랄한 갈등에 있던 마태의 공동체에서 환영받았을 것이다. 이러한 말들은 내적인 갈등과 분열 그리고 외적 공격이나 무관함의 주장에 직면한 모든 시대의 교회들에게도 마찬가지로 큰 힘이 될 것이다.

베드로는 이 본문에서 특별한 명성이 주어지는데, 마찬가지로 마태 공동체에서도 높은 명성을 얻고, 제자들의 대변자로서의 역사적 역할을 했으며, 초기 예루살렘 교회에서도 지도자였다. 예수는 교회를 반석(베드로) 위에 세우겠다고 선언했을 뿐만 아니라 "하늘나라의 열쇠"를 준다고 했고, "땅에서 매면 하늘에서도 맬 것이요, 땅에서 풀면 하늘에서도 풀 것"(랍비들의 용어로 교리와 권징의 권한)이라고 한다. 비록 몇몇 해석가(주로 개신교학자)들이 베드로의 역할을 낮추어 교회를 베드로 위에 세운다는 것이 아니라 그의 신앙 위에 세운다고 말하지만, 이 본문은 명확하게 제자들 가운데에서 베드로의 지도적 위치를 인정하고 있다.

하지만 가톨릭교회의 전통적 해석과는 반대로 본문은 사도적 계승이나 베드로의 계승과 같은 주장을 지지하진 않는다. 사실 19절에서 베드로에게 주어진 매고 푸는 권한은 명시적으로 제자들에게 묵시적으로 모든 교회에 주어진 것이다(18:18에서 매고 푸는 것은 가르치는 권위가 아닌 권징에 대해서 주로 말하는데 이 둘은 연관되어 있다).

책 전체를 통해 마태는 예수가 토라의 가르침을 "매고 푸는" 자로서 묘사한다. 그것은 예수가 어떤 행동은 필수적이고, 다른 것은 그렇지 않다는 것을 선언한다. 예수가 이렇게 할 수 있는 것은 하나님의 권위로 움직이기 때문이다. 마태는 또한 예수가 이 가르침의 권위를 베드로와 제자들(교회)에 주는데 왜냐하면 예수는 그가 세운 공동체에 계속해서 현존하기 위해서다. 탄생 설화(1:23)에서부터 마지막 제자들의 사명까지(28:20) 마태는 세상 속에서 하나님의 살아계심을 강조한다. 그래서 교회는 예수의 이름으로 가르치는 권위로 일하고, 세상에서 하나님의 나라를 해석하는 것이다.

마크 알랜 포웰(Mark Allan Powell)은 마태는 확신하기를 "교회는 하나님의 뜻을 선포하는 권위를 가지는데 하나님에 대한 통찰력이나 대단한 충성심을 보여주기 때문이 아니라, 예수 그리스도, 하나님의 아들이 교회에 살아계시고, 그의 권위를 이 공동체를 통해 행사하기 때문이다"고 말했다.[*] 교회에게는 세상에서 하나님의 뜻을 해석해야 하는 벅찬 임무가 주어졌다. 마태복음에서는 예수가 무엇을 매고 무엇을 풀지에 대해 선포하는 것이 교회가 그의 과제를 수행하는 모델이 된다. 성서는 정태적인 것이 아니고 새로운 상황에 재적용해야 한다. 예수가 토라의 가르침을 신선하고 창조적 방법으로 재적용했듯이 교회도 예수의 가르침을 새롭고 영감을 받은 방법으로 해석하는데, 마태복음에서(다른 신약에서도 마찬가지로) 발견되는 예수의 가르침에 충실하면서도 새로운 상황과 문제에 있는 교회들에게 예수가 말하고 있는 목소리에 열려 있는, 두 가지 것을 다 시도하는 데에 과감해야 한다.

---

[*] Mark Allan Powell, *Fortress Introduction to the Gospels* (Minneapolis: Augsburg, Fortress, 1998), 80.

　　로마 가톨릭교회는 이 구절 위에 서 있다. 그들이 이해하기로는 베드로가 예수로부터 "하늘나라의 열쇠"를 받으면서 시작되어 여러 세대에 걸쳐 전해 온 사도적 권위가 교회를 교회로 만든다. 교황 베네딕트 16세는 그 권위를 사도 베드로 이후 계속 이어서 전해 받은 교황 요한 바오로 2세에게서 받았다. 개혁교회는 이러한 해석을 인정하지 않겠지만, 우리는 예수께서 베드로에게 주신 권위가 세계 교회의 한 부분인 우리의 권위를 이해하는데 중심이 되어야 한다는 데 동의할 수 있다. 그렇지만 그 권위의 본질은 무엇인가?

　　우리 대부분은 우리 아이들이 열여섯 살이 되어 시속 160Km를 달릴 수 있는 차량을 운전할 수 있는 차 키를 처음으로 받을 때 긴장한다. 그들이 책임질 수 있을 만큼 성숙한가? 우리는 예수께서 베드로에게 하늘나라의 열쇠를 주신 것에 관해서도 똑같은 질문을 할 수 있을 것이다. 이 사건 전후 베드로에 관한 기록을 보면, 그가 열여섯 살짜리만큼 성숙하다고 주장할 수 있을까? 그는 끊임없이 요점을 놓치고 종종 생각하기 전에 말한다. 몇 구절 후에 예수는 하나님의 일이 아니라 사람의 일에 마음을 두는 그를 "사탄"이라고 부른다(23). 베드로는 나중에 예수를 세 번이나 부인한다(마 26:69-75). 어떻게 이렇게 불안정한 사람에게 하늘나라의 열쇠를 주고, 그 위에 교회를 세울 수 있을까? 분명히 베드로의 권위는 자신의 올바름이나 의로움에 근거하지 않는다. 그렇다면 그 기초는 무엇일까?

　　이 구절의 시작 부분에서 예수는 제자들에게 "사람들이 인자를 누구라고 하느냐?"(13)라고 물으신다. 사람들의 응답은 세례요한, 엘리야, 예레미야 혹은 다른 예언자들과 같이 그들이 속한 특정한 당파에 의존하는 것처럼 보인다. 오늘날 개혁교회에서 사람들은 루터(Luther), 칼뱅(Calvin), 웨슬리(Wesley), 다비(Darby), 바르트(Barth), 에이미 셈펄 맥퍼슨(Aimee Semple McPherson) 혹은 빌리 그래함(Billy Graham)의 렌즈를 통해 해석된 예수에게 반응한다. 이런 경향은 다른 말로 하면 사람들이 예수에게 그들의 특별한 문화적, 신학적, 교단적 충성을 투사하는 것이다.

그렇지만 다음 구절에서 예수는 "그러면 너희는 나를 누구라고 하느냐"(15)라고 제자들을 지목하여 질문했다. 시몬 베드로는 자주 그러하듯이 말부터 먼저 "선생님은 살아 계신 하나님의 아들 그리스도십니다"(16)라고 대답한다. 예수는 "시몬 바요나야, 너는 복이 있다. 너에게 이것을 알려 주신 분은, 사람이 아니라, 하늘에 계신 나의 아버지시다. 나도 너에게 말한다. 너는 베드로(Petros)다. 나는 이 반석 (petra) 위에다가 내 교회를 세우겠다. 죽음의 문들이 그것을 이기지 못할 것이다"(17-18)라고 응답하신다.

그 말 때문에 베드로는 확실하게 승격되었다. 다른 제자들이 그의 우월함을 의심했었다면, 이것으로 확실해졌다! 그러나 예수는 제자로서 베드로의 특별한 강점과 업적에 대해 말한 것이 아니라(아직 갈 길이 멀었다) 그의 고백에 응답하셨다는 점에 주목해야 한다. "예수님, 내가 당신 안에서 경험한 것은 당신이 바로 우리를 하나님 나라로 들어가는 문으로 우리에게 오신 메시아라는 것입니다."

교회는 항상 교회의 권위를 외적인 수단을 통해 강화하려는 유혹을 받아왔는데, 사도적 계승이라는 교리도 그 가운데 한 예일 뿐이다. 수세기 동안 서방 교회는 자연 신학, 논리, 형이상학 그리고 최근에는 과학을 통해 신의 존재를 증명하려고 시도해 왔다. 또한 목사의 권위는 특정 교단 전통에서 인증된 신학교 교육과 안수에 근거한다. 그러나 예수는 매우 변화무쌍한 인물이어서 이런 방식으로 속박하거나 이용할 수 없다. 교회의 기초는 로마 교회처럼 교황에게서 교황에게로 왕권을 물려주는 맨 처음 주교 베드로도 아니고, 개혁교회의 "거룩한" 고백들을 외우고, 동의하고, 재포장하는 능력도 아니다.

교회가 세례자 요한이나 엘리야, 루터 또는 칼뱅을 기초로 세워지지 않은 것처럼 베드로를 기초로 세워진 것도 아니다. 반석은 베드로가 아니라 베드로의 신앙 고백이다. 그러므로 이 구절은 교회에 경험적 힘과 영속성을 부여하는 것으로 해석되어 왔지만, 근본적인 교훈은 교회가 믿음에 있어서 우리 각자만큼 유동적이거나 약하다는 것이다. 교회는 매일 강함과 무력함의 긴장 속에 있다. 우리 각자에게 하신 예수의 질문은 이런 것이다. "너희는 나를 누구라고 하느냐? 너희의 고백은 무엇인가? 너희는 나의 증언과 현존을 통해 살아 계신 하나님에 대해 무엇을 경험하는가?"

　이것이 그 위에 교회가 세워진 바위이며 기독교의 권위의 원천이다. 이것이 땅에서 묶고 풀도록 우리에게 주신 하늘나라의 열쇠다. 하나님은 강압적인 통치자가 아니라, 연약하고 미성숙한 어린이에게 옳은 일을 하거나 잘못을 저지르기도 하고, 신실하기도 하며, 멀리 떠돌아다닐 수 있는 능력을 맡기는 사랑하는 부모로서 교회와 관계를 맺으신다.

　물론 기독교의 역사는 우리가 그리스도인으로서의 자기만족에 얼마나 취약한지 그리고 다른 사람이 그리스도에 대해 고백한 것에 의존하고 따름으로 우상 숭배로 빠지는 것이 얼마나 쉬운지를 보여준다. 이 구절은 우리의 삶에 미치는 예수 그리스도의 영향이 각자에게 어떻게 다른지를 우리가 서로 진실하게 이야기함으로써 우리의 특정한 정치적, 교파적 파벌, 다양한 신학적 강조점 그리고 각자의 민족적 충성심을 넘어서도록 요구한다.

　사도 바울이 이해한 것처럼 그리스도의 능력이 분명하게 드러나는 것은 우리의 약함이다(고후 12:9-10). 우리는 공동체 안에 있는 개별적인 증언자가 될 뿐 아니라 생명을 주시는 예수 그리스도의 복음을 고백하는 공동체가 된다. 이렇게 "모든 신자의 제사장직"을 열어 놓음으로써 그리스도의 몸은 죽음과 절망의 권세를 이기는 살아있는 증거로서 그 자신의 권위를 실현한다.

설교

이 본문 자체의 전반적인 구조는 설교자가 따라하면 좋을 소크라테스식 문답법을 보여주고 있다. 예수께서는 설정을 해놓고 이야기를 시작한다. 먼저 그는 제자들에게 자신의 사역과 정체성에 대한 사람들의 인식을 묻는다. 그런 다음 제자들의 인식을 묻는 것으로 그 질문을 전환한다. 시몬 베드로가 앞으로 나서서 이미 제자들에게 밝혀진 정체성을(14:33) 확언한다. 예수는 "살아계신 하나님의 아들, 메시아입니다"(16). 계시된 예수의 정체성과 권위는 기독교 공동체와 교회의 권위에 있어 근간이 된다. 설교자는 교인들에게 그들이 속해 있는 교회 전통을 신앙과 공적 대화라는 맥락에서 이해할 수 있도록 이 질문-대답 형식을 따라할 수 있다.

교회론의 문제는 이 구절에서 아주 중요하다. 설교자는 교회의 핵심적 요소가 형성되는 것을 14장부터 18장에 걸쳐 있는 보다 광범위한 영역에서 살펴볼 수도 있다. 이 본문은 새로운 공동체의 형성을 예수의 사역과 그의 신성이 거부당한 것에 대한 응답이라는 시각에서 조명하고 있다. 예수와 제자들 간의 이 대화는 예수께 표적을 요구한 바리새파 사람들과 사두개파 사람들의 직접적인 도전(1-4)에 이어 나온다. 예수께서는 그들의 요청을 거절할 뿐만 아니라 제자들에게 성전 지도자들의 가르침에 주의할 것을 경고한다. 이 새로운 신앙 공동체의 형성은 그리스도의 신성과 권위에 대한 이해를 둘러싼 갈등 상황에서 비롯되었다.

이 공동체를 뜻하는 용어인 에클레시아(ekklesia)는 "불러낸 사람들"을 의미하지만, 그것이 이스라엘에 대한 거부를 뜻하지는 않는다. 그보다 교회의 정체성은 계시된 그리스도의 정체성과 사명에서 구체화된다.* 믿음에 대한 베드로의 확언은 그리스도 안에 나타난 신적 계시에 대한 우리의 질문에도 뿌리를 두고 있다.

일부 학자들은 바리새파 사람들과 사두개파 사람들이 예수를 거부하고, 그 결과로 예수께서 그들과의 대화를 단절한 것을 두고 새로 탄생한 교회가 직면한

---

* M. Eugene Boring, "The Gospel of Matthew," *The New Interpreter's Bible* (Nashville: Abingdon Press, 1995), 8:342-347.

(유대교로부터의) 거부, 새로운 정체성 그리고 사명의 패러다임을 보여주기 위한 것이라고 주장한다.* 이 주장은 논쟁 요소를 안고 있어서 설교에서 특별한 주의가 필요하다. 예수처럼 거부당했던 교회공동체의 권위와 사명을 설명하면서 왜 이 본문의 많은 부분은 베드로의 신앙을 확언하는 방향으로 의도적으로 전개하고 있는가?

거부와 그에 따른 신앙의 응답에서 발생하는 문제를 중심으로 설교하는 것은 신적 계시와 돌봄을 통해 견고해지는 우리의 신앙 정체성이나 신앙의 형성을 보살피는 목회적 패러다임을 제공할 수 있다. 그 대신에 거부를 신앙적 응답의 증거나 영감으로 여기는 것은 상당히 위험하다. 신앙적 삶은 신적 계시나 권위로 판단해야 한다는 우리의 주장으로 인해 교회는 종종 도전을 받는다. 이 본문으로 설교할 때 우리가 신앙으로 여기는 것에 도전하는 모든 것을 범죄로 여기지 않도록 주의를 기울여야 한다. 우리는 신앙과 계시에서 나타난 신적 권위를 "어떻게" 고백하거나 확언하는가가 우리의 설교에서 핵심적인 것이 된다.

아마도 이 구절에 관해 가장 널리 알려진 언급은 예수의 축복과 베드로를 교회가 세워질 반석이라고 명명한 것이다(17-19). 시몬 베드로의 "개명"과 새로운 신앙 공동체의 형성에 대해 여러 주장들이 있어 왔다. 예수께서 베드로를 반석이라고 부른 것은 기름 부음이나 혹은 아브람을 아브라함으로 개명한 것 그리고 하나님의 백성의 형성을 반영하고 있는가? 또 다른 사람들은 아론이 모세의 그늘 아래 있었던 것처럼 베드로가 예수의 권위로 만들어진 그늘 아래 있다고 생각한다. 가톨릭과 개신교는 사도적 계승과 교회의 권위를 두고 수많은 논쟁을 벌여왔다.

마태복음에서 베드로가 새로운 교회 형성에 있어서 핵심적인 역할을 한다는 점에서는 학자들이 동의한다고 주장할 수 있다. 여전히 이 구절은 교회의 권위와 교회에 대한 권위 사이의 논쟁에서 중요한 근거로 남아 있다. 특별히 마태에게는 거부된 상황에서 새로운 신앙 공동체의 형성을 말하고 있다는 점이 중요한 것 같다. 마태는 그리스도 자신의 계시를 통하여 이 교회공동체의 정체성과 권위의

---

* Donald J. Verseput, "Faith of the Reader and the Narrative of Matthew 13:53-16:20," *Journal for the Study of the New Testament* 46 (1992): 3-24.

문제를 언급하는데 관심을 보인다.

예수의 정체성과 권위는 교회의 정체성과 권위로 해석된다. 기독론은 교회론을 형성하는 계시가 된다. 여기서 마태의 관심을 사로잡고 있는 것은 교회의 형성에 있어서 계시의 본질과 특성이다. 베드로는 어떤 종류의 반석인가? 이 구절들 가운데 얼마나 많은 부분이 이 사람을 가리키는가 혹은 계시 사건을 말하는가?

마태복음의 이 사건은 직접적으로 마가복음에 기초하고 있지만 17-19절은 마가에는 없다. 교회의 정체성과 권위에 대해 마태가 집중했던 상황에서 이 부분이 추가되었음을 고려하면, 우리가 설교할 때 어떻게 다루어야 하는 지를 시사해준다. 분명히 베드로는 이 사건으로 인해 이름을 부여받았고 따라서 초대 교회에서 그의 역할은 이와 무관하지 않은 반면에 이 구절의 초점은 신앙 공동체의 정체성과 권위의 근원이 그리스도를 통해 나타난 신적 계시라는 것을 말하는 데 있다.*

매고 푸는 열쇠는 계시를 해석하는 열쇠이다. 이 본문에 대한 병행 본문 18:15-20에서 우리는 이러한 특성을 더 잘 알 수 있다. 후자와 연관하여 이 상호관계를 더 검토한 것은 『말씀의 잔치』 1권 평 주일 18을 연구한 것에서 볼 수 있지만, 우리는 여기 이 구절들로부터 계시를 해석하는 권위, 즉 매고 푸는 것이 교회의 정체성과 사역과 밀접하게 연관되어 있다는 사실을 이끌어 낼 수 있다.

계시에 대한 해석은 우리가 역사적 상황과 신앙 안에서 어떻게 사는가에 관한 것이다. 우리의 설교 신학, 교회에서 설교하는 일, 그래서 이번 주 깊은 성찰 후에 하는 설교는 모두 다 신앙 공동체와 세상 가운데 있는 교회의 정체성과 권위를 두고 씨름하는 일이다. 예수가 메시아라는 것을 아직 아무에게도 말하지 말라는(20) 본문의 마지막 요청조차도 계시의 본질과 권위를 가지고 새롭게 형성되기 시작한 교회를 바라보아야 한다고 지적하는 것이다.

---

* M. Jack Suggs, "Matthew 16:13-20," *Interpretation* 39, no. 3 (July 1985): 291-295.

성령강림절 후 열넷째 주일

마태복음 16:21-28

²¹그 부자의 상에서 떨어지는 것으로 배불리려 하매 심지어 개들이 와서 그 헌데를 핥더라 ²²이에 그 거지가 죽어 천사들에게 받들려 아브라함의 품에 들어가고 부자도 죽어 장사되매 ²³그가 음부에서 고통중에 눈을 들어 멀리 아브라함과 그의 품에 있는 나사로를 보고 ²⁴불러 이르되 아버지 아브라함이여 나를 긍휼히 여기사 나사로를 보내어 그 손가락 끝에 물을 찍어 내 혀를 서늘하게 하소서 내가 이 불꽃 가운데서 피로워하나이다 ²⁵아브라함이 이르되 얘 너는 살았을 때에 좋은 것을 받았고 나사로는 고난을 받았으니 이것을 기억하라 이제 그는 여기서 위로를 받고 너는 피로움을 받느니라 ²⁶그뿐 아니라 너희와 우리 사이에 큰 구렁텅이가 놓여 있어 여기서 너희에게 건너가고자 하되 갈 수 없고 거기서 우리에게 건너올 수도 없게 하였느니라 ²⁷이르되 그러면 아버지여 구하노니 나사로를 내 아버지의 집에 보내소서 ²⁸내 형제 다섯이 있으니 그들에게 증언하게 하여 그들로 이 고통 받는 곳에 오지 않게 하소서

신학

가이사랴 빌립보에서 베드로가 신앙 고백을 한 직후 예수는 십자가—자신의 십자가와 그를 따르는 사람들이 각자 져야 할 십자가—로 관심을 돌린다. 기독론은 속죄론을 내포한다. 본문의 "그때부터"라는 구절은 십자가는 예수가 "그리스도시요, 살아계신 하나님의 아들"(16:16)이라는 것을 알고 난 후에만 의미가 있다는 것을 암시한다. 어떤 이념을 위한 순교나 폭력, 불의, 사고, 과실로 인한 죽음에는 신학적 의미가 없다. 예수가 자신이 누구인지 밝힌 것—예수는 베드로의 신앙 고백에 근거해 자신이 구세주이고 하나님의 아들임을 밝혔다—이 진리일 때만 복음은 구원의 절정과 희망의 결말에 도달할 수 있다.

베드로의 기독론적 통찰력이 예수가 그다음 신학적 단계로 진행하도록 만들었음에도 불구하고 그는 그리스도가 고난을 당하고 죽임을 당해야 한다는 것을 이해하지 못한다. 그가 고뇌에 차서 예수 말씀의 마지막 부분("사흘째 되는 날에 살아나야 한다는 것")을 듣지 못했거나 듣고도 부활의 개념을 상상도 할 수 없었던 것이다. 베드로의 신앙에 결함이 있다고 그를 비난해서는 안 된다. 그는 과거와 현재의 모든 제자들을 대표한다.

예수께서는 예루살렘에서 고난과 죽음이 그를 기다리고 있음을 "제자들에게 밝히기 시작했다." 아마도 그들에게 단순히 "말하고" "설명했을" 뿐 아니라, 자신의 사명에 관련하여 생길 잔인한 일들에 대해 행동, 비유, 제스처, 몸짓 등을 통해 생생하게 알려 주었을 것이다. 성육신 교리에서는 예수의 완전한 신성과 인성이 강조되기도 하지만 또한 예수가 그의 행동과 가르침을 통해 구체적으로 복음을 구현하고 있음도 강조된다. 예수는 말로만 하는 강의를 하지 않았고, 비유, 치유, 축사, 연민, 대결 등을 통해 완전히 육화된 교육을 하였다.

앞으로 당할 고난에 관한 자세한 묘사가 본문에는 나오지 않지만, 베드로가 "주님, 안 됩니다. 절대로 이런 일이 주님께 일어나서는 안 됩니다"라고 말하면서 예수께 대들 정도로 그 내용은 매우 참혹했다. 베드로로서는 자연스러운 반응을 보인 것이다. 예수는 베드로를 꾸짖었다. "너는 하나님의 일을 생각하지 않고, 사람의 일만 생각하는구나!"

"십자가에 못 박히신 그리스도"는 베드로에게와 같이 나중에 복음을 들은 사람들에게도 "유대 사람에게는 거리낌(걸림돌)이고, 이방 사람에게는 어리석음"(고전 1:23)이 되었다. 십자가의 피는 회피하면서 예수의 선한 모범은 품으려는 우리의 본능은 세상 속에서 이루어지는 하나님 선교에 걸림돌이 된다. 그의 윤리를 원하지만, 십자가는 거부하는 것은 "하나님의 능력과 하나님의 지혜"를 거부하는 것이다(고전 1:24). "실족케 하는 그 사람에게는 화가 있도다!"(마 18:7, 개역개정) 예수는 분명하게 이렇게 응답하였다. "사탄아, 내 뒤로 물러가라!"(마 16:23)

마태가 예수가 "장로들과 대제사장들과 율법학자들에게 많은 고난을 받고 죽임을 당해야"한다고 해서 이것을 반유대주의로 간주해서는 안 된다. 마태는 어쨌든 다윗의 자손에 관해 글을 썼던(1장의 족보가 이를 확실하게 보여준다) 유대계 그리스도인으로 예수를 추종했던 유대인이다. 유대인 지도자들이 예수의 처형에 관해 음모했다는 것은 복음의 유대적 성격을 드러낸다. 예수의 죽음은 종교적 배경, 제사와 속죄에 대한 이스라엘의 역사적인 이해 때문에 신학적인 의미를 갖는다. 예수는 새로운 유월절 양, 이사야의 고난받는 종으로서 죽는다. 예수는 다시 나타난 다윗 왕을 메시아로 여기는, 검으로 무장한 해방 운동 분파의 지도자가 아니다.

유대 지도자들의 예수에 대한 본능적인 반감은 당시 로마 제국의 지배를 받는 정치 상황과 밀접하게 연관되어 있다. 그들은 예수를 동료가 아니라 위험인물로 인식했다. 요한이 체포되었다는 소식을 들은 직후(마 4:12) 매우 긴장된 순간에 예수는 공적 사역을 시작하였다. 로마의 괴뢰 지도자 헤롯은 곧 감옥에 갇힌 요한의 목을 자르라고 명령한다(마 14:10). 예수는 자신의 운명이 그와 다를 것이라는 사실을 알고 있었다. 조금 더 잔인한 방식의 죽음, 즉 당시 로마 제국의 일반적인 공개 처형 방식, 즉 십자가형이 될 것이다. 그러므로 바울은 "유대 사람이나 그리스 사람(즉, 이방 세계)이나 다 같이 죄 아래에 있음"을 주장하고 "의인은 없다. 한 사람도 없다. … 발은 피를 흘리는 일에 빠르며"라는 구약성서를 인용했다. (롬 3:9-19, 15)

예수가 유대 지도자들에 의해 "많은 고난을 받고" 로마 당국에 의해 "죽임을 당한다"(21)는 것은 예수가 모든 인류의 죄로 인해 죽었다는 뜻이다. 그의 죽음이 죄의 보편성과 밀접한 관련이 있는 것처럼 그가 사흘째 되는 날에 살아난다는 사실도 보편적인 의의를 가진다. 복음은 특정 부족에 관한 것이 아니고 세계적인 것이다: "너희의 원수를 사랑하고, 너희를 박해하는 사람을 위하여 기도하여라. 그래야만, 너희가 하늘에 계신 너희 아버지의 자녀가 될 것이다"(마 5:44-45). 진실한 속죄 신학은 그리스도가 모든 문화, 시대, 장소에 속한 모든 사람들을 위해 돌아가셨다고 선언한다. 용서와 하나님의 놀라운 은혜와 영생은 그것을 받아들이는 모든 사람들에게 주어진다.

놀랍게도 예수는 그를 따르는 사람들에게 십자가를 준다. 하나님의 한 없는 은혜를 담대하게 표현하기 위해 예수가 택한 이미지는 이 세상 초강대국의 처형 제도이다: "네 십자가를 지라"(24). 나를 따라오고 싶다면 자신을 부인해라; 네 생명을 찾고 싶다면, 네 생명을 포기해라. 예수는 우리를 대신하여 죽으셨다. 그러나 예수가 제자도의 대가(the cost of discipleship)를 면제시키기 위해 죽으신 것은 아니다. 복음은 새 생명을 주기 이전에 죽음에로의 초대이다. 이것이 하나님의 사랑이 죄인들을 이 세상에서의 유익만을 추구하는 허무한 삶으로부터 구원하고, 새 생명을 줄 수 있는 방법이다. 예수가 우리 죄 때문에 죽으셨기 때문에 이제 우리는 예수에게 우리 자신을 주고, 우리를 통제하고 장악하던 힘에 대해 죽을 수 있다. 우리를 위한 속죄에 우리가 아무 관련이 없을 수는 없다.

이것은 받아들이기 힘든 초대지만, 예수는 약속한 바를 지킬 것이라고 말씀했다. 이 생애 동안의 새 생명은 쉬운 삶이 아니지만 "인자"가 영광 중에 나타나 "각 사람에게, 그 행실대로 갚아 줄"(27) 종말론적인 심판의 날이 오고 있다. 즉, "그들의 눈에서 모든 눈물을 닦아 주실 것이니, 죽음은 더 이상 없을 것입니다. 애통하고 울며 고통은 더 이상 없을 것입니다"(계 21:4). 곧-오실-왕의 언어 (soon-coming-king language)가 조금 모호하게 들릴지 모르겠으나("여기에 서 있는 사람들 가운데는, 죽음을 맛보지 않고…", 28) 구원의 완성에 관한 강력한 약속은 더없이 확실하다.

16:21은 마태 예수 이야기의 전환점이다. 마가와는 달리 마태는 21-28절을 앞의 본문들과 분리했다. 마태는 마가가 연결 짓는 단어로서 "그리고"를 사용한 것과는 달리(막 8:31) 21절에서 "그때부터 예수께서는"으로 바꿨는데 이는 이야기의 전환을 의미한다. 예루살렘과 거기에서 사건들이 크게 다가올 뿐만 아니라, 이 부분에서부터 예수의 가르침이 군중에게 보다는 전적으로 제자들에게 향하게 된다. 예수는 그의 다가올 죽음을 제자들이 준비하는 데 초점을 둔다. 21-23절을 앞의 절과 분리하는 것 역시 16절의 베드로의 고백이 칭찬할 만한 것이 되도록 하는데, 왜냐하면 21-23절의 베드로에 대한 교정(마가와는 달리 꾸짖는다고 하지 않으셨다)이 더 이상 베드로의 고백과 직접적으로 연관되게 하지 않으셨다.

이 본문들은 예수의 고난과 죽음과 대한 첫 번째 예고이다(17:22-23, 20:17-19, 26:2). 역사적 차원에서는 예수가 그의 가르침과 행동이 일으킬 반대를 알고, 그의 공생애에 대립적이거나 폭력적 결과를 예상하고 있다는 것은 특별히 그의 사명을 예언자나 이사야 52-43절의 고난받는 종과 비슷하게 본다는 점에(비록 현재의 고난 예고의 형식은 후기 기독교 형식이긴 하지만) 있어서는 상상할 수 없다. 그런데 21절의 "반드시"라는 단어는 예수가 단순히 그의 사명을 마쳐야 한다는 의무를 보여준다. 그것은 예수의 운명이 하나님 계획의 한 요소로서 신적 불가피성임을 보여주는데, 그것은 종말론적 세계관의 일부로서 정해진 세계의 시나리오는 반드시 실행되어야 한다는 것이다. 하나님의 계획은 고난과 죽음만이 아니라, 죽음과 악의 세력에 대한 승리를 의미하는 부활까지 포함된다.

예수의 말에 대한 베드로의 반응은 그가 예수의 길에 대해 적절히 이해했거나 받아들이지 못했다는 것을 보여준다. 사실 베드로는 사탄의 편에 서서 하나님을 반대하고 있다. 그는 반석과 같은 믿음과 제자도에서부터 걸림돌로 바뀌고 있다. 비록 예수께서 17-18절에 베드로가 복이 있고 하나님 계시의 수령자라고 칭찬하고 있지만, 베드로는 여전히 예수의 제자됨에 있어서 더 많이 배워야 함을 보여주고 있다.

마태는 24-28절의 제자됨의 요청에 대한 예수의 가르침의 청중을 마가가 군중을 포함하는 것에서 제자들에게 한정된 것으로 바꾼다. "자기 십자가를 진다"는 것은 순교까지 포함하면서 그것에 한정되지는 않는 자기 부인의 생생한 비유이다. 십자가를 형을 받는 장소까지 메고 가는 죄인들은 마침내 힘든 죽음을 맞기 전에 조롱, 모욕, 거부와 수치를 받아야 한다. "제 십자가를 지는" 제자는 하나님의 나라를 위해서 기꺼이 자부심, 자존심, 지위, 안락 그리고 목숨까지도 바치는 사람이다.

이 표현은 아마도 역사적 예수와 부합할 것이지만(마가복음과 Q 그리고 도마복음서에서 나오고, 십자가형은 팔레스타인 사람들에게 익숙한 것이다), 또한 그의 죽음 후에 궁극적 신실함의 표시로서 초대 교회가 정교화한 것일 수도 있다. 어떤 경우이든 마태의 시대에 이 말을 복음에 포함시켰는데, 십자가를 진다는 것은 충실한 제자도의 강력한 이미지였다.

"누구든지 가지 목숨을 잃는 사람은 찾을 것이다"라는 역설적 표현은 일반적 격언에서 온 것이지만, 예수가 특별히 적용한 것이다. 제자도는 "나 때문에", 예수의 경우에 있어서는 "하나님을 위해" 자기 목숨을 버려야 한다는 것이다. 이것이 비록 고귀한 생각이지만 목숨을 이타적인 이유로 버리라는 것은 아니다. 그것은 예수의 제자들에게 행해진 특별한 요구이다. 그들은 예수가 보여준 길을 따라 자기중심의 야망이나 목적 그리고 생활 양식을 포기해야 한다는 것이다.

마태에게 있어서 그러한 믿음의 보상은 마가에게는 26절에서 미래형으로 나타나는 동사를 바꾸어 종말론적으로 표현한다. 이러한 종말론적 초점은 27절과 연결되는데, "인자가 자기 아버지의 영광에 싸여, 자기 천사들을 거느리고 올 때에 그 행실대로 갚아 줄 것이다"라는 것이다. 말로 한 고백이 아니라 스스로 행한 제자됨에 충실함이 심판을 결정할 것이다.

마가복음 9:1절을 교정한 마지막 절은 계속해서 종말론적 주제를 다루고 있는데, 여기에 있는 사람들 가운데에서 죽음을 맛보지 않고 살아서 인자가 자기 왕권을 차지하고 오는 것을 볼 사람도 있다는 것이다. 이 말은 주석가들에게 어려움을 주는데, 왜냐하면 이 예언이 이루어지지 않았기 때문이다. 독자들은 이에 대해 다양한 해석을 할 수 있을 터인데, 말하자면 이 예언이 예수의 변화, 부활 또는 교회의 사역을 통해 성취되었다는 것이다.

그러한 해석이 마가나 누가가 말한 것에는 적용될 수 있겠지만(죽기 전에 하나님의 나라를 볼 수 있을 것이라는), 마태는 분명히 예수의 재림을 말하고 있는 것이다(마태는 마가의 말을 바꾸었다). 예수가 금방 재림할 것이라는 기대는 초대 그리스도인의 믿음이었다(롬 13:11; 고전 15:51; 살전 4:17; 계 1:1, 3, 3:11, 22:7, 20).

비록 마태는 예수의 재림이 늦어지는 것을 알았고(마 25:1-30의 두 비유), 복음이 온 세상에 전파된 후에 일어날 것으로 선포하기도 했지만(24:14), 곧 일어날 것이라는 가능성도 두었다. 마태가 복음서를 쓴 때는(AD 85년경) 예수와 동년배들이 상상컨대 몇몇이 살아 있어서 예언의 성취는 여전히 마태와 그의 독자들에게 선택하도록 맡겨져 있었다.

역사는 교회가 실패하고 신앙이 부족했던 사례들로 가득 차 있다. 예수의 삶과 죽음과 부활에 대한 근본적인 메시지가 서서히 손상될 때는 근본으로 돌아가는 개혁이 필요하다. 개혁주의 전통의 핵심인 "개혁된 교회는 항상 개혁되어야 한다"는 선포에는 교회의 타락과 죄에 대한 인식이 놓여 있다. 오늘 본문 앞에 있는 베드로의 고백 위에 교회가 세워졌다는 말씀(13-20)에 이어서 우리는 이제 교회가 오해하는 첫 번째 순간을 만나게 되고, 그것은 이 세상에서 예수의 몸의 한 지체로 예수를 따르는 것이 무엇을 의미하는지를 일깨워준다.

베드로를 정당하게 평가해야만 한다! 우리 가운데 감히 예수를 책망할 사람이 얼마나 되겠는가? 이제 막 묶고 풀 수 있는 권세를 가진 "하늘나라의 열쇠"(19)를 받은 베드로는 예수를 묶기 위해 그의 새로운 권위를 사용하려고 한다! 그는 분명히 예수가 메시아가 되는 것이 무엇인지에 대해 마음속에 확실한 서사를 가지고 있는데, 예수는 갑자기 대본에서 벗어나고 있다. 메시아는 억압적인 제국을 전복시킴으로써 유대 왕국을 회복해야 한다. 그러나 지금 예수는 고통받고 죽기 위해 예루살렘으로 간다고 말하고 있다. 그래서 베드로는 예수를 바로잡고 구하기 위해 끼어든다. "주님! 그건 하나님이 금하셨습니다." 내가 새로 가진 권위로 나는 당신을 가게 하지 않을 것이며, 다가오는 하늘나라에 대한 약속이 무너지게 하지 않을 것이다! 어떻게 기름 부음 받은 사람이 고난과 죽음으로 더럽혀질 수 있단 말인가?

베드로의 불신앙에 대해 고개를 가로젓기는 쉽지만, 이것이 역사 전체에서 교회가 해 온 투쟁이 아니었을까? 하나님을 어떻게 죄와 고통과 죽음의 세계에 의해 더럽히지 않도록 온전히 순결하게 품고 지킬 수 있을까? 로마 가톨릭교회의 최근 역사에서 이것은 하나님의 어머니(theotokos)인 마리아의 무염수태(無染受胎)를 의미했다. 개혁교회는 이러한 주장을 하지는 않지만, 95개조 반박문이나 기독교강요 안에 있든 없든 간에 마르틴 루터와 장 칼뱅이 루터교회와 개혁교회 전통에서 생물학적인 의미에서가 아니라 신학적으로 하나님이 하늘에서 곧바로 하강하셨다는 순결 교리를 생각하고 있지 않은가? 우리는 미국 근본주의의 성서주의에 대해서도 같은 말을 할 수 있을 것이다.

개혁자들이 로마 교회의 월권과 부패에 대해 정당하게 항의했지만, 금방 그들 자신도 부패에 대하여 자유롭지 않다는 것을 깨달았다. 그래서 그들은 전형적인 지역 교회가 겪는 갈등, 부패, 스캔들 그리고 모든 굴욕으로 가득 찬 가시적 교회와 대비하여 아우구스티누스의 불가시적 교회, 즉 회개하고 선택된 신자들의 연합에 대한 개념을 회복시켰다. 우리 가운데 많은 사람들이 가시적 교회의 혼란을 참아내기보다 지식(gnosis)을 통해 불가시적 교회의 순결에 추상적으로 머물려는 유혹을 받고 있다.

다시 우리는 베드로의 말을 듣는다. "주님, 그건 하나님이 금하셨습니다!" 당신은 순수하고 거룩한 불가시적 교회의 머리이기 때문에 이런 종류의 고난이 결코 일어나서는 안 된다. 눈물과 땀, 피와 인간의 더러운 일을 겪을 수 없다. 왜냐하면 당신은 하나님이기 때문이다. 당신은 우리를 구원해야만 한다! 방금 17-19절에서 베드로의 고백을 확인한 예수는 이제는 깜짝 놀랄 대답을 하신다. "사탄아, 내 뒤로 물러가라! 너는 나에게 걸림돌이다. 너는 하나님의 일을 생각하지 않고, 사람의 일만 생각하는구나"(23). 판이 바뀌었다. 베드로는 자신을 보호하기 위해 예수를 보호하려 하지만 예수께서는 자신의 백성들과 함께 고난을 당하고 죽으시는 것으로 메시아의 삶을 살고 또 그렇게 메시아로서의 정체성을 재해석하고 있음을 분명히 한다.

예수는 멀찍이서 교회에 대해 가르치는 교수나 작가가 결코 아니고, 양 떼와 함께 살고 인도하며, 먹이고 상처를 치유하고 원수로부터 보호하며, 그들과 같은 자리에서 잠을 자고, 그들을 위해 그의 생명을 기꺼이 내놓는 착한 목자다. 그는 눈에 보이지 않는, 순결하고 더럽혀지지 않은 불가시적 교회 대신 실제적이고 지저분하고 살과 피가 있는 교회의 목자가 되기를 원하기 때문에 장로, 대제사장 및 율법학자의 손에 큰 고통을 겪어야 한다. 우리가 그를 따르기를 원한다면, 우리는 또한 피 흘리고 울며 땀 흘리고 죽어야 할 것이다. "누구든지 자기 목숨을 구하고자 하는 사람은 잃을 것이요, 나 때문에 자기 목숨을 잃는 사람은 찾을 것이다"(25).

복음의 놀라운 점은 하나님이 완벽하게 잉태되기를 선택하지 않으시고, 로마 제국에서 멸시당하는 유대인으로, 예루살렘 기득권층 가운데 비천한 갈릴리 사람으로 오셔서 인류의 혼란 속에서 사시고, 궁극적으로 우리의 집단적인 기능 장애의 희생자가 되기로 선택하셨다는 것이다. 우리가 예수를 따르는 사람이 되려고 하면, 다른 사람들과 함께, 다른 사람들을 향해 그리고 다른 사람들을 위해 연약해지지 않을 수 없다. 우리의 관심은 우선적으로 그리고 무엇보다도 교회의 순결이나 교리의 올바름이 아니라 세상 속으로 그리고 십자가 위로 예수를 따르려는 의지이다. 우리는 하나님을 통제하거나 예수께 제자가 되는 조건을 제시하지 않는다. 대신 우리는 우리 자신의 삶과 제도를 보호하겠다는 욕구를 포기함으로써 오염과 불안정을 감수한다.

우리가 원죄 없는 잉태, 불가시적 교회 또는 특수한 영지라는 개념에 더 이상 집착하지 않게 되면, 예수가 그랬던 것처럼 삶 속으로 완전히 들어가야 한다는 현실에 직면하게 된다. 그래서 우리는 그리스도의 몸으로서 더 큰 순결이나 거룩함에 들어가는 것이 아니라, 이 세상에서 예수 자신의 삶의 방식과 연대하여 교회의 지속적인 개혁에 참여한다. 우리 자신의 자기 보존을 위해 예수를 속박하는 대신에 교회는 "생명을 잃을 위험이 있더라도"* 예수를 신실하게 따르고 증언(martys)해야 한다. 우리가 우리 자신을 발견하는 이 세상에 그리스도의 몸이라는 방식으로 참여하면 우리는 새로운 생명으로 부활하게 된다.

* *The Constitution of the Presbyterian Church (U.S.A.)*, Part II: *Book of Order* (Louisville, KY: Office of the General Assembly, 2000), G-3.0400.

설교

이 본문은 분명한 전환을 보여주며 시작한다: "그때부터 예수께서는 제자들에게 밝히기 시작하였다…". 이 구절은 방금 있었던 대화 곧 베드로가 예수를 "그리스도시요, 살아계신 하나님의 아들"이라고 단언했던 것과 연관이 있다. 설교자는 여기서 이 전환에 집중할 필요가 있다. 예수께서 예루살렘을 향해 그리고 거기서 그를 기다리고 있는 고난을 향한 긴 여정을 시작하면서 그는 제자들에게 더 열심히 가르치기 시작한다. 이 여정과 중요한 가르침들은 이후 몇 장에 걸쳐 소개되고 있다. 21절에서 앞으로 있을 고난이 임박했음을 제자들에게 강조하는 것은 이전에 예수의 신적 정체성에 대해 공개하지 말 것을 엄중하게 경고한 것(20)과 연관이 있다.

앞으로 있을 예수의 고난, 죽음 그리고 부활에 관한 4번의 예언 가운데 첫 번째 예언을 보면서 우리는 제자들이 예수께서 신성한 사명을 어떻게 성취할 것인가에 대해 모르고 있음을 쉽게 알 수 있다. 제자들은 이 계획에 대해 처음 들어본 게 아니었다: 그들은 실제로 신앙적으로 성숙해 있었다. 하지만 그들이 그리스도의 본질이나 사명을 이해하는 제자가 되기 위해서는 더 시간이 필요하였다.

이 본문으로 하는 설교에서 중요한 점은 가르침이 실제로 필요하다는 점에 둘 수 있다. 베드로와 제자들은 이미 그리스도에 대한 믿음을 주장했고 또 확언했다. 하지만 여전히 예수의 가르침에 저항하고 있는데, 그 이유는 그리스도의 태도와 사명을 이해하기가 어려웠기 때문이다. 예수의 고난은 회피할 수 없는 것이다. 고난에 관한 질문은 기독론에서 언제나 난제로 남아 있다. 고난에 대한 인간의 경험이 다르기 때문에 예수의 고난을 설교할 때 주의와 관심이 요청된다. 설교에서 무분별하게 대속적 속죄를 단언하게 되면, 그리스도가 우리를 대신하여 치른 희생을 쉽게 무시하는 무책임한 설교가 될 수 있다. 그리스도의 고난은 우리를 위해 또 우리와 함께 견디는 하나님의 사랑에 관한 목회적 치유자료가 될 수도 있다. 이와는 달리 고난을 하나님의 분노가 표출된 것으로 설교하게 되면, 교인들에게 고통을 줄 수가 있다. 이런 위험성은 설교자가 어떤 신학을 견지하고 있는 것과 무관하게 모든 설교자에게 있다.

앞으로 있을 고난은 사랑과 생명을 선물로 주신 하나님이라는 우리의 이해에 문제를 제기한다. 이것은 우리뿐만 아니라 베드로의 문제이기도 하다. 베드로는 그가 앞에서 그리스도라고 단언할 때처럼 담대하게 반대하고 있다. 그의 반대는 목회자를 위해 공동체가 걱정하는 것처럼 들린다. 그런데 이상하게도 예수께서는 그를 꾸짖는다. 앞에 있는 베드로와 예수 사이의 질문-대답 형식의 대화가 여기서도 병행 구조로 나타난다. 예수께서 그리스도임을 드러내어 축복을 받고 사명을 받았던 이 제자가 지금은 임박한 예수의 고난과 죽음을 반대한다는 이유로 책망을 받고 있다.

한 가지 분명한 설교적 관점은 계시에 대한 베드로의 인식 보다는 우리 역시 베드로와 같다는 방향으로 접근하는 것이다. 우리 역시 종종 하나님에 관해 잘 알지 못한 채 확신에 찬 주장을 하고, 또 하나님을 대신하여 그렇게 주장한다고 여기기도 한다. 이런 주장들은 베드로의 논쟁을 야기한 것과 같은 동일한 깊은 사랑에서 비롯되기도 한다. 이처럼 고백이 지닌 신비한 점은 설교의 과제가 된다.

이에 대한 예수의 대응은 전혀 상냥하지가 않다. 그의 반응은 4장에서 그가 받은 유혹의 장면을 떠올리게 한다. 베드로는 고난이 그리스도의 사명에서 핵심적인 것을 이해할 수 없다. 이에 대해 예수께서는 베드로의 반대를 사탄의 유혹과 같은 것으로 동일시한다. 유혹은 우리의 뜻을 하나님의 뜻보다 위에 두는 것이다. 그래서 예수께서는 베드로가 사랑으로 한 이 표현을 축복하지 않는데, 그 이유는 그것이 신실함에 대해 혼란을 가져오기 때문이다.

그러므로 예수께서 고난과 제자도에 관해 오랫동안 가르치기 시작한 것은 놀라운 일이 아닌데, 그 이유는 제자들이 그들이 받았던 계시를 아직도 분명히 이해하지 못하고 있기 때문이다.[*]

이 역설적인 내용의 병행 배치는 "반석"이 "걸림돌"으로 전환되는 장면에서도 계속된다. 일이 이처럼 아이러니하게 전환되는 상황에 기초한 설교는 신실함으로

---

[*] Jack Dean Kingsbury, "The Figure of Jesus in Matthew's Story: A Literary-Critical Probe," *Journal for the Study of the New Testament* 21 (1984): 3-36.

신앙적 인식을 하는 우리들을 의도치 않게 혼란스럽게 만들 수 있다. 그러나 배우려는 삶은 지속적으로 나타나는 계시 그 자체와 더불어 우리를 가르치려는 그리스도의 인내로 인해 힘을 얻게 된다.

예수께서는 자신이 "종이 되어 섬기는 일"은 고난을 피할 수 없고, 그의 "메시아로서의 삶"이 죽음에서 벗어나지 못할 것을 가르친다. 그러나 그리스도의 고난과 그의 죽음은 부활에서 하나님께서 하신 일로 조명된다. 예수께서는 베드로에게 임박한 고난에 대해 하나님의 뜻을 찾으라는 권면을 한 후 제자로 살아가는 일 또한 삶과 사명에 대한 새로운 인식이(24-26) 필요함을 설명한다.

대속 신학을 무비판적으로 설교하는 것이 문제가 되듯 제자의 길을 갈 때 받는 고난에 관해 설교하는 일은 설교자에게 하나의 도전이 된다.* 기적과 스승됨을 통하여 또 선포하고 가르침으로써 예수께서는 자신의 고난을 제자도와 연결시킨다.* 실제로 그는 제자들에게 제자도의 이런 면을 이해하라고 단순히 요청하는 것이 아니라 그들이 그 길을 가려면 결단해야 한다고 요구한다.**

하나님의 축복을 신앙이나 사역과 연관시키는 것은 아마도 인간의 본성인 것 같다. 우리는 하나님께서 우리를 축복하기를 원한다고 설교한다. 구원은 하나님의 사랑을 통하여 화해되는 것을 의미한다. 그렇다. 하나님의 분명한 뜻은 우리를 축복하는 것이다. 우리는 그것을 보여주기 위해 신실함을 가르치고 번영을 설교한다. 그렇다면 제자의 길을 갈 때 받게 되는 고난을 이러한 인식과 어떻게 조화시킬 것인가? 고난이 신실함의 증거가 되는가?

우리는 분명히 유혹과 도전에 직면하게 되는데, 그것을 악을 대면하면서 생기는 자연스런 혹은 영적인 결과로 혹은 우리 자신의 죄로 인한 것으로 여기고 있다. 성서는 우리를 축복하는 것이 하나님께서 바라는 일임을 증거하고 있다. 그럼에도 불구하고 마태복음의 이 본문은 고난을 기독론의 관점에서 보고 있고 제자도를

---

* Warren Carter, "Kernels and Narrative Blocks: The Structure of Matthew's Gospel," *Catholic Biblical Quarterly* vol. 54, no. 3 (1992): 463-481.
** Frank J. Matera, "The Plot of Matthew's Gospel," *Catholic Biblical Quarterly* vol. 49, no. 2 (1987): 233-253.

그런 고난과 동일시하고 있다. 우리의 과제는 하나님의 축복과 희생적 고난이 제자도 안에서 어떻게 변증법적으로 만날 수 있는가를 설교하는 일이다.

(본문에서 이 두 항목이) 명제(thesis)와 반명제(antithesis)로 등장하는데 (설교를 통해 나올) 합명제(synthesis)는 하나님의 축복을 모독하지도 않고, 희생적 고난을 비신앙적 삶의 결과로 비난하지도 않는 것이어야만 한다.

성령강림절 후 열다섯째 주일

마태복음 18:15-20

> ¹⁵네 형제가 죄를 범하거든 가서 너와 그 사람과만 상대하여 권고하라 만일 들으면 네가 네 형제를 얻은 것이요 ¹⁶만일 듣지 않거든 한두 사람을 데리고 가서 두세 증인의 입으로 말마다 확증하게 하라 ¹⁷만일 그들의 말도 듣지 않거든 교회에 말하고 교회의 말도 듣지 않거든 이방인과 세리와 같이 여기라 ¹⁸진실로 너희에게 이르노니 무엇이든지 너희가 땅에서 매면 하늘에서도 매일 것이요 무엇이든지 땅에서 풀면 하늘에서도 풀리리라 ¹⁹진실로 다시 너희에게 이르노니 너희 중의 두 사람이 땅에서 합심하여 무엇이든지 구하면 하늘에 계신 내 아버지께서 그들을 위하여 이루게 하시리라 ²⁰두세 사람이 내 이름으로 모인 곳에는 나도 그들 중에 있느니라

신학

　　오늘 본문은 마태복음에서 예수가 교회론과 교회 생활에 관계되는 문제들을 다루는 긴 내용 중 가운데 부분에 자리 잡고 있다. 뛰어난 지도자("누가 "천국에서 가장 위대하다"고 할 수 있는가")는 어린아이와 같은 겸손한 자리에 있어야 하고, 낮은 자를 섬겨야 한다(마 18:1-5); 제자들은 동료 신자들이 가는 길에 "걸림돌을 놓는" 행동을 하면 안 되고(18:6-7), 개인적인 윤리에 철저해야 한다(18:8-9); 신자들은 서로에 대해 열심을 갖고 보살펴서 한 사람도 잃지 않도록 해야 한다(18:10-14). 그리스도 안에서의 교제에는 끊임없는 그리고 제한 없는 인내가 있어야 하며, 필요하다면 "일흔 번씩 일곱 번"까지도 서로 용서해야 한다(18:21-35). 이런 배경 속에서 예수는 "형제"(즉, "교회의 일원")가 "너에게 죄를 지었을 때"(15) 어떻게 해야 하느냐는 질문을 다룬다.

　　예수가 말하는 교회의 성격은 바울이 제시한 그리스도의 몸의 이미지와 상통한

다. 그리스도는 교회 안에 계신다: "내 이름으로 소자를 영접하는 것은 나를 영접하는 것이다"(18:5), "두세 사람이 내 이름으로 모인 곳에 나는 그들 가운데 있다"(18:20). 각각 신자는 매우 소중하고, 어느 누구도 다른 신자보다 더 우월하다고 생각할 수 없다. 따라서 교회는 엘리트, 강자 혹은 다수파의 의견에 따라 움직이는 자발적 결사 단체가 아니다. 교회는 예수 그리스도를 머리로 하는 모든 지체가 하나로 연합한 교제이다.

예수께서는 사도 이후 시대를 위해 구체적인 규율을 제정하시거나 특별한 지도자나 기구를 지정하지도 않으셨다. 다양한 역사적 과정을 거쳐 형성된 오늘의 예수의 위대한 가족의 각 분파는 수많은 방식 중 자신에게 맞는 방식을 따라 나름의 성서적 원칙에 근거하여 교회를 조직하게 된다. 그러나 예수는 그의 이름으로 모이는 단체는 오늘 본문과 신약성서 다른 곳에서 제시된 교회론의 핵심적 특징에 충실해야 한다고 요구하신다. 교회는 계속해서 예수의 다림줄에 자신을 맞춰야 한다.

교회 내의 갈등은 새로운 것이 아니다. 예수 시대로부터 갈등은 기독교 공동체를 괴롭혀 왔다. 오늘날 교회 지도자들은 종종 교인들 간의 입장의 차이를 "관리", "중재" 또는 "해결"하기 위해 사회과학의 도움을 받는다. 누군가 다른 사람이 자신을 부당하게 대했거나 어떤 식으로든 자신에게 거스르는 행동을 했을 때 그 사람은 목회자를 찾아가 상담을 받을 수 있고, 목회자는 가족 체계 이론에 따른 심리학적 통찰력을 갖고 행동의 역동성을 진단할 수 있을 것이다.

이러한 방법은 물론 도움이 된다. 사실 예수도 그가 문제 해결을 위해 설정한 단계를 보면 오늘날의 표준으로 볼 때도 매우 현명했던 것으로 보인다. 먼저 그 사람에게 직접 가서 "단 둘이 있는 자리에서 그에게 충고하여라". 만일 그 피해자가 겸손하고 친절한 매너를 가진 사람이라면 고백, 용서, 화해 같은 일이 생길 수 있다. 그 단계가 실패하고 아직도 넘어야 할 벽이 남아 있다면, 두 번째 단계는 "한두 사람을 더 데리고 가" 그에게 말하는 것이다. 이것은 제삼자의 시각에서 사태를 살피고, 오해를 미리 방지하며, 나중에 누가 무슨 말을 했는지에 대해 억지 주장을 하는 것을 예방하기 위해서이다. 가해자가 계속 완고한 태도를 보인다면, 공적으로 문제를 보고하고, 해결책을 고안하기 위해 이제 교회에 알릴 시간이다.

예수님은 여기에서 악의 없는 견해 차이에 대해서가 아니라 "너에게 죄를 진" 사람에 대해 말하고 있다. 그러한 죄에는 십계명에 요약된 죄들이 포함될 수도 있고, 그리스도 안에서의 화합을 파괴하는 각종 이기적인 행동도 포함될 것으로 추정할 수 있다. 교인 간에 상처를 입히는 일이 생긴다면, 이것은 단순히 개인적인 문제가 아니다. 그것은 그리스도의 몸을 훼손하는 신학적인 문제이다. 예수가 지시한 각 단계는 치유와 회복을 기대하는 마음으로 수행돼야 한다.

오늘날 미국 교회를 보면 이런 일이 생길 때 한두 사람이 분노에 차서 교회를 떠나거나 동네 다른 교회로 옮기거나 아예 교회 나가기를 멈추는 일들이 생기기도 한다. 이 모든 경우에 죽음이 지배적인 영향을 행사한다. 회중이나 관련된 당사자들은 앞으로 수년 동안 상처를 갖고 살 수 있다. 하나님의 은혜가 그 은혜를 세상에 전하기 위해서 부름받은 사람들 사이에서 손상되어 버린 것이다.

가해자가 자신이 옳았다고 계속 주장하여 부활의 가능성이 보이지 않을 때 교회는 어떻게 해야 하나? 예수의 대답은 그리 단순하지 않다. "그를 이방 사람이나 세리와 같이 여겨라." 교회는 이 말을 파문이나 추방 혹은 그 사람을 기피하라는 뜻으로 이해했다. 발에서 먼지를 털어 내고, 손을 씻고, 계속 길을 가는 것처럼 그런 이해는 상식적인 것으로 보인다. 그러나 예수는 자주 이방 사람, 세리, 창녀 등의 부적격해 보이는 외부인들과 교제를 하셨으므로 우리는 그 의미에 대해 깊이 생각해 봐야 한다.

종교 지도자들은 예수가 기회 있을 때마다 종교의 이름으로 그런 외부인들에게 은총을 베풀고, 심지어 그들과 함께 먹고 마시는 것에 대해 분개했다. 그들은 예수를 "세리와 죄인의 친구"라고 맹비난을 했다(마 11:19). 예수가 그들을 멀리하라고 우리에게 명하셨다고 어떻게 상상할 수 있을까? 예수는 우리에게 그들을 포기하지 말라고, 계속 그들에게 손을 뻗치라고, 그들을 계속 사랑하고 깨진 것을 회복하라고 명하신다. 다음 몇 구절에서 베드로는 그가 올바르게 들었는지 확인해야 했다. "주님, 형제가 나에게 죄를 지었다면 몇 번이나 용서해야 합니까?"

예수의 "일흔 번씩 일곱 번"이라는 답은 "무한히"라는 의미이다(21-22).

세상 다른 사람들은 어떤 시점에 도달하면 사람을 쉽게 버린다. "너희가 땅에서 매는 것은 하늘에서도 매일 것이요, 땅에서 푸는 것은 하늘에서도 풀릴 것이다"(18)라는 예수의 말은 여러 가지로 해석될 수 있다. 교회가 이 세상에서 하나님의 나라가 이루어지는 장소라는 예수의 가르침과 이 말씀이 주기도문(뜻이 하늘에서 이룬 것 같이 땅에서도 이루어지이다)과 통한다는 점을 생각해 볼 때 예수는 다음과 같은 의도로 말씀하셨다고 추정할 수 있다. 교회 안에 있는 우리가 용서하고 치유하지 않는다면 이 세상에 누가 그것을 하겠는가? 아무리 작은 교회라도—두세 사람이라도— 그리스도 안에서 한마음이 되어 하나님의 뜻을 이루기 위해 기도할 때 하나님은 응답하실 것이다. 그런 교회는 진정한 교회가 될 것이다. 왜냐하면 예수가 그 안에 계시기 때문이다.

주석

마태복음 18:15-20은 16:13-20과 병행구이다. 두 본문은 마태복음서에서는 유일하게 교회(ekklesia)라는 단어를 사용하고, 매는 것과 푸는 것에 대해 말하고 있다. 이 본문은 예수의 말을 담은 복음서라기보다는 초기 기독교 공동체의 매뉴얼이었던 디다케(Didache)라고 보는 것이 적절해 보인다. 대부분의 학자들은 본문이 예수의 말이라기보다는 마태나 그의 공동체가 말한 것으로 여긴다. 마태 본문의 기저를 이루는 예수의 용서에 대한 말이나 제자들 사이의 갈등을 다루는 말이 있지만(눅 17:30의 예), 현재 형태의 분문은 예수의 삶의 정황보다는 제도적 교회의 발전을 반영하고 있는 듯 보인다.

이 본문이 일차적으로는 교회의 징계에 관한 문제에 관심을 두고 있지만, 초점은 처벌이 아니라 화해이다. 궁극적 목적은 "형제를 얻는 것"이다(15). "형제가 너에게 죄를 짓거든"과 같은 가족적 용어가 사용되고 있다. 이러한 문자적 번역은 NRSV 같이 "교회의 구성원"으로 번역하는 것보다 낫다. 그러한 번역은 예수의 제자들이 하나님의 자녀들로서 대가족을 이루고 있다는 개념을 상실하고 있기 때문이다. 아마도 더 나은 번역은 성 포괄적인(gender-inclusive) "형제와 자매"라고 하는 것이다.

잘못한 사람을 부끄럽게 하거나 모욕을 주는 것을 막으려는 여러 가지 노력들을 제시하고 있다. 교인들은 죄를 지은 사람에게 상황을 바로잡기 위해서 개인적으로 형제나 자매를 찾아가야 한다. 만약 그것이 실패하면 문제를 해결하기 위해서 믿음의 공동체의 사람을 더 데리고 가서 해결해야 한다. 유대 전통에서는 두 명이나 세 명의 증인이 필요한데(신 17:6, 19:15), 여기에서 복수의 증인들은 잘못을 확증하려는 것이 아니라 대화를 유효하게 하고 잘못한 사람의 책망에 힘을 더하기 위해서이다.

15절의 "너에게 죄를 짓거든"이란 단어는 권위 있는 초창기의 두 사본(Sinaiticus 와 Vaticanus)을 포함한 여러 고대 사본에서는 발견되지 않는다. 본문 연구자들 사이에서는 이 단어가 21절과 병행구가 되게 하기 위해 사본을 만드는 사람이 추가한 것인지 또는 그것이 본래는 있었는데 나중에 우연히 또는 좀 더 광범위하게 적용하기 위해 생략한 것인지에 관해 의견이 갈린다. 둘 중에 어떤 경우든 주도권이 잘못한 사람에게 있는 것이 아니라 교회의 다른 구성원들에게 있다. 하나님의 가족의 구성원들은 서로 간에 또는 서로를 위해 책임이 있다.

이러한 과정을 거쳐서도 문제가 해결되지 않으면 그 문제는 전 교회에 제기된다 (16:17의 교회라는 단어는 보편적 교회를 의미하지만, 여기에서는 지역 신앙 공동체를 지칭하는 것이다). 만약에 잘못한 사람이 전체 공동체 앞에서도 저항한다면, 그 사람은 외부인(이방 사람이나 세리와 같이)과 같이 취급하게 된다. 상호 존중과 책임의 의무를 위반하므로 그러한 사람들은 외부인과 같이 행동하는데, 그러기에 다시 복음화되어야 할 필요가 있는 외부인으로 취급해야 한다("그를 이방 사람이나 세리와 같이 여겨라"라는 표현은 예수의 입에서 나온 것 같지 않다. 이러한 단어들은 유대인 기독교 공동체의 상황을 반영하고 있다).

이 본문에 기술된 과정들은 흥미롭게도 사해사본에서 묘사된 쿰란 공동체의 징계 절차와 유사하다. 거기에서는 공동체의 구성원들은 다른 구성원들을 배려하고 존중해야 할 의무가 있다. 징계의 행동에서 공동체 규칙을 따르지 않으면 때로는 공동체에서 추방될 수도 있다. 바울 사도는 고린도교회에 명백하게 성적 부도덕의 잘못을 저지른 교인을 제거하라고 충고하고 있다(고전 5:1-8).

이 분문의 나머지는 형제와 자매로서 빗나가는 문제를 토론하고 다루는 데 적절하다고 여긴 마태가 첨부한 여러 가지 말을 포함하고 있다. 마태는 이 18절의 "매는 것과 푸는 것"이라고 하는 것은 이미 앞에서 교회에 관한 본문에서 사용했다 (16:19). "매는 것과 푸는 것"이란 것은 후기 랍비 문서에서 율법 해석(무엇이 허용되고 허용되지 않는 것인지에 관한)이나 징계 해석의 표현에서 나타난다. 여기에서는 후자의 의미로 사용되었다. 모인 신자들(18절의 '너희들')이 잘못을 범한 사람들에게 관심을 가진 이 같은 방식으로 일을 하면 그들은 성령과 하나님의 권위로 행하게 되는 것이다.

19절에서 마태는 분명히 독립적이고, 본래 기도에 관한 말을 다루고 있는데 여기에 새로운 의미를 부여한다. 신자들이 협력하고 합심하여 한 기도에 하나님이 응답하신다는 확신을 교회의 징계 결정에도 적용한다. 아마도 마태는 교회의 그러한 결정들은 신중하고 진심 어린 기도를 한 뒤에 결정해야 한다고 보았던 것이다. 전 절과 같이 19절은 교회가 화해와 회복을 가져올 책임감으로 행동할 때에 비록 고집스런 개인을 추방해야 할 어려운 상황에서도 하나님을 대신하여 행동하는 것이라고 생각할 수 있다는 것이다.

마지막 20절은 징계에 관한 안을 다룰 수밖에 없는 교회에서도 부활하신 그리스도가 공동체에 현존하고 함께하고 있다는 것을 말한다. 이렇게 상기시키는 것은 확신과 주의를 기하는데 모두 봉사한다. 그리스도를 통해 하나님께서 공동체에 현존한다는 것은 마태복음에서 시작의 탄생 설화에서부터(1:23) 마지막까지 (28:20) 강조하고 있다.

18:15-20에 걸쳐 강조하는 것은 잘못한 형제자매를 벌주는 것이 아니라 다시 찾는 데 있다. 이것은 마태가 이 본문을 배치하는 문맥에서 보면 분명하다. 본문의 앞에는 잃어버린 양을 찾은 기쁨을 말하고 있는 "잃은 양의 비유"(10-14)와 무한한 용서의 필요성을 강조하는 "용서할 줄 모르는 종의 비유"(21-35)가 있다. 어떤 교회의 징계 행위도 처벌을 위한 것이 아니라 보완하는 데 목적을 두어야 한다.

오늘 말씀은 특히 서구 교회에서 소화하기 어려운 구절인 것 같다. 존 로크(John Locke)의 계몽주의 철학의 영향으로 인하여 교회에 대한 현대 세계의 지배적인 이해는 자율적인 개인들의 자발적인 결사라는 것이었다. 특히 독립, 자립심, 개개인의 권위를 강조하는 개인주의가 존중되는 미국의 경우가 그렇다. 교회란 일요일에 예배를 위해 모였다가 자신들의 일을 하기 위해 일주일 내내 떠나 있는, 자립적인 개인들의 공간인데, 이런 문화에서 교회의 규율에 관한 오늘 말씀이 어떤 의미가 있을까?

하지만 이 구절을 몸의 어떤 부분이 다른 부분에 대해 "나는 네가 필요 없다"(고전 12:12-16)고 말할 수 없다는 바울의 교회 이해로 시작한다면 좀 더 의미가 있을 것이다. 바울에게 교회는 존 로크와는 정반대로 상호 의존의 장소이다. 교인들 각각은 서로가 없으면 불완전하고, 한 사람의 고통이 모든 사람의 고통이며, 한 사람의 영광이 모두의 기쁨이 되는 곳이다. 이것은 또한 교인들 간의 갈등이 관련된 개인들에게 영향을 미칠 뿐만 아니라 공동체 전체에 영향을 미친다는 것을 의미한다. 교인들이 그리스도의 몸의 일부로 결합되는 곳에서 소수의 분열은 모두의 분열이다.

많은 사람들은 교회의 갈등이 얼마나 고통스러울 수 있는지 잘 알고 있고, 어떤 사람들은 배신감 때문에 항의의 의미로 교회를 떠난다. "우리는 가족, 직장, 학교에서도 갈등을 겪을 수 있다. 하지만 어떻게 교회에서 그럴 수 있을까? 우리는 그리스도인 아닌가?" 그렇지만 이 구절에서 예수는 그를 따르는 사람들 사이에서 당연히 갈등이 일어날 것이라고 말하는 것처럼 보인다. 우리를 그리스도인으로 만드는 것은 우리가 서로 싸우고 의견이 다르고 서로에게 상처를 주느냐 아니냐 하는 것이 아니라, 우리가 어떻게 이 문제를 접근하고 해결하느냐 하는 것이다.

물론 우리는 세상이 그렇게 하는 것처럼 소리를 지르거나 비방하거나 험담하거나 모욕하거나 심지어는 서로를 고발하면서 싸우지는 않겠지만, 속으로는 미워하면서 겉으로는 미소 지으며 마치 갈등이란 없는 것처럼 가장해서는 안 된다.

대신 예수는 그를 따르는 사람들에게 화해하라는 더 높은 과제를 부여하고, 불가피하게 분열이 생길 때 화해를 이룰 수 있는 길을 제공하신다.

예수는 제자들에게 그들을 기분 나쁘게 하는 사람들 한 사람 한 사람과 화해하라고 명령하는 것으로 시작하신다. 서양 문화는 무엇보다도 기술적이고 법적인 가치를 중시하는 경향이 있는 반면 동양 문화는 상대방의 존엄성에 더 높은 가치를 둔다. 전자의 경우 "진실"이 가장 중요하며, 후자의 경우 다른 사람의 명예를 지키는 것이 가장 중요하다. 이것들은 화해를 하려고 할 때 반드시 피해야 하는 극단이며, 반드시 통과해야 하는 긴장이다. 우리의 관계와 공동체 전체를 위하여 먼저 사랑으로 진실을 말하고, 우리 자신 전부를 헌신함으로 다른 사람을 존중해야 한다. 우리 자신이 탈진하고 돌파할 수 없을 때에만 교회 안에서 사람들과 갈등을 일으킨다면, 이 갈등은 분별력과 안내라는 공적인 자원으로 이용할 수 있다.

이 구절을 개인주의나 율법주의의 맥락에서 해석하는 것은 악용될 우려가 있다. 어느 쪽이든 피해의식 때문에 법을 어긴 사람을 통제하고 바로잡으려고 시도하게 될 수 있기 때문이다. 교인들이 서로 의존하고 있다는 사실을 인식하는 통찰력 있는 공동체에서 화해를 이루고자 할 때 갈등은 교회 안의 두세 사람, 흔히 장로나 목사에게 가져가게 된다. 만약 이때 회개하지 않으면, 그 갈등은 몸 전체에 심각한 피해를 입히기 시작하기 때문에 마지막 방법으로 교회 전체 앞으로 가져가야 한다.

마지막으로 만약 법을 어긴 교인이 여전히 전체 교회의 권위와 통찰력에 대해서 회개와 복종과 책임지기를 거부한다면, 그 사람은 스스로를 '이방 사람이나 세리'라고 하는 것과 같다(17). 더 이상 몸의 지체가 되려고 하지 않는 사람들은 교인 자격을 박탈당해야 한다.

우리가 기독교 공동체의 일원이 될 때 우리는 그리스도를 머리로 하여 우리 자신을 다른 사람들에게 묶는다. 더욱이 우리가 우리 자신의 성별, 국적, 언어, 민족성, 사회적 지위 바깥에 있는 사람들과 관계를 맺는 위험을 감수하는 것이야말로 우리를 그리스도인들로 만드는 것이다. 이러한 차이를 극복하는 것이 같은 사람들끼리만 모이는 세상과 우리를 구별하는 것이다. 우리는 서로에게서 자유롭지 않다. 우리는 서로 안에서 자유롭다. 다시 말해 우리는 그리스도의 몸으로 함께 다양한 지체들의 집단적인 지혜와 통찰을 모을 때 가장 자유롭다.

결론적으로 화해의 목회는 기독교 공동체의 사명의 중심에 있어야 한다. 교회가 "매임"과 "풀림"이라는 권력을 받은 것은(18) 교회가 항상 옳기 때문이 아니라, 범죄와 분열이 일어났을 때 교회가 우선적으로 하는 말이 고백, 회복 그리고 화해이기 때문이다. 그렇게 되려면 교회에 대한 지지를 되찾기 위해 모두가 함께 책임을 지고 바로잡으려고 애쓰면서 교회를 이끌어가는 사람들이 교회 앞에서 실시간으로 고백하는 것이 필요하다.

교회는 근본적으로 제도나 교파가 아니라, 둘이나 세 사람이 그리스도 아래에서 상호 의존적으로 함께 살아가는 곳이다. 이것은 소외, 외로움, 불안, 불신의 원인인 개인주의의 멍에를 벗어던지고, 우리와는 다른 사람들에게 깊은 신뢰를 심어주고 헌신할 것을 요구한다. 이것은 갈등이 있을 것이라는 것을 의미하지만, 우리는 갈등을 통하여 세상을 위해 어떻게 서로를 적절히 매고 풀 것인가에 대한 모델을 만들어 낼 것이다. 이로써 우리는 십자가의 능력을 통해 모든 분열을 극복하는 그리스도의 화해의 사역을 세상에 증거한다. 이런 식으로 그리스도의 몸은 신음하는 모든 피조물들의 종말론적인 치유와 화해를 미리 보여준다.

설교

대부분의 학자들은 이 구절을 교회 문제를 해결하는 어떤 법적 절차를 위한 안내서로 여기기보다는 이 구절들이 그리스도의 규율로 불려져 왔음에 주목하는데, 그 이유는 이 구절이 겸손한 마음으로 용서하고 돌보는 것이 대립이나 분규에 개입하는 목적임을 재확인하고 있기 때문이다.* 지난주 마태복음 본문의 가르침과 관련하여 이 본문 또한 예수의 고난 예고(17:22-23)에 이어 나온다. 이러한 구조적 맥락을 볼 때 마태복음은 교회론에 초점을 맞추어 제자도를 계속해서 가르치고 있다. 오늘 본문에서는 지역 교회에서의 제자도를 그리고 지난주에는 보편적 교회에서의 제자도에 초점을 맞추고 있다.

교회에서 설교자는 종종 이 구절을 모든 형태의 분규에 마치 전쟁에 임하는 매뉴얼처럼 적용하려고 한다. 하지만 이 구절의 핵심은 그리스도의 규율이란 가해자 혹은 죄인을 돌보는 것이지 피해자의 권리를 반드시 확립하려는 것은 아니라는 점이다.** 피해자의 과제는 가해자와 곧 여기서는 죄인과 화해를 이루는 것이다.

"만일"로 시작하는 나머지 구절과 관련하여 다른 사본들에서는 "너에게"(15)가 포함되거나 생략된 경우가 많다. 여기서 설교의 의미는 갈피를 잡지 못하는 교인들을 위한 돌봄을 시작하는 것에 관심을 갖는 것이다. 이 절이 포함되건 혹은 생략되건 설교자는 피해를 입은 개인과 교회 공동체 구성원 모두에게 돌봄과 보살핌을 베풀어야 할 책임이 있다는 방향으로 활용할 수 있을 것이다.

화해를 이루려고 시도할 때 동기 자체는 분노를 단지 기독교적 방식으로 해결하는 것이 아니고, 가해자가 다시 나타날 수 있는 위험을 제거하는 것이다. 15절은 (화해를 통하여) "얻는 것"은 그렇지 못했더라면 잃어버렸을 관계를 "다시

---

* Estrella B. Horning, "The Rule of Christ: An Exposition of Matthew 18:15-20," *Brethren Life and Thought* vol. 38, no. 2 (Spring, 1993): 69-78.

** Jeffrey A. Gibbs and Jeffrey J. Kloha, "Following Matthew 18: Interpreting Matthew 18:15-20 in Its Context," *Concordia Journal* vol. 29, no. 1 (January, 2003): 6-25.

얻는 것"임을 강조하고 있다. 16-17절에도 나오는 "만일"이라는 구절은 돌봄의 규칙이 공동체 안의 기구에도 확대되어 적용해야 함을 보여준다.

설교는 이 공동체의 기구에서 역할을 담당한다. 공동체적 돌봄을 맡은 기구가 불편한 만남들을 바로 잡는 일에 설교가 힘을 보탤 때, 설교자는 분쟁 해결 규칙을 공고히 한다. 설교에서 공개적으로 수치를 당하게 하거나 혹은 누구를 지적하는 강단이 되지 않게 하기 위해 대단한 주의가 필요하다. 주기적인 성서정과에서 이번 주 본문이 지닌 장점은 교회적 돌봄의 차원으로 확대되는 제자도의 위상에 설교가 기여할 수 있음을 잠재적으로 보여주는 데 있다. "만일"이 본문이 성서정과에서 제외된다면, 목회자들은 이 구절을 위기 발생 시에만 개입하는 용도로 제한하고 피해자의 권리를 보살피는 것에만 보다 많은 관심을 갖는 위험에 빠질 수 있다.

물론 이렇게 하는 설교는 피해자를 돌보아야 할 필요성을 약화시킬 위험도 있다. 여기서도 성서정과는 매년 이 구절이 강조하고 있는 공동체적 돌봄 속에서 제자도를 이해해야 함을 보여준다. 예배를 드리면서 설교자는 이 본문이 피해자를 향한 목회적 돌봄을 간과하고 있지 않음을 강조해야 한다. 오히려 이 본문은 다른 사람을 돌보는 정신으로 대립이나 개입을 바라보려고 한다.

위에서 본 것처럼 18장의 내용은 15-20절에서 강조된 공동체 내 기구의 역할을 반영하면서 겸손한 제자도의 정신을 공고히 한다. 이 정신은 어린아이의 사회적 지위와 같은 겸손한 영성을 지닐 것을 가르치는 것으로부터 시작한다. 1-4절과 5절은 겸손함으로 관여하는 역설을 보여주고, 6-9절은 하나님의 겸손한 자녀들끼리 해를 입히거나 죄를 범하는 일을 경계하고 있다. 그런 다음 예수께서는 극적인 방식으로 공동체로부터 잃어버린 사람을 돌보는 일이야말로 목자가 지닐 가장 깊은 확신이라고 언급한다(10-14).

그래서 이번 주의 본문은 제자도를 겸손함에 그리고 가해자까지도 걱정하는 어려운 돌봄의 자리에 배치한다. 그런 다음 베드로는 다른 사람의 죄로 인해 피해를 입었을 때 용서에 대한 개인적 책임에 관해 묻는다(21). 여기서 상처를 입은 사람에 대한 철저한 돌봄은 너무나 분명하다. 예수께서는 우리가 받은 용서를

(22-35) 가지고 용서해 줄 힘의 근원으로 삼는 용서를 제시하며 응답한다. 여전히 예수의 가르침은 15-17절에서 제시한 회복을 위한 회개의 중요성을 놓치지 않고 있다. 회개에 대한 충분한 고려 없이 용서의 필요성만을 설교하는 일은 수동적일 수 있고 또 상처를 입은 사람에게 폭력이 될 위험이 있다.

돌봄과 용서해 줄 책임, 가해자와 화해를 추구하는 것은 교회에 주어진 권위이다. 매고 푸는 권세는 단순히 교회 지도자나 보편적인 교회(universal church, 마태복음 16:13-20에 베드로를 통해 드러난 것처럼)에 속해 있을 뿐만 아니라, 개교회(local church)에게도 있다. 이 치리(discipline)는 돌봄의 방법을 제시하면서 돌봄의 신학을 가르친다. 돌봄의 규율 심지어 율법조차도 어떻게 적용하는가에 대한 권위는 교회에 주어져 있다.

학자들은 매는 것과 푸는 것이라는 용어를 주어진 상황에서 계명이나 율법을 적용하여 해석하였던 랍비의 권위와 연관시킨다. 매는 것은 율법을 적용하는 것이다. 푸는 것은 주어진 상황에서 율법이 적용될 수 없음을 결정하는 것이다. 매고 푸는 이런 가르침의 전통 속에서 그리스도께서는 16장에서는 베드로에게 그리고 여기 18장에서는 교회에게 그 권위를 부여한다. 전자에서 예수께서는 교회의 권위를 자신의 신적 정체성에(16:17-19) 두고 있다. 후자에서는 교회의 권위를 그의 임재를 약속함으로써 유지시킨다(18:18-20).*

그리스도 안에서 제자도는 세상을 향한 사역으로의 부름과 희생임을 느끼는 것 그 이상이다. 그리스도 안에 있는 사람은 어려운 훈련과 제자도를 따라 사는 것이다. 우리는 누군가 다치거나 상처를 입었을 때 돌보아 주려고 하는데 그것은 그리스도 안에서 우리 모두가 회개하고 용서하며 매고 또 푸는 훈련을 필요로 한다.

---

* Mark Allen Powell, "Binding and Loosing: A Paradigm for Ethical Discernment from the Gospel of Matthew," *Currents in Theology and Mission* vol. 30, no. 6 (December 2003): 438-445.

성령강림절 후 열여섯째 주일

마태복음 18:21-35

²¹그때에 베드로가 나아와 이르되 주여 형제가 내게 죄를 범하면 몇 번이나 용서하여 주리이까 일곱 번까지 하오리이까 ²²예수께서 이르시되 네게 이르노니 일곱 번뿐 아니라 일곱 번을 일흔 번까지라도 할지니라 ²³그러므로 천국은 그 종들과 결산하려 하던 어떤 임금과 같으니 ²⁴결산할 때에 만 달란트 빚진 자 하나를 데려오매 ²⁵갚을 것이 없는지라 주인이 명하여 그 몸과 아내와 자식들과 모든 소유를 다 팔아 갚게 하라 하니 ²⁶그 종이 엎드려 절하며 이르되 내게 참으소서 다 갚으리이다 하거늘 ²⁷그 종의 주인이 불쌍히 여겨 놓아 보내며 그 빚을 탕감하여 주었더니 ²⁸그 종이 나가서 자기에게 백 데나리온 빚진 동료 한 사람을 만나 붙들어 목을 잡고 이르되 빚을 갚으라 하매 ²⁹그 동료가 엎드려 간구하여 이르되 나에게 참아 주소서 갚으리이다 하되 ³⁰허락하지 아니하고 이에 가서 그가 빚을 갚도록 옥에 가두거늘 ³¹그 동료들이 그것을 보고 몹시 딱하게 여겨 주인에게 가서 그 일을 다 알리니 ³²이에 주인이 그를 불러다가 말하되 악한 종아 네가 빌기에 내가 네 빚을 전부 탕감하여 주었거늘 ³³내가 너를 불쌍히 여김과 같이 너도 네 동료를 불쌍히 여김이 마땅하지 아니하냐 하고 ³⁴주인이 노하여 그 빚을 다 갚도록 그를 옥졸들에게 넘기니라 ³⁵너희가 각각 마음으로부터 형제를 용서하지 아니하면 나의 하늘 아버지께서도 너희에게 이와 같이 하시리라

신학

마태복음에서 취한 오늘 본문에 담긴 가장 두드러진 신학적 주제는 하나님의 본질과 교회의 특징이며, 이 주제들은 죄, 율법, 은총에 관한 질문과 연결된다. 동료 교인들을 몇 번이나 용서해 줘야 하느냐는 베드로의 질문과 예수의 용서하지 않는 종의 비유 배경에는 교회론적인 관심이 깔려 있다.

본문의 맥락을 살펴보면 누가 가장 위대한가(1-4), 연약한 교인을 어떻게 다룰 것인가(6-7, 10-14), 교회의 규범을 어긴 사람을 어떻게 치리할 것인가(15-20) 등의 주제가 파도가 밀려오는 것처럼 등장하는 것을 보게 된다. 베드로는 시대와 장소를 초월하여 모든 그리스도인들이 끊임없이 씨름했던 질문, 즉 우리에게 반복적으로 죄를 지은 사람을 용서하는 것을 언제 멈춰야 하느냐는 질문을 수면 위로 드러낸다. 초대 교회 이래로 그리스도인들은 예수의 대답—"일흔일곱 번"으로 번역되든, "일곱 번씩 일곱 번"으로 번역되든 상관 없이—의 의미를 매우 일관되고 명확하게, 즉 절대로 용서하기를 멈추지 말라는 뜻으로 해석해 왔다. 하나님은 완전하게 용서하시는 하나님이시며, 그리스도의 지체도 같은 방식으로 행하도록 부름 받았다. 그러나 하나님의 용서조차도 한계가 있다.

용서가 있으려면 우선 죄 또는 빚이 있어야 한다. 왕 앞에 끌려온 종은 결코 갚을 수 없는 엄청난 규모의 빚을 지었다. 왕의 첫 번째 반응, 즉 그 종과 그의 가족을 팔라는 결정을 듣고 그 종은 극단적인 공포에 휩싸여 자비를 베풀어 달라고 빌었다. 독자들은 하나님이 이처럼 큰 부채에 대해서는 극한 형벌을 준비하고 그것을 실행할 준비가 되어 있다고 추측한다. 그러나 그리스도인들은 오래된 전통적인 해석, 즉 종을 처벌하려는 것이 왕이 원하는 것이 아니며, 죄인들을 처벌하는 것이 하나님이 원하시는 것도 아니라는 해석에 이미 익숙해 있다. 그와는 반대로 왕의 엄포는 하나님의 율법과 마찬가지로 종/죄인이 자신의 모습을 바로 보고 회개하도록 인도하는 거울과 같다. 빚진 자가 자기의 빚이 얼마나 엄청난지를 깨달을 때만 하나님의 자비의 위대함을 진정으로 볼 수 있다. 칼뱅의 "두려움에 잠길 때 우리는 겸손을 배울 것이다"라는 주장에서 우리는 다음과 같은 교훈을 끌어낼 수 있다: 하나님을 알기 위해서는 너 자신을 알라.* 자기 자신을 명확하게 볼 수 있는 사람은 자신이 하나님 앞에서 공로가 없고, 큰 징벌을 받을 수밖에 없다는 것을 알 것이다.

그러나 이것이 절망의 이유가 되지는 않는다. 왜냐하면 왕이 그 돈 한 푼 없는 종을 완전히 용서하기로(빚을 탕감할 시간을 더 주는 정도가 아니고) 즉각적으

---

* John Calvin, *Institutes of the Christian Religion*, trans. Ford Lewis Battles (Philadelphia: Westminster Press, 1960), 36(1.1.1).

로 결정한 것은 겸손한 자에 대한 하나님의 자비를 의미하기 때문이다. 회개한 종은 빚을 탕감 받고 그리고 아마도 왕의 자비에 감사하는 마음을 품고 자리를 뜬다. 이 비유를 연극이라고 생각한다면 이렇게 제1막이 내린다. 그러나 얼마 되지 않아 그 감사하는 마음은 자기에게 비교적 작은 빚을 진 동료 종의 얼굴을 보는 순간 사라져버린다. 거울을 보고 곧 자신의 얼굴을 잊어버리는 사람처럼(약 1:23-24) 첫 번째 종은 그가 방금 받았던 자비를 잊어버리고, 그 자비를 다른 사람에게 전하는 것도 실패한다.

제2막에서는 제3막에서 생길 불행한 사건의 실마리가 되는 일이 생긴다. 제3장에서 분개한 증인들이 그 일에 대해 왕에게 보고하고, 한때 자비로웠던 왕은 분노하게 된다. 하나님은 "값싼 은혜"의 사고를 좋아하지 않으시고, 불의한 일을 고발하는 동료 종들의 외침에 침묵하지 않으신다. 하나님의 자비의 위대함을 진정으로 이해한 사람은 그 자비를 다른 빚진 자에게 넘겨 주어야 한다. 루터는 하나님을 믿는 신앙은 자연스럽게 이웃에 대한 사랑의 실천으로 구체화한다고 주장한다. 그 종이 용서하기를 거부한 것은 그에게 감사하는 마음이 없었다는 것이다. 그 배은망덕함 때문에 그는 다시 원래의 빚더미에 깔리게 된다. 더욱이 그가 용서를 받은 후에 받을 벌은 그가 탕감의 기쁜 소식을 받기 전에 받아야 했던 원래의 벌보다 훨씬 커졌다.*

교회론적으로 볼 때 이 비유는 마태복음(예수를 유대인 랍비로 그림, 유대인 저자에 의해 쓰여짐, 유대인과 이방인으로 구성된 기독교 공동체와 연관됨)의 예수가 용서, 특히 신자들 사이의 용서를 매우 강조하고 있다는 점을 확인시켜 준다. 교회는 이웃의 눈의 대들보 보다는 자신의 눈의 티에 더 관심을 두는 겸손과 회개의 사람들의 모임이고, 세상과는 다른 용서의 공동체이다(7:3-5). 루터는 개인 적인 권리(personal rights)가 세속 왕국에는 존재하는 반면에 완전한 용서라는 원리에 의해 통치되는 하나님의 나라에서는 그런 것이 설 자리가 없다고 말한다. 이 비유의 청자는 자신이 심판 날 용서하는 왕의 자리에 앉아 있는 것이 아니고

---

* Martin Luther, "Sermon on the Twenty-Second Sunday after Trinity," *The Complete Sermons of Martin Luther*, vol. 3.1-2 (Grand Rapids: Baker Books, 2000), 278-292.

용서받은 무익한 종의 뜨거운 자리에 앉아 있다고 생각해야 한다. 마태의 예수는 또한 연민에 근거한 실제적 행동이 하나님의 용서에 대해 얼마나 알고 있는지를 가늠하는 척도가 된다고 분명히 말한다(25:31-46).

그럼에도 불구하고 우리의 경험에 따르면 너무 무분별한 용서가 문제가 될 수도 있다. 21세기의 독자는 기독교의 역사 속에서 찾을 수 있는 다양한 해석의 전통을 잘 활용해야 한다. 예를 들어 수잔 헤일렌(Susan Hylen)은 수세대에 걸쳐 목회자들이 배우자에 의해 학대당하는 기독교 여성들에게 학대자들을 용서하라고 반복적으로 설교했던 것을 강조한다. 그러한 여성들은 그들을 대신하여 하소연해 줄 동료 종들―묶을 능력과 풀을 능력을 가진 자들(18)―을 갖고 있지 않다. 헤일렌은 죄를 인지하고, 책임 소재를 분명히 하며, 용서를 행사하는 공동체의 역할을 강조하는 해석을 제안한다.*

다른 독자들은 인간의 타락을 과도하게 강조하는 유해한 해석, 즉 역설적으로 자기도취적 자기 증오(narcissistic selfhatread)로 빠질 수 있는 접근을 피하고, 그 대신 인간의 용서 행위와 하나님의 용서 체험 사이의 시너지 효과에 주목하는 해석을 선호할 수도 있다. 또 다른 독자들은 빚 탕감에 관한 구약성서 가르침의 조명 아래 비유를 유물론적으로 해석할 수도 있다. 이 경우 이 비유는 강자가 약자를 돕는 더 정의로운 사회적, 경제적 질서를 주창하는 것으로 이해된다. 그러나 어떤 해석을 적용하든 회개하는 자에 대한 하나님의 "기본적" 입장은 자비라는 신학적 명제는 하나님의 백성은 그와 같은 자비를 기쁜 마음으로, 구체적으로 그리고 공동의 삶을 통해 실천해야 한다는 확신으로 연결되어야 한다.

---

* Susan E. Hylen, "Forgiveness and Life in Community," *Interpretation*, vol. 54, no. 2 (April 2000): 146-157.

주석

　이 본문은 용서에 관한 베드로의 유명한 질문과 예수의 유명한 대답으로 시작한다. 이 질의응답에는 용서와 심판에 관한 직설적인 비유가 있다. 본문을 통해 기독교 공동체 내에 강력한 용서의 요청이 제기된다. 비유는 이러한 요청을 하나님의 은혜와 심판이라는 맥락에서 제기하고 있다. 기독자의 관점에서 이 본문은 두 가지 질문에 초점을 두게 된다. 영원한 용서는 인간 공동체에 진정으로 좋은 것인가? 이 비유가 하나님의 은혜에 제한을 설정하는 것은 아닌가?

　베드로가 일곱 번을 용서한다고 제안한 것도 용서에 제한을 두려는 것은 아니다. 사실 7이란 숫자는 완전 숫자이기에 베드로는 아마도 "제가 완전한 용서를 해야만 합니까?"라고 질문한 것이다. 거기에 대해 예수는 "일곱 번만이 아니라, 일흔 번을 일곱 번까지 해야 한다"(22)고 대답했다. 헬라어로 정확한 숫자가 명확하진 않지만, 숫자의 초점은 이것이다. 너의 용서가 계산을 넘어야 한다는 것이다. 용서는 절대적인 것이다. 기독교 신학에서는 대부분 절대적 용서의 원칙은 받아들이지만, 실제로는 그렇지 않다. 실제로 영원한, 자격 없는 용서는 용서함 받은 공동체나 개인의 건강함을 증진시킬 것인가에 대해 의문이 제기된다. 어떤 행동에 대한 회개나 개혁이 필요한 것처럼도 보인다.

　비유는 이러한 질문에 대해 언급하지도 않고, 일곱 번 용서하는 것과 일곱 번씩 일흔 번의 차이에 대해서도 규명하지 않는다. 대신에 인간의 용서를 하나님의 용서와 심판의 맥락 안에 둔다. 비유는 우리에게 직선적으로 서로를 용서하도록 요청하는데, 왜냐하면 하나님께서 우리를 용서하시지만 우리가 용서하지 않으면 벌을 주실 것이기 때문이다.

　마태에서 자주 보이는 예수의 비유와 하나님 나라의 연관은 이 경우에서는 구원의 역사에 대한 것이 아니라 그리스도인의 생활윤리에 대해 언급하고 있다. 23절의 '왕'은 나머지 비유에서는 '주님'으로 표현하는데, 왜냐하면 비유는 왕권의 역학관계에 관해서가 아니라 주인과 종의 관계에 대해 말하고 있기 때문이다. 35절이 명확하게 하듯이 마태는 이 주님을 하나님으로 이해하고 있다. 이 비유의 초기 버전은 이 연관을 만들지 않았을 가능성도 있다. 하지만 이 비유의 전(前)마태적 버전을 자신 있게 재구성할 수는 없다.

이야기는 엄청난 돈을 빚진 종에게 빚을 갚으라고 주인이 요구하는 것으로 시작된다. 만 달란트는 단순히 만 달란트가 아닌 것이, '만'이라는 것도, '달란트'라는 것도 헬라어에서는 가장 큰 숫자를 의미하기 때문이다. 숫자가 워낙 엄청나 초기 헬라어 사본에서도 숫자를 줄이기도 했다. 하지만 숫자의 부조리가 이야기에선 결정적이다.

주인은 종이 그러한 돈을 갚을 능력이 없는 것에 엄하게 대하여 심지어 그 아내와 자녀들과 그 밖에 그가 가진 것을 모두 팔아 갚으라고 명령하였다. 빚진 자를 노예로 팔아버리는 것은 유대법에서는 허용되지 않았고 또한 헬라와 로마법에서는 비록 허용되었다고 해도 실제로 거의 실행되지는 않았다. 그러기에 이 주인은 가혹한 주인으로 묘사된다. 하지만 참아달라는 종의 요청에 대해 아예 빚을 탕감하는 그의 반응이 아주 놀랍다. 종은 모든 빚을 없애주었다. 주인은 혹독함에서나 은혜로움에서 다 지나치다.

빚을 탕감받은 종은 이어서 혹독함에 있어서 지나친 것으로 묘사된다. 아주 작은 빚을 갚으라고 요구하며 그의 동료의 종의 멱살을 갑자기 잡았다. 그의 동료도 그가 주인에게 했던 간청을 했지만, 감옥에 집어넣었다. 이 모든 것이 기독교 공동체에서 용서에 대한 명령을 제기하는 방식으로 이야기되었다(35). 예를 들어 "동료 종"이란 용어는 기독교 공동체의 역학을 예상케 하고, 돈의 액수의 비교는 하나님이 우리를 용서해 주신 것과 우리 서로가 용서해 주는 것에 대한 대조를 보여준다.

이 주인의 과도한 가혹함은 노예의 동료 노예들이 그를 보고할 때 돌아온다. 주님의 용서는 조건부이다. 하지만 조건은 많지 않다. 용서는 용서를 낳아야 한다. 용서받은 사람은 다른 사람을 용서해야 한다. 이러한 용서의 부재를 감안할 때 주인은 그의 용서를 취소하고, 다소 무섭게 노예를 "고문하는 자에게"(34절, 저자 번역) 넘겨준다.

본문은 많은 그리스도인에게 놀람과 분함이 되게 "너희가 각각 진심으로 자기 형제자매를 용서해 주지 않으면, 나의 하늘 아버지께서도 너희에게 그와 같이 하실 것이다"(35)라고 결론 내린다. 비록 제한된 하나님의 은혜에 대한 그리스도인들의 염려에도 불구하고 마태의 독자들은 여기에서 말한 하나님의 용서의 잠정적인 성격은 마태복음 전반에 걸쳐 서술된 것과 같다고 오랫동안 지적해 왔다. 적어도 마태복음에서는 어느 정도 하나님의 용서는 우리의 용서에 의존한다.

가장 유명한 그런 순간은 주기도문과 그에 관한 마태의 해설에서 나타난다. 기도자는 하나님에게 "우리가 우리에게 죄 지은 사람을 용서하여 준 것 같이 우리의 죄를 용서하여 주시고"(6:12)라고 청한다. 여기에 제시된 마태에 의한 하나님 용서의 조건적인 본질은 기도 끝에서 강조되고 있다. "너희가 남의 잘못을 용서해 주면, 너희 하늘 아버지께서도 너희를 용서해 주실 것이다. 그러나 너희가 남을 용서해 주지 않으면, 너희 아버지께서도 너희의 잘못을 용서해 주지 않으실 것이다"(6:14-15). 하나님의 은혜와 용서 아래 사는 그리스도인들은 이런 하나님에게, 주로 다른 사람에게 같은 은혜와 용서를 보여주느냐에 따라 심판당할 것이다.

우리는 흥미 있는 연속적 사건에 처하게 된다. 하나님은 우리를 용서하신다. 우리는 또한 다른 사람에게 절대적 용서와 은혜를 주도록 요청받았다. 만약 그렇게 하면 우리는 하나님의 은혜를 계속 받는다. 그렇지 않으면 우리는 도리어 하나님의 가혹한 심판에 처한다. 이 모든 것들이 은혜, 용서와 심판에 대한 이어지는 그리스도인의 토론에 심각한 문제를 야기한다. 토론은 놀랍게도 다양하고, 마태의 목소리는 어느 정도까지는 여러 목소리 중에 한 목소리이지만, 이러한 하나님 용서에 주어진 어려운 조건은 아직도 기독교 신학의 핵심적인 부분이다. 사실 그리스도인들은 주기도문을 외울 때마다 이러한 조건적 용서를 상기한다.

목회

베드로가 예수께 물었다. "내가 몇 번이나 용서하여 주어야 합니까?" 이 질문은 설교자가 우리 자신과 우리가 사랑하는 사람들과 우리가 잘 알지 못하거나 모르는 사람들과 하나님과 우리의 적들과 그리고 우리의 신앙 공동체와 맺는 우리의 관계에 대해 말할 때 용서에 대해 탐구할 기회를 제공한다. 마태복음에서 베드로의 질문이 성령을 통하여 서로 연결된 교회 안에 있는 다른 사람들을 향한 것이지만, 용서의 범위는 예수의 생애와 가르침에 충실한 삶을 살려고 할 때 삶의 모든 분야에서 믿음으로 살아가는 사람들에게 무거운 짐이 된다.

세계의 모든 주요 종교들이 용서의 필요성에 대해 가르치는 동안 최근에 의학계는 건강과 안녕에 미치는 용서의 중요성을 탐구하기 시작했다. 용서하지 않은 채 지난날의 상처와 분노를 간직하는 것은 우리의 정서와 육체의 건강에 깊은 영향을 미친다는 것은 이제 널리 알려져 있다.

예수는 용서하지 않는 것이 개인과 공동체에 미치는 영향을 알고 계시기 때문에 용서의 필요성에 대해 말씀하셨다. 우리 사회와 우리가 사는 세상과 우리의 교회와 우리의 가족들 그리고 우리의 일터에는 수많은 상황들이 있는데, 그것들을 제대로 다루지 않으면 깊고 고통스러운 상처에 쓰라림과 염증이라는 씨앗을 뿌리는 것이 될 수 있다.

우리는 "그래야만 한다"는 것을 알면서도 종종 정말로 누군가를 용서하거나 그들에게 용서를 구하고 싶어 하지 않는다. 복수를 하려는 욕구도 그 이유 가운데 하나일 것이다. 우리는 단순히 우리가 당한 일에 대해 누군가에게 복수하고 싶을지도 모른다. 우리는 황금률을 뒤집어서 "다른 사람들이 너희에게 한 것처럼 다른 사람들에게 하라"는 원칙을 가지고 다른 사람에게 상처를 되돌려 주고 싶어 할 수도 있다. 우리는 우리에게 상처를 준 사람은 반드시 상처를 치유하는 행동이나 말을 하거나 우리가 경험한 것에 대해 보상해야 한다고 생각하기 때문에 다른 사람을 용서하기를 거부할 수도 있다. 우리는 용서에 조건을 두기를 원한다. 우리는 우리 자신의 자부심 때문이거나 혹은 하나님이 우리를 용서해 주신 그 용서가 얼마나 큰 것인지에 대한 진정한 인식이 부족하기 때문에 사람을 용서하기를 거부할 수도 있다. 큰 빚을 탕감 받았지만 작은 빚을 용서하려고 하지 않은 종의 비유에서 그 종은 그에게 베풀어 준 관용과 자비에 대해 그의 가슴이나 마음으로 아무것도 깨닫지 못했다.

용서란 다른 사람을 놓아주어서 보내는 것을 의미한다. 용서는 우리의 상처를 부정하는 것이 아니다. 우리가 우리에게 일어난 일을 축소할 때, 그것을 얼버무리고, 그것이 실제로 그렇게 나쁜 것은 아니라고 우리 스스로에게 말할 때, 우리는 진정으로 용서할 수 없다. 용서는 우리의 삶에서 다른 사람의 행동이나 태도의 부정적인 영향을 인정할 때만 가능하다. 예를 들어 부모에게 학대당한 아이들이 그들의 부모가 한 행동을 인정할 수 있어야 용서가 가능해진다.

용서는 또한 다른 사람들을 보호관찰 상태에 놓고서 그들이 무언가 나쁜 일을 하면 그것을 그들에게 되돌려 주려고 기다리는 것이 아니다. 용서는 부당한 행동에 대한 변명이 아니며, 용서한다고 반드시 잊어야 하는 것도 아니다. 엘리노어 루즈벨트(Ellinor Roosevelt)는 남편의 외도 사실을 알게 된 후 "용서할 수 있지만 결코 잊을 수 없다"고 말했다. 우리가 잊지 말아야 할 몇 가지 사건과 상황들이 있다: 홀로코스트, 노예 제도, 인종청소, 어린이와 여성 착취, 원주민의 학대, 배우자의 부정행위, 당신의 삶을 뒤집어놓는 거짓말, 학대 또는 배신.

개신교 목사이며, 작가이자 피정 지도자인 마조리 톰슨(Marjorie Thompson)은 다음과 같이 썼다.

용서한다는 것은, 우리에게 상처를 준 사람에 대한 우리의 판결이 정당하다고 해도, 그를 풀어주기로 의식적으로 선택하는 것이다. 그를 처벌하는 것이 아무리 공정하게 보인다고 해도, 우리의 분노와 응징에 대한 열망을 포기하는 선택을 의미한다. 용서는 그가 한 행동 때문에 받아야 하는 처벌을 면제해주는 것을 포함한다. 그 행동은 비난 받아 마땅하지만, 그 가해자는 용서하는 사람에 관한 한 그 영향으로부터 풀려난다. 용서란 우리를 가두어 놓은 상처의 힘이 파괴되는 것을 의미한다.*

설교자는 이번 주일 예배에서 사람들이 명상 안내를 사용하여 용서해야 한다고 부름받은 누군가를 알게 되는 기회를 가지는 것을 고려해 볼 수도 있다. 용서해야 할 사람의 이름을 써서 강단 앞에 놓거나 또는 용서의 교독문을 써서 사람들이 그것에 대해 들음으로 용서를 경험하도록 한다.

세 가지 삽화를 그려볼 수 있을 것이다. 첫 번째는 어떤 전쟁 포로가 다른 포로에게 한 멋진 이야기다.

"당신을 포로로 잡은 사람들을 용서했습니까?"

"나는 절대로 그렇게 하지 않을 겁니다." 두 번째 포로가 대답했다.

첫 번째 포로가 그에게 말했다. "그렇다면 그들은 여전히 당신을 감옥에 가두어 놓고 있는 것 아닌가요?"

랍비 해롤드 쿠슈너(Harold Kushner)는 또 다른 이야기를 들려준다.

교인 가운데 한 여성이 나를 보러 왔다. 그녀는 이혼해서 혼자서 자신과 세 명의 어린아이들을 부양하기 위해 일하고 있다. 그녀는 나에게 "남편이 우리를 떠나는 바람에, 나는 매달 청구서를 지불하기 위해 고군분투하고 있어요"라고 말했다. "남편은 새 아내와 함께 다른 주에서 살고 있고, 나는 아이들에게 영화 보러 갈 돈이 없다고 말해야만 해요. 어떻게 나에게 그 사람을 용서하라고 말할 수 있나요?" 나는 그녀에게 말했다. "그 사람이 한 일이 받아들일 수 있는 일이어서 용서하라고 하는 것이 아닙니다. 그렇지 않아요. 그가 한 일은 비열하고 이기적이지요. 내가 당신에게 용서하라고 하는 것은, 그가 당신의 머릿속에 살면서, 당신을 원한을 품은 채 화를 내는 여인으로 만들 자격이 없기 때문이에요. 나는 그 사람이 육체적으로 당신을 떠난 것처럼 정서적으로도 당신의 인생에서 완전하게 떠나는 걸 보고 싶어요. 그러나 당신은 여전히 그 사람을 붙잡고 있네요. 당신이 분노로 그 사람을 붙잡고 있다고 해서 그에게 상처를 줄 수 없어요.

---

* Marjorie J. Thompson, "Moving toward Forgiveness," *Weavings* (March~April, 1992), 19.

그건 당신을 해칠 뿐이에요."*

    세 번째이자 마지막 이야기는 16세기 스위스 교회협의회의 기록에 있는 이야기다. 어떤 사람이 주기도를 반복하라는 명령을 듣고서 그가 주기도를 모르는 척했다. 왜냐하면 주기도를 말하면, 자기를 속인 상인을 용서해야만 한다는 것을 알았기 때문이었다. 그런데 그는 그렇게 할 생각이 전혀 없었던 것이다!

---

* Harold S. Kushner, "Letting Go of the Role of Victim," *Spirituality and Health*, Winter 1999, 34.

설교

이 본문에 나타난 예수의 가르침에 대해 설교자는 교회의 상황을 매우 중요하게 생각해야 한다. 여기서 쟁점이 되는 것은 개별 인간이 얼마나 많이 그/그녀에게 죄를 범한 불특정한 사람들을 용서해야 하는가가 아니다. 오히려 그 배경은 신앙 공동체이다. 베드로는 교회에서 죄인을 치리할 때 따라야 할 절차에 대해 예수께서 가르쳐주신 것에 대한(15-20) 응답으로 이 질문을 하고 있다(21). 베드로의 질문 자체가 이러한 맥락을 반영하고 있다. "주님, 교회에서 다른 교인이 나에게 자꾸 죄를 지으면, 내가 몇 번이나 용서하여 주어야 합니까? 일곱 번까지 하여야 합니까?"

여기서의 관심은 신앙 공동체를 견고하게 만들어 가는데 필요한 교회 생활과 실천이다. 그 중심에는 용서가 있는데, 그것은 개별적 행위가 아닌 공동체 구성원 간에 일어나는 지속적인 행위이다. 이런 맥락에서 용서에는 한계가 없는데, 그 까닭은 용서가 교회 생활에서 본질적인 것으로 언제나 있어야 하는 실천이기 때문이다. 이 본문으로 하는 설교는 단순한 개인보다는 공동체를 말해야 한다. 특히 교회 내에 깊은 분열이 있을 때 이러한 공동체성을 강조하는 것은 특별히 중요할 수가 있다.

게다가 이 본문은 앞에 있는 본문(15-20)과 분리될 수 없다. 용서에 관한 설교에서 설교자는 상처를 입은 사람들의 깊은 아픔을 무시해서는 안 되고 또 용서가 어려운 일이라는 것을 축소해서도 안 된다. 남편에게 학대를 받고 있는 여성에게 용서는 쉽다거나 혹은 어렵다거나 해서도 안 되고, 여전히 학대를 받고 있는 상황에서 일곱 번씩 일흔 번이라도 용서해야 한다는 설교를 해서도 안 된다. 이 본문의 목적은 그런 것이 아니다. 선행 구절도 그런 해석을 경계하고 있다.

이 본문에서 예수께서 말씀하신 용서는 선행 본문 15-20절에서 윤곽을 보여준 공동체적 절차, 곧 죄의 인정, 죄인의 회개 그리고 필요하다면 피해자에 대한 공동체의 돌봄을 포함한 그런 절차라는 맥락에서 비롯된 것이다. 그것은 죄를 가볍게 여기지 않고 또 피해를 입은 사람들을 지원하고 격려하기 위해 자원을 제공해야 하는 공적인 상황에 도전을 주고 있는 것이다. 이런 상황에서 예수께서는 우리들에게 다른 교인들을 무한정 용서하라고 요청하고 있다. 예수께서 요청하는 용서는 교회 내에서 진실을 말하고 책임을 지는 것과 분리해서 생각할 수 없다.

교회에 준 말씀인 예수의 비유는 새롭게 다가온다. 이 비유는 의도적으로 좀 극단적이고 과장되게 들린다. 이 비유는 용서의 근원과 실체를 알아야 할 사람들에게 들려주었다. 이것은 마치 예수께서 베드로, 즉 교회에게 "어떻게 그런 명청한 질문을 할 수가 있느냐"고 말하는 것 같이 들린다. 그래서 예수께서는 베드로가 생각하고 있는 것이 어리석은 것임을 깨우쳐주고, 그가 새롭게 보고 살아가도록 하기 위해 극단적인 비유를 말하고 있다. 그래서 이 비유는 터무니없이 과장된 것으로 가득 차서 충격을 주는 이야기로 설교해야 한다.

시작부터 터무니없다는 점이 명백히 나타난다. 왕이 계산을 시작할 때 만 달란트 빚진 종이 그 앞에 있다. 한 달란트는 한 노동자가 수년간 일한 임금을 뜻했다. 만 달란트는 불가능한 금액을 뜻한다. 어떤 종도 이 금액을 빚질 방식이 없다. 또 이 세상의 어느 종도 이 금액을 상환할 수 없고, 그렇게 하겠다고 약속해서 (26) 또 다른 어처구니없는 결과를 만들어 낸다. 결국 왕이 그런 어마어마한 빚을 용서해 줄 방식은 확실히 없다.

설교자는 여기서 어떤 이상한 영역, 곧 "과도한 상상력"의 영역으로 듣는 사람들을 인도하여 그들을 놀라게 하고 그들의 "근시안적 시각"을 열어주어 무뎌진 상상력을 자극할 수 있다. 이때 설교자는 "현실을 초월하는 수사학"을 경험하게 되는데 그것은 가능한 것을 설명하는 산문형식이라기 보다는 불가능한 것에 도전하는 시와 같다. 그러한 수사학은 그것이 선포하는 하나님의 나라처럼 일상적인 것에 개입하여 현상 유지를 하려는 전제 조건들을 뒤집는다.* 그 예로 예수의 현실초월 수사학은 베드로에게 들어와 그가 용서의 횟수에 대해 계산하고, 측정하고 또 한계를 정할 수 있다고 생각하는 것에 개입하여 그것을 뒤집는다. 설교자 역시 이 비유에 관한 설교를 하면서 그런 과도한 상상력과 현실초월 수사학을

---

* "과도한 상상력"과 "현실초월 수사학"에 관해서는 이 자료를 보라. Stephen H.Webb, "A Hyperbolic Imagination: Theology and the Rhetoric of Excess," *Theology Today* 50 (April 1993): 56-67.

사용할 수 있을 것이다.

이 비유의 나머지도 이 기조를 유지하고 있다. 상상할 수 없는 빚으로부터 용서 받은 이 종이 상대적으로 매우 적은 빚을 진 또 다른 종을 용서하기를 거부한다. 그는 용서하기를 거부할 뿐만 아니라 먹살을 잡으면서(28) 극단적인 방식을 취한다. 그때 종들은 그 용서하지 않는 종을 왕에게 보고한다. 왕은 그를 빚을 다 갚을 때까지, 곧 영원토록 고통을 받게 넘겨준다. 예수께서는 "너희가 각각 진심으로 자기 형제자매를 용서해 주지 않으면, 나의 하늘 아버지께서도 너희에게 그와 같이 하실 것이다"(35)라고 결론짓는다.

여기서도 설교자는 문자적으로만 읽어서는 안 된다. 왕이 부여한 끝없는 고통은 충격을 주어 놀라게 하기 위해 과장한 이야기의 일부이다. 예수께서 하신 마지막 언급은 이 역할을 하는 것이다. 예수께서는 교회에 용서의 성격과 중요성을 일깨워 주는 것이지, 단순히 하나님을 고통을 주는 분으로 규정하려는 것이 아니다.

설교자는 여기서 두려움에 대해 곧 다른 교인들의 죄를 진정으로 용서하지 않는 결과로 인한 두려움에 대해 설교할 수 있다. 하지만 깊이 들여다보면 이 과장된 비유의 중심 주제는 은혜인데, 그것은 왕으로부터 시작된 터무니없어 보이는 은혜고, 이 은혜가 감사를 불러일으킨다. 이 은혜가 불가능한 빚을 용서 받고도 매우 적은 빚을 갚으라고 동료의 먹살을 잡은 용서하지 못하는 종의 행동을 추하게 보이게 한다. 바로 이때 우리 독자들이 아마 머리를 흔들며 이렇게 말할 것이다: "미친 거 아냐! 말도 안 돼! 어떻게 저럴 수가 있어?"

그때 이 비유는 베드로에게 했듯이 우리를 향하게 된다. 어떻게 네가 "내가 몇 번이나 용서하여 주어야 합니까?"라고 질문을 할 수가 있느냐라고. 교회처럼 여러분도 이 사실을 더 잘 알아야 한다. 왜냐하면 여러분은 얼마나 많이 용서받았는가를 이미 알고 있기 때문이다. 이러한 관점이 교회가 계속해서 용서해 주는 일을 가능하게 한다.

성령강림절 후 열일곱째 주일
마태복음 20:1-16

¹천국은 마치 품꾼을 얻어 포도원에 들여보내려고 이른 아침에 나간 집 주인과 같으니 ²그가 하루 한 데나리온씩 품꾼들과 약속하여 포도원에 들여보내고 ³또 제삼시에 나가 보니 장터에 놀고 서 있는 사람들이 또 있는지라 ⁴그들에게 이르되 너희도 포도원에 들어가라 내가 너희에게 상당하게 주리라 하니 그들이 가고 ⁵제육시와 제구시에 또 나가 그와 같이 하고 ⁶제십일시에도 나가 보니 서 있는 사람들이 또 있는지라 이르되 너희는 어찌하여 종일토록 놀고 여기 서 있느냐 ⁷이르되 우리를 품꾼으로 쓰는 이가 없음이니이다 이르되 너희도 포도원에 들어가라 하니라 ⁸저물매 포도원 주인이 청지기에게 이르되 품꾼들을 불러 나중 온 자로부터 시작하여 먼저 온 자까지 삯을 주라 하니 ⁹제십일시에 온 자들이 와서 한 데나리온씩을 받거늘 ¹⁰먼저 온 자들이 와서 더 받을 줄 알았더니 그들도 한 데나리온씩 받은지라 ¹¹받은 후 집 주인을 원망하여 이르되 ¹²나중 온 이 사람들은 한 시간밖에 일하지 아니하였거늘 그들을 종일 수고하며 더위를 견딘 우리와 같게 하였나이다 ¹³주인이 그중의 한 사람에게 대답하여 이르되 친구여 내가 네게 잘못한 것이 없노라 네가 나와 한 데나리온의 약속을 하지 아니하였느냐 ¹⁴네 것이나 가지고 가라 나중 온 이 사람에게 너와 같이 주는 것이 내 뜻이니라 ¹⁵내 것을 가지고 내 뜻대로 할 것이 아니냐 내가 선하므로 네가 악하게 보느냐 ¹⁶이와 같이 나중 된 자로서 먼저 되고 먼저 된 자로서 나중 되리라

신학

초기 신학자들은 이 구절을 알레고리적으로 해석하여 하루의 다른 시간에 고용된 사람들을 아담, 모세, 아브라함과 같은 이스라엘의 각 세대를 대표하는 사람으로, 마지막 시간에 고용된 사람을 이방인으로 보았다. 다른 신학자들은 먼저 고용된 일꾼들을 그리스도의 원래 제자들로("보십시오, 우리는 모든 것을

버렸고, 주님을 따라갔습니다", 마 19:27), 나중에 고용된 사람들을 최근에 회심한 마태 공동체 회중으로 해석했다.* 어느 경우에나 논점이 되는 것은 하나님이 공정하신지, 특히 이스라엘과 (이방인)교회에 대해 공정하게 행하시는지 아닌지이다. 또 다른 신학적 질문은 인간이 공로를 쌓는 것이 ─주로 믿음과 행함의 관계에 대한 논의 속에서─ 가능한가이다.

마태는 오래된 유대인 그리스도인(예수를 개인적으로 알았을 수도 있는 사람들)과 최근에야 합류한 사람들(그중 많은 사람들이 이방인 개종자)이 섞여 있는 교회를 위해 복음서를 썼다. 마태 자신이 속한 공동체의 특성이 어떠했든 그는 이스라엘과 하나님의 관계라는 오래된 질문과 함께, 자신이 하나님의 일을 위해 중요한 역할을 한다고 여기는 종교인들과 스스로의 가치를 낮게 여기는 사람들 간의 갈등이라는 항구적인 문제를 다루고 있다(누가복음 15장 11-32절에 있는 탕자의 비유도 비슷한 갈등을 다룬다). 열심히 일하는 "선한" 사람들은 항상 다음과 같은 질문을 던진다. 어떤 하나님이 보상에 상응하는 일을 한 사람과 그렇지 못한 사람을 같게 취급하실까?

전통적으로 답은 다음과 같았다. 의로우신 하나님(a just God). 그러나 이것이 사실이기 위해서는 일꾼이 포도원에서 일할 기회(그것이 이스라엘, 개인의 덕목, 교회 또는 세계 정의라는 이상과 관련되어 있든) 자체를 은총으로 인식해야 한다. 우리의 유일한 선택은 하나님 나라에서 일하라는 부름에 응답하거나 우리 삶을 모두 낭비하면서 아무것도 하지 않고 그냥 서 있는 것 사이의 선택이기 때문에 인간적 자만이 들어설 자리가 없다. 하나님은 누구의 생명도 허비되는 것을 바라시지 않기 때문에 가능한 한 더 많은 사람들을 포도원으로 불러 모으기 위해 아무 차별 없이 모든 사람들을 거듭 부르신다. 하나님은 사람을 차별하지 않으신다(롬 2:11; 행 10:34); 하나님은 모두가 똑같이 일할 기회를 얻을 자격이 있다고(혹은 없다고) 여기신다. 따라서 모든 일꾼에게 주는 상도 똑같다.

이 세상의 관점에서 보면 더 큰 보상을 받은 사람과 더 적은 보상을 받은 사람 간의 불평등(유대인/이방인, 오래된 일꾼/풋내기)이 존재하는 것 같지만,

---

* Manlio Simonetti, ed., *Matthew 14-28*, Ancient Christian Commentary on Scripture: New Testament 1b (Downers Grove, IL: InterVarsity Press, 2002), 106-112.

이 비유는 하나님 앞에서는 급진적인 평등이 있다는 것을 명확히 한다. 보상은 각 일꾼의 개인적인 공로나 노동의 양 혹은 질이 아니라, 주인이 제공하는 자비로운 언약에 의존한다. 하나님은 모두에게 한 데나리온(각자의 "일용할 양식"을 기본적으로 충족시키는, 마 6:11)으로 표현되는 동일한 보상을 약속하고 이를 시행하신다.

핵심은 하나님의 백성은 공로를 쌓기 위해서가 아니라 단지 하나님의 포도원에서 일하는 것이 좋은 일이어서 일하는 사람들이라는 점이다. 이번 주 성서정과 다른 본문을 보면 하나님에 대한 불평이 오래전부터 하느님의 백성의 습관이었으며(출애굽기, 요나), 성서는 하느님의 백성이 그들의 시각을 바꾸어 하나님의 자비를 선물(시편)로 받아들여 그에 상응하는 삶을 살도록(빌립보서) 끊임없이 호소한다는 것을 알 수 있다.

그리스도인의 자유에 관한 칼뱅의 글 두 번째 부분에 우리에게 도움이 되는 내용이 있다.* 처벌을 피하거나 보상을 받기 위해 하나님을 섬기는 사람들은 노예와 같은 방식으로 사는 것이다. 하나님의 포도원에서 일하는 것을 어떤 강요도 없는 선물과 같은 것으로 보는 사람들은 부모를 사랑하고 기쁘게 하려고 부모의 일을 위해 전념하는 자녀와 같은 방식으로 사는 것이다. 자신이 좀 더 좋은 대우를 받아야 한다고 생각하는 일꾼은 일할 기회를 준 주인의 관대함을 기억해야 한다.

"꼴찌들이 첫째가 되고, 첫째들이 꼴찌가 될 것이다"(16)라는 오늘 비유의 결론은 다른 비유들(예를 들어 눅 18:9-14)을 생각나게 하며, 다른 사람보다 자신이 더 거룩하다고 여기는 종교 지도자들에게 예수께서 곧 퍼부을 호통을 예상케 한다(마 23장). 여기서 중요한 것은 겸손이다. "지금 복음을 알아서… 온 세상을 가르치고 다스릴 수 있다고 상상하는 사람들, 그래서 자신이 하나님과 가장 가까이 있고 성령 충만하다고 여기는 사람들"이 그들의 위대함이 상대적인 것임을 깨달아야 한다는 것이다. 세상의 눈으로 볼 때 첫째라고 하나님의 눈에도 첫째가 되는 것은 아니다. 스스로를 가장 낮은 자라고 여기는 사람들을 하나님이 마지막 날에 높이신다(마 23:12). 더 나아가 이것은 모든 좋은 것들이—사람이 그것을 받을

---

* John Calvin, *Institutes of the Christian Religion*, trans. Ford Lewis Battles (Philadelphia: Westminster Press, 1960), 837(3.19.5).

능력이 있는지와 상관없이─하나님에게서 온다는 것을 상기시켜 준다(하나님은 의로운 사람에게나 불의한 사람에게나 똑같이 비를 내려 주신다. 마 5:45).

하나님의 백성─이스라엘과 새 이스라엘─은 부름을 받은 시간부터 보상을 받는 시간까지 정의의 포도원에서 일하는 사람들이다. 일부는 다른 사람보다 일찍 부름을 받은 축복을 누렸다. 그러나 이 일을 짐으로 여기면 선물의 의미는 사라져버린다. 다른 사람들은 너무 늦기 직전에 부름을 받는 축복을 누렸다. 그들에게는 짐이 가벼워 보이고, 지치기 전에 보상을 받게 되었다. 신구약성서를 보면 정의와 가치에 관한 하나님의 기준은 인간적 기준에서 볼 때는 늘 낯선 것으로 묘사되고 있다. 그러나 하나님의 백성은 자신의 권리를 요구하지 않고, 다른 사람들의 행운에 대해 불평하지 않으며 낯선 기준에 따라 사는 사람들이다. 물론 오늘 본문의 가르침이 오용될 가능성도 있다. 힘 있는 자가 첫째의 지위를 유지하면서 억압받는 사람에게 미래의 보상을 기다리며 불의한 현상태에 대해 더 인내를 갖고 견디라는 강요를 하는 경우가 그 예이다. 이 비유에 대한 책임 있는 신학적 해석은 분명히 교회 안에서의 급진적 평등을 지향할 것이다. 교회 안에서는 모든 사람이 하나님의 은혜로운 보상을 받는 점에서는 차별이 없다.

주석

　'포도원의 품꾼들'이란 이 유명한 비유는 예수의 "꼴찌들이 첫째가 되고, 첫째들이 꼴찌가 될 것이다"(19:30, 20:16)라는 같은 말씀 사이에 있다. 이 묶음이 독자들에게는 수수께끼인데 왜냐하면 비유 그 자체는 이 말씀의 연속과 체계를 꼭 같이 묘사하고 있지는 않기 때문이다. 마태복음 19:13-30에서의 논란은 비유가 하나님의 나라에 들어가는 데 있어 지위나 순서에 대한 질문을 언급하고 있음을 보여준다. 비유는 분명히 그러한 이슈들을 다루고 있지만, 비유의 핵심적인 초점은 지위나 순서가 아니라 은혜와 정의의 문제이다.

　비유의 시작은 예수의 전형적인 비유로 고대의 농사와 일치한다. 포도원 주인은 일용 노동자를 고용하기 위해 일찍 나간다. 그러한 일의 고용은 아침 일찍 이루어진다. 주인과 일꾼들은 하루에 한 데나리온의 품삯에 합의한다. 이 합의는 비유의 마지막 장면에서 결정적이다. 품삯은 가끔 많은 논란이 되기도 한다. 한 데나리온은 하루 품삯으로 자주 묘사되는데 하지만 이 장면에서 한 데나리온의 정확한 가치를 상정하기는 어렵다. 비유에서는 이 합의가 양쪽에 공정하지 않다고 말하지는 않는다. 하지만 그 당시 팔레스타인에서의 한 데나리온의 가치를 최대한 계산해 보아도 이 일꾼들이 아주 가난하게 살 정도이다. 한 데나리온으로는 최소한의 생존을 위해서 한 사람만 살 수 있지 가족이 살 수 있는 돈은 아니다. 사람들의 말에 따르면 일용노동자들은 힘들게 살았고, 때때로 일찍 죽었다.

　익숙하지만 무엇인가 엄숙한 첫 장면 이후에 비유는 점점 더 이상해진다. 매 순간마다 비유는 점점 농사에 관한 것 같지 않고, 인물들은 진짜 포도원 주인 같지 않고, 진짜 일꾼들 같지도 않다. 포도원 주인은 장터에 아침과 오후에 또다시 나가서 일꾼들을 만나고, 그들에게 적당한 품삯을 주겠다고 약속했다. 여하튼 이것은 특이한 것이다. 우리는 주인이 필요한 일꾼들을 아침 일찍 고용하리라 예상한다. 비유에서는 그가 일꾼들을 나중에 일 시키는 것이 자신이 필요해서가 아니라 그들이 거기 있기 때문에 그렇게 한 것이다. 품삯도 한 데나리온에 대한 약속이 아니라 적당한 품삯이다.

그다음 장면은 이야기가 더 이상하다. 주인은 장터에 거의 오후 다섯 시쯤에 나가 아직도 빈둥거리는 사람들을 만난다. 주인은 단순히 그들에게 얼마 준다고 약속하지 않고 포도원에 일하러 가도록 권고한다. 주인의 이상한 행동, 임금에 대한 약속 없음 그리고 사건의 시간들이 이 비유에서 "오후 5시" 일꾼들에게 초점을 두게 된다. 그들에 대해 알려진 바 없고, 그들이 왜 빈둥거렸는지 모르지만, 우리는 그저 일과시간 끝나기 한 시간 전에 그들이 채용되었다는 것을 안다.

비유는 무엇인가 어색하지만 품삯을 주는 장면에서는 정의와 은혜의 문제를 강조하고 있다. 주인은 마지막부터 시작하여 처음부터 일한 사람 순으로 품삯을 주었다. 뒤에 온 사람들 셋도 한 데나리온을 받았다. 맨 처음에 와서 일한 사람은 보고 있었다. 그들은 주인이 공정하리라 생각하고 자신에게는 더 줄 것이라 기대했다. 그들도 역시 한 데나리온을 받자 그들은 정의의 문제를 제기했다. 그들의 불평은 공정하고 분명하다.

아마도 이 간청에 대한 주인의 반응을 통해 우리는 비유의 핵심적 메시지를 보게 된다. 주인은 두 가지 절대적 원리를 천명한다. 첫째로 그는 정의로운 임금으로 한 데나리온을 지급하는 것을 그에게 속한 사람에게 할 권리가 있음을 지적한다. 그러기에 주인은 일꾼들이 동의한 정당한 품삯을 주었다고 말한다. 둘째로 그는 자신이 후할 수 있는 권리를 주장한다. 처음부터 일한 사람에게 도발적으로 문제 제기하면서 주인은 "내가 후하기 때문에 당신 눈에 거슬리오?"라고 말한다(15b). 이 제기는 정의의 주장에 대한 은혜의 주장이다.

교회 전통에서 이 비유에 대한 거의 모든 읽기는 이것을 알레고리로 이해한다. 주인은 하나님이고 한 데나리온은 구원이라는 것이다. 물론 개신교의 성서 읽는 방식도 정의와 은혜를 강조하는 것이다. 정의를 주장하는 일꾼들은 율법의 정의를 주장하는 유대인이거나 사역의 힘에 집착하는 로마 그리스도인으로 이해한다. 이러한 정의에 주장에 대비되어 비유는 구원이 은혜로만 가능하다고 주장한다. 더 나아가 이러한 독자들은 마지막으로 고용된 사람들이 아무런 품삯에 대한 약속 없이 갔다는 것을 주목한다. 그래서 일꾼들은 믿음의 모델이다. 그들은 포도원의 주인인 은혜의 하나님을 완전히 믿었다.

이러한 읽기의 신학적 풍부함을 거부하지 않으면서도 우리는 비유가 그러한 주장을 진짜로 지지한다고 보지 않는다. 여기에서 정의의 옳음과 적절성에 대한 부정은 없다. 포도원 주인은 그가 정당하다고 주장한다. 열심히 일하고 정당한 권리를 믿은 처음 일한 사람들도 한 데나리온을 받았다. 그러한 사람에게 구원을 거부하는 읽기는 비유와 맞지 않는다. 비유는 그러한 읽기가 제시하는 것보다 더 복잡하다. 정의의 주장을 은혜의 놀람으로 해결하려 하지 않고 단지 그들 사이의 비교를 강조한다. 비유는 정의와 은혜를 지지할 뿐만 아니라 둘이 언제나 긴장 관계를 가진다는 것을 보여준다. 정의와 은혜는 서로 용납될 수 없다. 하지만 그 둘 모두가 하나님의 속성의 일부이다.

다른 가능성이 하나 있다. 본문에 대한 그리스도인들의 알레고리적 읽기가 대부분임에도 불구하고 어떤 독자들은 구원의 역학에 초점을 두는 것이 아니라 고대사회의 사회적 경제적 갈등에 초점을 두고 있다. 예수는 아마도 일용 노동자들과 그들의 삶 속에 경제적 어려움에 대해 말하고 있는 것이다.

문자 그대로 받아들인다면 포도원 노동자의 비유는 기업이든 비영리 단체든 상관없이 모든 사업자들이 문제를 제기할 수 있다. 이 비유는 공정한 임금이나 일한 만큼의 보수에 대한 것이 아니다. 사실 그것은 정당하고 공정한 것에 대한 우리의 인식에 반하는 것이며, 우리 중 누구라도 21세기 그리스도인으로 이 비유를 듣고 이해하려고 노력하는 것은 위험하다.

많은 교인이 예수의 비유를 이해하기 위해 애를 쓰는데, 왜냐하면 말이 되지 않는 것 같기 때문이다. 특히 문자 그대로 받아들이는 사람에게는 더 그렇다(그들을 판단하려는 게 아니라 현실적으로 그렇다). 많은 사람이 그 이야기 속에 나오는 사람들이 누구인지, 그들이 무엇을 대표하는지를 문자 그대로 이해하려는 유혹을 받는다. 이 비유를 설교하면서 이것을 지적하는 것이 도움이 될 것이다. 예수는 청중들이 유추할 수 있는 비유와 상징을 사용하여 하나님 나라를 이해하도록 도우려고 하신다: "하나님 나라는 …과 같다", "하나님 나라는 …에 비유할 수 있다."

이 비유는 탕자의 비유와 다르지 않다. 그 이야기에서 장남은 상속받은 재산을 탕진한 동생이 뻔뻔스럽게 아버지의 풍성한 환영을 받는 것에 분개한다. 그것은 공정하지 않다. 집에 머물면서 자기가 해야 할 일을 한 장남이 그에 대한 보상을 받지 못하는 것은 공정하지 않다. 그렇다. 그건 공정하지 않다. 그리고 많은 사람들이 이 비유를 들을 때 듣게 될 바로 그것이다. 하루 종일 뜨거운 태양 아래서 열심히 일한 사람들에게 정당한 보상을 하지 않은 포도원 주인은 얼마나 불공정한가? 일한 시간이 다른데도 각각의 노동자에게 똑같이 대우한 포도원 주인은 얼마나 불공정한가?

우리는 아침 일찍 포도원에 갔으니까 더 많은 보수를 받을 거라고 가정한 노동자들의 불평에 쉽게 공감할 수 있을까. 그러한 위험한 가정은 우리의 가장 가까운 관계, 우리의 작업 환경, 우리 교회, 우리의 애국적 사고 속에 있을 수 있다. "가정(assumption)은 계획된 분노"라는 말이 있다. 무엇을 당연하다고 생각할 때마다 우리는 우리 자신을 실망하도록 설정하거나 혹은 더 나쁘게는 다른 사람, 장소 또는 일을 우리의 실망, 분노 또는 원망의 목표로 설정한다.

많은 목회자가 그들(목회자들)이 자신들(교인들)의 삶에서 무슨 일이 일어나고 있는지 알고 있다고 가정하면서 그에 대해 목회자가 보여주어야 한다고 가정하는 반응을 하지 않아서 상처 받고 분노하는 교인들과 투쟁한다. 다음과 같은 것들이 우리가 만든 유일한 가정이라면 얼마나 좋을까?

- 하나님은 나와 모든 피조물을 깊이 그리고 충분히 사랑하신다.
- 나와 다른 모든 사람들은 하나님의 형상으로 만들어졌다.
- 하나님의 관용은 우리가 할 수 있는 가장 큰 상상을 초월한다.
- 하나님의 관대함을 얻거나 받을 자격을 가지려고 내가 할 수 있는 일은 아무것도 없다.

우리가 이런 가정들을 하며 살면 우리의 삶은 얼마나 달라질까!

이 비유에서 우리가 배우는 것은 포도원 주인이 모든 사람들에게 일을 주는 것으로 시작된다는 것이다. 노동자들은 모두 실업 상태이며 각각 임금을 주겠다는 약속과 함께 일을 맡았다. 그들은 모두 같은 상황에서 시작하지만, 날이 끝날 때 그들이 어디서 시작했는지 쉽게 잊어버린다. 그들의 에너지는 그들이 일을 하고 돈을 받는다는 사실이 아니라 그들이 보는 불평등으로 향한다. 질투는 그들이 받은 임금보다 더 중요해진다. "내가 후하기 때문에 그것이 당신 눈에 거슬리오?" 포도원 주인이 묻는다(15).

우리는 다른 사람이 가진 은사, 재능, 능력, 재산, 사회적 지위와 같은 것을 부러워하는가? 얼마나 자주 우리는 다른 사람의 행운을 질투하는가? 질투는 우리 자신의 은사와 재능을 위축시키고, 남몰래 다른 사람들의 은사와 재능을 훔치게 할 수 있다. 하나님은 우리의 것이든 다른 사람의 것이든 모든 좋은 선물을 주신다.

이 비유는 근본적으로 하나님의 관대하심에 관한 것이다. 공평이나 적절한 임금 지급에 관한 것이 아니라 은혜롭고 과분한 선물에 관한 것이다. 경제적 교환에 관한 것이 아니라, 그들이 언제 포도원에 들어왔는지에 상관없이 혹은 그런 보상을 받을 자격이 있는지 없는지에 상관없이 모든 사람에게 은혜와 자비를 베푸는 일에 관한 것이다. 하나님의 관대하심은 종종 옳고 그름에 대한 우리의 감각을 방해하고, 우리가 세상을 살아갈 때 무엇이 어떻게 되어야 하는지에 대한 우리의 감각을 방해한다. 우리는 우리 자신이 가진 것을 기뻐하지 않아서 다른 사람의 행운을 기뻐할 수 없는 것인가? 얼마나 자주 우리는 하나님의 은혜와 자비에 대해 감사하지 않을까? 살면서 나는 얼마나 자주 하나님의 사랑과 용서를 부인할까?

예수는 우리에게 질문을 남기신다. 우리는 하나님의 눈을 통해 보는 법을 배울 수 있을까? 옳고 그름에 대한 우리의 생각, 무엇이 정당한 것이고, 무엇이 부당한 것인가에 대한 우리의 생각이 반드시 하나님의 생각인 것은 아니다. 하나님의 생각은 아주 좋은 것이다. 우리는 이 비유를 읽으면서 판이 바뀌었다는 것을 깨닫게 된다. 우리가 공평을 찾을 때, 관대함을 발견하고 놀란다.

당신과 나는 예수의 비유 어느 부분에 우리 자신이 있는지 찾아보라고 초대받고 도전받는다. 이 비유는 하나님이 서투른 회계사이심을 일깨워 주며, 하나님의 놀라운 관대하심에 감탄하고 찬양함으로써 우리의 자부심과 시기심과 완고함을 기쁨으로 변화시키라고 요청한다.

이 비유는 하나님이 우리를 보시는 것처럼 우리 자신을 거짓 없이 사랑스럽게 보라고 요청한다. 이 비유는 일이 우리가 생각하던 대로 되지 않는다고 불평을 품지 말고, 우리가 충만하고 감사하는 사람으로 기쁘게 살지 못하게 가로막던 우리 삶의 장애물들을 버리라고 우리를 초대한다.

요즘 우리가 듣는 말 중 하나는 "잊어버려"(Get over It)라는 것이다. 지혜로운 말이다. 일을 하고 나서는 떠나보내라. 우리가 붙잡고 있는 한 우리는 다른 사람들과 우리 자신에게 계속 상처를 준다. 하나님은 우리를 용서하시고 사랑하신다. 그래서 우리도 우리 자신과 다른 사람들을 용서하고 사랑해야 한다. 감사는 우리 신앙의 핵심이다.

설교

이번 주일 성서정과 본문 가운데 하나인 구약은 광야에서의 만나 이야기인데(출 16:2-15), 자주 다루어지지는 않지만, 여러 면으로 접근 가능한 포도원 일꾼 비유를 해석하고 설교하는 데 도움이 되는 관점을 보여준다. 이스라엘과 더불어 광야에서 하나님은 이집트에서의 삶의 방식, 곧 지배와 복종, 부자와 가난한 자, 강한 자와 약한 자가 존재하는 방식에서 대안적인 새로운 백성을 만들어가고 있다. 이 백성을 형성하는 데 있어 핵심적인 것은 만나라는 선물이다. 이 만나는 멋지거나 화려한 것이 아니다: 그것은 살아가는데 필요한 "매일 매일의 양식"이다.

그러나 만나에서 가장 중요한 점은 비축할 수 있는 선물이 아니라는 점이다. 사실 백성들이 자신들의 몫보다 더 많이 모으려고 시도했을 때 여분의 만나는 벌레가 생기고 악취가 풍겼다(출 16:20). 만나로 인해 누구나 풍족했지만, 어느 누구도 더 많이 가지지 않는다. 지도자나 종이나 같은 양을 받는다. 하루 종일 일한 백성도, 그렇게 일하지 않은 백성도 같은 양을 받는다. 일할 수 있는 사람도, 장애인도 같은 양을 받는다: 풍성하게 그러나 지나치게 많지 않게 모두에게 준 선물이다. 이 이야기는 주기도문에 포함되어 있다: "오늘 우리에게 필요한 양식을 내려 주시고"(마 6:11). 이 이야기는 광야에서 예수께서 오병이어로 수천 명을 먹일 때 재현되는데, 그때 누구나 풍족했지만 지나치게 많지는 않았다.

이 광야에서의 만나 이야기는 포도원 일꾼 비유를 접근하는 시각을 제공한다. 예수께서도 역시 새로운 백성, 새로운 질서를 형성하려고 추구한다. 그는 세상이라는 옛 질서 속에서(부자와 가난한 자, 강자와 약자가 존재하는 영역, 마 19:13-30) 하나님의 나라를 이해하려고 애쓰는 제자들에게 이 비유를 말하고 있다. 비유를 통하여 예수께서는 옛 체제를 뚫고 들어와 무언가 새로운 것의 창조 가능성을 추구하고 있다. 이 난해하고 종잡을 수 없는 이야기를 통하여 예수께서는 하나님의 새로운 질서를 보여주고, 옛 질서가 지닌 죽음의 영을 드러내고 있다.

이 비유에서 예수께서는 제자들 앞에서 새로운 현실적 대안체로서 교회를 제시한다. 그는 "하나님 나라에서의 대안적인 가정"이라는 비전을 보여주고 있다.* 이 가정에서는 광야에서처럼 누구나 필요한 "일용할 양식"을 받는데, 거기서는 제자들과 또 우리를 지배하고 있던 이전의 차별과 경쟁을 약화시킨다. 워렌 카터 (Warren Carter)는 일꾼들에게 준 이상하고도 놀라운 품삯에 대해 이렇게 기술한다.

> "행한 일에 근거하여 일꾼들 간에 차별을 두는 대신에 뛰어난 사람을 높이고 나머지를 희생시키는 대신에 (이 주인은) 차이를 균등하게 하고 이들을 동일하게 대했다. 차이를 강화하는 품삯 체계 대신에 그는 그 체계를 동등함과 함께함이라는 것을 보여주기 위해 사용한다."**

비슷하게 도로시 데이(Dorothy Day)는 이 현실과는 다른 특이한 방식으로 임금을 지불한 것에 대해 이렇게 말한다. "(예수는) 이 비유에서 동일노동 동일임금이 아닌 사는데 필요한 임금을 말했다.*** 누구에게나 사는 데 필요한 임금은 필요한 만큼 그러나 과도하지 않게 받는 것이다.

그러므로 이 비유는 하나님께서 광야에서 비슷한 대안 체계를 상정하고 시작했던 것처럼 대안적 사회체계를 기대한다. 이 비유로 하는 설교는 성서에서 흐르고 있는 이 특이하고도 놀라운 비전을 선포해야 한다.

그러나 이 비유는 단지 기대하는 것에 그치는 것이 아니다. 동시에 그것을 드러낸다. 이 비유는 "우리가 숨 쉬는 공기"처럼 존재하면서 우리가 대안 체계를 상상할 수 없게 만들었던 뿌리 깊은 믿음 체계들을 고통스럽지만 벗기어 낸다. 이 비유는 사회적 관계를 형성하고 있는 근본적인 상징들, 곧 승자와 패자, 강자와 약자, 내부자와 외부자, 명예로운 자와 부끄러운 자 등을 드러내고 있다. 이 비유는

---

* Warren Carter, *Matthew and the Margins: A Sociopolitical and Religious Reading* (Maryknoll, NY: Orbis Books, 2000), 394.

** *Ibid.*, 397. 카터는 여기에서 (포도원 주인이) 이 놀랍도록 평등주의적인 행동을 하는 동안, 부유한 집주인은 자신의 부를 재분배함으로써 이룰 수 있는 더 큰 평등주의적 실천을 보지 못한다는 점에 주목한다(마 19:21 참조).

*** Dorothy Day, *The Long Loneliness* (New York: Harper & Row, 1952), 205.

"우리에게 오늘 우리가 일용할 양식을 주옵소서"라기보다는 "나에게 오늘 내가 일용할 양식을 주옵소서"라고 기도하도록 종종 우리를 인도하던 그 체계를 드러내 보이고 있다.

그것은 주인의 이상한 임금 지급 방식을 통해 드러나는데, 거기서 가장 긴 시간을 일했던 사람들은 누구나 자신들과 동일하게 받는 것을 지켜보아야만 했다. 하루 종일 일했던 사람들은 불평하는데 그것은 광야에서 이스라엘 사람들이 불평하던 것을 떠올리게 한다(출 17:3, 민 11:1, 14:27, 29). 그들이 불평하는 이유는 단지 돈에 관련한 것만은 아니다. 좀 더 깊이 들어가면 그 돈이 의미하는 것에 관한 것이다. 카터(Carter)가 지적하듯이 진짜 이슈는 자신들이 우월하다는 생각에 있다. "당신은 이들을 우리들과 똑같이 대우하였습니다"(12). 노동은 단순히 일용할 양식을 얻는 수단일 뿐만 아니라 구별과 경쟁의 근거이고, 승자와 패자, 강자와 약자라는 구분을 강화시키는 수단이다.

노동은 종종 오늘날 우리 사회에서도 이러한 역할을 한다. 사람들은 일이 없을 때 자주 열등하다고 느끼고 심지어는 이 비유에서 하루 종일 장터에서 기다렸던 일꾼들처럼 쓸모없다고 여긴다. "아무도 우리에게 일을 시켜주지 않습니다"(7)라고 그들은 사무쳐서 그 주인에게 말한다. 물론 노동을 통해 얻는 돈은 그 자체가 신분과 긴밀하게 연관이 되어 있어서 다른 사람에 비해 우월감을 얻는 기능을 하기도 한다. 여기서 하루 종일 일한 일꾼들의 불만, 곧 "당신은 이들을 우리들과 똑같이 대우하였습니다"는 오늘날 설교자들을 좀 더 깊이 생각하게 만든다. 이것은 승자와 패자, 강자와 약자라는 상징으로 형성되는 관념, 곧 경제적 우열 관계가 무엇보다도 중요하다는 생각으로 우리들을 이끌고 있는 것이다.

이 비유는 설교자에게 하나님의 새로운 체계를 기대하면서 옛 질서의 정신을 드러낼 것을 요청하고 있다. 그러한 드러냄과 기대를 통하여 설교자는 사람들을 포로로 만들고 있는 옛 체계를 뚫고 들어와서 무언가 새로운 가능성을 열어주도록 돕는 역할을 할 수 있을 것이다.

성령강림절 후 열여덟째 주일

마태복음 21:23-32

²³예수께서 성전에 들어가 가르치실새 대제사장들과 백성의 장로들이 나아와 이르되 네가 무슨 권위로 이런 일을 하느냐 또 누가 이 권위를 주었느냐 ²⁴예수께서 대답하시되 나도 한 말을 너희에게 물으리니 너희가 대답하면 나도 무슨 권위로 이런 일을 하는지 이르리라 ²⁵요한의 세례가 어디로부터 왔느냐 하늘로부터냐 사람으로부터냐 그들이 서로 의논하여 이르되 만일 하늘로부터라 하면 어찌하여 그를 믿지 아니하였느냐 할 것이요 ²⁶만일 사람으로부터라 하면 모든 사람이 요한을 선지자로 여기니 백성이 무섭다 하여 ²⁷예수께 대답하여 이르되 우리가 알지 못하노라 하니 예수께서 이르시되 나도 무슨 권위로 이런 일을 하는지 너희에게 이르지 아니하리라 ²⁸그러나 너희 생각에는 어떠하냐 어떤 사람에게 두 아들이 있는데 맏아들에게 가서 이르되 얘 오늘 포도원에 가서 일하라 하니 ²⁹대답하여 이르되 아버지 가겠나이다 하더니 가지 아니하고 ³⁰둘째 아들에게 가서 또 그와 같이 말하니 대답하여 이르되 싫소이다 하였다가 그 후에 뉘우치고 갔으니 ³¹그 둘 중의 누가 아버지의 뜻대로 하였느냐 이르되 둘째 아들이니이다 예수께서 그들에게 이르시되 내가 진실로 너희에게 이르노니 세리들과 창녀들이 너희보다 먼저 하나님의 나라에 들어가리라 ³²요한이 의의 도로 너희에게 왔거늘 너희는 그를 믿지 아니하였으되 세리와 창녀는 믿었으며 너희는 이것을 보고도 끝내 뉘우쳐 믿지 아니하였도다

신학

이 구절의 신학적 의미를 이해하는 데 놓치지 말아야 할 사항은 이 사건이 예루살렘 성전에서 일어났다는 점이다. 바로 전날 예수는 나귀를 타고 성안으로 들어가서(마 21:1-11) 즉시 유대 종교 생활의 중심인 성전을 방문하여 그곳에서 돈 바꾸는 사람들의 상을 뒤집어엎었고, 앞 못 보는 자, 저는 자와 어린이들을 위로했다(21:12-16). 성 밖에서 밤을 보낸 후 다시 성으로 돌아오는 길에 그는

무화과나무에 저주를 내렸고, 그 나무는 즉시 말라 죽었다(21:17-22). 전날의 놀라운 사건의 여운에서 벗어나지 못한 성전 관리인들은 시골 출신의 랍비를 상대할 기분은 아니었다. 그러나 다양한 집단으로 구성된 그의 추종자들 때문에 성전 관리인들은 예수를 신중히 다뤄야 하겠다는 압박을 느꼈다. 그들의 유일한 선택은 논쟁인 것으로 보인다. 예수는 성전 안에서 아무 권위도 부여받지 못했지만, 그들과 똑같이 논쟁에 가담할 준비가 되어 있다.

"당신은 무슨 권한으로 이런 일을 하시오?"(23)라는 대제사장의 첫 번째 질문은 충분히 물을 수 있는 질문이다. 어쨌든 이스라엘 안에서 그들의 권한은 모세 시대에 하나님에 의해 주어졌고, 대대로 물려 내려왔다. 따라서 예수가 "하나님의 권한으로"라고 대답한다면 그들은 성서와 전통을 들이대며 예수가 틀렸다고 쉽게 논박할 수 있었을 것이다. 아마도 더 정곡을 찌르는 대답은 "나 자신의 권한으로"였을 것이다. 예수는 다른 어떤 외부적인 도움이 필요 없이 스스로 권위를 갖고 있다. 스탠리 하우어워스(Stanley Hauerwas)가 말했듯이 "우리가 예수를 믿어야 할 근거로 예수의 삶과 죽음과 부활보다 더 결정적인 근거를 제시하려는 시도는 우상숭배를 일으킨다. 어떤 사람이 예수가 메시아라는 것을 확증할 진리의 기준이 필요하다고 주장한다면, 그 사람은 예수가 아니라 그 진리의 기준을 숭배해야 한다."* 그러나 예수가 자신의 신적인 지위를 공개적으로 주장한다면 청중 대부분은 그것을 받아들이지 않을 것이다. 따라서 예수는 좋은 랍비처럼 질문에 대해 질문으로 답한다.

예수가 질문에 대한 대응으로 선택한 질문의 가장 눈에 띄는 점은 아마도 예수가 자신을 세례요한과 동일시했다는 점일 것이다. 예수는 십여 명의 권위 있는 예언자들을 잘 알고 있었고, 자신의 권위를 그들의 권위에 비교하면 더 설득력이 있었을 터인데 요한을 택했다. 그는 이스라엘 예언자의 역사에서 찢겨나간 주변적 인물이고, 이스라엘의 실제적 권위를 행사하는 헤롯에게 도전함으로 죽임을 당한 인물이 아닌가? 그러한 선택은 청중(이 이야기 속의 청중과 이 텍스트를

---

* Stanley Hauerwas, *Matthew* (Grand Rapids: Brazos Press, 2006), 185, 187.

읽는 청중 모두)에게 예수의 권위도 역시 주변적이라는 암시를 준다. 예수는 "종교적"이든 "정치적이든" 전통적인 형태의 권력을 추구하지 않는다. 하지만 요한과는 달리 이 예언자는 저 밖 광야에 머물기에 만족하지 않는다. 그의 메시지는 거룩한 도시 안에서, 심지어 성전 안에서 선포돼야 한다.

그 메시지는 세례요한의 메시지와 공통점을 갖고 있는데, 즉 악에서 돌이켜 하나님께로 향하라는 것이다. 요한은 하나님 나라의 참된 표식으로 회개를 촉구했다. 마태복음의 세례요한은 "'아브라함이 우리 조상이다' 하고 말할 생각을 하지 말아라… 하나님께서는 이 돌들로도 아브라함의 자손을 만드실 수 있다"(3:9)라고 했다. 예수는 세례요한과 마찬가지로 하나님의 자녀가 되기 위해서 특별한 가문에서 태어나거나 특정한 모임에 가입해야 하는 것이 아니라고 확고하게 믿고 있었다. 예수는 대제사장에게 "너희는 어떻게 생각하느냐?"고 물으셨다. 랍비식의 토론 스타일이다.* 아버지의 뜻을 따르는 자녀는 아버지가 요구하는 것을 무엇이든 하겠다고 말하는 자들인가 아니면 아버지가 요구하는 것을 실제로 행하는 자들인가? 대제사장들은 이 질문에 쉽게 대답할 수 있었다. 비록 두 아들 모두 한 가지만을 (말이나 행동) 잘하지만, 둘째의 회개가 첫째의 위선보다는 낫다는 것이 모든 사람에게 명백하다. 진실한 의는 고백보다는 행동에 있다.

청중들이 비유의 의미를 아직 명확하게 이해하지 못했을까 하여 예수는 아주 쉬운 설명을 추가한다. 세리와 창녀가 "너희보다 먼저 하나님의 나라에 들어갈 것이다." 왜냐하면 그들은 요한에게(후에 예수에게) 나와 회개했기 때문이다. 요한은 의의 길에 관해 설교했고, 죄인들은 그를 믿었지만, 종교 지도자들은 그를 믿지 않았다. 그들은 하나님에 대한 충성을 선언했음에도 불구하고 하나님의 뜻을 실행하는 실제적 충성은 보여주지 않았다.

사실 그들의 위선은 그들이 요한을 알아보지 못한 후 예수의 사역을 통해 주어진 "두 번째 기회"도 계속 거부하게 만들었다. 이 사례가 주는 의미는 이것이다. 이스라엘의 전통적 지도자들은 불의를 통해 권위를 상실했고, 종교적으로 소외된

---

* Gene R. Smillie, "Jesus' Response to the Question of His Authority in Matthew 21," *Bibliotheca Sacra* 162 (October~December 2005): 465-466.

이스라엘인들은 진정한 권위를 현명하게 알아보았다. 요한과 예수의 권위는 선행을 통해 하나님의 나라를 현실로 만드는 사람들에 의해 받아들여졌다. 한편 이 같은 사람들은 의의 길로 인도하기를 포기한 지도자들의 권위를 박탈시켰다.

이 비유에 대한 대체주의적(supersessionist) 해석(예수가 이스라엘을 이방인으로 대체했다고 보는 견해)은 이 사건의 배경이 성전이라는 것을 생각해 볼 때 가능은 하지만 적절하지는 않다. 그러한 해석은 유대인과 그리스도인 사이에 불필요한 대립을 만들어 낼 뿐 아니라, 비유의 본래 목적(즉, 청자로 하여금 자신이 의롭다는 주장에 질문을 던지게 하는)을 모호하게 만든다. 하우어워스의 말을 다시 인용하자면 "이 비유에서 '누가 안에 있고, 누가 밖에 있는지'를 판단할 근거를 찾으려 하기보다는 오히려 이 비유가 어떻게 '밖에 있는 사람들이 자신을 발견하도록 돕는지에 주의를 기울이는 것이 더 낫다." 그 비유를 들은 사람은 자신이 어느 아들을 닮았는지 스스로 물어야 한다. 여기서 유일하게 중요한 대체적 요소로 등장하는 것은 행동적 회개를 통한 믿음의 고백이다.

주석

이 구절은 예수와 성전 지도자 사이의 강렬하고, 커지는, 격렬한 논쟁의 일부이다. 그 전날 예수는 "다윗의 자손"(마 21:9)을 외치는 소리와 함께 그 성에 입성하였다. 그런 다음 그는 성전에서 물건을 파는 모든 사람들을 쫓아내고, 돈 바꾸는 사람들의 상을 무너뜨리고, 성전 자체를 "도둑들의 소굴"이라고 불렀다(21:13). 그는 다음 날 아침에 성전으로 돌아갔고, 그곳에서 대제사장들과 백성의 장로들을 만났다. 그들은 "당신이 무슨 권위로 이런 일을 합니까?"라고 묻는다(23).

그것은 공정한 질문이다. 예수가 성전을 공격하는 이유가 정확히 무엇인지는 분명하지 않지만, 어떤 이유로든 예수는 자신에게 주의를 이끌었다. 권위에 대한 질문에 대한 그의 대답은 두 부분으로 나뉜다: 첫째, 그는 자신과 그의 권위를 세례요한에게 연결한다. 둘째, 그는 비유를 말하고 그 비유를 사용하여 성전 지도력을 책망한다.

예수는 대제사장들과 장로들의 도전을 자신의 도전으로 되돌려 주었다. 예수는 그들에게 "요한의 세례"가 하늘로부터 왔는지 아니면 사람에게서 왔는지 묻는다. 영리한 반박이다. 대제사장들과 장로들은 그 질문에 대답할 수 없다는 것을 깨달았다. 그들은 요한을 믿지 않았기 때문에 "하늘에서"라고 말할 수 없다. 그러나 그들은 "무리를 두려워"하기 때문에 "사람에게서"라고도 말할 수 없다. 그들이 예수의 질문에 대답하기를 거부하자 예수는 그들의 대답을 거부했다. 이 모든 것은 형식적으로 예수가 승리한 고대의 표준 명예 논쟁으로 읽히지만, 여기에 더 많은 것이 있는 것 같다. 확실히 예수의 질문은 대제사장들과 장로들이 하나님께서 보내신 소식과 사람들을 알아보기를 거부했음을 강조한다. 그들이 세례요한을 거부한 것은 예수를 거부하는 것을 예고하고, 심지어는 그들을 필요로 하기까지 한다. 예수는 그들의 질문에 적당히 대답하실 수도 있다. 복음을 읽는 독자들은 세례요한이 예수의 메시아적 지위를 증언했다는 것을 알게 될 것이다. 요한을 가리키심으로써 예수는 자신의 메시아 직분을 선포하고 있고, 대제사장들과 장로들에게 알려지지 않은 채 그들의 질문에 답한다.

예수의 대답의 두 번째 부분은 두 아들에 대한 직접적인 비유로 시작된다. 그들의 아버지는 차례로 포도원에 일하러 가자고 한다. 첫째는 "안 하겠다"고 하고 나서 행하고, 둘째는 "가겠다"고 하고 가지 않는다. 그것이 전체 비유이다. 이것에 대한 유일한 놀라운 점은 예수의 비유의 경우에는 놀라움이 전혀 없다는 것이다. 그러자 예수는 대제사장들과 장로들에게 "둘 중에 누가 아버지의 뜻대로 하였느냐"고 묻는다. 그들은 "첫 번째"라고 말한다. 이 모든 것에는 당혹스러운 것이 없다. 이 이야기의 텍스트 전통이 매우 혼란스러운 것은 사실이며, 일부 텍스트는 순서가 다르므로 답변이 다르다. 그 성구들에서 대제사장들은 의도적으로 잘못 대답한 것 같다. 그러나 거의 모든 영어 번역은 여기에 주어진 순서를 따르며, 어떤 경우에도 비유의 의미에 대한 불확실성이 없다. 중요한 것은 말하는 것이 아니라 행동하는 것이다. 이것에서 예수는 모든 유대 전통이 가르치는 것을 단순히 확증한다. 이것이 유대교의 표준 신학이다. 따라서 응답의 의미는 비유 자체가 아니라 그 적용에 있어야 한다.

예수는 "세리와 창녀들이 너희보다 먼저 하나님의 나라에 들어간다"(31)고 선언한다. 세리와 창녀는 유대인의 사회적, 종교적 사다리에서 가장 낮은 계층을 차지하며, 복음서에서는 표준적인 죄인을 대표하는 경향이 있다. 따라서 그들은 대제사장들과 장로들과 정반대의 사회적 극단에 있다. 왕국에서 그들의 우선권에 대한 이러한 주장은 예수의 가르침에 있는 일반적인 반전 이미지와 아름답게 일치하지만, 어떤 종류의 사회적 지위나 진입 순서에 관한 것이 아닌 비유와 어색하게 일치한다. 더욱이 비유 자체에서 말하는 것과 행하는 것의 대조는 대제사장들과 장로들 또는 세리와 창녀들과 쉽게 일치하지 않는다. 이 어색함은 마지막 구절이 그 구절의 열쇠가 될 것임을 암시한다.

예수는 "의의 길로"(32) 온 요한에 대한 마지막 언급으로 응답을 마쳤다. 이로써 요한은 의의 잣대가 되고 모든 사람을 심판하는 척도가 된다. 세리와 창녀가 그를 믿었다. 대제사장들과 장로들은 그렇지 않았다. 문제는 무엇보다도 말하는 것과 행하는 것 사이가 아니라 요한을 믿는 것과 믿지 않는 것 사이에 있다. 물론 세례요한과 나사렛 예수의 권위와 지위는 얽혀있다. 둘 다 의의 길로 온다.

둘 다 함축적으로 하늘로부터 권세를 가지고 온다. 그러므로 왕국에서 사람의 지위는 예수와 요한에 대한 사람의 반응에 달려 있다. 이것은 사회적으로 가장 낮은 지위에 있는 사람이 가장 높은 지위에 있는 사람보다 높은 지위를 얻는다고 믿는 행위이다. 대제사장들과 장로들의 진짜 실패는 예수를 영접하지 않는 것이다.

이 구절에 대한 전통적인 해석은 믿거나 믿지 않는 사람들의 정체성에 초점을 맞추는 경향이 있다. 대제사장들과 장로들은 하나님과 같은 지위를 주장하지만, 예수를 거부하는 유대인들을 대표하거나 프로테스탄트 해석에서 믿음이 아닌 행위에 의존하는 로마 가톨릭을 대표한다. 세리와 죄인은 예수를 영접하는 그리스도인이나 행함이 아닌 믿음으로 사는 개신교인을 말한다. 분명히 이러한 읽기 중 어느 것도 제대로 작동하지 않는다. 예를 들어 "아니오"라고 말하면서도 행동을 하는 둘째 아들은 행함이 아니라 믿음을 나타내기 어렵다. 응답자를 우화하지 않는 것이 더 나을 수도 있다.

대신 그 구절은 권위 있는 사람들에 대한 공격으로 남아 있다. 의의 길을 걷지 않거나 행하는 다른 사람들을 알아보지 못하는 지도자들에게 한 말씀이다. 의로운 사람을 인정하기를 거부하는 것은 말만 하고 행동하지 않는 오래된 위선과 연결된다. 이 구절은 왕국의 지위를 주장하는 모든 사람들에게 경고가 된다. 믿음과 행위의 문제가 아니다. 마태복음의 신학에서 예수를 영접하려면 산상수훈을 실행해야 한다. 그러므로 요한과 예수를 믿는다는 것은 말과 행동 모두에서 의의 길을 걷는 것이다.

대제사장들과 장로들이 예수에게 권위에 관해 질문한 것은 이 구절 바로 앞에서 성전을 정화하신 일 때문이었는데, 성서정과 Year A에는 그 부분을 읽지 않는다는 점에 주목해야 한다. 그 구절을 적절한 문맥에 넣기 위해 이 부분의 연결을 지적해야 한다. 이에 대한 지식이 없다면 설교자나 교인들이 이 구절을 이해하기 쉽지 않을 것이다.

"당신은 무슨 권한으로 이런 일을 하시오? 누가 당신에게 이런 권한을 주었소?"(23) 이것이 예수가 대제사장과 백성들의 장로들과 논쟁한 후 말씀하신 비유에 대해 분명하게 알려주는 이 구절의 핵심이다. 이 질문들은 종교 지도자들이 예수가 정말로 누구이며, 그가 하는 일을 행하고 말하는 권한을 어떻게 얻었는지를 알아내려는 중요한 질문이다. 질문하는 사람들은 예수의 행동의 근거를 이해하는 데 도움이 될 스승들의 이름이나 권위의 근거를 말하기를 기대하는 것 같다.

이 지도자들은 자기들이 진정으로 권위를 가진 사람들이라고 믿기 때문에 예수가 뭐라고 하든지 반박할 준비가 되어 있다. 그들은 예수의 권위가 다른 사람에게서 온 것이 아니라 하늘에서 오는 것일 경우에 대해서는 대비하지 않았다. 예수는 질문에 대해 대답할 때 세례자 요한의 권위에 관한 질문이 자기의 권위에 대한 질문과 본질적으로 동일하다고 한다. 하나를 확인하는 것은 다른 하나를 확인하는 것이다.

우리가 대제사장과 장로를 정죄하는 것은 쉽다. 우리는 이미 이 이야기를 알고 있기 때문에 그들에게 손가락질할 수 있다. 그러나 흔히들 말하듯이 한 손가락으로 다른 사람을 가리킬 때 세 개의 손가락은 우리를 가리키게 된다. 우리가 대제사장들과 장로들의 입장이 되어보면 어떨까? 현상 유지를 위해 현재 상태를 그대로 두고 싶어 하는 우리 자신의 경향에 대해 묻는다면 어떨까? 변화에 대하여 우리가 저항하는 것에 대해 묻는다면 어떨까? 우리가 종교 권력의 수호자들을 그렇게 쉽게 조롱할 때 예수는 우리에게 무엇을 요구하시는가?

권위의 문제는 종교 지도자들이 가장 중요하게 여기는 것이고, 우리 신앙 공동체 내의 다른 사람들에 대한 우리 자신의 태도를 생각해 보면 우리 대부분에게도 마찬가지일 것이다. 신입 회원과 젊은 회원이 지도적인 역할을 맡게 되면 연장자들이 화를 내는 것을 얼마나 자주 보는가? 새로운 아이디어가 제시되고 실행되면 어떻게 될까? 주일 예배나 성례전에서 무언가가 바뀌거나 가구가 옮겨지면 어떻게 되는가? 우리 자신을 이런 상황에 놓아서 이런 일이 오늘 우리의 현실이 되는 것은 어려운 일이 아니다.

예수께서 말씀하신 두 아들의 비유(28-31)는 이전의 만남을 설명하는 것이다. 첫 번째 아들은 거침없고 반항적인 모습인데, 포도원에 가서 일하라는 아버지의 지시에 대해 "싫습니다"라고 강하게 대답하지만, 이내 마음을 바꾸고 포도원으로 간다. 충실하고 순종하는 것처럼 보이는 다른 아들은 가겠다고 대답하지만, 가지 않는다. 예수는 그에게 질문하는 사람들에게 어떤 아들이 아버지의 뜻을 행했는지 물으시니까 그들은 "첫째 아들"이라고 말한다.

그 질문에 대한 대답의 이면에 있는 감정을 파악하는 것이 도움이 될 것이다. 정답을 알고 있지만 듣고 싶지 않은 질문에 답하는 것은 어떤 느낌일까? 마음을 바꾸고, 자신의 존재 방식과 행동양식을 바꾸라고 요구하는 질문을 받는 것은 어떤 느낌일까? 예수의 질문은 정답을 요구하는 것이 거의 없다. 오히려 예수의 질문들은 추종자들과 청중들에게 변화하라고 요청하는 것이다.

이 비유에 따르면 겉으로 보기에 "알고 있는" 사람들은 하나님의 뜻을 행하는 사람이 아니다. 지금 이 질문은 하나님의 뜻이 무엇인가가 아니라 누가 하느님 나라에 속해 있는가에 대한 더 깊은 질문에 초점을 맞추고 있는 것 같다. 누가 안에 있고 누가 밖에 있는가? 이것은 예수 시대만의 문제가 아니다. 때로는 우리의 마음과 정신의 침묵 속에서 그리고 때로는 우리의 행동으로 우리는 오늘 이 질문을 계속하고 있다.

하찮게 여기는 사람들을 무시하는 것은 신앙 공동체 안에서 드문 일이 아니다. 교회들은 처음부터 이런 태도와 씨름해 왔다. 이방인들은 할례를 받아야 하는가? 여성에게 지도자의 지위가 허용되는가? 인종이 다르고 피부색이 다른 사람들이 정말 하나님의 형상으로 만들어졌는가? 동성애자는? 정신질환자는? 노숙자는?

숙고해야 할 흥미로운 질문은 다음과 같다. 하나님의 나라에서 나는 누구 옆에 서게 될까? 알게 되면 놀랄 거라고 생각한다. 누가 하나님의 나라에 속하는지는 하나님이 누구이며, 누가 하나님의 사랑을 받는 사람인지에 전적으로 달렸다. 예수는 의로운 사람들과 잃어버린 사람들을 환영한다. 그리스도는 모든 사람을 환영한다. 베네딕트 수도사는 그의 수도원 규칙에서 그의 형제들에게 모든 사람을 그리스도로 환영하라고 권고했다.

사람의 마음이 변화하는 데는 매우 중요한 것이 있다. 첫 번째 아들은 마음을 바꾸고 밭으로 갔다. 세리와 매매춘 여성들은 요한이 옳은 길을 보여주었을 때 그를 믿었지만 대제사장들과 장로들은 다른 사람들이 믿는 것을 보고도 마음을 바꾸지 않았다. 무엇이 우리의 마음을 바꾸게 하는가? 무엇이 우리의 마음이 변하게 하고, 우리의 마음을 열게 하는가? 우리 자신이 변하는 것을 가로막는 것은 무엇인가? 이 질문들이 문제의 핵심인 것 같다.

예수의 권위에 관한 질문은 중요하다. 그의 권위가 사람에게서 오는 것이라면, 교회는 사람의 조직들 가운데 하나일 뿐이다. 요한의 세례에 관해 종교 지도자들에게 하신 질문과 두 아들 중 누가 아버지의 뜻을 행했는지에 관한 질문에서 예수는 말씀하시기를 예수에게 권위를 주신 이스라엘의 하나님은 죄인과 매매춘 여성을 환영하는 이스라엘의 하나님과 같은 분이라고 하신다.

설교

몇 년 전 채널을 돌리다가 잠시 멈추고 TV에 많이 나오는 심리학자이자 저명인사인 필 박사(Dr. Phil)의 인터뷰 장면을 보게 되었다. 인터뷰하는 사람이 필 박사에게 물었다. "만일 당신이 과거나 현재나 이 세상에 있는 누구와도 인터뷰할 수 있다면 누구와 하고 싶나요?" 필 박사는 망설이지 않고 이렇게 대답하였다. "예수 그리스도입니다. 나는 진실로 예수 그리스도와 인터뷰를 하고 싶어요. 나는 그분과 인생의 의미에 관하여 대화를 나누고 싶습니다."

필 박사가 말하자마자 나는 다음과 같이 생각한 것이 기억난다. "안 돼요. 당신은 그럴 수 없어요. 당신은 예수와 함께 앉아 그를 인터뷰하며 인생의 의미에 관해 묻기를 원치 않을 거예요. 그분은 당신을 완전히 뒤집어 놓을 겁니다. 그는 당신의 질문 자체를 혼란스럽게 하고 아마 이렇게 대화를 끝낼 거예요. '당신이 가지고 있는 모든 것을 팔아 그 돈을 가난한 사람들에게 주고 그리고 와서 나를 따르시오'라고. 그러니 필 박사, 안 됩니다. 당신은 예수와 인터뷰하는 것을 원하지 않아요. 그리고 나도 원하지 않아요. 잘 안될 겁니다."

이번 주일 성서정과에서 대제사장들과 장로들이 알게 되듯이 예수와의 대화는 위험스럽다. 대화가 끝나면 이 세상이 지금 그대로 남아 있을 것 같지 않다. 대화에서 갑작스런 방향 전환이나 문제 제기 그리고 중단 등이 너무 빠르게 진행되어서 우리는 머리가 어지럽고 혼란스럽다. 이런 상황에서 우리는 혼란스러우면서도 또 동시에 무언가를 주장하면서 대화를 끝낸다. 이 대화는 마치 한 어릿광대와 하는 것 같은데, 그는 "영원한" 모든 것을 파괴하고 "세상의 견고한 틀"을 언제나 무력화시켜서 사람들 특히 권력을 지닌 사람들이 새로운 방식으로 세상을 바라보고 살아가게 만들려고 한다.[*] 이 장면은 마치 거룩한 바보를 만나고 있는 것 같은데, 그의 이상하고도 예측할 수 없는 태도는 복음에서 감당하기 어려운 거리낌을 만들어내고 모든 것에 대해 균형을 잃게 만든다.

---

[*] Enid Welsford, *The Fool: His Social and Literary History* (1935; 재판, Gloucester, MA: Peter Smith, 1966), 223.

예수와 종교 지도자들 간의 만남은 바로 이러한 분위기이다. 대제사장들과 장로들은 예수에게 그가 가진 권위의 근거에 관해 질문함으로써 함정에 빠뜨리려고 한다. 위험한 상황이다. 워렌 카터(Warren Carter)가 지적하듯이 만일 예수가 "자기 스스로의 권위를 주장한다면, 그는 제도적, 문화적 정당성이 없음을 인정하는 셈이 되고, 결국 하나님의 뜻과 또한 그들에 반하는 것으로 된다. 만일 그가 하나님의 권위를 주장한다면, 그는 신성모독을 범하고(9:3) 그들의 권한을 침범하는 것이다."*

그러나 예수께서는 종교 지도자들에게 한 가지 질문을 함으로써 이 함정을 피하고 분위기를 바꾼다: "요한의 세례가 어디에서 왔느냐? 하늘에서냐? 사람에게서냐?"(25). 그것은 특별히 곤란한 질문인데 왜냐하면 그 대답이 요한에 관한 것일 뿐만 아니라 간접적으로 예수 자신에 관한 것이기 때문이다. 요한의 "권위"를 인정하게 되면, 종교 지도자들은 또한 예수에 관한 요한의 증언을 인정하게 되고, 그것은 결국 예수의 권위를 인정하는 것이 된다.

이 과정에서 면접자가 면접관이 되고 또 질문을 받은 사람이 질문하는 사람이 된다. 예수께서는 종교 지도자들의 함정을 피할 뿐만 아니라 그의 권위에 대한 질문을 그들에게 되묻는다. 더욱이 그의 질문은 종교 지도자들을 능가할 뿐만 아니라 깊숙한 곳에 있는 그들의 관심과 우선순위를 밖으로 드러나게 한다. 그들은 예수의 진정한 정체성이나 하나님께서 그들에게 예수에 대해 어떻게 대응하기를 원하시는지에 대한 관심이 있었던 게 아니다. 오히려 그들은 자신들의 특권과 권력을 유지하는 데 관심이 있었다(25-28).** 그들은 현재의 질서를 그대로 유지하는 데 관심이 있었다. 그들은 예수를 자신들이 정교하게 만든 작은 상자에 넣어두거나 혹은 그들과 완전히 관계없는 사람으로 만들려 할 것이다. 예수의 질문 후에 이들 종교 지도자들은 말이 없었다. 이 대화는 막바지에 이른 것 같아 보인다.

하지만 예수께서는 여기서 멈추지 않는다. 혼란스러워하는 이들에게 예수께서

---

* Warren Carter, *Matthew and the Margins: A Sociopolitical and Religious Reading* (Maryknoll, NY: Orbis Books, 2000), 423.

** *Ibid.*, 424.

는 재빨리 한 비유를 말하고 또 다른 질문을 하여 서기관과 장로들이 믿음이 없음을 책망하고, 마침내 신실한 세리와 창녀들이 그들보다 먼저 천국에 들어갈 것이라고 단언한다. 이 이야기는 권위적으로 예수께 질문했던 종교 지도자들로부터 시작해서 그들이 천국에 이르는데 세리와 창녀 다음이라는 선언으로 끝난다. 나는 거기에 있는 서기관들과 장로들이 오히려 놀라서(그리고 아마 화가 나서) 정신이 없는 가운데 "세상에 어떻게 이럴 수가 있지? 어쩌다가 우리가 이 지경이 되었을까?"라고 의아해하고 있는 것을 상상할 수 있다. 그들은 마치 놀이공원의 요술 거울의 방 안에 있어서 자신들의 모습이 일그러져 보이고 모든 사물이 균형을 잃고 있어서 환상과 현실을 구분하려 애쓰는 것처럼 느꼈을 것이다.

설교자도 교회도 예수와 만나게 되면 이렇게 된다. 예수께서는 인생의 의미에 관한 대화에 관심이 없다. 오히려 그는 우리를 자신의 정체성과 그를 믿는 믿음으로 우리를 초대하기 위해 언제나 다가온다. 요한에 관한 질문을 하면서 예수께서는 실제로 복음서의 핵심적인 질문을 던진다: "너는 나를 누구라고 하느냐?" 그는 우리가 대답을 할 때 주저하기를 원치 않는다. 그는 우리가 살아있기를 원하고 우리를 죽게 만드는 삶의 우선순위를 보여주며, 그를 향한 믿음으로 부르기 위해 모든 일을 다할 것이다. 우리는 예수께 질문하는 것으로 시작하는 것이 아니라 그를 믿고 따르는 것으로 시작한다. 이 과정에서 세상은 그 질서가 뒤집어지고, 창녀와 세리가 천국으로의 행진을 인도하며 특권층인 종교 지도자들은 어리둥절하고 놀라서 더듬거리며 남겨지게 된다.

설교자는 이 설교를 하면서 세상이 뒤집어지는 것을 표현하는 코믹하고 재미있는 역할극을 보여줌으로써 재미를 더할 수 있다. 설교자는 또 어릿광대와 같은 거룩한 바보 예수를 찬양해도 좋은데, 그는 결코 잡히거나 통제되지 않고 오히려 우리의 손을 벗어나서 우리가 그에게 붙잡히게 한다. 설교자는 의로움과 특권, 경건과 권력이 종종 혼합되어 있는 혼란스러운 그곳에 예수께서 오셔서 개입한다는 것을 증언할 수 있다. 이 가능한 모든 방식을 통하여 설교자는 예수께서 우리를 혼란스럽게도 하지만, 동시에 천국 잔치에 참여하고 있는 신실한 세리와 창녀의 삶에 동참하라고 우리를 부르시는 분이라는 것을 선포해야 할 것이다.

성령강림절 후 열아홉째 주일

마태복음 21:33-46

³³다른 한 비유를 들으라 한 집 주인이 포도원을 만들어 산울타리로 두르고 거기에 즙 짜는 틀을 만들고 망대를 짓고 농부들에게 세로 주고 타국에 갔더니 ³⁴열매 거둘 때가 가까우매 그 열매를 받으려고 자기 종들을 농부들에게 보내니 ³⁵농부들이 종들을 잡아 하나는 심히 때리고 하나는 죽이고 하나는 돌로 쳤거늘 ³⁶다시 다른 종들을 처음보다 많이 보내니 그들에게도 그렇게 하였는지라 ³⁷후에 자기 아들을 보내며 이르되 그들이 내 아들은 존대하리라 하였더니 ³⁸농부들이 그 아들을 보고 서로 말하되 이는 상속자니 자 죽이고 그의 유산을 차지하자 하고 ³⁹이에 잡아 포도원 밖에 내쫓아 죽였느니라 ⁴⁰그러면 포도원 주인이 올 때에 그 농부들을 어떻게 하겠느냐 ⁴¹그들이 말하되 그 악한 자들을 진멸하고 포도원은 제 때에 열매를 바칠 만한 다른 농부들에게 세로 줄지니이다 ⁴²예수께서 이르시되 너희가 성경에 ㅁ)건 축자들이 버린 돌이 모퉁이의 머릿돌이 되었나니 이것은 주로 말미암아 된 것이요 우리 눈에 기이하도다 함을 읽어 본 일이 없느냐 ⁴³그러므로 내가 너희에게 이르노니 하나님의 나라를 너희는 빼앗기고 그 나라의 열매 맺는 백성이 받으리라 ⁴⁴이 돌 위에 떨어지는 자는 깨지겠고 이 돌이 사람 위에 떨어지면 그를 가루로 만들어 흩으리라 하시니 ⁴⁵대제사장들과 바리새인들이 예수의 비유를 듣고 자기들을 가리켜 말씀하심인 줄 알고 ⁴⁶잡고자 하나 무리를 무서워하니 이는 그들이 예수를 선지자로 앎이었더라

신학

악한 청지기의 비유는 놀랍게도 오늘의 교회 상황에 대해 성찰을 하는 데 큰 도움을 준다. 이 비유는 종교 지도자들을 비판하는 예수의 가르침과 이스라엘의 경계를 넘어서는 복음의 확장이라는 역사적 상황 속에서 해석돼야 하지만, 그렇다고 과거 역사 속에 갇혀 있어는 안 된다. 복음에는 늘 현대적인 의미가 담겨

있다. 칼뱅은 이 비유에 대한 주석에서 그의 시대에 관해 많은 언급을 했다. 칼뱅은 늘 주목해야 할 두 가지 신학적 지침이 있다고 지적했다. 1) 우리는 사람들, 특히 종교 지도자들이 그리스도의 통치를 저지하기 위해 애쓴다는 것을 예상해야 한다. 2) 교회를 반대하기 위한 어떤 형태의 시도가 있더라도, 최종 승자는 하나님이다. 칼뱅의 지침에 따라 오늘 본문의 현대적 의미에 대해 살펴보려 한다.

칼뱅의 첫 번째 지침과 관련하여 볼 때 우리는 오늘의 비유에서 배척의 주제가 등장할 것을 예상할 수 있다. 그러나 이것은 단순히 사상이나 주장의 체계 혹은 동의를 해야 하는 일련의 명제로서의 복음에 대한 배척이 아니다. 기독교 신앙은 근본적으로 철학이나 세계관, 심지어 삶에 대한 도덕적, 영적 해석이 아니다. 비유는 우리에게 복음이 배척받게 될 것을 예상하라고 가르친다. 더 정확하게는 예수가 배척받게 될 것을 예상하라고 가르친다. 포도원 주인의 아들에 대한 개인적 배척—사실은 살인(37-39)—이 이 비유의 핵심이다. 따라서 이사야 28:16의 내용을 반영하는 시편 118:22의 인용(42)은 성서에 대한 성서적 주석이다. 그러므로 예수의 배척, 즉 그를 하나님의 기름 부은 자, 하나님의 뜻을 이루는 자, 주(the Lord)로 인정하기를 거부하는 것이 중요한 문제로 등장한다.

포도원 주인의 아들에 대한 배척과 치명적인 폭력에 관한 비유 속에는 예수와의 관계가 믿음의 핵심이라는 진리가 담겨 있다. 포도원 농부들은 사상이나 원칙, 교리 체계를 죽인 것이 아니다. 그들은 포도원 주인의 아들을 붙잡아 살해했다. 복음은 우리에게 인격으로 다가온다.

배척하는 자가 누구인가? 우리가 오늘 일하는 포도원은 마태가 묘사하는 포도원의 모습에 많이 근접해 있다. 오늘날 복음이 공격을 받고 있다는 사실을 확인하기 위해 멀리 갈 필요는 없다. 오늘날 공공 영역에서 "새로운 무신론" 주장자들이 매우 공격적인 합리주의적 비판을 통해 기독교 신앙을 해체하려고 한다. 그들의 책은 베스트셀러 목록에서 상위에 있다. 순수한 이성에 대한 이런 확신은 신화적이라고 보일 정도로 임의의 형이상학적 구축물이 아닌가? 이러한 반감과 함께 "새로운 무신론자"보다는 기독교에 대해 덜 적대적이지만, 그러나 기독교에 대한 냉담함이나 무관심을 보이는 사람들도 증가하는 것으로 판단된다. 두 경우 모두 예수가 배척당하고 있다.

　그러나 칼뱅의 주석에 따라 우리는 좀 더 깊은 차원의 해석으로 나아 가야 한다. 왜냐하면 이 비유의 배경에는 당시의 종교 지도자들에 대한 예수의 심각한 경고가 깔려 있기 때문이다. 그래서 우리는 교회 밖의 영역에서 일어나는 예수의 배격을 넘어서서 더 교활하고 위험한 공격으로 관심을 옮길 필요가 있다. 이 비유는 특히 예수가 배척당할 것이라는 논점을 제기하는데, 그것도 낯선 사람이 아니라 자신의 가정, 교회, 특히 지도자들에 의해 배척당하게 될 것이라고 한다. 칼뱅은 윗사람에게 대항하는 사람들, 주인에게 대항하는 포도원 농부에 대해 언급한다. 이 비유 속에서는 건축가가 건물을 지탱하는 주춧돌을 내버리는 것에 관한 이미지가 담겨 있다. 이와 같은 깊은 차원에서 보면 이 비유는 교회 지도자로 부름받은 사람들이 예수를 배반한 것에 관한 것이다.

　교회 지도자들 사이의 예배에 관한 견해의 충돌, 지속적인 신학적 논쟁, 반복적으로 일어나는 도덕적 일탈 행위의 보도 속에서 사려 깊고 정직한 자기 성찰이 우리에게 요구된다. 하나님의 백성에게 설교하고, 그들을 가르치고, 인도하는 우리는 언제나 회개와 갱신에 열려 있도록 그리고 끊임없이 우리의 설교를 복음의 잣대로 검증하도록 부름 받았다. 이 복음의 잣대는 성서와 교회의 공인된 가르침을 통해 상세하게 설명되어 있다.

　그러나 이 비유는 배신을 예상하라는 경고를 하는 것으로 멈추지 않는다. 이 비유는 더 나아가 예수를 배신한 자들에게 어떤 일이 일어나는지를 말한다. "이 돌 위에 떨어지는 사람―비유적으로 예수를 헤치려 하는 사람―은 부스러질 것이요"(44). 이 구절은 종교적 관용의 시대에는 매우 과격하게 들릴 수도 있다. 그러나 이 구절은 예수의 인격 안에 보여진 하나님의 나라를 방해하는 자들이 겪게 될 심각한 결말을 묘사한다. 예수를 배척하고 배반하는 결과는 죽음―육체적, 영적, 은유적 의미에서―이다. 왜냐하면 그런 행동은 생명이신 분에게서 멀어지는 것을 의미하기 때문이다.

　다음은 칼뱅의 두 번째 지침에 관해 살펴보자. 예수를 적극적으로 거부하거나 배반하고, 그를 제거하려는 악한 시도에도 불구하고 머릿돌은 계속하여 견고하게 건물 전체를 떠받치고 있을 것이다. 예수 그리스도에 대한 공격은 궁극적으로 효과가 없다. 예수는 배척당하거나 배신당한다고 손상을 받거나 위축되지 않는다고 칼뱅은 말한다. 배신에도 불구하고 그는 아버지로부터 부여받는 자리를 지킨다. 그리스도를 공격하는 사람들이 어떤 명예를 얻었든, 명백한 성공을 거두었든 지에 상관없이 하나님의 권세와 목적은 모든 것을 지배할 것이다. "이것은 주님께서 하신 일이다"(42).

그러므로 그리스도와 그리스도의 보장된 승리에 대한 공격은 그리스도가 그의 자녀들을 보존하고 하나님의 통치를 보장한다는 것을 고려할 때, 하나님의 은밀한 목적을 이루기 위한 한 부분으로 이해된다. 하나님에 대한 공격은 새로운 것이 아니며, 하나님은 당신의 권리를 지키신다. 하나님께서는 포도원을 가꾸셨다. 첫째로 이스라엘을 그리고 그리스도의 통치를. 이 왕국은 그리스도를 거부하거나 배반하는 사람들로부터 몰수되어 하나님 나라의 열매를 맺는 사람들에게 주어질 것이다. 이 비유의 부정적 성격의 교훈은 그리스도에 맞서는 것이 얼마나 큰 대가를 치러야 하는지에 대한 경고이다. 그 비유의 긍정적 성격의 교훈은 공격이 있을 것을 이미 경고받은 오늘날 교회는 하나님의 은밀한 사역을 신뢰함으로, 두려워하지 말고 교회가 건강한 생명의 열매를 맺도록 최선을 다해야 한다는 것이다.

마태의 "포도원 소작인"의 비유는 예수가 성전에서 말한 세 비유 중의 두 번째 비유이다. 비유의 배경과 맥락은 해석에 있어서 결정적이다. 예수는 예루살렘에 입성하면서 나귀 새끼를 타고 "다윗의 자손, 주의 이름으로 오시는 이여"라고 불려졌으며, 온 도시가 시끌벅적했다(마 21:6-10).

예수를 다윗의 자손이라고 환호하는 것은 예수가 성전에 들어가 돈 바꾸는 사람들의 책상을 둘러엎고 할 때도 계속되었는데, 대제사장들과 서기관들이 화가 나서 예수께 "이 아이들이 하는 말이 들립니까?" 하고 물었다(21:16). 예수는 저녁에 그 성을 나갔다. 다음 날 아침에 돌아와서 예수는 열매 없는 무화과나무를 저주했는데, 이는 예루살렘 성전의 파괴와 성전 지도력의 상실을 상징하는 것이다(21:18-19; 마 3:10 참조). 이 일 후에 예수는 성전에 다시 들어갔는데 대제사장과 장로들로부터 그의 권한에 대한 질문과 도전을 받았다(21:23-27). 이어진 세 비유는 이 도전에 대한 대답이었는데, 이 비유들은 유대 백성 모두가 아니라 유대 지도자들을 향해 말해진 것이다.

그러기에 첫째 비유에서 예수는 "세리들과 창녀들이 너희보다 먼저 하나님 나라에 들어갈 것이다"(21:31)라고 말하며, 유대 백성이 아닌 종교 지도자들을 비판했다(21:45). 우리는 이 본문을 설교할 때 이것을 마음에 새겨 두어야만 하는데, 왜냐하면 오랜 세월 동안 그리스도인들이 본문을 유대 백성에 대한 하나님의 거부로 해석해 왔기 때문이다. 여기에서 예수는 유대인과 그리스도인을 구별한 것이 아니라 유대교 내부에서 구별한 것이다.

비유는 성전 가르침의 전형적 패턴을 따른다. 성서로 시작하여 그에 대한 해설 그리고 다른 성서의 인용이다. 비유의 근거는 이사야 5:1-7인데 여기서는 이스라엘을 "주님의 포도밭"으로 말하고, 좋은 포도를 맺지 못해서 심판을 받는 것을 예언하고 있다. 특히 유대 주석이 포도원을 성전 자체와 동일시했기 때문에 유대 지도자들은 암시를 듣지 않을 수 없었다.

예수의 비유는 이사야 5:1-7의 의미를 예언자의 거부라는 전통적인 유대인 모티브와 결부하여 해석한다. 전형적인 마태적 방식으로 그의 이야기는 세 번으로 진행된다. 세 명의 대표단은 순위가 올라가고, 세 명의 거부는 폭력의 정도가 높아진다. 예수 자신이 주인의 아들이라는 규정(37-38)은 다가올 폭력의 절묘한 힌트인데 독자들이 추론하도록 남겨주었다. 비유는 주인이 주재하는 심판으로 끝난다. 소작인의 죽음과 포도원을 다른 사람에게 넘기게 된다. 예수 말씀을 듣는 사람들인 유대인 지도자들이 수사적 질문에(40) 대한 대답을 주목하자. 소작인을 심판함으로서 그들은 자신들에 대한 심판을 선언하고 있다.

오늘의 교훈의 나머지 부분은 예수의 청중들에게 적용될 비유의 성서적 해석이다. 42절은 시편 118:22-23을 인용하는데, 예수가 예루살렘성에 입성했을 때 외쳤던 바로 그 시편이다(마 21:9; 시 118:26). 이것은 할렐(Hallel) 또는 찬양 시편으로 유월절에 이스라엘이 이집트에서 하나님이 구원해 주신 것을 축하하는 시편인데, 제자들이 예수와 유월절 식사 후에 함께 불렀던 찬양의 일부이다(마 26:30). 그러기에 비유는 풍성하고 다층적인 암시를 보여준다: 구속으로부터 구원을 축하하는 유월절을 위한 찬양, 예수의 승리의 입성에 대한 회상, 모든 사람을 구속에서 구원을 성취하고 실행하게 될 예수 자신의 임박한 거부와 폭력적 죽음의 힌트 등이다.

이 암시의 핵심은 자신들에게 임박한 심판에 대한 종교 지도자들의 인식으로서 시 118:22-23의 버린 돌과의 일치이다. 누가 버린 돌인가? 마태는 44절의 다른 성서의 암시를 추가함으로써 단서를 준다: "그리고 그 돌 위에 떨어지는 사람은 산산조각이 날 것이며 그 돌 밑에 깔리는 사람은 가루가 되고 말 것이다." 이사야 8:14-15에서 만군의 주님은 많은 사람이 걸려 넘어지는 걸리는 돌이 되신다(사 28:16 참조). 역사적 맥락은 이스라엘의 강력하고 호전적인 북쪽 나라 앗시리아에 의한 임박한 침공에 대한 예언이다. 이 침공은 이스라엘의 사회적 부정의에 대한 하나님의 심판이다(사 5:8-30). 이사야는 외치기를 "만군의 야훼의 포도밭은 이스라엘 가문이요, 주께서 사랑하시는 나무는 유다 백성이다. 공평을 기대하셨는데 유혈이 웬 말이며, 정의를 기대하셨는데 아우성이 웬 말인가?"(사 5:7) 하였다.

그러기에 악한 소작인 비유는 이사야 5:1-7과 8:14-15에서 언급된 심판의 예언들과 연관된다. 이사야에서는 이스라엘의 주님이신 하나님은 걸림돌이다. 시편 118편과 이사야 8장을 함께 읽은 초기 그리스도인들은 돌을 예수로 이해했다(행 4:11; 롬 9:33; 엡 2:20; 벧전 2:6-8). 그러한 추론은 마태복음 21:42-44에도 마찬가지로 내포되어 있는데, 대제사장들과 장로들의 반응에 나타난다. 예수 자신이 그들이 거부하고 걸려 넘어질 돌인데, 하지만 예수는 임마누엘, 즉 우리와 함께 하시며 늘 계시는 하나님이다(마1:23; 사7:14 인용).

이스라엘 종교 지도자들에 대한 이 심판에 대해 우리가 무엇을 해야만 할까? 여기에서 예수는 모든 이스라엘 백성을 거부한 것이 아님을 주목해야 한다. 예수와 대제사장들과의 갈등은 성전 구역에 있는 소경과 절름발이들을 치유한 것에서 발단되었다(21:14). 고통받고, 가난하고, 배우지 못한 보통 사람들은 예수를 제대로 칭송했고, 공부한 지도자들은 그렇지 않았다. 그러기에 이사야 5:8-30의 이스라엘에 대한 고발은 여기에서의 예수의 가르침의 배경과 일치한다. 버림받고 가난한 사람은 고통받는데, 부자들은 계속해서 더 부를 쌓는다. 성전에서 요구되는 헌물을 구할 수 없는 소경과 절름발이들은(21:12-13) 하나님 보시기에 호의를 받는 사람들이고, 세리와 창녀들은 대제사장들과 장로들보다 먼저 하나님의 나라에 들어간다 (21:31). 그러기에 심판이 종교 지도자들에 떨어지는 것은 정의와 사랑의 행동인 (22:2-3) 하나님의 나라 열매를 맺지 못하는 그들의 실패(21:43)에 대한 결과이다.

성서정과 Year A의 마지막 몇 주간 함께 하게 되는 마태의 본문에서 예수의 어조의 무게는 우리가 선포하는 소식에 거의 사순절 정도의 음색을 부여한다. 사실 성전 당국이 예수의 권위를 비난하는 데 대해 예수가 응답한 하나님 나라의 비유(21:23)는 심판의 불길한 소식에서 무엇이 좋은 것인지 발견하라고 우리에게 도전한다.

더욱 도전적인 것은 마태복음 18:23-22:14(성령강림절 후 16-20째 주)까지 펼쳐지는 우화적인 비유들이 하나님을 화가 나서 빚을 갚으라고 요구하는 왕, 변덕스러운 고용주, 화가 난 아버지, 폭력적인 복수를 하려고 하는 지주, 분노 관리에 문제가 있는 혼인 잔치의 주최자와 같은 배역으로 보이게 한다는 것이다. 많은 교회에서 청지기들이 자기 자리에서 책임을 다해야 한다는 요구가 점점 더 절박해지고 있다. 그러나 하나님이 복수하실 것을 두려워하게 해서 사람들을 교육하려는 전략은 마태의 청중들과 우리가 함께 살아가고 섬기는 교인들 사이의 뚜렷한 차이를 강조한다.

설교자는 우화가 영적 치료를 위한 문학적 도구로서 한계를 가진다는 사실을 인정하는 것으로 시작하는 것이 좋을 것이다. 예수는 이러한 가르침을 하나님의 나라를 묘사하는 것으로 소개한다(예: 21:31, 43, 22:2). 실제로 예수가 말하고자 하는 주요 초점은 그의 메시지에 대해 경멸이나 위협으로 응답하는 사람들과 격렬하게 조우하는 것이다. 그들의 태도는 하나님이신 예수의 이미지가 아니라 우화를 이끌어 낸다.

우화는 문학적인 작업을 삐딱하게 수행한다. 우화의 전략은 예언적으로 말하는 것이 아니라 연상하게 하는 것이다. 우화의 의도는 윤리적 선택을 강요하는 풍경으로 끌어들이는 것이다. 우리는 그 지점에서 우리를 전형적인 인물과 동일시하기를 멈추고 우리 자신의 관계의 대리인으로 기능하기 시작한다. 나단 예언자가 마침내 다윗 왕의 양심에 접근할 수 있었던 우화에서처럼(삼하 12장) 이 이야기의 목적은 부정의 층을 뚫고 인식의 수준까지 파고들어 회개라는 깊은 지하수를 두드려서 마침내 새로운 생명이라는 물을 주어서 복음서의 용어로 "열매 맺게" 하는 것이다.

이 경우 드릴의 날카로운 부분은 보복적인 폭력의 순환이다. 그 최저점에서 반역적인 소작인들이 포도원 주인의 아들을 죽였을 때, 예수의 말씀을 듣고 있는 청중은 상승 주기의 참여자인 하나님의 이미지로 응답한다. "그러니 포도원 주인이 돌아올 때에 그 농부들을 어떻게 하겠느냐"(40)고 예수가 물었을 때, 그들의 충동적인 대답은 또 다른 복수의 이미지이다. "그 악한 자들을 가차 없이 죽일 것입니다."

사람들의 본성을 그들이 잘 알지도 못하는 하나님께 투사해서 그들의 삶의 많은 부분을 명백하게 만드는 것은 놀라운 일이 아니다. 그들의 죄에 대한 인식은 시내산에 천둥이 치고 연기가 났을 때 이스라엘이 들은 심판의 음성이라는 원초적 기억을 떠올리게 한다(출 20:18). 마태의 그리고 아마도 우리의 세계관에서 분노한 통치자들은 범죄한 사람들에게 폭력으로 대응한다. 예수는 그들의 견해를 누그러뜨리기 위해 할 수 있는 모든 것을 가지고 있다.

적어도 이 비유에서 하나님의 심판에 복수라는 형태의 목소리를 준 것은 예수가 아니라 청중이다. 프레드릭 뷰크너(Frederick Buechner)가 "우리를 가장 최종적으로 심판하는 분은 우리를 가장 완전하게 사랑하는 분일 것"*이라고 우아하게 쓴 심판에 대한 우리의 신학적인 이해가 그들에게는 값싼 은혜로 여겨질 것이다.

예수께서 묘사하신 하나님 나라에 대한 전망(42-44)은 폭력의 잔재가 걸러지고, 회복적 정의에 의해 정돈된 세계와 닮았다(월터 브루그맨[Walter Brueggemann]의 말에 의하면 "누구에게 속한 것인지를 가려내어 그들에게 돌려주는 것"**이다). 청지기 직을 "하나님 나라의 열매를 맺는 민족"(43)에게 주는 것은 징벌적인 행동이 아니라 회복적인 행동이다. 그것을 인정하지 않는 사람들을 실족하게 하거나 부스러지게 하는(44) "머릿돌"조차도 기묘하게도 죄인을 겨냥하는 하나님의 무기가 아니라

---

* Frederick Buechner, *Wishful Thinking* (New York: Harper & Row, 1973), 48.

** Walter Brueggemann, Sharon Parks, and Thomas Groome, *To Act Justly, Love Tenderly, Walk Humbly: An Agenda for Ministers* (New York: Paulist Press, 1986), 5.

윤리적인 서투름을 드러내고 도덕적 중력을 나타내는 자연의 힘일 뿐이다.

두 가지 세부 사항이 특히 주목할 만하며, 아마도 오늘날 우화의 해석을 담당하고 있다. 집주인의 부재와 메신저의 순서이다.

우화의 시작에서 집주인은 풍성한 열매를 맺기 위한 모든 것을 포도밭에 설치해 놓고, 농부들과 계약을 맺고서 "다른 나라로 갔다"(33). 무슨 볼일이 있었는지 설명하고 있지 않고, 어디로 갔는지도 밝히지 않았다. 비유를 행동으로 옮기는 불씨는 중심인물의 부재다.

그럼에도 불구하고 우리가 이 세상이라는 "포도원"과 살아가는 가치와 관계의 견실함에 대하여 책임 있는 청지기직을 감당할 때 제기되는 도덕성과 신념에 대한 도전을 견디는 것은 하나님께서 충분한 거리를 유지하셔서 우리가 결실을 하거나 실수하는 것을 스스로 결정할 수 있게 하신다는 사실을 깨달으면서 시작된다. 물론 하나님이 부재 지주는 아니지만, 성숙한 신앙이란 하나님이 멀리 계신 것처럼 보일지라도 건전한 가치와 헌신을 우리 스스로 실천하는 것을 의미한다.

소작인들이 집주인이 그들에게 양심에 가책을 느끼게 하려 했던 여러 차례의 시도를 거부하고 무차별적인 폭력을 휘두른 것은 이 비유가 심판으로 돌진하는 추진력을 제공한다. 이 우화에서 명확하게 언급하는 것은 예수 자신도 경험했던 것처럼(마 13:57 및 병행구) 이스라엘에 하나님의 메신저인 예언자들을 거듭해서 거부하는데도 그들을 향해 바르게 살라고 요청하시는 하나님의 인내이다.

지난 한 세기 동안 정의의 메신저들의 죽음과 핍박을 너무 많이 보아 온 것은 이 우화로 가는 아주 작은 발걸음일 뿐이다. 우리는 하나님이 사람들과의 관계를 맺기 위해 항상 폭력의 위험을 감수해야만 하셨다는 것을 너무 잘 알고 있다. 메신저들이 우리에게 정의를 실천하고, 친절을 사랑하며, 겸손하게 행하도록 권했기 때문에 위험에 처하거나 생명을 잃었다는 것을 알게 되면, 이 비유는 하나님께서 그리스도 안에서 우리가 열매 맺는 삶을 살기 위해 필요한 모든 것을 준비해 놓으신 포도원에서 일하는 오늘날의 소작인들이 자만심에 너무나 익숙해져 있다는 것을 깨닫게 될 것이다. 너무나 자주 우리가 자초하는 폭력과 심판에 대해 우리를 취약하게 만드는 것이 이 자만심이다.

설교

마태복음 21:33-46은 알레고리로 읽어야만 하는데, 알레고리라는 문학 형태에서는 모든 단어와 상징이 본문에서 말하는 것과는 실제로 다른 어떤 것을 뜻한다. 그래서 알레고리로 읽는다는 것은 사용한 단어들의 실제적인 의미를 찾는 것을 뜻한다. 이 알레고리 본문에서 하나님은 집주인이고, 이스라엘 땅은 포도원, 유대교에 속한 사람들은 소작인, 구약의 예언자들은 소출을 받으러 온 하나님의 대리자들, 예수는 마지막으로 소출을 받으러 왔다가 죽임을 당한 아들 그리고 교회는 이 비유의 마지막에서 포도원에서 일하도록 초대받은 사람들이다.

하나님을 거역한 이스라엘이라는 구도가 이 비유의 핵심이다. 하나님을 거역하는 이 같은 문제는 오늘날 여러 가지 형태로 나타나고 있다. 첫째로 단순하게 하나님이 없다고 말하는 사람들이 있다. 그들은 창조의 아름다움과 질서를 알고 있다. 그들은 또 우주의 힘과 장엄함을 인정한다. 그곳이 완전하게 조성된 "포도원"이고, 그 안에서 살도록 허락되었음을 그들은 부정하지 않는다. 단지 이것을 조성한 사람에게 그들이 어떤 의무가 있다는 것을 부정한다. 그들은 창조를 우연히 그리고 계획적이지 않은 상황에 기인한다고 여긴다. 우주의 창조자요 유지자로서의 하나님 역할을 부정하게 될 때 우리는 하나님을 거부하는 것이다.

많은 사람들이 "영성"에 관심을 가지면서 하나님을 거부하고 모든 기독교 교단에서 점점 교인 수가 감소하고 있다. 사람들은 예수, 교회, 성서, 정기적인 예배 혹은 어떤 형태의 제자도나 봉사를 좋아하지 않는 것처럼 보인다. 그들은 단지 자신들의 삶에 약간의 이익을 주는 막연한 "영"과의 애매한 결속을 원하고 있다. 내가 젊었을 때 사람들은 다른 사람과 "안정적으로" 어느 정도 지내다가 때로 그런 관계를 끊고 다시 다른 사람과 "안정적인" 관계를 유지하곤 했는데, 이들은 그와 비슷하다.

물론 어떤 사람들은 주님을 두 번 배반하는 것 같이 그렇게 완전히 거부하지는 않는다. 열왕기상 18장에서 엘리야는 바알 제사장들 앞에 있는 백성들을 만나 둘 사이에서 머뭇거리지 말 것을 말한다. 만일 하나님이 하나님이면 하나님을 섬기고, 바알이 하나님이면 바알을 섬기라고 말한다. 이것은 21세기의 세계가 귀담아들어야 할 교훈이다.

우리가 하나님을 거부하는 또 다른 방식은 하나님의 사람들을 어떤 이유를 대면서 거부할 때 일어난다. 인간은 자신보다 가치가 적거나 없고 또 인간답지 못하다고 여기는 다른 사람들에게 가혹한 행동을 할 수가 있다. 만일 우리가 다른 사람을 "다른 것"으로 만들 수 있다면, 앞으로 그들에게 우리가 행할 일이나 우리 스스로 허용할 일에는 제한이 없게 될 것이다. 우리는 마태복음 21:35-37에서 사람을 때리고, 돌로 치고, 죽인 사람들처럼 그렇게 짐승처럼 될 수도 있다.

이 나라는 노예제도를 246년간 지속했고, 또 다른 100년간을 인종차별을 했는데, 그 이유는 미국이 흑인을 "다른 것"으로 규정할 수 있었기 때문이었다. 우리는 아메리카 원주민을 "다른 것"이라고 규정하고 거의 멸절시켰다. 이렇게 하나님의 사람들을 부정함으로 하나님을 거부했던 또 다른 나라들이 있다. 독일은 홀로코스트를 사용했고, 소련은 수용소(시베리아 노동교화수용소)를 운용하였다. 남아프리카에서는 아파르트헤이트(백인 정권의 유색인종에 대한 차별정책)라고 불렸고, 유럽 발칸 지역과 중앙아프리카에서는 인종청소라고 했다. 21세기 인도에서는 여전히 불가촉천민이라는 집단이 있고, 호주에서는 원주민에 대한 차별이 계속되고 있다. 이 모든 사례들에서 보듯 다른 사람들을 같은 인간으로 받아들이기를 거부하는 사람들이 있었다. 우리가 하나님의 사람들 가운데 일부를 거부할 때, 그들을 창조하신 하나님을 거부하고 있는 것이다.

이 알레고리는 마태복음 21:44에서 계속되고 있다. 예수께서 말씀하신다. "이 돌 위에 떨어지는 사람은 부스러질 것이요. 이 돌이 어떤 사람 위에 떨어지면, 그를 가루로 만들어 놓을 것이다." 누구든지 예수와 그의 가르침에서 떠나는 사람은 하나님께서 신실한 순종 가운데 사는 사람들을 위해 마련하신 풍성하고 영원한 생명을 잃게 될 것이다. 우리 주변에서 흔히 볼 수 있는 욕심과 탐욕을 피해야 한다. 사람들은 이 돌이 주는 교훈에서 떠났기 때문에 자신들의 삶과 세계 경제를 거의 파괴하였다; 이제 돌이 그들에게 떨어지고 그들을 가루로 만들었다.

우리가 건축자들이 거부한 그 돌에 마음을 두게 되면, 그 돌이 우리도 역시 무너뜨릴 것이다. 그러나 그 돌이 우리를 새롭게 만들 수 있다. 그 돌은 우리의 자만심과 편견, 죄와 이기심, 탐욕과 죄책감 등을 제거할 것이다. 일단 우리가 무너지게 되면, 그 돌은 우리의 삶을 강력한 영적 기초 위에 세우기 시작한다. 새로운 영적 건물의 각각의 층은 성령의 귀한 열매로 차게 될 것이다. 1층은 사랑으로, 2층은 기쁨으로 성령의 건물이 완성됨에 따라 우리는 우리의 삶 속에서 거주하고 있는 평화, 인내, 친절, 선함, 신실, 온유 그리고 마지막으로 절제를 보게 될 것이다(갈 5:22-23).

최근에 얼핏 본 자동차 범퍼 스티커에는 "당신이 꿈꾸는 세상은 우연히 오는 것이 아니라 변화를 통해 온다(not by chance but by change)"라고 적혀 있었다. 한 글자만 바꾸었는데 얼마나 큰 차이를 만드는지! 교회의 사역을 통해 하나님이 만들려고 하는 세상은 우연히 이루어지지 않을 것이다. 그런 세상은 오직 사람들이 사는 방식을 바꾸고, 자신들을 창조하신 하나님의 뜻을 거부하지 않고 평화롭게 함께 사는 것을 향하여 애쓸 때 오게 될 것이다.

성령강림절 후 스무째 주일

마태복음 22:1-14

¹예수께서 다시 비유로 대답하여 이르시되 ²천국은 마치 자기 아들을 위하여 혼인 잔치를 베푼 어떤 임금과 같으니 ³그 종들을 보내어 그 청한 사람들을 혼인 잔치에 오라 하였더니 오기를 싫어하거늘 ⁴다시 다른 종들을 보내며 이르되 청한 사람들에게 이르기를 내가 오찬을 준비하되 나의 소와 살진 짐승을 잡고 모든 것을 갖추었으니 혼인 잔치에 오소서 하라 하였더니 ⁵그들이 돌아 보지도 않고 한 사람은 자기 밭으로, 한 사람은 자기 사업하러 가고 ⁶그 남은 자들은 종들을 잡아 모욕하고 죽이니 ⁷임금이 노하여 군대를 보내어 그 살인한 자들을 진멸하고 그 동네를 불사르고 ⁸이에 종들에게 이르되 혼인 잔치는 준비되었으나 청한 사람들은 합당하지 아니하니 ⁹네거리 길에 가서 사람을 만나는 대로 혼인 잔치에 청하여 오라 한대 ¹⁰종들이 길에 나가 악한 자나 선한 자나 만나는 대로 모두 데려오니 혼인 잔치에 손님들이 가득한지라 ¹¹임금이 손님들을 보러 들어올새 거기서 예복을 입지 않은 한 사람을 보고 ¹²이르되 친구여 어찌하여 예복을 입지 않고 여기 들어왔느냐 하니 그가 아무 말도 못하거늘 ¹³임금이 사환들에게 말하되 그 손발을 묶어 바깥 어두운 데에 내던지라 거기서 슬피 울며 이를 갈게 되리라 하니라 ¹⁴청함을 받은 자는 많되 택함을 입은 자는 적으니라

신학

마태복음은 대제사장 및 바리새인들과 예수 간의 비판적인 대화가 계속 진행되는 상황 속에서 오늘의 혼인 잔치 비유를 소개하는데, 이 비유는 성서 전체의 신학적 가르침의 핵심을 요약한 것이라 할 수 있다. 마태복음 22:1-14은 선택의 은총, 선택된 백성에 대한 하나님의 뜻 그리고 이에 따르는 순종과 믿음과 감사의 의무 등의 상호 관계를 미묘한 연관 속에서 그려주고 있다. 이 상호 관계는 예수 그리스도의 복음의 역동적 신비의 핵심과 밀접한 연관이 있다. 야훼와 이스라엘

사이의 관계를 반영하면서 오늘의 비유는 하나님에 관한 서술문과 하나님의 백성인 우리에게 부가되는 명령문 사이의 관계를 묘사한다. 따라서 이 비유는 또한 선택의 은총에 적합한 삶을 살지 못한 자들에게 내려지는 무서운 심판에도 주의를 기울인다.

"이것은 너희가 해야 하는 일이다"라는 명령문은 선행하는 어떤 것의 결과와 관련된다는 데 주목하자. 우리가 해야 하는 일은 선택을 위한 조건이 아니다. 이 명령이 주어진 것은 하나님에 관한 서술문과의 관련 속에서이다. 이 서술문은 명령문에 선행하며, 명령문을 제한한다. 요약하면 "나는 너의 하나님이다(이스라엘 그리고 당연히 교회는 선택과 관련하여 어떤 선택권도 갖지 못한다). 그리고 너희는 내 백성이 될 것이다(이 선택은 순종을 요구한다)."

은총에 의한 선택과 삶을 통해 구현되는 순종 간에는 피할 수 없는 긴장이 있는데, 이것은 "무법"(antinomianism)이나 "신법"(新法, neonomianism)의 단순한 이분법을 거부한다. 아마도 우리는 긴장을 해결하지는 못하면서 긴장의 범위 내 어딘가에 자리 잡고 있다고 말하는 것이 맞을지 모르겠다. 다른 말로 표현하자면 우리는 하나님과 인류 사이의 언약 관계에 관한 신학이 이야기 형식으로 전개된 것을 보고 있는 것이다.

이 비유는 하나님 나라가 아들을 위해 혼인 잔치를 베푼 어떤 임금에게 비길 수 있다는 말로 시작된다. 다른 주석가들과 마찬가지로 칼뱅도 본문이 가리키는 것은 율법의 목적인 그리스도라고 주장한다(롬 10:4). 하나님 나라는 그리스도와 영적인 결혼 관계로 맺어진 사람들이 그리스도와 결합하는 것을 의미한다.

복음의 첫 번째 전달자─아마도 여기에서는 이스라엘의 예언자들을 가리킨다─가 백성들을 잔치에 데려오기 위해 보냄을 받았다. 온 이스라엘이 미래의 성취를 기대하도록 초대되었다. 종교개혁자들은 분명 구약성서를 그리스도에 근거하여 선취적으로(proleptically) 해석했다. 비록 하나님의 집에 속하기 위해 그 초청을 받아들여야 했던 사람들은 배제되었지만, 이제 초대는 다시 연장된다. 그들은 이미 하나님의 집에 속해 있기 때문에 초대받았다. 은총적 선택의 성취는 잔치에로의 초대와 그것을 따를 의무를 이해하는 기본 틀이다.

초대된 사람들ㅡ이것은 과거와 현재의 이스라엘을 가리킨다ㅡ은 왜 그들의 선택이 완성되는 것을 받아들이지 않았을까? 표면적 이유는 그들은 바쁜 일이 너무 많았다는 것이다. 더 심층적인 이유는 하나님과 사람 사이의 우선순위와 관점의 근본적 충돌이었다. 자신들의 선택이 완성하는 단계로 들어가도록 초대받은 사람들 중 일부는 격분하면서 하나님의 사자들을 죽인다. 두 경우 모두 초대를 거부한다. 위에서 제시한 표현을 따른다면 하나님에 관한 서술문과 순종의 응답 간의 언약 관계가 깨진다.

임금은 분노하여 선택의 성취를 폭력을 통해 거부하는 사람들을 멸망시키기로 결정한다. 그러나 여전히 은총적 선택은 남아 있다 ㅡ 이번에는 다른 사람을 위한 것이다. 혼인 잔치는 취소되지 않는다. 전통적으로 이방인의 부름으로 해석되는 새로운 선택은 그 범위가 놀라울 정도로 파격적이다. "아무나 만나는 대로", "악한 사람이나, 선한 사람이나"(9, 10) 다 잔치에 초대된다.

은총적 선택과 순종의 의무라는 해석학적 관점에서 본다면, 여기서 우리는 아주 곤란한 문제, 즉 보편적 선택이라는 문제를 만나게 된다. 모두가 선택되었다면 모두가 구원받는다는 의미인가? 이제 온 이스라엘의 운명을 결정지은 요소가 온 인류의 운명을 결정짓는 요소가 된다. 더욱이 이 선택의 해석학은 같은 비유의 누가복음의 서술방식에 의해 확실한 지지를 받는다. 누가복음은 임금이 종에게 사람들을 강제로 혼인 잔치에 참석하게 하라고 명령했기 때문이다(눅 14:23). 비유에서 선택은 모든 사람들을 위한 하나님의 선하심을 의미한다.

그러나 이 비유는 보편적 선택을 보편주의(universalism), 즉 만인구원론의 단초로 이해하는 것을 허용하지 않는다. 혼인 잔칫집은 가득 찼다. 모두가 안에 있다. 다시 은총적 선택과 순종의 의무 사이의 미묘한 관계가 명확하게 나타난다. 임금이 손님들을 살펴보니 혼인 예복을 입지 않는 사람이 있었다. 그 사람은 왜 적절한 복장을 갖추지 못했는가? 왜 그에 대한 처벌은 그토록 가혹한가?

칼뱅은 본문에 관한 주석에서 바울 서신의 두 구절이 본문의 의미를 이해하는 데 도움이 된다고 말한다. 로마서 13:14은 우리가 "주 예수 그리스도의 옷을 입어야" 한다고 말한다. 갈라디아서 3:27은 우리가 세례를 받음으로 그리스도로 옷 입게 된다고 말한다. 이 구절들을 근거로 우리는 바깥 어두운 데로 던져진 사람은 그리스도로 옷 입는 것을 거부했기 때문에 그런 심판을 받은 것으로 해석할 수 있다. 그 사람은 옛 옷을 그대로 입고 있었던 것이다. 그리스도로 옷 입지 않는다면 우리는 하나님 앞에서 심판받는다. 바울의 다른 표현을 사용한다면 오직 "그리스도 안에서" 하나님이 의로운 재판관 대신 하늘의 아버지가 된다.

위에서 언급했듯이 이 비유는 우리를 선택의 은총(모두가 초대됨)과 순종의 의무(그리스도로 옷 입기, 그리스도 안에서 살기) 사이의 미묘한 관계로 이끌어 간다. 은혜는 값없이 주어진다. 사랑의 선택을 통해 우리는 하나님과 동행하게 된다. 그 결과 하나님의 백성으로서 하나님의 뜻에 따라 살아야 할 의무가 우리에게 부여된다. 그것은 임금에게, 즉 하나님께 영광을 돌리고, 하나님이 우리에게 요구하는 것에 따라 삶을 사는 것이다. 이렇게 하지 않으면 우리를 선택하신 하나님의 사랑을 조롱하는 것이 된다. 그런 삶은 그리스도가 아니고 우리로 옷을 입고, 자만 속에서 독립을 추구하며 사는 것이다.

혼인 잔치의 비유는 예수가 성전의 유대인 종교 지도자들에게 한 세 비유 중 마지막 비유이다. 누가복음의 이 비유는(눅 14:15-24) 예수를 저녁에 초대한 바리새파 사람의 집에서 한 것으로 나타나는데, "가난한 사람, 불구자, 소경, 절름발이"들이 참여하는 것을 강조한다(눅 14:21).

그런데 마태의 버전은 이전 비유에서도 볼 수 있는 심판에 대한 주제가 강조된다. 왕은 혼인 잔치를 열고 많은 손님들을 초청한다. 그들은 첫 번째 초청에는 응하지 않았고, 두 번째 초청에 대해서는 왕의 종들을 붙잡아 죽이기도 하는 등 폭력적인 반응을 보였다. 왕은 동일하게 대응했는데, 군대를 보내어 살인자들을 잡아 죽이고 동네를 불살라 버렸다(7). 세 번째이자 마지막 초청은 이전에 초대받지 않은 모든 "선한 사람과 나쁜 사람"(10)에게 진행되고 잔치가 시작된다.

예수는 하나님의 나라가 이와 같다고 말했다. 초대받은 사람은 없고, 오지 않을 것 같은 사람들이 참여한다는 것이다. 전반부 장에서 마태는 예수가 이방인의 믿음을 보고 이와 같은 예언을 했다고 기술했다. "잘 들어라. 많은 사람이 사방에서 모여들어 하늘나라에서 아브라함과 이삭과 야곱과 함께 잔치에 참석하겠으나, 이 나라 백성들은 바깥 어두운 곳에 쫓겨나 땅을 치며 통곡할 것이다"(마 8:11-12). 이것은 우리 비유의 끝에서 불행한 결혼식 하객에게 일어나는 일과 정확히 일치한다(22:13).

하나님의 메시아 통치를 꼭 혼인 잔치가 아니더라도 큰 잔치에 비유하는 것은 유대 문학에서 익숙한 일이다(시 107:1-9; 사 25:6-8). 옛날 왕들이 자기 신하에게 잔치를 베풀듯이 왕으로 묘사된 하나님도 하나님의 백성들에게 잔치를 베풀었는데, 시나이산에서 이스라엘 백성들과 계약을 맺을 때 이스라엘의 장로들이 하나님을 뵙고, 먹고 마셨다(출 24:9-11)는 구절이 있다.

여기에서 잔치는 왕의 아들의 혼인 잔치인데, 그 아들은 전 비유에서처럼 예수로 보이는데, 마태복음 9:15과 25:1에서는 신랑으로 묘사된다. 그러기에 혼인 잔치의 인물들은 분명하다. 왕은 하나님이고, 예수는 그의 아들이며, 초청받은 사람들은 이전 비유에서의 불의한 소작인들과 같다. 그 동네가 불살라진 것은 로마 군대가 주후 70년에 예루살렘을 멸망시킨 것을 말하고, 종들이 이후 나쁜 사람이든 좋은 사람이든 잔치에 데려오는 것은 선교사들이 누구든지 교회에 데려오는 것을 말한다.

그러기에 비유는 핵심은 이전 두 비유의 내용을 반복하는 것이다. 유대인 지도자들은 예수를 따르지 않았기에 심판을 받고, 세리와 창녀 같은 버림받은 사람들이 역설적으로 하나님 나라의 열매를 맺으며(21:43), 나쁜 사람이든 좋은 사람이든 그들이 내부자가 된다는 것이다. 2000년 역사의 반유대주의가 보여주듯이 그리스도인들이 이 비유를 잘난 체하며 자신들이 구원받은 자가 된 것을 기뻐하고, 유대인들을 완전히 거부하는 것으로 위험하게 해석해 왔다.

그런데 예복을 입지 않은 마지막 손님은 누구인가? 거리에서 갑자기 초대를 받고 준비할 시간도 없이 온 사람이 꼭 필요한 예복이란 무엇인가? 본래 초대받은 사람에게 한 폭력을 왕이 그들에게도 한 것은 적절하지 않아 보이는데, 여기에서 단지 복장 규정을 위반했다는 이유로 그렇게 한 것은 적절하지 않기 때문이다. 옛날부터 혼인 예복에 대한 해석은 일치하지 않는다. 이것은 "성도들의 올바른 행위"(계 19:8)를 말하거나 "해와 같이 빛나는"(마 13:43) 부활한 몸이거나 아마도 세례 뒤에 입는 옷을 말하는 것일 것이다.

어떤 경우이든 우리의 심판에 대한 해석은 "부르심을 받는 사람은 많지만 뽑히는 사람은 적다"(14)는 비유의 마지막 경구와 긴장을 가지며 생각해야 한다. "부르심을 받은"이란 동사는 비유의 초기에 혼인 잔치에 초대받았지만 오기를 거부한 사람들을 가리킨다. 많은 사람이 혼인 잔치에 초대받았다. 하지만 뽑힌 사람은 적다는 것은 이해하기 어려운데, 왜냐하면 비유는 거리에 나가서 아무나 데리고 오라고 했기 때문이다. 더군다나 초대받지 않은 사람들이 분명히 뽑혀 잔치에 참여했는데 쫓겨났기 때문이다. "선택됨"은 신성한 수동태로, 하나님이 선택을 하시는 분임을 나타낸다.

그래서 여기에서 인간의 자유와 하나님의 주권의 역설이 나타난다. 이 역설은 그리스도인들의 심판에 대한 성급한 판단을 방지한다. 한편으로 우리 인간들은 하나님의 초대와 소환에 대해 적극적으로 반응해야 한다는 책임이 있다. 다른 한편으로는 마지막 심판은 하나님의 손에 달려 있다는 것이다. 비유를 통해 전체적으로 말하는 유일한 인물은 비유의 주인공인 왕이다. 비록 다른 인물들에게도 여지는 있지만, 왕의 결정이 최종적이다. 곡식과 가라지의 비유에서 곡식과 가라지는 좋은 것과 나쁜 것이지만 마지막 추수 때 하나님이 고르실 때까지 같이 자란다(마 13:24-30, 36-43)고 했다.

비유의 이 부록은(11-14) 마태에서만 나타나는데, 마태복음의 전형적인 것으로 교회의 심판에 대한 이미지를 확장한다. 유대교 안에서도 심판이 분열을 만들듯이 좋은 것과 나쁜 것으로 구성된 교회 안에서도 마찬가지이다. 교회에 주어진 심판은 마태복음 8:11-12의 유대 지도자들에게 주어진 심판과 같아서 마태의 비유를 들으며 예수를 따르려는 모든 사람들에게 이 비유가 해당된다. 우리는 부르심을 받은 다수인가, 뽑힌 소수인가? 궁극적으로 하나님이 우리의 처지나 이웃들의 처지를 결정하실 것이다.

오늘 본문은 하나님 나라의 윤리로 부르시는 하나님의 지속적인 초대를 거절하는 사람들에게 엄격한 심판이 기다리고 있다고 가르치시는 예수의 두 비유 가운데 두 번째 이야기이다. 지난주에 읽었던 첫 번째 비유(21:33-44)는 집주인이 없는 포도원의 기회주의적인 소작인들에 대한 (폭력적인) 이야기를 통해 하나님의 초대를 전달하는 예언자들을 거부한 이스라엘의 역사에 궁극적인 책임을 물을 것이라고 하여 그 말씀을 듣고 있는 청중들을 경악하게 만들었다.

반역적인 소작인들의 이야기가 청중에게 과거에 해 왔던 방식에 대해 책임을 지라고 주장한다면, 예수는 이제 미래를 직시하라고 지시한다. 두 번째 이야기를 하면서 마태는 좀 더 과장된 일련의 상황들을 가지고 우화 속으로 한 걸음 더 깊이 들어간다. 왕실 결혼식은 그 초대를 거절할 뿐 아니라 전쟁을 초래할 정도로 무시하는 다양한 손님들까지 초대했다. 이들을 대신한 손님들이 잔치에 초대받자마자 한 사람이 예복을 입지 않았다는 이유로(사실상 바깥 어두운 데로) 쫓겨난다. 하지만 그는 잔치에 초대받으리라고 생각도 하지 못했다. 경고의 긴박성은 이야기의 명백한 논리를 능가한다.

그럼에도 불구하고 마태가 비유를 구성하기 위해 선택한 방법에는 긴급한 위로가 있다. 복음을 전하기 위하여 엄격하고 불편한 본문을 찾을 때, 때로는 심판의 말씀이 위로의 말씀이기도 하다는 것을 기억할 필요가 있다.

상황(21:23-27)에서 분명하게 알 수 있듯이 예수는 자신의 삶과 죽음에 대하여 논쟁하려고 하는 성전 권력자들이 "하나님을 두려워하도록" 하려고 한다. 마태는 자신의 의도 역시 이야기에 담아냈다. 이 비유의 좀 더 단순하고, 아마도 초기 버전인 누가복음(14:15 이하)과 도마복음(말씀 64)에서는 나중에 돌이켜 보면 기원 70년에 예루살렘이 파괴될 가능성에 대한 암시와 함께(7) 예수의 가르침을 공동체에 큰 충격을 주는 새로운 상황 속으로 끌어들이려는 마태의 시도를 암시한다. 비유를 우화로 바꾸는 과정에서 마태는 시간의 범위를 동시대의 상황에서 역사의 종말까지로 확장시킨다. 약탈당한 도시의 연기 자욱한 폐허 한복판에서 종말론적인 잔치가 펼쳐진다.

마태의 이야기 속에서 비유는 한편으로는 명백한 불안감과 자아 성찰 그리고 다른 한편으로는 암묵적인 확신 사이에서 진자운동을 한다. 이 비유는 회복시키시는 하나님의 잔치에 자신이 초대받았다고 믿는 사람들 모두가 실제로 잔치에 가는 것은 아님을 암시한다. 그것은 또한 잔치의 주인이 더 멀리 나가서, 가능성이 희박한 장소에서 더 많은 사람들을 초대할 것이라고 약속한다. 비유는 하나님 나라 시민권을 얻기 위해 충분한 자격은 오직 변화된 삶이라고 역설한다. 이야기는 또한 오늘날 교회의 혼란이 지금은 교회가 "선한 자와 악한 자"를 포함하고 있으며, 가라지에서 밀을 골라내는 과정(13:24 이하)이 지금 진행 중이기 때문이라고 설명한다.

무엇보다도 복음의 기초 위에 세상을 다시 세우려는 운동이 진행됨에 따라 비유는 불길하게도 고난과 격변을 약속한다. 마태 자신이 덧붙였든 아니면 Q자료의 세부 사항을 보존했든 누가와는 달리 마태에게는 폭력이 분명히 이야기의 필수 구성 요소다. 그러나 예수께서는 파괴된 도시, 거룩한 곳에 대한 신성모독 그리고 십자가에 달리신 메시아 같이 마태 공동체의 망막에 각인된 두려운 이미지들이 혼인 잔치의 이미지로 대체될 것이라고 약속하신다.

다니엘 해링턴(Daniel J. Harrington)은 "예수가 세리와 죄인들과 나눈 식사들과 특별히 그의 제자들과의 마지막 만찬은 하나님 나라에서의 삶이 어떠할지를 상징적으로 보여준다"고 지적한다. 마태 자신이 예수와 함께 그 식탁에 앉아있는 것이 어떤 것인지, 그 다락방으로 가는 여정이 얼마나 힘들었는지, 뒤따르는 고난의 시기를 통해 그들이 어떻게 그 식사가 주는 확신과 지울 수 없는 은혜 가운데 만찬을 이어갈 수 있었는지를 기억하는 몇 안 되는 사람들 가운데 하나일 것이다. 폭력의 위협과 교회의 불안정이 계속 소용돌이치고 있음에도 불구하고 그 식탁에서 느꼈던 것을 기억하라고 마태가 말하는 것 같다. 우리는 다시 잔치를 할 것이다.

---

* Daniel J. Harrington, *The Gospel of Matthew*, Sacra pagina series (Collegeville, MN: Liturgical Press, 1991), 307.

그러나 동시에 마태 공동체를 위한 위로의 길은 심판을 우회하지 않고 심판을 관통한다. 악한 세입자의 비유(21:33-44)와 결혼식 잔치(22:2-14)의 비유에서 소작인의 잘못과 결혼 예복을 입지 않은 하객의 실수라는 문제의 핵심은 열매를 맺는 것에 관한 것이다. 첫 번째 비유에서 하나님은 포도원의 청지기 직분을 "제때에 소출을 바칠 다른 농부들에게"(21:41) 맡김으로 상황을 바로잡는다. 오늘 비유에서 예복을 입지 않은 손님은 은혜의 잔치에 온 손님으로 삶의 열매를 보여주지 않는다. 그의 몰락은 잔치의 주인이 그에게 그가 살아온 길에 대해 설명하라고 요구하는데 그가 할 말이 없는 순간에 찾아온다.

복음으로 사는 것은 오직 초대로부터 시작된다. 그것은 단지 생각으로 남아 있을 수 없다. 복음으로 사는 삶의 필수불가결한 요소는 변화된 삶이다. 많은 사람들이 부름을 받았지만, 선택되는 사람은 새로운 삶을 사는 사람들이다. 그들은 바울이 "동정심과 친절함과 겸손함과 온유함과 오래 참음을 옷 입듯이 입으십시오 누가 누구에게 불평할 일이 있더라도, 서로 용납하여 주고, 서로 용서하여 주십시오" 라고 권면한, 골로새교회 안에 있는 "하나님의 택하심을 입은 사랑 받는 거룩한 사람"들처럼 그리스도 안에서 살고 있는 사람들이다(골 3:12-3). 포도원에 있는 반역적인 소작인들은 스스로 그렇게 할 수 없었다.

"이 모든 것 위에 사랑을 더하십시오. 사랑은 완전하게 묶는 띠입니다"(골 3:14).* 예수는 참으로 결혼 예복이나 침례복처럼 열매 맺는 것을 입게 할 수 있다고 말씀하시는데, 복음을 선택해서 생기는 외적인 효과가 마침내 마음속에 자리 잡게 될 것이기 때문이다. "그리스도의 말씀이 여러분 가운데 풍성히 살아 있게 하십시오"(골 3:16).

---

* Thomas Long, *Matthew*, Westminster Bible Companion (Louisville, KY: Westminster John Knox Press, 1997), 246-248.

설교

오늘의 복음서 본문은 모든 시대의 사람들이 하나님과 어떻게 관계를 맺어야 하는가에 관해 예수께서 1세기 팔레스타인에서 약속에 대한 문화를 배경으로 비유를 말하고 있는 것을 보여준다. 이 비유에 따르면 잔치를 베푸는 어떤 왕이 종들을 보내 잔치에 참석하기를 원했던 모든 사람에게 초대장을 전달했다. 하지만 참석하겠다고 말했던 사람들은 잔치에 오는 대신 핑계를 대고 참석할 수 없다고 하였다. 그들은 집과 밭을 돌보거나 일상적인 생활을 하기로 마음먹었다. 이것은 고대 약속 문화에 대한 중대한 위반이었다. 왕의 초대를 수락한 사람들은 잔치가 시작될 시간에 그 자리에 있을 것으로 예상되었다!

마태의 구상 속에서 이 비유는 하나님께서 먼저 옛 이스라엘 사람들을 하나님의 백성이 되도록 초대한 것을 말하고 있다. 하나님은 한 민족을 선택했는데 그들은 떠도는 유목민들(아브라함)에서 시작되었고, 430년간 이집트에서의 노예 생활(모세)을 마쳤다. 하나님의 뜻과 말씀을 그 무엇보다도 경외하는 사람들을 하나님께서 얼마나 축복하고 높이시는가를 보여주기 위한 예로 하나님께서는 그들을 사용하셨다.

이 비유가 계속 보여주듯이 그리스도께서 나타나실 때 왕의 잔치에 초대받은 사람들은 결국 이 큰 행사에 모습을 나타내지 않았다. 앞에 있는 마태복음 21장에서 예수께서는 "호산나"("우리를 구하소서"라는 의미) 외침 가운데 승리한 왕처럼 예루살렘으로 들어왔다. 하지만 단지 5일 후 로마 총독 본디오 빌라도 앞 재판정에 예수가 섰을 때, 같은 도시에 있던 그 사람들이 "그를 십자가에 못박으시오"(마 27:22)라고 외쳤다. 때가 이르렀다. 메시아가 이 옛 도시에 들어왔을 때 결국 예루살렘 사람들은 하나님의 초대를 받아들이지 않았다.

기독교 공동체 내에도 이 비유에 나오는 사람들처럼 어떤 식으로든지 하나님의 초대를 거절하는 사람들이 있다. 그들은 안전하고 온건한 제자의 길을 원하고, 더 힘든 봉사활동이나 사회정의를 위한 실천으로부터는 거리를 두려고 한다. 그들은 하나님의 축복을 바라지만, 사역을 함께 해야 할 때는 찾을 수가 없다. 그들은 교회에서 공짜로 저녁을 먹을 때는 언제나 볼 수 있지만, 무료 급식소에서 배식을 하는 것은 꺼린다. 그들은 세상의 평화를 바라지만, 그 목표를 향해 일하는 것은 원치 않는다. 그들은 세상의 기아가 종식되기를 바라지만, 그것을 위해 한 끼를 굶는다거나 기부를 하는 것은 원하지 않는다.

첫 번째 초대받은 손님들이 왕의 초대를 거절했을 때 왕은 스포츠팀에서 대다수 감독들이 하는 방식을 사용했다. 그는 선수교체를 했다. 감독이 경기에서 어느 순간 선수들이 체력과 집중력이 떨어지고 이기려는 의지가 없는 것을 발견했을 때, 그 감독은 상대 팀에 경기를 내어주기를 원치 않는다. 감독은 경기 중에 있는 선수들을 벤치에 앉히고, 대신 다른 누군가를 경기에 내보낸다.

하나님께는 섬김을 위한 하나님의 초대에 답하기를 거절한 사람들을 벤치로 불러들일 권한이 있다. 오늘날 미국과 서유럽교회가 그 규모와 영향력에 있어 점진적인 감소를 보여주고 있는 것은 남아메리카, 아시아, 아프리카 교회의 점진적 성장과 관련해서 보아야만 한다. 만일 포스트모던 시대의 서구인들이 하나님의 초대를 꺼려한다면, 그때 하나님께서는 다른 사람들을 하나님의 일을 위해 초대할 수 있다. 많은 서구 신학자들이 지난 40년간 주장해 온 것처럼 하나님은 죽은 분이 아니다. 오히려 교회 안에서 몇몇 사람들의 열정과 꿈이 죽은 것처럼 보인다.

마태복음 22:10은 "선한 사람과 악한 사람" 모두 참석하도록 초대받았다고 말한다. 이러한 사실에 기초하여 모든 그리스도인들은 구원을 누릴 수 있다. 우리가 구원을 받은 것은 우리의 공로가 아닌 하나님의 자비로 인해서이다. 마태복음 11:28에서 예수께서는 이렇게 표현한다: "수고하며 무거운 짐을 진 사람은 모두 내게로 오너라. 내가 너희를 쉬게 하겠다."

대부분의 기관들은 회원이 되는 데 어떤 제한과 조건이 있다. 예일 대학은 2013학년도에 2만6천 명으로부터 입학 지원서를 받았다. 그 가운데 단지 7.5%만이 실제로 입학 허가를 받았다. 예일 대학은 "수고하며 무거운 짐을 진 사람은 모두 내게로 오시오"라고 하지 않는다. 대부분의 공립대학은 입학 지원서를 낸 사람 중 60% 미만의 사람들이 입학 허가를 받는다. 내가 알고 있기로는 어느 누구나(그들이 선하든 혹은 악하든) 자유롭게 들어갈 수 있는 기관이나 기구는 없다. 예수와 함께하는 첫째 규정은 주님께 오는 자는 누구든지 받아준다는 것이다.

이것이 복음이 주는 좋은 소식이다. 예수 그리스도는 죄인들을 구원하려고 오셨다. 바울은 이렇게 말한다. "우리가 여전히 죄를 짓고 있는 동안에, 그리스도는 우리를 위해 죽으셨다"(롬 5:8, 저자의 개인적인 번역). 이것이 예수 그리스도의 복음이다. "죄의 삯은 죽음이요, 하나님의 선물은 우리 주 예수 그리스도 안에서 누리는 영원한 생명입니다"(롬 6:23). 이것이 세상을 매료시키는 메시지이다. "하나님께서 세상을 이처럼 사랑하셔서… 이는 그를 믿는 사람마다 멸망하지 않고 영생을 얻게 하려는 것이다"(요 3:16, NIV).

성령강림절 후 스물한째 주일

마태복음 22:15-22

2023
1022

¹⁵이에 바리새인들이 가서 어떻게 하면 예수를 말의 올무에 걸리게 할까 상의하고 ¹⁶자기 제자들을 헤롯 당원들과 함께 예수께 보내어 말하되 선생님이여 우리가 아노니 당신은 참되시고 진리로 하나님의 도를 가르치시며 아무도 꺼리는 일이 없으시니 이는 사람을 외모로 보지 아니하심이니이다 ¹⁷그러면 당신의 생각에는 어떠한지 우리에게 이르소서 가이사에게 세금을 바치는 것이 옳으니이까 옳지 아니하니이까 하니 ¹⁸예수께서 그들의 악함을 아시고 이르시되 외식하는 자들아 어찌하여 나를 시험하느냐 ¹⁹세금 낼 돈을 내게 보이라 하시니 데나리온 하나를 가져왔거늘 ²⁰예수께서 말씀하시되 이 형상과 이 글이 누구의 것이냐 ²¹이르되 가이사의 것이니이다 이에 이르시되 그런즉 가이사의 것은 가이사에게, 하나님의 것은 하나님께 바치라 하시니 ²²그들이 이 말씀을 듣고 놀랍게 여겨 예수를 떠나가니라

신학

오늘 우리 앞에 있는 이 어려운 구절이 다루는 신학적 질문은 다음과 같다: "국가와 하나님에 대한 복종 사이의 올바른 관계는 무엇인가?" 이 문제는 특히 세속 종교(civil religion, 시민 종교 혹은 공민 종교로 번역하기도 하나 본문에서는 사회의 지배 이데올로기가 종교적 성격을 띠는 경우를 의미함으로 세속 종교로 해석함 _ 역자 주)의 관점에서 보거나, 특정한 국가의 정서와 정책이 신의 인가를 받았다고 여겨지는 상황에서는 매우 복잡하고 중요한 문제이다.

마태는 예수와 종교 지도자들 사이의 분쟁에 대해 계속 말하면서 그들이 예수가 빠져나오지 못할 함정을 꾸민 음모를 소개한다. 대리인들 집단이 예수에게 보내져서 진리의 이름으로 의의 본질에 대해 알려달라고 허위 간청을 한다. 예수는 이들이 선의를 갖고 왔는지, 악의를 갖고 왔는지 따지지 않고 하나님의 길에

대해 가르친다. 여기에서 그 유명한 질문은 다음과 같다: "황제에게 세금을 바치는 것이 옳습니까, 하나님에게 세금을 바치는 것이 옳습니까?"(출 30:13 참조)

예수가 어느 쪽으로 대답하든지 예수는 곤경에 처하게 된다. 상대방을 꼼짝 못 하게 하는 질문이다. 예수가 황제에게 세금을 내지 말라고 대답하면 그는 선동죄로 고발당할 것이다. 황제에게 세금을 내라고 하면, 그는 하나님의 율법에서 벗어나게 된다. 예수의 대답은 "황제의 것은 황제에게 돌려주고, 하나님의 것은 하나님께 돌려드려라"였는데, 이 답은 매우 도전적이며 깊은 성찰을 필요로 한다.

로마서 13:1-7에 따르면 우리는 세속적 권위에 대한 의무가 있다. 그 권위는 하나님의 권위 아래 있고, 따라서 세속적 권위의 범위를 초월하는 하나님에 대한 의무도 있다. 우리가 종교적 양심의 자유를 허용하는 세속 권위에 복종한다면, 그것이 하나님의 권위를 부정하는 것은 아니다.

그러나 더 깊이 들어가 보면 이와 같은 권위에 관한 단순한 이분법은 복잡한 상황에서 벌어질 수 있는 일을 이해하는 데 충분치 않다. 여기서 몰트만의 『희망의 신학』이 제시하는 분석이 도움이 된다.* 몰트만은 사회에서 교회의 역할을 세 가지로 규정한다: 개인적(personal), 공동체적(communal), 제도적(institutional). 첫 번째 것은 인격적이고, 개인적이고, 사적인 차원에 속한 한 사람의 종교로서의 신앙이다. 종교와 교회 생활은 한 사람의 내면과 감정에 관계되는 사적인 문제로 취급된다. 비인간적이고 억압적인 사회에서 신앙은 인간의 고유성과 주체성의 수호자가 된다. 신앙은 사회적 행동, 정치적 책임 및 경제적 행동의 영역이 아닌 개인적이고, 자유로운 의사 결정의 영역에 속해 있다. 신앙은 주로 내적 치유와 영적 재조정을 위해 활용된다. 그런 맥락에서 신학적 질문은 사회적 현실을 다룰 수 없다.

두 번째 것은 사귐(fellowship)의 중재자로서의 신앙이다. 기독교는 인류 공동체로서의 인류(humanity as cohumanity)라는 초월적 차원의 개념을 제시한다. 사회 속의 인위적이고 임의적인 조직과는 달리 인류 공동체는 인격적(personal)이다.

---

* Jürgen Moltmann, *Theology of Hope* (London: SCM Press, 1967), 315f.

그 안에서 고독과 고립이 사그라진다. 사람들은 참된 인간이 되는 길을 찾고 있고, 교회는 따뜻하고 진정성 있는 관계를 제공함으로 사회가 제공하지 못하는 공동체를 만들어 낸다. 사회와 대조되는 인류 공동체로서의 공동체 안에서 교회는 세상과 단절하게 된다. 교회는 다가올 하나님 나라가 이룰 새로운 사회에 관한 기대에 관심을 두지 않고, 현 사회에 대립하는 공동체를 만듦으로 사회를 견제하는 역할을 한다.

세 번째 것은 제도로서의 신앙이다. 제도화를 통해 교회는 급격한 변화가 일어나는 상황 속에서도 균형과 질서를 유지할 수 있다. 사람들은 제도적 교회의 권위를 신뢰함으로 삶의 의미에 관한 불안감을 극복할 수 있다. 삶 속에서 일어나는 문제의 본질을 일일이 이해하는 것보다 단지 교회의 권위를 받아들이는 것이 중요해진다.

몰트만은 교회가 이 세 가지 역할을 통해 사회적 현실에 적응해 왔다고 주장한다. 기독교는 사회가 관심 두지 못하는 필요를 충족시킨다. 그러나 교회는 그러한 복잡한 역할을 수행하느라 사회에 대해 사회가 듣고 싶어 하는 말 외에는 거의 말을 하지 않는다. 몰트만은 교회가 새로운 바빌론 유수를 체험하고 있다고 말한다.* 기독교는 이 세상을 살아가는 데 효과적인 도움을 준다. 그러나 이는 부활하고 다시 오실 그리스도의 십자가에 의해 주어진 정체성을 포기함으로 이루어진 것이다.

대안적으로 몰트만은 다가오는 하나님의 나라에 대한 기대의 지평 안에서 사는 교회의 중요성을 강조한다. 기독교는 본질적으로 종말론적이며, 기독교 공동체는 부활하고 다시 오실 그리스도의 통치의 관점에서 살아간다. "그리스도인의 삶은 더 이상 세상에서 도피하고, 세상에 대해 영적으로 체념하는 것과 무관하다. 도리어 세상에 대한 적극적인 비판과 세상 안에서의 소명과 밀접하게 관련되어 있다."** 교회는 역사 속에서 혁명적인 세력으로 존재한다.

만일 기독교가 사적, 공동체적 또는 제도적 종교로 머문다면, 기독교는 세속

---

* *Ibid.*, 324.
** *Ibid.*, 331.

종교를 승인하고, 현재 사회를 종교적으로 신성화하는 역할을 계속할 것이다. 종말론은 기독교가 현재의 사회 구조를 하나님 나라와 동일시하는 것을 거부하게 하며, 세속 종교를 비신화화하기를 요구한다. 그리스도의 십자가는 교회가 공공의 자유를 위한 구체적인 투쟁에 참여하기를 강권한다.

예수의 응답에 담긴 믿음과 세속적 권위의 복합적인 관계는 깊은 해석을 필요로 한다. 예수의 부활과 다가오는 하나님의 나라의 시각에서 볼 때 우리는 죽음 그리고 현재의 사회적, 정치적, 경제적 현실을 구원의 관점에서 조망하게 된다. 사람을 죽이고 비인간화하는 죽음과 죽음의 시스템은 비판받고 저지당한다. 종말론은 우리가 사회에서 스트레스와 충격을 받으며 사는 사람들을 돌보는 것으로 충분하지 않음을 강력하게 지적한다.

사람들이 그들의 사회 정치적 환경 속에서 고통당하며 살게 하는 원인이 무엇인지 이해하는 것으로도 충분치 않다. 그리스도의 재림을 통한 연합은 현재 속에서 앞을 내다보는 삶의 방식(forward-looking way of life)을 받아들이게 한다. 이런 삶 속에서 예수의 제자들은 하나님의 약속에 대한 믿음을 갖고, 이 세상 어느 영역도 그리스도의 통치에서 벗어나는 부분이 없다는 관점에서 행동하게 된다. 오늘의 목회 현장에서 과거에 오셨고 미래에 다시 오실 그리스도의 컨텍스트에서 산다는 것이 우리에게 무슨 의미인가? 이것이 오늘 본문을 접하면서 우리가 물어야 할 중요한 목회적 질문이다.

주석

　　오늘 본문의 짧은 예수와 예수를 함정에 빠뜨리려는 바리새인들과의 대화 속에서 우리는 그들을 탄복하게 하고, 우리도 탄복하게 하는 완벽한 교사와 토론자인 예수를 보게 된다. 이것은 예수와 유대인 지도자들 간의 세 번째 논쟁 중 첫 번째로, 바리새파 사람들(마 22:15-22, 41-46)과 사두개파 사람들(22:23-33)과 바꾸어가며 논쟁을 했는데 매번 그들을 놀라게 하고, 침묵시키는 것으로 끝난다. 역설, 절묘함과 뛰어남이 논쟁들마다 역할을 했다.

　　장면은 바리새파 제자들과 헤롯당원들이 예수께 질문하는 것으로 시작된다. 헤롯당원들이란 아마도 헤롯 안티파스의 지지자들로 보이는데, 하지만 다른 자료에 나오지 않는다. 그들은 위선적 칭찬으로 시작한다. "선생님, 우리는, 선생님이 진실한 분이시고, 하나님의 길을 참되게 가르치시며, 아무에게도 매이지 않으시는 줄 압니다. 선생님은 사람의 겉모습을 따지지 않으십니다"(16). 한데 그들의 진지하지 않은 예수에 대한 칭찬은 하나하나 사실이다.

　　이 모든 일에 있어서 그는 하나님께서 사람을 외모로 취하지 아니하심과 같이 자기를 나타낸다(행10:34; 롬 2:11). 마지막 구절은 문자 그대로 "당신은 누구의 얼굴도 고려하지 않는다"이다. 편파성을 나타내는 일반적인 은유로, 아마도 여기서도 역설적이게도 로마 데나리온에 있는 가이사의 얼굴에 대한 예수의 언급을 예상하고 있는 것 같다(20).

　　그리고 혼란스런 질문이 이어진다. "황제에게 세금을 바치는 것이 옳습니까, 옳지 않습니까?"(17) 여기에서 말한 세금이란 매년 수확과 재산에 부과되는 것으로 인구조사에 등록된 대로 결정된다. 세금의 실행은 유대 정부가 했는데, 1세기 팔레스타인의 가난한 주민들에게는 큰 경제적 짐이 되었다. 이 인구조사가 한 번은 갈릴리 유다가 이끈 주후 6-7년의 로마에 대한 반란을 촉발했다. 만약 예수가 질문에 예라고 한다면 억압당하는 유대인들을 외면하는 것이고, 아니라고 한다면 폭동을 교사하는 것이 된다. 지혜롭게 예수는 어느 것도 하지 않고, 단지 무엇이 옳은 것인지 보여주었는데, 그것은 하나님의 법을 따라야 한다는 것이다.

예수는 그들의 엄포에 대해 "위선자들아, 어찌하여 나를 시험하느냐?"라고 규정하며(18), 세금으로 내는 로마의 동전을 보여 달라고 요구했다. 이 질문자들은 그러한 동전을 성전에 가지고 있었다. 동전을 가져다 초상에 대해 언급함으로 그들의 계획을 좌절시켰다. 동전은 데나리온 은화로, 한쪽 면에 황제의 초상이 있었다. 신격의 존칭이 새겨진 티베리우스의 초상이다. 예수의 질문은 초상과 적힌 글자를 세금과 연관시킴으로 황제에게 주어진 것으로 규정하고 "황제의 것은 황제에게 돌려주어라"(21)라고 한정시켰다. 예수는 폭동 선동으로 엮이지 않았다.

한데 예수는 상대자들을 부끄럽게 하는 대답을 덧붙인다: "하나님의 것은 하나님께 돌려드려라." 여기에는 세 가지 견해가 있다. 첫째로 상대자들에게 하나님의 것은 하나님께 드리라고 말함으로써 예수는 포도원과 소출물의 주인이신(21:41) 하나님께 바치지 않은 악한 소작인의 비유를 상기시켰다는 것이다. 유대인 지도자들에 대한 비유에서의 심판이 바리새인들의 제자들과의 이곳 대화의 배경이 된다는 것이다. 예수를 함정에 빠뜨리려고 몰두하다 그들 자신들이 하나님의 것을 하나님께 드리는 데에 실패하게 된다.

둘째로 예수는 하나님에 대한 의무와 황제에 대한 의무를 구별하고 있다. 신실한 유대인들에게 그러한 구별은 분명하지만, 로마 권력의 지지자들에게 그렇지 않다. 동전의 적힌 글자 자체가 하나님에 대한 충성이 하나님의 대리자로 임명한 황제에 대한 충성을 포함하고 있다. 예수는 황제에 대한 충성을 허용하지만, 그것은 하나님에 대한 충성에 종속된다. 한편으로는 예수는 반란을 요청하지도 않았다. 엄청난 고통과 파괴, 예루살렘에 대한 포위와 파괴가 동반된 주후 66-70년의 로마에 대한 유대 전쟁에 비추어 예수의 말은 마태 공동체에 실제적인 힘을 가졌을 것이다. 반란을 말하기는 쉽지만, 폭력적 전쟁의 희생자들이 겪은 고통은 엄청나다. 예수는 로마에 대한 반란을 용납하지 않는다.

하지만 다른 한편으로는 그의 말은 신적 위임에 동의하는 국가 신학에 기초를 제공하지도 않는다. 황제에 속한 것은 황제에게 돌려주지만, 단지 그것이 하나님께 속한 것과 어긋나지 않을 때이다. 왜냐하면 창조주이자 주인이신 하나님께 모든 것이 속하기 때문이다. 더군다나 마태복음 21:41의 모든 소출물이 포도원의 주인이신 하나님께 드려야 한다는 것과 조응하여 그러한 소출물에 대한 세금의 지불도 마찬가지이다. 예수는 세금을 내는 것을 허용했지만, 모든 것의 주인이신 하나님의 위대함 아래에서이다.

그러기에 세 번째로 우리는 무엇이 황제에게 속한 것이고, 무엇이 하나님께 속한 것인지를 물어보아야만 한다. 어떤 초기의 해석자들은 동전에 새겨진 초상을 보면서 황제의 초상이 새겨진 동전이 황제의 것이지만, 인간은 하나님의 형상을 가지고 있기에 하나님께 속한 것이라고 해석했다. 그러기에 터툴리안은 3세기 초에 이렇게 말했다. "황제의 초상이 새겨진 동전은 황제의 것으로 돌려라. 하나님의 형상이 새겨진 사람은 하나님께 돌려라."*

무엇이 진정으로 옳은가라는 질문은(17) 예수가 유대인 종교 지도자들과의 논쟁에서 배경으로 하고 있는 위대한 계명의 가르침을 보면서 대답할 수 있는 것이다. "네 마음을 다하고, 네 목숨을 다하고, 네 뜻을 다하여, 주 너의 하나님을 사랑하여라. 그리고 네 이웃을 네 몸과 같이 사랑하여라"(마 22:34-40). 세금을 바치는 것이 옳은가, 옳지 않은가라는 질문을 포함하여 율법의 완성은 이웃에 대한 사랑에서 표현되는 완전한 하나님에 대한 헌신에서 자라나는 것이다.

---

* Tertullian, "Idolatry 15," quoted in W. D. Davis and Dale C. Allison, *A Critical and Exegetical Commentary on the Gospel according to Saint Matthew, International Critical Commentary* (Edinburgh: T & T. Clark, 1997), 3:217.

목회

바리새파 사람들과 헤롯당원들은 담합을 하기 위해 억지로 서로에게 친절해져서 예수에 관해 무언가 폭로해서 고발하기 위해 예수를 함정에 빠뜨리려고 한다. 그들은 동전을 이용해서 예수를 정치적 당파성이라는 냉혹한 빛으로 끌어들이려는 전략에 대해 우쭐해하는 것처럼 보인다. 그들은 예수를 부역자나 선동가로 몰아갈 수 있을 거라고 생각했다. 예수는 그들의 도전을 신학적인 질문으로 바꾸어 놓았고, 그것을 이용해서 그들에 관해 그리고 우리에 관해 무엇인가를 폭로한다.

동전은 우리가 누구인지에 대해 무엇을 말하는가?

미국에서는 우리 주머니에 있는 동전들이 예수에게 건네진 동전보다 더 온건한 신학적 진술을 한다. 동전들은 "우리는 하나님을 믿는다"(In God we trust)라고 말하고, 또 "자유"(Liberty)라고 말한다. 아마도 그 단어들을 다양한 방법으로 해석할 수 있는 우리의 자유를 선포하는 것이다. 예를 들어 우리의 가장 높은 열망의 선언으로, 우리 본성 가운데 더 좋은 천사들에게 하는 호소로 또는 종교의 자유에 관한 우리 자신의 시민 신조에 대하여 우리가 느끼는 양가감정(兩價感情)의 표현으로. 아마도 우리 동전에 새겨진 단어들은 우리의 화폐 뒤에서 "완전한 믿음과 신용"을 가지고 있는 거대한 기관들조차 잘못될 수 있다는 것을 냉철하고 시의적절하게 상기시켜 줄 것이다. 분명히 그것들은 자신의 부가 하나님의 은총의 증거라고 생각하는 사람들의 태도를 묘사한다.

예수의 적대자가 예수에게 건네준 데나리온에 새겨진 글씨는 모호하다기보다 훨씬 더 노골적으로 공격적이었다. "티베리우스 황제, 대제사장 아우구스투스의 신성한 아들이며 황제." 그 시대 예수가 살던 사회에서 그 말은 압제와 신성모독을 말하는 것이었다. 예수의 적들은 그 동전으로 예수를 극도로 궁지에 몰아넣었다고 생각했다. 그들은 그들의 질문을 정치적인 난제로 구성했고, 정치적 대응을 기다렸다.

예수가 세금을 내는 것이 합법이라고 말했다면 로마 검찰청에게 무죄로 인정되었겠지만, 예수가 체포되지 않도록 막아주고 있는 종교 세력들을 화나게 했을 것이다. 만약 예수가 그런 문구와 그림(그리스어로 eikoun이라고 하는데, 영어 icon이 여기서 유래했다)이 새겨진 동전을 가지고 다니는 것을 신성모독이라고 규정하면, 그의 대중적인 지지는 강화되겠지만, 스스로를 노골적인 선동가로 폭로하는 것이 될 것이다.

예수는 질문을 교묘하게 확장시켜서 정치와 관련이 거의 없으며 체포의 위협과는 전혀 관계가 없게 만들었다. 예수는 누구나 결정해야 한다고 말한다. 그는 도전을 자기에게 익숙하지만 한 번도 말로 표현한 적이 없는 질문으로 재구성한다. 하나님의 형상을 지닌 것은 무엇인가? "아무도 두 주인을 섬기지 못한다"고 그는 말한다(마 6:24). 우리 중 누구도 분별, 즉 선택에서 제외되지 않는다. 무엇이 누구의 것인가?

예수께서 "황제의 것은 황제에게 돌려주고, 하나님의 것은 하나님께 돌려드려라"(21)고 말씀하실 때 우리는 그에게 동시에 수행할 수 있는 두 가지 병행 의무에 대한 설명을 듣기 원하고, 그래서 시민 공동체와 "신앙에 기초한" 공동체 모두에 속한 시민으로서 우리의 좋은 지위를 유지하기를 원한다. 모든 것을 위한 자리가 있으며, 모든 것은 자기 자리가 있다.

그러나 예수는 시험하시는 것이지 정리하시는 것이 아니다. 그는 유사한 책임들을 스케치하는 것이 아니라 근본적인 반론을 제기한다. 황제는 자신의 초상과 족보를 멀리 그리고 널리 새겨놓을 수는 있지만, 우리를 움직이게 만드는 진정한 거래에 접근할 수는 없다. 그래서 황제는 동전을 많이 또는 대부분 가질 것이며, 그의 초상이 차갑고 딱딱한 돈 한가운데 얼마나 잘 표현되었는지에 대해 치켜세워질 것이다. 그러나 우리의 살과 피라는 동전은 하나님의 형상이다. 하나님께 드리는 것은 무엇이든지 하나님의 형상을 지니고 있다. 모든 생명에는 그것의 근원과 목적인 하나님의 형상이 새겨져 있다.

데나리온에 새겨진 문장은 황제에 대한 신학적 주장을 하고 있는데, 예수 공동체의 관점에서 보면, 그 주장에 따라오는 피비린내 나는 압제가 아니었다면 터무니없어 보일 것이다. 동전에 새겨진 말은 사실 정치적인 협박이다. 황제의 신민들의 안녕에 대한 황제의 관심은 그들의 생계에 대한 황제의 권력이 위협받는

지점에서 갑자기 멈춘다. 하나님의 관심에 관한 예수의 신학적 주장은 권력과 아무 상관이 없다. 우리가 우리 생애를 바치는 하나님은 앞선 제국의 불길한 그림자 속에서 하나님의 돌보심의 얼마나 크신지 파악하지 못했던 민족을 향해 예언자 이사야가 묘사했던 그 하나님이다.

> "어머니가 어찌 제 젖먹이를 잊겠으며…
> 비록 어머니가 자식을 잊는다 하여도, 나는 절대로 너를 잊지 않겠다.
> 보아라… 내가 네 이름을 내 손바닥에 새겼고…"(사 49:15-16).

하나님의 자녀를 위한 하나님의 부드러운 연민은 우리의 영적인 교제의 산물이며, 우리가 하는 모든 표현에 영감을 주며, 우리 정치의 뿌리다. 세례는 우리의 진정한 화폐의 상징이다.

우리 모두는 우리 시대를 채우는 다양한 거래의 협상을 진행할 수 있는 훌륭한 통로를 가지고 있다. 우리 대부분은 때로는 협력자이고, 때로는 전복자이기도 하다. 아마도 예수가 매일같이 질문하는 수수께끼를 쉬운 질문으로 바꾸기를 거부하신 것이 위로가 될 것이다. 대답은 황제를 신으로 여기든가 아니면 악마로 여기는 사람에게만 간단하다. 한편 우리는 하나님의 형상을 가지고 있다. 하나님의 손바닥이 우리의 형상을 가지고 있는 것처럼.

사실 이 이미지를 인식하기 어려울 수 있다. 우리는 서로를 바라보거나 거울을 볼 때 우리가 세상과 더불어 하는 일이 우리에게 남긴 묘비명을 보게 되는 경향이 있다. 당신은 당신이 보여주는 모습, 당신이 가진 것, 당신이 입은 옷, 당신이 하는 일, 당신이 계속 함께 하는 사람들이다. 그럼에도 불구하고 그 모든 묘비명 밑에는 훨씬 깊은 표식이 있다. 눈빛으로 하는 입맞춤, 옛날 옛적에 이마에 맺힌 물기 어린 십자가의 흔적, 어머니의 품에 안긴 아이들의 모습 그리고 그것들을 기억하기로 결심한 작은 불씨. 예수 안에서 완전한 믿음과 신용을 가지고 우리 뒤에 서 계시는 하나님의 손바닥에 새겨진, 하나님이 보시는 형상을 우리가 보기 시작할 때, 그 모든 얼굴들은 당신의 얼굴의 일부이다.

설교

미국은 세금을 내는 문제에 관한 논쟁에 매우 익숙하다. 13개의 신생 영국식민지가 대영제국으로부터의 독립을 요구하게 된 이유 중 하나도 세금에 관한 분쟁에서 비롯되었다. 1765년의 인지세법이나 1773년의 보스턴 차 사건을 생각해 보면, "대표자 없는 과세는 독재"라는 선언은 보스턴에서 볼티모어 그리고 찰스턴에 이르기까지 널리 퍼졌다.

분명히 1세기 팔레스타인에서도 이와 같은 논쟁이 유대인들 사이에서 일어났고, 대부분 비슷한 이유에서였다. 팔레스타인은 로마제국의 식민지였고, 유대인들은 자신들을 점령하고 있던 그 군대와 행정기관을 유지하는 세금을 내고 있었다. 유대인은 세금 문제에 관해 불만을 품고 있었다.

두 식민지에서(미국과 팔레스타인에서) 세금 문제에 관해 반대 의견을 가지고 있는 그룹이 있다는 것은 놀라운 일이 아니다. 미국에서도 영국 정부를 지지했던 충성파와 그것을 반대했던 애국파가 있었다. 팔레스타인은 로마 정부를 지지했던 헤롯당이 있었고, 반대했던 바리새파가 있었다.

그 이름에서 알 수 있듯이 헤롯당원들은 로마가 임명했던 유대인의 왕 헤롯 안티파스와 결탁하고 있었다. 당연히 그들은 가이사에게 세금을 내는 것을 지지했다. 바리새파 사람들, 곧 유대 율법의 세세한 것까지도 지켰던 이들은 종교적 이유로 가이사에게 세금을 내는 것을 반대했다. 반대 이유는 점령 그 자체보다는 세금을 내는 데 사용되었던 특별한 동전에 관한 것이 더 컸다. 유대인들은 "신성한 가이사" 형상을 새긴 특별한 주화를 사용해야 했다. 바리새파 사람들은 이 주화를 사용하는 일이 제1계명과 2계명을 범하는 것으로 보았다.

바리새파 사람들과 헤롯당원은 로마에 대한 입장이 달라 협력하기 어려웠지만, 예수를 그 자리에서 제거하려는 데는 이해관계가 들어맞았다. 그들은 예수께 이렇게 질문하였다: "황제에게 세금을 바치는 것이 옳습니까, 옳지 않습니까?" 바리새파 사람들은 예수가 세금 내는 것에 찬성을 해서 유대인들이 그를 로마의 동조자로 인식하기를 바랐다. 헤롯당원들은 예수가 세금 내는 것에 반대를 해서 유대인들이 예수를 로마에 대한 반역자나 선동자로 고발할 수 있기를 기대했다. 예수께서 어떤 식으로 대답을 해도 그들은 예수를 함정에 빠뜨린 것 같아 보였다.

예수께서 그들에게 한 대답은 오늘날 들어도 1세기 때처럼 놀랍고 또 당황하게 만드는 것이었다. "가이사의 것은 가이사에게, 하나님의 것은 하나님에게… 드리라"(21절, RSV). 예수께서는 그를 따르는 자들이 두 영역, 곧 하나님의 가르침과 계명 그리고 그들이 속한 국가와 법 아래 있는 정부에 충성해야 할 의무가 있음을 제시하였다. 그리스도인들은 이 두 영역 모두에서 책임과 의무를 다하면서 자신들이 어디에 그리고 누구에게 빚지고 있는가를 끊임없이 성찰하면서 살아가야 한다.

"가이사에게 세금을 바치는 것이 옳습니까?"(17절, RSV) 이 질문은 단지 경제나 정치 혹은 이중국적의 문제가 아니다. 그것은 본질적으로 양심의 문제이다. 그것은 가이사에 대한 충성이 그리스도에 대한 우리의 충성과 충돌할 때 무엇을 해야 하는 가의 문제이다. 이것은 그리스도인들이 섬기는 하나님과 그들이 충성을 맹세한 정부가 서로 다른 충성을 요구할 때 그리스도인들은 무엇을 해야만 하는가의 문제이다.

오늘 본문의 언어는 두 영역 모두 "그리스도인들"의 충성을 적법하게 요구하고 있음을 분명히 하고 있다. "드리라"에 해당하는 헬라어는 아포도테(apodote)인데, 그것은 "의무적으로 정해진 것을 주라"는 뜻이다. 예수께서는 양쪽 모두 세금이나 다른 형태의 의무 사항에 대해 불법적이거나 근거 없는 요청을 하고 있지 않음을 전제하고 말하는 것 같다. 그러므로 그리스도인은 두 영역이 서로 충돌하기 전까지는 각각의 영역에(하나님과 세속 정부) 해야 할 의무를 다해야 한다. 예수께서는 주어진 질문에 대해 어느 한 편을 선택하여 자신을 위험에 빠뜨리는 식으로 대답하지 않았다. 대신에 그는 신앙인은 세상의 영역과 영적인 영역 모두에 속해 있는 시민으로서 자신들의 책임을 균형 있게 해야 함을 설명하는 식으로 답했다.

21세기 대부분의 사람들에게 관심사는 세금을 내는 것에 있는 것이 아니고, 정부가 하는 일에 관심을 기울이고, 그 일에 선한 마음으로 정부를 지원할 수 있는가 혹은 그렇지 않은가에 있다. 사람들은 그 과정에서 불만이 있을 때도 다소 있지만, 언제나 세금을 낸다. 그들은 국세, 지방세 등을 낸다. 또 그들은 부가가치세를 내고 자동차 연료, 호텔 사용, 고속도로 사용, 사냥과 낚시 심지어 담배와 주류 등에도 세금을 낸다. 그들은 이러한 세금들을 좋아하지 않을 수도 있지만 그럼에도 불구하고 세금을 낸다.

가이사에게 바칠 것과 하나님께 바칠 것에 관해 말하는 오늘의 본문이 현실적 의미를 지닐 때는 그들의 양심이 정부의 활동으로 인해 흔들리게 될 때이다. 이라크와 아프가니스탄에서의 전쟁을 보면서 그리스도인들은 침묵해야 하는가? 그리스도인들은 고문을 자행하는 정부에 대해, 그 고문이 테러에 대한 전쟁을 유리하게 하는 정보를 얻어낼 수 있다고 하더라도 고문을 반대해야 하는가? 그리스도를 따르는 이들은 국가의 입법 기관, 법원 혹은 사법 기관들이 동성애 결혼을 지지하거나 반대하는 행동을 할 때 무엇을 해야 하는가? 이 나라에서 혹은 전세계에서 낙태나 가족 계획을 지원하는 데 납세자의 돈을 사용해야 하는가? 마리화나, 코카인 혹은 헤로인 등 마약류를 사용하는 것이 처벌 대상에서 제외되어야 하는가?

이런 문제들과 또 다른 많은 문제들이 오늘 이 본문이 교회에 도전을 주는 곳에서 던져지고 있다. 신실한 그리스도인들도 이 문제들에 대해 서로 다른 견해를 가질 수 있다. 교회를 향한 도전은 우리가 세금을 내야 하는가 혹은 내지 말아야 하는가의 문제가 아니다. 보다 큰 문제는 우리가 내는 세금으로 운영되는 정부로부터 우리가 무엇을 기대하고 요구할 것인가 하는 문제이다. 뿐만 아니라 그리스도인들은 그들의 정부의 행동과 신앙의 가르침이 충돌을 일으킬 때 양심은 무엇을 따라야 하는가의 문제도 제기된다. 지금까지 이것은 결코 쉬운 문제가 아니었지만, 그리스도인들은 이 문제를 결코 도외시하지도 않았었다.

성령강림절 후 스물두째 주일

마태복음 22:34-46

³⁴예수께서 사두개인들로 대답할 수 없게 하셨다 함을 바리새인들이 듣고 모였는데 ³⁵그중의 한 율법사가 예수를 시험하여 묻되 ³⁶선생님 율법 중에서 어느 계명이 크니이까 ³⁷예수께서 이르시되 ㄷ)네 마음을 다하고 목숨을 다하고 뜻을 다하여 주 너의 하나님을 사랑하라 하셨으니 ³⁸이것이 크고 첫째 되는 계명이요 ³⁹둘째도 그와 같으니 ㄹ)네 이웃을 네 자신 같이 사랑하라 하셨으니 ⁴⁰이 두 계명이 온 율법과 선지자의 강령이니라 ⁴¹바리새인들이 모였을 때에 예수께서 그들에게 물으시되 ⁴²너희는 그리스도에 대하여 어떻게 생각하느냐 누구의 자손이냐 대답하되 다윗의 자손이니이다 ⁴³이르시되 그러면 다윗이 성령에 감동되어 어찌 그리스도를 주라 칭하여 말하되 ⁴⁴ㅁ)주께서 내 주께 이르시되 내가 네 원수를 네 발 아래에 둘 때까지 내 우편에 앉아 있으라 하셨도다 하였느냐 ⁴⁵다윗이 그리스도를 주라 칭하였은즉 어찌 그의 자손이 되겠느냐 하시니 ⁴⁶한 마디도 능히 대답하는 자가 없고 그 날부터 감히 그에게 묻는 자도 없더라

신학

이 구절은 마태복음의 결론부에 가까워지면서 율법 교사들 및 바리새파 사람들과의 갈등이 매우 심각해지는 상황 속에서 일어난 사건을 묘사한다. 마태복음 전체에서 예수는 종교적 기득권자들을 가장 정통적인 관점에서 비판함으로 그들에게 치명적인 위협이 되었다. 예수의 목적은 율법이나 예언자를 폐하는 것이 아니고 완성하는 것이다(마 5:17) 예수는 또한 예루살렘을 향해 탄식하고 성전의 파괴를 예언한다(23:37-24:2). 이번 주일 성서정과에 포함된 두 단락—가장 중요한 계명(34-40)과 메시아가 다윗의 자손인지에 관한 질문(41-45)—은 서로 연관이 없어 보이지만, 깊이 살펴볼 때 공통의 주제가 드러난다. 둘 다 예수가 정통 유대인인

것을 강조하고, 바리새파 사람들과의 깊은 대립을 드러내며, 예수의 신분과 예수의 가르침에 관한 내용의 핵심을 제시한다.

메시아적 예루살렘 입성(21:1-11)과 성전 관리자들에 대한 예언자적 공격(21:12-17)이 있은 후 율법 교사들과 바리새파 사람들은 매우 절박했다. 그들은 예수의 권위를 깎아내리기 위해서 그를 공개적으로 비난했다. 가장 큰 계명에 관한 질문은 황제에게 세금을 바치는 것이 옳은지에 관한 질문(22:15-22)과 부활에 관한 질문(22:23-33) 뒤에 나온다. 이전과 마찬가지로 이번 논쟁에서도 예수는 뛰어난 성서 지식과 반박할 수 없는 논리로 율법 교사들과 바리새파 사람들을 압도했다. 어떤 계명이 가장 큰지 질문을 받고, 예수는 유대교에서 가장 중요하게 여겨지고, 오래되고, 가장 널리 사용되는 성서 구절, 즉 쉐마(Shema)를 인용했다: "당신들은 마음을 다하고, 뜻을 다하고, 힘을 다하여, 주 당신들의 하나님을 사랑하십시오"(신 6:5). 그저 그렇게 간단하게 놔두기를 원치 않아서 그랬는지 예수는 앞의 구절과 매우 유사한 다른 성서 구절을 인용하신다: "너는 너의 이웃을 네 몸처럼 사랑하여라"(레 19:18).

이 두 성서 구절은 예수의 사명과 사역을 요약해준다. 이 두 구절은 서로가 서로의 해석을 제공한다는 의미에서 매우 유사하다. 이 점은 이어지는 본문을 살펴보면 더욱 분명하게 드러난다. 율법 교사들 및 바리새파 사람들과의 만남이 있은 직후 예수는 그들이 율법을 오해하고, 오용하고 있다고 비판한다: 그들은 "모세의 자리"를 다른 사람들의 어깨에 무거운 짐을 지우고, 자신들에게 주의를 끌기 위한 방법으로 이용한다(23:1-12). 쉐마를 인용하면서 예수는 율법의 목적은 자신의 삶 전체를 하나님께 향하도록 방향 조정을 하는 것이라고 지적한다. 그러나 하나님이 사랑하시는 것을 사랑하지 않으면서 하나님을 사랑할 수 없다! 하느님을 사랑하면서 하나님의 창조물—심지어 원수까지도 포함해서—을 억압하거나 배척할 수 없다. 율법 교사들과 바리새파 사람들은 당연히 이웃으로 대우받아야 할 사람들의 권리를 심각하게 제한하는 데 율법을 이용했으나 예수는 이 성서 구절들을 통하여 이웃에 부여된 온갖 제한과 장벽을 깨어 부순다.

예수께서 산상수훈에서 지적하셨듯이 하나님은 악한 사람에게나 선한 사람에게 똑같이 햇빛을 비추시고, 비를 내리신다(마 5:45). 그러므로 진정으로 하나님을 사랑하는 사람은 원수도 사랑할 것이다. 따라서 이 길만이 "하늘에 계신 아버지께서 온전하신 것처럼" 우리가 온전해질 수 있는 길이다(5:48). 하나님을 사랑하는 것은 하나님께서 무차별적으로 사랑하시는 것처럼 사랑하는 것이다. 하나님을 사랑하는 것은 하나님이 사랑하시는 것, 즉 모든 것을 사랑하는 것이다. 하나님은 모든 존재의 근원이시고 또 하나님은 모든 피조물을 사랑하시므로 죠나단 에드워드 (Jonathan Edwards)가 말한 것처럼 진정한 미덕은 본질적으로 모든 존재에 대한 선의이다.*

예수는 그를 비판하는 자들을 지식과 지혜로 침묵시킴으로 당신이 성서의 참되고 충실한 해석자임을 증명한다. 그러나 대결은 여기서 끝나지 않고, 논쟁을 넘어 폭력의 영역으로 거세게 흘러가게 된다. 결론적으로 예수는 원수를 사랑하고, 하나님이 사랑하시는 것 같이 사랑하고, 우리와 함께하는 하나님이신 메시아이다 (마 1:23).

두 번째 주제의 논쟁은 예수가 스스로 시작하신다. 시편 110:1을 인용하면서(주 님께서 내 주님께 말씀하시기를 "내가 너의 원수들을 너의 발판이 되게 하기까지, 너는 내 오른쪽에 앉아 있어라" 하셨습니다) 예수는 메시아의 신분에 관한 질문을 제기하신다. 메시아가 "다윗의 자손"이라면 전통적으로 모든 시편의 저자로 알려진 다윗 왕은 왜 메시아를 "나의 주님"이라고 지칭하는가? 다윗 왕이 메시아를 존중한 데서 메시아가 그의 하급자나 단순히 그의 자손이 아니라 그의 상급자라는 것을 나타낸다. 메시아는 다윗의 계보에 속해 있으면서 동시에 그것을 초월한다. 예수의 메시아적 정체성은 그가 자신이 율법과 예언자를 완성한다고 선포하는 순간에도 모든 전통적 예견을 뛰어넘는다(마 5:17)

예수가 메시아에 관한 관습적 기대를 거부하지만, 예수의 성서에 관한 지식과 그 활용은 누구에게도 흉내 낼 수 없을 정도로 탁월하다. 예수는 충실한 유대인이지 만, 하나님의 은총을 경건한 유대인에게만 제한하려는 온갖 종류의 관습의 사슬을

---

* Jonathan Edwards, *The Nature of True Virtue* (Ann Arbor: University of Michigan Press, 1960), 3.

부숴버린다. 하나님의 뜻은 어떤 특정한 민족의 범위보다 크다. 메시아의 사명은 특정 집단의 구원을 초월한다. 하나님을 사랑하는 사람들은 기득권과 자기 자신을 포기하는 한이 있더라도 하나님의 모든 피조물을 사랑해야 한다. 메시아를 따르는 사람들은 자신의 특정 관심사, 자아관, 목표를 구세주의 보편적 사명에 종속시켜야 한다. 예수는 엄격한 종교적 요구의 준수를 하나님의 사랑과 동일시 하지 않고, 당신에 대한 충성을 어떤 특별한 집단에 대한 충성으로 여기지 않는다. 십자가가 가까워지면서 예수는 하나님을 사랑하고, 메시아를 따르는 것이 무엇인지에 대해 명확하게 말씀하신다. "너희가 여기 내 형제자매 가운데, 지극히 보잘것없는 사람 하나에게 한 것이 곧 내게 한 것이다"(마 25:40).

마태복음은 당시의 그리스도인과 유대인 사이의 갈등이라는 배경하에서 기록되었지만, 우리는 예수의 비판을 유대인에 대한 것으로만 해석해서는 안 된다. 그리스도인들도 역시 종교를 권력, 명예, 차별 등을 위한 도구로 사용하는 종교적 관습에 쉽게 빠져든다. 안타깝게도 예수의 말씀과 행동은 1세기 팔레스타인의 율법 교사들과 바리새파 사람들에게나 오늘의 우리에게나 똑같이 적용되는 타당한 말씀이다. 우리도 메시아를 필요로 하며, 메시아를 만나면 다른 사람들이 그랬듯이 우리도 당황하게 될 것이다.

주석

오늘 본문은 다른 두 단락으로 이루어져 있는데, 하나는 가장 큰 계명에 관한 것이고(34-40; 막 12:28-34), 다른 하나는 다윗과 메시아의 관계에 관한 것이다 (41-46; 막 12:35-27). 마태복음에서 많이 나타나듯이 두 단락 모두에서 예수는 바리새파 사람들과 언쟁을 벌이고 있다.

첫 번째 장면에서 바리새파 사람들이 보낸 율법 교사가 예수를 '시험하여' 물었다(34-45). 이 동사(peirazo 4:1, 22:18)는 적대적인 접근을 의미하고 있고, 그래서인지 비록 적대감이 나타나진 않지만 마가복음보다는 훨씬 더 전투적이다. 36절의 율법 교사의 질문을 말하자면, 가장 중요한 특정한 계명에 대한 물음으로만 볼 필요는 없다. 헬라어에는 한정 관사가 없으므로 어떤 종류의 계명들이 가장 중요성이 있는가라는 정도로 보는 것이 낫다. 랍비들의 주석에는 유대 전통에 따라 613개 조항(이 중 248개는 적극적 명령, 365개는 금지 조항)이 있는 토라에 대해 중요성의 경중을 따지는 내용이 가득하다. 예수 자신도 5:19에서 덜 중요한 계명에 대해서 언급하고 있다.

예수는 사탄에게 시험받을 때와 같이 성서를 인용한다: "네 마음을 다하고, 네 목숨을 다하고, 네 뜻을 다하여, 주 너의 하나님을 사랑하여라"(신 6:5). 이 계명은 쉐마의 두 번째 부분으로, 모든 경건한 유대인들이 매일 외우는 표준 기도이다. 이것에다 예수는 초기 기독교 저술가들에게 잘 알려진 두 번째 인용(롬 13:8; 약 2:8)을 첨부하는데, 하지만 이것에는 쉐마를 결합하지 않았다: "네 이웃을 네 몸과 같이 사랑하여라"(레 19:18). 자신을 사랑하는 것은 찬양하거나 명령하지 않았고 당연하게 받아들였다. 하나님과 이웃을 사랑하는 것이 우선적으로 강조되었다. 예수가 사람들이 어떻게 하나님을 사랑하는지에 대해 구체적인 가르침이 없기에 하나님에 대한 지식과 그의 율법에 순종하는 것이 담겨진 고대 유대인 저술에 기초해서 추론하는 것이 안전할 것이다. 둘째 계명은 첫째 계명과 비슷하긴 하지만 같지는 않다. 만약에 두 개가 같다면 따로 말할 이유가 없다. 그러기에 예수가 하나님에 대한 사랑을 이웃에 대한 윤리적 고려로 환원한다고 보는 견해는 잘못이지만, 그러나 분명히 둘이 밀접하게 연관되어 있다고 보았다.

온 율법과 예언서의 본뜻이 이 두 계명에 달려 있다(40). 결론적 기술에 나타나는 이미지는 나무에 달린 가지나 문의 경첩과 같다. 예수의 간결한 어구로부터 사랑의 계명을 통해 여기에서 그가 의미하고자 했던 것을 정확히 알기는 어렵다. 그것들을 다른 모든 계명들이 연원하는 격언으로 여기면, 마치 누군가가 기하학적 증거를 산출해내듯이 마치 예수가 사랑은 한 사람의 율법에 대한 진정한 이해를 시험하는 것이라고 주장하는 것 같다. 이 계명은 더 나아가 그가 "내가 율법이나 선지자들을 폐하러 온 것이 아니라 완성하러 왔다"(마 5:17; 비교 7:12)고 말한 것의 의미가 무엇인가에 대해 우리들에게 아이디어를 준다. 예수의 율법에 대한 간결한 요약은 랍비 힐렐이 같은 질문에 대한 대답과 놀랍게 비슷하다. 어떤 사람이 합비 힐렐에게 자신이 외발로 서 있는 동안 자신에게 토라 전체를 가르쳐달라고 했을 때, 바빌론 탈무드는 랍비 힐렐의 대답에 다음과 같이 적고 있다. "당신에게 야비한 짓을 다른 사람에게도 하지 말라. 그것이 전체 토라의 핵심이요 나머지는 주석에 불과하다."*

예수가 메시아의 정체성에 대해서 주도적으로 질문을 제기했을 때 바리새파 사람들이 모여 있었다(41-42). 바리새파 사람들과는 달리 우리는 "누구의 자손이냐?"는 질문에 대한 대답을 이미 알고 있다. 그들의 대답, 즉 메시아가 다윗의 자손이라는 것은 성서의 증언과 긴밀히 연결된다(사 11:1; 렘 23:5; 겔 37:24). 또 다시 성서를 인용하는데, 이번에는 수사적 질문의 정황에서이다("그러면 다윗이 성령의 감동을 받아, 그를 주님이라고 부르면서 말하기를…", 43-44).

예수의 대답에 대해 세 가지로 언급할 수 있다. 첫째로 비록 많은 학자들이 시편이 나중에 저작된 것이라고 생각하지만, 예수는 다윗이 시편 110편을 지었다고 생각했다. 그 시편은 성령의 감동으로 지은 것이지만, 다윗에 대한 언급은 다윗의 자손이 다윗보다 더 위대하다는 수수께끼를 낳고 있다. 둘째로 시편 110:1은 신약에서 가장 자주 인용되는 구절이다(행 2:34-35; 고전 15:25; 엡 1:20; 히 1:13, 8:1). 그렇게 많은 전승의 줄기에서 넘쳐나는 주장은 시편이 그리스도인들에게

---

* Shabbat 3 in the Babylonian Talmud.

예수의 삶, 죽음 그리고 부활의 중요성을 이해할 수 있는 가장 초기의 그리고 가장 강렬한 렌즈라는 것이다. 만약에 예수 자신이 이 시편에 대한 의미를 깊이 묵상했다면, 초대 교회의 증언에서 널리 이것이 나타나고 있다는 것도 놀라운 일이 아니다. 셋째로 어떤 남아 있는 고대의 유대인 저작에서도 시편 110편을 메시아 예언이라고 하지 않는다. 초대 교회에서 마태와 다른 사람들이 성서에 대한 이해를 형성하는 데 예수에 대한 그들의 경험을 활용했다. 그들은 성서를 읽으면서 예수가 그리스도의 역할을 하는 것으로만 제한하거나 한계를 두지 않았다. 1세기에 메시아의 정체성과 특성에 대해 유대인들은 공통된 이해를 갖지 않았다. 그리스도인들이 예수를 중심에 놓는 것을 유대인들이 동의하지는 않았지만, 그럼에도 불구하고 이 다양한 사회적 환경을 구성하는 핵심적 요소를 구성했다. 마태에게는 "다윗의 자손"이라는 명칭이 메시아가 누구인가를 이해하는 데는 도움이 되지만 충분하지는 않다. 그는 다윗의 자손이자 주님이시기도 하다.

예수의 대답으로 그와 그의 다양한 대화자들 간의 논쟁은 끝이 났다. 예수께 질문하러 온 사람들은 잠잠해져 떠나갔다.

목회

목회 사역이 직면하고 있는 과제 중 하나는 다음과 같다. 어려운 질문과 그런 질문을 하는 사람에게 어떻게 대처해야 하는가? 바리새파 사람인 율법 교사가 예수에게 질문하러 나왔을 때는 예수가 사두개파 사람들의 말문을 막으신 후였다. 바리새파 사람들과 사두개파 사람들은 1세기 예루살렘에서 분명히 경쟁자들이었다. 율법 교사는 예수에게 질문하면서 세 가지 다른 일들 중 하나를 시도하려고 하는 것 같다.

첫째, 사두개파 사람들처럼 예수를 반대하면서 반박할 수 없는 질문을 해서 예수의 의표를 찌르려고 한다.

둘째, 그는 사두개파 사람들과 이 대화를 듣고 있는 사람들에게 바리새파 사람들이 사두개파 사람들보다 더 똑똑하다는 것을 증명하려고 할 것이다. 이 경우 그는 사두개파 사람들이 실패한, 예수의 의표를 찌르는 일을 다시 하려고 할 수도 있다. 아마도 그는 바리새파 사람들이 사두개파 사람들보다 더 나은 질문을 한다고 예수가 군중들에게 확인시켜주기를 바랄 것이다.

셋째, 율법 교사는 율법이 자신에게 요구하는 것이 무엇인지를 성실하게 분별하려고 할 것이다. 그가 들은 말은 그의 마음속에 있는 가장 강력한 질문에 예수가 대답할 수 있다고 믿도록 영감을 주었을 수도 있다. 그는 자신의 질문에 너무 몰두해서 지혜로운 대답을 들을 가능성이 얼마나 있는지에 상관없이 질문할 용기를 얻었을 수 있다.

이때는 성주간 월요일이다. 예수께서는 일요일의 환희와 금요일의 처형 사이의 긴장 속에서 살면서 가르치신다. 예수는 그의 사역으로 인하여 종교 지도자들의 반대에 직면해 왔는데, 그 반대는 이 장의 첫 번째 부분에서 더욱 강해지기만 한다. 그러나 예수는 율법 교사의 질문을 듣고 선의로 대답하는 목회적 위험을 감수하신다.

바리새파 사람들이, 예수가 사두개파 사람들의 말문을 막아버리셨다는 소문을 듣고, 한 자

리에 모였다. 그리고 그들 가운데 율법 교사 하나가 예수를 시험하여 물었다. "선생님, 율법 가운데 어느 계명이 중요합니까?" 예수께서 그에게 말씀하셨다. "'네 마음을 다하고, 네 목숨을 다하고, 네 뜻을 다하여, 주 너의 하나님을 사랑하여라' 하였으니, 이것이 가장 중요하고 으뜸가는 계명이다. 둘째 계명도 이것과 같은데, '네 이웃을 네 몸과 같이 사랑하여라' 한 것이다. 이 두 계명에 온 율법과 예언서의 본 뜻이 달려 있다."(34-40)

월요일에 일어난 이 사건을 설명하는 입장에서 보면 이런 만남을 여정이 깊어지는 것이라고 보는 것이 중요하다. 개선 행진 후에 우리는 예수의 비유들을 들었다. 그런 다음 우리는 예수의 적대자들이 이 젊은 랍비를 혼란스럽게 하여 그의 신용을 떨어뜨리거나 (세금에 관한 질문으로) 로마 당국과 갈등을 빚게 할 곳으로 이동한다.

율법 교사는 자기가 하는 질문에 진심일 수도 있고, 그렇지 않을 수도 있지만, 실제로 일어난 일은 그가 묻는 것이 인생에서 정말로 중요한 문제의 중심에 가깝다는 것이다. 그리스도인이자 목사로서 내 자신의 경험은 우리 인생에서 진심으로 질문을 하는 사람을 기다리면서 차례로 다가오는 질문에 최선을 다해서 대답하면 조만간 질문 자체들이 더 나아지고 깊어지고 중요해진다는 것이다. 우리가 말할 차례가 되었을 때 우리가 진지하고 사려 깊은 말을 하면 냉소적인 질문자라도 대개는 진정하고 처음과는 다른 태도로 듣는다.

우리 주님은 질문을 존중하여 율법의 두 가지 큰 본문으로 대답하신다. 하나는 신명기 6:5로, 회당에서 예배를 시작할 때 항상 하는 "이스라엘은 들으십시오"(쉐마) 본문이다. 그리고 율법에 대한 레위기의 확장을 인용한다(레 19:18). 끝으로 주 예수는 이 두 문장에 그 자신의 도장을 찍는다. "이 두 계명에 온 율법과 예언서의 본 뜻이 달려 있다"(40). 이 마지막 문장에서 예수는 이 두 계명을 율법 전체의 주제로 결합시키는 특권을 가진 분이라고 자신의 권위를 주장한다. 그의 대답을 메시아적으로 만드는 것은 그의 마지막 문장이다. 그리고 그것은 그 자체로 예수가 그들 앞에 있는 메시아라는 사실을 증명하는 증언이 된다.

이 잊을 수 없는 만남은 이제 우리 주 예수께서 질문을 하시는 분이 되면서 마무리된다. 그는 이 열정적이고 민족주의적인 평신도가 가진 다윗에 대한 희망을 붙잡고, 그들이 사랑하는 다윗 왕 자신이 메시아의, 그리스도의 종인지를 묻는다. 그는 시편 110편을 인용하여 위대한 다윗 왕조차도 주님의 메시아를 만물의 주님으로 보았다는 것을 보여준다. "주님께서 내 주께 말씀하셨다. '내가 네 원수를 네 발 아래에 굴복시킬 때까지, 너는 내 오른쪽에 앉아 있어라'"(44).

그러고서 예수는 물으신다. 메시아는 다윗의 주님이면서 동시에 다윗의 자손이 될 수 있는가? 이 질문에서 예수는 희망에 대한 유대의 약속과 왕국에 대한 민족의 갈망을 다윗의 시를 성취하시는 오직 한 분, 메시아 자신의 아래에 놓으셨다. 그의 말씀을 듣고 있는 사람들은 지금은 답을 가지고 있지 않지만, 이 좋은 질문은 정말로 그들에게 좋은 것이다. 그것은 그 자체로 복음이다.

목회자로 섬길 때 그리고 목회 설교에서 우리는 자주 우리 교인들이 한 질문들로 우리의 선포를 준비하지 않는가?

때로는 율법 교사의 경우처럼 그들의 질문은 복음을 선포하는 데 필요한 기회를 제공하기도 한다.

때로는 다윗의 주님이라는 자신의 역할에 대한 예수의 선포와 마찬가지로 우리 교인들의 질문이 우리에게 우리 자신의 질문을 하도록 자극한다. 때때로 복음은 어려운 질문에 대한 강력한 대답을 제공한다. 때때로 복음은 사람들에게 더 깊은 질문을 하도록 자극한다.

대답은 성령의 은사이며, 질문 역시 그럴 수 있다.

설교

케이블 방송 뉴스 진행자들로부터 영향을 많이 받아서 그런지 나는 설교자들이 매주 4개의 성서정과 본문(시편, 구약, 서신서, 복음서) 중에서 어떤 것을 선택할지 추측하는 상상놀이를 한다. 나는 각각의 성서정과에 따라 다른 색깔로 표시한 큰 지도(방송사들이 선거 당일에 개표방송을 위해 마련한 것 같은) 앞에서 각 성서정과를 홍보하는 전문가들이 패널로 나와서 설명하는 장면을 상상해 본다. 그리고 마침내 "31퍼센트로 성령강림절 후 셋째 주일은 서신서로 결정합니다…"라는 공식적인 발표를 하는 것을 상상한다.

선택에 대하여

나의 상상놀이는 이번 주에는 너무 쉽다. 성서정과 나머지 본문, 즉 모세의 죽음(신 34장), 하나님의 율법에 대한 기쁨(시 1편), "모세의 기도"(시 90편) 그리고 바울이 데살로니가 교회에 보여준 자상함(살전 2:1-8) 등 이 모든 훌륭한 구절들은 오늘 우리가 택한 복음서 본문과 갈등을 보인다는 공통점을 지니고 있다. 바리새파 사람들이 예수께 어떤 계명이 모든 것보다 크냐고 물을 때, 그의 대답은 신앙인에게 늘 요구되는 핵심적인 사항을 보여준다: "주 너의 하나님을 마음을 다하고… 목숨을… 뜻을 다하여 사랑하라… 네 이웃을 네 몸과 같이 사랑하여라"(37, 39). 여기서 예수께서는 어느 것이 우선순위라고 규정하지 않는다. 이번 주일 어떤 본문을 선택할지가 아직 끝나지 않을 것 같다.

설교자가 급하게 복음서를 선택할 때 그 주의 다른 본문은 지나치는 경우가 많다. 오늘 본문에서 41-46절의 기독론적 언급은 대부분 설교하지 않을 때가 많다. 설교 결론에 가까이 갈 때 설교자는 "주 너의 하나님을 사랑하라" 혹은 "네 이웃을 네 몸처럼 사랑하라"를 강조하는 방향으로 선택하곤 한다.

이번 주일 선택은 중요하다. 예수의 말씀은 우리 교인들에게 어떻게 다가오고 도전을 줄 것인가? 이것을 위해 본문 전체를 선택할 것인가? 아니면 두 계명만 혹은 한 계명만 택할 것인가? 그렇다면 어떤 사랑을 택할 것인가?

사랑에 대하여

바리새파 사람들의 질문에 대해 예수께서는 두 가지 분리된 계명으로 답한다. 가장 먼저 하나님을 사랑하라. 그리고 두 번째로 이웃을 사랑하라. 비록 그가 두 번째를 "첫 번째처럼"이라고 말하지만, 예수께서는 마치 하나님에 대한 사랑이 이웃에 대한 사랑과 동일하다는 식으로 그 둘을 혼동하지 않는다. 우리도 그 둘을 혼동해서는 안 될 것이다.

이 두 가지 사랑에서 설교자들은 곧장 이웃에 대한 사랑으로 건너뛰려는 유혹을 받기 쉽다. 그 이유는 그것은 요한일서 4:20의 "보이는 자기 형제자매를 사랑하지 않는 사람이 보이지 않는 하나님을 사랑할 수 없습니다"에 근거해서 그럴 것 같지만, 내가 보기에는 대부분 설교자에게 하나님의 사랑 그 자체가 신비롭고 설명하기 어려워 설교하기가 어렵기 때문인 것 같다. 정의나 사랑을 행할 것을 설교하고, 다른 사람들이 우리에게 해주기를 바라는 것처럼 다른 사람들을 대하라 등이 더 쉽고 현실성이 있어 보인다. 예수의 두 번째 계명은 자신을 사랑하는 것이고, 따라서 자기를 용납하고 존중하라고 교인들에게 설교하는 것이 더 쉽다.

그럼에도 불구하고 예수께서 신명기 6장을 가장 중요하게 언급했기 때문에 "생명을 다하여 하나님을 사랑하는 것은 무엇인가?"라는 질문을 직접 하지 않고서는 이 본문을 설교하기란 어려울 것이다. 이 질문은 설교자뿐만 아니라 교인들에게도 신비롭고 설명하기 어려운 사랑을 상상해야 하는 과제를 남겨주고 있다.

어떤 사람들은 하나님을 사랑하는 일을 에로틱한 말로 표현했다. 지난주 나는 한 복음성가 가수가 하나님께 "나는 당신을 깊이 사랑해요"라고 노래하는 것을 들었다. 내가 이 가수보다 더 분명하게 에로틱한 표현을 많이 했던 중세 기독교나 유대교의 명상에 관해 알지 못했다면 나는 "이러한 부류의 기독교"를 순간적으로 경멸하였을 것이다. 그중 2가지를 인용하자면 십자가의 성 요한(John of the Cross)은 그의 시 <어두운 밤에>(On a Dark Night)에서 "열망으로 가득 찬 사랑으로 타오르는 촛불처럼"으로 시작하여 사랑하는 대상을 만지고, 그 품에서 편안히 쉬는 것을 표현한다. 또 20세기 독일의 랍비 그룹인 세페르 하시딤(Sefer Hasidim)은 신명기 6:5을 오랫동안 떨어져 있던 연인이 만나 사랑을 나누는 기쁨보다 더 강한 열정으로 하나님을 사랑하는 것으로 이해하고 있다.[*]

아름다운 표현이다! 하지만 하나님에 대한 이러한 에로틱한 사랑이 우리 교인들 대다수에게는 잘 맞지 않을 수 있다. 그렇다면 어떤 은유적 표현이 그 역할을 하겠는가? 이것은 기도에 관한 설교인가? 예수회 소속의 어떤 저자는 "완전히 하나님의 사랑에 사로잡혀서 나의 마음과 모든 행동, 생각 그리고 거기서 나오는 나의 결정 모두가 하나님을 향하게 되기를" 희망했다.[**] 어떻게 해야 그 사랑에 사로잡히는 명령을 순종할 수 있을까? 우리는 하나님을 향한 우리의 사랑 중 어느 요소를 마음대로 할 수 있는가? 어떻게 보이지 않는 하나님을 사랑하는 것을 상상하겠는가?

이렇게 본문 접근을 하는 것은 수수께끼를 풀고자 하는 것이 아니고, 그것을 던지는 것이다. 하나님을 사랑하는 일에 대해 어떻게 설교하는가? 그렇게 하기 전에 먼저 어떻게 하나님을 사랑하는가? 우리 교인들이 이런 일을 상상하는 데 있어서 이번 주 주일이 아주 좋은 기회가 될 것이다.

주님에 관하여

"주님을 사랑하라"가 모든 계명 중에서 가장 큰 것임을 확인한 후에 예수께서는 논쟁자인 바리새파 사람들과 "주님"(Lord)이라는 용어를 다룬다. "그들이 모여 있을 때에" 예수께서는 "메시아는 누구의 자손이냐?"라고 말한다. 그들이 미끼를 물었다. "물론 다윗의 자손입니다!" 예수께서는 다윗이 시편 110편에서 메시아를 "주님"이라 부르는 것을 듣고 어떻게 다윗이 그의 자손인 "주님"을 부를 수 있었느냐며 크게 놀라는 모습을 보여준다. 가이사랴 빌립보에서의 베드로처럼(마 16:16) 그리고 예수의 재판정에 있던 대제사장처럼 예수께서는 여기서 메시아와 하나님의

---

[*] *Sefer Hasidim* 12, 인용한 자료 Rabbi Lawrence A. Hoffman in *Shabbat at Home* (Woodstock, VT: Jewish Lights Publishing, 2004), 142.

[**] James W. Skehan, *Place Me with Your Son: Ignatian Spirituality in Everyday Life* (Washington, DC: Georgetown University Press, 1991), cited at http://baptizedpagan.blogspot.com/2006/01/benedict-eros-agape-anddesire.html.

아들을 동일시한다. 이런 맥락에서 예수께서는 "주님"이라는 칭호를 그리스도를 포함시키기 위해 확대하는 것 같아 보인다.

그래서 "주 너의 하나님을 사랑하라"는 예수에게 있어 스스로를 가리키는 것으로 된다. 그의 해석에 모든 질문자들이 두려워한다(46) 우리의 질문은 이것을 이번 주 주일 예배 시간에 어떻게 설교하느냐이다. 신조들(the creeds)은 이에 대한 설명으로 가득 차 있다. 하지만 예수께서 이 본문에서 말하고 있는 것은 무엇인가?

22장과 23장의 율법학자들과 바리새파 사람들과의 논쟁 사이에서 예수께서는 랍비적 유대교 너머에 있는 자신을 보여주고 있다. 두 개의 사랑을 말하고 있는 분은 단순히 랍비가 아니다. 그는 단순히 다윗의 자손도 아니고(22:45), 모세의 대변자도 아니다(23:2). 이 분은 그리스도이고, 하나님의 아들 그리고 주님이시다. 우리의 마음은 여기보다 다섯 장 앞에서 들려왔던 하늘로부터의 소리에 끌리고 있다: "이는 내 사랑하는 아들이다… 너희는 그의 말을 들어라"(마 17:5).

성령강림절 후 스물셋째 주일

마태복음 23:1-12

¹이에 예수께서 무리와 제자들에게 말씀하여 이르시되 ²서기관들과 바리새인들이 모세의 자리에 앉았으니 ³그러므로 무엇이든지 그들이 말하는 바는 행하고 지키되 그들이 하는 행위는 본받지 말라 그들은 말만 하고 행하지 아니하며 ⁴또 무거운 짐을 묶어 사람의 어깨에 지우되 자기는 이것을 한 손가락으로도 움직이려 하지 아니하며 ⁵그들의 모든 행위를 사람에게 보이고자 하나니 곧 그 경문 띠를 넓게 하며 옷술을 길게 하고 ⁶잔치의 윗자리와 회당의 높은 자리와 ⁷시장에서 문안 받는 것과 사람에게 랍비라 칭함을 받는 것을 좋아하느니라 ⁸그러나 너희는 랍비라 칭함을 받지 말라 너희 선생은 하나요 너희는 다 형제니라 ⁹땅에 있는 자를 아버지라 하지 말라 너희의 아버지는 한 분이시니 곧 하늘에 계신 이시니라 ¹⁰또한 지도자라 칭함을 받지 말라 너희의 지도자는 한 분이시니 곧 그리스도시니라 ¹¹너희 중에 큰 자는 너희를 섬기는 자가 되어야 하리라 ¹²누구든지 자기를 높이는 자는 낮아지고 누구든지 자기를 낮추는 자는 높아지리라

신학

예수가 율법 학자들과 바리새파 사람들로부터 여러 번 공격을 받은 이후 예수는 마침내 더 이상은 안 되겠다고 생각하게 되었다. 마태복음 23장은 저들의 종교적 지도력에 대한 철저한 비판이다. 이번 주 성서정과 본문은 사격 개시를 알리는 신호탄과 같다. 이런 구절 때문에 성서학자들은 마태복음이 유대교 회당으로부터 외면당하고, 경쟁 관계에 있는 공동체를 위해 쓰였다고 생각하게 되었다. 오늘의 구절은 부주의한 설교자가 본문에서 반유대주의(anti-Semitism)의 근거를 찾았다고 그릇되게 주장하는 일이 생기지 않도록 매우 신중하게 해석해야 한다. 마태복음은(이 구절을 포함하여) 히브리 성서의 권위와 유대 전통의 풍성함에 대해 매우 깊은 존중심을 표현한다. 유대교가 없다면 기독교도 있을 수 없다. 마태는 또한 예수가 싫어했던 허영심, 위선, 오만함은 유대교 지도자들에게서만 찾을 수 있는 것이 아니고, 모든 인간에게서 찾을 수 있는 보편적 특성이라는 것도 알고 있다. 이 구절의 요점은 특정한 민족이나 종교를 정죄하는 것에 있지 않고, 진정한 제자도의 본질에 있다.

본문은 율법 학자들과 바리새파 사람들이 "모세의 자리"(2)에 앉아 있음에 근거하여 그들의 권위를 인정하는 것으로 시작한다. 그들은 율법의 원래 수여자(授與者)였고, 유대교에서 가장 중요한 인물로 여겨지는 모세와 유사한 권위를 가진 율법의 교사요 해석자이다. 그들은 종교적 사안에 대해 존경과 존중을 마땅히 받아야 한다. 예수는 율법을 폐하러 오신 것이 아니고 완성하기 위해 오셨다고 하지 않았는가?(마 5:17) 마태복음 전체는 예수가 유대교에 대한 존중 및 유대교와의 연속성을 중요시한다는 것을 애써 보여주려고 노력한다. 문제는 그들의 종교적 전통이나 가르침이 아니다. 예수는 모든 사람에게 그들에 대한 지지를 밝힌다. "그들이 너희에게 말하는 것은 무엇이든지 다 행하고 지켜라"(3).

문제가 되는 것은 그들이 자신의 권위를 오용하고 있다는 것이다. 그들은 자신들이 인지하고 가르치는 진리와 상반되는 방식으로 행동한다. 그들이 하나님께 영광을 돌린다고 말할 때, 사실은 자신을 과대 포장하는 데 관심이 있다. 그들이 전 생애를 하나님을 위해 산다고 말할 때, 그들은 모든 사람들의 시선이 자신에게 향하기를 기대한다. 그들이 하나님의 백성에 대한 책임에 대해 말하지만, 사람들의 짐을 가볍게 하기 위해 "손가락을 하나도 까딱하려고" 하지 않는다(4). 이런 식의 행동들은 율법 학자들과 바리새파 사람들에게만 적용되는 특이하고 고유한 것은 아니다. 이런 종류의 위선과 자만심을 유발한 것은 유대교가 아니라 인간 본성이다. 이방인 지도자들도 똑같이 이런 잘못에 빠지기 쉽다. "너희가 아는 대로 세상의 통치자들은 백성을 권력으로 지배하고 고관들은 세도를 부린다" (마 20:25).

아우구스티누스에 따르면 하나님 및 이웃과의 관계를 파괴하는 인간의 죄의 핵심은 교만이다. "교만은 하나님 모방의 빗나간 형태이다. 왜냐하면 교만은 하나님 아래에서의 평등한 관계를 싫어하고, 동료 인간에게 하나님의 다스림이 아니고 자신의 지배를 받으라고 강요하기 때문이다."* 하나님의 목적과 우리의 이익, 하나님의 주권과 우리의 힘, 하나님의 영광과 우리의 지위를 혼동하기가 매우 쉽다. 개인적으로든 집단적으로든 인간은 하나님의 권위를 대체하는 잘못되고 죄악된 계층 구조를 만드는 경향이 매우 강하다. 우리의 작은 영역을 지키기 위해 하나님의 나라를 무시하거나 배척하는 성향이 있다. 이것은 불쾌하게도 특히 종교인들과 그들의 지도자들에게서 많이 발견된다. 하나님과 하나님의 목적에 대해 끊임없이 말하면서 우리는 자신의 목적, 욕망, 자화상을 거룩한 것처럼 포장하려는 위선에 쉽게 빠진다. 경건한 말과 정통적 신앙 고백이 자동으로 믿음의 사람을 만들지는 않는다.

    믿음의 진정한 척도는 말이나 교리가 아니고, 본심이 어디를 향하고 있는가에 달려 있다. 나의 온 마음과 생명은 하나님을 향하고 있는가 아니면 하나님보다 작은 것을 향하고 있는가?(마 6:19-34) 아우구스티누스의 말처럼 자신의 전 생명을 하나님께 향하게 하며 사는 사람은 매우 급진적인 평등주의자가 된다. 사람들이 지능, 체력, 사회적 지위, 빈부 등과 같은 여러 관점에서 평등하지는 않지만, 하나님 앞에서는 모두 평등하다. 리처드 니버(H. Richard Niebuhr)에 따르면 모든 사람에게 공통적으로 그들의 중심은 하나님이다. 모든 인간이 평등하다는 것은 바로 모든 인간이 이 창조적인 중심과 관계를 맺고 있다는 사실에 근거한다.** 그러므로 모든 사회적 구분과 특별한 지위는 본질적인 관점이 아니고 기능적 관점에서 이해해야 한다. 특정 사람들의 재능과 능력은 그들을 다른 사람들보다 탁월하게 만드는 자질이 아니라 전체 공동체를 위한 자원으로 여겨져야 한다(고전 1:12): "너희 가운데서 으뜸가는 사람은 너희를 섬기는 사람이 되어야 한다. 자기를 높이는 사람은 낮아지고, 자기를 낮추는 사람은 높아질 것이다."(11-12)

---

* Augustine, *City of God*, trans. Henry Bettenson (New York: Penguin Books, 1984), 868-869.

** H. Richard Niebuhr, *Radical Monotheism and Western Culture* (Louisville, KY: Westminster/ John Knox Press, 1992), 73.

오늘 본문을 이해하기 위해서는 또 다른 관점을 살필 필요가 있다. 부주의한 해석자는 죄가 항상 자기주장의 형태를 취하고 의는 항상 자기부정의 형태를 취한다고 생각할 수도 있다. 아우구스티누스가 죄는 일차적으로 교만이라고 주장을 했지만, 오늘날의 여성주의자들과 해방신학자들은 이런 죄는 기득권층이 저지르는 죄라고 지적한다. 약하고 억압받는 사람들은 반면에 하나님 또는 이웃으로부터 분리되는 죄에 빠지기 쉽다. 그들은 스스로 남을 위해 기여할 것이 없다고 생각한다. 그들은 자신들의 소위 열등감을 수용하고 자신들이 기여하지 않는 것에 대한 변명으로 사용한다. 카아(Anne E. Carr)는 여성의 경우에는 자아, 주체성, 책임성을 발전시키지 못하는 것도 수동적 죄로 여겨질 수 있다고 한다. 죄는 하나님 및 동료 인간과의 관계 단절이다. 이런 죄는 소위 약자적 무책임성이나 고압적 교만의 형태로 인간의 마땅한 책임을 부인하는 것이다.[*]

하나님 앞에서의 평등사상은 교만한 사람들이 겸손해져야 한다는 것뿐 아니고, 소외된 사람들이 하나님의 자녀의 마땅한 자리에 앉아 있어야 한다는 것을 강조한다. 모든 사람이 똑같은 재능을 갖고 있거나 공동체에서 동일한 역할을 수행하는 것은 아니지만, 모두가 같은 하나님의 자녀이며, 같은 선생님의 제자이다. 하나님의 나라에서는 모든 사람에게 맡은 바 임무가 있으며, 모든 사람이 어떤 형태로든 공동체에 이바지할 수 있게 재능이 주어져 있다.

[*] Anne E. Carr, *Transforming Grace: Christian Tradition and Women's Experience* (San Francisco: Harper & Row, 1988), 186.

주석

예수와 바리새파 사람들 간의 오랜 갈등은 23장에 정점에 이르는데, 여기에서 예수는 율법학자들을 포함하여 그들에게 가장 심한 말로 혹독하게 비판했다. 신약성서에 그렇게 격렬한 비판은 별로 없다. 예수 시대의 굳건한 유대 파벌주의가 이 본문에서의 예수의 언급과 마태복음에서의 기능에 대한 적절한 이해를 주고 있는데, 마가복음에서 짧게 언급한 것을(막 12:38-39) 긴 담화로 만들었다.

1세기 팔레스타인에는 유대교의 네 종파가 있었다. 바리새파는 모든 삶의 영역에 있어서 모세의 율법을 해석하고 적용하는 것을 강조했다. 사두개파는 예루살렘 성전과 연관되는 있어서 대제사장들이 많았고, 로마 권력자들과 가까웠다. 에세네파는 쿰란 광야에서 금욕적 공동체를 형성했는데, 다른 파들에 대해서는 진정한 유대 믿음에서 이탈하는 것으로 보았다. 젤롯파들은 군사적 수단으로 로마의 압제를 벗어나려고 했다. 이 네 그룹 중에서 오로지 바리새파 사람들만이 주후 70년 성전의 파괴로 끝난 유대 반란 이후에도 살아남았다. 마태복음은 70년 후에 쓰여진 것인데, 토라에 대한 충성을 강조하면서 기독교 공동체에 대해 반대하는 주축을 이루었다. 그러기에 그들은 마태복음에 자주 나타나고, 예수와 만나면서 악감정을 가지고 있다는 것이 설명된다.

나중에 그들을 비판하는 것에 비추어보면 무리와 제자들에게 바리새파 사람들이 "말하는 것은 무엇이든지 다 행하고 지켜라"(3)라고 말하는 장면은 놀랍다. 그 진술은 회당지도자들로서의 그들의 위치에 대한 인정이다. 그들은 상징적으로 전통적인 공식적 관리인 자리인 "모세의 자리"에 앉았다(2). 고고학적 증거에 따르면 율법 선생들이 말한 연단 위의 대리석 의자가 있었다. 그러기에 이 묘사는 문자 그대로이다.

예수는 3절 하반부를 강조해서 말했다. "그러나 그들의 행실은 따르지 말아라. 그들은 말은 하고 행하지 않는다." 3-4절에 볼 수 있는 위선에 대한 문제 제기는 유대종파나 그리스-로마 철학파와 상관없이 종교적 철학적 논쟁에서는 표준적인 요소이다. 하지만 예수가 모세의 율법을 지키는 데 소홀하라고 한 것은 절대로 아니다(마 5:17-18). 예수의 관심은 행위가 말과 일치되어야 하는데 이는 지도자들에게도 예외가 될 수 없다는 것이다. 바리새파 사람들이 율법을 모든 사람들에게 적용하려는 열정이 지기 힘든 "무거운 짐"(4)으로, 특히 땅의 사람들에게 그렇게 경험되었다. 예수의 다음과 같은 말은 현재의 지도자들과 구분시켜 준다: "수고하며 무거운 짐을 진 사람은 모두 내게로 오너라. 내가 너희를 쉬게 하겠다"(마 11:28-30).

또 다른 일상적 비판은 그들이 영광을 취한다는 것이다(5-7). 많은 정통 유대인들은 기도할 때 경문곽(신 6:4-9과 같은 구약성서의 성구를 적은 양피지를 담은 가죽 상자의 하나, 아침 기도 때 하나는 이마에 하나는 왼팔에 잡아맴)이나 옷술을 길게 늘어뜨린다(그 길이는 현대 랍비의 양파인 힐렐과 샴마이파의 논쟁 주제 중의 하나였다). 이것이 성서의 지시(출 13:16)와 일치하는 한에 있어서는 예수는 오직 그들의 추정되는 거룩함에 과도한 주의를 끄려는 바리새파 사람들의 동기에 대해서만 비판하고 있다.

78절의 "랍비"라는 용어는 일반적인 존경을 표시하는 "나의 주인"이라는 말과 대략 비슷한데, 하지만 1세기 말에는 명목상의 의미만 가지고 유대인 선생들을 일컫는 말이 되었다. 그러므로 마태가 그 용어를 사용하는 것은 비록 저자가 독자들에게 그러한 관습들을 따르는 것을 막으려 하면서도 현재의 유대인 관습에 대한 친밀성을 반영하고 있다. 아마도 예수가 마태복음에서 두 번만 가룟유다에 의해서 랍비라고 불려지는 것이(26:25, 49) 우연은 아닐 것이다. 이 시기에서부터 나중에 미슈나(Mishnah)까지 포함되는 유대 내부 논쟁에서 경건의 문제에 있어서 과시에 대한 비판을 한 사람은 예수만은 아니었다.

9절의 "아버지"는 노인, 선생님, 후원자 또는 존경하는 인물을 말하는 것이다. 여기에서 예수는 아버지는 하나님뿐이라고 말한다. 만약에 아람어 '아바'가 마태의 헬라어 표현에 있다면, 예수의 하나님 호칭에 대한 가르침은 신약에 다른 곳에서 나타난 이 용어와 일치한다(막 14:36; 롬 8:15; 갈 4:6). 되게 아는 체하는 사람은 대답하기를 예수가 그의 제자들에게 이 세상의 '아버지'라고 부르지 않도록 하기는 쉬울 것이다. 왜냐하면 마태복음 1:18-25에 따르면 예수는 지상의 아버지가 없었기 때문이다. 아마도 예수의 심한 말은 청중들이 자만과 명성의 유혹을 피하기 위해 얼마나 주의해야 하는가를 명심하게 하기 위한 과장법의 예일 것이다.

마태복음의 다른 곳에서도 예수는 가끔 과장법으로 말하고(5:29-30, 18:9) 있는데, 신약은 아버지-아들 용어의 비유적 사용으로 가득하다(행 7:2; 고전 4:14-15, 17; 빌 2:22; 몬 10). 10절에서 금지된 "지도자"란 용어도 마찬가지이다. 예수가 제자들에게 지도자가 되라고 명령했다는 것(마 28:19-20)을 고려하면, 그의 초점은 호칭과 계급에 따르는 특권의 주제넘음이다. 비록 그러한 계급이 자연스럽게 사회적 기관의 생존을 돕기도 하지만, 그들은 너무도 자주 교회가 형제자매의 공동체(8)로서 이상을 약화시킨다.

마태에 따르면(11-12) 인정받는 지도력은 겸손함을 보여주고 자원해서 종이 되려고 한다. 앞에서 예수는 이 점을 야고보와 요한의 어머니에게 대답하면서 보여주었는데(마 20:20-28), 그것은 바리새파 사람들을 폄하하는 것이 마태의 아젠다의 유일한 내용이 아니다. 그것은 기독교 공동체 안에서 군건한 지도력 구축이다(마 16:17-19). 진짜 기독교 지도자들은 섬김을 받는 것이 아니라 섬기러 오신 예수를 닮아가야 할 것이다(마 10:28).

성주간 월요일에 선생이신 예수는 우선 진지한 율법 교사인 율법학자들과 바리새파 사람들에게 경의를 표하지만, 같은 문장에서 예수는 이들 이스라엘의 평신도 교사들의 온전함과 실천적인 성실성에 도전하신다. 예수께서는 그를 따르는 사람들에게 모세 율법의 해석자가 되려고 하는 바리새파 율법학자들이 가르치는 주제를 실천하고 따르라고 권고한다. 예수는 토라의 내용을 이해하는 데 있어서 그들의 주제나 관심을 진지하게 거부하지 않으신다. 셀류코스 왕조의 압제에 대항하여 일어난 마카비 전쟁에 기원을 둔 바리새파 운동에 관해서 달리 말할 수 있는 것이 무엇이 있든 간에 이것은 반드시 말해야만 한다. 자유를 위해 싸우는 투사들은 나중에 분리주의자들이 된다. 이것이 "바리새파"라는 용어가 의미하는 것이다. 바리새파는 타협과 냉소의 시대에 특히 대제사장을 지배하는 사두개파 사람들로 대표되는 종교 귀족정치에 대항하여 이스라엘을 개혁하려는 열성적인 평신도 운동이었다. 바리새파 사람들은 율법의 의미를 깊이 생각하는 사람들이었다.

목회자든 평신도이든 진지하게 고민하는 그리스도인을 만나면 목회자로서 그들의 신앙 여정의 일부인 주제와 관심사를 제쳐두거나 무시하지 않는 것이 중요하다. 그들의 주장을 듣고, 그 주제들에 대하여 복음에 충실하고 교훈을 주는 조언을 정직하게 할 수 있는 방법을 찾아야 한다. 그들의 주장에 대하여 도전할 때는 사려 깊고 정중하게 해야 한다. 예수는 이런 기본적인 존경심을 보여주신다. 그는 바리새파 사람들의 가르침에 대해 존중하며 지지하기도 하신다. 오늘 본문을 해석할 때 이 사실을 인식하는 것이 중요하다. 왜냐하면 1세기 바리새파 운동은 단일한 운동이 아니었기 때문이다. 랍비 샤마이(Shammai)의 강경파 추종자도 있었지만, 랍비 힐렐(Hillel)과 그의 제자 가말리엘(Gamaliel)을 그들의 멘토로 삼았던 좀 더 온건한 그룹도 있었다(행 5:34 참조).

바울은 그가 가말리엘에게서 공부했지만 스데반에게 돌을 던질 때에는(행 8장) 사실 바리새파 사람들 중에서 가장 엄격한 당에 속해 있었다고 말한다(행 26:5).

우리는 마태복음 23장에 등장하는 바리새파 사람들의 신학적 관점을 알지 못한다. 하지만 예수께서 말씀하신 것은 그들 가운데 있는 여러 진실한 율법 교사들과 심지어 복음 교사들에 대한 것일 수 있다. 그러므로 예수께서 하신 도전은 다른 사람을 가르치기 원하는 모든 사람들에게 보편적인 관련이 있다: "그러므로, 그들이 너희에게 말하는 것은 무엇이든지 다 행하고 지켜라. 그러나 그들의 행실은 따르지 말아라. 그들은 말만 하고, 행하지는 않는다. 그들은 지기 힘든 무거운 짐을 묶어서 남의 어깨에 지운다"(3-4).

예수는 그의 말을 듣는 모든 사람들에게 세 가지 목회적 도전을 하신다.

1. 이러한 교사들은 율법의 의미에 대하여 해석하여 발표하는 주제를 자기들은 일상생활에서 실천하지 않는다. 이 도전은 우리가 들을 때마다 진실성과 타당성에 대해 계속 시험하게 한다. 만약 사람들이 우리의 공적인 생활과 행동을 지켜볼 수 있었다면 우리도 이러한 혐의에 대하여 자신을 방어하기란 거의 불가능하다.

2. 이 교사들은 다른 사람들에게 훨씬 더 위험한 또 다른 문제를 제시한다. 엄청난 영향력을 가진 교사로서, 그들은 그들의 가르침을 경청하는 사람들의 어깨에 잘못된 짐을 올려놓는다. 그것은 율법 본문으로부터 비롯된 부담이 아니라 율법에 대한 그들의 특수한 해석으로부터 제기된 특별한 요구였다. 이에 덧붙여 교사들은 그들이 다른 사람들에게 지라고 요구하는 짐을 자신들은 피해가도록 조작한다는 아이러니가 추가되었다. 우리는 안식일을 감시하는 것 자체가 이런 식의 전문적인 해석적 오만의 희생양이 되었다는 것을 알고 있다. 그 부담은 해석하는 권리를 가진 교사에 의해 정직한 신자에게 억지로 지워졌다.

목회적으로 우리 주님은 모든 목회자들이 함부로 걸어서는 안 되며, 성서 본문의 의미에 충실하게 걸어야 하는 영역으로 이동하셨다. 이 사실을 직면하는 것은 해로운 가르침으로 인해 피해를 입은 사람들을 성서 본문 전체에서 더 큰 희망을 발견하도록 초대함으로써 실수를 통해 우리의 길을 가르치려고 할 때 감당해야 하는 목회적 도전이다.

3. 세 번째 도전은 교사와 종교 지도자들 자아 욕구에 대한 주님의 도전이다. 그는 설명하지 않고 간단히 말한다: "그들은 영광을 받는 자리를 갖고 싶어 한다"(6).

이 문장은 우리 주님이 야고보와 요한의 어머니의 요청을 받았던 마태복음 20장에서 말씀하신, 섬기라는 가르침과 같은 정신을 가진다. 거기서 예수는 제자들에게 서로를 위한 종이 되고, 그들이 "많은 사람을 위한 대속물"로 자신을 내어주신 종(마 20:28)인 사람의 아들에게서 어떻게 사랑하는지를 발견하라고 하신다. 예수는 제자들에게 아버지이신 하나님과 주님이신 메시아만을 바라보라고 권고한다. 산상수훈에 나오는 주님의 기도에서 제자들에게 가르치셨듯이 예수는 우리 각자에게 하나님을 그리고 하나님만을 아버지라고 부르라고 요청하신다.

이 놀라운 만남의 복음은 부모가 자녀를 아는 것처럼 우리를 알고 사랑하시는 하나님을 우리도 알도록 초대되었다는 것이다. 예수는 우리를 우리에게 가치를 부여해 줄 인간 주인이 필요하지 않은 형제와 자매로 부르셨다. 예수에 의하여 우리는 다른 사람을 지배하는 권력을 갖고자 하는 욕망을 강요하는 종교적 함정으로부터 목회적으로 해방되었다. 주기도문의 주님과 우리에게 아버지라고 부르라고 하시는 하나님을 향해 눈을 돌리게 하는 이 말씀으로 인하여 우리의 중심이 새로워지면 우리는 자아-권력과 자기-선입견의 속박으로부터 해방된다.

설교

"그들은 말만 하고 행하지는 않는다", "그들이 하는 모든 일은 사람들에게 보이려고 하는 것이다." 이 말들은 예수께서 율법학자들과 바리새파 사람들에 대해 마태복음 23장에서 비판한 것인데, 거기서 그는 이 위선자들을 "눈먼 인도자", "회칠한 무덤", "뱀들" 그리고 "독사의 새끼들"(16, 27, 33)이라고 격렬하게 비난한다. 어느 누구도 이러한 손가락질을 받기를 원하지 않는다! 그래서 이번 주일 세계의 모든 강단에서 정치, 사회 그리고 그리스도 교회의 다른 구석에 있는 이들 "위선자들"을 겨냥한 예언자적 설교들이 울려 퍼지게 될 것이다.

그런 예언자적 설교는 마태복음 23장에 근거할 수가 있다. 여기서 예수께서는 위선자들로 인해 발생하는 피해를 우려하는데 그것은 신실한 사람들에게 무거운 짐을 지우고(4), 천국에 들어가려는 사람들을 쫓아내는 일(13) 등이다. 기만적인 신앙은 오늘날 우리 시대를 포함하여 기독교의 강력한 비평가들부터 비판을 받아 왔다. 바울을 인용하면 "하나님의 이름이 이방 사람들 가운데서 모독을 받고"(롬 2:24). 마태복음의 예수께서는 그것들을 경멸한다.

그렇다. 공적으로 영향력을 미치는 위선에 대한 예수의 비난을 선포하는 일은 어느 정도 도움이 된다. 하지만 이 본문을 접근함에 있어 "아무도 가보지 않은" 아주 조용한 길이 있다. 마태복음 23장을 설교할 때 비난의 손가락이 가리키는 방향이 아닌 다른 끝에서, 즉 위선자에 관한 것이 아니라 위선자로서 위선자에게 하는 방식으로 설교하는 것은 어떨까? 이번 성서정과 평 주일에 설교학적 상상력을 통하여 우리 자신의 마음속에 있는 위선들을 성찰하면서 어떤 결과를 얻을 수 있지 않을까?

마태복음에 나타난 위선

우리는 마태복음 3장에서 처음으로 위선을 만나는데, 거기서 바리새파 사람들과 사두개파 사람들은 요한의 말씀을 듣기 위해 요단강에 모습을 드러낸다. 여기서 "독사의 자식들"(마 3:7)이란 말은 그들의 조상들을 떠올리게 하는데, 하나님과 좋은 관계를 유지하기 위해 순종했던 조상들과 그들은 거리가 멀다. 그들은 아브라함의 자손들이라고 주장하였으나 성실하게 행하지는 않는다. 요한은 그들의 자만심을 비난하면서 "회개에 합당한 열매를 맺으라"(3:8)고 설교한다. 말에 뒤따르지 않는 행동에 대한 독설은 23장에서 이어지게 된다.

산상설교에서 예수께서는 경건한 사람들의 실천 동기에 초점을 맞춘다. "다른 사람들 앞에서 보여주기 위해 경건을 행하지 않도록 주의하라." 위선자들은 "다른 사람들에게 칭찬을 받기 위해" 보는 앞에서 자선을 행한다. 그들은 다른 사람들이 볼 수 있게 큰 소리로 오랫동안 기도하고 금식한다(6:1-7, 16-18). 그렇게 주목받기를 추구하는 경건은 단지 사람들의 칭찬이라는 공허한 보상만 얻을 뿐이다.

제자들과 군중들 앞에서 행한 설교에서 예수께서는 율법학자/바리새파 사람들/사두개파 사람들 대신 "위선자들"이라는 용어를 사용하여 일반적인 위선자들보다는 위선적 행태에 주의를 집중시킨다. 그는 또한 모든 사람이 그럴 수 있음을 암시한다. 이것은 산상설교 후반부에서 익명의 재판관을 부를 때 분명해진다: "위선자야, 먼저 네 눈에서 들보를 빼내어라. 그래야 네 눈이 잘 보여서, 남의 눈 속에 있는 티를 빼 줄 수 있을 것이다"(7:5).

그래서 마태복음 23장에 이르면 "위선"은 두 부류의 행태를 보인다. 첫 번째 부류는 말하는 것과 행하는 것이 다르다(3:7-8). 두 번째 부류는 행동은 올바르게 하나 그릇된 동기로(6:1-7, 16-18) 한다. 당연하게 이 두 부류는 마태복음 23장에서 율법학자들과 바리새파 사람들을 포함하여 비난하는 대목에 등장하는데, 예수께서는 여기서 가르치기만 하고 "행하지 않는 사람들"(3) 그리고 "사람들에게 보이려고 모든 일을 하는 사람들"(5)을 꾸짖는다.

위선자들의 마음

예수께서는 위선자들을 한편으로는 말만 하고 행동하지 않는 것에 대해, 다른 한편으로는 칭찬을 받기 위하여 행동하는 것에 대해 비판한다. 그의 두 가지 비판은 신뢰할 만한 것인가? 정직한 위선자라면 그렇다고 대답해야 한다. 우리 위선자들은 자유자재로 변신한다! 우리 위선자들이 선한 일을 행할 때는 카메라가

켜져 있는 것을 분명히 알고 있을 때이다. 우리가 그러지 않을 때도 마치 그렇게 한 것처럼 보이게 하기 위해 노력을 배가하기도 한다. 모순처럼 보이지만 실제로 우리 위선자들은 동전의 양면을 모두 지니고 있다. 우리 위선자들은 언제나 그리고 어디서나 대중들의 인정을 갈망하고… 행하지 않은 것에 대한 인정을 요구하기도 한다.

이번 주일에는 설교자가 1인칭 화법으로 하는 것이 더 강력할 수 있다. 가장 좋은 방법은 "일찍 위선자라 고백하고, 정직하게 예수의 비판을 받을 만한 자리에 우리를 두는 것"이다. 우리들 대다수는 위선자라는 사실에 기초한 이 전략은 또 다른 유익함이 있다. 이 방법은 평범한 그리스도인들이 바리새파 사람들과 사두개파 사람들 그리고 마태의 시대에나 21세기에 그들과 같은 삶을 사는 사람들을 너무 쉬운 공격 대상으로 삼으며 경멸하고 있다는 점을 드러내 보인다. 이것은 또 우리 모두를 불안한(그리고 아이러니한) 재판관의 자리에서 내려오게 하고, 우리도 치유될 수 있다는 강한 기대감을 갖게 한다.

이러한 관점의 전환은 우리를 예수를 단순히 따라가던 군중으로부터 벗어나 위선자의 마음으로 향하게 한다. 우리가 거기에 다다르면 공적 관계에서 항상 작동하는 것이 있다는 사실을 알게 된다. 위선자에게는 자기를 드러내려는 불빛이 언제나 켜져 있는데 그 이유는 사람들은 늘 평가를 하고 있고 그 평가는 우리들에게 중요하기 때문이다. 우리는 있는 그대로보다 더 나은 이미지를 만들기 위해 장시간 피곤하게 일한다. 여기에 들어가는 노력은 또 얼마나 가상한지!

위선자에 대해 알려면 사람의 인정을 받으려는 이 끊임없는 욕구를 불러일으키는 것에 대해 알아보아야만 한다. 예수께서는 마태복음 6장에 하나의 단서를 남긴다. 거기에서 위선자는 보이지 않는 하나님의 인정보다는 보다 명료한 사람들의 칭찬을 택한다(6:1, 4, 6, 8). 하나님의 "예스"(yes)에 대한 확신이 결여되어 있는 우리 위선자들은 인간의 "예스"를 얻기 위해 우리의 경건함을 널리 알리는 것이다.

위선을 치료하는 해독제는 은혜이다. 값없이 주시는 하나님의 은혜는 무언가를 요구하는 마태의 하나님 개념으로 보면 낯선 것처럼 보이는데, 마태에 의하면 잔치에 초대받은 어떤 사람은 예복을 입지 않아서 바깥 어두운 곳으로 내던져진다(22:11-24). 마태복음에서 행동은 결과를 가져오고 신실한 행동을 한 사람에게 주어지는 보상이 있다. 하지만 마태에게는 동전의 또 다른 면이 있다. 마태의 하나님은 무한정 용서를 베푸신다(18:21-35). 마태의 예수는 베드로의 부인과 제자들의 비겁함을 용서할 것이고, 심지어 부활 후 제자들의 의심에도 불구하고 그들을 신뢰하여 온 세상에 그의 복음을 전하게 할 것이다(26:56, 69-75, 28:16-20). 이 예수는 실패와 결점에도 불구하고 사랑하고 또 사랑하신다.

이렇게 가면을 만들고 지쳐버린 우리 위선자들의 마음속으로 우리의 얼굴을 진실로 사랑하는 한 분이 들어오신다. 그는 "나에게로 오라, 내가 너희를 쉬게하리라"(11:28)고 말씀하신다. 이 한마디 말은 가면을 만드는 일을 중단시키기에 충분하다. 여러분의 영혼이 우리를 품어주는 그 자유함 안에서 쉬고 있음을 느낄 수가 있는가?

성령강림절 후 스물넷째 주일

마태복음 25:1-13

¹그때에 천국은 마치 등을 들고 신랑을 맞으러 나간 열 처녀와 같다 하리니 ²그중의 다섯은 미련하고 다섯은 슬기 있는 자라 ³미련한 자들은 등을 가지되 기름을 가지지 아니하고 ⁴슬기 있는 자들은 그릇에 기름을 담아 등과 함께 가져갔더니 ⁵신랑이 더디 오므로 다 졸며 잘새 ⁶밤중에 소리가 나되 보라 신랑이로다 맞으러 나오라 하매 ⁷이에 그 처녀들이 다 일어나 등을 준비할새 ⁸미련한 자들이 슬기 있는 자들에게 이르되 우리 등불이 꺼져가니 너희 기름을 좀 나눠 달라 하거늘 ⁹슬기 있는 자들이 대답하여 이르되 우리와 너희가 쓰기에 다 부족할까 하노니 차라리 파는 자들에게 가서 너희 쓸 것을 사라 하니 ¹⁰그들이 사러 간 사이에 신랑이 오므로 준비하였던 자들은 함께 혼인 잔치에 들어가고 문은 닫힌지라 ¹¹그 후에 남은 처녀들이 와서 이르되 주여 주여 우리에게 열어 주소서 ¹²대답하여 이르되 진실로 너희에게 이르노니 내가 너희를 알지 못하노라 하였느니라 ¹³그런즉 깨어 있으라 너희는 그 날과 그때를 알지 못하느니라

신학

마태가 매우 주의 깊게 배열한 예수의 또 다른 산상설교—이번에는 올리브산에서 제자들만을 대상으로 한 설교임(24:3)—에서 예수는 서두를 어떻게 살아야 할지에 관한 명령이 아니고 종말에 관한 묘사로 시작한다. 전쟁과 박해, 신성모독과 거짓 메시아, 천지의 요동과 함께 인자가 영광 중에 올 것이며(24:4-31), 그때가 속히 오겠지만, 아무도 그날이 언제인지 알지 못한다고 밝힌다(24:32-44). 40절에 걸쳐 설교한 후에야 비로소 예수의 지시사항이 나온다. 앞의 산상설교가 매우 빠른 속도로 경구와 같은 연속적인 명령문의 형태로 전달되었던 것과는 대조적으로 이번 설교의 교훈적 힘은 종말이 올 때까지 어떻게 살아야 하는지에

관한 네 개의 연속적인 극적 이야기를 통해 구현된다. 지혜로운 처녀와 어리석은 처녀에 관한 비유는 그중 두 번째 이야기다.

이 이야기는 인자의 재림을 기다리면서 우리가 어떻게 살아야 한다고 가르치는가? 우리가 현명한 처녀처럼 행동하고, 어리석은 처녀처럼 행동하여서는 안 된다고 가르친다. 그 의미는 무엇인가?

- 13절의 내용에도 불구하고 우리가 항상 깨어있어야 한다는 것을 강조하는 것은 아니다: 신랑의 도착이 지연되면서 열 처녀 모두 졸며 잤다(5). 이 본문의 신학적 핵심을 우리가 늘 깨어있으면서 초인간적인 경계 상태를 유지해야 하며, 조금의 오차도 없이 완벽하게 의무를 수행해야 한다는 데서 찾으려고 한다면 잘못이다.
- 또한 본문이 우리가 잔치에 참여하는 데 필요한 모든 자원을 완벽하게 갖추기를 요구한다고 해석하는 것도 무리다. 잔치에 들어가는 것이 허용된 자를 포함하여 열 처녀 모두는 등에 들어있는 기름만을 갖고 있었다. 신랑이 베푸는 잔치에 참여할 준비의 중요성이 강조된다고 해서 은총에 근거한 기쁨—잔치 주인이 우리가 실제로 필요한 모든 것을 준비하고 나눠준다는 점에서—의 의미가 약화되어서는 안 된다.
- 본문이 우리가 신랑의 도착을 참을성 있는 태도로 기다려야 한다는 것을 강조하는 것도 아니다. 열 처녀 중 아무도 기다리면서 불평을 하지 않았다는 점에서 그들 간에 차별은 없다. 적어도 오늘의 본문에는 하나님 나라의 도래를 기다리면서 우리가 어떤 태도나 관점을 가져야 하는지에 관한 신학적 지침은 없다.
- 본문이 우리가 신랑의 도래가 임박했다는 소식을 들으면 야단법석을 떨어야 한다는 것을 가르치는 것도 아니다. 모든 처녀들이 예외 없이 깨어나서 잔치에 참여하기를 기대하며 불을 더 밝혔다. 신랑의 임박한 귀환에 대한 즉각적인 반응을 강조하느라 일상적 상황에서 기독교적 소망이 인간의 책임 있는 행동의 동기가 될 수 있다는 것을 무시하거나 곧 있을 잔치를 기대하는 것이 파블로프의 조건반사와 같은 것이라고 오해해서도 안 된다.
- 본문이 신랑을 알아보는 사람들과 그렇지 못한 사람 간의 구별을 강조하고 있다고

해석하는 것도 잘못이다. 심지어 어리석은 처녀들도 "주님, 주님, 문을 열어 주십시오"(11) 하고 애원했다. 이 본문의 신학적 초점이 신랑이 누군지 아는 것의 중요성에 있는 것은 아니다. 본문은 주인에 관한 각자의 지식에 근거하여 내부인과 외부인을 구분하는 고질적인 악습을 지지하지 않는다.

지혜롭고 어리석은 처녀들을 분리하는 유일한 요소는 이것이다. 지혜로운 처녀들은 기다려야 할 것에 대비하여 여분의 기름을 갖고 왔다. 그래서 어리석은 처녀들이 기름을 사기 위해 24시간 여는 편의점을 찾고 있는 동안 신랑과 지혜로운 처녀들은 혼인 잔치로 들어갔고, 문이 닫혔다.

그렇다면 기다려야 할 것을 대비하여 준비한다는 것은 무슨 의미인가? 바로 앞(24:32-36)에서는 예수가 임박한 재림에 관해 말씀했는데, 왜 여기서는 신랑이 더디 옴을 강조하는가? 종말의 지연에 대한 준비를 어떻게 해야 하나? 무기를 비축하고, 통조림을 많이 사는 것은 아닐 것이고, 통조림처럼 편리하게 활용할 수 있는 예수의 재림에 대한 대비책을 숙지하는 것도 아닐 것이다. 새천년으로 접어든 우리에게 오늘의 본문은 권위 있게 다가오는가 그 반대인가?

그러한 질문에 신학적으로 대답하기 위해 우리는 이 이야기가 한편으로는 기다릴 준비를 너무 강조함으로 지나치게 세세한 계시를 담은 묵시주의나 다른 편으로는 너무 실현된 측면을 강조하는 종말론을 경계하고 있음을 지적할 필요가 있다. 이 두 주장은 기독교적 소망과 떼어 놓을 수 없는 실존적 고뇌를 너무 쉽게 무시하려는 경향이 있다.

예수 그리스도의 삶과 죽음과 부활을 통해 이미 성취된 하나님의 나라의 내용과 특징에 대한 비밀스러운 특권적 지식, 즉 누가 구원받고, 누가 구원 못 받는지, 역사적 사건이 성서의 예언과 어떻게 대응되는지, 하나님이 어떤 일을 하셨고 또 하실지 등에 관한 지식을 자랑하는 사람들은 오늘 본문이 혼인 잔치에 들어가기 위해 우리에게 어떤 선취적 지식이 필요하다고 말하지 않음에 주목해야 한다. 대신 본문은 우리에게 기다릴 준비를 하라고 그리고 지금 우리의 등에 충분한 기름(지식, 믿음, 사랑 등)이 있다고 가정하지 말라고 요청한다.

해 아래 새로운 것은 없을 것이라는 주장과 우리가 종말 시대에 살고 있다는 것 그리고 지금부터는 이미 여기에 임한 하나님의 나라에서 섬세한 부분에까지 주의를 기울이며 최선을 다해서 살아야 한다는 생각에 대해 오늘 본문은 우리의 상황이 그렇게 순탄치 않다고 경계한다. 신랑의 도착이 지연되었다고 그가 오지 않는 것은 아니다. 그리고 잔치는 그가 오기 전까지는 시작되지 않을 것이다. 본문은 우리에게 약속된 것, 앞으로 이루어질 것 그러나 아직 이루어지지 않은 것에 소망을 두고 살라고 요구한다. 본문은 우리에게 지식과 믿음과 사랑은 영원한 나라 이전의 시간을 살기 위한 도구이지, 영원한 나라로 들어가기 위한 도구가 아니라는 것을 상기시켜준다.

그렇다면 우리는 기다릴 준비를 어떻게 해야 하나? 그 질문에 대한 답은 각자가 속한 신앙 전통에 따라 다양하게 주어지겠지만, 본문은 적어도 다음의 내용을 암시한다: "기다리는 다른 사람들과 함께하라. 그들과 붙어 있으라." 하나님의 때에 관한 비밀을 알고 있다고 주장하는 무리를 피해야 한다. 우리의 등을 좋은 것으로 채우는 것이 현명한 일이지만, 그런 것들은 영원의 문으로 들어가기 전까지만 소용 있는 것이다. 혼인 잔칫집 안에는 이미 환한 빛이 넘칠 정도로 충만하다.

주석

오늘 본문의 "열 처녀의 비유"는 마태복음에만 있는데, 예수가 마지막 때에 대한 강론(24:1-25:46)의 중간지점에 나온다. 비유는 이전의 맥락에서 핵심적 주제를 취하고 있는데, 가장 주목할 만한 것은 예수의 영광스러운 나타나심, 인자(24:30), 갑자기 예상치 않은 오심(24:44, 50) 그리고 준비의 권고(24:42, 44)이다. 마태복음의 다른 많은 비유들과 같이 이것도 알레고리의 색조를 띠운다. 신랑은 재림에 오시는 예수를 말하고, 처녀들은 교인들을 대표하며, 혼인 잔치는 하나님의 통치가 온전히 이루어짐을 나타내고, 어리석은 처녀들은 마지막 심판을 가리킨다. 이 비유는(마태가 선호하는) "천국"이 온전히 그려지는 비교 거리를 제공한다. 열 처녀가 결정적으로 중요한 역할을 하지만, 예수가 말한 전반적인 이야기는 하나님의 나라가 어떤 것인가를 묘사하는 것이다.

비유에서 상정하는 혼인 잔치의 구체적인 맥락은 전체적으로 분명하지는 않다. 헬라어 본문은 '처녀'라고 말하는데도 불구하고 NRSV는 이 여인들을 '신부'로 해석한다. 십중팔구 이 여인들은 그의 장인과 더불어 지참금 문제를 정리하고, 신부를 신랑의 집(또는 그의 아버지 집)에 데려와 결혼식을 전체적으로 준비하는 신랑 집에 속한 사람들일 것이다. 처녀들은 신랑이 신부와 함께 돌아오기를 나가서 기다리고 있었다. 그리고 그들은 혼인 잔치를 위해 신랑과 신부를 집으로 데려올 것이다. 밤이 늦었기 때문에 처녀들은 등불을 들고 나갔다.

마태는 처음부터 열 처녀가 근본적으로 다르다고 제시한다. 다섯은 슬기롭고, 다섯은 어리석었다. 열 처녀 모두 등불을 들고 갔지만, 슬기로운 다섯 처녀는 기름을 마련하였고, 미련한 처녀들은 그러지 못했다. 그렇게 함으로써 오늘의 교회의 복합적 본질을 나타낸다. 교회에는 충실한 진정한 제자들도 있지만 가짜 제자들도 있는데, 이 구별은 최후 심판에서 밝혀진다(13:36-43, 47-50).

비유가 처녀들과 그들의 행동에 초점을 두고 있지만, 가장 중요한 인물 바로 신랑에게 주의를 놓쳐서는 안 된다. 그 신랑은 비유 끝에 분명히 말하듯 영광 중에 오실 인자이며, "주님"이라 불리우며(11), 하나님의 권위로 말씀하신다(12).

사실 마태는 이미 예수를 9:15과 22:1-10에서 신랑이라고 했다. 신랑의 돌아옴이 늦어지는 것이(5) 아주 중요하다. 마태의 공동체에서는 이미 재림이 지연되는 문제와 씨름하고 있었다. 이 상황에서 지혜와 어리석음은 무엇인가? 열 처녀 모두 졸립고, 잠이 들었기에 그것은 문제가 아니다.

신랑의 갑작스러운 도착이 한밤중에 외치는 소리로 알려졌다. "보아라, 신랑이다. 나와서 맞이하여라"(6). 예수가 한밤중에 오셨다는 고지는 그의 앞선 가르침에서 생각지도 않은 시간에 올 것이라 말한 바와 같다(24:44). 왔다는 선언에 처녀들을 깨어서 나와서 맞이하였다. 이것은 시험이고 진리의 순간이다. 모든 처녀들이 일어나서 자신의 등불을 손질하였다. 이 본문에 함축된 것은 그들이 잠들었기에 등불도 꺼져 있었다는 것이다.

슬기로운 처녀들은 신랑을 맞을 준비를 했다. 그들은 기름을 미리 채웠다. 말하자면 그들은 오실 주님을 위해 준비해왔다는 것인데, 유진 보링(Eugene Boring)은 이를 사랑과 자비의 일을 포함한 "제자의 책임적 행위"라고 칭했다.* 그들은 예수의 가르침과 그 가르침대로 행동하는 슬기로운 사람이었다(마 7:24). 이 처녀들은 그렇게 신랑을 위해 준비하였다(10). 그들은 등불을 켜고 만났다. 그들의 등불은 하나님께 영광을 돌릴 선한 사역으로 빛났다(마 5:16). 그러기에 그들은 신랑과 함께 혼인 잔치, 영원한 영광에 들어갔다(10). 슬기로운 처녀들은 오실 주님을 기다리면서 적절한 행동을 했던 긍정적인 모델이다.

어리석은 처녀들은 당황하였다. 그들은 오로지 슬기로운 처녀들에게 기름을 나누어 달라고 요청했지만 소용없었다. 준비되지 않은 이들은 기름 장수에게 가서 사고자 했지만 늦은 밤이어서 거의 가망성이 없었다. 그들이 혼인 잔치에 갔을 때는 이미 문이 닫혀 있었다. 그들은 "주님, 문을 열어 주십시오"라고 외쳤지만, 차갑게 외면당했다(8-12). 그들은 "나더러 '주님, 주님'하는 사람이라고 해서 다 하늘나라에 들어가는 것이 아니다"라는 예수의 경고를 마음 깊이 깨닫지 못했다. 혼인 잔치는 하나님의 뜻을 행하며 또한 사랑과 자비의 사역의 기름을 가진

---

* M. Eugene Boring, "The Gospel of Matthew: Introduction, Commentary, and Reflections," *The New Interpreter's Bible*, vol. 8, ed. L. E. Keck

사람에게 예약되어 있다. 어리석은 처녀들과 같은 부정적인 예는 명목상으로서의 그리스도인이 되는 것만으로는 불충분하다는 것을 통렬하게 지적한다. 비유는 적절하게 냉담한 거부의 언급으로 끝난다.

사람이 겪게 되는 일들 중에 결혼식보다 정서적으로 더 중요한 일은 거의 없다. 부모는 사랑하는 딸이나 아들을 위한 결혼식에 시간, 에너지, 창의력, 자원, 사랑 그리고 희망을 크게 투자한다. 그들은 정서적으로 크게 부담스럽기 때문에 결혼식은 사실상 불상사가, 심지어 재앙이 일어날 가능성이 있는 취약한 사건이다. 한편으로 주인공인 신부, 신랑 그리고 부모는 감정이 예민해져서 깊은 감정이 쉽게 겉으로 드러나게 된다. 결혼식에는 눈물도 있고, 깊은 희망이 있지만, 때로는 분노와 원망과 좌절도 있다. 이 모든 것 때문에 일이 잘못될 수 있고, 종종 그렇게 되기도 한다. 어떤 목사와 사적인 대화를 하는 중에 재앙에 가까운 결혼식 이야기를 나눈 적이 있다. 신랑 들러리가 길을 잃어서 리허설에 오지 못했고, 신부 드레스는 크기가 잘못되었고, 꽃은 배달되지 않았고, 신랑은 면허증을 잊어버렸다.

예수의 생애가 끝나갈 무렵 그의 삶을 정리할 때, 하늘나라에 관한 비유로 가장 인간적이고 정서적으로 부담스러운 사건을 선택하셨다는 것은 의미심장하다. "하늘나라는 이와 같을 것이다."

그 시대의 결혼식 풍습에 대해 알면 도움이 된다. 예수 시대의 결혼식은 오늘 우리의 결혼식처럼 감정적으로 충만한, 불상사가 일어날 가능성이 있는 것이었다. 하객들은 신부의 집에서 모여 신랑을 기다리는 동안 신부의 부모에게 접대를 받았다. 신랑이 가까이 오면 하객들은 신부 들러리들과 함께 횃불을 밝히고 신랑을 맞이하러 나갔다. 잔치 행렬에서 일행은 모두 신랑의 집으로 걸어갔다. 신랑의 부모는 결혼식과 며칠 동안 계속되는 연회를 기다리고 있다. 예수와 그의 어머니와 예수의 제자들이 가나에서 그런 결혼식의 하객이었다.*

이 비유에서 어떤 이유에서인지 신랑은 제시간에 나타나지 않았다. 시간이 지나고, 기다리고 있던 사람들 여럿이 잠들었다. 마침내 한밤중에 그들은 "신랑이 온다"는 큰 소리에 깨어났다. 신부 들러리는 벌떡 일어나 등불을 손질하고 신랑을

---

* See Joachim Jeremias, *Rediscovering the Parables* (Upper Saddle River, NJ: Prentice-Hall, 1997), 137.

맞이하러 나갔다. 신부 들러리 10명 가운데 5명은 기름을 다 써 버렸고, 보관해 둔 것도 없었다. 더 지혜롭고 신중한 들러리들에게서 빌리려고 했지만 거절당했다. 그들은 한밤중에 미친 듯이 쉬지 않고 기름을 찾아다녔고, 그러던 중에 행렬을 놓쳤다. 마침내 그들이 신랑의 집에 도착했을 때 문은 잠기고, 그들은 해고되었다. 예수께서는 "깨어 있어라. 너희는 그날과 시간을 알지 못한다"고 결론을 짓는다. 깨어 있으면서, 목적을 가지고 기다리면서 준비하라는 것이 이 비유의 메시지이다.

초기 그리스도인들은 예수께서 그들이 온전히 기대했던 대로 재림하지 않으셨고, 기대하며 기다리면서 충실하고, 용감하게, 희망을 가지고 사는 것이 그들의 사명이라는 현실에 적응해야 했다. 그것은 여전히 우리의 사명이다. 우리 신앙의 중심에는 인류 역사가 목적과 목표를 가지고 있고, 그것이 최종적인 성취와 완성으로 나아가고 있다는 확신이 있다. 우리는 그것을 명확하게 표현하지 않으며, (사실) 때때로 우리는 통속적인 종말론자들 때문에 이 주제를 회피한다. 그들은 역사의 종말을 그림과 (대부분) 폭력적인 용어로 묘사하는 책들을 많이 판매하고 있는데, 그들은 이 시대, 이 세상을 무시하고 마지막 때에 집중한다.

여기서 중요한 것은 그것이 아니다. 요점은 기대와 희망을 가지고 살아가는 것이다. 그리스도인의 희망은 세상을 창조하신 하나님이 온유한 섭리로 세상을 계속 사랑하실 것이며, 그 계획이 완료될 때까지 창조의 과정을 계속하실 것이고, 예수 그리스도 안에서 사랑과 은혜로 세상을 구원하신다는 것을 신뢰하는 데 있다.

그리스도인의 희망은 인류 역사 전체만큼 크지만, 그러나 또한 각 개인만큼 작다. 궁극적인 문제는 인류를 위해 해결되었지만, 우리 각자에게도 개별적으로 해결되었다. 모든 교인들 중에는 인간의 역사가 어디를 향해 가고 있는지 진정으로 두려워하는 신실한 사람들이 있다. 자유와 정의와 연민은 억압과 불의와 폭력과 고문의 세력 앞에서 연약해 보인다. 희망 속에 사는 것이 역사의 가혹한 현실에 대한 책임을 면제하는 것은 아니다. 오히려 역사의 주님께서 연민과 구속과 소망으로 계속해서 우리 삶에 들어오신다는 것을 믿으면서 자신 있게 그리고 기대하며 살아가는 것을 의미한다.

오늘 말씀이 우리에게 도전하는 것은 신랑이 왔을 때 불을 밝히기 위해 충분한 기름을 간직하고, 언제나 역사 속으로 도래하고 침투하는 하나님의 나라를 위하여 소매를 걷고 일하라는 것이다.

교인들 중에는 심각한 질병, 수술 또는 실업과 같은 개인적인 미래를 진심으로 두려워하는 사람들이 있다. 그들과 우리 각자는 신랑이 올 것이고, 하나님의 사랑이 놀랍고 예기치 않은 방법으로 우리 삶에 계속 나타날 것이라는 복음을 들어야 한다.

- 예수 그리스도는 그리스도인들이 희망을 품고 살면서 결코 포기하지 않을 때 오신다.
- 예수 그리스도는 신실한 제자들이 사랑과 연민을 표현하고 정의를 위해 일할 때 오신다.
- 예수 그리스도는 위독한 사람들이 궁극적으로 하나님의 사랑 안에서 안전하다는 것을 알 때 오신다.
- 신실한 여성과 남성이 희망을 품고 살면서 하나님 나라의 일에 자신을 바칠 때 하늘은 땅에 침투한다.

라이너 마리아 릴케(Rainer Maria Rilke)는 시인이 되기를 희망하는 젊은 장교에게 일련의 편지를 썼다. 그중 하나에서 릴케는 하나님께 대한 믿음을 잃어버렸다는 청년의 탄식에 대해 응답한다.

왜 당신은 그분을 모든 영원으로부터 다가오시는, 오고 계시는 분으로 생각하지 않습니까? … 위대한 잉태의 역사에서 그분의 탄생을 다가오는 세대에 투영하지 못하게 하고, 당신의 삶을 고통스럽고 아름다운 날로 살아가지 못하게 방해하는 것은 무엇입니까?*

---

* Rainer Maria Rilke, *Letters to a Young Poet* (New York: W.W. Norton & Co., 1993), 61.

설교

지연되는 것은 견디기 어렵다. 우리가 실시간으로 소비자보호센터 담당자와 전화 연결을 기다릴 때, 학교 앞 서행지역에서 시속 40km로 운전할 때, 느린 인터넷 연결을 참고 기다릴 때 혹은 예약 시간에 나타나지 않는 의사를 기다리며 잡지를 손으로 넘길 때 등등 지연은 빠른 세상 풍조에 익숙한 사람들을 짜증나게 한다. 그래서 우리는 보다 빠른 통신, 여행, 음식, 기도 응답, 돈, 체중 감소 등을 높이 평가한다. "다 왔어요?"는 카시트에 앉아 여행하는 아이의 지친 물음일 수 있지만, 어른이나 아이들 모두 예정보다 조금 빨리 일이 진행되기를 바란다. 전 세계적으로 속도를 강조하는 것에 대항하기 위해 소위 느림의 미학이라는 용어가 생겨나기도 했지만, 상황은 점점 나빠지고 있다.* 여전히 인내가 가치를 인정받는 때가 오기를 기다린다면, 우리는 분명히 곤경에 처할 것이다.

우리는 인내를 배울 필요가 있는데 특히 하나님을 기다릴 때 그렇다. 결론적으로 열 처녀 비유는 빠른 생활 패턴에 익숙한 21세기 사람들에게 심오한 이야기를 하고 있는 것이다. 그것은 지연됨을 특히 지연되고 있는 하나님 나라를 준비해야 한다는 것을 새롭게 상기시킨다.

마태복음 24:1-25:46은 마태의 5개 주요 가르침 중에 마지막 것으로, 민족들에 대한 심판에서 절정에 이른다. 그에 앞서 지연되고 있는 하나님 나라의 실현에 관한 세 가지 비유가 나온다. 오늘 본문 앞에 있는 비유(마 24:45-51)에서 주인은 기대했던 것보다 빨리 와서 그 종들이 권력을 남용하고 있는 것을 발견한다. 오늘 비유에서 신랑은(예수 그리스도) 예상보다 늦게 도착했는데, 모든 처녀들이 그 지연된 것에 준비를 다한 것은 아니다. 어떤 사람들은 그들이 예상한 시간에 필요한 만큼의 기름을 가지고 있을 뿐이다. 결국 그들의 등불은 빛을 내지 못하고 그들은 미련한 자로 간주된다.

이 비유에서 먼저 모든 처녀들은 차이점이 없다. 그들 모두 결혼예식에 적합한

---

* 이 자료를 보라. *Carl Honoré, In Praise of Slowness: Challenging the Cult of Speed* (San Francisco: Harper San Francisco, 2004).

옷을 입었고 또 모두 등불을 가지고 있다. 그들 모두 "주님, 주님"이라고 말했다. 그리고 모두 잠을 자고 있다. 미련한 처녀와 슬기로운 처녀를 구분하는 것은 지연되는 그 시간에(10) 신랑을 맞을 준비를 하고 있느냐이다. 슬기로운 사람들은 지연에 대한 준비를 하고 있었다. 그래서 신랑이 돌아와 그들의 믿음이 테스트를 받을 때 이들은 필요한 준비를 하고 있었다. 삶이 기쁠 때나 고통스러울 때, 순조로울 때와 역경이 있을 때, 재미있을 때나 지루할 때나 슬기로운 사람들의 신앙은 한결같다. 그들은 지속적으로 다른 사람들 앞에서 빛을 비추고, 공동체를 유지하며, 성서공부와 기도를 계속하고, 자비로운 행동과 용서를 베풀면서 나아가 정의와 평화를 널리 퍼뜨린다. 그들은 세상과 우리 모두가 언젠가 변화되어 하나님과 온전히 화해를 이룰 것이라는 믿음을 포기하지 않는다. 성령의 인도함 가운데 그들은 하나님 나라의 시민으로서 희망을 주고 격려하는 삶을 살아갈 수 있도록 평생 동안 자신들을 단련시킨다.

산상설교의 서두에 예수께서는 "너희 빛을 사람에게 비추어서, 그들이 너희의 착한 행실을 보고, 하늘에 계신 너희 아버지께 영광을 돌리게 하여라"(마 5:16)라고 가르친다. 또 그 설교 거의 마지막 부분에 가서는 "나더러 '주님, 주님' 하는 사람이라고 해서, 다 하늘나라에 들어가는 것이 아니다. 하늘에 계신 내 아버지의 뜻을 행하는 사람이라야 들어간다"(마 7:21)라고 강조한다. 마찬가지로 이 비유에 나오는 기름은 하나님을 기다리는 때뿐만 아니라 좋은 시절에도 변함없이 빛나는 신앙, 선행, 실천 혹은 영적 자산으로 이해될 수 있다. 이 점이 바로 왜 처녀들이 그들의 기름을 나눌 수 없는지를 설명해준다. 우리가 영적인 것을 비축, 계발 혹은 준비하는 일을 다른 사람과 공유할 수 없듯이 처녀들은 필요한 자원을 빌릴 수 없는 것이다. 그리스도를 맞이하기 위해 준비하는 일은 개인적인 문제로, 기대했던 것보다 더 빨리 혹은 더 늦게 오든지 하는 것과는 무관하다.

전혀 다르게 설교를 한다면 이 비유에서 닫힌 문과 그것과 관련하여 무한정 기회가 있다고 여기는 환상에 초점을 맞추는 것이다. 종종 우리는 어떤 문제를 해결하는 데 이 세상에서 시간이 아주 많다고 생각할 수 있다: 깨어진 관계를 회복하는 일, 어떤 기술을 배우는 일, 감사나 용서의 말같이 필요한 말을 하는 일, 나쁜 습관을 좋은 것으로 바꾸는 일, 중요한 목표를 성취하는 일, 직업을 바꾸는 일, 하나님과 우리의 관계를 깊게 하는 일, 사회에 기여하는 일, 아이들과 시간을 보내는 일, 신실하게 그리스도를 따르는 일 등. 우리는 내일 할 수 있다고 여기면서 이런 일을 오늘 미루곤 한다. 미련하다고 여겨진 처녀들은 준비가 되지 않았고 그들이 축하를 위해 마련된 혼인 잔치에 돌아왔을 때 신랑은 문을 열지 않는다. 너무 늦었다.

인생에 있어 많은 일들이 그렇듯이 핵심적인 것은 타이밍이다. 믿음과 사랑도 시기가 적절해야 한다. 사람들에 대한 우리의 관심도 때를 맞추어야 하고, 신앙을 따라 살 때도 머뭇거리지 않고 해야 필요로 하는 사람들을 도울 수가 있다. 마태복음에서 슬기로운 처녀들은 이것을 알고 행하는 사람이다. 하나님을 믿으며 선한 일과 실천을 하는 사람은 지금은 알 수 없으나 분명히 다가올 미래를 준비한다. 미련한 사람들은 분명한 미래가 있다고 생각하지만, 그것을 위한 준비를 거의 아무것도 하지 않는다.

이제 적극적인 제자도에 대해 이야기할 시간이고, 매 순간 우리는 시계가 똑딱거리는 소리나 어떤 문이 닫히는 것을 느낄 수 있다. 천국은 우리를 새로운 삶, 보다 나은 헌신, 잘못된 우상을 버리는 일, 희망을 가지고 기다리고 믿음으로 날마다 새롭게 될 것을 요청한다. 예수께서는 천국의 비밀을(마 13:11) 가르치기 위해 이 비유를 사용했다. 마태복음 25:1-13이 가르쳐주는 비밀 중 하나는 지금 우리가 하는 신실한 실천이 하나님의 예기치 않은 시간을 대비하게 한다는 것이다. 그것은 예수와 그의 사람들, 신랑과 그의 사랑하는 신부가 축하 잔치에 영원히 함께 하는 하늘의 결혼 예식에 우리도 참예할 수 있도록 준비하는 것이다. 메시아는 "제때에"(롬 5:6) 오시는데—편리한 때나 우리의 때 보다 더 나은 때이고— 그때 그와 더불어 잔치가 시작될 것이다.

성령강림절 후 스물다섯째 주일

2023
1119

마태복음 25:14-30

¹⁴또 어떤 사람이 타국에 갈 때 그 종들을 불러 자기 소유를 맡김과 같으니 ¹⁵각각 그 재능대로 한 사람에게는 금 다섯 달란트를, 한 사람에게는 두 달란트를, 한 사람에게는 한 달란트를 주고 떠났더니 ¹⁶다섯 달란트 받은 자는 바로 가서 그것으로 장사하여 또 다섯 달란트를 남기고 ¹⁷두 달란트 받은 자도 그같이 하여 또 두 달란트를 남겼으되 ¹⁸한 달란트 받은 자는 가서 땅을 파고 그 주인의 돈을 감추어 두었더니 ¹⁹오랜 후에 그 종들의 주인이 돌아와 그들과 결산할새 ²⁰다섯 달란트 받았던 자는 다섯 달란트를 더 가지고 와서 이르되 주인이여 내게 다섯 달란트를 주셨는데 보소서 내가 또 다섯 달란트를 남겼나이다 ²¹그 주인이 이르되 잘하였도다 착하고 충성된 종아 네가 적은 일에 충성하였으매 내가 많은 것을 네게 맡기리니 네 주인의 즐거움에 참여할지어다 하고 ²²두 달란트 받았던 자도 와서 이르되 주인이여 내게 두 달란트를 주셨는데 보소서 내가 또 두 달란트를 남겼나이다 ²³그 주인이 이르되 잘하였도다 착하고 충성된 종아 네가 적은 일에 충성하였으매 내가 많은 것을 네게 맡기리니 네 주인의 즐거움에 참여할지어다 하고 ²⁴한 달란트 받았던 자는 와서 이르되 주인이여 당신은 굳은 사람이라 심지 않은 데서 거두고 헤치지 않은 데서 모으는 줄을 내가 알았으므로 ²⁵두려워하여 나가서 당신의 달란트를 땅에 감추어 두었나이다 보소서 당신의 것을 가지셨나이다 ²⁶그 주인이 대답하여 이르되 악하고 게으른 종아 나는 심지 않은 데서 거두고 헤치지 않은 데서 모으는 줄로 네가 알았느냐 ²⁷그러면 네가 마땅히 내 돈을 취리하는 자들에게나 맡겼다가 내가 돌아와서 내 원금과 이자를 받게 하였을 것이니라 하고 ²⁸그에게서 그 한 달란트를 빼앗아 열 달란트 가진 자에게 주라 ²⁹무릇 있는 자는 받아 풍족하게 되고 없는 자는 그 있는 것까지 빼앗기리라 ³⁰이 무익한 종을 바깥 어두운 데로 내쫓으라 거기서 슬피 울며 이를 갈리라 하니라

신학

전통적으로 마태복음 25:14-30에 나오는 비유는 청지기직에 관한 교훈으로 해석되어 왔다. 달란트—재능, 기술, 자원—는 하나님의 나라와 관련된 것이지만, 이를 경제적인 개념으로 이해하는 것에 무리가 없다고 생각을 했었다. 각 그리스도 인은 하나님으로부터 다른 달란트를 받았고, 그들은 그것을 땅에 묻어 두기보다는 사용하여야 한다. 우리는 달란트를 어떻게 사용하였는지(혹은 사용하지 않았는지) 에 대해 나중에 결산을 해야 할 것이며, 그 결과에 따라 상이나 벌을 받게 된다. 그러한 해석은 자유시장에 기반을 둔 자본주의, 노력한 만큼 얻는 것이 정의라는 신념 그리고 자기 계발의 중요성 등의 가치가 강조되는 미국 사회에 딱 맞는 해석이다. 틀림없이 그런 사회가 이런 해석이 나오는 데 영향을 끼쳤을 것이다. 이런 해석은 마태가 이 비유를 마태복음 전체에서 특별히 현재의 위치에 배치할 수밖에 없었던 중요한 신학적 이유에 대해 침묵하게 만든다.

오늘의 비유는 예수께서 임박하지만, 그 시간을 알 수 없는 종말의 의미에 관해 말씀하신 이야기 중 세 번째 것이다. 네 개의 모든 이야기는 주인, 신랑, 왕의 귀환, 그에 수반되는 심판 그리고 그 귀환을 기다리는 사람들이 어떻게 시간을 보내야 하는가에 관한 내용을 담고 있다. 본문을 청지기직에 관한 이야기로 해석하다 보면—이는 그리스어 talanta를 너무나 구체적이고 한정된 의미를 가진 영어 단어 talent로 번역함으로 생기는 불행한 오해에 기인한다— 마태가 강조하고 자 하는 종말론적 메시지의 핵심을 놓치게 된다. 이 비유가 누가복음에서는 삭개오 가 예상과는 다르게 예수를 영접한 이야기와 예루살렘 입성 이야기 사이에, 즉 누가복음 19:11-27에 등장한다. 그렇게 위치함으로 누가복음에서 이 이야기는 경제적 문제와 구체적으로 연결이 되며(삭개오가 그의 재산을 나눠 준다), 한 부자의 회심과 예수의 왕적인 예루살렘 입성 사이의 밀접한 연관성이 강조된다. 이런 배치가 누가복음 신학의 틀에 조화되는 것처럼 마태가 이 비유를 미래의 종말에 관한 설교 가운데 배치했다는 것도 중요하게 고려해야 한다. 마태는 종말에 관해 말하고 있다. 우리가 청지기직에 너무 초점을 맞출 때 종말의 주제는 왜곡되거나 와전될 수 있다. 청지기직에 관한 교훈은 하나님이 새롭게 우리를 위해 하실 일보다는 이미 우리에게 행하신 일에 더 비중을 둔다.

또한 우리는 이야기의 주제와 밀접한 관계가 없는 부분에 지나친 관심을 기울이지 않도록 주의해야 한다. 두 종은 모두 칭찬을 받았다. 그들이 받은 달란트의 크기가 달랐고, 주인 앞에 서는 순서도 달랐지만, 두 종 사이의 구별은 거의 없다. 그들은 모두 같은 방법으로 주인의 재산을 두 배로 늘린다. 그들은 주인 앞에서 결산할 때 거의 동일한 발언을 한다. 그들은 주인으로부터 동일한 칭찬을 듣는다. 그들은 동일한 상을 받는다. 그 두 종은 셋째 종에 비하면 그렇게 독특한 특성을 갖는 인물은 아니다. 그러나 셋째 종의 행동과 말과 그에 대한 주인의 판단은 매우 독특하다. 이 비유가 종종 달란트(재능)의 비유로 언급되지만, 사실 이 비유는 달란트에 관한 이야기라기보다는 셋째 종, 주인 그리고 그 둘의 관계에 관한 이야기이다. 이러한 요소들이 현재와 종말 사이의 시간을 어떻게 살아야 하는지에 관한 마태의 신학적 메시지를 명확하게 드러나게 한다.

셋째 종이 한 달란트만 받았었다는 것이 중요한가? 그럴 수도 있다. 그러나 바울의 "많은 은사/한 몸"의 관점에서(고전 10:13, 12:20), 주인이 각 종에게 그들의 능력에 따라 그들이 감당할 만큼의 은사를 주었다고 해석하는 것은 적절해 보이지는 않는다. 고린도전서에서는 더 약해 보이는 지체가 오히려 더 요긴하다고 말하지만, 본문에서는 가장 적게 받은 자가 바깥 어둠 속으로 던져졌다(고전 12:22-26 참고). 하나님의 은총은 우리가 감당할 능력을 넘어서는 짐을 우리에게 부과하지 않는다는 표현은 마태복음에 등장하지 않는다. 대신 셋째 종이 한 달란트를 받았다는 사실에서 주인이 그 종의 실제 능력에 대해 정확한 예지력이 있음이 드러난다. 주인은 그 종이 다른 종처럼 지혜롭게 행동하지 못할 것을 알았기 때문에 그에게 한 달란트만 주었다.

우리가 주인을 종의 관점에서만 이해하려고 한다면, 주인은 자신의 것이 아닌 것까지 취하려고 하는 굳은 사람으로 인식될 것이고, 그의 주위에 있는 사람들은 그를 보고 두려움을 느끼게 될 것이다(24-25). 마찬가지로 우리가 주인의 관점에서만 종을 이해하려고 한다면, 종은 "악하고 게으른"(26) 그리고 "쓸모없는"(30)

자로 여겨질 것이다. 이 두 경우 모두 동정심이 개입될 여지가 없다.

변명과 책망보다는 종과 주인의 행동에 초점을 맞춤으로 비유의 뜻을 더 명확하게 알 수 있다. 주인은 단순히 굳은 사람이 아니었다. 그는 셋째 종까지도 믿어주어 15년의 임금보다 더 많은 재산을 맡길 정도로 매우 관대하게 행동했다. 그가 뿌리지 않은 데서 거두기는커녕 처음 두 종에게 이전보다 더 많은 재산을 관리하게 맡겼고, 더 중요한 것은 주인과 함께 기쁨을 누리도록 초대했다. 이로써 그들의 관계는 주인-종의 관계에서 동등한 관계로 변화되었다(21, 23). 주인은 셋째 종의 변명에 근거해서 그를 책망한다. 만일 주인이 뿌리지 않은 데서 거두는 굳은 사람이라고 생각했다면(24), 종은 달란트를 땅에 묻어 놓기보다는 은행에 맡겨 이자라도 챙겨야 했었다.

셋째 종은 어떤 인물인가? 그는 주인의 달란트를 낭비하거나 자신의 이익을 위해 사용하지 않고 그대로 주인에게 돌려주었다. 그러나 그의 행동은 분명 공포의 영향을 받았다. 이 점에서 오늘의 비유는 매우 전복적이고 역설적인 쪽으로 방향을 튼다. 셋째 종의 생각을 몰고 가던 정서가 그의 몰락의 원인이 되었다. 그가 두려워하던 것이 현실이 되었다는 점에서 공포가 주인되었다. 우리가 만나는 하나님은 다른 분이 아니고, 우리가 마음속에 상상하는 하나님이다.

본문을 처음 읽을 때 우리 마음에 떠오르는 두려움의 정서는―우리도 곧 바깥 어두운 데로 내쫓길지도 모른다는 두려움(30)―우리가 극복하여 버려야 한다고 본문은 말한다. 오늘 주어진 이 종말론적인 본문은 우리에게 부여된 자원을 지혜롭게 사용하라는 청지기직에 관한 교훈이 아니다. 본문은 도리어 두 종처럼 공포심을 떨쳐버리고 하나님에 관한 신뢰와 도전정신을 갖고 행동하기를 요구한다. 그렇게 함으로 우리는 주인이 돌아올 때 기쁨에 같이 참여할 수 있다.

주석

마태복음에서 달란트 비유는 예수의 종말에 대한 가르침(24:1-25:46)의 결론 부분에 있다. 이 비유는 누가복음 19:11-17의 므나 비유와 비슷한 점도 있고, 다른 점도 있다. 마태의 비유는 인자의 영광 중 재림(24:45-51, 25:1-13)을 기다리는 사람으로서 적절한 행동을 가르치는 비유 시리즈의 두 번째 것이다. 종말론의 맥락은 여러 가지 알레고리적 특징을 지닌다. 비유의 주인은 예수를 가리킨다. 달란트를 맡긴 종들은 교인들을 상징한다. 주인의 떠남은 예수가 하늘 아버지께로 간 것이고, 다시 돌아온 것은 재림을 말한다. 보상과 벌은 최후의 심판을 가리킨다. 함유된 것은 주인의 돌아옴이 하나님의 통치의 완성을 가져온다는 것이다. 달란트 비유는 정확한 사회적 배경은 모호하다. 한편으로 주인이 종들에게 얼마의 달란트를 맡기는 것은(14-15) 부자 사업가가 어디로 가면서 어떤 종에게 돈을 맡기는데 아마도 영리 기업일 것이다. 다른 한편으로 거두고 모으는(24, 26) 것을 보면 다른 비유에서 볼 수 있는(21:33-43) 부재 지주의 상황을 암시한다. 두 시나리오 모두 1세기 팔레스타인에서 가능하다.

예수의 비유 이야기는 세 부분으로 구성된다. 첫 번째 부분(14-15)은 여행을 떠나는 주인이 세 명의 종을 불러서 달란트를 맡긴다. 달란트란 말은 여기에서 엄청난 돈을 가리킨다. 주인은 종의 능력에 따라 각기 달리 준다. 주인의 재량과 염려는 고려해 봄직하다. 그는 종들의 능력을 고려하여 그들에게 부당한 짐을 지우지 않았다. 주인은 특정한 방향을 지정하지도 않았고, 종들에게 재량권을 주었다(눅 19:13 참조).

두 번째 부분에서(16-18) 종들의 이어진 활동이 간략히 묘사된다. 앞의 두 사람은 엄청나게 생산적이었다. 그들은 100%의 이익을 냈다. 이 종들은 잘 분별하여 적절한 산업에 투자하여 주인의 돈을 책임 있게 운영했다. 세 번째 종은 한 달란트를 받았는데, 다르게 행동했다. 안전하게 하려고 땅을 파고 묻어 두었다(1세기에 안전하게 돈을 관리하는 방법으로 여겨졌다).

세 번째 부분(19-30)은 길고 세부적인데, 주인이 돌아와 결산하는 장면이다.

19절 시작하는 "오랜 뒤에"라는 것은 인자의 재림이 늦어짐을 말한다. 마태복음 종말론의 핵심 주제는 재림의 지연이다(24:48, 25:5). 부지런한 종들은 어떻게 그리스도인이 현재에서 행동해야 할지에 대한 적극적인 예다. 주인이 돌아와 셈을 하게 되었을 때 그들은 자신 있게 임했다(20, 22). 그들은 충성심과 책임감으로 행동하여 사랑과 자비의 사역(달란트가 상징하는)을 생산적으로 했다. 주인도 "잘했다! 착하고 신실한 종아"라고 열정적으로 반응했다. 다른 많은 것과 함께 그들은 "주인과 함께 기쁨을 누리도록" 초대받았다(21, 23). 주인의 기쁨에 참여하는 것은 앞의 열 처녀 비유에서 혼인 잔치로 묘사된(25:10) 메시아 잔치를 말한다. 첫 번째와 두 번째 종이 주인에게 다른 양의 돈을 주었음에도 그들의 보상이 같은 것이 중요하다. 마이어(John P. Meier)는 "주님은 양의 개념으로 한 사람의 성취를 계산하지 않고 온 마음으로 하는 행동에서 보이듯이 그 사람의 충성으로 평가한다"고 말했다.*

달란트 비유는 그리스도인들에게 격려도 주지만, 경고하는 기능도 한다. 세 번째 종은 주인이 무섭다고 여겼다(24). 그는 주인이 그가 심지 않은 데서 거두려 한다고 평가했다. 이 종은 달란트를 숨겨 놓았다가 돌아와 무서워서 그렇게 행동했다고 고백했다. 주인은 주님의 주권적 힘을 가리키는 묘사인** 심지 않는 데서 거두려 한다는 것에 대해 논쟁하지 않았다. 하지만 주인은 그가 무섭다는 규정에 동의하지 않았다. 사실 그의 말과 행동은 이제까지 전혀 달랐다. 그럼에도 불구하고 예수는 세 번째 종을 악하고 게으른 종이라고 부르며 꾸짖었는데, 돈을 맡겼으면 최소한 이자를 붙여 받았을 것이라고 한다(26-27). 달란트를 묻는 것은 주님을 두려워하는 표현이 아니다. 그것은 등잔을 말 아래 내려놓는 것과 같다(5:15). 그래서 달란트를 그에게서 빼앗고, 바깥 어두운 곳으로 내쫓았는데(19-30), 이는 어리석은 다섯 처녀의 운명을 떠올리게 했다(25:10-12).

마태의 달란트 비유는 그것의 종말론적 지평에 의거하여 이해해야 한다. 비유는 주님의 재림을 기다리는 사람은 긍정적 부정적 예를 보여준다. 간과하지 않아야

---

* John P. Meier, *Matthew* (Collegeville, MN: Liturgical Press, 1990), 299.

** See, Donald Senior, *Matthew* (Nashville: Abingdon Press, 1998), 278-279.

할 것은 주인에 대한 묘사이다. 은사를 풍성히 주고, 능력에 따라 은사를 구별해서 주며, 종들에게 사랑의 책임감으로 자유롭게 반응하도록 하며, 그들의 충성에 기뻐하는 것이다. 비유는 처음에는 달란트가 외부적으로 수령자에게 주어진 것으로 공표하지만, 구체적으로 29절에서 "가진 사람에게는 더 주어 넘치게 하고"라는 것은 달란트가 사실은 수령자를 풍성하게 한다는 것이다. 비유의 결론은 하나님의 너그러움에 대하여 어리석게 행동하는 비극에 대한 경고이다.

목회

이 이야기는 세 명의 하인 혹은 종에게 마치 펀드 매니저 또는 "자산 관리 업체" 직원에게 하듯이 자신의 재산을 위탁한 부자에 관한 이야기로 접근할 수 있을 것이다. 펀드 매니저에게 돈을 두 배로 늘리기 위해 해야 할 일과 감수해야 할 위험에 대해 물어보라. 펀드 매니저는 아마도 틀림없이 우리 중 대부분이 들어 본 적이 없는 72의 법칙에 대해 말할 것이다. 예를 들어 투자 금리를 5%로 보장했을 때 72를 금리로 나누면 그 돈을 두 배로 늘리는 데 걸리는 시간이 된다. 72를 5%로 나누면 14년 반이 된다.

이것이 얼마나 위험한지를 물으면, 돈을 더 빨리 두 배로 늘리려고 하면 위험이 극적으로 높아진다는 대답을 듣게 될 것이다. 벤처 캐피털의 세계에서는 4~5명 가운데 1명(어떤 사람들은 10명 가운데 1명이라고 말한다)만이 성공한다. 잃게 될 때는 모든 것을 잃는다.

예수께서는 개인적으로 대단히 위험한 모험 한 가운데서 이 이야기를 들려주셨다. 그의 생애 마지막 며칠 동안이었다. 일찍이 그는 안전한 시골 갈릴리를 떠나 수도 예루살렘으로 가기로 결정하셨다. 그곳에서 종교 당국은 그를 기존 질서와 자기들의 권력과 특권에 대한 위협으로 여길 것이고, 로마인은 틀림없이 그를 평화를 혼란시키는 자로 여길 것이다.

이 비유는 긴 여행을 떠나는 부자에 관한 이야기다. 그가 출발하기 전에 그는 자신의 재산을 세 명의 종들에게 나누어준다. 엄청난 돈이다. 첫 번째 종은 돈을 시장의 자산 관리 회사로 가져가 고위험 벤처에 투자한다. 두 번째 종도 똑같이 하여 높은 위험을 감수하면서 돈을 번다. 둘 다 아주 잘했다. 72법칙의 보상을 받는다. 주인이 돌아와서 매우 기뻐한다. "잘했어." 그리고 나서 그는 그들에게 앞으로 더 많은 책임을 맡길 것이라고 약속한다.

세 번째 종은 그의 재능을 사용하여 매우 다른 방식으로 그의 돈에 접근한다. 그는 땅에 구멍을 파고 거기 모든 돈을 넣어서 보관한다. 주식 시장이 하락하는 시기에 이 종은 매우 현명해 보인다.

이 사람은 나쁜 사람이 아니다. 신중하고 조심스럽고 주의 깊은 투자자다. 그는 돈으로 모험을 하려 하지 않는다. 그의 주인이 돌아왔을 때 그가 받은 돈 전부가 그대로 있었다. 그는 자랑스럽게 "여기 전부 안전하게 그대로 있습니다." 그의 노력 때문에 그는 성서 전체에 나오는 사람 누구보다 가혹하게 취급된다.

처음 두 종이 위험 부담이 큰 벤처 기업에 돈을 투자했다가 그것을 모두 잃었다면 어떻게 되었을지 궁금해하지 않을 수 없다. 예수께서는 그렇게 말씀하지 않으셨지만, 주인이 그들에게 가혹하게 대하지 않을 것이고, 그들의 노력에 박수를 보냈을 것이라고 상상하지 않을 수 없다. 여기서 중요한 것은 돈을 두 배로 늘리고, 부를 축적하는 것이 아니다. 그것은 살아가는 것에 관한 것이다. 그것은 투자에 관한 것이다. 그것은 위험을 감수하는 데 관한 것이다. 그것은 예수 자신과 그가 행하신 일에 관한 것이고, 그에게 일어날 일에 관한 것이다. 대부분 그가 떠난 후 그들에게 바라고 기대하는 것에 관한 것이다. 그것은 예수의 제자가 되는 것과 그에게 신실한 것이 무엇을 의미하는지에 관한 것이고, 결국 당신과 나에 관한 것이다.

가장 큰 위험은 어떤 위험도 감수하지 않는 것이고, 어떤 것에도 깊이 투자하여 충분히 깊고 절실하게 관심을 기울이지 않는 것이며, 그 과정에서 어떤 위험에도 마음을 쏟지 않는 것이다. 무엇보다 가장 큰 위험은 안전하게만 행동하고, 조심스럽고 신중하게 사는 것이다. 정통주의의 전통적인 신학은 죄를 교만과 자기중심주의로 규정한다. 그러나 인간의 상태를 보는 전혀 다른 렌즈가 있다. 고대 교회가 말하는 7가지 치명적인 죄 가운데 하나인 나태라는 것이다. 나태는 배려하지 않고, 사랑하지 않고, 기뻐하지 않고, 인간의 잠재력을 최대한 발휘하지 않고, 안전하게 행동하고, 아무것도 투자하지 않으며, 조심스럽고 신중하며, 구멍을 파서 돈을 땅속에 묻는 것을 의미한다.

디트리히 본회퍼(Dietrich Bonhoeffer)는 존경받는 사람들의 죄는 책임으로부터 달아나는 것이라고 했다. 평화주의자였던 본회퍼는 그 자신의 책임을 너무 심각하게 받아들여서 저항운동에 가담하여 히틀러 암살 계획을 도왔다. 그의 책임감은 그의 생명을 대가로 지불하게 하였다.

우리가 어떻게 사느냐와 관련해서 이것은 개인적으로 얼마나 중요할까? 예수는 배려하지 않고, 열정적으로 사랑하지 않으며, 자신을 투자하지 않고, 어떤 위험도 감수하지 않으면서 안전하게만 살려고 한 결과는 바깥 어둠으로 쫓겨나는 것 같은, 마치 죽음 같은 것이라고 경고하신다.

이제 우리 대부분에게 개인적인 믿음인 종교는 아주 위험한 모험처럼 보이지 않는다. 사실은 그 반대인 것 같다. 신앙은 개인적인 위로의 영역인 것처럼 보인다. 우리 대부분이 생각하는 신앙은 이 세상과 그리고 내세의 개인적인 안전에 관한 것이다. 우리가 생각하는 신앙은 우리가 지성적으로 어느 정도 동의하는 신앙의 목록들인 우리 머리 안에 있는 하나님과 예수에 대한 생각들을 믿는 것보다 더 위험하지 않다. 우리가 배워온 신앙은 개인적인 신학을 올바르게 받아들이고 나쁜 일을 피함으로써 좋은 삶을 살고 있다고 한다. 우리는 종교가 꽤 소심하고 위험하지 않은 모험이라고 생각한다.

오늘 말씀에서 예수는 우리가 그의 제자가 되어서 우리의 삶을 투자하고, 위험을 무릅쓰고 우리의 책임의 지평을 넓혀서 가능한 한 충만하게 살도록 우리를 부르신다. 예수의 사람이 되는 것은 더 이상 그에 대한 생각들을 믿는 것이 아니라 그를 따르는 것이라고 예수께서 말씀하신다. 그것은 우리의 소중한 삶을 사용하고 투자하는 데 대한 새로운 책임을 경험하는 것이다. 높은 곳에 도달하고 깊이 배려하려면 대담하고 용감해져야 한다.

따라서 오늘의 비유는 예수 그리스도의 제자가 된다는, 대단히 위험한 신앙의 모험으로의 초대이다.

설교

반짝이는 금, 자수정, 루비, 에메랄드 등이 가득한 보물 상자와 같은 이 비유는 다양한 방식으로 설교할 수 있다.

우리가 받은 은사 활용하기

전통적으로 이 비유에 관한 설교들은 그리스도를 따르는 사람들이 그들이 받은 은사와 능력을 발견하고 슬기롭고 지혜롭게 사용하여 하나님께 영광을 돌리라는 권면을 하는 것이다. 이러한 선포는 무리가 없다. 하나님께서는 우리의 모든 것으로 인해 영광을 받으셔야 한다. 그러나 보다 깊이 이 보물 상자를 들여다보면 보다 풍성한 것들이 드러난다.

하나님의 관대함과 자기 제한

14절이 갑자기 시작되지만, 이 비유는 현재와 미래의 천국이 보여주는 한 냉혹한 단면을 보여주는데(13:11, 25:1), 처음 시작하는 구절들만 보더라도 그러하다. 천국은 마치 한 사람이 엄청난 부, 권력, 자유 그리고 책임을 다른 사람들에게 맡기듯 하나님의 관대함에서 시작한다. 창조 그 자체처럼 그것은 자유롭게 그리고 관대하게 주어진 선물이다. "달란트"(talent)는 본래 화폐 용어로, 특정 단위의 금이나 은을 뜻한다. 언어역사학자들은 오늘날 재능이나 능력이라는 의미를 지닌 용어 탤런트가 이 비유에서 파생했다고 믿고 있다. 예수 시대에 한 달란트는 일용 노동자가 대략 15년간 일해서 벌어들인 돈의 화폐 단위였다. 따라서 각자가 받은 선물은 엄청난 것이다. 다섯 달란트를 맡겼다는 것은 평균 임금으로 해서 평생을 번 것보다 더 많은 것을 맡겼다는 뜻이다. 그것은 일용 노동자가 75년간 일해서 받을 수 있는 양이다.

그런 다음 주인은 다른 사람들이 공간을 얻도록 하기 위해 자기의 권한을 제한시키고 멀리 떠난다. 주인은 이렇게 해서 다른 사람들이 스스로 서서 성장하고 기회를 얻으며 번성하는 데 필요한 거리와 공간을 제공한다. 여기서 하나님의 특별한 사랑은 달란트를 맡기는 관대함에서 뿐만이 아니라 기꺼이 스스로를 제한하셔서 우리가 하나님의 형상을 따라 존재하고 또 창조적으로 살 수 있게 한 것에서 드러난다. 하나님께서는 우리에게 선물과 공간을 주셔서 우리의 재능, 삶, 공동체, 미래 심지어는 우리의 운명까지도 개척해 나갈 수 있는 존재가 되게 하신다. 하나님께서는 초등학교 선생님이나 어린아이 엄마처럼 지나친 관심을 가진 존재로서가 아니라, 우리에게 자유공간을 주심으로써 우리에 대한 사랑을 보여주실 때가 있는 것 같다. 하나님께서는 언제나 우리를 위해 무엇을 행함으로써가 아니고, 스스로를 제한하셔서 우리 스스로 배우게 함으로써 우리에 대한 사랑을 보여주신다.

본문에 대한 이러한 관점은 처음 부분에만 해당하는 것이지 전체 비유를 아우르는 것은 아니다. 하지만 시작하는 구절에서 천국을 살짝 보여주는 것만으로도 경외심을 불러일으키고 유익하므로 이 성서정과를 빨리 읽으려 하는 사람들에게도 도움을 준다.

두려움에 지배당하지 않기

하지만 이제 비유는 계속되고, 비록 종들에게 주어진 지침은 없지만, 이들은 주인이 떠난 후 자신들의 할 일을 알고 있다. 열과 성을 다해 앞의 두 종들은 재물을 두 배로 만들어서 주인뿐만 아니라 그들의 기쁨과 축복이 되었다. 대신 세 번째 종은 그 기회를 소홀히 하여 땅에 달란트를 묻는 것 이외에는 아무것도 하지 않았다. 결국 그는 아무것도 하지 않음으로 해서 가혹한 처벌을 받는다.

신앙적 삶은 가만히 있는 것이 아니다. 하지만 우리는 이 세 번째 종처럼 잘 알기만 하고 실천하지는 않는다. 우리는 맡겨진 달란트를 가지고 무엇을 해야 하는지를 알고 있으면서도 그냥 지니고 있는데 익숙하다. 우리는 신앙적 삶이 어떠해야 하는지를 알고 있지만 그대로 살기를 주저하고 있다. 우리는 너무나 많은 장점, 시간, 사랑, 보물 그리고 재능을 땅속에 묻어 두고 있다.

왜 그럴까? 아마 우리 중 몇몇은 우리가 받은 달란트가 무엇을 만들어 내기에는 너무 작다고 생각할지 모른다. 또 다른 사람이 지닌 부에 대해 분노나 질투심을 가지고 있을지도 모른다. 이 비유에서 세 번째 종을 아무것도 하지 못하게 만든 것은 두려움과 불신이다. 그가 지닌 주인에 대한 생각이(관대하고 그리고 자유롭게 노동자 평균 임금의 15년분에 해당하는 가치를 맡긴 그 주인인데도) 그를 두렵게 만들고 위축시켜서 그는 주인이 은혜롭게 베푼 기회를 소홀히 하고 거부하였다.

결국 그는 엄한 처벌을 받았다. 우리가 하나님에 대해 생각하고 또 주인의 자비로운 신뢰에 대한 응답으로 우리가 하는 일은 하찮은 일이거나 부수적인 일이 아니다. 우리는 진정으로 선택을 할 수 있고 또 그럴 힘이 있으며, 우리가 지닌 자유를 통하여 진정한 결과를 만들어 낼 수 있다. 우리가 하느냐 혹은 하지 않느냐가 이 세상과 우리의 삶을 바꾼다. 그러므로 두려움, 아무것도 하지 않기 그리고 하나님에 대한 그릇된 개념은 이 보물들을 불안한 사회에 내어주는 것이 될 수도 있다.

우리가 가진 가장 위대한 보물

네 번째 방법이 있는데 그것은 순금으로 된 금화를 모여 있는 교인들에게 던져주는 일보다 더 가치 있는 것일 수도 있다. 이 방법은 우리 청지기가 받은 가장 위대한 달란트/보물은 무엇인가라는 질문을 던져서 설교를 진행하는 것이다.

본래 달란트는 화폐 단위였다. 점차 그것이 재능이나 능력으로 이해되었다. 그러나 우리는 우리 자신의 생명이나 심지어 이 풍성한 지구보다 더 큰 것들에 대한 청지기직을 부여받았다. 우리에게는 성서, 율법, 복음 그리고 예수 그리스도 안에서 하나님과의 관계라는 기쁜 소식이 주어졌다. 마태 공동체의 많은 사람들에게 친숙한 시편 19편에서도 율법을 "… 금보다… 더 탐스럽고"(시 19:10)라고 부르고 있다. 마태복음에서도 예수께서 "그러므로 누구든지 이 계명 가운데 아주 작은 것 하나라도 어기고 사람들을 그렇게 가르치는 사람은 하늘나라에서 아주 작은 사람으로 일컬어질 것이요, 또 누구든지 계명을 행하며 가르치는 사람은, 하늘나라에서 큰 사람이라고 일컬어질 것이다"(마 5:19)라고 선언하고 있다. 마태복음을 끝맺는 말에서도 부활하신 예수께서는 "너희는 가서… 내가 너희에게 명령한 모든 것을 그들에게 가르쳐 지키게 하여라"(마 28:19-20)라고 가르친다.

계명을 가르치고 복음을 전파하여 모든 사람들이 진실한 삶을 영위하는 것이 예수께서 분명히 원하는 우선순위이고, 그 무엇보다 삶을 변화시키는 보물이 될 수 있다. 하나님은 절대적 선이고, 우리가 필요로 하는 전부이다. 이 사실을 알면서도 다른 사람들에게 알리지 않는다는 것은 마치 땅속 깊이 감추어진 보물을 알고 있지만, 그것을 어려움을 무릅쓰고 파내어 그 풍성함을 모두와 함께 나누는 기쁨을 선택하지 않고, 무관심과 아무것도 하지 않음으로 그 보물을 땅에 묻어두는 것과 같다.

왕이신 그리스도 주일

마태복음 25:31-46

³¹인자가 자기 영광으로 모든 천사와 함께 올 때에 자기 영광의 보좌에 앉으리니 ³²모든 민족을 그 앞에 모으고 각각 구분하기를 목자가 양과 염소를 구분하는 것 같이 하여 ³³양은 그 오른편에 염소는 왼편에 두리라 ³⁴그때에 임금이 그 오른편에 있는 자들에게 이르시되 내 아버지께 복 받을 자들이여 나아와 창세로부터 너희를 위하여 예비된 나라를 상속받으라 ³⁵내가 주릴 때에 너희가 먹을 것을 주었고 목마를 때에 마시게 하였고 나그네 되었을 때에 영접하였고 ³⁶헐벗었을 때에 옷을 입혔고 병들었을 때에 돌보았고 옥에 갇혔을 때에 와서 보았느니라 ³⁷이에 의인들이 대답하여 이르되 주여 우리가 어느 때에 주께서 주리신 것을 보고 음식을 대접하였으며 목마르신 것을 보고 마시게 하였나이까 ³⁸어느 때에 나그네 되신 것을 보고 영접하였으며 헐벗으신 것을 보고 옷 입혔나이까 ³⁹어느 때에 병드신 것이나 옥에 갇히신 것을 보고 가서 뵈었나이까 하리니 ⁴⁰임금이 대답하여 이르시되 내가 진실로 너희에게 이르노니 너희가 여기 내 형제 중에 지극히 작은 자 하나에게 한 것이 곧 내게 한 것이니라 하시고 ⁴¹또 왼편에 있는 자들에게 이르시되 저주를 받은 자들아 나를 떠나 마귀와 그 사자들을 위하여 예비된 영원한 불에 들어가라 ⁴²내가 주릴 때에 너희가 먹을 것을 주지 아니하였고 목마를 때에 마시게 하지 아니하였고 ⁴³나그네 되었을 때에 영접하지 아니하였고 헐벗었을 때에 옷 입히지 아니하였고 병들었을 때와 옥에 갇혔을 때에 돌보지 아니하였느니라 하시니 ⁴⁴그들도 대답하여 이르되 주여 우리가 어느 때에 주께서 주리신 것이나 목마르신 것이나 나그네 되신 것이나 헐벗으신 것이나 병드신 것이나 옥에 갇히신 것을 보고 공양하지 아니하더이까 ⁴⁵이에 임금이 대답하여 이르시되 내가 진실로 너희에게 이르노니 이 지극히 작은 자 하나에게 하지 아니한 것이 곧 내게 하지 아니한 것이니라 하시리니 ⁴⁶그들은 영벌에, 의인들은 영생에 들어가리라 하시니라

신학

텍스트에 충실함과 신학적 예리함은 서로 보완적인 관계에 있다. 그러나 오늘의 본문처럼 텍스트의 해석이 신학적 의미에 결정적인 영향을 주는 경우는 드물다. 특히 32절의 "모든 민족"(panta ta ethneμ)이라는 문구를 어떻게 해석하느냐에 따라 본문의 신학적 의미는 매우 달라진다.

우리가 이 헬라어 구절을 보편적인 의미로, 즉 모든 지역과 시대에 속한 민족들을 의미하는 것으로 해석한다고 가정해보자. 그렇게 본문을 읽는다면 구원을 위한 조건(먹을 것을 주고 영접하고 방문하는 것 등)은 모든 사람에게 적용된다. 그런 해석에는 매우 심오한 신학적 의미가 있다. 이에 따르면 우리는 은혜로 혹은 복음을 받아들임으로가 아니라 다른 사람들을 어떻게 대하느냐에 따라 구원받는다. 우리는 행위에 의해 의롭다 함을 받는데, 이 행위는 일반적인 정의 추구의 행위가 아니라 구체적으로 "지극히 보잘것없는 사람"을 돌보는 행위를 말한다(40, 45). 그러한 신학적 관점이 기독교 신앙 전통에 없었다고 말할 수는 없겠지만, 분명 그것이 주류적 관점은 아니다. 또한 그런 관점은 복음서 전체의 주제와 모순된다 할 수 있다. 반면에 그러한 접근은 종교 간의 대화, 특히 유대교와 이슬람교 간의 대화를 좀 더 쉽게 만들 수 있다. 왜냐하면 그런 구원과 정의에 관한 입장은 구원과 행위를 분리하는 다른 종교보다는 이 두 종교의 핵심과 더 잘 연결되기 때문이다.

반대로 "panta ta ethneμ"라는 문구를 비기독교도 이방인들이 기독교 선교사를 대하는 방식에 관한 판단으로 해석하는 경우를 생각해 보자. 이렇게 해석한다면 본문은 이웃 사랑을 강조하는 교훈이 아니라 곤궁에 처한 사람들의 권리를 무시하고, 그렇게 함으로 복음 전파를 방해하는 자들에 대한 위협으로 읽힌다. 이 경우 본문은 그리스도인에게 주는 경고라기보다는 위안이다. 뺨을 맞으면 다른 뺨도 돌려대라거나(5:39) 이 땅에 보물을 쌓아두지 말라는(6:19) 명령을 받은 그리스도인들, 이리 가운데 보내진 양과 같은 삶을 살았고, 기아와 가난과 투옥이 기다리는 길을 갔던 사람들은 박해자들이 영원한 형벌을 받게 되는 장면을 볼 것이다.

그렇게 해석할 때 본문은 신자가 어떻게 구원 받는지에 관해서는 침묵하는 셈이다. 그리고 하나님의 판단의 잣대가 공정한지에 관한 의문이 제기된다. 이러한 접근법은 유대인과 그들과 맺은 하나님의 언약의 관계가 예수 이후 어떻게 될까라는 문제를 제기할 수 있다. 왜냐하면 유대교도로 남아 있는 사람들은 "지극히 보잘것없는 사람"도 아니고 "이방인 비기독교도"도 아니기 때문이다.

이 두 관점은 모두 본문에 근거를 두고 있지만, 본문과 조화되지 않는 측면도 있다. 만일 이 문구의 내용이 보편적이라면 예수는 왜 그 내용을 제자들과만 나누었을까?(24:3) 이 문구가 교회 밖의 사람들에 관한 것이라면 왜 불성실한 내부인에게 주는 세 가지 경고 이후에 이 문구를 배치했을까? 대부분의 주석가들은 후자의 해석에 동의하지만, 어느 누구도 그것이 최종적인 정확한 해석이라고 장담하지는 않는다.

어쨌든 신학적 문제는 점점 더 복잡해진다. 온 민족을 자신 앞에 소환하는 능력을 갖고 있지만, 그 순간 직전까지는 "지극히 보잘것없는 사람"으로만 알려지는 이 "인자"는 누구인가? 우리가 "지극히 보잘것없는 사람들"을 섬길 때 인자를 영접하는 것이라면, 우리는 그들을 인자를 섬기기 위한 수단으로만 이용하는 것인가? 더 나아가 영원한 형벌이 누구에겐가 내릴 상황인데, 우리는 그들의 미래에 관해서는 걱정하지 않고 우리의 미래에만 신경 쓰는 것이 아닌가? 우리는 자신을 "지극히 보잘것없는 사람" 중 하나라고 생각하지는 않는가? 행동만을 보고 판단한다면 의도, 동기, 상황 등은 전혀 고려 대상이 아니란 말인가? 쉽게 예상할 수 있는 것처럼 일부 주석가들은 어느 한쪽 관점에 만족하지 못하여 이 두 관점을 조합하는 견해를(특별히 바울의 "은혜를 통한 구원" 개념을 도입함으로) 제안하기도 했다. 그들은 재판관이 예수라는 점을 지적했다. 그들은 선교에로의 부름에 따르면—이것은 선교에로 부름받은 사람들을 제자로 삼는 것까지 포함하는데(마 28:19-20 참고)— 적어도 원칙적으로는 모든 사람이 "지극히 보잘것없는 사람"으로 간주될 수 있다고 말한다. 그들은 하나님은 실제로 은혜로 심판하시지만, 모든 인간은 타인에 대한 헌신을 계속 유지하기 위해서 심판의 위협 같은 것이 필요하다고 주장한다. 이러한 접근법 중 어느 것도 만족스럽지 못하다. 문제를 더 복잡하게 만들 뿐이다.

아마도 이 본문은 우리가 어떤 성서 구절도 따로 떼어 해석하거나 한 가지 특정한 신학적 관점에 따라 해석해서는 안 된다는 것을 일러주는지도 모르겠다. 이 본문을 바로 이해하기 위해서는 마태복음 전체의, 아니 성서 전체의 다른 텍스트의 도움이 필요하다. 그래야만 풀어지지 않는 매듭을 풀 수 있고, 적어도 너 넓은 배경 속에서 본문을 이해할 수 있다. 다른 본문들과 다양한 신학적 견해들은 그리스도인들이 항상 동시에 복음의 수령자이면서 복음의 증인이 된다는 것을 상기시킨다. 우리 모두는 불신자이면서 동시에 신자이고, 다른 사람을 돌보라고 명령을 받았으면서 동시에 도움이 필요하며, 인자에게 심판을 받으면서 동시에 우리가 연약할 때 인자와 동일시되기도 하며, 정의를 실현하지 못한 것 때문에 심판을 받아야 하며 동시에 은혜에 의해 구원을 받고, 염소이면서 동시에 양이다.

본문 자체는 그런 성찰의 근거를 충분히 제공하지 않는다. 그러나 우리는 적어도 본문에서 인자의 정체성이 밝혀지는 과정의 유동성에 주목해야 한다. "그 영광의 보좌에"(31) 앉아 염소와 양을 분리할 권한을 가진 분이 자신의 정체성을 "지극히 보잘것없는 사람"에게 양도했다. 인자가 자신의 정체성을 밝힐 때, 자신을 타인의 도움에 의존하는 존재—우리가 인정하고 싶든 않든 우리 모두는 그런 존재가 아닌가?—와 동일시했다. 이런 복잡하고 유동적인 상황을 고려해 볼 때, 우리 자신의 정체성도 유동적이고 복합적이라는 것을 인정하는 것이 고정적이고 명확한 정체성을 주장하는 것보다 더 현명한 선택일 수 있다. 우리의 이웃과의 관계와 영원과의 관계를 통해 드러나는 우리의 정체성은 매우 유동적이고 복합적이다.

최후의 심판 장면은 종말에 관한 예수의 가르침(24:1-25:46) 중에서 최종적이고 극적인 본문이다. 여기에서 마태는 신약성서에서 유일하게 최후의 심판에 관한 구체적인 묘사를 제공한다. 예수가 그의 제자들에게 영광의 재림을 기다리는 동안 적절한 행동이 무엇인지를 가르쳐준 몇 가지 교훈과 비유 뒤에 극적인 장면이 뒤따른다(24:32-25:30). 마태는 다니엘 7:13-14의 이미지에 의존하고 있다. 거기에서 옛날부터 계신 하나님이 영광의 보좌에 앉아 인자와 같은 이에게 권세와 영광과 나라를 주시는데, 이는 하나님의 통치가 완전히 실현되기 시작하는 것이다.

본문은 인자가 천사와 더불어 영광 중에 오셔서 영광의 보좌에 앉아있는 생생한 묘사로 시작된다. 그때 모든 민족을 불러 모으는데, 두 그룹으로 나누어진다 (31-33). 예수는 영광의 재림에서 목자로 묘사되는데, 그 이미지는 마태가 여러 곳에서 하고 있다(2:6, 9:36, 18:12, 26:31). 당시에 팔레스타인에서의 목자는 일상적으로 섞인 동물 떼를 몰고 다녔다. 밤중에 그들은 염소와 양을 분리했다. 양은 풀밭에서 시원한 공기를 즐기고, 염소는 추위를 보호해야 했다. 양들이 상업적 가치가 높았기에 염소보다는 양을 선호했다. 영광의 인자는 목자로서 예수는 자신의 오른편에 양을, 왼편에 염소를 두는 것으로 분리했다. 목자로 묘사된 인자는 왕의 이미지로 변경된다(34, 40). 예수가 왕과 메시아의 정체성을 가지는 것은 마태의 중요 주제이다(1:1, 2:2, 21:5, 27:37). 하나님의 권세를 받은 왕으로서 심판을 행하는데, 인자는 그의 판결을 선언한다. 그는 양들에게 하나님께 복을 받고 그의 나라를 유업으로 받으라고 초청한다. 그들은 왕이 주릴 때에 먹을 것을 주었고, 목마를 때에 마실 것을 주었으며, 나그네로 있을 때에 영접하였고, 헐벗을 때에 입을 것을 주었고, 병들어 있을 때에 돌보아 주었고, 감옥에 갇혀 있을 때에 찾아 주었다(34-26). 앞의 다섯 가지 행동은 전형적인 유대인들의 자비의 행위이다(유대인들은 벌로서 감옥에 가두지 않았다). 그런데 양들은 왕이 필요한 때에 그를 돌보아 주었는지 기억이 나지 않아 당황하였다(37-39). 임금은 그들이 "내 형제자매 가운데 지극히 보잘것없는 사람 하나에게 한 것이 곧 내게 한 것"이라고 가르쳐 준다.

다음 임금은 염소에게 저주를 선언하고 영원한 불속으로 들어가라고 명령한다. 그들은 임금이 주릴 때에 먹을 것을 주지 않았고, 목마를 때에 마실 것을 주지 않았고, 나그네로 있을 때에 입을 것을 주지 않았고, 병들어 있을 때에나 감옥에 갇혀 있을 때에 찾아 주지 않았다(41-43). 양들과 같이 염소들도 임금을 돌보지 않았다고 하니 어리둥절했다. 임금은 그들에게 지극히 보잘것없는 사람 하나에게 하지 않은 것이 곧 내게 하지 않은 것이라고 대답한다(45). 염소들은 영원한 형벌로 들어가고, 양들은 의인이라고 불리며 영원한 생명으로 들어간다(46).

마태의 최후의 심판 장면을 해석하는 데 중요한 주석적 주제는 '민족'(ethne, 32)과 '가장 작은 자'(elachistoi, 40, 45)에 대한 해석이다. 어떤 주석가들은 마태가 자신의 복음서 다른 곳에서 민족을 이방인으로 특정한다고 지적한다. 또한 작은 자(mikroi)는 예수의 제자들을 상징한다. 이 용법에 주의하면서 다니엘 해링톤(Daniel J. Harrington)은 마태가 25:31-46에서 작은 자를 계속 끌어들이는 것은 적절한 것이라고 주장했다. 그러므로 그는 이 본문에 이방인에 대한(유대인이 아니고, 그리스도인이 아닌) 심판을 묘사하는 것이라고 제안한다. 그들이 의인이냐 아니냐를 선언하는 기준은 그들이 성직자이든 일반 그리스도인이든 인자가 그들을 "가장 작은 자"라고 말한 예수의 제자들을 자비롭게 대하느냐에 달려 있다(10:40-42 참조).*

이 제한적 해석은 학자들 간에 견인력을 가지긴 했지만, 오늘 본문을 다양한 영적 전통을 반영하여 좀 더 보편적으로 읽는 가장 오래된 전통을 따르는 것이 가장 좋아 보인다. 그것은 민족은 모든 사람들을 가리키고, 작은 자는 누구든지 어려움에 처한 사람이라는 것이다. 그러한 해석은 단순히 인간적인 관심에만 머무는 것은 아니고, 그보다 더 중요한 것이 있다. 마태는 도리어 그의 가르침에 풍성한 기독론적 기초를 제공한다. 우선 그는 예수를 율법의 결정적 해석자로서 역할하며(마 5:17-20), 사랑의 중요성을 강조하고(마 22:34-40) 또한 그 사랑은

---

* Daniel J. Harrington, *The Gospel of Matthew* (Collegeville,MN: Liturgical Press, 2007), 356-360.

모든 사람에게 나타나야 한다는 것이다(마 5:43-48). 나아가 마태는 예수를 "율법의 화신(personification)"이라고 묘사한다.*

다른 말로 하면 예수는 가르칠 뿐만 아니라 몸으로 체현했는데 이는 하나님의 명령을 온전히 성취하는 것을 의미한다(11:28-30). 그의 사역은 다른 사람을 불쌍히 여기는 것으로 나타나는데(9:36), 이 불쌍히 여김은 예수로 하여금 오늘 본문에 열거된 그러한 자비의 행동을 실행하게 한다(마 14:14-21). "인자는 섬김을 받으러 온 것이 아니라 섬기러 왔다"(20:28)라고 선언한 예수가 어려운 사람들을 섬기도록 요구하는 것은 우연이 아닐 것이다. 더구나 마태는 예수를 임마누엘, 하나님이 우리와 함께 하시는 것으로 제시한다(마 1:23, 18:20, 28:20). 자비가 가장 필요한 사람들에 대한 예수의 연대의 표현은(40, 45) 그가 계속 함께 있겠다는 것에 대한 다른 표현이다. 그것은 또한 그의 영광의 재림을 기다리는 그의 제자들이 사랑하고 섬기는 것이 가장 중요한 방식이라는 것을 가리킨다.

마태의 최후의 심판에 대한 묘사는 의인들이 '영원한 생명'(46)을 받는 것으로 끝난다. 그들은 복을 받은 자비한 사람들인데(마 5:7), 의에 주리고 목마른 사람들이 (마 5:6) 다른 사람의 배고픔과 갈증에 사랑으로 응답하게 된 것이다. 예수는 우리가 기다리는 완전한 계시로서의 하나님의 통치가 지금 여기에서 권세가 있는 사역이나 기적으로서가 아니라, 특별히 가장 필요한 사람들을 향한 사랑, 자비, 연민의 행위로 이루어진다고 가르친다. 예수의 왕으로서의 사역은 그의 제자들이 목자의 돌봄의 행하는 것으로 나타난다.

---

* See Luke Timothy Johnson, *The Writings of the New Testament: An Interpretation*, rev. ed. (Minneapolis: Fortress Press, 1999), 202.

"너희가 여기 내 형제자매 가운데, 지극히 보잘 것 없는 사람 하나에게 한 것이 곧 내게 한 것이다"(40).

예수께서는 심오하고 급진적인 언어로 이 이야기를 하셨다. 매일 나는 돈을 요구하는 대여섯 명의 가난한 사람들 옆을 지나간다. 최근에 어머니와 세 명의 아이로 이루어진 한 가족이 그랬다. 다른 한 남자는 "나는 방금 수술을 받았고 배가 고프다"고 하면서 티셔츠를 들어 올려 흉한 수술 자국을 드러냈다. "들어오세요." 나는 말했다. "우리 사회봉사 센터가 도와줄 겁니다." 그는 맹세했다. "나는 그들의 도움이 필요 없소. 난 돈이 필요해요." 그런 일들에 대해 깊이 생각하면, 마태복음 25장은 나를 매우 불편하게 한다. 나는 모든 사람을 도울 수 없다. 나는 돈도, 시간도 없다. 게다가 누가 정말로 가난한 사람이고, 누구는 단지 싸구려 와인 한 병을 원할 뿐이라고 말할 수 있는가? 나는 무엇을 할 수 있을까?

내가 할 수 있고 하도록 부름받은 일은 예수께서 하신 말씀을 기억하는 것이다. 그냥 봐도 알아볼 수 있을 정도로 배고프고 정말로 도움을 받아야 할 사람이 아니라, "너희가 여기 내 형제자매 가운데, 지극히 보잘것없는 사람 하나에게 한 것이 곧 내게 한 것이다." 예수가 세운 유일한 기준은 그들 가운데 가장 작은 사람들, 즉 약하고 무력한 사람들, 보잘것없는 사람들, 특히 천한 사람들이었다. 그러므로 당신과 내가 할 수 있고 하도록 부름받은 일은 사람을 무시하고 간과하는 것이 아니라 그 얼굴을 들여다보며 거기서 예수 그리스도의 얼굴을 보는 것이다. 그것이 예수께서 말씀하신 것이기 때문이다.

나는 무거운 마음으로 읽는다. "내가 감옥에 갇혀 있을 때에 너는 나를 찾아주었다." 지난밤 부랑자들과 취객들이 술을 깬 동네 유치장뿐만 아니라, 악한 독재자들에 의해 운영되는 악명 높은 강제 수용소뿐만 아니라 "감옥"이었다. 최근 미국 공무원과 민간 계약자들이 아부 그라이브(Abu Ghraib) 및 다른 비밀 군사 구금 시설에 감금된 이라크 수감자에게 한 일은 잘못되었고 믿을 수 없을 만큼 역효과를 낳을 뿐만 아니라 미국의 신뢰와 중동 지역의 민주주의와 자유를 가져오기 위한 모든 노력에 손상을 입혔다. 그것은 소중한 미국의 젊은 남녀에게 우리를 위해 어렵고 위험한 일을 해달라고 요청하는 것을 한없이 어렵고 위험하게 만들었을 뿐 아니라, 죄수들의 얼굴에서 자기를 찾으라고 말한 분을 불쾌하게 한다.

일레인 파겔스(Elaine Pagels)는 예수의 말씀이 하나님께서 모든 사람에게 주신 존엄과 가치에 기초한 근본적으로 새로운 사회 구조의 기초라고 말한다. 인간은 학대와 고문을 당해서는 안 된다. 그들이 훌륭한 사람이라서가 아니다. 내 생각에 감옥에 있는 사람들 중 대부분은 아니더라도 많은 사람들이 훌륭한 사람들은 아니다. 예수께서 그들과 함께 계신다고 말씀하시기 때문에 그들은 학대받고 모욕당하거나 고문당해서는 안 된다. "당신이 죄수에게 하는 일이, 나에게 하는 것이다." 그래서 예수의 이름으로 우리는 군대 지휘관들과 경찰, 정치인들에게 책임감과 의무, 주의 깊은 감독과 높은 행동 기준을 좀 더 기대하고 요구해야만 한다. "그들이 우리에게 그렇게 하기 때문에"가 중요한 게 아니다. 예수는 우리를 그것보다 더 높고 더 나으라고 부르신다.

예수께서 말씀하셨다. "병든 사람, 굶주린 사람, 노숙인, 억눌린 사람, 감옥에 갇힌 사람처럼 이 사람들 가운데 가장 작은 사람들에게 하는 것이 나에게 하는 것이다."

예수께서 하신 이 익숙한 말씀에는 세 가지 대단히 중요한 생각이 담겨 있다.

첫 번째는 하나님에 대한 진술이다. 성서에서 예수의 하나님은 구름 위나 신비한 우주 어딘가에 있는 왕좌에 앉은, 멀리 계시는 최고의 존재가 아니다. 예수께서는 하나님이 이곳, 혼란스럽고 모호한 사람들의 삶 가운데 계신다고 하셨다. 하나님은 여기, 특히 당신을 필요로 하는 당신의 이웃 안에 계신다. 하나님의 얼굴을 보고 싶은가? 가장 작은 사람, 취약한 사람, 연약한 사람, 아이들을 보라.

두 번째 근본적인 진술은 종교의 실천에 관한 것이다. 당신은 그에 관한 논문을 읽을 수 없고 종교가 세상에서 하는 역할에 대해서 염려하지 않을 수 없다. "신은 위대하다"고 외치는 사람들에 의해 끔찍한 잔학행위가 저질러진다. 종교 당국은 성직자의 직권남용을 감추고, 그들에게 동의하지 않는 사람들에게 성례전을 거부한다. 종교 지도자들은 서로를 비난하고, 서로를 파문하고, 누구를 포함하고 누구를 배척할 것인지, 누구의 교리가 진리이고 누구의 교리가 거짓인지와 같은 예수가 한 번도 말한 적이 없는 쟁점들의 전체 세탁 목록을 두고 엄청난 양의 에너지와 자원을 투자하며 싸운다.

그렇지만 예수는 이렇게 말했다: "너희가 여기 내 형제자매 가운데, 지극히 보잘것없는 사람 하나에게 한 것이 곧 내게 한 것이다."

신약 연구자들은 마태복음 25장에 마지막 심판에 대한 유일한 묘사가 있다는 것을 알고 있다. 거기에 교회와 연결된 것이나 종교적인 실천에 관한 것은 전혀 없다. 이 구절에는 신학, 신조, 정통에 대해서는 한 마디도 없다. 여기에는 오직 하나의 기준만 있는데, 가난한 사람들에게서 예수 그리스도를 보았는지 여부와 예수의 이름 안에 있는 사랑으로 자신을 주었는지 여부이다.

그러나 이 주제에 관해 가장 중요한 것은 세 번째인데, 그것은 사회적, 정치적, 경제적 또는 종교적인 것이 아니다. 그것은 개인적인 것이다. 하나님께서는 예수의 가치를 본받는 새로운 세상을 원하실 뿐 아니라, 우리를, 우리 한 사람 한 사람을 원하신다. 하나님은 사회 공학자가 아니라, 옛 부흥 집회의 용어를 사용하면 우리 영혼을 구원하기 원하시는 사랑의 하나님이다.

하나님은 우리의 영혼을 구원하시고, 우리를 구속하시며, 우리에게 참되고 깊고 진정한 인생이라는 생명의 선물을 주기를 원하신다.

하나님은 우리의 마음을 사랑으로 어루만져서 구원하기를 원하신다. 하나님은 우리를 필요로 하는 다른 사람들을 살펴보라고 설득함으로써 우리를 구원하기를 원하신다.

하나님은 우리 자신에 관한 일들을 잊어버리고 다른 사람들을 걱정하도록 설득함으로써 우리 자신과 우리 자신의 필요에 대한 집착에서 우리를 구원하시기 원하신다.

하나님이 가장 좋아하시는 프로젝트는 사랑하는 것이 사는 것이라는 근본적인 교훈과 비밀과 진리를 당신과 나에게 가르치는 것이다.

설교

해마다 나는 특별한 이유가 없어도 의사를 방문한다. 나는 예약을 하고 주차비를 내고 대기실에 앉아 있다가 이후 전문 의료진이 나의 건강 상태를 진단하는 종합검진을 받는다. 이 일은 사실 편안하지는 않고, 솔직히 말하면 때로는 회피하고 싶기도 하다. 그러나 심장질환이 내 가족력이기도 하고 또 검진 후 전반적인 결과뿐만 아니라 관상동맥질환에 대한 설명을 듣기 때문에 유익하다. 만일 나쁜 콜레스테롤이 올라가면 갓 구워낸 과자도 끊어야 하고, 매일 하는 운동에서 몇 킬로미터를 더 걸어야 한다는 것을 알고 있다. 만일 어떤 종양이 발견된다면 나는 더 많은 검사를 받고 악성종양을 제거하는 데 필요한 단계를 거쳐야만 건강을 회복하여 좀 더 오래 살 수 있다. 어쨌든 건강검진은 나의 생명을 구할 수 있고, 내가 가입한 건강보험회사는 이 검진 비용을 지불하는 것이 더 낫다고 생각한다.

여러 가지 면에서 마태가 묘사하는 마지막 심판은 건강검진과 유사하다. 그 목적은 우리를 비난하거나 겁을 주려는 게 아니고 우리의 전반적인 건강 상태, 개선된 점, 새로 알게 된 것 그리고 좋아진 것에 관한 정보를 주어 삶을 새로운 생활 습관과 양식으로 나아가게 하려는 것이다. 결국 의사들이 우리가 건강하게 되기를 바라는 것처럼 우리의 창조주, 구원자, 재판관 그리고 왕도 그러하다.

이번 주 성서정과는 비유가 아니고 마지막 심판에 대한 이야기 형식이지만, 그 주된 요지는 이전의 세 가지 비유와 동일하다. 마태복음 24:10-14에 의하면 커져가는 적대적 감정과 식어버린 사랑은 그리스도를 따르는 사람들이 직면하는 가장 위험한 암 중 하나이다. 다른 사람과 거리를 두는 것, 우리 속에 무관심을 종양처럼 자라게 두는 것, 우리의 행동이 아무런 가시적인 결과물을 만들어내지 못할 것이라고 여기는 것 그리고 타인에 대해 이전에 주었던 사랑과 관심만 지나치게 생각하고 거기에 머물러 있는 것은 심각한 문제이다. 훗날 양과 염소를 분리하는 인자의 이미지는 우리가 신실한 믿음을 고양하고 자기중심적 삶을 벗어나서 살았는지 또 우리 각자가 그리스도를 본받아 성장하면서 우리는 누구이고, 어디에 있었는지를 진단하기 위한 도구의 역할을 한다.

사실 이 건강검진은 너무 중요해서 그것을 다루는 마태복음 전체를 통해 (24:1-25:46) 부정적인 경고들(24:48-51, 25:8-12, 24-30, 41-46)이 긍정적인 확언보다 더 많이 상세하게 나타나 있다. 예수께서는 우리가 지금 잘 알고 있기 때문에(25:37) 훗날 잘못 알고 한 행동과 선택이었다는 변명은 불가하다고 말하면서 우리가 무엇을 그리고 누구를 선택하느냐가 차이를 만들어 낼 것이라고 가르친다. 그는 분명하고도 단호하게 행동에 대한 결과가 없다고 생각하는 사람들이 잘못되었음을 설명한다. 너무 거대해서 변하지 않을 것 같아 보이는 이 세상 속에서 우리의 삶은 우리가 상상하는 것보다 더 큰 의미와 가치를 지니고 있다.

감사하게도 우리의 선택이 미래를 결정하는 유일한(혹은 첫 번째의?) 것은 아니다. 하지만 그 선택은 중대하다. 마태는 18:14에서 누가복음 23:34, 요한복음 12:32, 고린도전서 15:22, 26-26 그리고 빌립보서 2:10-11 등에서처럼 하나님의 은혜와 사랑은 너무 강해서 궁극적으로 우리 모두가 구원받게 된다는 것을 보여주면서도 우리가 살아있는 동안 무엇을 하는가가 중요하다고 부각시킨다. 왜 그럴까? 그 이유는 우리가 어떻게 시간을 소비하고, 적극적으로 누군가를 사랑하고 또는 사랑하지 않는지가 우리의 전반적 건강 상태를 검진하는 진단 기구의 역할을 하기 때문이다.

하나님은 세상을 풍성한 사랑으로 창조하셨다. 솟아나오는 샘물처럼 하나님은 사랑이시고 또 사랑으로 흘러넘친다. 창조를 통해 하나님은 자신의 그 무엇을 주셨고, 예수와 성령을 보내셔서 반복적으로 그리고 자비롭게 그 사랑을 모든 이들에게 부어주셔서 우리가 누구인지를 보여주셨고 또 하나님 자신을 우리에게 보여주셨다. 이렇게 거저 주시는 하나님의 형상을 따라 피조된 우리도 (받은 사랑을) 그냥 나누는데, 그것은 우리가 하나님의 형상을 따라 창조되었기 때문이다. 특히 우리는 사회 통념상 회복이 불가능하다고 여겨지는 사람들을 사랑하는데, 그 일을 하나님의 사랑이나 다른 누군가의 사랑을 얻기 위하여 혹은 마지막 날에 의롭다고 인정받기 위하여 그렇게 하는 것은 아니다. 우리는 우리 안에서 솟아나와 밖으로 흘러넘치는 그 사랑을 주는 것이다.

이 구절을 읽고 우리는 복음을 놓치기가 쉽다. 영원히 분리되는 양과 염소를 보면서 우리는 사회에서 소외된 사람들을 위한 인도주의적 요청을 발견하고 설교할 수 있다. 그 결과 구원을 우리가 성취하는 것으로 여길 수 있다. 하지만 오늘의 성서에서 구원은 우리가 전혀 기대하지 않았을 때 종종 발견하는 그 무엇임을 보여준다. 마태복음 25:37-39에서 의인들은 그들이 창조주를 돌봤다는 것을 깨닫고 놀란다. 분명히 그들은 무엇을 계산하거나 기대하지 않고, 자신들과 그들이 가지고 있는 것을 그냥 단순하게 나누었다. 44절에서 불의한 자들은 그 임금에 대한 사랑을 보여 줄 기회를 놓쳤다는 것에 충격을 받았다. 하나님께서 그들 가운데 계신 것을 알았더라면, 그들은 옳은 일을 했을 것이다. 그러나 그 임금은 어떤 모습을 보여주기 위한 계산된 노력이 아닌 자연스럽게 흘러넘치는 사랑을 찾고 있다. 예수께서 보여주고 나누어 주신 것이 바로 이러한 사랑이다.

그래서 이 본문은 건강하지 못하게 자기중심적으로 사는 사람들에게 주는 건강검진이고 또 경고이기도 하다. 체중이나 혈압을 재는 것과 같이 나그네, 옥에 갇힌 자 그리고 배고프고 목마르고 헐벗고 또는 병든 자와 거저 나누는 일을 강조하는 마태복음 25:31-46은 우리의 의로움과 건강을 측정하도록 돕는 검진 도구이다. 만일 우리가 거저 그리고 온전히 나눌 수 없거나 우리를 그렇게 만들지 못한다면, 우리와 하나님 그리고 세상과의 관계가(십자가에서 예수의 승리가 가능케 한 것처럼) 건전하고 온전하지 못하다는 것을 나타내는 것이다. 예수께서 자신의 생명을 주며 사랑했던 사람들, 특히 사회적 약자들을 사랑하는 것은 하나님께 대한 우리의 사랑 그리고 우리를 향한 하나님의 사랑을 경험한 것에 대한 중요한 표현이다.

우리는 이런 경고나 건강검진을 좋아하지 않을 수도 있다. 결국 이것들은 우리의 삶을 재조정할 것을 요청한다. 하지만 건강에 대한 중대한 점검표를 주어서 우리가 현명하게(특히 심장질환이 우리를 괴롭게 하기 때문에) 대처하게 한다.

〈말씀의 잔치〉 복음서 한 마당을 마치며

올해 성서정과 설교 자료집 〈말씀의 잔치〉(*Feasting on the Word*) 시리즈 중 『교회력에 따른 복음서 설교 Year A(2023년)』 마태복음편의 출간을 역자들로서 특별히 기쁘고 감사하게 생각한다. 무엇보다도 〈말씀의 잔치〉 복음서 파트 3권이 완결되었기 때문이다. 성서정과 복음서 파트는 Year B의 마가복음을 시작으로 Year C 누가복음에 이어 Year A의 마태복음까지(요한복음은 세 해에 나누어 들어간다) 복음서 잔치 한 마당을 마치게 되었다. '시작이 반이다'라는 속담을 실감하게 된다. 3년 전에 옮긴이들이 몇 년간 공동 설교 연구를 한 결과를 한 권의 책으로 만든다는 설렘과 기쁨을 가졌는데, 어느덧 세 권의 책으로 나오게 되었다. 더구나 여러 가지로 가장 힘들었던 코로나19의 팬데믹 시대에 이러한 결실을 거두었다는 것도 특별한 의미가 있다.

이러한 작은 결실을 거두게 된 것은 몇 가지 요인이 있었다고 본다. 무엇보다 먼저 성서정과 설교 자료집으로서 탁월한 원서가 있었기 때문이다. 우리는 몇 년 전부터 공동 설교를 준비하면서 찾던 중 가장 본문에 충실하면서도 다양한 신학적 목회적 내용이 담긴 이 책을 만나게 되었다. 이 책은 매주 성서정과 네 가지 본문(시편·구약·서신서·복음서)을 네 가지 관점(신학·주석·목회·설교 관점)에서 기술한다. 그러기에 한 주에 16편의 수준 높은 설교 해석 자료가 나오는 것이다. 미국 교회의 신학적 목회적 역량이 총동원되어 만든 교회력에 따른 설교 자료라고 할 수 있다. 더욱 감사한 것은 방대한 시리즈의 부분 번역에 대해서 미국장로교회 (PCUSA)의 Westminster John Knox 출판사가 출판을 허락해 주었다는 것이다.

공동 번역의 과정도 언급하지 않을 수 없다. 공동 설교 연구 과정에서 번역 초안이 만들어져 있긴 했지만 번역을 좀 더 매끄럽게 다듬고 의견을 나누는 과정을 격주의 비대면 모임을 통해 진행했다. 사실 공동 번역이란 것이 문체와 내용의 통일성을 가져오기 쉽지 않은 일인데, 이러한 과정을 통해서 많은 점을 보완하게 되었다. 바쁜 일정 속에서도 꾸준하게 모임을 할 수 있었던 것은 옮긴이들의 열의와 사명감이 있었기 때문이다.

출판을 맡은 도서출판 동연의 김영호 대표와 여러 편집진의 수고와 노력에 대해서도 언급하지 않을 수 없다. 코로나 상황에서 출판사가 가장 힘든 시기임에도 세 권의 책을 연속해서 출간해 준 것에 대해 깊은 존경과 감사의 마음을 드린다.

이 책의 장점은 편집자 서문이나 추천인들의 글을 통해 많이 언급되었다. 그럼에도 『교회력에 따른 복음서 설교』를 설교에 활용하고자 하는 설교자와 독자들에게 제안드린다.

이 책을 활용한 설교 준비는 설교자마다 다양한 방식으로 하겠지만, 이 책의 구조를 중심으로 말하자면 다음처럼 하기를 추천한다.

신학적 관점을 통해 신학적 배경을 이해하고, 주석적 관점을 통해 성서 본문을 깊이 있게 이해하며, 목회적 관점을 통해(원문은 미국 교회의 목회적 상황이 많이 반영되어 있다) 자신의 목회적 상황과 연결시켜 보고, 설교적 관점을 통해 설교의 중심 메시지를 만들어 가는 것이다. 물론 필자에 따라 내용에 편차가 있지만 이러한 구조로 설교를 준비해 간다면 말씀에 충실하고 상황에 적합한 설교가 나올 수 있을 것이다.

무엇보다 우리의 바람은 <말씀의 잔치> 시리즈가 계속 이어지는 것이다. 이제 복음서 번역이라는 한 마당이 완료되었지만, 아직도 시편과 구약 그리고 서신서의 세 마당이 남아 있다. 언젠가는 나머지 세 마당의 번역도 이루어져 말씀의 잔치 시리즈 12권이 온전하게 출간되기를 바란다.

주님의 오심을 기다리는 대림절이 다가온다. 포스트 코로나 시대를 맞이하고 있는 한국 사회와 교회에 새로운 희망을 찾는 시간이 되기를 기도한다.

2022년 10월 대림절을 앞두고

옮긴이 고현영 김영철 이대성 홍상태

『말씀의 잔치』(*Feasting on the Word*)는 미국과 캐나다의 예배 전례 학자들과 교단 대표들이 모여 구성한 초교파적 모임인 공동본문협의회(Consultation on Common Texts)가 작성한 개정 공동성서정과(Revised Common Lectionary, RCL)를 따른다.

RCL은 교회력 절기에 따라 예배 중에 사용되는 성서 본문들을 제공한다. RCL은 또한 여러 교단이나 교파가 공통적으로 사용할 수 있는 통일된 성서 읽기 목록을 제공한다.

RCL은 한 해의 모든 설교를 위해 구약 본문, 그에 대한 응답이 되는 시편 본문, 복음서 본문, 서신서 본문을 정해준다. 본문이 택해지는 방식은 3년 주기를 따르며, 매해 공관복음 중 하나가 택해져서 중심적인 역할을 한다. Year A는 마태의 해이고, Year B는 마가의 해이며, Year C는 누가의 해이다. 요한복음은 매년, 특히 대림절, 사순절, 부활절에 읽도록 한다.

RCL가 성령강림절 이후 기간(혹은 평 주일)의 구약 성서 본문을 택하는 방식에는 두 가지 트랙이 있다. 첫 번째 트랙은 준연속적 트랙이다. 이 트랙에서는 구약 성서의 이야기와 인물이 연속적으로 소개된다. 두 번째 트랙은 보완적 트랙이다. 이 경우 구약 성서 본문은 그날의 복음서 본문의 주제에 맞춰 선택된다. 어느 트랙을 택하는가는 교단에 따라 다르다. 예를 들어 장로교와 감리교는 준연속적 트랙을 따르고, 루터교와 성공회는 보완적 트랙을 따르는 경향이 우세하다.

『말씀의 잔치』 인쇄본은 Year A의 경우 보완적 트랙을, Year B의 경우 보완적 트랙 후 준연속적 트랙을, Year C의 경우 준연속적 트랙을 따른다. 성령강림절 및 성령강림절 이후 주일의 구약 성서 본문 중 인쇄본에 그 해설이 실리지 않은 경우, 해설을 다음 사이트에서 받을 수 있다: www.feastingontheword.net.

공동성서정과에 대한 더 자세한 정보를 위해서는 RCL Web 공식 사이트 (http://lectionary.library.vanderbilt.edu/)를 방문하거나 다음 책을 참고하기를 바란다: *The Revised Common Lectionary: The Consultation on Common Texts* (Nashville: Abingdon Press, 1992).

〈말씀의 잔치〉 시리즈 해제

〈말씀의 잔치〉 시리즈는

설교학으로 유명한 콜롬비아신학대학과 미국 장로교회 출판사인 Westminster John Knox Press가 공동으로 기획하여 만든 개정 성서정과(Revised Common Lectionary)를 기초로 한 설교 자료집이다.

〈말씀의 잔치〉 시리즈는

매주 개정 성서정과가 제시하는 네 개의 성서 본문(시편, 구약, 복음서, 서신서) 각각에 대해 네 가지 관점(신학, 주석, 목회, 설교)에서 분석한 16편의 통찰력 있는 설교 자료를 제공하고 있다.

〈말씀의 잔치〉 시리즈는

신학과 목회의 다양한 영역에 속한 전문가들이 집필한 것으로 미국 교회의 신학적·목회적 역량이 총동원되어 만들어진 설교 자료집이다.

앞으로 〈말씀의 잔치〉 시리즈를

2020년~2022년에는 성서정과의 4파트(구약, 시편, 서신, 복음) 중 복음서 파트 3권만 출간하였지만, 추후 해당하는 해의 성서정과 파트별 각 3권씩 전권(12권)을 번역, 출간할 계획이다.

저자 프로필

2022-11-27 _ 대림절 첫째 주일
- 신학　JOHN P. BURGESS
  James Henry Snowden Professor of Systematic Theology, Pittsburgh Theological Seminary, Pittsburgh, Pennsylvania
- 주석　WILLIAM R. HERZOG II
  Dean of Faculty, Professor of New Testament, Andover Newton Theological School, Newton Centre, Massachusetts
- 목회　DAVID L. BARTLETT
  Professor of New Testament, Columbia Theological Seminary, Decatur, Georgia
- 설교　MARK E. YURS
  Pastor, Salem United Church of Christ, Verona, Wisconsin

2022-12-04 _ 대림절 둘째 주일
- 신학　JOHN P. BURGESS
- 주석　WILLIAM R. HERZOG II
- 목회　DAVID L. BARTLETT
- 설교　MARK E. YURS

2022-12-11 _ 대림절 셋째 주일
- 신학　JOHN P. BURGESS
- 주석　WILLIAM R. HERZOG II
- 목회　DAVID L. BARTLETT
- 설교　MARK E. YURS

2022-12-18 _ 대림절 넷째 주일
- 신학　CHARLES M. WOOD
  Lehman Professor of Christian Doctrine and Director, Graduate Program in Religious Studies, Perkins School of Theology, Southern Methodist University, Dallas, Texas
- 주석　DOUGLAS R. A. HARE
  Wm. F. Orr Professor of New Testament Emeritus, Pittsburgh Theological Seminary, Pittsburgh, Pennsylvania
- 목회　AARON KLINK
  Westbrook Fellow, Program in Theology and Medicine, Duke University, Durham, North Carolina
- 설교　DANIEL HARRIS
  Associate Professor of Homiletics, Aquinas Institute of Theology, St. Louis, Missouri

2022-12-25 _ 성탄절
신학 CHARLES M. WOOD
주석 DOUGLAS R. A. HARE
목회 AARON KLINK
설교 DANIEL HARRIS

2023-01-01 _ 성탄절 후 첫째 주일
신학 SUSAN HEDAHL
Herman G. Stuempfle Chair of Proclamation of the Word, Professor
of Homiletics, Lutheran Theological Seminary at Gettysburg,
Gettysburg, Pennsylvania
주석 R. ALAN CULPEPPER
Dean, McAfee School of Theology, Atlanta, Georgia
목회 FRANK A. THOMAS
Senior Servant, Mississippi Boulevard Christian Church, Memphis,
Tennessee
설교 THOMAS H. TROEGER
J. Edward and Ruth Cox Lantz Professor of Christian Communication,
Yale Divinity School, New Haven, Connecticut

2023-01-08 _ 주님의 수세 주일
신학 STEVEN D. DRIVER
Director of Formation, Immanuel Lutheran Church, Valparaiso,
Indiana
주석 TROY A. MILLER
Associate Professor of Bible and Theology, Crichton College,
Memphis, Tennessee
목회 RODGER Y. NISHIOKA
Benton Family Associate Professor of Christian Education, Columbia
Theological Seminary, Decatur, Georgia
설교 GREG GARRETT
Professor of English, Baylor University, Waco, Texas; Writer in
Residence, Seminary of the Southwest, Austin, Texas

2023-01-15 _ 주현절 후 둘째 주일
신학 DAVID TOOLE
Associate Dean, Duke Divinity School, Durham, North Carolina
주석 TROY A. MILLER
목회 RODGER Y. NISHIOKA
설교 GREG GARRETT

2023-01-22 _ 주현절 후 셋째 주일
> 신학   DAVID TOOLE
> 주석   TROY A. MILLER
> 목회   RODGER Y. NISHIOKA
> 설교   GREG GARRETT

2023-01-29 _ 주현절 후 넷째 주일
> 신학   MARCIA Y. RIGGS
>   J. Erskine Love Professor of Christian Ethics, and Director of the
>   Th. M. Program, Columbia Theological Seminary, Decatur, Georgia
> 주석   EDWIN CHR. VAN DRIEL
>   Assistant Professor of Theology, Pittsburgh Theological Seminary,
>   Pittsburgh, Pennsylvania
> 목회   CHARLES JAMES COOK
>   Professor Emeritus of Pastoral Theology, Seminary of the Southwest,
>   Austin, Texas
> 설교   RONALD J. ALLEN
>   Nettie Sweeney and Hugh Th. Miller Professor of Preaching and
>   New Testament, Christian Theological Seminary, Indianapolis,
>   Indiana

2023-02-05 _ 주현절 후 다섯째 주일
> 신학   MARCIA Y. RIGGS
> 주석   EDWIN CHR. VAN DRIEL
> 목회   CHARLES JAMES COOK
> 설교   RONALD J. ALLEN

2023-02-12 _ 주현절 후 여섯째 주일
> 신학   MARCIA Y. RIGGS
> 주석   EDWIN CHR. VAN DRIEL
> 목회   CHARLES JAMES COOK
> 설교   RONALD J. ALLEN

2023-02-19 _ 산상변모 주일
> 신학   DOUGLAS JOHN HALL
>   Professor Emeritus, McGill University, Montreal, Quebec, Canada.
> 주석   ROBERT A. BRYANT
>   Associate Professor of Religion, presbyterian College, Clinton, South
>   Carolina Drew Bunting, Musician and Homemaker, Milwaukee,
>   Wisconsin.
> 목회   MARYETTA MADELEINE ANSCHUTZ
>   Founding Head, The Episcopal School of Los Angeles, and Priest

Associate, All Saints Episcopal Church, Beverly Hills, California.
설교   PATRICK J. WILLSON
Pastor, Williamsburg Presbyterian Church, Williamsburg, Virginia.

2023-02-26 _ 사순절 첫째 주일
신학   DOUGLAS JOHN HALL
주석   ROBERT A. BRYANT
목회   MARYETTA MADELEINE ANSCHUTZ
설교   PATRICK J. WILLSON

2023-03-05 _ 사순절 둘째 주일
신학   GEORGE W. STROUP
J. B. Green Professor of Theology, Columbia Theological Seminary, Decatur, Georgia
주석   KAROLINE M. LEWIS
Assistant Professor of Biblical Preaching, Luther Seminary, St. Paul, Minnesota
목회   DEBORAH J. KAPP
Edward F. and Phyllis K. Campbell Associate Professor of Urban Ministry, McCormick Theological Seminary, Chicago, Illinois
설교   ANNA CARTER FLORENCE
Peter Marshall Associate Professor of Preaching, Columbia Theological Seminary, Decatur, Georgia

2023-03-12 _ 사순절 셋째 주일
신학   GEORGE W. STROUP
주석   KAROLINE M. LEWIS
목회   DEBORAH J. KAPP
설교   ANNA CARTER FLORENCE

2023-03-19 _ 사순절 넷째 주일
신학   GEORGE W. STROUP
주석   KAROLINE M. LEWIS
목회   DEBORAH J. KAPP
설교   ANNA CARTER FLORENCE

2023-03-26 _ 사순절 다섯째 주일
신학   JAMES O. DUKE
주석   AUDREY WEST
목회   VERONICE MILES
설교   JOHN ROLLEFSON

2023-04-02 _ 사순절 여섯째 주일(고난 주일)
　　　신학　JAMES O. DUKE
　　　　　　　Professor of History of Christianity and History of Christian Thought,
　　　　　　　Brite Divinity School, FortWorth, Texas
　　　주석　AUDREY WEST
　　　　　　　Adjunct Professor of New Testament, Lutheran School of Theology
　　　　　　　at Chicago, Illinois
　　　목회　VERONICE MILES
　　　　　　　Ruby Pardue and Shelmer D. Blackburn Assistant Professor of
　　　　　　　Homiletics and Christian Education, Wake Forest University School
　　　　　　　of Divinity, Winston-Salem, North Carolina
　　　설교　JOHN ROLLEFSON
　　　　　　　Pastor, Lutheran Church of the Master, Los Angeles, California

2023-04-02 _ 사순절 여섯째 주일(종려 주일)
　　　신학　JAMES O. DUKE
　　　주석　AUDREY WEST
　　　목회　VERONICE MILES
　　　설교　JOHN ROLLEFSON

2023-04-09 _ 부활절
　　　신학　D. CAMERON MURCHISON
　　　　　　　Dean of Faculty, Columbia Theological Seminary, Decatur, Georgia
　　　주석　RICHARD S. DIETRICH
　　　　　　　Minister, First Presbyterian Church, Staunton, Virginia
　　　목회　MARTIN B. COPENHAVER
　　　　　　　Pastor, Wellesley Congregational Church, United Church of Christ,
　　　　　　　Wellesley, Massachusetts
　　　설교　CLAYTON J. SCHMIT
　　　　　　　Arthur DeKruyter/Christ Church Oak Brook Professor of Preaching
　　　　　　　and Academic Director of the Brehm Center for Worship, Theology,
　　　　　　　and the Arts, Fuller Theological Seminary, Pasadena, California

2023-04-16 _ 부활절 둘째 주일
　　　신학　D. CAMERON MURCHISON
　　　주석　RICHARD S. DIETRICH
　　　목회　MARTIN B. COPENHAVER
　　　설교　CLAYTON J. SCHMIT

2023-04-23 _ 부활절 셋째 주일
　　　신학　MOLLY T. MARSHALL

Fairfax M. Cone Distinguished Service Professor Emeritus, The University of Chicago, Illinois.

주석 DONALD SENIOR
Associate Professor of Religious Studies, University of Denver Department of Religious Studies, Denver, Colorado.

목회 SHANNON MICHAEL PATER
Pastor, Lutheran Church of the Newtons, Newton, Massachusetts.

설교 CYNTHIA A. JARVIS
Assistant Professor of the Practice of Ministry, Phillips Theological Seminary, Tulsa.

2023-04-30 _ 부활절 넷째 주일

신학 MOLLY T. MARSHALL
President and Professor of Theology and Spiritual Formation, Central Baptist Theological Seminary, Shawnee, Kansas

주석 DONALD SENIOR
President, Catholic Theological Union, Chicago, Illinois

목회 SHANNON MICHAEL PATER
Minister, Central Congregational United Church of Christ, Atlanta, Georgia

설교 CYNTHIA A. JARVIS
Minister and Head of Staff, The Presbyterian Church of Chestnut Hill, Philadelphia, Pennsylvania

2023-05-07 _ 부활절 다섯째 주일

신학 MOLLY T. MARSHALL
주석 DONALD SENIOR
목회 SHANNON MICHAEL PATER
설교 CYNTHIA A. JARVIS

2023-05-14 _ 부활절 여섯째 주일

신학 LARRY D. BOUCHARD
Associate Professor, Department of Religious Studies, University of Virginia, Charlottesville, Virginia

주석 RICHARD MANLY ADAMS JR.
Ph. D. Student, Emory University, Atlanta, Georgia

목회 NANCY J. RAMSAY
Executive Vice President and Dean, Brite Divinity School, Texas Christian University, FortWorth, Texas

설교 LINDA LEE CLADER
Dean of Academic Affairs and Professor of Homiletics, Church Divinity

School of the Pacific, Berkeley, California

2023-05-21 _ 부활절 일곱째 주일

신학 LARRY D. BOUCHARD

주석 RICHARD MANLY ADAMS JR.

목회 NANCY J. RAMSAY

설교 LINDA LEE CLADER

2023-05-28 _ 성령강림절

신학 STEPHEN B. BOYD

       Chair and Professor, Department of Religion, Wake Forest University, Winston-Salem, North Carolina

주석 MEDA A. A. STAMPER

       Minister, Anstey United Reformed Church, and Visiting Lecturer, St. John's College, Nottingham, England

목회 STEVEN P. EASON

       Senior Pastor, Myers Park Presbyterian Church, Charlotte, North Carolina

설교 THOMAS G. LONG

       Bandy Professor of Preaching, Candler School of Theology, Emory University, Atlanta, Georgia

2023-06-04 _ 삼위일체 주일

신학 STEPHEN B. BOYD

주석 MEDA A. A. STAMPER

목회 STEVEN P. EASON

설교 THOMAS G. LONG

2023-06-11 _ 성령강림절 후 둘째 주일

신학 STEPHEN BUTLER MURRAY

       Senior Pastor, The First Baptist Church of Boston, Massachusetts, and College Chaplain and Associate Professor of Religion, Endicott College, Beverly, Massachusetts

주석 GUY D. NAVE JR.

       Associate Professor of Religion, Luther College, Decorah, Iowa

목회 ALEXANDER WIMBERLY

       Minister, McCracken Memorial Presbyterian Church, Belfast, Northern Ireland

설교 LUKE A. POWERY

       Perry and Georgia Engle Assistant Professor of Homiletics, Princeton Theological Seminary, Princeton, New Jersey

2023-06-18 _ 성령강림절 후 셋째 주일
신학 STEPHEN BUTLER MURRAY

주석 GUY D. NAVE JR.

목회 ALEXANDER WIMBERLY

설교 LUKE A. POWERY

2023-06-25 _ 성령강림절 후 넷째 주일
신학 EMILIE M. TOWNES
> Associate Dean of Academic Affairs, Andrew W. Mellon Professor
> of African American Religion and Theology, Yale Divinity School,
> New Haven, Connecticut

주석 EUGENE EUNG-CHUN PARK
> Dornsife Professor of New Testament, San Francisco Theological
> Seminary, San Anselmo, California

목회 WILLIAM GOETTLER
> Co-Pastor, First Presbyterian Church, and Assistant Dean of Ministry
> Studies, Yale Divinity School, New Haven, Connecticut

설교 LANCE PAPE
> Assistant Professor of Homiletics, Brite Divinity School, FortWorth,
> Texas

2023-07-02 _ 성령강림절 후 다섯째 주일
신학 EMILIE M. TOWNES

주석 EUGENE EUNG-CHUN PARK

목회 WILLIAM GOETTLER

설교 LANCE PAPE

2023-07-09 _ 성령강림절 후 여섯째 주일
신학 EMILIE M. TOWNES

주석 EUGENE EUNG-CHUN PARK

목회 WILLIAM GOETTLER

설교 LANCE PAPE

2023-07-16 _ 성령강림절 후 일곱째 주일
신학 GARY PELUSO-VERDEND
> President and Associate Professor of Practical Theology, Phillips
> Theological Seminary, Tulsa, Oklahoma

주석 J. DAVID WAUGH
> Interim Pastor, Madison Baptist Fellowship, Madison, Mississippi

목회 TALITHA J. ARNOLD
> Senior Minister, United Church of Santa Fe, New Mexico

설교 THEODORE J. WARDLAW

President, Austin Presbyterian Theological Seminary, Austin, Texas

2023-07-23 _ 성령강림절 후 여덟째 주일
신학   GARY PELUSO-VERDEND
주석   J. DAVID WAUGH
목회   TALITHA J. ARNOLD
설교   THEODORE J. WARDLAW

2023-07-30 _ 성령강림절 후 아홉째 주일
신학   GARY PELUSO-VERDEND
주석   J. DAVID WAUGH
목회   TALITHA J. ARNOLD
설교   THEODORE J. WARDLAW

2023-08-06 _ 성령강림절 후 열째 주일
신학   IWAN RUSSELL-JONES
        Television Producer, Cardiff, United Kingdom
주석   JAE WON LEE
        Assistant Professor of New Testament, McCormick Theological
        Seminary, Chicago, Illinois
목회   CLIFTON KIRKPATRICK
        Visiting Professor of Ecumenical Studies and Global Ministries,
        Louisville Presbyterian Theological Seminary, Louisville, Kentucky
설교   DOCK HOLLINGSWORTH
        Assistant Dean and Assistant Professor of Supervised Ministry, McAfee
        School of Theology, Mercer University, Atlanta, Georgia

2023-08-13 _ 성령강림절 후 열한째 주일
신학   IWAN RUSSELL-JONES
주석   JAE WON LEE
목회   CLIFTON KIRKPATRICK
설교   DOCK HOLLINGSWORTH

2023-08-20 _ 성령강림절 후 열두째 주일
신학   IWAN RUSSELL-JONES
주석   JAE WON LEE
목회   CLIFTON KIRKPATRICK
설교   DOCK HOLLINGSWORTH

2023-08-27 _ 성령강림절 후 열셋째 주일
신학   CHARLES E. HAMBRICK-STOWE
        First Congregational Church of Ridgefield, Connecticut

주석   MITCHELL G. REDDISH
> Professor and Chair of Religious Studies, Stetson University, DeLand, Florida

목회   JIN S. KIM
> Senior Pastor, Church of All Nations, Minneapolis, Minnesota

설교   DALE P. ANDREWS
> Martin Luther King Jr. Professor of Homiletics and Pastoral Theology, Boston University School of Theology, Boston, Massachusetts

2023-09-03 _ 성령강림절 후 열넷째 주일

신학   CHARLES HAMBRICK-STOWE
> Pastor, First Congregational Church of Ridgefield, Connecticut

주석   MITCHELL G. REDDISH
> O. L.Walker Professor of Christian Studies and Chair of the Department of Religious Studies, Stetson University, DeLand, Florida

목회   JIN S. KIM
> Senior Pastor, Church of All Nations, Minneapolis, Minnesota

설교   DALE P. ANDREWS
> Martin Luther King Jr. Professor of Homiletics and Pastoral Theology, Boston University School of Theology, Boston, Massachusetts

2023-09-10 _ 성령강림절 후 열다섯째 주일

신학   CHARLES HAMBRICK-STOWE
주석   MITCHELL G. REDDISH
목회   JIN S. KIM
설교   DALE P. ANDREWS

2023-09-17 _ 성령강림절 후 열여섯째 주일

신학   KATHRYN D. BLANCHARD
> Assistant Professor of Religious Studies, Alma College, Alma, Michigan

주석   LEWIS R. DONELSON
> Ruth A. Campbell Professor of New Testament Studies, Austin Presbyterian Theological Seminary, Austin, Texas

목회   CHARLOTTE DUDLEY CLEGHORN
> Retired Executive Director, The Centers for Christian Studies, Cathedral of All Souls, Asheville, North Carolina

설교   CHARLES CAMPBELL
> Professor of Homiletics, Duke University Divinity School, Durham, North Carolina

2023-09-24 _ 성령강림절 후 열일곱째 주일
신학 KATHRYN D. BLANCHARD
주석 LEWIS R. DONELSON
목회 CHARLOTTE DUDLEY CLEGHORN
설교 CHARLES CAMPBELL

2023-10-01 _ 성령강림절 후 열여덟째 주일
신학 KATHRYN D. BLANCHARD
주석 LEWIS R. DONELSON
목회 CHARLOTTE DUDLEY CLEGHORN
설교 CHARLES CAMPBELL

2023-10-08 _ 성령강림절 후 열아홉째 주일
신학 ANDREW PURVES
Professor of Reformed Theology, Pittsburgh Theological Seminary,
Pittsburgh, Pennsylvania
주석 SUSAN GROVE EASTMAN
Associate Professor of the Practice of Bible and Christian Formation,
Duke University Divinity School, Durham, North Carolina
목회 RICHARD E. SPALDING
Chaplain to the College, Williams College, Williamstown,
Massachusetts
설교 MARVIN A. MCMICKLE
Professor of Homiletics, Ashland Theological Seminary, Ashland,
Ohio

2023-10-15 _ 성령강림절 후 스무째 주일
신학 ANDREW PURVES
주석 SUSAN GROVE EASTMAN
목회 RICHARD E. SPALDING
설교 MARVIN A. MCMICKLE

2023-10-22 _ 성령강림절 후 스물한째 주일
신학 ANDREW PURVES
주석 SUSAN GROVE EASTMAN
목회 RICHARD E. SPALDING
설교 MARVIN A. MCMICKLE

2023-10-29 _ 성령강림절 후 스물두째 주일
신학 TIM BEACH-VERHEY
Co-Pastor, Faison Presbyterian Church, Faison, North Carolina
주석 PATRICK GRAY

Associate Professor of Religious Studies, Rhodes College, Memphis, Tennessee

목회   EARL F. PALMER

Preaching Pastor-in-Residence, National Presbyterian Church, Washington, D.C.

설교   ALLEN HILTON

Minister of Faith and Learning, Wayzata Community Church, Wayzata, Minnesota

2023-11-05 _ 성령강림절 후 스물셋째 주일

신학   TIM BEACH-VERHEY

주석   PATRICK GRAY

목회   EARL F. PALMER

설교   ALLEN HILTON

2023-11-12 _ 성령강림절 후 스물넷째 주일

신학   MARK DOUGLAS

Associate Professor of Christian Ethics and Director of the MATS Program, Columbia Theological Seminary, Decatur, Georgia

주석   THOMAS D. STEGMAN, SJ

Associate Professor of New Testament, Boston College School of Theology and Ministry, Chestnut Hill, Massachusetts

목회   JOHN M. BUCHANAN

Pastor, Fourth Presbyterian Church, Chicago, Illinois

설교   LINDSAY P. ARMSTRONG

Associate Pastor of Christian Education, First Presbyterian Church, Atlanta, Georgia

2023-11-19 _ 성령강림절 후 스물다섯째 주일

신학   MARK DOUGLAS

주석   THOMAS D. STEGMAN, SJ

목회   JOHN M. BUCHANAN

설교   LINDSAY P. ARMSTRONG

2023-11-26 _ 왕이신 그리스도 주일

신학   MARK DOUGLAS

주석   THOMAS D. STEGMAN, SJ

목회   JOHN M. BUCHANAN

설교   LINDSAY P. ARMSTRONG